사회정의의
철학적 기초

사회정의의
철학적 기초

— J. 롤즈의 정의론을 중심으로 —

황경식 지음

철학과 현실사

재판 머리말에 부쳐

마이클 샌델(M. Sandel)의 책 『정의란 무엇인가』가 150만 부 이상이 팔렸다는 소문은 충격이었다. 필자도 엇비슷한 시기부터 정의론을 공부한답시고 부산을 떨었지만 그만한 성과를 거두지 못한 것이 부끄러울 따름이다. 지난 1980년 전후 해서 하버드 대학에서 롤즈의 지도를 받고 있었을 때 우연히 하버드에서 정의론에 대한 첫 강의를 했던 샌델을 만나서 인연을 이어오고 있다. 지난 2000년대 중반 한국철학회가 주관한 〈다산기념철학강좌〉에 샌델을 초대해 프레스센터를 위시해 네 번의 강연이 있었으나 그 당시는 언론이나 지성계에서 별로 주목을 받지 못했지만 이번에 그의 책과 더불어 샌델이 세인의 열성 어린 인기를 모으게 되어 다행으로 여겨진다.

그런데 샌델도 필자와 마찬가지로 롤즈(J. Rawls)의 정의론에 대한 비판적 고찰로 학위 논문을 썼고 그것이 『자유주의와 그 한계』라는 단행본으로 출간되기도 했다. 샌델이 한국에 올 때마다 정의론을 공부하는 한국사람으로서 샌델에 대해 필자가 제기한 의문은 그가 공동체주의적 비전을 갖고 자유주의를 지나치게 비판하고 있다는 점이다. 사실상 우리 사회는 공동체주의적 폐해가 심각하고 오히려 자유주의적 훈련이 부족한 터이기 때문이다. 이런 의문에 대해 샌델의 대답은 한결같았다. "개인주의적 자유주의의 폐해가 심한 미국사회와 유교적 공동체주의의 폐해가 심한 한국사회에 대한 처방이 한결같을 수 없기에 자신과 황교수는 각기 자기 나라에서 정의론자로서 제 역할을 잘하고 있다"는 답변이었다.

롤즈의 정의론을 공부한 지 어언 40여 년이 지나고 있다. 1972년에 그의 『정의론』을 입수하여 박사과정에서 김태길 교수와 독해한 후 1975년에 한국 철학회에서 〈롤즈 정의론 심포지엄〉을 개최하고 1979년에 정의론을 완역하여 『사회정의론』 전3권을 서광사에서 출간(최근 이학사에서 『정의론』으로 재출간)했다. 이어서 '롤즈의 정의론과 고전적 공리주의의 비교 연구'로 학위 논문을 완성할 무렵 풀브라이트 연구비를 얻어 하버드에서 1980년 전후 해서 롤즈와 교유할 수 있는 행운을 얻었다. 1983년에 위 논문으로 학위를 받고 관련된 몇 편의 원고를 더해서 1985년에 문학과지성사에서 이 책의 초판을 출간했다.

1980년대 중반에 비해 오늘날 한국 지성계에는 정의에 대한 관심이 고조되어 있어 이 책이 정의론 담론에 기초자료가 될 듯하여 부분적으로 손질을 거쳐 다시 재판하기로 결정했다. 제법한 정의론이 없어 사회가 부정의한 것은 아니지만 사회정의를 바로잡아 가는 데 반듯한 정의론도 필수적인 조건이라 생각된다. 물론 정의의 올바른 기준에 대한 이해와 인식을 갖는 일과 더불어 그것을 내면화, 습관화, 생활화하여 아는 그만큼이라도 실행에 옮길 수 있는 사람으로 변화되는 일, 정의의 덕(德)으로 무장하는 일 또한 더없이 중요한 것도 사실이다. 필자의 뜻을 호의적으로 수용하여 재판을 허락하신 철학과현실사에 깊이 감사드린다.

2013 원단, 꽃마을에서
저자 황경식 씀

책 머리에

(1985년 초판 서문)

어떤 학자의 말대로 '정의(正義)는 지상에 있는 인간의 최대의 관심사'라 할 수 있다. 이 세상의 피해는 모두 괴로운 것이지만 부당한 피해는 더욱 가슴 아픈 일이다. 운명적인 피해라면 사람들은 서로 협동, 연합하지만 부당한 피해는 오히려 불화와 분노를 불러일으킨다. 이렇게 정의의 문제는 그 단초부터 흥분을 유발하기 쉬운 주제로 보이며 이러한 문제를 두고 하등의 감정적 동요도 일지 않는 사람은 일단 자신의 정의감을 재고해 봄직도 하다. 그러나 단순한 감정적 흥분만으로 처리될 수 없는 데에 또한 정의가 요구하는 준엄한 냉정성이 있다. 사회의 부정을 개탄하고 대국적인 울분을 토로하기는 쉬우나 그러한 병폐를 차분히 진단하고 이를 개선하기 위한 구체적인 방안을 모색하는 것은 지극히 어려운 일인 것이다.

정의의 문제가 해결되기 어려운 이유 중의 하나는 인간의 행위와 사회 조직 속에는 지극히 복합적이고 다양한 변수들이 작용하고 있으며 이 복합체를 분석, 처리할 수 있는 능력 내지는 실천적 의지가 우리에게 부족하기 때문이다. 정치 경제적 사회 체제에 내재하는 논리나 역학에 대한 우리의 인식이 조직적인 부정의를 의도하는 세력의 그것을 능가하는 경우만이 부정에의 경향에 대한 효과적인 제동이 가능하다.

부정의의 극복을 어렵게 하는 또 한 가지 이유는 정의의 이론이 갖는 추상성 내지 다의성에 기인한다. 정의의 기준이 갖는 이러한 애매성은 결국 '각자에게는 그의 정의가 있다'는 난맥상을 초래하게 되며 결국 이러한 혼돈은 어떠한 부정의도 정당화되는 소지와 구실을 마련하게 된다. 사회의 구조적 병인과 그 역학관계를 설명함으로써 개인이나 제도적 부정의 원천을 진단, 처방하는 것이 언론과 제반 사회과학의 책임이라면 정의에 대한 설득력 있고 타당한 기준을 제시하는 것은 바로 철학의 사명에 속할 것이다.

우리는 이 책에서 바로 이러한 철학적인 관점에서 논의를 진행해 가고자 한다. 그러나 우리는 이러한 논의를 현대 영미 철학의 배경 속에서, 그것도 최근 10-15년 전을 중심으로 해서 새로운 방향 전환을 모색하고 있는 영미 철학의 역사적 맥락을 의식하면서 전개해 가고자 한다. 최근 한국을 방문한 심리철학의 세계적 권위인 김재권(金在權) 교수는 현대 영미 철학의 이러한 방향 전환에 대해 언급하면서 그것은 "20세기 중반까지 지배적이었던 논리실증주의와 협의의 '언어분석'을 벗어나 보다 전통적인 철학의 방법과 철학관으로 되돌아가는 것이며" 달리 말하면 "현대 영미 철학이 흄의 협소한 경험론을 벗어나 칸트적인 철학 접근법으로 돌아간다는 것을 지시한다"고 했다. 영미 철학을 주도하는 수호 성인 내지는 학문 체계의 패러다임이 바뀐다는 사실은 그 저변에 인간과 사회에 대한 새로운 이해와 시각을 함축하고 있다고 할 수 있는 것이다.

철학 일반의 이러한 변화는 특히 도덕 및 사회 철학 분야에서 두드러지게 나타난다. 법철학자 H. L. A. 하트는 영미의 철학적 전통 속에서 우리는 "근래에 하나의 전환을 목격하고 있는데 그것은 적절한 형태의 공리주의가 정치 윤리의 핵심을 포착하고 있음에 틀림없다는 낡은 신념으로부터 새로운 신념,

즉 진리는 전체 복지의 극대화를 그 목적으로 하는 교설이 아니라 인간의 기본 권리에 대한 이론과 더불어 있으며, 만일 우리가 이러한 권리들에 대한 오래고 친숙한 반론들을 이겨낼 만큼 충분히 견고한 기초를 세울 수만 있다면 그것은 개인의 기본적 자유와 권익을 보장해 주리라는 신념에로의 전환"이라고 말하고 있다.

본 저서의 주제는 바로 이상과 같은 역사적 전환을 의식하면서 그러한 전환의 타당성을 지지하는 몇 가지 정당 근거를 도덕철학적 기초 위에서 확인하려는 데 있으며 적어도 윤리학 분야에 한정하는 한 그러한 전환의 맥락을 가려줄 관건 개념은 바로 정의라는 개념임을 보이고자 한다. 크게 세 부분으로 나누어지는 본 저서의 제Ⅰ부는 낡은 신념, 즉 합당한 형태의 공리주의가 발견될 가능성에 대한 전반적인 비판적 고찰로 이루어지고 있으며, 제Ⅱ부는 새로운 신념, 즉 인간의 기본권에 대한 견고한 기초를 세우려는 시도에 대한 우호적 해명과 아울러 몇 가지 문제점에 대한 지적으로 구성되고 있다. 본 저서의 제Ⅲ부는 이러한 전환의 정당 근거를 찾는 작업의 연장선상에서 그와 직접, 간접으로 관련되는 논문들로 특히 롤즈의 정의론을 중심으로 새로운 신념을 다룬 제Ⅱ부의 보충 내지는 부연이라 할 수 있다.

물론 현대의 도덕철학의 지평에는 아직도 자신만만한 공리주의자들의 진영이 위세를 떨치고 있는가 하면 새로운 신념의 합당한 기초에 대한 회의적인 반론들 또한 속출하고 있어 역사적 전환을 말하기에는 다소 성급한 점이 엿보이기는 하나 이러한 관찰에 대한 점증하는 동조자는 저러한 전환의 정당성에 대한 보다 설득력 있고 분석적인 논의의 필요성을 말해 주고 있다. 이러한 작업의 일면을 겨냥하는 본 저서는 문제의 중대성과 광범성에 비추어 그 논의의 입장을 사회윤리적 관점에 제한하기로 하고 그 전반적인 논지도 사회정의에 대한 철학적 기초로서 사회윤리학의 이론 구성 내지는 그 방법론적 측면에 두기로 하였다.

그런데 우리는 이러한 작업을 영미 철학 일반 혹은 사회 및 도덕 철학의 분야에 있어 새로운 전환의 주축이 되고 있는 존 롤즈(John Rawls)의 『정의론』에 나타난 시각을 중심으로 수행하고자 한다. 단일 주제의 철학자로 알려진 롤즈가 1958년 「공정(公正)으로서의 정의(正義)」라는 논문을 발표한 뒤 그의 관심은 사회정의 개념에 대한 현대적 해석 문제에 집중되어 20여 년에 걸친 탐구의 결실로서 나타난 것이 바로 그의 대저 『정의론』이다. 그의 정의론은 오랫동안 철학의 배경으로 밀려나 있던 사회정의의 문제를 플라톤이 구상했듯이 철학의 전경으로 부각시켰으며 이러한 사실은 사회정의 개념의 현대적 정립 과정에 있어 획기적인 이정표로서 평가되고 있으며 그의 저서는 이미 철학적 고전으로서 지위를 굳히고 있다.

정의의 문제와 관련하여 제기되어 온 '자유냐 평등이냐'라는 오랜 문제는 특히 그것이 양자택일을 요구할 경우 지극히 추상적인 문제 설정이라 생각된다. 우리에게 보다 중요한 것은 현대의 자유민주주의 사회의 시민들이 평등에 더 큰 관심을 갖는 이유를 알아보고 그러한 관심이 개인적 자유에의 관심과 상충하거나 그것을 배제하기보다는 오히려 보충하고 보완하는 관계에 있는 이유를 생각해 보는 일이다. 중요한 물음은 자유주의 사상이 보다 일관성을 갖기 위해서 평등에의 고려가 어떤 방식으로 문제되고 요청되는가이다. 이러한 문제를 보다 구체적인 경제적 차원과 결부해서 말하면 성장과 분배의 우선 순위에 관한 문제로 연결된다. 사실상 성장과 분배는 서로 동떨어진 별개의 현상이 아니라 동일한 실체의 양면에 불과한 것이며 성장의 내용에 따라 분배의 패턴이 동시에 결정되는 관계에 있는 것으로서 이는 선성장(先成長) 후분배(後分配) 정책의 일변도가 재고되어야 함을 의미한다.

이러한 점에서 롤즈 정의론의 기본 이념인 동시에 우리도 그에 동조하는 정의관은 자유 방임적인 전통적 자유주의 속에 깃든 부정합성을 비판하면서도 자유주의적 전통의 연장선상에서 사회주의에 대한 대항 이론으로서 제시된 수정 자유주의 내지는 평등주의적 자유주의의 그것이다. 그것은 자유와 평등의 양립 불가능성을 말하며 평등은 자유의 부재를 의미한다는 전통적 자유주의도 아니요, 자유와 평등의 구분 불가능성을 말하며 평등 없이는 진정한 자유가 성립할 수 없다는 사회주의에도 합의하지 않는다. 평등주의적 자유주의는 자유와 평등이라는 서로 다른 개념을 조정, 결합하는 합당한 정의관을 모색하고자 한다. 이에 따르면 사회의 정치적 부문과 경제적 부문은 어느 정도 상호 구분될 수 있으며 각자의 복리는 어느 정도 경제적 차등을 용납하면서도 정치적 자유를 극대화함으로써 가장 잘 달성될 수 있다고 본다.

본서는 롤즈의 정의론을 중심으로 한 새로운 신념을 해명하기에 앞서 언제나 그것이 비판의 표적으로 하고 있는 오랜 신념, 즉 합당한 형태의 공리주의가 제시될 가능성에 대한 비판적 고찰을 수행하고 있다. 그런데 비록 본서에서 공리주의가 비판적 분석의 대상이기는 하나 서양 사상사의 맥락 속에서 그것은 보다 긍정적인 함의를 갖는 것으로 이해되어야 할 것이다. 본서에서 나타나고 있는 '公利主義(Utilitarianism)'라는 표기는 종래에 알고 있는 '功利主義'를 잘못 적은 것이 아니라 필자가 의도적으로 고쳐 쓴 것이다. '功利主義'라는 역어는 원래 일본인들에 의해 창안된 것으로서 원어의 직역에 가깝다는 장점이 있기는 하나 역사적으로 친숙해 온 한자어 용례에 있어 공명(功名)과 이욕(利慾)을 연상시키는 부정적인 함축으로 인해 공공(公共)의 복리(福利)라는 의미에서 '公利主義'가 본래의 의도에 보다 충실한 것이라 생각하여 의역을 해본 것이다.

본 저서의 근간이 되는 I부와 II부는 원래 필자가 서울대학교 철학과에 제출한 학위 논문(「고전적 공리주의와 J. 롤즈의 정의론 비교 연구」)이 부분적인 손질만 거친 거의 그대로이다. III부는 학위 논문을 준비하면서 혹은 논문을 제출한 이후 그것과 관련해서 쓴 것들 중 국내 철학 잡지에 이미 발표된 단편들의 모음이다. 이러한 종류의 주제나 저서에 생소한 독자들은 오히려 III부를 통해 전체적인 조망을 얻은 뒤 Ⅰ, Ⅱ부를 읽어 나가는 것이 수월하리라 생각된다. 특히 「정의의 이념과 현실」은 정의 개념의 역사적 전개 과정을, 「공리주의의 현대적 전개」, 「롤즈의 정의론 개요」, 「롤즈의 자유주의적 평등주의」는 본서의 Ⅰ, Ⅱ부에 대한 전반적 요지를 담고 있다.

이 저서가 나오기까지에는 여러 사람들의 도움이 있었다. 필자가 윤리학에 관심을 갖기 시작한 그 시절부터, 더욱이 사회윤리학에 눈을 뜨게끔 이끌어 주신 은사 김태길(金泰吉) 님에게 이런 졸저를 드리게 되어 송구스럽다. 학위 논문 준비차 미국 하버드 대학에 있었을 때 롤즈 교수의 자상한 후의도 잊을 길이 없다. 그는 자신의 『정의론』 한국어 역자인 필자에게 분에 넘친 호의를 베풀었고 논문 개요에 대해 여러 가지 조언과 수정을 아끼지 않았다. 학위 논문이 서울대학교에 제출되었을 때 일일이 읽고서 도움말을 주신 심사위원님들에게 다시금 감사드리고 싶다. 특히 소홍렬 교수님은 필자를 격려하여 졸고를 대학원 세미나 교재로 채택하였으며 필자도 참석했던 그 모임의 학생들이 보여준 진지한 토론과 열띤 비판은 지금도 생생하다. 끝으로 부모님의 숨은 후원과 아내의 깊은 이해도 마음에 간직하고 싶다. 문학과지성사 사장님 이하 여러분에게 감사드린다.

1985년 2월
저자

차례

서론: 규범윤리학의 방법

최근 수십 년간 도덕철학계를 이끌어 온 분석윤리학(meta-ethics)의 강렬한 빛 속에 가려지긴 했으나 면면히 논전을 이어 온 규범윤리학(normative ethics)은 그 중대한 철학적 의의 때문이건 아니면 현실의 긴박한 요청 때문이건 윤리학의 전경(前景)에 새로운 모습으로 등장하고 있다. 물론 분석윤리학의 오랜 시련을 거쳐 새로이 나타나는 규범윤리학은 여러 가지 점에서 과거의 그것과 같은 것일 수가 없으며 그간의 분석과 비판의 결과를 발전적으로 수용하는 것이 아니면 안 될 것이다. 이러한 문맥속에서 우리는 규범윤리학의 방법론적 전통에 있어서 과거와 현재를 대비적으로 고찰해 보고자 한다.

일반적으로 우리가 과학에 대해서, 자연의 기본 법칙이 무엇인가, 그리고 과학적 방법의 성격이 무엇인가라는 두 가지 물음을 던질 수 있듯이 규범윤리학에 관해서도 그와 유사한 물음들이 제기될 수 있다고 생각된다. 그것은 도덕의 가장 기본적인 법칙이 무엇이며 그리고 그러한 법칙을 정해줄 방법이나 절차가 무엇인가라는 질문이다. 그런데 대체로 과학에 있어서와 마찬가지로 윤리학에 있어서도 이용될 방법이 어떤 것인가에 따라서 그 법칙이 무엇인가가 규정되는 것이라면 위의 두 가지 물음 중에서 방법론의 문제가 보다 기본적이고 선행되어야 할 물음이 될 것이다.

우리는 고전적 공리주의자인 시지윅(H. Sidgwick)의 용어법을 원용하여 이 두 번째의 물음을 '윤리학의 방법론'[1]이라 부를 수 있을 것이다. 하지만 이러한 용법이 분석윤리학에서 행해지고 있는 도덕적 언어에 대한 분석적 연구로 오해될 가능성이 있다면 이를 '규범윤리학의 방법론' 혹은 본 논문의 주제와 관련하여 '사회윤리학의 방법론'이라고 불러도 좋을 것이다. 그런데 시지윅은 윤리학의 방법으로서 이기주의, 직관주의, 공리주의 세 가지를 들고 있으나 위에서 제시한 우리의 구분법에서 볼 때 이기주의와 공리주의는 오히려 특정한 윤리학의 방법에 의해 결과되는 도덕 법칙을 나타내는 것으로 생각되며 시지윅 자신의 방법론은 이른바 철학적 직관주의라 함이 옳을 것이다.

롤즈(J. Rawls)의 『정의론』[2]이 주목의 대상이 되어 온 것은 그것이 벤담(J. Bentham) 이래 전통적 규범윤리학의 작업을 다시 인수하고 있기 때문이라 할 수 있다. 그는 도덕의 기본 법칙에 관해서뿐만 아니라 그러한 법칙을 정해 줄 방법이나 절차를 제시하고 있으며 동시에 그 두 가지 문제를 분명히 구분하여 다루고 있다. 물론 방법론에 대한 그의 제안은 도덕 원칙보다 더 추상적인 차원에서 이루어지고 있어 현실의 직접적인 관심거리가 될 수 없을지는 모르나 사실상 롤즈에 있어 어떤 의미에서는 그것이 보다 근본적인 중요성을 갖는 것으로 생각되는 것이다.

---

1 Henry Sidgwick, *The Methods of Ethics*(New York, Dover Publications, Inc., 1966). 이 책 제 I 부 제1장 3절 참조.
2 John Rawls, *A Theory of Justice*(Cambridge, Harvard University Press, 1971).

규범윤리학 혹은 사회윤리학의 방법론도 여러 가지 측면에서 논의될 수 있을 것이다. 본 논문의 배경적 전제가 될 서론에서 우리가 중점적으로 다루고자 하는 내용은 우선 윤리 체계의 개념적 틀을 구성하는 문제를 비롯해서 도덕의 원칙들을 도출하는 방법 그리고 그것을 정당화하는 문제 등이며 끝으로 특히 사회윤리적 관점에서 볼 때 도덕 체계가 갖추어야 할 요건들을 다루게 될 것이다. 이로부터 우리는 사회윤리 체계의 몇 가지 구성 요건을 추출하여 앞으로 논의하게 될 두 윤리 체계의 사회윤리적 타당성을 평가하는 기준으로 삼고자 한다.

1. 윤리학에 있어서 목적론과 의무론

윤리학에 있어서 두 개의 주요 개념을 좋은 것(the good, 善)과 옳은 것(the right, 義)이라 한다면 윤리설의 구조는 대체로 이 두 가지 기본 개념을 규정하고 관련짓는 방식에 의해 결정된다고 할 수 있다. 윤리적 전통에 있어서 목적론(teleology)에 속하는 윤리설은 우선 좋은 것을 옳은 것과는 상관없이 규정하고 그리고 옳은 것은 그 좋은 것을 극대화하는 것으로 보는 입장이다. 보다 정확히 말하면 옳은 행위나 제도는 가능한 대안들 중에서 최대의 선을 산출하는 것이든지 아니면 적어도 현실적으로 가능한 최선의 행위나 제도들 가운데 하나이어야 한다는 것이다.[3]

나아가서 목적론적 윤리설에는 구체적으로 선을 어떻게 규정하는가에 따라 다시 여러 가지 유형이 있을 수 있다. 만약 탁월성을 실현하는 것이 선이라고 생각한다면 완전설(perfectionism)이라 불리는 것이 되며 이러

---

3 Ibid., pp.30, 40 참조.

한 사상은 아리스토텔레스나 니체 등에서 전형적으로 나타난다. 이 밖에도 역사적으로 중요한 목적론의 유형으로는 행복설, 쾌락설, 진화설, 자아 실현설 등이 있다. 그리고 이러한 윤리학적 일원론들과는 달리 다양한 여러 가지 선을 상정할 경우 다원적 목적론이 성립하게 된다. 선이나 인생의 목적에 중점을 두는 이러한 목적론적 윤리는 대체로 그리스 철학의 전통에 속하며 근래에 이르러 영국의 공리주의자들에 의해 강력히 옹호되고 있다.

목적론과 대비되는 또 하나의 윤리적 전통인 의무론(deontology)은 옳은 것과 상관없이 좋은 것을 규정하지도 않으며 더욱이 옳은 것을 좋은 것의 극대화로 생각하지도 않는 입장이다.[4] 목적론과는 반대 방향에서 이론을 구성해 가는 의무론에 있어서는 목적이나 선에 비해 의무나 의(義)의 우선이 주장되고 있으며 옳은 것에 위반되는 것은 무가치한 것으로 판단된다. 따라서 옳은 것의 원칙이나 의무의 체계가 선행되고 그에 따라서 가치 있는 선(善)의 한계가 설정되는 것이다. 옳은 것은 보다 근본적이고 환원 불가능하며 따라서 직관에 의해서만 파악되는 윤리적 개념임을 내세운다는 점에서 의무론자들은 직관론자(intuitionist)로 불리기도 하였다.

의무론적 윤리설은 히브리적 전통에서 유래한 것으로서 칸트의 윤리학과도 관련을 맺고 있다. 벤담의 강력한 저지를 받은 후 윤리적 직관론은 근 1세기 동안이나 적극적인 옹호자가 없었다. 사실상 그것은 지난 몇 십 년간 옥스퍼드를 중심으로 한 일단의 윤리학자가 아니었다면 아직도 암흑 속에 남아 있었을 것이다.[5] 로스(W. D. Ross)를 중심으로 한 신직관론자, 더

---

4 William K. Frankena, *Ethics*(Engleeood Cliffs, N.J., Prentice-Hall, Inc., 1963) 참조; J. Rawls, *A Theory of Justice*, pp.30, 40 참조.

5 H. A. Prichard, W. D. Ross, E. F. Carritt 등을 가리키며 Oxford-intuitionists, Neo-intuitionists 혹은 Deontologists 등으로 불린다.

일반적으로는 의무론자들로 알려져 있는 이들은 윤리학에 있어서 의무론을 재활시켰을 뿐만 아니라 공리주의에 대한 유력한 반론을 제기함으로써 규범윤리학의 논전을 더욱 풍요하게 하는 데 기여했다.

목적론이 일반적으로 강한 호소력을 갖는 것은 그것이 합리성의 이념을 구현하는 것으로 생각되기 때문이다. 합리성이란 보통 어떤 것을 극대화하는 것으로 생각되며 윤리설에 있어서 그것이 선을 극대화하는 것으로 생각됨은 당연하다. 그러나 목적론은 대체로 두 가지 부담을 이겨내야 하는데 그 하나는 전제되는 선이 우리의 신중한 도덕 판단이나 윤리적 신념을 해명해 줄 만큼 포괄적인 정합성(整合性)을 갖는 윤리 체계를 구성하는 일이고 다른 하나는 전제되는 선이 극대화의 원리를 가동시켜 현실의 지도 원리가 될 만큼 충분히 객관적인 가측성(可測性)과 계산 가능성을 허용해야 한다는 점이다.

그러나 목적론의 전통이 보여주고 있는 바는 포괄적인 정합성과 계산의 가능성을 동시에 만족시키는 윤리 체계의 정식화(定式化)가 지극히 어렵다는 사실이며 계산의 가능성을 확보하기 위해서 충분히 단순화된 선을 전제하는 입장은 그에 의해 해명되지 못하는 우리의 윤리적 신념을 반증례(反證例)로 들어 반박되기 일쑤이며 도덕 판단들에의 정합성을 위해 충분히 포괄적인 선을 설정하는 입장은 객관적 계산 가능성을 지니기에는 지나친 애매성을 윤리 체계 속에 도입하게 됨으로써 비현실적인 사회윤리가 되고 만다. 그러나 목적론에 내재하는 이러한 딜레마에도 불구하고 그것은 도덕 문제에 대한 합리적 해결의 가능성을 보인다는 점에서 아직도 많은 윤리학자들로부터 매력적인 것으로 생각되고 있다.

이에 반해서 의무론은 일반적으로 우리의 도덕적 직관에 주어지는 자료의 기반에서 출발하는 까닭에 우리의 숙고된 도덕 판단이나 윤리적 신념에의 충실을 보여준다는 점에서 높이 평가를 받고 있다. 그러나 여기에 있어서의 문제는 어떤 것이 숙고된 도덕 판단으로 간주될 것인지를 가려줄 절차와 그들간에 상충이 있을 경우 그 우선 순위를 가려줄 기준을 제시해야 한다는 점에 있다. 그러나 이에 대해서 직관론적 법칙론자들은 일반적으로 직관에의 의존이 항상 그러하듯이 그것이 어떻게 정당화의 근거가 될 수 있는지에 응답해야 된다는 점에서 다시 난관에 봉착하게 된다.

나아가서 의무론자들의 입장에 충실할 경우 우리는 현행 판단이나 규칙들의 우선 순위를 가리기 위해 현재의 직관 자료를 넘어설 수 없으며 현행 판단이나 규칙들의 정당화를 위해서도 그들 자신의 직관을 넘어서 어떤 가능한 근거도 찾을 수가 없다. 이런 점에서 의무론은 기존 도덕에 대해 보수의 편에 서거나 도덕적 관행주의(moral conventionalism)에 흐를 우려가 있다. 결국 의무론은 우리로 하여금 도덕적 궁지(moral deadlock)에 이르게 하며 그것을 헤쳐 나갈 아무런 합리적 해결에의 기대도 안겨줄 수 없게 되며 이러한 난점은 로스가 도입한 조건부 의무론(prima facie obligation)에 의해서도 그 해결에 있어서 아무런 도움을 받지 못한다.[6]

이상의 논의를 통해서 볼 때 목적론이 사회윤리로서 살아남는 길은 포괄적 정합성과 계산 가능성을 모두 만족시키는 윤리 체계를 구성함으로써 내재적인 딜레마를 극복하는 일이며 의무론이 합당한 윤리 체계가 되기 위해서는 도덕 판단들의 우선 순위를 가리고 정당화해 줄 합리적 절차를 구성함으로써 도덕적 궁지를 해결할 수 있어야 한다. 따라서 이 논문은 제 I 부에서 목적론적 전통에 있어서 사회윤리적 관점에서 볼 때 가장 유력한 유형으로 평가되는 공리주의의 여러 형태를 분석 검토하는 가운데 그 갖가지 가능성을 타진하고자 하며 제 II 부에서는 의무론적 전통에 있어 새로운 기

---

6 Robin Attfield, "Toward a Defense of Teleology", *Ethics* 85(January), p.125.

초 위에서 오랜 난점에 대한 합리적 해결을 시도하는 롤즈의 정의론을 논의하고자 한다.

그런데 전통적으로 목적론자들이나 의무론자들은 모두 자신이 내세우는 목적이나 의무의 존재를 형이상학 내지는 신학적 근거 위에서 정당화하고자 하였다. 그러나 철학 일반에 있어서와 마찬가지로 도덕철학에 있어서도 인간학적인 전회(轉回)는 불가피한 것이었고 목적론의 현대적 유형이라 할 수 있는 공리주의는 애초에 그 정당화가 심리적 쾌락주의의 기초 위에서 이루어졌다. 벤담이나 밀(J. S. Mill)은 인간이 쾌락을 추구한다는 심리적 사실에 기초해서 최대의 쾌락이 도모되어야 한다는 가치 판단, 즉 공리의 원칙을 도출하고자 하였다. 그러나 신학적 기초와 마찬가지로 자연론적 기초 또한 공리주의를 오래 지탱할 수는 없었다.

공리주의의 심리학적 기초에 불만을 품었던 시지윅을 비롯해서 자연론적 오류를 지적한 무어(G. E. Moore)에 이르기까지 공리주의는 옳은 행위에 대한 결과주의적 입장을 견지하면서도 선에 대한 직관론적 해명을 시도하였다.[7] 그러나 프리차드(H. A. Prichard)를 거쳐 다시 득세하게 된 의무론은 도덕적 인식에 대한 직관론적 입장을 받아들이면서도 공리주의의 기본이 되는 결과주의적 윤리관을 배척하였다. 그런데 직관에 바탕을 둔 의무론에서는 이미 지적한 바와 같이 직관적으로 자명한 의무들 간의 상충이 있을 경우 그들의 상대적 강도를 판정할 합리적 기준의 제시가 요구되며 이로 인해서 의무론자인 로스는 부분적으로 결과주의적 원칙을 받아들임으로써 조정을 꾀한다.[8]

7　이 책 제Ⅰ부 제1장 3절 참조.
8　Anthony Quinton, *Utilitarian Ethics*(New York, Macmillan, 1973), p.107.

최근에 와서 가치 판단은 본질적으로 행위의 지침이 되는 실천적인 의의를 갖는다는 분석윤리학의 연구 결과로 인해 무어의 반자연론(反自然論)은 더욱 견고한 기반 위에서 다시 주장되기에 이른다. 스티븐슨(Stevenson)의 정의주의(情意主義)와 헤어(R. M. Hare)의 규정주의(規定主義)가 합의하는 바는 가치 판단이란 진위와 관련된 진술이 아니고 인식의 대상도 아니며 따라서 자연론뿐만이 아니라 직관론도 용납하지 않는다. 그들의 이론에 의하면 궁극적 가치나 목적은 발견되는 것이 아니라 선택되는 것이다. 분석윤리학의 이러한 비판에 바탕을 두고 스마트(J. J. C. Smart)는 공리(公利)의 근본 원칙은 진위를 가릴 수 있는 명제가 아니라 기본적인 도덕적 결단이나 선택의 산물이라 함으로써 공리주의의 새로운 가능성을 열고 있다.[9]

분석윤리학자들의 비판적 작업 이래 의무론도 더 이상 직관론적 기초 위에서 구성될 수만은 없다. 상충하는 도덕 법칙들의 우선 순위를 정해 주고 그것들을 정당화해 줄 합리적 기초를 발견하지 않으면 안 되었다. 이러한 점에서 롤즈는 자연론과 직관론에 대한 분석윤리학의 비판적 결과를 수용하고[10] 도덕 원칙은 발견되는 것이 아니라 구성되어야 한다는 생각에서 그 구성의 틀을 전통적인 계약 이론에서 빌려온다. 그는 합리적 계약자의 입장이 적절히 규정될 경우 거기에서 선택되는 도덕 원칙은 정당한 원칙이며 동시에 그 우선 순위도 정해질 것으로 봄으로써 고전적 의무론의 직관론적 다원주의를 합리적으로 극복할 수 있으리라고 믿는다.

9 J. J. C. Smart, *An Outline of a System of Utilitarian Ethics*(Carlton, 1961) 참조.
10 J. Rawls, op. cit., p.578.

2. 도덕 판단과 도덕 원칙의 정합성

목적론이건 의무론이건 간에 그 체계를 구성하는 도덕 원칙이 인간의 행위를 규제하게 될 원칙이라면 그것은 우리의 현실적인 도덕 경험이나 일상적인 도덕 판단과 어떤 관련을 맺지 않으면 안 된다. 우리는 이 절에서 시지윅을 거쳐 롤즈에 이르러 더욱 분명해진 영미 규범윤리학의 전통적인 한 가지 방법으로서 도덕 판단과 도덕 원칙 간의 정합성에 입각한 방법론을 논의하고자 한다. 여타의 윤리학적 전통에서도 이러한 방법이 중요했던 것은 사실이나 특히 영미의 윤리학에서 그것이 강조되어 온 것은 그 전반적인 경험론적 배경으로 인한 것이라 생각된다. 물론 그러한 방법을 통해서 도달된 도덕 원칙이 모든 윤리학자들에 있어서 일치되고 있는 것은 아니나 자신의 도덕 원칙을 옹호하거나 다른 도덕 원칙을 비판할 경우 그들은 암암리에 혹은 공공연하게 이러한 방법에 의거한다고 보인다.

이러한 방법은 대체로 상식 판단(common-sense judgements)에 입각하는 것으로서 이는 우리가 일상적으로 내리는 도덕 판단이나 적어도 숙고를 거쳐 신중하게 이루어지는 판단들로부터 그들의 배후에 깔려 있는 도덕 원칙을 발견하려는 것이다. 여기에서 도덕 원칙은 정리(定理)의 체계가 도출되는 공리와도 같이 이상적으로는, 확신을 가지고 내려지는 현실의 모든 도덕 판단을 체계화해 줄 원칙이 되는 것을 목표로 한다. 브란트(R. B. Brandt)는 상식적 도덕 판단에 바탕을 둔 자신의 방법론을 자연과학의 방법론에 비유하면서 자연 법칙이 관찰명제(觀察命題)에 의해 검증되듯이 도덕 원칙은 우리의 상식적인 도덕 판단에 의해 검증될 수 있다고 하였다. 나아가서 그는 검증을 통해 보증된 자연 법칙에 어긋나는 관찰들이 배척되듯이 합당한 것으로 판명된 도덕 법칙은 특정한 상식 판단을 교정해 주기도 한다는 것이다.[11]

이상과 같은 도덕 판단과 도덕 원칙 간의 상호 관계는 상식 판단을 중시하는 방법론의 고전적인 주장자인 시지윅의 견해에서도 분명히 엿볼 수 있다. 그는 "철학적 전제의 진위는 그 결론의 합당성에 의해 검증되며 그것이 중대한 점에서 상식과 크게 상충할 경우 그 방법이 부당하다고 말할 수 있다"[12]고 하면서 이어 말하기를 도덕철학의 역사는 그 기본 자료가 되는 도덕적 직관들을 보다 명료하게 해명하려는 시도들의 역사이며 "그 과학적인 방법론을 통해서 상식적인 도덕 판단들이 체계화되는 동시에 수정되기도 한다"는 것이다.[13]

롤즈도 자신의 방법론이 일상적인 도덕 판단에 입각한 것임을 밝히면서 추상적인 도덕 원칙의 합당성을 판정하기 위해서 우리가 해야 할 일 중의 하나는 그것이 확신을 갖고 내려진 우리의 신중한 도덕 판단과의 합치 여부를 확인하는 일이라고 했다. 다른 측면에서 그는 이러한 방법을 일상적으로 도덕 판단을 내리는 우리의 도덕적 능력(moral capacity)과 관련지으면서 도덕철학이란 일차적으로 우리의 도덕적 능력(특히 정의감)을 기술하는 것으로 생각할 수 있다고 하였다. 물론 여기에서 기술이란 일상적인 도덕 판단들의 목록을 작성하는 것이 아니라 구체적 상황에서 우리로 하여금 그러한 판단에 이르게 할 원칙들의 체계를 정식화(定式化)하는 것으로 이해해야 한다는 것이다.[14]

---

11 Richard B. Brandt, *Ethical Theory*(Englewood Cliffs, N.J., Prentice-Hall, 1959), pp.242-44. 그는 과학의 논리와 자신이 제시한 윤리학의 방법인 Qualified Attitude Method의 유사성을 분명히 말하고 있다.

12 H. Sidgwick, op. cit., p.373.

13 Ibid., p.374.

14 J. Rawls, op. cit., p.46. 롤즈는 자신의 이러한 방법을 자국어(自國語)에 대한 문법감(文法感, sense of grammaticalness)을 기술하는 Chomsky의 언어학적 방법에 비유하고 있다.

그런데 롤즈는 모든 일상적인 도덕 판단이 도덕적 자료(moral data)로서 자격을 갖는다고 생각하지는 않으며 '숙고된 판단(considered judgements)'이라는 개념을 도입함으로써 중요한 제한 조건을 첨가한다. 그에 의하면 숙고된 도덕 판단이란 '우리의 도덕적 능력이 왜곡됨이 없이 발휘되는 판단'이라 할 수 있다.[15] 따라서 확신이 없이 혹은 강제에 의해서 내려진 판단은 배제되며, 우리 자신의 이해 관계에 지나치게 집착함으로써 행해진 판단도 제외된다. 결국 합당한 판단이란 '일반적으로 숙고나 판단을 위해서 유리한 조건 아래서 내려진 판단'이라 할 수 있을 것이다.[16]

롤즈는 이러한 문제들을 상론한 초기의 논문에서, 합당한 도덕적 자료를 '유능한 판단자(competent judges)'의 '숙고된 판단'으로 규정하고 있다. 유능한 판단자라 함은 어느 정도의 지능과 지식을 가진 자로서 공정하고 합리적인 사고를 할 뿐만 아니라 남과 처지를 바꾸어 생각할 수 있는 공감 능력을 갖춘 사람이라고 한다.[17] 나아가서 이러한 판단자의 판단들 중에서도 자기와의 이해 관계를 떠나서 관련 상황에 대한 정확한 사실지(事實知)에 바탕을 두고 숙고한 끝에 확신을 가지고 일관성 있게 내려진 도덕 판단이 바로 숙고된 판단이라는 것이다.[18]

이러한 방법은 단순한 상식 판단에 입각한 방법을 다소 발전시킨 모형으로서 사실상 상식 판단을 중시하는 대부분의 도덕철학자들에 의해 주장되고 있다. 그들은 모두 단지 상식이 확신을 가지고 내리는 판단이 아니라 어떤 이상적인 조건하에서 내리는 판단을 문제 삼고자 한다. 도덕철학자들이

---

15 Ibid., p.48.
16 Ibid.
17 J. Rawls, "Outline of a Decision Procedure for Ethics", Thomson and Dworkin (eds.), *Ethics*, pp.50–51 참조.
18 Ibid., pp.53–55 참조.

이러한 조건하의 도덕 판단에 주목하는 것은 자연과학자들이 정상적인 조건 아래서 이루어진 실험 및 관찰 자료를 중시하는 것과 마찬가지이다. 전통적으로 스미스(A. Smith), 흄(D. Hume)을 위시한 대부분의 공리주의자들에 의해 가정되고 있는 '공평하고 동정적인 관망자(觀望者)(impartial sympathetic spectator)'[19]는 바로 이상적인 조건하에서 내려진 도덕 판단을 가리기 위한 절차로 이해될 수 있을 것이다.

동일한 관점에서 공리주의의 현대적 전개를 시도하는 브란트는 상식에 바탕을 둔 윤리학의 방법을 계승하면서도 그것을 보다 발전시켜야 할 필요를 느낀다. 그에 의하면 우리는 때때로 확신을 가지고 내렸던 판단이 그릇된 것임을 알게 되며 상황에 대한 새로운 정보들로 말미암아 흔히 애초의 판단을 교정하게 되는 까닭에 도덕철학은 어떤 표준적 조건(standard conditions)하에서 내리게 될 판단들을 조정하고 체계화하는 것을 그 임무로 삼아야 한다고 했다.[20] 여기에서 도덕 판단의 객관성을 보장하는 것으로 생각되는 표준적 조건이란 당면한 상황에 대한 충분한 정보를 갖는다는 것, 그리고 비정상적인 감정 상태에 있지 않아야 한다는 것 등으로 요약된다고 한다.

그런데 이상과 같이 숙고된 도덕 판단과 도덕 원칙의 정합성에 입각한 방법의 중요성에 합의하면서도 대부분의 공리주의자들, 특히 고전적 공리주의를 대변하는 시지윅과 정의론을 중심으로 사회윤리의 새로운 기초를 모색하는 롤즈는 중요한 점에서 의견을 달리하고 있다. 이들간의 가장 중요한 차이는 그러한 정합성이 도덕 원칙의 정당화에 있어서 어떤 지위를

---

19 Adam Smith, *The Theory of Moral Sentiment*, Selby-Bigge(ed.), *British Moralists*, Vol. I (New York, Dover, 1965), pp.257-77 참조.

20 R. B. Brandt, op. cit., p.250.

차지하며 도덕 원칙의 타당성을 보장하는 최종적인 근거가 어디에서 찾아지는가에 있다. 이러한 문제들에 대한 해답은 규범윤리학의 방법론적 전통에 있어서 분석윤리학의 이전과 이후를 가르는 분기점과도 관련된 것으로서 객관적인 도덕적 진리(objective moral truth)의 존재 유무와 윤리 인식 가능성 여하에 대한 가정에 달려 있다 할 것이다.

시지윅의 윤리학에 있어서는 객관적인 도덕적 진리가 가정되며 직관주의적 기초 위에서 그 인식 가능성이 전제된다. 그에 의하면, "공리주의적 방법은 이와 같은 기본적인 직관(fundamental intuition) 없이는 조화롭고 일관성 있는 것이 될 수 없다고 생각한다. … 일반의 행복을 도모하는 최고의 규칙은 기본적 직관에 의거하는 것이라 생각된다. 그래서 나는 직관적인 기초에 의거해서 공리주의자가 된다"는 것이다.[21] 이와 같이 그가 공리의 원칙을 받아들이게 되는 일차적 근거는 바로 그것이 갖는 직관적 자명성인 것이다. 따라서 시지윅에 있어서 도덕 원칙의 타당성을 판정해 줄 최종적인 권위는 바로 직관에 의해 자명하게 주어지는 객관적인 도덕적 진리에 있다 할 것이다.

물론 시지윅이 공리주의의 타당성을 보이기 위해 우리의 일상적인 도덕 판단들에 의거하고 있는 것은 사실이나 그가 그러한 방법에 의거하고 있는 전후 관계를 살펴보면 그는 이것을 공리주의의 진위를 가리는 기준으로서가 아니라 이미 독립적으로 도달된 어떤 결과를 확인하려는 절차로서, 그리고 특히 상식적 도덕의 지지자들에게 제시된 대인논증(對人論證, argumentum ad hominem)으로 이용하고 있다는 사실을 알 수 있다.[22]

---

21 H. Sidgwick, op. cit., pp.xvi-xx.
22 Peter Singer, "Sidgwick and Reflective Equilibrium", *The Monist*, Vol. 58, No. 3(July 1974), p.498.

다시 말하면 그에 있어서 상식적 도덕 판단에 의거하는 것은 윤리설의 타당성을 검증하기 위한 절차로서가 아니라 다른 윤리설을 주장하는 자들에게 공리주의의 우위성을 납득시키는 방편인 것이다.

그러나 시지윅은 상식적인 도덕 판단에 합치한다고 해서 공리주의가 진리임이 증명되는 것은 아니나 그로 인해서 공리주의는 이중으로 정당화된다고 생각한다. 공리주의는 자명한 전제나 일관된 체계로 인해 그 자체로서도 타당한 윤리설일 뿐만 아니라 상식적인 도덕과의 합치로 인해 그 타당성이 더욱 강화될 수 있다는 것이다.[23] 그는 직관에 의한 자명한 제1원리에 입각해서도 공리주의자이지만 상식의 도덕에 입각해서도 다시 공리주의자가 된다는 것이다.

나아가서 시지윅은 도덕 이론의 진위 여부를 가리는 자신의 일차적 방법, 즉 직관론적 방법의 오류 가능성을 시인하는 다소 회의적인 논문에서 그러한 오류를 막아주는 데 있어서도 상식적인 도덕이 보다 중요한 역할을 하는 것임을 말하고 있다. 자명해 보이는 도덕 원칙이 상식적인 도덕과 크게 상충하는 결과를 갖게 될 경우 그것은 자명성에 대한 우리의 직관이 오류일 수 있다는 경고로 보아야 한다는 것이다. "상식적인 도덕이 도덕 체계의 진리를 보증하는 것은 아니나 인간의 직관 능력의 불완전에서 생겨나는 오류를 막아줄 수는 있다고 본다. 나의 정신에 자명하게 주어지고 … 모든 다른 이의 정신에도 자명한 것으로 받아들여지는 명제라도 결국 그것이 오류로 판명될 수 있는 것이다."[24]

이상에서 살핀 바와 같이 시지윅에 있어서는 도덕 판단과 도덕 원칙과의

---

23 Ibid., p.507.
24 H. Sidgwick, "The Establishment of Ethical First Principles", *Mind*, Vol. 4(1879), p.108.

정합성과는 상관없이 설정된 객관적인 도덕적 진리가 도덕 원칙의 타당성에 대한 최종적인 시금석이 된다. 그러나 여기에서 다시 문제되는 것은 객관적인 도덕적 진리에 대한 직관론적 정당화가 어느 정도 성공적으로 수행될 수 있는가이다.[25] 이에 대해서는 시지윅 자신도 회의적인 일면을 보이고 있으며 오늘날의 도덕철학자들 간에는 아무도 정당화에 있어서 직관의 절대적 권위를 인정하는 자는 없다. 직관론적 정당화의 권위가 감소하는 것에 대응해서 정합성에 입각한 방법의 상대적 중요성이 증가함은 시지윅의 윤리학에 있어서도 사실이라고 생각된다.

이에 비해서 롤즈는 처음부터 윤리학이 인식론적으로 정위(定位)된 것을 잘못된 전통으로 보고 시지윅이나 무어에 의해 대변되는 철학적 내지는 합리적 직관주의를 비판하면서 "자신의 입장은 객관적인 도덕적 진리를 가정하지 않는다"[26]고 말한다. 제Ⅱ부에서 다시 상론되겠지만 그는 윤리학의 본령을 인식론적인 측면에서가 아니라 실천론적인 측면에서 찾고자 하며 객관적인 진리의 발견이 아니라 실천의 지침이나 원칙의 체계를 구성하는 것을 그 목표로 한다는 것이다.[27] 그리고 이러한 구성에 있어서 도덕 원칙과 도덕 판단 간의 정합성과는 독립적으로 롤즈가 의거하는 어떤 객관적인 기준이란 있을 수 없다. 따라서 여기에서는 그러한 정합성에 의거하면서도 도덕적 주관주의 내지는 관행주의라는 비판으로부터 도덕의 타당성을 구제해 줄 방도의 모색이 요구된다.

이러한 과제를 염두에 두고 롤즈는 자신의 초기 논문에서 과학적 방법론

---

25 이 책 제Ⅰ부 제1장 3절 참조.
26 J. Rawls, "The Independence of Moral Theory", *Proceedings and Addresses of the American Philosophical Association*, XLVIII(1974~75), p.9.
27 이 책 제Ⅱ부 제2장 3절 참조.

에 기초를 둔 윤리학의 결정 절차를 제시한 적이 있다. 『정의론』에 있어서도 방법론의 모델이 귀납논리(inductive logic)에서 과학적 언어학(scientific linguistics)으로 바뀌고는 있으나[28] 과학적 방법론에 의거한다는 기본 정신은 그대로 견지되고 있어 "정의의 이론도 다른 이론들과 마찬가지로 방법에 있어서 동일한 규칙에 의거한다"고 했다.[29] 그러나 과학이 방법론에 있어서 전형이 된다는 점에서 동일하나 전기의 논문과 후기의 저술 간에는 중대한 차이가 지적될 수 있다. 이러한 차이는 그의 이론 구성의 배경이 되고 있는 과학적 방법관의 변화에 의해 설명될 수 있는데 롤즈는 최근 20년간 과학적 방법에 대한 일반적 관점의 전환을 자신의 두 입장 속에 반영하고 있는 셈이다.

초기의 논문은 과학적 방법에 대한 다소 실증주의적(positivistic) 입장에 의해서 구성되고 있다면 후기의 저술은 과학적 방법에 대한 실용주의적(pragmatic) 이해를 반영하고 있다. 전자에 있어서는 도덕 판단과 도덕 원칙간에 대체로 일방적인 관계가 성립하며 우선 도덕적 자료로서 숙고된 도덕 판단들이 선정되고 그로부터 귀납적으로 도덕 원칙을 도출함으로써 정당화에 있어서 정초주의적(foundationalist) 입장을 취하고 있다면 후자에 있어서는 숙고된 도덕 판단이 여전히 도덕적 자료로서 기능을 하고 있기는 하나 도덕 판단과 도덕 원칙 간의 상호 조정의 과정이 있음으로써 정당화에 있어서 순수히 정합주의적(coherentist) 입장을 택하게 된다.[30] 롤즈는 자신의 이러한 정합주의적 정당화 방법을 콰인(W. V. Quine)이나 화

---

28 J. Rawls, "Outline of a Decision Procedure for Ethics", p.49; J. Rawls, *A Theory of Justice*, p.46 참조.

29 J. Rawls, *A Theory of Justice*, p.51.

30 C. F. Delaney, "Rawls on Method", *Canadian Journal of Philosophy, supplementary*, Vol. III(1979), p.158 참조.

이트(M. White)의 영향에 의한 것이라고 밝힌다.[31]

여하튼 롤즈의 정의론에서 중요한 방법은 정합주의적 방법이며 도덕 판단과 도덕 원칙 간의 상호 조정의 과정은 최종적인 반성적 평형(reflective equilibrium)에 이를 때까지 진행된다.[32] 그에 의하면 정의론에 있어서 "정당화의 문제는 모든 것이 결합되어 하나의 정합적인 체계를 구성하는 여러 가지 고려 사항의 상호 지지의 문제"[33]이므로 반성적 평형에서 주어지는 원칙의 체계는 정당한 체계가 된다. 그러나 도덕 판단과 도덕 원칙을 서로 조정해 가는 상호 규정적 방법론은 논리적 순환을 극복할 수 있는 모종의 개념적 장치를 세우지 않으면 안 된다. 다시 말하면 합당한 도덕 원칙을 결과하게 될 도덕적 자료를 선정하고 정당화의 힘을 부여하게 될, 삼각 측량을 위한 제3의 지점이 필요한 것이다.

롤즈는 특히 사회정의의 원칙에 대한 정합주의적 정당화에 있어서 요구되는 이 제3의 지점을 원초적 입장(original position)이라 이름하고 그것을 "적절한 숙고 끝에 누구나 합당한 것으로 받아들이게 될 원칙들에 대한 일련의 조건들을 결합해서 구성된 하나의 관점"이라고 규정했다.[34] 그리고 원초적 입장은 그러한 조건들의 의미를 요약하고 있을 뿐만 아니라 그로부터 원칙의 체계를 도출함에 있어서 도움이 되는 설명의 방편이요 우리의 목적을 멀리서 바라볼 수 있게 하는 원점이라는 것이다.[35] 결국 롤즈의

---

31 J. Rawls, *A Theory of Justice*, p.579 참조. 롤즈가 인증하고 있는 것은 W. V. Quine의 *Word and Object* 및 *Ontological Objectivity and Other Essays*와 Morton White의 *Toward Reunion in Philosophy*.

32 J. Rawls, *A Theory of Justice*, p.48.

33 Ibid., p.22.

34 Ibid., p.21.

35 Ibid.

방법론에 있어서 정당화의 성패는 이러한 원초적 입장을 구성하는 조건들을 어떻게 설정하는가에 달려 있다고 볼 수 있다.

3. 도덕적 관점의 두 모형 대비

롤즈가 말하는 원초적 입장과 같이 도덕적으로 합당한 조건들로 이루어진 하나의 관점을 베이어(K. Baier)의 그 용법을 빌려 보다 일반적인 이름으로 도덕적 관점(moral point of view)이라 할 수 있을 것이다.[36] 그러한 관점에 대한 요구는 직관적으로도 당연하다고 생각되는 것으로서 그러한 관점을 찾거나 구성하는 것은 모든 도덕철학자에게 공통된 관심사였다고 할 수 있다. 루소가 '일반 의지(一般意志)'를 말하고 칸트가 '선의지(善意志)'를 논할 때에도 배후에는 그러한 생각이 깔려 있다고 할 수 있으며 흄이 어떤 '공통의 관점'을 선택할 필요를 역설하고[37] 시지윅이 '보편의 관점'이라는 용어를 쓸 때에도[38] 동일한 관념이 작용하고 있다 할 것이다.

그런데 이러한 도덕적 관점은 타산 판단(prudential judgements)에서 전형적으로 나타나는바, 어떤 개인이 자신의 이해 관계에 비추어서 합리적인 선택을 고려할 때 취하는 개인적 관점과는 구별된다. 일반적으로 도덕 판단(moral judgements)이란 타산 판단에 있어서와 동일한 합리성에 의거하는 것이긴 하나 그러한 판단이 어떤 특정한 개인의 관점으로 확인되지 않는 공평한(impartial) 관점에서 이루어지는 것으로 생각되고 있는데 바

---

36 Kurt Baier, *The Moral Point of View*(Cornell University Press, 1958) 참조.

37 D. Hume, *A Treatise of Human Nature*, Selby-Bigge(ed.)(Oxford, Clarendon Press, 1978), p.591.

38 H. Sidgwick, *The Methods of Ethics*, p.382.

로 이러한 관점을 도덕적 관점으로 볼 수 있으리라 생각된다. 흄은 두 가지 판단 간의 차이점에 대해 언급하면서 도덕의 언어와 자애(self-love)의 언어가 다른 것은 전자가 보편의 관점을 취하는 데 있다고 했다.

공리주의에서 이러한 보편적인 도덕적 관점이 이용되고 있는 것은 벤담 등에 의해 전형적으로 나타나고 있다. 그는 어떤 타산적 선택의 모델을 받아들이는 데서 시작하면서 개인의 관점에서 합리적인 선택이란 그 자신의 이익을 극대화해 주는 것이라 하였다.[39] 그래서 애초에 공리주의의 원칙은 개인이나 그들의 집단에 적용된 합리적 선택의 일반 원리로서 도입된 것이다. 그런데 벤담은 이어서 주장하기를 사회도 이해 관계를 갖는 하나의 개체로 간주될 수 있으며 만일 우리가 사회를 개인들의 집합체로 본다면 사회의 이익은 그 성원인 개인들의 이익의 총합에 불과하다고 했다.[40] 그래서 그는 도덕 판단이란 특정한 개인의 이익에 의거한 타산 판단이 아니라 사회 전체와 자신을 동일시할 수 있는 입장에서 사회 전체의 공리 계산에 의해 이루어지는 판단이라고 했다.[41]

이미 지적한 바와 같이 롤즈도 기본적인 도덕 원칙을 정초하기 위해서 도덕적 관점을 구성하는 문제에 부심했다. 그러나 그는 벤담과는 달리 사회를 하나의 거대한 개체로 보지도 않았고 따라서 개인의 선택 원리와 사회적 선택 원리를 동일시함으로써 생기는 여러 문제들을 회피할 수 있는 새로운 모형을 제시하고자 한다. 롤즈는 각 개인을 구분하게 하는 우연적 속성들에 대한 무지(無知) 속에서 일련의 도덕 원칙을 선택하는 인간을 말함으로써 사회를 거대한 하나의 개체로 가정하지 않고서도 공평한 관점을

---

39 Jeremy Bentham, *Principles of Morals and Legislation*, ch. 1, sec. ii.
40 Ibid., sec. iii-v 참조.
41 Ibid., ch. 2, sec. xiv, note 참조.

제시할 수 있다고 생각한다. 그에 있어서 사회적 선택의 문제는 특정한 여건과 입장에 있는 개인들 간의 합의에 의한 선택 문제로 대치된다.

어떤 문제에 대한 올바른 해답을 사람들이 일정한 제약 조건 아래서 선택하게 될 결과로 보는 이론을 가정적 선택 이론(hypothetical choice theory)이라 부른다. 특히 도덕철학에 있어서 이러한 이론의 전통적 유형으로는 아담 스미스, 흄을 위시한 공리주의자들로부터 유래되어 최근에 퍼스(R. Firth) 등에 의해 보다 체계적으로 전개된 이상적 관망자(ideal observer)의 입장이 있다.[42] 이와 대비되는 또 하나의 유형은 홉스(T. Hobbes), 로크(J. Locke) 등 사회계약론자들로부터 시작되어 롤즈에 의해 보다 일반적 형태로 제시된 합리적 계약자(rational contractor)의 입장이다.[43] 본 논문의 필요상 보다 명확한 대비를 위해 두 유형 중 가장 발전된 모델을 선택하여 각 입장이 규정하는 사실지(事實知)에 관한 인지적(cognitive) 조건과 심리적인 동기상(motivational)의 조건을 중심으로 비교하고 그에 함축된 사회윤리의 방법론적 의의를 논의하고자 한다.

일반적으로 우리는 주어진 상황에 관련된 사실을 충분히 모르고 있다는 이유로 우리 자신이 그러한 상황에 대한 도덕 판단자로서의 자격이 없다고 생각한다. 그래서 다른 조건이 같은 한, 적합한 사실지를 더 많이 갖추고 있는 자를 훌륭한 도덕 판단자로 생각하게 된다. 이로 인해 우리는 이상적 관망자의 인지상의 조건을 적합한 사실들에 대한 지식으로 규정하게 된다. 그런데 주목해야 할 점은 여기에서 보는 바와 같이 우리가 도덕 판단을 위

---

42 스미스와 흄에 관해서는 op.cit 참조. R. Firth, "Ethical Absolutism and the Ideal Observer", W. Sellars and J. Hospers(eds.), *Readings in Ethical Theory*(Englewood Cliffs, Prentice-Hall, 1970), pp.200-21 참조.

43 홉스와 로크에 관해서는 이 책 제II부 제2장 1절 참조. 롤즈에 관해서는 이 책 제II부 제3장 1절 참조.

한 사실지를 평가함에 있어서 어떤 적합성의 기준에 의거하게 되는데 사실상 그 적합성(relevance)이라는 개념은 이상적 관망자를 규정함에 있어서 이용되어서는 안 된다. 왜냐하면 도덕적으로 적합한 지식이 무엇인가를 알가 위해서는 우리가 규정하고자 하는 바로 그 이상적 관망자의 입장에 서야 하기 때문이다. 이러한 논리적 순환을 피하기 위해 퍼스는 이상적 관망자를 모든 사실들에 관해서 완전한 지식을 갖춘 전지(全知)한(omniscient)자로 규정하고자 한다. 결국 이상적 관망자는 도덕 판단에 이용될 수 있는 사실지의 종류나 성질에 관해 어떤 제한도 가하지 않는다는 뜻에서 완전한 사실지를 소유한 이상적 존재이어야 할 필요가 있다.[44]

그런데 도덕 판단에 있어서 불일치나 대립은 일반적으로 그것을 지지하고 있는 사실 판단에 있어서의 불일치에 연유하는 경우가 흔하다. 만일 그러할 경우 관련된 사실지에 있어서의 일치나 합의는 도덕적 합의를 보장하게 된다. 이상적 관망자를 완전한 사실지의 소유자로서 규정하려 함은 바로 그와 같은 사실에의 이견(異見)을 제거함으로써 도덕 체계에의 합의를 도모하려는 것이다. 하지만 도덕적 합의는 완전한 사실지라는 요건 하나만으로는 성취될 수가 없으며 다른 조건과 결합되지 않을 경우 오히려 그것이 비도덕적으로 악용되는 수가 있다. 헤어가 지적했듯이 만일 우리가 보편화에의 의지나 동기상의 심리적 조건을 구비하지 않을 경우 타인의 고통에 대한 여실한 상상이나 인지는 오히려 그의 고통을 강화시키려는 욕구를 결과할 수도 있다.[45] 그래서 우리는 다음 조건으로서 특수한 사실지의 용도를 규제하게 될 심리나 동기상의 조건을 문제 삼게 되는 것이다.

---

44 R. Firth, op. cit., p.213. 이와 관련해서 공리주의의 원초적 형태가 신학적 공리주의(theological utilitarianism)였다는 사실에 주목할 필요가 있다.

45 R. M. Hare, *Freedom and Reason*(Oxford University Press, 1977), p.95.

흔히 우리는 공평성을 도덕 판단의 동기상의 조건으로 생각하여 다른 조건이 동일할 경우 보다 공평한 자를 더 훌륭한 판단자로 간주하게 된다. 그러나 이러한 공평성 역시 순환 논증에 빠짐이 없이 규정하기란 어려운 것으로서 퍼스는 이상적 관망자의 공평성을 특정한 관심이나 이해 관계에 영향을 받지 않는 무사성(無私性, disinterestedness)으로 규정한다.[46] 이러한 규정이 순환의 오류를 피하게 되는 것은 이상적 관망자가 특정한 이해 관계에 의해 좌우되지 않는다고 함으로써 그에게 도덕의 기준과 관련된 어떤 심리적 특성을 부여하지도 않을 뿐 아니라 특정한 입장을 취하는 것과도 관계가 없기 때문이다.

그런데 헤어가 지적한 바와 같이 공평성만으로는 이상적 관망자의 동기상의 규정이 충분하지가 않다.[47] 만일 그가 공평함으로 인해 무사적이고 냉정할 경우 따라서 그 자신의 이해뿐만 아니라 특정한 어떤 사람의 이해에 의해서도 좌우되지 않을 경우 그에게는 일정한 도덕 원칙을 받아들이거나 거부하게끔 동기화될 근거가 없어지게 된다. 그로 인해서 아담 스미스는 소위 이상적 관망자의 입장을 논함에 있어 그가 공평무사한 관망자일 뿐만 아니라 동정적인 관망자임을 전제한다. 흄을 위시한 대부분의 공리주의자들이 전개하는 이상적 관망자의 이론은 그 관망자가 도덕 판단을 함에 있어 충분한 동기를 부여하기 위해 동정심이나 이타심(benevolence)과 같은 보다 적극적인 심리적 가정을 내세우고 있다고 생각된다.[48]

롤즈의 정의론에서 가장 전형적으로 제시되 있는 합리적 계약자의 입장

---

46 R. Firth, op. cit., p.215.

47 R. M. Hare, op. cit., p.94.

48 R. Firth, op. cit., p.218. 그에 의하면 이상적 관망자에게 이타심이나 사랑과 같은 동기를 부여한다 해도 논리적 오류를 범하는 것은 아니다. 그것은 기독교적 문화권에만 특유한 현상이라고 했다.

은 달리 원초적 입장이라고도 불리는 것으로서 일정한 도덕 체계에 이르도록 규정된 순수히 가정적 관점으로 이해되는 것이다.[49] 그에 의하면 원초적 입장이라는 관념은 거기에서 합의된 어떤 원칙도 도덕적으로 합당한 것이 되는 공정한 절차를 설정하기 위한 것이다. 이를 위해서 롤즈는 합리적인 계약 당사자들에 대한 인지상의 조건으로서 그들이 모종의 무지(無知)의 베일(veil of ignorance) 속에 있어야 한다고 가정하고 개인간이나 세대간의 공정성을 해치는 모든 사회적, 자연적 우연성을 배제하고자 한다. 하지만 원초적 입장의 당사자들은 합당한 도덕 원칙을 선택하는 데 영향을 주리라고 생각되는, 인간 사회에 대한 일반적인 사실들은 알고 있으며 그러한 일반적인 지식에만 기초해서 여러 원칙들을 평가, 선택하게 된다고 가정한다.[50]

도덕 원칙의 체계는 가용(可用)한 모든 지식에 비추어서 선택되어야 한다는 반론에 대해서 롤즈는 특수한 지식의 배제가 갖는 강점을 두 가지 측면에서 지적하고 있다. 하나는 우리가 어떤 원칙에 합의함에 있어서 하게 될 작업의 단순성이다. 무지의 베일로 인해 당사자들은 아무도 일상적인 의미에서 자기에게 유리한 흥정이나 결탁을 할 수 없으며 따라서 자신에게만 이득이 될 원칙을 제시한다는 것은 불가능하다. 그러므로 원초적 입장에서의 선택은 임의로 선정된 한 당사자의 관점에서 볼 수가 있으며 그가 어떤 도덕 체계를 선택할 경우 모든 사람이 그것을 선택할 것인 까닭에 만장일치의 합의에 도달하게 된다는 것이다.[51] 또 하나의 측면은 무지의 베일이 단순성을 넘어서 실질적인 중요성을 갖는다는 데 있다. 특수 사정에

---

49 J. Rawls, *A Theory of Justice*, p.21.
50 이 책 제Ⅱ부 제3장 1절 참조.
51 J. Rawls, *A Theory of Justice*, p.139.

대한 지식이 허용되면 그 결과는 임의적인 우연성에 의해 지배될 것이며 세상의 자의적 우연성은 바로 이러한 최초의 계약적 상황의 여건들을 조정함으로써 수정되어야만 할 것이기 때문이라고 한다.[52]

나아가서 합리적 계약자의 동기상의 조건을 규정함에 있어 롤즈는 원칙들을 선택함에 있어서 각자는 자기의 이익을 최대한 도모하려 한다는 뜻에서 그들이 합리적이라는 가정을 하고 있으며 따라서 합리성의 한 면은 합리적인 자리심(自利心, self-interestedness)으로 규정될 수 있다. 한편 롤즈는 당사자들의 합리성에 대한 특수한 가정으로서 그들은 상호간에 이익을 주거나 손상을 가하려 하지도 않으며 따라서 동정심이나 시기심에 의해 마음이 흔들리지도 않는다고 하였다.[53] 이와 같이 긍정적이든 부정적이든 간에 서로에 대해서 특정한 관심이나 특수한 심리가 배제된다는 뜻에서 합리성에 대한 다른 일면을 상호 무관심(mutual disinterestedness)이라고 할 수 있다.[54]

그런데 이상과 같이 원초적 입장의 당사자들이 갖는 상호 무관심적 합리성을 들어 거기에서 도출되는 도덕 원칙은 지극히 이기주의적일 것이라는 반론을 예상한 롤즈는 그러한 반론은 원초적 입장을 구성하는 오직 한 가지 요소에만 주목함으로써 생겨나는 그릇된 생각이라고 지적한다. 그에 의하면 상호 무관심적 합리성에 무지의 베일이 결합되면 이타심과 동일한 의

---

52 Ibid., p.141.
53 Ibid., p.143.
54 롤즈는 자신의 초기 논문인 "Justice as Fairness"(1958)에서 원초적 입장에 있는 당사자들의 동기상의 조건을 합리적 자리심(自利心, self-interestedness)이라고 규정했다. 그것을 『정의론』에서 합리적 상호 무관심(mutual disinterestedness)으로 대치한 이유는 자리심을 나쁜 의미의 이기심으로 혼동할까 우려했기 때문이다. 여하튼 그가 의도하는 합리성은 대자적인 측면에서 본 자리심과 대타적인 측면에서 본 상호 무관심의 양면을 통해서 전체적 성격이 드러난다고 볼 수 있을 것이다.

도를 성취할 수 있다는 것이다. 나아가서 롤즈에 의하면 원초적 입장에서 가정된 조건들은 이타심과 완전한 지식의 결합에서 생기는 결과를 크게 능가하는 장점도 갖는다는 것이다. 이타심과 지식이 결합되는 경우에는 지나치게 많은 지식에 의해 생기는 복잡성을 처리할 수 없을 뿐만 아니라 이타적 욕구의 상대적 강도 등 동기에 대한 가정이 애매하여 도대체 어떤 확정적인 도덕 원칙에 대한 합의도 이루어지기 어렵다는 것이다.[55] 그리고 무지의 베일과 이타심을 가정하는 모형을 택하지 않는 이유는 합당한 도덕적 결과를 확보하는 데 있어 그와 같이 강한 전제 조건까지는 불필요하기 때문이라는 것이다.[56]

지금까지 우리는 도덕적인 입장에 대한 대조적인 두 모형으로서 이상적 관망자와 합리적 계약자의 입장을 그 인지적 조건 및 동기상의 조건들과 관련하여 살펴왔다. 그런데 우선 그러한 각 조건들이 그 자체로서 여러 가지 문제점을 지니고 있기는 하지만 그들 모두가 하나의 입장으로 결합되어 효과적으로 작용할 경우 그로부터 도출되는 도덕 체계에 있어서 그 두 입장이 노리는 바에 있어서는 크게 다를 바가 없다고 생각된다. 특히 그 두 입장 모두가 확보하고자 하는 점 가운데 하나는 도덕 판단에 있어서의 공평성(impartiality)이라 할 수 있다. 그런데 두 입장은 인지적인 면에 있어서나 동기적인 면에 있어서 서로 상반되는 조건과 전제를 통해서 그러한 공평성을 보장하고자 한다.

이상적 관망자의 입장에 있어서 판단자는 인지상에 있어서 자신과 타인의 특수한 사정에 이르기까지 완벽한 지식을 갖추고 있다. 따라서 이러한 입장에 있는 판단자에게는 동기상의 강력한 심리가 견제해 주지 않는 한

---

55 J. Rawls, *A Theory of Justice*, pp.190-91.
56 Ibid., pp.148-49 참조.

그러한 특수한 지식이 도덕 판단을 결과하는 데 이용되리라는 것을 기대하기 어렵다. 일반적으로 이상적 관망자의 입장을 내세우는 공리주의자들이 동정적 동일화나 이타심을 강조하는 이유는 바로 그 때문이라 할 수 있다. 이러한 동정적 이타심에 의해 동기화된 자만이 자신과 타인을 동등하게 배려할 수 있으며 특수한 지식이 그 누구에게만 유리하거나 불리하게 이용되지 않음으로써 그의 도덕 판단은 공평하게 이루어질 수 있는 것이다.

한편 합리적 계약자의 입장에 있어서 당사자는 우선 동기상에 있어서 자신의 이익 추구에만 관심을 갖는, 그러면서도 타인의 이익에는 동정도 시기도 없는 무관심한 합리인들이다. 하지만 이러한 자리심(自利心)은 무지의 베일로 인해 바로 그 자기의 신원을 확인하지 못함으로써, 다시 말하면 자신의 사회적 지위나 천부적 재능 등에 대해서 알지 못함으로써 나쁜 의미의 이기심으로 발동될 수가 없는 것이다. 이와 같은 인지상의 제약으로 인해서 당사자들이 자신의 이익을 추구한다 할지라도 그것은 결국 모든 이의 이익을 추구하는 결과를 갖게 되는 것이다. 따라서 원초적 입장에 있는 어느 한 사람의 도덕 판단은 모든 사람이 합의하게 될 판단으로서 그 공정성을 인정받게 된다.

지금까지 살핀 바와 같이 이상적 관망자와 합리적 계약자의 입장에 있어서 인지상의 조건과 동기상의 조건은 그들 사이에 서로 상쇄 효과가 있음으로 해서 소기의 공평성이 보장되는 것이다. 따라서 우리는 이상의 두 입장에 선 윤리설은 그 각각이 내세우는 전제를 받아들이는 한 그 자체에 있어서는 우열을 가릴 길이 없다. 헤어의 지적과 같이 그 두 입장 가운데 하나를 선택한다는 것은 동일 결과를 얻기 위해서 철학자가 자신의 이론 구성을 어떻게 극화시키느냐, 다시 말하면 어떤 시나리오를 채택하느냐의 문제로 귀착된다.[57] 그러나 우리는 이 문제에 일보 더 접근함으로써 두 입장 간의 차이가 단순히 이론 구성상의 문제를 넘어서서 더 중대한 고려 사항들에 의해 밝혀질 수 있다고 생각한다. 앞으로의 논구가 모두 이러한 문제와 직접 간접으로 관련되고 있다고 생각되나 간단히 세 가지 점만을 서론적으로 지적해 두고자 한다.

첫째로 우리는 하나의 도덕 체계를 도출하기 위한 연역의 기초로서의 전제 조건이 되는 도덕적 관점을 문제 삼고 있다. 그런데 하나의 체계를 도출하기 위한 아르키메데스적 출발점으로서의 전제 조건은 데카르트적 의미에 있어서 명증적인 것은 아닐지라도 적어도 전제로서 갖추어야 할 요건들이 있으리라 생각된다. 우선 그 전제들은 간명한 것일수록 좋을 것이며 지나친 것을 요구하지 않는 약소한 것인 동시에 일반적으로 널리 받아들여질 수 있는 것이어야 할 것이다. 이는 전제에 대한 논리적 요구일 뿐만 아니라 현실적 타당성과 관련된 요구이기도 하다. 대체로 보아 이상적 관망자는 합리적 계약자에 비해 부담이 가는 요구를 하는 셈이다. 완전한 지식과 이타적 동정심은 합리적 자리심과 무지의 베일에 비해 전제로서 지나치게 무거운 것들이며 현실적 인간이 감당하기 어려운 것을 요구한다고 생각된다.

둘째로 도덕적 관점을 구성하려는 생각의 배후에는 도덕철학을 하나의 엄정한 학문으로서 정초하려는 의도가 깔려 있으며 암암리에 스피노자적 의미에서 도덕 기하학(moral geometry)에의 지향이 숨어 있다. 따라서 이상에서 제시된 입장에 서 있는 가정상의 인간이 선택한 내용이 결정적인 것이 되기 위해서는 그것이 그 입장을 구성하는 전제 조건들에 의한 필연적 결과이어야 한다. 만일 그러한 조건들로부터 이러한 결론이 연역적으로 도출되지 않을 경우 전제와 결론 사이의 추론 과정에는 여러 가지 우연적 직관이나 숨겨진 가정들이 개입할 여지가 생기게 된다. 이러한 점에 있어

---

57 R. M. Hare, "Rawls' Theory of Justice", Norman Daniels(ed.), *Reading Rawls*(New York, Basic Books, 1975), pp.94-95 참조.

서 몇 가지 문제들이 논구의 전개 도중에 곳곳에서 지적될 것이다.

마지막으로 고려되어야 할 한 가지 점은 두 입장을 취했을 경우 그로부터 도출되는 도덕 체계의 실질적인 내용과 관련된 것인데 결론으로서 도출된 여러 원칙과 그 속에 함축된 인간관, 사회관 및 도덕관이다. 이상적 관망자에 있어서는 대체로 공리주의가 결과되며 그는 완전한 지식과 동정적 이타심을 자유자재로 구사하면서 모든 사람의 처지에서 동정적으로 상상된 쾌락과 동정적으로 상상된 고통을 추출하여 양자간의 상쇄를 통한 계산에 의해 합당한 판단이 내려진다.[58] 여기에서 쾌락 이외의 개인간의 차이는 부차적인 의미를 갖게 되며 사회는 전체적 쾌락의 극대화를 도모하게 된다. 이에 비해 합리적 계약자에 있어서는 롤즈적 사회정의론이 결과하며 각자의 특수 처지는 무지의 베일에 감추고 상호 무관심한 가운데 사회의 기본 헌장에 합의하게 된다. 여기에서는 개인간의 차이가 중요시되고 사회는 다양한 개인들로 이루어진 다원주의적 경향을 보이게 된다.

4. 사회윤리와 그 성립 요건

인간의 도덕 생활이 결국은 직접 간접으로 사회적 관련을 떠날 수 없는 이상 도덕이나 윤리란 그 본성상 사회적인 것으로 생각되어 굳이 공공 도덕이니 사회윤리라는 용어가 필요 없을지 모르며 따라서 개인윤리란 말도 무의미하게 들릴지 모른다. 그러나 또한 도덕이나 윤리에는 개인과 직접적으로 관련되는 사적이고 개인적인 측면이 있는 동시에 사회제도와 직접 관련되는 공적이고 사회적인 측면이 있다는 것도 사실이다. 그런데 서구의

---

58 J. Rawls, *A Theory of Justice*, sec. 30 참조.

윤리 사상사에는 항상 그 구분이 분명한 것은 아니나 강조점을 달리해 온 두 전통이 있어 왔다.[59]

그중 하나는 도덕이란 그 본성상 반드시 사회적인 것이며 사회 조직의 원리에 바탕을 두지 않는 행위에의 규제는 도덕적이라기보다는 관습적이거나 종교적인 것이라고 생각해 온 입장이다. 이러한 도덕관은 시대적으로 봐서 대체로 근대 이후에 나타나게 된 것으로서 윤리의 사회적, 정치적 측면에 주목하는 사회계약론자들을 위시해서 공리주의적 윤리학자들의 지지를 받아 왔으며 현대에 있어서는 영미 계통의 도덕철학을 지배하는 생각이라 할 수 있을 것이다.

이에 대해서 도덕은 개인의 어떤 품성을 개발시키는 것이 그 핵심이거나 혹은 중요한 부분이라고 생각하는 전통이 있다. 그리스 철학자들에 의하면 도덕이란 영혼이 어떤 덕(德)을 습득하는 문제이며 그것이 갖는 사회적 유용성에 의해 완전히 설명될 수 없는 것으로 본다. 그리고 기독교 윤리에서는 도덕을 미래의 생을 위한 영혼의 준비로 보았으며 그것이 내세우는 겸양과 순결 같은 덕목은 사회 조직의 원리에 의한 환원적 설명이 어려운 부분인 것이다. 19세기의 이른바 이상주의자들은 도덕의 목적을 인간의 자기 실현에 두었으며 이는 적어도 그들이 도덕적인 것 속에서 그 사회적 측면 이상을 보고 있음을 시사하는 것이라 하겠다.

그런데 현대에 올수록 많은 도덕철학자들이 도덕의 본성을 공적이고 사회적인 측면에 두려는 추세를 보이고 있다. 이러한 입장을 분명히 하고 있는 철학자로서 예를 들면 고티에(D. P. Gauthier)는 "도덕적인 문제란 결코 단순히 그에 당면하고 있는 행위자의 관심사일 수만은 없고 반드시 타

---

59 R. S. Downie and Elizabeth Telfer, *Respect for Persons*(George Allen & Unwin Ltd., 1971), pp.64–65 참조.

인의 이해 관계를 내포하게 된다"고 했다.[60] 또한 라파엘(D. D. Raphael)
도 "의무적인 행위를 이야기할 경우 그 내용이 언제나 타인의 이해와 관련
되어 있다"고 함으로써 도덕의 사회적 관련을 강조하고 있다.[61]

　거의 비슷한 문맥에서 노웰-스미스(P. Nowell-Smith)는 "비록 우리가
이런 식으로 엄밀히 정의할 수 없을지는 모르나 의무란 언제나 타인에 의
해 우리에게 주어진 요구와 관련되어 있다"고 했다.[62] 그에 의하면 모든 의
무가 반드시 도덕적인 것만은 아니나 도덕적이건 비도덕적, 타산적이건 간
에 모든 의무는 이해 관계와 관련된 규칙으로부터 생겨나는 점에서 동일하
며 단지 타산적인 비도덕적 의무가 행위자 자신의 이해에만 상관된 규칙에
서 나오는 것이라면 도덕적 의무는 자신과 타인의 이해 관계와 관련된 규
칙에서 나온다는 점에 차이가 있다는 것이다. 다소 상이한 접근 방식이긴
하나 도덕의 사회성을 중시한 사람으로는 스트로슨(P. F. Strawson)을 들
수 있는데 그의 논문 "사회 도덕과 개인 이상(理想)"에서 그는 사회적인 도
덕의 영역과 개인적인 이상의 영역을 구분하고 있다.[63]

　이상과 같이 윤리나 도덕의 사회적 측면 및 기능을 중요시하는 전통의
연장선상에서 근래에 이르러 사회윤리학(social ethics)이라는 새로운 탐
구의 영역이 등장하게 되었다. 과거에 있어서 윤리학의 주제는 대체로 행
위의 주체인 개인과 관련된 것이었고 비록 사회적 행위가 문제될 경우에도
그것은 어디까지나 행위의 단위로서의 개인이 논의의 중심을 이루었다. 그

---

60 David P. Gauthier, *Practical Reasoning*(Oxford University Press, 1963) p.147; D.
　　D. Raphael, *Moral Judgement*(London, Allen & Unwin, 1955), p.117.

61 P. Nowell-Smith, *Ethics*(London: Pelican Books, 1945), p.198.

62 Ibid., p.211.

63 P. F. Strawson, "Social Morality and Individual Ideal", *Philosophy*(1961).

러나 사회라는 것은 단순한 개인들의 집합으로 환원될 수 없으며 그 자체의 독립적인 논리에 따라 움직일 뿐만 아니라 그러한 논리가 그 성원들 개인의 행위에 미치는 영향력이 심대하다는 자각과 아울러 사회윤리에 대한 연구의 필요성이 고조되기에 이른 것이다.[64]

이런 뜻에서 롤즈는 처음부터 사회의 기본 구조에 관련된 도덕의 문제를 주제적으로 다루고 있다. 그에 의하면 계약론적 정의관의 요체는 사회의 기본 구조를 정의의 일차적 주제로 보는 점에 있다는 것이다.[65] 그의 작업은 이와 같이 매우 특수하면서도 가장 중요하다고 생각되는 사회의 기본 구조에 대한 정의의 원칙을 설정하는 일에서부터 시작되고 있으며 이러한 정의의 원칙은 기본 구조 내에서 문제되는 모든 하위 조직의 원칙들을 규

---

64 개인윤리로부터 사회윤리를 구분하고 그 중요성을 분명히 의식하게 된 것은 대체로 사회주의 사상 내지는 그 운동이 사회윤리는 본질적으로 개개인의 양심에 호소할 수 없다는 사실을 밝힌 데에 기인하는 것으로 지적되고 있다. 사회 구조나 제도의 문제가 개인의 양심이나 행위의 문제로 환원될 수 없다는 생각에서 근래에 이르러 일련의 학자들은 전통적인 규범윤리의 체계들을 새로운 관점에서 전개하고 있다. 사회윤리적 관점에서 공리주의의 재구성을 시도한 학자로서는 A. Sen, J. C. Harsanyi, K. J. Arrow, Ronald Dworkin 등이 있고 자유주의적(libertarian) 이념의 주장자로서는 R. Nozick, F. A. Hayek, M. Friedman 등이 있으며 마르크스주의의 편에서 사회 체제의 윤리적 기초를 비판하는 자로서는 H. Marcuse를 위시한 프랑크푸르트학파의 사람들, W. Leinfellner, L. Kern 등이 있다. 그리고 기독교 신학의 전통에 서서 사회윤리의 중요성을 지적한 사람으로는 R. Niebuhr, E. Brunner, D. Bonhoeffer 등이 있으며 계약론적 사회 이론의 기초 위에서 도덕의 사회적 기능을 강조하는 롤즈도 대표적인 사회윤리학자로 꼽을 수 있다. 우리는 이 논문에서 논의의 초점을 영미의 윤리학적 전통에 제한하고자 하며 그중에서도 특히 고전적 공리주의와 롤즈의 정의론을 사회윤리학적인 관점에서 비교 연구하고자 한다. 사회윤리에 대한 필자의 이해에 도움이 된 책으로는 Hans W. Gottinger(ed.), *Descision Theory and Social Ethics*(Reidel Publishing Co. 1976); R. S. Downie, *Roles and Values, An Introduction to Social Ethics*(London, Methuen, 1971); Gibson Winter(ed.), *Social Ethics*(New York, Harper & Row Publishers, 1968); Reinhold Niebuhr, *Moral Man and Immoral Society*(New York, Charles Scribner's Sons, 1960); J. Rawls, *A Theory of Justice* (Harvard University Press, 1971) 등이 있다.

65 J. Rawls, *A Theory of Justice*, p.7. 이 책 제Ⅱ부 제1장 2절과 3절 참조.

제하는 우선성을 갖게 된다. 그에 의하면 모든 다른 경우에 우선해야 할 사회의 기본 구조란 주요한 사회제도들이 결합되어 이루는 하나의 체제이며 그에 따라서 기본적인 권리와 의무가 할당되고 사회 협동체에서 생겨난 이득을 분배해 주는 방식이라는 것이다.

이미 앞에서 언급한 바와 같이 공리주의도 도덕의 사회적 기능을 중시하는 전통에 속해 있기는 하나 롤즈의 입장과는 좋은 대조를 이루고 있다. 공리주의는 도덕 문제에 관한 완전한 일반론(general theory)이며 특히 이점은 시지윅에 의해 체계화된 고전적 유형에 있어서 분명히 나타난다. 공리의 원칙은 모든 사회적 형태를 비롯해서 개인의 행위에 이르기까지 똑같이 적용되는 것이다. 물론 공리주의도 상이한 종류의 경우가 갖는 특성을 인정하기는 하나 그러한 특성은 다양한 종류의 인과적 관계나 결과로부터 생기는 것이지 본질적인 차이에서 오는 것은 아니라고 본다. 따라서 사회의 기본 구조가 주요 제도들의 복합체이며 그 사회적 결과가 지배적인 것임을 인정한다 할지라도 결코 공리의 제1원칙에 있어서는 변동이 없는 것이다.

이에 비해서 롤즈는 자신의 정의관에 있어서 제1원칙은 일반론으로서는 적합하지 않음이 분명하다고 했다.[66] 그것은 사회의 기본 구조를 규제하기 위한 기준으로서 다른 많은 경우에 있어서는 부당한 지침이 될 수도 있다는 것이다. 그가 들고 있는 예에 의하면 교회나 대학과 같은 조직을 위해서는 다른 원리가 필요하게 되는데 물론 이것들도 기본 구조 속에 있는 하위

---

66 J. Rawls, "The Basic Structure as Subject", Alvin I. Goldman and Jaegwon Kim (eds.), *Values and Morals*(Holand, Reidel Publishing Company, 1978), p.49. 롤즈는 윤리학에 있어서 거시 이론과 미시 이론의 차이를 주장하는 데 비해 공리주의는 그 두 이론을 동질적인 것으로 봄으로써 포괄적인 일반 이론을 제시하는 셈이다.

단체인 까닭에 기본 구조가 제시하는 요구 조건에 위배되지 않는 한에서 독자적인 활동 지침의 설정이 가능한 것이다. 여하튼 거시적(macro) 경우와 미시적(micro) 경우에 단일한 원리를 설정하는 윤리설과 상이한 원칙을 내세우는 윤리설에 함축된 의미들은 다른 장에서 논의하기로 하고 우선 이 두 윤리 체계가 모두 도덕의 사회적 기능을 중시한다는 사실에 주목하여 사회윤리 체계가 갖추어야 할 성립 요건을 알아보기로 하자.

어떠한 이론 체계에 있어서도 그러하겠으나 사회윤리의 체계 구성에 있어서도 우선 기본적으로 요구되는 조건은 논리의 일관성(consistency)이나 개념상의 간명성(simplicity) 등이라 할 수 있다. 그러나 우리는 여기에서 이러한 기본적인 요구 조건 이외에도 사회윤리적 관점에서 보아 가장 중요한 것으로 판단되는 두 가지 요건을 추출하여 앞으로 두 가지 윤리 체계를 평가하는 데 있어서 핵심이 되는 기준으로 삼고자 한다. 그 하나는 이미 우리가 논의한 바와 같이 규범윤리 일반의 방법론과 관련된 것이고 다른 하나는 특히 윤리의 사회적 기능이 강조될 경우 현실적으로 요구되는 바와 관련되어 있다.

우리는 이미 2절에서 규범윤리학 일반의 방법론으로서 도덕 판단과 도덕 원칙 간의 정합성을 이야기했다. 이는 도덕 원칙과 이에 포섭될 도덕 판단들이 하나의 정합적인 체계를 구성함을 뜻하며 도덕 원칙이 우리의 숙고된 도덕 판단들을 정합적으로 설명해 줄 경우 그 도덕 원칙의 타당성이 보증되는 것임을 의미한다. 그리고 우리가 3절에서 논의해 온 도덕적 관점이나 입장의 설정도 이러한 타당성의 권위를 보증하기 위한 조처로 볼 수 있을 것이다. 그런데 도덕 판단과 도덕 원칙 간의 정합성을 도덕 판단을 내리는 주체의 측면에서 말한다면 어떤 도덕 원칙이 도덕감이나 실천 이성을 포함한 넓은 의미에 있어서 인간의 도덕적 능력에 비추어 보아 받아들일 만한 것으로 생각될 경우 그것은 합당한 도덕 원칙이 된다고 할 수 있을 것이다.

따라서 우리는 사회윤리 체계의 타당성을 평가하는 하나의 기준으로서 그 자체에 있어서 정합적이고 인간의 도덕적 능력에 비추어 받아들일 만하다는 의미를 함축하는 것을 도덕적 합당성(acceptability, reasonableness)이라고 부르고자 한다.

그런데 우리는 이러한 기준이 도덕적 이론 수용(theory-acceptance)에 있어 요구되는 일반적 기준과는 구분되어야 할 보다 특수한 것임에 주목해야 한다. 물론 도덕적 합당성도 도덕 이론을 받아들임에 있어서 고려되어야 할 중요한 하나의 기준이기는 하나 도덕 체계가 갖추어야 할 일반적 요건은 이 밖에도 여러 가지가 있을 수 있다고 생각된다. 나아가서 우리는 이러한 도덕적 합당성의 기준을, 도덕 체계의 타당성을 보증하는 기준이 되기 위해서는 반드시 객관적으로 존재하는 도덕적 진리에의 부합성(符合性, correspondence)에 기초해야 한다는 시지윅의 가정과는 상관없이 성립할 수 있는 것으로 해석하고자 한다. 그렇다고 해서 이러한 기준이 어떤 도덕적 회의주의를 함축하고 있다거나 객관적인 도덕적 진리의 존재 가능성을 배제하고 있다는 것은 아니며 단지 그러한 문제와 상관없이 도덕 원칙의 타당성을 평가하는 한 기준으로서 보고자 하는 것이다.

그런데 사회윤리가 근본적으로 현실의 실천적인 관심에서 비롯된 것이라고 할 때 논리적 요건이나 도덕적 합당성만으로는 사회윤리 체계를 평가하기 위한 충분 조건이 될 수 없으리라 생각된다. 그것은 현실에 적용 가능하고 실현 가능한 것이어야 하며 그 체계가 현실 세계 속에서 가동되어 일을 해낼 수 있는 것이 아니면 안 된다. 이런 의미에서 우리는 사회윤리 체계가 갖추어야 할 또 하나의 요건으로서 현실적 작용성(workability, applicability)이라는 기준을 중요시하고자 한다. 논리적으로 정연하고 도덕적으로 합당한 체계일지라도 그것이 구체적인 현실 속에 지침으로 적용될 경우 여러 가지 숨어 있는 부수적 가정들의 도움을 받아야만 힘을 발휘

한다든지 아니면 인간의 현실적인 여러 가지 제약으로 인해서 그 적용이 지극히 어려울 경우 우리는 이를 작용성이라는 기준에 의거해서 비판하게 될 것이다.

현실적 작용성이라는 기준도 도덕 원칙의 현실적 작용 과정의 단계에 따라서 다시 여러 측면에서 논의될 수 있을 것이나 우리는 이를 대별하여 원리상의 작용성(workability in principle)과 실제상의 작용성(workability in practice)을 구분해 보고자 한다. 원리상 작용할 수 없는 도덕 체계가 실제상의 작용성을 결코 가질 수는 없으나 원리상 작용한다고 해서 반드시 실제상으로도 작용하는 것은 아닌 까닭에 이 구분은 의미를 갖게 된다. 어떤 도덕 체계가 그릇된 가정에 기초해 있거나 다원적인 기준을 제시하고 있어 그들간의 상충을 해결할 방도가 없을 때 우리는 이를 원리상의 작용 불가능성으로 보고자 한다. 그리고 어떤 도덕 체계가 현실적으로 불가능한 방법에 의거해서만 실현 가능하다거나 이상적으로 규정된 세계에서만 작용하고 구체적인 현실에 대한 지침 내지는 전략을 제시할 수 없을 경우 그것은 실제적 작용성을 갖지 못하는 이상론에 그치게 된다.

지금까지 우리는 사회윤리 체계를 평가해 줄 두 가지 기준에 대해서 논의해 왔다.[67] 그런데 이 두 기준은 상호 독립적이면서도 일견해서 서로 상보적인 관계에 있을 것으로 보인다. 대체로 도덕적인 관점에서 보아 받아들여질 만한 것으로 생각되는 윤리 체계는 그 실현성도 더 높은 것으로 보이며 현실적 적용이 보다 수월한 것은 도덕적 합당성에 있어서도 더 유리할 것으로 생각된다. 그러나 그들간에는 반드시 상보적인 관계만 성립하는

---

67 사실상 이 두 기준은 공리주의와 롤즈의 정의론을 비교 연구하는 가운데 필자가 사회윤리 체계가 갖추어야 하리라고 생각한 가정적 산물이다. 특히 롤즈와 R. E. Bales로부터 직접, 간접으로 암시받았다. 이 책 제 I 부 제2장 3절과 제 II 부 제4장 3절 참조.

것은 아니다. 현실에 작용력을 갖기 위해서는 고도의 추상화가 불가피하며 그러한 과정에서 예상되는 지나친 단순화는 인간의 도덕 판단에 위배되는 일면을 보이게 마련이다. 반면에 인간의 도덕 판단이나 도덕 경험의 다원성에 충실하다 보면 기준의 간명성이나 원칙의 단일성을 유지하기가 어려운 나머지 그 현실적 적용에 있어서 문제를 야기하게 된다.

이상과 같은 두 개의 기준을 가지고 앞으로 우리가 검토하게 될 윤리 체계의 하나는 오랜 신념을 대변하는 목적론적으로 구성된 공리주의이고, 다른 하나는 새로운 신념을 대변하는 의무론적인 구조를 갖는 롤즈의 사회정의론이다. 이미 설명된 바와 같이 목적론적인 체계에 있어서는 우선 선(善)에 대한 독립적인 규정이 있고 규정된 선의 극대화로서 의(義)의 체계를 정의하는 까닭에 여기에서 문제되는 것은 결과되는 올바른 행위의 체계가 받아들여질 만한 도덕적 합당성을 지니게끔 선이 규정되어야 하는 동시에 그것이 또한 측정되고 계산될 수 있는 것이어서 극대화의 원리가 현실적으로 작용할 수 있어야 한다는 점이다. 그러나 우리는, 쾌락 공리주의에서 다원 공리주의에 이르는 공리주의의 역사는 바로 이러한 두 가지 기준을 동시에 만족시키는 공리 원칙의 정식화가 어렵다는 사실을 노정하고 있음을 보게 될 것이다(제 I 부 제1장).

그리고 공리의 극대화를 계산하기 위한 결정 절차에 있어서도 공리주의의 고전적 유형인 행위 공리주의는 두 기준 모두에 있어서 이미 공리주의 내부로터의 비판이 행해져 왔을 뿐만 아니라 특히 그 현실적 작용성에 있어서 자멸론과 같은 치명적 반론이 있음을 보게 될 것이다. 두 가지 기준에서 볼 때 보다 발전된 모형으로 평가되는 규칙 공리주의도 그 규칙을 구체화하는 과정에서 다시 행위 공리주의의 난점을 공유하게 된다는 점도 지적할 것이다. 나아가서 비공리주의적 현실 속에 공리주의적 이상을 실현하기 위한 현실적 전략의 제시에 있어서도 공리주의는 성공하기 어렵다는 것을

52

보일 것이며, 이러한 제반 사항을 고려할 때 오직 공리주의의 원칙에만 의거해서 합당한 도덕 체계를 구성하는 일은 불가능한 것으로 판정하고자 한다(제 I 부 제2장).

다음에는 공리주의의 현실적 작용성에 있어서 관건 개념이라 생각되는 공리의 측정과 계산의 문제를 다룸으로써 공리주의가 이 점에 있어서 크게 실패하고 있음을 보이고자 하며 더욱이 실제 결과의 측정이 원리상 불가능하다는 인식론적인 문제를 논의함으로써 그 작용성에 있어서 결정적 난점을 제시할 것이다(제 I 부 제3장). 그리고 공리주의의 도덕적 합당성에 대한 결정적 반례로서 제시되어 온 정의(正義) 문제를 논의하면서 공리주의가 분배를 중심으로 한 사회정의의 문제를 신중히 다루고 있지 않음을 지적하고 공리주의의 기반을 허물지 않으면서 동시에 정의의 개념을 포섭하기가 원리상 어려운 문제임을 논증하고자 한다. 정의의 중요성을 자각하면서도 그것을 공리의 개념에 기초하고자 했던 J. S. 밀의 난점을 예시함으로써 그를 공리주의에서 정의론에로의 과도적 존재로 해석하고자 한다(제 I 부 제4장).

공리주의에 대한 비판을 통해서 규범윤리학의 새로운 방법론을 전개하고자 했던 롤즈는 합당한 윤리 체계가 목적론적인 기반 위에서 구성될 수 없음을 전제하고 이와는 반대 방향에서 윤리 체계의 구성을 시도함으로써 자신의 정의론을 법칙론적인 기초 위에 세우고자 한다. 그는 특히 현실적 작용성의 관점에서 전통적인 의무론자들의 공통된 난점을 피하기 위해 정의 원칙의 우선성을 내세우며 도덕의 일반론이 되고자 하는 공리주의의 지나친 야심을 비판하면서, 도덕철학의 과제를 사회의 기본 구조에 대한 정의의 문제에 국한시킨다. 그런데 이와 같이 의무론적으로 구성해 가는 윤리 체계에 있어서는 우선 도덕적으로 합당한 정의의 원칙을 도출할 수 있는 연역의 전제들을 적절하고 현실성 있게 규정해야 한다는 부담을 안게 된다(제Ⅱ부 제1장).

롤즈는 인간에 앞서서 객관적으로 존재하는 도덕적 진리를 가정하지 않는 까닭에 정의의 원칙도 평등한 원초적 입장에서 자유롭고 합리적인 인간들의 합의에 의해 선택되어야 할 것으로 생각함으로써 계약론적 기초 위에 그의 정의론을 세운다. 우리는 롤즈의 방법론적 배경이 된 전통적인 계약론의 유형들을 비판적으로 분석해 가는 가운데 그의 방법론을 윤리학적 구성주의로 보고자 한다(제Ⅱ부 제2장). 이어서 우리는 롤즈가 도덕적으로 합당하면서도 현실적인 실현성도 있는 정의의 원칙을 도출하기 위한 아르키메데스적 점으로서의 원초적 입장을 구성하고 그로부터 적절한 추론 단계를 거쳐 정의의 원칙을 연역해 가는 과정을 분석, 추적해 나갈 것이다(제Ⅱ부 제3장).

나아가서 우리는 비록 롤즈의 정의론이 공리주의에 비해 도덕적 합당성에 있어서나 현실적 작용성에 있어서 더 우월한 것임을 인정한다 할지라도 그에 대해서 있을 수 있는 몇 가지 반론을 논의하고자 한다. 우선 롤즈의 정의론을 구체적인 현실에 적용하게 될 경우 외견상과는 달리 그 도덕적 합당성에 있어서 공리주의를 크게 능가하지 못한다는 반론과 또한 이상론으로서 제시된 롤즈의 정의론이 비이상적 현실 세계에 대한 지침으로서 작용하거나 그 현실적 전략을 제시함에 있어 봉착하게 될 난점들을 소개하고 그로부터 롤즈의 입장이 어느 정도 변호될 수 있는지도 생각해 보려 한다. 그리고 객관적인 도덕적 진리를 가정하지 않을 경우 롤즈적 정합논증(整合論證)이 보장할 수 있는 도덕의 객관성 문제도 논의될 것이다(제Ⅱ부 제4장).

마지막 장인 결론에서는 본 논문의 갖가지 논의의 결과들을 전반적으로 요약하기보다는 사회윤리학의 방법론적인 견지에서 보아 중대한 것이긴 하나 본 논문에서 주제적으로 다루지 못했거나 앞으로 더 연구가 요구되는 문제점들을 약술하고자 한다. 그러나 그러한 문제점들은 이미 본 논문의 곳곳에서 부분적으로나마 암시되거나 함축되어 있을 뿐만 아니라 본 논문의 이론적 배경을 구성하는 도덕철학의 문제인 까닭에 충분히 결론으로 다루어질 수 있으리라 생각한다. 본 논문의 메타 이론적 배경이 되는 목적론과 의무론의 관계를 보다 더 포괄적인 입장에서 논하고 현대 규범윤리학의 최대의 관심사인 윤리적 상대주의와 그 극복의 과제를 중심으로 해서 고찰해 보고자 한다.

제 I 부   공리주의와 사회윤리

제1장 공리주의의 여러 형태와 정당화

공리주의에 관한 지난 수십 년간의 열띤 논쟁은 어떤 해결이나 합의보다는 더 새롭고도 상충하는 여러 유형의 공리주의를 산출하는 결과를 가져왔다. 라이언즈(D. Lyons)도 말했듯이[1] 이제 우리는 공리주의의 중요한 형태들을 체계적으로 조망하고 그 자체의 한계를 평가할 때가 되었다고 생각한다. 따라서 우리는 공리주의의 다양한 형태들을 몇 개의 모형으로 환원해서 그에 함축된 바를 엄밀히 평가하기 위해 그것을 논리적 한계에까지 밀고 가보고자 한다. 이렇게 함으로써 만일 우리가 어떤 유형을 선택한다 해도 이론상 혹은 실제상의 난점이 불가피하며 어떠한 형태의 순수한 공리주의도 우리의 도덕적 신념의 일부를 해명할 수 없다고 판단될 경우 우리는 이를 공리주의 그 자체의 한계로 이해하고자 한다.

---

1 D. Lyons, *Forms and Limits of Utilitarianism*(Oxford, Clarendon Press, 1965), Preface 참조.

그런데 우리는 이러한 작업을 라이언즈가 전개했던 것보다 더 광범하고 다양한 측면에서 진행해 가고자 한다. 공리주의의 여러 형태를 구분하기 위해 일반적으로 고려될 수 있는 측면에는 크게 다음 세 가지가 있을 수 있다고 생각된다. 첫째로 공리주의가 무엇을 본래적 선으로 보는가에 따라서 쾌락 공리주의와 다원 공리주의 간의 논쟁이 있으며 그러한 선의 극대화를 위한 계산 방식에 있어서 행위 공리주의와 규칙 공리주의 사이의 불일치가 있다. 끝으로 어떤 행위나 제도가 최대의 선을 산출하는 것인가를 확인하기 위한 공리 계산에 있어 어떤 관점에서 그 계산이 이루어져야 하는가에 있어서 전통적으로 전체 공리주의와 평균 공리주의가 견해를 달리하고 있다. 앞의 두 가지 구분에 대해서는 이 장과 다음 장에서 차례로 다루기로 하고 세 번째의 구분에 관해서는 제4장 공리주의적 정의관 비판으로 미루기로 한다.

쾌락 공리주의와 다원 공리주의 간의 쟁점은 전통적 공리주의에 있어서 가장 중심적인 주제를 이루고 있다. 벤담에 의해 창도되고 시지윅에 의해 확립된 양적 쾌락 공리주의는 고전적 공리주의를 대변하는 것으로서, 본래적 선을 양적 쾌락으로 규정하는 것이 인간의 숙고된 도덕 판단에 위배된다는 비판으로 인해 이내 J. S. 밀의 질적 쾌락주의로 수정된 후 다시 래시덜(H. Rashdall), 무어(G. E. Moore) 등에 의해 다원적 공리주의로 대치된다. 그러나 이러한 발전이 숙고된 도덕 판단에 충실하다는 의미에서 도덕적 합당성의 요구를 만족시키는 것이긴 하나 그것은 다시 그 현실적 작용성에 있어서의 희생을 감수하지 않으면 안 된다. 이 점과 아울러 우리는 이들 각 유형들이 자신의 입장을 정당화하는 방식도 비판적으로 살피게 될 것이다.

1. 양적 쾌락 공리주의와 그 한계

벤담이나 J. S. 밀을 위시한 19세기의 공리주의자들은 "행위란 그것이 행복을 증진하는 경향에 비례해서 옳으며 불행을 산출하는 경향에 비례해서 그른 것"이라고 했다.[2] 그런데 이러한 주장은 대체로 두 가지 전제에 바탕을 둔 것으로 분석될 수 있는데 그 하나는 오직 행복이나 쾌락만이 그 자체로서 바람직한 본래적 선(intrinsic good)이라는 전제이고 다른 하나는 행위란 그 자체로서 바람직한 본래적 선을 조장하는 경향에 비례해서 옳다는 전제이다. 그런데 이 두 가지 전제 중 그 어느 것도 그 이후에 전개된 논전에 있어서 쉽사리 받아들여진 것은 없다고 볼 수 있다.

일찍이 래시덜에 의해 시도된 적이 있기는 하나 다시 20세기 초엽에 G. E. 무어에 의해 보다 철저한 방식으로 모든 행복이, 그리고 오로지 행복만이 본래적 선이라는 전제에 대한 반론이 제기되었다. 앞으로 상론되겠지만 그의 논의를 일례로 들어 설명하면 나쁘거나 추한 것을 즐기는 것은 그것이 아무리 즐거운 것이어도 그 자체는 나쁜 것이라고 했다.[3] 그러면서도 무어는 여전히 우리는 본래적 선을 최대로 결과하게 될 행위를 하는 것이 옳다는 제2의 가정은 견지하고 있다. 결국 그는 고전적 공리주의의 주장 속에 함축된 두 번째의 가정을 받아들여 철학적으로 더 합당한 형태의 공리주의를 전개하고자 한 셈이다.

그런데 1930년대에 이르러 법칙론적 윤리설을 체계적으로 전개하고자

---

2 J. S. Mill, *Utilitarianism*(The Liberal Arts Press, 1957), ch. 2.
3 G. E. Moore, *Principia Ethica*(London, Cambridge University Press, 1976), p.209. 그리고 Hastings Rashdall에 관해서는 *The Theory of Good and Evil*, Vol. I(Oxford, Clarendon Press, 1907) 참조.

했던 로스(W. D. Ross)는 최대의 본래적 선을 결과하는 행위가 옳다는 이 두 번째 전제까지도 공격하기 시작했다. 로스에 의하면 무어의 공리주의는 더 합당한 형태의 공리주의이긴 하나 충분히 숙고된 우리의 도덕 판단의 많은 부분과 상충하는 결과를 함축한다는 것이다.[4] 이러한 비판에 바탕을 두고 전개된 로스의 조건부(prima facie) 의무론은 무어의 주장 속에 내재하는 문제점들을 규범 윤리학자들 간에 납득시키는 데 많은 성공을 거두었다고 할 수 있을 것이다. 그러나 공리주의자 스마트(J. J. C. Smart)는 로스식의 논거에 만족하지 못하고 도덕철학자의 임무가 현재 우리의 숙고된 도덕 판단들을 해명하는 일이라는 데 대해서 의문을 제기하고 있다. 그에 의하면 현재 우리가 공유하고 있는 도덕 의식은 부분적으로 편견이나 미신적 요소를 내포하고 있으며 이는 도덕적으로도 부당할 뿐만 아니라 논리적으로도 혼란된 요소들이라는 것이다.[5]

이상의 논의를 요약하면 고전적 공리주의자들과 무어 간의 논쟁은 공리주의 내적인 논쟁으로서 본래적 가치를 극대화해 주는 행위가 옳은 행위라는 점에 있어서는 이견이 없으며 무엇이 본래적 가치인가에 관한 다툼이라고 할 수 있으며 무어와 로스 간의 논쟁은 공리주의 외적인 논쟁으로서 본래적 가치를 극대화해 주는 행위가 옳은 행위라는 공리주의의 기본 전제 자체에 대한 논쟁이라 할 수 있다. 공리주의 외적인 논리는 제4장 공리주의적 정의관 비판에서 부분적으로, 그리고 제Ⅱ부에서 롤즈의 정의론을 살피는 가운데 본격적으로 행해질 것인바, 이 절에서 우리가 살피게 될 문제는 전자 즉 공리주의 내적인 문제에만 국한될 것이다.

---

4 W. D. Ross, *The Right and the Good*(Oxford, Clarendon Press, 1930), ch. 2, p.23.
5 J. J. C. Smart, "Extreme and Restricted Utilitarianism", *The Philosophical Quarterly*, Vol. Ⅵ(1936), p.346.

이 문제는 사실상 이미 지적된 바와 같이 그 연원이 래시덜에 있다고 할 수 있으나 이를 보다 본격적으로 문제 삼은 사람은 무어이다.[6] 그에 의해서 제기된 본래적 선의 규정에 관한 논의는 규범윤리학자들 간에 쾌락 공리주의(hedonic utilitarianism)와 이상 공리주의(ideal utilitarianism) 사이의 논쟁으로 알려져 있다. 그러나 최근에 다시 이 문제를 거론한 브란트(R. B. Brandt)는 이를 쾌락 공리주의와 다원 공리주의(pluralistic utilitarianism) 간의 논쟁이란 말로 바꾸어 부르고 있다.[7] 이상 공리주의라는 용어는 함축하는 의미가 불분명할 뿐만 아니라 오해의 가능성을 보이는 반면 다원 공리주의라는 말이 나타내려는 의도에 더 적합하다고 생각되어 본고에서는 후자를 주로 사용하기로 한다.

경험론을 철저히 추구해 간 나머지 회의의 벽에 이르렀다고 생각되는 흄 이래 영국 지성의 관심을 끈 대상은 인식론적인 것이기보다는 대체로 실천적인 생활 세계였다. 흄에 있어서 이미 싹튼 공리 사상이 벤담에 의해 처음으로 체계를 갖추고 나타난 저서는 『정부론 단편』이라 할 수 있으며 영국법의 전통 이론을 분석, 비판하는 것을 목적으로 한 이 저서는 도덕 사상이라기보다는 정치 및 법률 사상의 근본 원리로서 공리의 원칙을 논한 것이었다. 그러나 이때에 이미 벤담은 법률, 정치뿐만이 아니라 도덕도 마땅히 이러한 공리의 원칙에 의해 개혁되어야 한다는 신념에 가득 차 있었고 이 신념이 명확한 형태를 갖추어 도덕의 원리로서 주장된 것은 그의 주저 『도덕과 입법의 원리 서론』에서이다.

"먼 나라를 아는 것이 중대하고 우리들에 있어서 유익하다면 우리 자신

---

6 G. E. Moore, op. cit.
7 R. B. Brandt, *Ethical Theory*, pp.355-56.

의 나라에 있어서 행복하게 살 수 있는 중요한 방도를 아는 것도 그에 못지 않게 중요하다"[8]는 소크라테스적 자각에서 그는 16세기 이래 자연과학자들이 한 동일한 작업을 정신과학에 있어서도 수행하지 않으면 안 된다고 생각하였으며 이로부터 벤담은 과학의 발전에 수반하여 도덕도 마땅히 개선되지 않으면 안 된다는 신념을 갖게 되었다. 자연계에 있어서의 발견이나 진보와 더불어 도덕의 세계에 있어서도 발견이 없이는 그대로 침체한다고 생각한 끝에 벤담은 "최대 다수의 최대 행복은 옳고 그름의 척도이다"라는 근본 명제를 발견하기에 이르렀다.[9] 그가 이 명제를 처음 생각해 냈을 때 '발견'하였다고 외쳤다는 것으로 보아 이 기본 명제를 코페르니쿠스적 전회와 같은 발견으로 생각했던 것이다.

그런데 이와 같은 기본 원리를 발견한 벤담은 그에 대한 철학적 근거를 인간관에 입각한 경험론적인 지반 위에 확립하고자 하였다. 그가 이러한 경험론적 입장에서 자명의 진리로서 자신 있게 내세운 사실은 바로 "자연은 인류를 고통과 쾌락이라는 두 주인의 지배 아래 두었다. 우리가 무엇을 하게 될 것인지는 물론 무엇을 해야 할지를 결정짓는 것도 오로지 이 두 주인에 달려 있다"[10]라고 했다. 인간의 행동이란 원인 없이 일어날 수가 없으며 그 근본 동기가 되는 쾌락과 고통이라는 두 주인은 인과의 연쇄로서 인간을 속박하여 우리들의 행위를 규정할 뿐만 아니라 옳고 그름의 판단까지도 예외 없이 그것에 의해 이루어진다는 것이다.

이상과 같이 인간의 모든 행동은 고통의 회피와 쾌락의 획득을 목적으로

---

8 J. Bentham, *A Fragment on Government*(Oxford, Clarendon Press, 1951), Preface 참조.

9 J. Bentham, *An Introduction to the Principles of Morals and Legislation*, *The Works of J. Bentham*, J. Bowring(ed.), Vol. I , p.227.

10 Ibid., Vol. I , p.1.

삼는다는 심리학적인 사실로부터 선(善)은 곧 쾌락(快樂)이라는 등식의 성립을 믿었던 벤담은 옳은 행위란 최대 다수의 최대 행복을 도모하는 것으로 보고 이를 공리의 원리를 통해서 해명하고자 했다. 그의 정의에 의하면 "공리의 원리란 모든 행동을 행동에 관련되는 사람들의 행복을 증진하거나 감소하는 경향에 따라서 시인하거나 비난하는 원리"라고 한다.[11] 이어서 그는 "이러한 공리의 원리에 따라서 우리는 어떤 행위가 행해져야 할 것인지, 해서는 안 되는 것인지를 말할 수 있으며 그것이 옳은 행위인지 그른 행위인지도 말할 수 있다. 이렇게 해석함으로써만이 비로소 해야 함, 옳음, 그름, 혹은 그와 유사한 용어들이 의미를 갖게 되며, 달리는 가질 방도가 없다"[12]라고 했다.

이상에서 벤담은 이른바 쾌락주의적 공리주의를 옹호하고 있는 셈이다. 여기에서 그는 옳은 행위를 옳은 것으로 만드는 것은 그것이 행복이나 쾌락을 유발하고 불행이나 고통을 막는 경향에 있다는 이론과 그러한 것을 공리의 원리로 부르겠다는 입론을 제시하고 있다. 그리고 여기에서 고려되는 쾌락과 고통은 어떤 행위의 결과에 의해 영향을 받는 모든 사람의 쾌락과 고통이다. 또한 벤담에 따르면 쾌락과 고통은 동일한 척도에 의해 양적으로 측정 계산될 수 있는 것으로서 그의 이론에 의하면 우리의 의무란 고통을 빼고 난 가능한 최대의 쾌락과, 쾌락을 제외한 가능한 최소의 고통을 가져다줄 경향을 지닌 행위가 된다.

그런데 벤담은 쾌락은 유일한 선(善)이고 고통은 유일한 악(惡)이라고 하며 본래적 선과 본래적 악을 구별함으로써 다시 쾌락은 유일한 본래적 선이고 고통은 유일한 본래적인 악이라고 했다. 벤담 자신이 본래적 선이나

---

11 Ibid.
12 Ibid., p.19.

본래적 악이라는 말의 의미를 분명히 하고 있는 것은 아니나, 대체로 그는 본래적 선이란 '그 자체로서 좋아하는 것'으로, 그리고 본래적 악은 '그 자체로서 싫어하는 것'이란 뜻으로 쓰고 있다고 풀이된다.[13] 여하튼 공리의 원칙에 따라 행위하는 것이 우리의 의무라는 자신의 입장에 대해서 그가 제시하는 진정한 이유는 쾌락만이 그 자체로서 우리가 좋아하는 유일의 것이라는 점에 있다고 할 것이다.

어떤 경험을 쾌락이나 고통으로 규정짓게 하는 것은 그것에 내포된 성질로서 쾌락성(pleasantness)과 고통성(painfulness)이라고 할 수 있다. 그런데 벤담이 쾌락은 유일한 본래적 선이며 고통은 유일한 본래적 악이라고 할 경우 그것은 쾌락의 경험이나 고통의 경험 속에는 그 쾌락성이나 고통성 이외에도 다른 구성 요소가 있기는 하나 오직 그 쾌락성이나 고통성만이 그것들을 본래적 선과 본래적 악으로 만드는 요인이며 그 쾌락성과 고통성에 비례해서 선과 악의 정도도 달라지는 것으로 해석될 수 있다.[14] 따라서 공리주의자들이 더 크거나 더 작은 쾌락이나 고통을 말할 경우에도 그들이 진정으로 의미하는 바는 그러한 경험들에 내포된 더 많고 적은 정도의 쾌락성과 고통성이며 쾌락과 고통의 계산도 결국 그러한 성질의 정도에 의해서 이루어지는 것이 된다.

여하튼 이와 같이 현실 개혁의 의지에서 창도된 벤담의 사상은 이른바 철학적 급진주의(philosophic radicalism)[15]의 선구를 이룸으로써 그의

---

13 Ibid., p.42. J. Plamenatz, *The English Utilitarians*(Oxford, Basil Blackwell, 1958), p.6 참조.

14 C. D. Broad, *Five Types of Ethical Theory*(London, Routledge & Kegan Paul, 1956), p.231 이하.

15 Elie Halevy, *The Growth of Philosophic Radicalism*(London, Faber Editions, 1972) 참조.

만년 50년간은 영국뿐만이 아니라 국외에서도 풍미하여 이때를 벤담 시대라 부르기까지 한다. 그러나 쾌락 일원적으로 지나치게 단순화된 인상을 주는 벤담의 공리주의 사상은 곧바로 이상주의자들의 비난과 공격의 표적이 되어 정신적인 것보다 육체적인 쾌락에 더 큰 비중을 두는 '악취를 풍기는 철학(stinking philosophy)'이니 쾌락을 인생의 최대의 목적으로 삼는 '돼지에게만 가치 있는 학설(a doctrine worthy only swine)'이라는 등으로 혹평을 받기도 하였다.

J. S. 밀은 그의 『공리주의』 제2장 서두에서 그의 공리주의가 기본 개념으로 삼는 공리가 바로 쾌락을 의미한다는 것을 강조한 다음 "쾌락, 그리고 고통으로부터의 해방이 목적으로서 바람직한 유일한 것"이라 하여 공리의 원리를 더 이상 증명을 요하지 않는 자명한 것으로 받아들인다.[16] 또한 "도덕의 기초로서 공리 또는 최대 행복의 원리를 받아들이는 신조는 행위가 행복을 증진시키는 경향에 비례해서 옳다고 주장하는 것"[17]이라 하여 어떤 행위가 옳으냐 그르냐 하는 문제는 그 행위가 쾌락 또는 고통을 어느 정도 조장하는가에 의해 결정된다고 했다. 이러한 점에서 그가 벤담의 공리주의를 계승하고 있다고 말해지기는 하나 그간에 일어난 비난과 오해로부터 공리주의를 변호, 구제하려는 의도로 인해 그가 벤담의 공리주의에 대해서 가한 비판과 수정은 주목할 만한 변화를 가져오게 된다.

그에 의하면 공리의 원리에 대한 세상 사람들의 불완전한 이해로 말미암아 이 원리의 보급이 방해를 받아 왔다고 말하고 이 원리에 대한 올바른 이해가 그것을 합리적으로 인정 또는 거부하는 선결 조건이라는 것이다. 선악과 시비를 오직 쾌락의 양에 따라 판정하려고 한 벤담의 공리설이 숨긴

---

16 J. S. Mill, op. cit., p.10.
17 Ibid., p.10.

난점은 단순히 쾌락의 분량을 측정하기가 매우 어렵다는 기술적인 문제뿐만이 아니라 쾌락의 질적 차이를 무시한 윤리설이 사람들의 일반적인 도덕감과 잘 조화되지 않는다는 사실에 있다고 했다. 이 점에 주목한 밀은 공리주의에 대한 보다 올바른 이해를 위해 공격의 대상이 되어 온 모든 쾌락의 양적 규정을 수정하여 쾌락에도 질적으로 고차적인 것과 저급한 것이 있음을 강조하여 질적 쾌락주의의 입장을 취하게 된다.

쾌락에는 높은 것과 낮은 것이 있으며 그 높은 쾌락을 추구하는 데에 인간이 단순한 동물과 다른 점이 있고 동물보다 고귀한 점이 있다고 한다. "만족한 돼지보다는 불만족한 인간이 되는 편이 낫다. 바보로서 만족하기보다는 소크라테스로서 불만족함이 낫다"는 것은[18] 밀의 이러한 입장을 웅변적으로 나타내 주는 말이거니와 이와 같이 높은 쾌락을 택하는 것은 일부의 인간만이 아니라 모든 인류의 공통된 본성이라고 믿는다. 정상적인 인간이라면 누구나 더 높은 기능(higher faculties)을 행사할 수 있는 존재로서의 인간의 지위를 버리고 더 저급한 기능만을 갖는 동물이 되기를 원치 않을 것이며 이는 인간이 추구하는 행복이 단순히 양적으로 많은 쾌락이 아니라 질적으로 높은 쾌락임을 입증한다는 것이다.

그러면 밀에 있어서 질적으로 높은 쾌락은 어떻게 판별되는 것인가? 그에 의하면 쾌락의 질에 대한 평가 기준은 문제되는 쾌락들을 모두 알고 있는 자의 선호(preference)에 의해 주어진다고 한다. 좀 더 자세히 말하면 "두 가지 쾌락 가운데서 그것을 모두 경험한 모든 사람 또는 대부분의 사람들이 어떤 도덕적 의무감에서가 아니라도 그중 하나를 단연 선택한다면 그 선택된 것은 보다 바람직한 쾌락"이라고 할 수 있다.[19] 결국 돼지는 쾌락의

---

18 Ibid., p.14.

일방만을 아는 데 비해서 인간인 소크라테스는 그 양방을 알 수 있으며 그들간에 질적 우열을 볼 수 있는 까닭에 불만족한 소크라테스 편을 택하는 셈이다. 결국 밀은 쾌락에 있어서 질적 차이가 객관적으로 성립하는 것으로 믿으며 그 우열의 판별을 위해서는 쾌락에 대해서 경험을 쌓은 자(hedonic expert)의 양식(良識)에 호소하는 것으로 보인다.

쾌락이라는 개념은 시지윅의 도덕철학에 있어서도 핵심을 이루고 있다. 왜냐하면 그는 쾌락이 선이라고 주장할 뿐만 아니라 그것이 유일한 선이라고 주장하기 때문이다. 따라서 그의 공리주의가 바탕을 두고 있는 것도 바로 쾌락이라는 선인 것이다. 그런데 그는 쾌락과 고통의 계산에 있어서 질적인 차이를 도입하려는 밀의 시도를 외면하고 벤담에서 전해진 순수히 양적인 쾌락주의에로 다시 복귀한다.[20] 그는 쾌락의 계산에 있어서 고통은 질적으로 다른 것일지는 모르나 쾌락의 반대가(反對價)를 갖는 양(negative quantity)으로 간주될 수 있다고 생각하고 행복도 단지 긍정가(肯定價)와 부정가(否定價)를 갖는 쾌락으로 환원할 수 있다고 봄으로써 행복과 쾌락을 동일시한다.[21]

무엇이 본래적 선인가라는 문제를 두고 시지윅은 고려할 만한 두 가지를 제시한다. 한 가지는 인간성의 완성(perfection)이나 탁월성(excellence)이고 다른 한 가지는 행복이나 쾌락이라고 하면서 전자를 버리고 후자를 택하기 위한 논의를 전개한다. 그는 자신이 이러한 선택에 대해서 가능한 반론들을 물리치기 위해 여러 가지 논증을 전개하고 있으나 간명하고 손쉬운 도덕 원칙을 발견하기 위한 지나친 야심으로 인해 그의 추론은 그리 공

---

19 Ibid., p.12.
20 H. Sidgwick, *The Methods of Ethics*, p.121.
21 Ibid., p.124.

정하게 이루어지지 못하고 있다.[22] 그는 『윤리학 방법론』의 모든 논증에 있어서 객관적 공정성을 장담하고 있으나 사실상 그의 논증이 실천 세계에 대한 현실적 관심에 의해 굴절되고 있다는 비판을 면하기 어렵다.

시지윅에 있어서 쾌락의 개념은 지극히 불분명하다. 우선 그는 쾌락이 특수한 감각이나 감정의 특정한 성질이라고 생각하는 데 대해서 반대한다. 다시 말하면 음식을 먹거나 애무를 할 때 느끼는 것과 같은 특정한 종류의 감정이라고 주장하지 않는다.[23] 그에 의하면 쾌락이라는 말은 천박하거나 육체적 감각과 관련된 보다 특정한 만족과 더불어 가장 세련되고 미묘한 지적, 정서적 만족까지도 포함한다고 했다. 이러한 다양한 경우들에 있어 쾌락을 느끼는 한에서 우리는 서로 다른 경험을 하고 있다는 것이다. 그러나 그가 이러한 다양한 경험들의 가치를 비교하는 기준으로서 쾌락이라는 말을 쓸 경우 쾌락은 감정의 특정한 성질(particular quality of feeling) 임을 인정하지 않을 수 없게 된다.[24] 그에 의하면 여러 가지 즐거운 경험들에는 공통되는 유일의 성질이 있으며 그것은 '바람직한'이라는 말로 나타 낼 수 있는 어떤 쾌락성(pleasantness)이라고 했다.

쾌락에 대한 보다 완전한 설명은 그의 『윤리학 방법론』 제2권 제2장 서문에서 "그런데 쾌락은 감정을 갖는 인간이 그것을 느끼는 순간에 암암리에 혹은 분명하게 그것이 바람직하다(desirable)고 여기는 감정이라고 정의하기로 해보자. 즉 바람직하다 함은 단지 그것이 하나의 감정으로서 생각할 때 바람직하다는 것이며 그것이 갖는 객관적 조건(objective conditions)이나 관계 혹은 결과에 비추어서 바람직하다는 것이 아니다"

---

22 Ibid., ch. XIV, p.391 이하, 특히 p.406 참조.
23 Ibid., p.127.
24 Ibid., pp.405-407, 479 참조.

라는 말 속에 나타나고 있다.[25]

그런데 여기에서 중요한 사실은 시지윅이 쾌락의 가치에 있어서 쾌락의 객관적 조건이나 관계는 아무런 관련이 없는 것으로 제외시키고 있다는 점이다. 다시 말하면 쾌락적 경험이나 쾌락적 의식에 있어서 쾌락성과 관련되어 있는 객관적 조건, 즉 지식, 덕, 미와 같은 것은 아무런 가치를 갖지 못한다는 것이다. 그에게 있어서는 쾌락의 가치는 지식을 통해서 주어지는 것이건 덕을 통해서 혹은 미를 통해서 주어지는 것이건 상관이 없다. 중요한 것은 오직 그것이 갖는 쾌락성 그 자체의 정도와 양이다.[26] 바로 이 점에서 그는 G. E. 무어의 반론에 직면하게 된다.

그의 양적 쾌락주의에 있어서는 쾌락이 발생하는 객관적 여건이나 관계는 무의미하며 오직 쾌락성과 고통성만이 문제된다. 따라서 그의 공리 계산에 있어서는 갖가지 즐겁고 괴로운 경험 속에 내포된 쾌락성과 고통성의 강도와 지속성이라는 한 가지 종류의 정보만이 요구된다. 나아가서 공리의 계산이 여러 가지 경험의 조건이 되는 개인 상호간의 객관적 관계나 혹은 그 만족 여부로 인해 쾌락과 고통이 생겨나는 욕구의 목적과는 아무런 상관이 없이 행해지게 됨으로써 개인에 있어서 사악과 잔인으로 인한 쾌락도 호의와 애정으로 인한 쾌락과 동일하게 계산된다. 여기에서 시지윅은 벤담의 말대로 쾌락의 양이 같다면 압정 놀이(push-pin)도 시작(詩作, poetry)과 다를 바 없이 좋은 것이라는 결론에 이르게 된다.[27] 시지윅은 자신의 공리주의를 정당화하는 일에 있어서 벤담의 입장을 반대하고 있으나 쾌락의

---

25 Ibid., p.131.
26 Ibid., p.400.
27 "Quantity of pleasure being equal, push-pin is as good as poetry." 널리 알려진 이 인용문은 J. S. Mill, *Essays of Ethics, Religion and Society*, Vol. 10, p.13에서 나온 것이다.

규정에 있어서 거의 벤담을 답습하고 있는 셈이다.

2. 질적 쾌락 공리주의와 다원 공리주의

앞 절에서 우리는 벤담, 밀, 시지웍 등 일련의 공리주의자의 사상을 그 본래적 선에 대한 규정에 주목해서 살펴 왔다. 본래적 선에 대해서 이 세 사람이 쾌락주의적 입장에 선다는 점에서 대체로 일치를 보이고 있으나 벤담이나 시지웍은 모든 쾌락의 양화(量化) 가능성을 가정함으로써 양적 쾌락주의에로 나아가게 되며 비록 벤담의 직접적 계승자이긴 하나 밀은 쾌락에 있어서 질적 차이를 인정함으로써 다양한 종류의 쾌락을 가정하는 질적 쾌락주의를 전개하게 된다. 논자의 생각으로는 이들의 사상을 분기시키는 데 있어서는 사회철학자 혹은 도덕철학자로서 그들 나름의 숨겨진 의도가 작용하고 있는 것으로 여겨진다.

계산척(計算尺)의 단위를 확보하기 위해 지나치게 단순화된 양적 쾌락주의가 우리의 도덕 판단이나 윤리 의식에의 부정합(不整合)으로 비판당하는 지점에서 공리주의는 밀의 질적 쾌락주의를 통해 그 정당화가 시도된 이래 이상주의적 성향을 띠는 다원적 공리주의로 발전하기 시작했다. 약속의 이행(promise keeping)이나 무죄자의 처벌(punishment of the innocent) 등 고전적 공리주의에 대해 비판적으로 제기되어 온 반증례(反證例)는 개인의 자유 및 인간의 기본권 등 정의와 관련된 문제에 있어 그 절정에 이르게 되어 공리주의는 자체의 정당화를 위해 새로운 근거를 찾지 않으면 안되었다. 새로운 정당 근거를 찾으려는 공리주의자들의 노력은 한편에서는 평가의 대상인 행위의 개념을 확대해 보는 쪽으로 기울어져 규칙 공리주의를 발전시켰고 다른 한편에서는 평가의 내용인 본래적 선의 개념을 확장하는 쪽으로 나아가 흔히 이상 공리주의 혹은 다원 공리주의로 불리는 형태로 전개되는데 G. E. 무어에서 그 가장 발전된 모형을 볼 수 있게 된다.

다원 공리주의는 행위의 도덕적 가치가 그 공리에 의존하기는 하나 행위의 공리를 산출하는 본래적 선이나 가치가 하나 이상이라고 주장하는 입장이다. 이 경우에 본래적 선에는 쾌락이 포함될 수는 있어도 쾌락으로 완전히 환원될 수 없다는 것이다. 그런데 본래적 선에는 어떤 것이 있는가는 다시 해결되어야 할 문제로서 무어가 지적했듯이 그 문제는 "더 이상 어떤 다른 뒤따르는 결과가 없이 그것만이 존재한다 할지라도 그것이 반드시 존재해야 하는(ought to be) 것이 무엇인가?"를 물음으로써 대답될 수 있다는 것이다.[28] 그러나 이것은 선이 무엇인가를 결정함에 있어 직관의 영역을 지나치게 허용하는 까닭에 공리 계산의 문제를 애매하게 할 뿐만 아니라 나아가서 확정된 다원적 선들 간에 상충이 있을 경우 이들의 우열을 정해야 한다는 새로운 문제에 봉착하게 된다.

이러한 직관론적이고 다원주의적인 공리주의가 당면하는 난점이 결국 의무론자인 W. D. 로스가 해결해야 했던 난점과 유사하다는 것은 흥미 있는 일이다. 로스 역시 상충하는 다원적인 도덕적 요구들 간의 상대적 비중을 정해 줄 합리적 방도를 제시하지 못하고 있으며 결과적으로 상대적인 조건부 의무들이 서로 충돌할 경우 직관에 호소할 수밖에 없는 도덕적 궁지에 몰리게 되는데 합리적 도덕관에서 출발하고 있으면서도 무어류의 다원 공리주의는 비슷한 처지를 면하기 어려운 형편이다. 그리고 일단 우리가 로스의 상대적인 조건부 의무론과 다원적 공리주의 간의 유사성에 주목하여 다원 공리주의가 본래적 선의 항목을 확장하여 로스의 조건부 의무들을 모두 포함할 경우를 생각해 보게 되면 우리는 의무론과 목적론이라는

---

28 G. E. Moore, *Principia Ethica*, p.42.

대립적인 두 입장에서 유래한 이 두 윤리설 사이에 아무런 차이도 발견하지 못하게 된다.[29]

나아가서 이렇게 될 경우 우리는 분배와 관련된 정의의 요구까지도 하나의 선(善)으로 고려되는 공리주의의 형태를 정식화할 수 있을지도 모른다. 그러나 이것은 공리주의 자체에 대해서 지나친 대가를 요구하는 가능성인 것이다. 왜냐하면 본래적 선의 목록을 지나치게 확대함으로써 다원 공리주의는 옳은 행위를 판정해 줄 단일한 기준(unitary standard)을 제시하는 윤리 체계로서의 그 특성을 희생해 버리고 결과적으로 윤리 문제에 대해서 명확하고 합리적인 해답을 제시할 수 있는 자족적 원리로서의 면모를 손상해 버리는 셈인 것이다.[30] 그렇게 될 경우 공리주의를 정당화하기 위해 제시된 해결책이 결국 공리주의를 그 기초에서부터 흔들어 버리는 결과가 생겨나며 이는 하나의 자가당착이 아닐 수 없는 것이다.[31]

이상의 논의를 요약하면 결국 벤담에 의해 창도된 쾌락적 공리주의가 인간의 도덕감이나 신중한 도덕 판단과의 합치 여부를 눈감아 가면서도 유일한 본래적 선으로서 양화 가능한 쾌락을 내세워 간명한 단일 원리의 윤리 체계를 구성하려 했던 것은 그만큼 주장자들의 실천적 관심과 현실 개혁의 의지가 강렬함과 아울러 원리의 현실적 작용성에 대한 기대가 컸음을 증거하는 것이다. 그러나 그간의 연구 결과에 따르면 쾌락이란 그들이 생각했던 바와 같이 양화 가능한 특정한 감정이나 감각이 아니라 다양한 경험 내용과 상관된 개념이며 더욱이 그러한 특정한 감정의 성질로 규정된 쾌락은

---

29 Tziporah Kasachkoff, "Utilitarianism and Justice", Jack Glickman(ed.), *Moral Philosophy*(New York, St. Martin's Press, 1976), p.666.

30 Ibid.

31 Ibid.

인간의 도덕감에 의해 유일한 본래적 선으로 받아들이기 어려운 것으로 비판되고 있다. 나아가서 그러한 쾌락이 받아들여진다 해도 측정의 문제에서 생기는 난점으로 인해 공리주의의 현실적 작용성마저 의문시될 경우 쾌락 공리주의는 설 자리를 잃게 되는 것이다.

한편 다원 공리주의는 본래적 가치의 다양성으로 인해 쾌락 공리주의보다 더 그 기본적인 차원에서 그 현실적 작용성이 문제시되기는 하나 그것이 갖는 도덕적 합당성에의 충실로 인해 밀 이래 쾌락주의 비판가들에 의해 많은 지지를 얻고 있다. 여기에서 우리는 공리주의의 한계를 보다 명확히 바라보기 위해, 엄밀한 양적 쾌락주의가 거부될 경우 공리주의가 나아갈 수 있는 밀류의 소위 질적 쾌락주의와 무어류의 이상적 다원주의 간의 관계에 다시 주목해 보기로 한다.

밀의 『공리주의』가 출간된 이래 많은 비판가들 사이에서 그의 질적 쾌락주의는 사실상 위장된 다원주의(disguised pluralism)이며 그것은 쾌락주의를 완전히 포기하는 것이 아닌가 하는 의혹이 있어 왔다.[32] 쾌락의 양에는 상관없이 어떤 쾌락이 다른 것보다 더 우월한 것이라면 그것은 쾌락 이외의 또 다른 어떤 본래적 선이나 독립적 가치를 인정하는 것이며 그러면서도 밀이 계속해서 쾌락주의로 남아 있다고 생각한다면 이는 자기 모순이 아닐 수 없기 때문이다. 따라서 질적 쾌락주의로서 나타내고자 하는 밀의 어떤 의도가 있다면 이러한 그의 진의가 옹호되기 위해서는 이상의 비판에 대한 만족스러운 해명이 있어야 하리라고 본다.

앞에서 이미 논의된 바와 같이 다원적 공리주의란 쾌락 이외에도 여러

---

32 이에 대한 비판으로는, C. D. Broad, *Five Types of Ethical Theory*, p.232; Brand Blanshard, *Reason and Goodness*(London, George Allen & Unwin, 1961), p.311 참조.

가지 본래적 선이 있다는 입장이다. 그런데 이러한 다원론에 있어서도 쾌락 이외의 다른 것들이 쾌락과는 전혀 상관없이 독립적으로 성립하는 본래적 선이라는 비쾌락적 다원론(non-hedonistic pluralism)과 다른 것들이 쾌락과 완전히 분리되어서는 본래적 가치를 갖지 못하지만 쾌락과 결합되어 유기적인 전체를 이룸으로써 쾌락 그 자체보다 더욱 큰 본래적 가치를 지닌다는 쾌락적 다원론으로 구분해서 생각해 볼 수 있으리라고 여겨진다.

사실상 G. E. 무어는 자신의 지적인 발전 과정의 다른 시기에서 다원론의 두 가지 형태를 모두 제시한 것으로 생각된다. 『윤리학 원론(*Principia Ethica*)』(1903)에서 무어는 비쾌락적 다원론을 제시하고 있다고 생각되나 뒤에 저술된 『윤리학(*Ethics*)』(1912)에서는 그것이 쾌락적 다원론으로 대치되고 있는 것으로 보인다. 우리는 이 두 가지 입장을 비교해서 살펴본 후 그것이 밀이 제시한 질적 쾌락주의와 어떤 점에서 구분되는지 알아보고자 한다.

『윤리학 원론』에서 무어는 쾌락이 유일한 본래적 선은 아니며 그 외에도 쾌감과 완전히 분리되어서 독립적으로 성립하는 본래적 선이 존재한다고 했다. 그는 쾌락도 본래적 가치 중의 하나임을 간접적으로 인정하면서 말하기를 "다른 것들과 더불어 쾌락도 목적으로서의 선이라고 하는 이론이 쾌락주의는 아니며 나는 그 이론이 진리임을 의심하지 않으려 한다"[33]라고 했다. 이어서 그는 쾌락 이외의 다른 것들, 예를 들면 사랑이나 지식 혹은 미와 같은 것도 본래적 선이 될 수 있다고 주장하며 심지어 아름다운 것은 그것이 단순히 존재함으로 인해서도 어떤 본래적 선을 갖는다고 한다.[34] 물론 『윤리학 원론』에서도 무어는 추후에 쾌락적 다원론의 기초가

---

33 G. E. Moore, *Principia Ethica*, p.62.

되는 유기적 전체의 원리를 제시하고 있기는 하나 쾌락 이외의 다른 것들은 비록 약소한 것일지는 몰라도 쾌락과 완전히 독립해서 본래적 가치를 갖는다고 하였다. 그에 의하면 아름다운 섬은 그것을 보고 즐거워할 유정자(有情者)가 없이도 본래적 선이기 때문이다.[35]

유기적 전체(organic wholes) 혹은 유기적 통일체(organic unities)의 원리에 대한 그의 정의는 '전체의 본래적 가치는 부분들의 가치의 총합과 같지 않으며 그에 비례하는 것도 아니라는 것'이다. 그는 이러한 원리를 쾌락과 관련해서 사용해서 미(美)를 즐긴다는 것은 순수한 즐김(쾌락)과 순수한 미가 서로 분리되어 각각 갖는 가치의 총합보다 훨씬 더 큰 본래적 가치를 갖는다고 하였다. 그러면서도 그는 여전히 비쾌락적 다원론자로 남아 있는 점에 주목해야 한다. 예를 들어서 그의 주장에 따르면 아름다운 세계는 그것이 주는 현실적 혹은 가능적 쾌락과 전혀 상관없이 아무리 사소한 것일지라도 그 본래적 가치를 지니며 추한 세계는 역시 그것이 줄 고통과 상관없이도 본래적 비가치를 지닌다는 것이다. 결국 무어가 이러한 논점을 내세우는 것은 쾌락주의자 시지윅이 어떤 쾌감과 상관없이는 어떤 것도 본래적 가치를 지닐 수 없으며 우리는 결코 유쾌하지 않은 선을 실현해야 할 의무가 없다고 한 데 대한 반론을 전개하기 위한 것으로 이해할 수 있을 것이다.[36]

이상과는 달리 대체로 다원론의 일반적인 형태라고 생각되는 쾌락적 다원론은 비록 쾌락 이외의 다른 것들이 쾌락과 완전히 분리되어서는 본래적 가치를 갖지 못하지만 그것들이 쾌락과 결합되어 유기적인 전체를 이룰 경

---

34 Ibid., pp.188-89.
35 Ibid., p.184.
36 Ibid., pp.83-84.

우에는 거기에 내포된 쾌락 그 자체보다 더 큰 본래적 가치를 갖는다는 주장이다. 그래서 쾌락적 다원론은 다른 본래적 선들이 쾌락과 전적으로 분리되어서도 그 자체로서 성립한다는 비쾌락적 다원론의 입장을 받아들이지 않는다. 그것은 쾌락이 모든 본래적 선을 구성하는 필수적인 요소임을 주장한다. 무어는 적어도 그의 초기 저술인 『윤리학 원론』에서는 이러한 쾌락적 다원론을 부인하고 있으나 후기 저작인 『윤리학』에서는 그것을 받아들이는 것으로 생각된다.

『윤리학』에서 무어는 말하기를 "어떤 전체도 그것이 약간의 쾌락을 내포하지 않는 한 본래적 선일 수 없다"고 하면서 "나로서는 그러한 주장이 진리라고 단언할 수는 없으나 그것이 진리가 아니라는 확신도 없다"[37]고 했다. 이어서 그는 모든 본래적 선에 공통되는 두 가지 특성을 지적하여 그 하나는 일정량의 쾌감을 포함하지 않고서는 어떤 것도 본래적 선이 될 수 없다는 점이고 다른 하나는 본래적 선이란 다양한 요소를 내포하는 복합적인 전체인 까닭에 단순한 쾌락만으로는 본래적 선이 될 수 없다는 점이라고 했다.[38]

여기에서 우리는 이상에서의 논의를 기초로 해서 위장된 다원론으로 고발된 질적 쾌락주의를 살펴보기로 한다. 질적 쾌락주의가 적어도 무어식의 쾌락적 다원론이 아님은 분명하다고 생각된다. 우선 쾌락적 다원론은 양적 쾌락주의와 같이 우리의 감정에는 쾌락이나 고통이라 불리는 한 가지 성질이 존재한다는 데 비해 질적 쾌락주의는 질적으로 다른 여러 가지 감정을 내세우고 있기 때문이다. 나아가서 쾌락적 다원론은 쾌락과 고통의 감정을 경험의 다른 성질들로부터 분리시킬 수 있다고 가정하는 반면 질적 쾌락주

---

37 G. E. Moore, *Ethics*(London, Oxford University Press, 1958), p.153.
38 Ibid., pp.153-54.

의는 이러한 가정을 받아들이지 않는다. 쾌락과 고통은 지향적인 개념[39]인 까닭에 그것을 경험의 다른 성질들이나 그것이 지향하는 대상들로부터 완전히 분리시키는 일이 가능하지도 않고 그래서는 구체적 내용을 충분히 확인할 수도 없는 것이다. 이와는 달리 무어에 있어서 유기적 전체의 원리가 의도한 대로 적용되기 위해서는 우선 우리가 그 전체 속에서 순수한 쾌락의 가치와 그와 구분되는 비쾌락적 요소의 가치를 알아야 하며 다음에는 그것들에 의해 구성되는 유기적 전체의 가치를 확인하여 그 가치가 서로 분리된 구성 요소 각각의 가치를 합산한 것보다 더 크다는 것을 알아내야 하는 것이다.

질적 쾌락주의는 우리가 경험 속에서 다른 성질들과 전적으로 분리된 순수한 쾌락이나 고통이라는 단일한 성질을 발견할 수 있음을 부인한다. 이에 따르면 순수한 쾌락이나 순수한 고통이란 존재하지 않으며 언제나 다른 성질들과 결합되고 관련되어 있는 구체적인 지향적 쾌락이나 고통만이 경험된다는 것이다. 바로 이 점에 있어서, 다시 말하면 경험의 다른 성질로부터 쾌락을 분리할 수 있느냐 없느냐의 여부에 의해서 질적 쾌락주의가 위장된 모종의 다원론인지 아니면 그 자체로서 또 하나의 독립적인 입장이 될 수 있는지가 결정되는 것이다.

벤담의 양적 쾌락주의와는 달리 질적 쾌락주의는 쾌락이나 고통이라는 개념을 질적으로 다양한 넓은 영역의 쾌락감과 고통감을 가리키는 애매하고 포괄적인 개념으로 사용하고 있다고 생각된다. 그 말은 단일한 지시체

---

39 Rem B. Edwards, *Pleasures and Pains*(London, Cornell University Press, 1979) 참조. 최근에 이에 관련된 논문으로는 Edwards의 *Freedom, Responsibility and Obligation*(The Hague, Martinus Nijhoff, 1969), pp.5-10; Roderick Chisholm, "Intentionality and the Mental", *Minesota Studies in the Philosophy of Science*, Vol. 2, p.524 이하 참조.

(指示體, referent)를 갖는 것이 아니라 다양한 지시체를 가리키는 것이다. 비트겐슈타인(L. Wittgenstein)에 의하면 우리가 사용하는 언어의 지시체는 모두 공통된 성질들(common properties)을 나타내는 것이 아니고 가족 유사성(family resemblances)만을 예시하고 있다고 했다. 이와 같은 관점에서 볼 때 공통의 이름을 갖는 모든 것은 공통의 성질을 함께 갖는다는 환원주의적 가정은 부당한 생각이며 그것은 바로 철학자들을 양적 쾌락주의로 오도한 언어학상의 그릇된 가정이었던 것으로 여겨진다.

밀의 질적 쾌락주의를 거부하기 위해서 시지윅이 제시한 근거도 바로 그러한 그릇된 가정에 바탕을 둔 것이었다. 시지윅은 "쾌락의 모든 질적 비교는 사실상 양적인 것으로 환원되어야 한다. 왜냐하면 모든 쾌락이 쾌락이라고 불릴 수 있는 까닭은 그것이 쾌락성이라는 동일한 성질을 갖기 때문이라고 생각되며 따라서 이러한 공통된 성질에 비추어서 그것들은 비교가 가능하다"고 했다.[40] 그러나 다양한 쾌락들은 쾌락성이라는 공통의 성질을 갖는다고 하는 대신 우리가 지속되기를 바라는 감정이라는 점에서 유사성을 갖는 가족 개념이라고 할 수 있을 것이다. 바로 이러한 점에서 쾌락의 양적 환원이 불가능하다는 밀의 주장이 정당화될 수 있으리라 생각된다.

래시덜은 "쾌락주의의 오류는 감정적 요소의 가치를 의식의 다른 요소들로부터 추상해서 평가하려는 시도 속에 있다"고 했다.[41] 무어도 역시 다른 성질들과 관련된 쾌락(pleasures in context of other properties)만을 본래적 선으로 본다.[42] 이러한 점에서 다원 공리주의자들은 쾌락이 지향적 개념(intentional concept)임을 명확히 하고 있었다. 그러나 그들이 쾌락

---

[40] H. Sidgwick, *The Methods of Ethics*, p.94.

[41] H. Rashdall, *The Theory of Good and Evil*, Vol. I, p.154.

[42] G. E. Moore, *Principia Ethica*, pp.83–84.

적 다원론자인 한에서 그들은 쾌락을 의식의 다른 요소나 성질들로부터 분리 가능한 것으로 본다는 점에서 쾌락주의의 오류에 부분적으로나마 동참하고 있다고 생각된다. 무어가 유기적 전체를 말하기는 하나 그것은 전체의 가치가 부분의 가치들을 합한 것과 동일한 것이 아님을 지적하기 위한 것일 뿐 전체를 부분으로 환원할 수 있고 그로부터 쾌락이라는 부분을 추출해 낼 수 있다고 본다. 그러나 만일 우리의 모든 경험은 부분들이 상호 침투해서 분석될 수 없는 질적 통일체로서만 성립한다고 할 경우 밀의 질적 쾌락주의는 보다 유력한 대안이 아닐 수 없는 것이다.

3. 공리의 원칙과 정당화 문제

공리의 원칙을 정당화함에 있어서 일반적으로 잘 알려진 두 가지 방법은 자연론적 방법과 직관론적 방법이다. 이를 쾌락주의적 공리주의와 관련해서 보면 전자는 벤담이나 밀에 의해 채택되어 심리적 쾌락주의(psychological hedonism)로 나타나고 후자는 시지윅에 의해 채택되어 윤리적 쾌락주의(ethical hedonism)로 나타난다. 무어가 자연론적 오류를 들어 비판하기 이전에 비록 관점이 다르긴 하나 시지윅은 심리적 쾌락주의에 의거한 공리주의의 정당화가 부당한 것으로 보았던 것이다. 시지윅은 쾌락과 고통의 계산에 있어 질적인 관점을 도입하고자 하는 밀의 시도를 거부하고 벤담이 제시했던 양적인 쾌락주의로 복귀한 공리주의자였다. 그러나 그는 벤담이나 밀의 공리주의가 기초했던 심리적 쾌락주의를 받아들일 수 없었던 까닭에 공리주의에 대한 새로운 기초를 찾고자 했다.

시지윅은 공리의 원칙에 대한 밀의 증명을 비판하면서 각자가 자기 자신의 행복을 바란다는 사실로부터 우리의 의무가 그러한 원리에 따라서 행위하는 것이라는 결론이 나오지 않는다고 주장하였다. 그는 이러한 자신의 반론을 강화하기 위해 벤담이나 밀이 공리의 원칙을 정당화하기 위한 기초로 삼았던바, 우리는 가능한 한 우리 자신이 보다 많은 쾌락(고통으로부터의 해방) 이외에 어떤 것도 그 자체로서(for its own sake) 욕구하지 않는다는 심리학적 쾌락주의를 일거에 거부하고 나선다. 그러면서도 그는 밀보다 벤담에 의해 제시된 형태의 공리주의를 받아들인 후 그것을 다른 전제들로부터 추론하고자 한다. 심리적 쾌락주의에 대한 반론에 있어서 가장 중요한 일은 우리가 고통으로부터의 해방이나 쾌락과는 다른 어떤 것을 그 자체로서 욕구한다는 것이 심리학적 사실임을 설득력 있게 논증하는 일이다.

심리학적 쾌락주의에 반대하는 시지윅의 중요 논거는 어떤 욕구의 대상을 추구하거나 성취함으로써 쾌락을 맛보게 되는 것이 사실이기는 하나 그렇다고 해서 우리는 그것이 주는 쾌락을 위해서 그 대상을 욕구하며 따라서 우리가 어떤 욕구를 가질 때 그 자체로서 욕구하는 것이 바로 쾌락을 맛보는 것이라는 결론이 나오지는 않는다는 점이다.[43] 따라서 그는 어떤 대상에 대한 욕구를 충족하는 일(예를 들어서 이상을 추구하는 일)이 대체로 고통스러우리라는 것을 욕구하는 자가 알면서도 그것을 욕구하고 실현하고자 애쓰는 사례를 발견하기란 어렵지 않다고 한다. 욕구의 대상이 성취되었을 때 쾌락을 맛보는 것이 사실이나 바로 그것이 우리가 쾌락만을 욕구한다는 입장을 지지하는 논거가 될 수는 없으며 쾌락을 주는 경험을 한다는 그 자체가 이미 쾌락 이외에 욕구되는 어떤 대상의 존재를 전제한다는 것이다. 시지윅은 '쾌락주의의 역리(paradox of hedonism)'는 쾌락에의 충동이 지나치게 강할 경우 그 자체의 목적이 좌절된다[44]는 데 있다고

---

43 H. Sidgwick, *The Methods of Ethics*, pp.123, 45.
44 Ibid., p.48.

지적한다. 성취된 욕구에 따라오는 쾌락은 쾌락 그 자체를 위한 욕구가 쾌락이 아닌 것에 대한 욕구를 능가하는 정도에 비례해서 감소한다는 것이다.

결국 시지윅의 입장을 요약하면 그는 심리학적 쾌락주의에 반대해서 그 자체로서 욕구되는 것은 쾌락 이외에도 다른 것들이 있으며 이와 같이 다른 종류의 욕구가 있다는 것은 쾌락을 가능한 한 증가시키는 데도 도움이 된다는 것이다. 따라서 시지윅에 의하면 타인을 행복하게 하려는 욕구도 있으며 도덕적으로 옳은 행위를 하고자 하는 욕구도 있는데 이러한 욕구들은 우리 자신의 쾌락을 바라는 욕구와 서로 다른 종류의 욕구이며 이 외에도 그러한 종류에는 여러 가지가 있다는 것이다.[45]

이미 지적한 바와 같이 벤담이나 밀은 모두 쾌락이 그 자체로서 우리가 욕구하는 유일한 것인 까닭에 우리의 의무는 공리의 원칙에 따라 행위하는 것이라고 했다. 이런 뜻에서 그들의 공리 원칙은 심리학적 쾌락주의에 기초하고 있다. 그런데 이러한 것을 전제할 경우 그들의 공리 원칙은 심리학적 쾌락주의와 운명을 같이하게 되며 따라서 쾌락이 그 자체로서 욕구되는 유일의 것이 아닌 세계에서는 공리의 원칙에 따라서 행위해야 할 의무도 소멸하게 된다.

이와는 달리 시지윅에 의하면 공리의 원리나 여타의 기본적 도덕 원리는 그 자체로서 자명한 판단이든지 다른 자명한 판단으로부터 연역될 수 있는 판단이어야 하며 따라서 생각할 수 있는 모든 세계에서 진(眞)이어야 하고 그런 의미에서 필연적 진리라는 것이다. 시지윅이 그의 저술에서 자주 합리적(rational), 이성적(reasonable), 합리적 명령, 이성적 명령이라는 말

---

45 Ibid., p.49 이하.

을 사용하는 것도 그러한 필연성을 나타내기 위한 것이라 할 수 있다. 결국 그에 의하면 어떤 기본적인 도덕적 직관이나 혹은 제1원리가 있으며 그것이 무엇인가를 밝히는 것이 도덕철학의 근본 문제라는 것이다.

시지윅은 이러한 제1원리가 존재하며 그 진위가 직관에 의해 인식된다는 일반 이론을 광의의 직관주의(intuitionism in the wider sense)라 부르며 이러한 제1원리에 비추어서 행위의 도덕적 옳고 그름을 판단하는 절차나 방법을 직관적 방법(intuitional method)이라고 했다.[46] 그런데 직관주의적 윤리 체계 가운데는 어떤 행위가 도덕적으로 옳고 그른가가 그 결과의 선악과 상관없는 것으로 보는 것이 있는데 시지윅은 이러한 입장을 협의의 직관주의(intuitionism in the narrower sense)라고 부른다.[47] 시지윅 자신의 도덕 이론은 이러한 협의의 직관주의가 일관성 있는 도덕 이론으로 전개될 수 없다는 결론의 결과로서 나타나게 된다.

시지윅은 광의의 직관주의를 지각적 직관주의(perceptional intuitionism), 독단적 직관주의(dogmatic intuitionism), 철학적 직관주의(philosophical intuitionism)로 구분한다. 첫 번째와 두 번째의 직관주의는 협의의 직관주의에 속하는 것으로서 절대적 확실성을 갖는 직관적인 도덕적 지식에 대한 가정과 행위의 도덕적 옳고 그름을 그 결과의 선악과 상관없는 것이라는 가정으로 구성된다. 시지윅이 논의하고 있는 광의의 직관주의를 약술하면 다음과 같다.

지각적 직관주의는 개별 행위의 옳고 그름을 어떤 도덕 원리로부터 추론함이 없이 지각적으로 판별할 수 있다고 보는 입장이다. 양심률(良心律)에 의거한다고도 볼 수 있는 이러한 입장의 난점은 옳고 그름에 대한 인식이

---

46 Ibid., pp.83 이하, 90 이하, 102 이하.
47 Ibid., p.97 이하.

때로는 불확실하며 그에 대한 판단들 간의 상충이 빈번한 까닭에 직관적 인식이 믿을 수 없다는 점이다. 독단적 직관주의는 상식의 도덕이라고도 불리는 것으로서 그 근본적 가정은 도덕의 몇 가지 원칙에 대한 직관적 파악이 가능하다는 것이다. 그러나 시지윅은 그러한 규칙은 무수히 많아 체계화가 어려우며 그들이 상충할 경우 해결책이 없다 하여 이러한 다원적 직관주의 역시 배척한다.[48]

이상과 같은 두 가지 유형의 직관주의가 일관성 있는 도덕 체계를 구성할 수 없다는 이유에서 배척됨으로써 결국 시지윅은 좁은 의미의 직관주의가 합당한 도덕 이론이 될 수 없다고 결론짓는다. 협의의 직관주의를 배척함으로써 시지윅은 어떤 행위의 옳고 그름이 그 결과의 좋고 나쁨에 의거한다는 가정을 받아들이면서도 우리가 그 제1원리에 대한 직관적 확실성을 보장할 수 있는 어떤 도덕 체계가 있는가를 규명하고자 한다. 여기에서 시지윅은 자기 자신의 도덕적 입장인 공리주의도 그 속에 포함되는 철학적 직관주의를 전개하게 된다. 그런데 시지윅은 공리주의가 다른 대안적 도덕 체계보다 우월한 것임을 보이기 위해 더 체계적인 윤리학 방법론을 해명하고자 한다.

시지윅은 벤담 및 에지워스(Edgeworth)와 더불어 고전적 공리주의를 대변하는 학자로서 그의 『윤리학 방법론』은 고전적 공리주의에 대한 가장 완전한 철학적 설명과 옹호를 해준 것으로 알려져 있다.[49] 벤담과 에지워스의 공헌이 흄의 입장 속에 잠재적인 형태로 함축된 공리의 개념을 수학적 설명에 의해 명확히 규정함으로써 고전적 공리주의를 창도한 점에 있다

---

48 Ibid., p.342.
49 특히 그의 *The Methods of Ethics*, bk Ⅰ: ch. 9, bk. Ⅱ: ch. 13, 14, 그리고 bk. Ⅳ 전체 참조.

면 시지윅의 창의적인 면은 도덕철학의 성격 및 방법이 무엇인가를 밝힌 그의 도덕철학관에 나타난다. 『윤리학 방법론』의 구조와 논증들은 그의 도덕철학관을 잘 표현하고 있는데 그러한 저술의 의도는 인간 일반의 도덕 의식 속에서 발견되는바, 도덕적으로 행해져야 하는 것에 대한 서로 상이한 추론 방식들, 즉 이미 역사적으로 잘 알려진 윤리설로 체계화된 직관주의(협의의), 완전설, 이기주의, 공리주의 등을 해명, 비교하고 합리적이고 객관적인 관점에서 그것들을 평가하는 데 있다고 했다.

그는 "윤리학의 방법이란 인간이 행해야 할 바가 무엇인지를 결정하고 어떤 행위가 옳은지를 결정하기 위한 합리적 절차(rational procedure)를 제시하는 것"으로 규정하고 있다.[50] 그리고 그에 의하면 어떤 주어진 상황 하에서 옳고 합당한 어떤 하나의 행위나 제도가 있으며 이러한 행위나 제도는 원리상 인식이 가능하다는 것이다. 따라서 합리적 방법이란 모든 합리적 인간들이 그것을 적용함으로써 동일한 결과 즉 하나의 올바른 해답에 이를 수 있는 방법이라고 하고 이로써 그는 도덕의 객관성을 보장하고자 한다. 그런데 시지윅은 어떤 방법이 가져올 실제적 결과에 관심을 갖기보다는 방법 그 자체와 방법으로서의 그들의 차이에 주목하고자 한다.[51] 그리고 그는 이러한 방법을 공평하게 제시하고자 하면서도 그것들에 대해서 실천적 추론을 위한 합리적 방법으로서 충족시켜야 한다고 생각되는 어떤 일반적 기준을 적용하고 있다. 그러한 기준은 방법들의 비교와 평가를 위한 객관적 기초를 정해 주는 것이며 결국 한 방법이 다른 것들에 비해 정당하다는 것을 보증하게 된다는 것이다.

그렇다면 시지윅에 있어서 합리적 방법의 일반적 기준은 무엇인가? 그

---

50 Ibid., p.1
51 Ibid., pp.13-14.

에 의하면 우선 이러한 방법의 제1원리는 다음과 같은 조건들을 만족시켜야 된다고 한다.[52] 그것은 다른 어떤 도덕 원칙만큼 확실한 것이어야 하고 더 우월한 타당성을 지녀야 하며 나아가서 그 타당성의 정도가 다른 원리들로부터 연역된 것이 아닌 자명한(self-evident) 것이어야 한다는 것이다.[53] 그리고 이러한 원리들은 모든 예외나 제한 사항도 그 원리 자체에서 도출되어야 하며 설명되지 않은 전제나 가정들이 추가되어서는 안 된다는 점에서 충분히 합리적인 것이어야 한다고 했다.

그리고 제1원리들은 그 하위 원리나 기준들을 규제하고 체계화하는 것이어야 하며 따라서 그것은 임의적 요소를 내포하지 않는 완전하고 조화로운 체계를 구성하게 하는 기초가 되어야 한다. 이러한 기준과 관련해서 제1원리는 단순한 조건부가 아닌 현실적인 올바른 판단을 보장하는 방도를 제시해야 하고 따라서 합리적인 행위자이면 누구든지 실천할 수 있는 현실적 지침이 되어야 한다는 것이다.

이러한 기준 위에서 시지윅은 『윤리학 방법론』에서 일상적으로 우리가 의거하고 있는 세 가지 추론 방식을 제시하고 있다. 만일 내가 가능한 행위들 중에서 될 수 있는 한 최대량의 일반 복지를 실현해 줄 바가 어느 것인지를 고려함으써 내가 마땅히 해야 할 행위를 결정한다면 나는 공리주의적 방법을 이용하고 있다. 만일 내가 개인적으로 나 자신의 최대 행복을 가져다줄 바를 생각함으로써 결정한다면 나는 이기주의적 방법을 이용하는 것이다. 그리고 직접적인 도덕적 지각이나 상식적인 도덕 규칙들에 의거함으

---

52 Ibid., pp.78-80.
53 C. D. Broad는 "윤리학 방법이라는 말로써 시지윅이 대체로 의미하는 바는 자명한 것으로 주장될 수 있는 어떤 원칙에 의거해서 우리의 다양한 윤리 판단들을 일관된 체계로 통일시켜 준다고 주장하는 어떤 유형의 일반 이론이다"라고 적고 있다. *Five Types of Ethical Theory*, p.148.

로써 나의 행위를 결정한다면 직관주의적 방법을 이용하는 셈이다. 그런데 시지윅에 의하면 우리는 일상 생활에서 서로 다른 때에 이러한 세 가지 방법들을 일관성이나 체계가 없이 사용하고 있다고 한다. 만일 이러한 방법들이 체계를 갖추어 도덕 판단이 요구되는 모든 상황을 처리할 수 있는 절차로서 제시된다면 그것은 모든 도덕 판단에 적용되기 위한 체계를 갖춘다는 점에서 이론이 될 수 있다는 것이다.

이로써 시지윅은 이른바 고전적 공리주의를 지칭하는 보편적 쾌락주의(universalistic hedonism)와 합리적 이기주의(rational egoism) 그리고 직관주의 등 세 가지 방법을 제시, 비교하게 된다.[54] 그가 논의를 세 가지에만 국한하는 이유는 이 밖의 다른 학설들은 이들 중 어느 한 가지로 환원될 수 있거나 검토할 만한 가치가 없을 정도로 결점을 갖고 있다고 생각되기 때문이라고 한다. 그래서 완전설(perfectionism)은 직관주의로 환원하고 칸트의 이론은 형평(衡平)과 공정(公正)의 형식적 원리로 환원하였다.[55] 제Ⅱ부에서 다시 살피게 되겠지만 시지윅의 방법론에 있어서 그런 식의 제한이나 환원은 그의 논증이 갖는 치명적인 약점이 된다고 롤즈는 비판한다.

여하튼 여기에서 주목할 만한 사실은 엄밀히 말해서 방법론에 대한 그의 논증이 고전적 공리주의를 결정적으로 정당화해 주지는 않는다는 점이다. 그의 입장이나 관심이 고전적 공리주의에로 기울고 있기는 하지만 그의 전 논증 과정에서 공리주의가 직관주의를 이겨내기는 하나[56] 합리적 이기주의와는 승부가 나지 않은 셈이다. 시지윅 자신도 그 두 입장이 모두 자신이

---

54 각각 bk. IV, bk. Ⅱ, bk. Ⅲ에서 다루어지고 있다.

55 H. Sidgwick, *The Methods of Ethics*, p.379.

56 Ibid., bk. Ⅲ-Ⅳ.

제시한 합리적 방법의 객관적 기준을 만족시킨다는 것을 인정하고 있기 때문이다.[57] 이런 한에서 그에 있어서는 실천 이성의 이원론이 결과하게 되며 그에 대한 객관적인 해결 방식을 갖지 못하게 되는 것이다.[58] 나아가서 공리주의에 대한 그의 선호는 자신이 『윤리학 방법론』서두에서 밝힌 바와는 달리 방법 자체에 대한 객관적 관심보다는 방법들이 가져올 실제 결과에 대한 현실적 관심에서 나온 것이라고 볼 수가 있다.

그런데 시지윅의 방법론에 있어서 해명되어야 할 용어법상의 한 가지 문제는 직관주의가 도덕 판단을 하는 행위와 관련해서 분류된 명칭이라면 이기주의와 공리주의는 옳은 행위의 성격과 관련해서 분류된 이름이라는 점이다. 직관이라 함은 논증적(discursive)이 아니라 직접적인 지각이나 인식을 이름하는 것이며 그에 대비되는 용어는 추론주의(inferentialism)라 할 수 있을 것이다. 이러한 뜻에서 이기주의와 공리주의는 추론주의적인 체계인데 그것들은 마땅히 해야 할 행위를 결정하기 위해서 가용한 근거에 의거해서 어떤 행위가 나 자신이나 혹은 관련된 모든 이에게 최대의 행복을 가져올 것인가를 추론해야 하기 때문이다. 옳은 행위의 성격과 관련된 분류에 따른다면 이기주의와 공리주의는 목적론적인 이론으로서 행위의 옳음은 가치 있는 목적에 대한 필요한 수단이라고 하는 입장이다. 이에 비해서 직관주의는 행위의 옳음이 그 결과에 의존한다고 보지 않는다는 점에서 비목적론적(의무론적)이라고 할 수 있을 것이다. 이런 점에서 이기주의와 공리주의는 직관주의가 아니라 법칙주의와 대조를 이루게 된다.[59]

---

57 Ibid., bk. IV, ch. V.

58 이 점에 대해서는 William K. Frankena, "Sidgwick and the Dualism of Practical Reason", *The Monist*, Vol. 58, No. 3(July 1974), pp.449–67 참조.

59 D. D. Raphael, "Sidgwick on Intuitionism", *The Monist*, Vol. 58, No. 3(July 1974), p.406.

그런데 시지윅에 의하면 합당한 윤리설이라면 그것은 부분적으로 직관주의적(의무론적) 요소를 포함하지 않을 수 없다고 주장한다. 목적론적 이론이라도 그 자체로서 결과의 가치에 의존하지 않는 적어도 하나의 직관적인 원칙에 의거해야 된다는 것이다.[60] 가능한 한 행위자 자신의 행복을 증진시키는 행위가 옳은 행위라는 이기주의는 '인간은 그 자신의 행복을 최대한 추구해야 한다'는 의무론적 원리를 가정해야 하며, 마찬가지로 공리주의도 '모든 이에 대해서 최대의 행복을 추구해야 한다'는 의무론적 원리를 가정하든지 아니면 '행복이 유일한 본래적 선이며 우리는 최대의 선을 추구해야 한다'는 것을 자명한 원리로서 가정해야 된다고 한다. 이러한 입장들에 따르면 옳은 행위는 행복을 가져오는 수단으로서 유용하나 행복을 추구하는 자체의 옳음은 공리의 문제가 아닌 것이다. 행복은 그것을 위해 다른 것들이 유용한 것으로 간주되는 목적이며 따라서 행복을 추구해야 한다는 것은 가언적(假言的) 명령이 될 수 없다. 따라서 결국 시지윅의 윤리설은 철학적 직관주의이며 보편적 쾌락주의요 쾌락적 공리주의라 불릴 수 있는 것이다.

심리적 쾌락주의에서 공리주의의 기초를 찾고자 했던 벤담이나 밀도 사실상 공리의 원칙이 증명하기 어렵다는 사실을 알고 있었던 것으로 생각된다. 도덕의 궁극적인 원리를 염두에 두고서 벤담은 "다른 모든 것을 증명하는 데 이용되는 것 그 자체는 증명될 수 없다. 증명들의 연쇄는 어디에선가 그 시발점을 가져야 하기 때문이다"[61]라고 말했다. 밀도 최대 다수의 최대 행복이라는 공리주의의 원칙은 엄밀한 의미에서의 증명은 될 수 없으며 넓은 의미의 증명만이 가능한 것으로 보고 있다. 그는 "궁극적 목적의 문제는

---

60 Ibid., p.407.
61 J. Bentham, *An Introduction to the Principles of Morals and Legislation*, ch. 1, p.4.

그 말의 일상적 의미에서 증명될 수 없다. 논증에 의해 증명될 수 없다는 것은 모든 제1원리에 공통적이다"[62]라고 적고 있다.

밀의 설명에 따르면 "궁극적인 목적의 문제는 직접적인 증명이 이루어질 수 없다. 선(善)이라고 증명될 수 있는 것은 증명 없이 선이라고 받아들여지는 어떤 것에 대한 수단이 아닐 수 없다. 의술은 건강에 기여함으로써 선으로 증명되지만 건강이 선이라는 것은 어떻게 증명될 것인가? 음악, 예술은 무엇보다도 쾌락을 준다는 이유로 선이나, 쾌락이 선이라는 데 대해서는 어떤 증명이 제시될 수 있을 것인가? 본래적인 모든 선과 목적이 아닌 수단으로서의 모든 선을 포함하는 포괄적인 공준(公準)의 체계가 있다고 주장한다면 그 공준을 수용할 것인지의 여부가 문제이지 일상적 의미에서 증명된 것은 아니다. 그렇다고 해서 그것을 받아들일지의 여부는 맹목적 충동이나 임의적 선택에 의거해야 한다고 논의하지는 않는다. 증명이라는 말에는 보다 넓은 의미가 있는데 철학의 여러 논쟁거리와 마찬가지로 그러한 주제는 이성적 능력의 인정 여부에 달려 있다. 그런데 그 능력은 그것을 직관에 의해서 다루는 것이 아니다."[63]

밀은 도덕의 제1원칙이 엄밀한 추론에 의해 증명될 수 없다고 해서 시지윅이 제시하게 될 그러한 종류의 철학적 직관주의에 호소하는 일에 동의하지도 않는다. 그래서 밀은 우선 자기의 광의의 증명론을 전개하기 이전에 가능한 한 가지 방법으로서 궁극 원칙을 정당화함에 있어서 소위 합리적 직관에 의거하는 시지윅류의 직관주의를 비판한다. 합리적 직관이 가능할 경우 궁극적 도덕 원칙의 존재가 미리 전제되어야 하고 그것은 증명 없이 모든 합리적 존재에게 그 진위가 자명하게 인정되어야 한다. 이에 대한 롤

---

62 J. S. Mill, *Utilitarianism*, p.44.
63 Ibid., p.7.

즈의 비판은 제Ⅱ부에서 논의되겠지만 이러한 방법이 대부분의 현대 철학자에 의해 배척당하는 이유는 한 사람이나 한 문화권 속에서 자명하게 보이는 것과 다른 사람이나 다른 문화권 속에서 자명하게 보이는 것이 자주 상충한다는 데 있다. 흔히 직관주의를 옹호함에 있어서 직관들 간에 상충이 있을 경우에는 그 어느 한 경우에 있어서 합리적 직관이 제대로 이루어지지 않았다고 말한다. 그러나 합리적 직관이 제대로 기능를 발휘하는지를 판별하는 것 또한 지극히 어려운 것이며 그 기준이 합리적 직관에 의해 주어질 수는 없다.

그의 『공리주의』 제1장[64]과 『자서전』에서 밀은 계속해서 합리적 직관주의를 공격하고 배척한다. 『자서전』에서 그는 "그것은 인간의 인식과 인식 기능에 대한 독일적인 혹은 선험적인 입장"[65]이라고 하면서 "인간 정신의 외부에 존재하는 진리가 관찰이나 경험으로부터 독립해서 직관이나 의식에 의해 알려질 수 있다는 생각은 오늘날 그릇된 학설이나 부당한 제도를 지지하는 커다란 지적 근거가 되고 있다"[66]고 생각한다. 그래서 밀은 증명이라는 말의 보다 넓은 의미를 이야기할 경우 그는 분명히 직관주의와는 다른 방법을 염두에 두고 있다고 믿어진다. 대체로 그가 의거하고 있는 방법은 두 가지가 지적될 수 있는데 그중 하나는 사실적이고 비규범적인 전제에서 도덕의 제1원리를 도출하는 방법이고 다른 하나는 유능한 합리적 판단자의 합리적 선호에 의거하는 방법이다.

비규범적 전제로부터 도덕의 궁극 원리를 도출하는 방법은 앞에서 논의

---

64 Ibid., ch. 1에서 밀은 도덕감(moral sense)에 의거하는 방법을 같은 방식으로 비판한다.

65 J. S. Mill, *Autobiography of John Stuart Mill*(New York, Columbia University Press, 1969), p.157.

66 Ibid., p.158.

된 바와 같이 심리적 쾌락주의에 대한 시지윅의 반론으로부터도 이미 부분적으로 비판되었을 뿐만 아니라 흄의 존재-당위 이원론(Is-Ought dualism)이 문제된 이래 불리한 입장에 서게 된 방법이다. 나아가 보다 최근에 무어가 지적한 자연주의적 오류(naturalistic fallacy)에 의해 그것이 비록 결정적으로 반증된 것은 아니나 정당화의 방법으로서 타당한 것으로 보기 어렵다. 그런데 밀이 인간성에 대한 어떤 사실적 주장으로부터 그의 규범적 원리를 도출하는 과정을 증명의 보다 넓은 의미의 문맥에서 받아들일 때 그것은 현대에 있어서 신자연주의(neo-naturalism)라 불리는 기술주의(descriptivism)에 의해 정당화 방법으로서의 가능성이 재활될 여지가 있다.

그런데 우리의 관심을 보다 집중시키는 것은 밀이 고차적 쾌락과 저급한 쾌락을 구분함에 있어서 이용했던 유능한 합리적 판단자의 합리적 선호라는 방법이다. 물론 그가 최대 다수의 최대 행복이라는 원리를 정당화함에 있어서 그러한 방법을 분명히 활용하고 있는 것은 아니나 두 쾌락 간의 구분 방법은 쾌락의 극대화 원리를 적용함에 있어서도 작용하지 않을 수 없게 된다. 만일 그러한 방법을 보다 일반화시킬 경우 그는 공리의 원칙을 비규범적 전제에 의거해서 정당화하는 것보다 훨씬 더 견고한 기초를 갖게 된다. 대체로 말해서 합리적으로 유능한 판단자는 밀에 있어서 세 가지 조건을 만족시키는 것으로 생각되는데 우선 그들은 상충하는 두 가지 쾌락을 모두 경험했어야 하고 다음에는 내성과 자기 인식의 능력을 갖추어야 하고 끝으로 편견 없이 냉철하고 무사 공평한 비교와 판단을 할 수 있어야 한다.[67] 이러한 조건을 갖는 합리적 판단자는 질적으로 상이한 쾌락 간의 선

---

67 J. S. Mill, *Utilitarianism*, ch. 5 참조.

택에 앞서서 일반적인 도덕 체계를 선택하게 될 경우 그는 양적 쾌락주의나 다원론적 공리주의에 비해 질적 쾌락주의를 채택하리라고 추정할 수 있을 것이다.

이와 같은 유능한 판단자의 합리적 선호에 의거하는 정당화의 방법은 현대에서 논의되는 합리적 선택 이론과도 유사하다. 합리적 선택의 방법은 일정한 여건하에서 도덕의 제1원칙에 의해 규제되는 사회 형태나 생활 방식을 선택하는 것과 관계된다. 궁극적 원리에 의해 규정되는 사회 형태나 생활 방식을 합리적으로 선택한다는 것은 그러한 선택이 요구하는 자유롭고 공정하며 충분한 지식 등을 만족시키는 상황하의 선호를 확인하는 일이다. 절대적으로 이상적인 합리적 선택이란 인간이 도달하기 어려우며 우리가 할 수 있는 일은 그것에 근접해 가는 일뿐이다. 그러나 원리상으로 볼 때 이상과 같은 방법의 이상적 모델은 이미 서론에서 논의된 바와 같이 대부분의 공리주의자가 암암리에 염두에 두어 왔던 이상적 관망자의 모형이 되며 롤즈가 그의 초기 논문인 「윤리학에 있어서 결정 절차 개요」[68]에서 시도한 방법도 바로 이러한 모형의 재구성으로 보인다. 물론 롤즈는 『정의론』에서 이와는 다른 방식에서 도덕적 관점을 구성하고 있기는 하다.

---

68 롤즈는 유능한 판단자(competent judges)의 숙고된 도덕 판단(considered moral judgements)을 도덕 이론의 타당성을 검증하는 기준으로 삼고 유능한 판단자의 자격 조건을 이상적 관망자의 모형에 유사하게 규정하고 있다. "Outline of a Decision Procedure for Ethics", *Philosophical Review*, Vol. 60(1951), pp.177~97 참조.

제2장 행위 공리주의와 규칙 공리주의

앞 장에서 논의된 쾌락 공리주의와 다원 공리주의 간의 쟁점이 목적론적 윤리 체계에 있어 전제되어야 할 본래적 선이 무엇인가를 중심으로 하는 것이라면 행위 공리주의와 규칙 공리주의 사이의 논점은 전제된 본래적 선을 극대화하는 대안 선택을 위한 계산 방식(의사 결정 절차)과 관련된다. 쾌락 공리주의에 있어서와 같이 본래적 선이 쾌락 일원적으로 규정될 경우 그로부터 결과되는 도덕 체계가 우리의 숙고된 도덕 판단을 만족시키기가 어렵다는 비판으로부터 다원 공리주의의 발전이 있었던 것과 대조적으로 행위 공리주의에 있어서처럼 올바른 행위가 개별 행위의 결과에 대한 계산에 의거할 경우 그로부터 생겨나는 의사 결정이 공리의 극대화라는 소기의 목적을 보장하기 어렵다는 점에서부터 규칙 공리주의의 전개가 시작되었다. 이렇게 볼 때 쾌락 공리주의와 다원 공리주의 간의 논의는 대체로 도덕적 합당성의 기준과 관련되는 것이라면 행위 공리주의와 규칙 공리주의는 주로 현실적 작용성과 관련된 논쟁을 벌여 온 셈이다. 그러나 앞의 논의가 현실적 작용성의 문제와 전혀 무관한 것이 아니었던 것과 마찬가지로 뒤의 논쟁도 도덕적 합당성의 문제와 상관없는 것이 아님을 살피게 될 것이다.

1. 두 공리주의의 차이와 동치(同値)

시지윅적인 목적론과 칸트적인 의무론의 양 극단론을 조정하여 바람직한 윤리 체계의 정립을 모색하는 것은 20세기 윤리학의 주요 관심사 가운데 하나라고 할 수 있을 것이다.[1] 현대의 도덕철학자들은 대체로 의무론자들의 행위 규칙(rule)에의 강조와 목적론자들의 행위 결과(consequence)에의 중시를 모두 고려한 하나의 윤리 체계를 구상하고 있는 것으로 보인다. 그 시도의 일단으로 제시된 두 개의 입장이 바로 로스(W. D. Ross)의 조건부 의무론과 해리슨(J. Harrison) 등에 의해 창조된 규칙 공리주의라 하겠다.[2] 의무론과 목적론을 조정함에 있어 전자는 의무론의 편에 서서, 후자는 목적론의 편에 서서 상대방의 입장을 부분적으로 받아들이는 절충론이라고 할 수 있다. 이런 뜻에서 규칙 공리주의는 흔히 행위 공리주의라 불리는 전통적인 공리주의의 현대적 수정판이라고 할 수 있을 것이다.

행위 공리주의(act utilitarianism)에 의하면 가능한 여러 대안적 행위들 가운데서 관련된 모든 이에게 최선의 결과를 가져오는 행위가 옳은 행위가 된다. 이에 비해서 가능한 여러 유형의 행위들 가운데서 그 일반적 수행(general performance)이 관련된 모든 이에게 최선의 결과를 가져오는 행위가 옳은 행위라고 내세우는 것이 규칙 공리주의(rule utilitarianism)

---

1 Baruch A. Brody(ed.), *Moral Rules and Particular Circumstances*(Englewood Cliffs, Prentice-Hall, 1970), p.7.

2 J. Harrison, "Utilitarianism, Universalization, and Our Duty to Be Just", *Proceedings of the Aristotelian Society*(1952-53), pp.105-34 참조.

이다.[3] 이 두 입장 간의 차이는 행위를 평가함에 있어 행위 공리주의자는 어떤 개별적인 특정 행위의 결과를 고려하라고 하는 데 비해서 규칙 공리주의자는 특정 행위가 그에 속하는 행위의 어떤 집합(set)을 모든 사람이 행했을 때, 다시 말하면 모든 사람이 그러한 행위를 하라는 규칙에 따랐을 경우의 결과를 참작할 것을 요구하는 점에 있다. 규칙 공리주의자는 이러한 차이점으로 인해서 자신의 입장은 행위 공리주의가 봉착했던 난점들을 피할 수 있다는 것을 내세운다.

전통적으로 행위 공리주의에 비해 규칙 공리주의가 보다 우월하다는 데 대해서는 대체로 두 가지 기본적인 논거가 제시되어 왔다고 할 수 있다. 첫째로 규칙 공리주의는 도덕적 행위자의 의무감에 더 잘 부합하는 윤리설이며 일상적으로 우리가 행하는 도덕적 의사 결정을 위한 추론과도 더 잘 합치된다는 것이다. 둘째로 어떤 사회가 규칙 공리주의에 바탕을 둔 윤리 체계를 채택할 경우 행위 공리주의에 의한 그것에 비해 보다 나은 결과를 가져온다는 현실적 작용성에 의거한 근거이다.

첫 번째 논거는 이미 우리가 서론에서 논의한 바와 같이 규범 윤리학의 보다 일반적인 방법론과 관련된 것이다. 거기에서 우리는 합당한 윤리설이란 인간의 도덕감을 중요시하고 거기에 주어지는 숙고된 도덕 판단을 도덕의 기초 자료로 삼아 그것을 해명하고 체계화하는 것이라고 했다. 물론 앞에서 본 바와 같이 행위 공리주의자로 알려진 시지윅도 자신의 공리주의를 이런 식으로 정당화하고 있기는 하나 멜든(A. I. Melden)의 지적처럼 대체로 행위 공리주의는 참말을 하고 약속을 지키는 일과 같은 특정한 의무를

---

3 P. F. Harrod는 Revised Utilitarianism, J. Harrison은 Modified Utilitarianism, J. J. C. Smart는 Restricted Utilitarianism, M. G. Singer는 Indirect Utilitarianism 등으로 명명해 오긴 했으나 지금에 와서는 Rule Utilitarianism으로 통칭되고 있는 것으로 보인다.

설명하는 데 난점을 노출한다는 것이다. 윤리설에 있어서 어떤 판단의 합당성은 우리의 도덕적 경험에 비추어서 검토되어야 한다면서 멜든은 "우리는 도덕 판단을 내리고 도덕적 발언을 하게 되는데 … 적어도 그 일부에 대한 우리의 확신은 어떤 철학적 이론에 대한 믿음보다 훨씬 더 강렬한 것"[4]이라고 했다. 대체로 규칙 공리주의자들은 자신의 입장을 옹호하기 위해 이러한 논거에 의거하는 일이 많은 것으로 보인다.

해로드(P. F. Harrod)는 도덕적 의무에 대한 자신의 규칙 공리주의가 다른 형태의 공리주의보다 의무에 대한 일상적 입장에 더 가까운 것이라고 했다. 그는 말하기를 "어떤 추상적인 사상 체계를 세우는 것만으로는 충분하지 못하며 그 체계가 일상적인 도덕 의식에 대해서도 의미 있는 것이어야 한다"[5]고 했다. 이어서 그는 물론 일상적인 도덕적 의견들은 독단적 요소와 과거의 잔재 및 역사적 우연들로 인한 편견들이 침전되어 있기는 하나 그러한 의견들의 본질적 성격을 명료하게 재해석하는 것은 임의적인 체계를 구성하는 일과는 구별되어야 한다고 했다.

그러나 이러한 접근 방식에 대해서는 이미 지적된 바와 같이 여러 가지 비판이 가능하다. 상식의 도덕이란 통일된 하나의 윤리 체계를 구성하기에는 너무나 각양각색이다. 한 개인의 도덕 체계에 있어서도 모순적인 측면이 있다면 여러 사람들 간에 성립하는 상식의 도덕에는 더 많은 모순이 내재할 것이며 따라서 이를 단순한 체계화를 통해서 처리한다는 것은 거의 불가능한 일이다. 그래서 스마트(J. J. C. Smart) 같은 행위 공리주의자는 자신의 이론이 상식에 부합된다고 하는 대신 오히려 상식적인 입장을 개선

---

4 A. I. Melden, "Two Comments on Utilitarianism", *The Philosophical Review*, Vol. 60(October 1951), p.511.

5 P. F. Harrod, "Utilitarianism Revised", *Mind*, Vol. 45(April 1936), p.137.

하는 데서 자신의 과제를 발견한다. 그는 일상적인 도덕 판단을 윤리학의 자료로 삼는 입장에 반대하여 "이 점에 있어서 일반인들이 혼동되어 있을 가능성이 더욱 짙으며 철학자들은 문제를 보다 합리적으로 해결할 수 있어야 한다"[6]고 했다. 멜든과는 달리 스마트는 윤리설이 특정한 도덕적 발언이나 도덕 판단보다 더욱 큰 확신을 가지고 견지될 수 있어야 한다는 것이다.

규칙 공리주의를 옹호하는 두 번째의 논거로서 어떤 사회가 규칙 공리주의를 따를 경우 행위 공리주의를 따르는 경우보다 전체적으로 더 좋은 결과를 가져온다는 주장을 생각해 보기로 하자. 해로드에 의하면 소박한 공리주의, 즉 행위 공리주의 원리는 지나치게 일반적이고 추상적인 차원에 머물러 있다고 지적하면서 우리는 인간적 현실의 보다 구체적인 면을 들여다볼 필요가 있다고 했다.[7] 그럴 경우 인간 행위의 사회적 측면이 나타나게 되며 그로 인해서 행위의 집합은 각각 분리된 개별 행위의 결과와는 다른 결과를 산출하게 된다는 것이다. 그는 바로 이러한 점이 행위 공리주의 속에는 고려되지 않고 있다고 주장한다.

이어서 해로드는 개별 행위의 옳고 그름을 그 행위의 결과에 의해 결정하는 행위 공리주의의 절차는 동일한 종류의 행위들이 일반적으로 수행되는 경우 그 결과를 문제 삼는 절차에 비해 전체적으로 나쁜 결과를 가져온다고 하면서 규칙 공리주의는 행위에 대한 공리주의적 평가에 칸트적 원리를 적용하는 것이라 했다.[8] 하나 이상의 행위들이 문제될 경우 행위 공리

---

6 J. J. C. Smart, "Extreme and Restricted Utilitarianism", *The Philosophical Quarterly*, Vol. 6(October 1956), p.346.
7 P. F. Harrod, op. cit., p.147.
8 Ibid., p.148. 일반적으로 행위 공리주의의 가장 큰 난점으로 지적된 것은 그것이 지나친 예외를 허용한다는 점이다.

주의는 규칙 공리주의나 혹은 다른 비공리주의적, 법칙론적인 윤리 체계에 비해 규칙의 안정성을 산출함에 있어서나, 그에 대한 위반을 삼가게 하는 동기나 양심을 산출함에 있어서 더 미약하다는 것이다.

해로드와 유사한 관점에서 규칙 공리주의자인 싱어(M. G. Singer)는 집합적 결과(collective consequences)라는 개념을 도입한다.[9] 개별 행위의 평가에 고려되지 않는 바 여러 행위의 수행에서 생겨나는 집합적 결과를 생각할 때 특정한 규칙을 여러 개인이 준수하는 경우는 일정한 개인에 의한 준수보다 사회 전체로 보아 중대한 결과를 가져오게 된다는 것이다. 사회 전체가 행위의 도덕적 평가를 위한 기초로서 행위 공리주의를 택한다는 것은 특정한 규칙들로 이루어진 도덕 체계의 준수를 의무화하는 공리주의, 즉 규칙 공리주의와 비교될 수는 없다고 한다. 나아가서 한 개인의 경우에 있어서도 그에 의해 수행되는 행위들의 집적으로 생기는 집합적 결과가 고려되지 않을 경우 행위 공리주의는 개인에 의해 채택되어도 나쁜 결과를 가져올 수 있다는 것이다.

그런데 우리는 이러한 논의를 기초로 해서 개인윤리와 사회윤리에 관련된 공리주의의 의미를 말할 수 있는 것이다. 행위의 도덕적 평가를 위한 기초로서 윤리설을 공적으로 이용하는 경우와 사적으로 이용하는 경우를 생각할 수 있다면 전자는 행위를 시인하거나 비난함에 있어서 공공적으로 윤리설에 의거하는 경우이며 후자는 한 개인이 자기 행위의 옳고 그름을 자문할 때에 사사로이 윤리설에 의거하는 경우이다.

행위 공리주의적 윤리 체계는 예를 들어서 한 개인이 약속 지키는 일을 스스로 자문하면서 여러 가지 대안적 행위들을 고려할 때 이용될 수 있는

---

9 M. G. Singer, *Generalization in Ethics*(New York, Alfred A. Knopf Inc., 1961), p.67 이하; P. F. Harrod, op. cit., p.48.

윤리 체계가 될 수 있을지는 모르나 타인이 이러한 문제로 조언을 요청해올 경우 공리주의에 따라 대답했을 때에는 좋지 않은 결과를 가져올 수가 있다. 그래서 행위 공리주의는 어떤 일을 사적으로 정당화시킬 수는 있다 할지라도 그것을 공적으로 정당화시키기는 어려울 경우가 생긴다. 이런 점에서 행위 공리주의는 사적인 도덕의 기초가 될 수 있을지는 모르나 공적인 도덕의 기초가 되기에는 부적합한 것이라 생각된다.

그런데 사적이고 개인적인 윤리에 있어서도 행위 공리주의는 여전히 문제점들을 안고 있다. 우선 우리가 2세들에게 개인윤리를 가르칠 경우 그것을 철저히 비공개적으로 할 수 있는가의 문제가 제기된다. 그리고 일단 그것이 교육된 이후에도 공적으로는 계속 부인되면서 사적으로만 지켜져야 할 것이라면 행위 공리주의는 공적인 윤리의 기초뿐만이 아니라 사적인 윤리의 기초가 되기에도 적합하지 못하게 된다. 대체로 말해서 공적인 윤리로서 좋은 결과를 가져오지 못하면 그것은 사적으로도 좋은 결과를 가져올 수 없는 것으로 생각된다.

이미 지적한 바와 같이 싱어는 모든 사람이 일정한 방식으로 행위함으로써 생겨나는 집합적 결과는 각 개인이 행위함으로써 생겨나는 개별적 결과의 총합이 아니라 그 이상의 것이라 함으로써 개별적 결과와 집합적 결과를 구분하고 있다.[10] 해로드도 이 점을 지적하여 유사한 n 경우에 수행된 어떤 행위는 동일한 행위를 한 번 행해서 생기는 결과의 n배 이상의 결과를 갖게 된다는 것이다.[11] 이러한 문맥에서 가장 많이 논의되어 온 사례는 투표 행위와 잔디 밟기이다. 한 사람이 유능한 후보에게 투표하러 가지 않는다고 해서 그 한 표가 유능한 후보의 패배를 가져오는 데 결정적인 영향

---

10 M. G. Singer, op. cit., p.67.
11 P. F. Harrod, op. cit., p.148.

을 주지는 않는다. 그러나 많은 사람이 투표하지 않을 경우에는 그가 패배할 가능성이 큰 것이다. 이와 마찬가지로 한 사람이 잔디를 밟으면 별다른 피해는 없지만 여러 사람이 그럴 경우 잔디는 크게 손상을 받게 된다. 이 경우에 있어서 집합적 결과는 각 개별적 행위 결과의 총합이 아닌 까닭에 잔디를 밟는 집합적 행위의 결과는 그러한 개별적 행위 결과의 선형적 함수(linear function)가 아니다. 이런 점에 주목하여 라이언즈(D. Lyons)는 개별 행위의 결과와 일반적 수행의 결과 간에는 비선형성(non-linearity)이 존재한다고 했다.[12]

그런데 개별 결과와 집합 결과 간의 이러한 관계는 대부분의 규칙 공리주의자들에 의해 자신의 입장을 옹호하는 유력한 근거로 이용되고 있기는 하나 라이언즈는 오히려 이를 단서로 해서 규칙 공리주의가 보다 발전된 형태라는 주장을 거부하고 행위 공리주의(그는 simple utilitarianism이라 부름)와 규칙 공리주의(그는 general utilitarianism이라 부름) 간에 외연적 동치(extensive equivalence)가 성립함을 논증하려 한다.[13]

라이언즈의 공리주의관을 이해하기 위해 비선형성과 관련해서 몇 가지 설명이 필요하다고 생각된다. 첫째로 집합 결과가 일어나기 위해서는 사람들이 일반적으로(generally) 어떤 행위를 하느냐 하지 않느냐만으로 충분하다고 생각된다. 따라서 잔디를 해치는 나쁜 결과가 일어나기 위해서는 잔디를 밟는 일이 모든 사람에 의해서 보편적으로(universally) 행해질 필요는 없고 잔디밭에 들어가지 말라는 경고가 일반적으로 준수되고 있지 않는 것만으로도 그런 결과를 초래할 수 있다는 것이다. 둘째로 일반적으로 잔디를 밟는 행위가 어떤 지점에 이르면 잔디를 상하게 되는 나쁜 결과가

---

12 D. Lyons, *Forms and Limits of Utilitarianism*, p.65 이하.

13 Ibid., pp.115–18.

나타나게 된다고 할 경우 어떤 한 행위만 추가되면 당장 그 순간부터 잔디가 상해지는 것이 아니며 일련의 행위가 진행되는 과정에서 그런 현상이 나타나게 되므로 일정한 지점(point)이라기보다는 일정한 영역(range)이라 함이 합당할 것이다.[14] 여하튼 그것을 넘어서면 나쁜 집합적 결과가 나타나게 되는 그러한 지점이나 영역을 라이언즈는 문턱(threshhold)이라고 불렀으며 그것을 넘어서 생기는 집합적 결과를 문턱 효과(threshhold effect)라고 하였다.[15]

대부분의 종류의 행위에는 그것을 넘어서면 특정 결과가 생겨나는 문턱이 있다. 달리 말하면 대부분의 행위에 있어서 수행된 행위의 수와 전체 결과 간의 관계를 좌표상에 나타낼 경우 그것은 단순한 직선이 아니고 어느 정도의 직선과 문턱을 전후한 곡선으로 표현될 것이다. 예를 들어 잔디를 밟는 경우에 있어서 문턱은 대체로 잔디 밟는 일이 그 이상 많아지고 빈번해지면 잔디가 손상되는 그 지점이라 할 수 있으며 문턱 효과는 바로 그러한 손상을 가리키는 것이다. 그런데 위에서 지적한 바와 같이 이러한 사실은 규칙 공리주의의 우월을 보여주는 논거가 되기도 하나 라이언즈는 그것을 행위 공리주의와 규칙 공리주의의 외연적 동치를 전개하는 데 이용하고 있다고 했는데 이에 대한 라이언즈의 논지를 요약하면 대체로 다음과 같다.

그에 의하면 단일 행위의 결과와 집합 행위의 결과 간의 비선형성은 단일 행위에 대한 규정이 충분히 이루어지지 않았기 때문이라는 것이다. 특히 그것은 행위의 중요한 인과적 성질(causal properties)을, 즉 타인이 동일한 행위를 어느 정도 수행할 것인지를 포함시키지 않은 데 기인한다고

---

14 Ibid., p.74.
15 Ibid., p.72.

했다.[16] 그래서 라이언즈는 투표의 경우에 있어서 나의 투표 행위는 타인들의 투표 행위에 의존하며 타인들의 행위가 내 행위의 결과를 규정하는 까닭에 그들의 행위는 내 행위의 인과적 성질이며 따라서 그것이 내 행위의 규정 속에 내포되어야 한다는 것이다. 그러므로 라이언즈에 의하면 개별 결과와 집합 결과 간에 비선형성이 생기는 이유는 내 행위의 규정 속에 타인의 행위가 내포되지 못한 데 있으며 일단 그것이 고려될 경우 그러한 비선형성은 없어지게 된다. 잔디를 밟는 개별 행위의 결과와 집합 행위의 결과 간에 비선형성이 존재했던 것은 개별 행위자의 고려 속에 그와 동일한 타인들의 행위 내용이 내포하지 않았기 때문인 것이다.

단일 행위의 규정 속에 타인들의 행위가 포함되면 문턱 현상이 고려됨으로써 비선형성이 사라진다. 이는 단일 행위의 규정 속에 그 행위의 결과로서 문턱 효과가 생겨나는지의 여부에 대한 것이 포함된다는 것을 의미한다. 일단 문턱 효과가 행위의 규정 속에 내포되면 그 행위가 잔디의 손상을 가져올 것인지 어떤지가 명백해진다. 이렇게 해서 비선형성은 사라지게 되고 따라서 라이언즈에 있어서는 집합 행위의 결과는 단일 행위의 결과의 선형 함수가 된다. 그에 의하면 행위 공리주의와 규칙 공리주의가 동치라는 것은 일단 어떤 행위가 인과적 성질의 관점에서 충분히 규정되고 상세화될 경우 단일 행위의 결과와 집합 행위의 결과 간에 선형성이 성립함을 보이면 된다.[17] 예를 들어 말하면 잔디를 밟는 단일 행위도 행위 정도를 포함함으로써 문턱 효과를 내포할 정도로 그 인과적 성질이 충분히 상세화되면 그 결과에 대한 평가는 모든 사람이 같은 행위를 하는 집합적 결과와 똑같이 된다는 것이다.[18]

---

16 Ibid., pp.71-72.
17 Ibid., p.115.

라이언즈는 잔디를 밟는 단일 행위 속에 타인들의 행위 정도를 포함시키는 것은 당연하다고 생각한다. 왜냐하면 공리주의에 있어서는 행위를 선택함에 있어 결과를 유발하는 행위의 모든 측면이 고려되어야 하기 때문이다. 그래서 잔디 밟는 나의 행위가 갖는 인과적 힘(causal power)은 타인의 행위 정도에 의해 결정되므로 라이언즈는 타인의 행위가 나의 행위의 인과적 성질로 포함되는 것은 공리주의에 있어서 당연한 것이라고 생각하게 된 것이다. 그리고 그는 말하기를 공리주의적 일반화(규칙 공리주의를 말함)의 적용에 상관 있는 성질은 모두 단일 행위의 인과적 성질 속에서도 고려되어야 한다고 했다.[19] 이렇게 해서 공리주의의 두 유형 간에 선형성을 증명하고 비선형성을 제거함으로써 공리주의적 일반화, 즉 규칙 공리주의와 행위 공리주의의 외연적 동치를 증명하게 된 것이다.

2. 두 공리주의의 문제점과 한계

앞 절에서 제시된 논거에 따라 만일 행위 공리주의와 규칙 공리주의의 외연적 동치가 참이라면 규칙 공리주의는 그 주장자들의 의견과는 달리 새로운 형태의 공리주의라기보다는 행위 공리주의에 대한 그릇된 해석에서 비롯된 것이거나 아니면 행위 공리주의의 상세화에 불과하다 할 것이다. 더욱이 라이언즈는 이러한 동치 이상을 주장하는 규칙 공리주의자가 있다면 그는 자신의 입장을 순수한 공리주의의 테두리 내에서 정당화시킬 수 없으며 인과적 추론의 원칙을 도덕 문제에 적용하고 있는 공리주의에 대한

---

18 Ibid., p.63. Lyons는 타인도 유사하게 그 행위를 행하는 정도를 'social context'라 부르기도 한다.
19 Ibid., p.57.

그릇된 인식을 가진 자일 것이라고 말한다.[20]

비슷한 관점에서 행위 공리주의자인 스마트는 보다 과격한 어조로 규칙 공리주의에는 규칙에의 숭배(rule worship)라는 미신이 내포되어 있다고 지적하면서 비록 일반적으로 모든 사람이 어떤 행위의 규칙에 따르는 것이 최선의 결과를 가져온다 할지라도 특정한 경우 다른 식으로 행위하는 것이 그 경우에 관련된 모든 사람에게 더 좋은 결과를 가져오게 될 때 일반적인 규칙에만 따라 행위한다는 것은 불합리한 일이라는 것이다. 따라서 그에 의하면 윤리학이란 합리적인 행위 방식에 대한 탐구인 까닭에 우리는 행위 공리주의의 지침에 따라 규칙에 얽매임이 없이 언제나 최선의 결과를 가져오는 행위만 선택하면 된다는 것이다.[21]

위에서 요약된 라이언즈의 주장이나 스마트의 주장은 이론상으로 보아 논리 정연하며 설득력도 있다고 생각되나 현실적으로 그러한 동치가 견지되기 위해서는 행위 공리주의가 사실상 실현되기 어려운 부수적 가정의 밑받침을 받아야만 가능하다. 이러한 현실성이 없는 가정을 도입해서야 비로소 우리의 신중한 도덕 판단에 부합되는 행위의 선택을 가능하게 하는 공리주의는 바로 그 비현실적인 가정으로 인해서 사회윤리로서의 현실적 작용성을 상실하지 않으면 안 되는 것이라 생각된다.

비현실적 가정이란 우선 행위 공리주의의 적용에 있어 문턱이 어디 있으며 언제 도달되는지를 알기 위해서는 다른 사람들이 얼마나 많이 그리고 얼마나 자주 유사한 행위를 하는지를 알아야 한다. 그런데 우리가 당면하는 모든 경우에 이것을 안다는 것은 불가능에 가까운 일이다. 행위자나 유사한 행위의 수가 많은 경우에 그 가정은 더욱 비현실적인 것이 된다. 그럴

---

20 Ibid., p.69.
21 J. J. C. Smart, op. cit., pp.345-54 참조.

경우 얼마나 많은 사람이 얼마나 자주 유사한 행위를 하는지 알아야 한다는 가정은 일상적인 도덕적 행위자에게 지나친 요구를 하는 셈이다. 나아가서 어떤 행위에 있어서 문턱이 단일한 점이 아니고 일정한 영역이라는 점을 생각하면 더욱 어려운 문제가 생겨난다. 우리는 얼마나 많은 타인들이 얼마나 자주 그러한 행위를 하는지를 확인해야 될 뿐만 아니라 문턱 효과를 가져오기 위해 문턱에서 요구되는 일련의 행위가 금방 시작되고 있는지 문턱의 이전 단계에 있는지를 알아야 하며 이를 위해서는 문턱을 이루는 행위 영역의 폭을 알아야 한다.

이상과 같은 실제상의 여러 가지 난점을 들어 행위 공리주의의 자기 모순이 지적되기도 하고 극단적으로는 자멸론(self-defeating argument)이 주장되기도 했다.[22] 행위 공리주의를 행위 선택의 지침으로 삼을 경우 현실적으로 공리의 극대화가 결과되지도 않으며 공리주의의 목적 그 자체를 달성하는데 실패하는 까닭에 행위 공리주의는 자기 파괴적이요 따라서 자멸할 수밖에 없다는 것이다. 이에 대해서 어떤 사람은 합당한 윤리설을 구성하는 일과 그 실현을 위한 현실적 전략을 제시하는 일을 구분함으로써 행위 공리주의를 구제하려는 시도를 행할 수도 있을 것이다. 윤리설이 그 두 가지 기능을 모두 수행할 수 있다면 더없이 좋겠으나 한 가지 기능을 잘 수행한다고 해서 다른 기능까지 모두 성공적으로 수행할 것을 바란다는 것은 지나친 요구일 수가 있다. 이러한 관점에서 생각할 때 지금까지 행위 공리주의에 겨냥된 대부분의 비판은 그것이 현실적 전략의 제시에 실패하고 있다는 것으로 풀이될 수 있다. 따라서 행위 공리주의를 의사 결정의 절차나 현실적 전략으로 해석하는 한 대부분의 비판은 정당할지 모르나 그로

---

22 자멸론을 주장한 사람으로는 Harrod, Harrison, Baier 등을 들 수 있다.

인해서 반드시 그것이 부당한 윤리설이 되는 것이라고 단정하기는 어려운 것이다.

그러나 행위 공리주의의 자멸론은 이상의 옹호가 무색할 정도로 특히 호지슨(H. Hodgson)에 의해 더욱 철저하게 제기되었다.[23] 그가 제기한 논의의 요점은 모든 사람이 행위 공리주의자이고 상대방이 행위 공리주의자임을 서로 알고 있는 사회에서는 바른 말 하기와 약속 지키는 일 등이 제대로 이루어지기 어렵다는 점이다. 그의 논의의 기초가 되고 있는 가정은 대부분의 사회적 행위 유형이 실현 가능하고 그럼으로써 어떤 유용성을 가질 수 있음은 그것이 타인에 대한 정당한 기대에 바탕을 둔 것인데 행위 공리주의 사회에서는 아무도 타인에 대한 합당한 기대를 가질 수 없다는 것이다.

예를 들어서 행위자 갑은 x라는 행위가 최대의 공리를 가질 경우 그것만을 행하고자 한다. 그런데 갑은 상대방인 을의 기대를 만족시키는 경우에만 최대의 공리를 갖게 되는 것이다. 그러나 을은 갑이 x를 행하리라고 믿는 경우에만 x를 기대하게 될 것이다. 두 사람은 모두 합리적이며 갑도 이 사실을 알고 있는 까닭에 을이 x를 기대한다고 믿을 경우에만 x를 행하게 될 것이다. 그러나 갑의 행위는 을의 기대를 아는 데 달려 있고 을의 기대는 갑의 행위에 달려 있는 까닭에 을은 갑이 x를 행하리라는 기대를 가질 만한 선행하는 이유가 없는 것이다. 또한 행위 x의 공리는 을의 기대를 아는 것에 달려 있는 까닭에 갑은 행위 x가 최대의 공리를 갖는지를 확인할 길이 없다. 따라서 갑은 x를 행하지 않는 것보다 적극적으로 그것을 행해야 할 별다른 이유가 없는 것이다. 이러한 행위 공리주의의 딜레마는 공리

---

23 H. Hodgson, *Consequences of Utilitarianism*(Oxford, Clarendon Press, 1965), 특히 ch. 2 참조.

의 지수가 타인의 기대를 충족시키거나 좌절시키는 것과 관련된 모든 행위에 적용된다고 할 수 있다.[24]

호지슨에 의한 이상의 논의를 반박하려는 시도가 기바드(A. Gibbard)에 의해 이루어졌다.[25] 그는 자기 나름으로 그 논의를 이해하여 하나의 구체적인 사례를 들어 논박하고자 한다.[26] 두 사람의 행위 공리주의자가 테니스를 하기로 합의하고서 그 후에 자신의 약속 이행의 문제를 고려하고 있을 경우 각자는 상대방이 약속을 지켜 코트에 오리라는 충분한 가능성이 있다고 판단되는 경우에만 자기도 약속을 지키려고 한다. 기바드는 논하기를 이 경우에 호지슨이 행위 공리주의자가 자신의 약속을 지키지 않게 되는 것을 상대방이 지키리라는 것을 믿을 만한 충분한 이유가 없기 때문이라고 본 것은 잘못이라는 것이다. 이어서 기바드는 행위 공리주의의 사회에서도 어떤 여건하에서 약속을 하는 것은 그로 인해 두 당사자에게 가능한 행위의 결과들에 대한 기대를 변경시킨다고 보아 그들은 약속을 이행할 만한 충분한 이유를 갖게 된다고 지적했다.[27]

이러한 논의는 「공리주의와 진실성」[28]이라는 논문에서 루이스(D. Lewis)가 다시 제기하고 있다. 그는 문제된 사례에 있어서 상대방의 행위에 대한 기대가 과거의 유사한 문제들에 대한 해결책으로부터 현재 당면한 문제에 대한 가장 효율적인 해결책에로 귀납적 추리를 거쳐 주어진다고 생각한다.[29] 그래서 과거의 문제와 현재의 문제 간에 유사점이 많을수록 당사자

---

24 Allan Gibbard, *Utilitarianism and Coordination*(Ph. D. diss., Harvard University, 1971).
25 Ibid., ch. 2 참조.
26 Ibid., p.156.
27 Ibid., p.159.
28 David Lewis, "Utilitarianism and Truthfulness", *Australasian Journal of Philosophy*, Vol. 50(1972).

들은 상대방이 그것을 과거와 유사하게 처리하리라는 기대가 상승하게 된다. 그래서 선례들에 의해 세워진 해결책은 각 당사자에게 상대방의 의사 결정의 가능성을 예언하게 해주고 자신의 행위를 준비하게 한다는 것이다.

그러나 사실상 호지슨이 제시한 딜레마의 참뜻은 행위 공리주의의 사회에서는 그러한 선례가 세워질 수 없음을 의미하는 것이다. 사람들이 공리의 원리를 공공연히 따르는 것도 그 원리에 의해 정당화될 수 없는 행위의 어떤 선행적 규칙성(regularity)을 가정하기 때문이다. 그러한 규칙성이나 의존할 만한 선례가 없을 경우 공리주의자의 행위의 선택은 모든 경우에 있어서 두 개의 선택지 사이에서가 아니라 수많은 대안적 행위 가운데서 이루어지게 된다. 그래서 결국 선례나 규칙성에 의거하는 위의 두 사람의 반론은 호지슨이 제시한 문제를 해결했다기보다 순환 논증의 오류를 범하고 있는 것으로 생각된다.

기바드가 제시한 사례에 있어서 행위 공리주의자인 두 당사자에게 가능한 대안이, 약속을 지켜 테니스 코트에 가는 것과 약속을 지키지 않고 집에 있는 것 두 가지라고 생각해 보자. 전혀 선례가 없는 상황에서 각자는 두 선택지에 대해서 동일한 확률을 부여할 것이며 상대방도 똑같은 추론 과정을 거쳐 동일한 결론에 이를 것으로 생각한다. 그러나 기바드나 루이스는 당사자들이 선례를 통해서 주어진 동일한 정보를 공유한다고 생각하는 까닭에 각자는 상대방의 행위에 대한 믿을 만한 기대를 갖게 된다.[30] 그러나 각 당사자들이 대안들에 대한 동일한 정보와 상대방에 대한 기대를 갖는다는 것은 다시 해명되어야 할 전제이다. 바로 이 전제된 정보와 기대가 행위 공리주의 사회에서 어떻게 최초에 성립하게 되는가가 호지슨이 비판적으

---

29 Ibid., p.164.
30 A. Gibbard, op. cit., p.164.

로 제기했던 문제인 것이다.

호지슨이 제시한 딜레마를 제대로 논박하기 위해서는 행위 공리주의의 사회 속에서 그러한 기대가 공리주의적 근거만에 의해서 성립할 수 있음을 논증할 수 있어야 한다. 호지슨이 주장하고자 하는 바는 만일 우리가 바른 말을 하고 약속을 지키는 선행적 관행에 기초한 기대를 전제하지 않으면 공리주의적 추론만으로는 그러한 기대를 행동에 대한 고려에 도입할 수가 없다는 것이다. 결국 공리의 극대화를 위해 상대방에 대한 기대에 의거하는 행위는 결코 수행될 수가 없으며 따라서 공리의 극대화는 달성될 수가 없는 까닭에 그런 한에서 행위 공리주의는 자멸적이고 자가당착적인 것이다. 이로써 우리는 적어도 행위 공리주의는 바람직한 윤리설이 되기 어렵다는 점을 알았다. 이로부터 우리는 바람직한 윤리설을 혹종의 규칙 공리주의에서 찾아야 할 것인가, 아니면 공리주의를 넘어서 비공리주의적 윤리 체계에로 나아가야 할 것인가의 문제에 당도했다.

규칙 공리주의에 있어서도 논리적으로 가능한 규칙의 종류에 따라 두 가지 규칙 공리주의가 가능하다. 규칙은 현실적 규칙일 수도 있고 가정상의 규칙일 수도 있다. 가능한 한 가지 규칙 공리주의는 고려되어야 할 규칙을 어떤 사회나 사회 단체의 현행 규칙에만 국한하는 공리주의이고 다른 하나는 현행 규칙에는 상관없이 가능한 결과의 평가에 바탕을 둔 가정적 규칙을 내세우는 공리주의이다. 스마트는 이를 현실 규칙(actual rule)과 가능 규칙(possible rule)으로 구분하고 전자의 옹호자로서 툴민(S. E. Toulmin)을, 후자를 주장한 사람으로서 해로드를 들고 있다.[31]

이 두 가지 공리주의를 각각 현행 규칙 공리주의와 가정 규칙 공리주

---

31 J. J. C. Smart, *An Outline of a System of Utilitarian Ethics*(Carlton, 1961), pp.4~5.

라 부른다면 그 구분이 언제나 분명한 것만은 아니나 대체로 전자에는 매보트(J. D. Mabbot), 노웰-스미스, 롤즈 등이 속하며 스마트와 매클로스키(H. J. McCloskey)가 이런 규칙 공리주의를 비판하고 있는 셈이며 엄슨(J. O. Urmson)은 밀이 이런 공리주의자였다고 해석한다.[32] 그리고 후자에는 해리슨, 브란트, 호스퍼스(J. Hospers), 싱어 등이 속하고 스타우트(A. K. Stout)와 라이언즈가 이를 비판하며 해리슨은 밀을 이러한 공리주의자로 해석한다.[33]

일반적으로 규칙이란 행위의 기준을 구체적으로 명시해 주는 중요한 기능을 하는 것이다. 행위 공리주의의 난점 중 한 가지는 행위를 경우에 따라 그때그때 평가하게 되면 일반화될 수 없는 모든 행위, 특히 개인적으로는 좋은 결과를 가져오나 사회적으로는 나쁜 결과를 가져오는 행위까지도 정당화된다는 데 있다. 모든 종류의 규칙 공리주의는 사실상 이러한 문제를 처리하기 위해서 제시된 것이다. 현행 규칙 공리주의는 그러한 문제를 비록 개인적으로는 더 좋은 결과를 가져오는 대안적 행위들이 있다 할지라도 현행 규칙을 준수하는 행위를 의무화함으로써 해결하고자 한다.

브란트는 현행 규칙 공리주의의 해결책을 받아들이면서도 어떤 다른 규칙을 시행하면 더 좋은 결과를 가져올 경우에는 그러한 보다 이상적인 규칙에 부합하는 행위가 정당하다는 조건을 부가함으로써 가정 규칙 공리주의와의 조정안을 제시하고 있는 셈이다.[34] 가정 규칙 공리주의를 대변하고 있는 일반화 이론(generalization theory)[35]은 어떤 행위가 정당화되기

---

32 J. D. Mabbot, "Moral Rules"; P. Nowell-Smith, "Punishment"; J. Rawls, "Two Concepts of Rules"; H. J. McCloskey, "Examination of Restricted Utilitarianism"; J. O. Urmson, "The Interpretation of the Moral Phisophy of J. S. Mill" 참조.

33 J. Hospers, *Human Conduct*; A. K. Stout, "Suppose Everybody Did the Same"; J. Harrison, "Utilitarianism, Universalization and Our Duty to Be Just" 참조.

위해서는 그러한 종류의 행위가 일반적으로 수행되었을 경우 좋은 결과를 가져오든지 나쁜 결과를 가져와서는 안 된다는 것을 명백히 요구함으로써 일반화될 수 없는 예외를 배제하려 한다.

그러나 이상의 대안들은 각기 그 나름의 장점을 지니고 있음이 인정되고 있기는 하나 불가피한 난점도 동시에 지적되고 있다. 우선 가정 규칙 공리주의는 가정상의 대안적 규칙이나 일반화 가능성을 근거로 해서 현행 규칙에 대한 위반이 언제나 정당화될 우려가 있다는 점에서 지나치게 이상주의적인 것이 될 가능성이 있다. 반면에 현행 규칙 공리주의는 현행 규칙을 개선할 필요가 있을 경우에도 그 개선을 정당화해 줄 규칙을 마련할 수 없다는 점에서 지나치게 보수적일 가능성을 면치 못한다.

일반화 원리는 그 일반적 수행이 최선의 결과를 가져오게 될 행위를 적절히 구체화시켜 줄 기준을 마련하는 데 난점을 보이고 있다. 그러한 기준은 구체적으로 행위의 일반적 관행들로 제시될 수도 있고 구체적 관행이 없이 추상적으로 제시될 수도 있다. 구체화의 방향으로 나아갈 경우 아무리 그 세칙들을 상세화한다 할지라도 그것이 적용될 수 없는 새로운 상황이 나타나게 마련이며 이러한 예외적 상황에 대한 부칙의 설정 또한 무한히 이루어질 수 있는 것이다. 이는 결국 가정 규칙 공리주의가 행위 공리주의와 유사한 난관에 봉착하게 됨을 의미한다. 지나치게 추상적으로 제시될 경우 역시 규칙의 형식성으로 인해 많은 예외적 행위가 정당화되어 도덕적 무정부 상태를 허용할 가능성이 있게 된다. 브란트의 이론은 이러한 극단

---

34 R. B. Brandt, "In Search of a Credible Form of Rule-Utilitarianism", *Morality and the Language of Conduct*, Nahknikian and Castaneda(eds.)(Detroit, Wayne State University) 참조.

35 M. G. Singer, op. cit. 참조.

적인 상황을 피할 수 있는 면을 내포하기는 하나 부분적으로는 일반화 이론의 어떤 난점을 공유하고 있다 할 것이다.[36]

현행 규칙 공리주의는 다양한 현행 규칙 속에서 어떤 것이 구속력을 갖는 규칙으로 간주될 것이며 규칙들 간에 상충이 있을 경우 그 해결책이 무엇인가 등의 문제에 대답해야 하며 더욱이 개선이 필요한 규칙도 구속력이 있는지의 문제는 현행 규칙 공리주의의 기본적인 딜레마라고 할 수 있다. 툴민[37]은 현행 규칙이 정의롭지 못하거나 다른 대안적 규칙이 더 정의로울 경우 현행 규칙에의 위반이 정당화되는 시험 사례(test case)를 말하고 있다. 물론 현행 규칙 공리주의가 이러한 시험 사례를 허용하지 않을 경우 실제적으로 개선이 요구되는데도 현행 규칙에의 고수를 내세우는 보수주의로 흐르게 될 것이다. 그러나 시험 사례를 허용하는 정도가 증가함에 따라 현행 규칙 공리주의를 지지하게 하는 가장 유력한 논거인 행위 체계의 구체적 제시에 실패하게 된다. 결국 현행 규칙 공리주의의 성패는 현행 규칙의 개선을 위해 그 규칙에의 불복종이 정당화되는 시험 사례의 기준을 제시하는 일에 달려 있으나 현행 규칙 공리주의자들은 이 점에 있어 크게 성공을 거두고 있다고 생각되지 않는다.

결국 규칙 공리주의에 있어서 가장 핵심적인 문제는 도덕 체계에 있어서 규칙의 지위(status of rules)와 관련되어 있다. 규칙 공리주의가 순수한 공리주의로 남아 있고자 하는 한 모든 규칙은 최고의 원칙인 공리의 원칙

---

36 Gerald Barnes, "Utilitarianism", *Mind*, Vol. 82, No. 1(October 1971). 그는 비교적 간단한 소수의 규칙을 설정하면 인간의 현실 속에서 최대의 공리를 결과하기 어려우며 다양한 현실의 요구를 고려해서 규칙을 설정할 경우 무한히 복잡한 체계가 되어 인간 능력을 벗어나게 된다 하여 이를 규칙 공리주의의 딜레마라 했다.

37 S. E. Toulmin, *An Examination of the Place of Reason in Ethics*(Cambridge, Cambridge University Press, 1950), p.151.

에 의해 정당화되어야 하며 그런 한에서 규칙의 지위는 공리라는 목적에 대한 수단적이요 도구적인 것에 머물러야 한다. 그리고 규칙의 지위가 이와 같이 부차적인 것인 한 그것은 최고의 목적인 공리가 명하는 바에 따라서 개조, 변조되며 그 세목이 규정되어야 한다. 이럴 경우 규칙 공리주의는 행위 공리주의와 본질적인 차이를 갖는 것으로 생각될 수 없는 것이다. 이와는 달리 규칙 공리주의가 규칙에 대해서 보다 본질적인 지위를 부여하고자 하는 한 그러한 규칙 공리주의는 더 이상 순수한 공리주의의 영역 내에서 정당화가 불가능하게 되며 그러한 비공리적 요소를 끌어들이는 규칙 공리주의는 스마트가 지적했듯이 규칙에의 미신적인 숭배를 행하는 것으로 비판되지 않을 수 없다.

이상과 같은 관점에서 규칙 공리주의를 비판하고 있는 디그스(B. J. Diggs)에 의하면 규칙 공리주의가 규칙이라는 것을 공리주의 속에 도입함으로써 기대하는 바가 규칙이 갖는 행위 구속력에 있다고 할 경우 그 행위 구속력의 근거는 더 이상 공리주의적으로 정당화하기 어려운, 사회 성원들 간의 합의에서 찾지 않을 수 없다고 했다.[38] 이미 행위 공리주의에 대한 호지슨의 비판에서 상론된 바와 같이 약속의 행위가 당사자들에게 행위 구속력을 갖는 것은 그것이 단순히 미래에 결과할 기대 효용에 대한 계산에 의거해서가 아니라 기존하는 관습이나 법 등에 의해서 확립되어 있는 서로 신뢰하는 상호성(reciprocity)과 그에 근거한 도덕적 유대에 의해서이다. 이 점에서 그라이스(R. Grice)도 서로의 인격에 대한 존중으로부터 구속이 이루어지고 이로부터 생겨나는 의무로 인해 약속 이행이 있음으로 해서 약속 관행의 유용성도 결과하는 것이지 유용하니까 약속을 지킨다는 공리주

---

38 B. J. Diggs, "Rules and Utilitarianism", D. Bayles(ed.), *Contemporary Utilitarianism*(New York, Doubleday Anchor Books), pp.203–38 참조.

의적 설명은 말과 마차를 전도시키고 있는 것이라고 지적했다.[39] 여기에서 우리는 규칙 공리주의적 발전의 한계선상에서 계약론적 정의론의 단초를 만나게 된다.

3. 공리주의적 의사 결정의 절차

베일즈(R. E. Bales)는 윤리설의 목적 내지는 우리가 윤리설에 대해서 기대할 수 있는 것에는 두 가지가 있다고 전제하고 그들을 각각 정당 결정 성질(right-making properties)의 해명과 의사 결정 절차(decision-making procedures)를 제시하는 것이라 했다.[40] 윤리설은 어떤 행위가 옳은 행위가 되게끔 해주는 성질 혹은 특성이 무엇인가를 해명하기도 하고 도덕적 상황에서 구체적인 행위를 결정하기 위한 방법이나 지침을 제시하기도 한다. 그런데 베일즈는 윤리설의 평가에 있어서 이 두 가지 기능은 엄밀히 구분되어야 할 필요가 있다고 지적하고 어떤 윤리설이 의사 결정의 절차를 제시하는 데 있어서 성공하지 못했다고 해서 그것이 정당 결정의 성질을 해명하는 데 있어서도 실패했다고 함은 부당하다고 했다. 특히 그는 종래에 행위 공리주의에 대해서 행해져 온 대부분의 비판은 대체로 의사 결정의 절차와 관련된 것으로 생각되며 행위 공리주의의 핵심이 정당 결정 성질의 해명에 있다고 보아 비판의 과녁이 빗나간 것으로 판정하고 있다.[41]

---

39 Russell Grice, *The Grounds of Moral Judgement*(Cambridge University Press, 1967), p.76.

40 R. E. Bales, "Act-Utilitarianism: Account of Right-Making Characteristics or Decision-Making Procedure?", *American Philosophical Quarterly*, Vol. 8, No. 3 (July 1971), pp.257-65 참조.

베일즈의 이러한 구분은 이미 우리가 서론에서 제시한 도덕적 합당성과 현실적 작용성이란 두 기준과 비록 그 세목에 있어서는 아닐지라도 대체로 상응하는 것으로 생각된다. 그런데 우리는 도덕 체계의 타당성을 평가함에 있어서 이 두 기준 간의 구분에 주목하기보다는 두 기준 모두에 대해서 본질적인 비중을 부여하고자 하며 특히 우리가 도덕의 사회적 기능을 중요시할 때 의사 결정의 절차를 제시하는 면이 동시에 고려되지 않을 수 없다고 생각된다. 합리적 의사 결정 절차를 제시하려는 의도하에 『윤리학 방법론』을 집필한 사람도 행위 공리주의자 시지윅이었으며 최근에 보다 현대적인 입장에서 행위 공리주의를 정당화했던 스마트도 "공리주의적 기준은 다양한 선택이 가능한 자에게 어떤 것을 행해야 할지를 결정하는 데 도움을 주기 위해 제시된 것"[42]이며 "행위 공리주의는 실제로 우리가 어떤 일을 행해야 할지를 정해야 될 경우 그 결정의 방법을 제시하기 위해 의도된 것"이라고 했다.[43]

정당 결정의 성질을 제시함에 있어서는 아무런 차이가 없을지 모르나 의사 결정의 절차가 고려될 경우 규칙 공리주의는 일반적으로 행위 공리주의에 비해 더 우월한 것으로 평가되고 있다. 그런데 규칙 공리주의에 있어서 개별적인 의사 결정이나 행위의 정당화는 그와 관련된 규칙에 의해 이루어지나 정당 결정의 성질을 해명함에 있어서 행위 공리주의와 다를 바가 없는 이상 규칙 공리주의에 있어서도 그 정당화의 최종적인 원리는 규정된 선(善)의 극대화 원리가 아닐 수 없다. 따라서 규칙 공리주의에 있어서 2차적인 정당화, 즉 개별적인 행위의 정당 근거가 되는 규칙이나 관행의 정당

---

41 Ibid., p.258.
42 J. J. C. Smart, *An Outline of a System of Utilitarian Ethics*(New York, 1962), p.33.
43 Ibid., p.31.

근거는 공리 극대화의 원리 이외에 다른 것일 수가 없다.

그런데 여기에서 우리의 관심사는 규칙 공리주의에 있어서 2차적 정당화 즉 규칙이나 관행의 정당화와 관련된 문제이다. 2차적 정당화를 더 깊이 추궁해 갈 때 우리가 발견하게 되는 사실을 예시하기 위해 약속의 규칙을 생각해 보기로 하자. 공리주의적 관점에서 볼 때 '언제나 약속을 지켜라'라는 규칙은 '결코 약속을 지키지 말라'는 규칙에 비해 정당한 것임은 사실이나 그렇다고 해서 어떤 특정한 경우에 약속을 지키는 의사 결정이 반드시 공리주의적 근거에서 정당화될 수 있는 것은 아니다. '모든 약속은 지켜야 한다'는 규칙보다는 '어떤 경우의 모든 약속은 지켜야 한다'는 규칙이 공리주의적으로 더 정당화될 수 있을 것이기 때문이다. 이 두 규칙은 단지 그 일반성(generality)의 정도에 있어서만 다를 뿐 그것이 적용되는 모든 경우가 동일한 방식으로 처리되어야 한다는 점에서 규칙의 형식상 아무런 차이가 없는 것이다.

어떤 규칙에 예외나 부칙을 둔다는 것은 사실상 더 복잡한 새로운 규칙이나 관행을 도입하는 것을 의미한다. 새로운 규칙이나 관행을 도입하는 것이 공리주의적 근거에서 보다 정당한 것임에도 불구하고 이를 허용하지 않는 규칙 공리주의가 있다면 그것은 더 이상 공리주의적 기초 위에서 정당화될 수 없는 입장이라 할 것이다. 그런데 여기에서 주목할 만한 것은 공리주의적 근거에서 보다 정당화될 수 있는 새로운 규칙의 도입이 요구되는 경우는 대체로 규칙 공리주의가 지시하는 바와 행위 공리주의에 의한 의사 결정이 상충할 때라는 점이다. 왜냐하면 현행 규칙을 특정한 경우에 적용했을 때 공리주의적 관점에서 보아 최선의 결과를 가져오지 못함으로써 더 나은 새로운 규칙의 도입이 요구되는 경우는 그러한 결과가 행위 공리주의적 근거에 의해 정당화될 수 없는 경우이기 때문이다.[44] 여기에서 공리주의자들은 자신의 현실적 전략으로서 현행 규칙 공리주의를 근간으로 삼고 개선이 필요한 경우를 고려해서 행위 공리주의를 결합한 절충적 입장을 생각해 볼 수 있을 것이다. 그러나 현행 규칙의 개선 가능성은 모든 특정한 의사 결정에 있어서 일일이 확인되어야 할 뿐만 아니라 이렇게 해서 도입될 수 있는 규칙의 수에 이론상 한계가 없다고 할 경우 절충적 입장은 결국 다시 행위 공리주의에로 환원되어 버리고 만다.[45]

이상에서 우리는 규칙 공리주의가 구체적인 의사 결정과 관련해서 그 규칙을 상세화해 가는 과정에서 행위 공리주의에로의 환원이 불가피함을 보았다. 이는 결국 의사 결정의 절차를 제시함에 있어 행위 공리주의의 난점을 극복하기 위한 대안으로서의 규칙 공리주의가 언뜻 보기보다는 그 성과가 대단하지 못함을 의미하며 따라서 행위 공리주의의 난점을 대체로 공유하게 됨을 뜻하게 된다. 여기에서 다시 행위 공리주의적 입장을 고수하면서 의사 결정의 절차를 제시하고자 한 스마트는 우리가 행위 공리주의적 추론에 의해 의사 결정을 하게 될 경우 난국에 봉착하게 된다는 브란트의 비판에 대해 한편에서는 대부분의 사람들이 행위 공리주의자가 아닌 사회와 다른 한편에서는 모든 성원이 행위 공리주의자인 사회로 나누어 각각에 있어서 의사 결정의 절차를 제시하고자 한다.

대부분의 사람들이 전통적인 비공리주의적 도덕의 신봉자일 경우에는 행위 공리주의적으로 추론하는 자가 극소수라는 사실을 경험적 전제로서 자신의 계산 속에 고려함으로써 행위 공리주의자는 의사 결정에 있어서 별다른 어려움을 겪지 않는다. 그러나 이럴 경우 비밀리에 수행되어야 할 행위 공리주의적 의사 결정은 다시 도덕적으로 정당화되어야 할 문제가 남는

---

44 Richard A. Wasserstrom, *The Judicial Decision*(London, Oxford University Press, 1978), p.134.

45 Ibid., p.135.

다. 다른 한편 행위 공리주의자들만으로 이루어진 사회에 있어서는 의사 결정의 문제가 한층 더 어려워지게 된다. 왜냐하면 각자는 자신의 행위를 선택하기 위해 타인의 행위 선택을 그 계산의 전제로서 요구하게 되나 결국 '상황 속에 순환이 있게 되어'[46] 그러한 요구가 현실적으로 충족되기 어렵기 때문이다. 여기에서 스마트는 이러한 상황의 타개를 위해 '게임 이론(game theory)의 기술'[47]에 의거하고자 하나 그것은 의사 결정을 위한 계산에 있어서 그 복잡성을 가중하는 것일 뿐 현실성 있는 해결책이 되기 어려울 것으로 생각된다. 이러한 이유로 인해 스마트 자신도 게임 이론을 고려해 보는 일은 "윤리학의 이론적 이해를 하기 위한 흥밋거리일 뿐이며 실제적인 중요성은 없다"고 지적했던 것이다.[48]

우리는 이 점을 한층 더 깊이 논구하기 위해 스마트와 깊은 관련을 갖는 행위 공리주의의 고전적 주장자 시지윅에로 되돌아가 이상론으로서의 공리주의와 그 현실적 작용에 있어 당면하게 될 한 가지 난점을 지적하고자 한다. 시지윅은 완전한 공리주의자들로 구성된 이상적 사회를 말하는 동시에 현실 세계 및 그 속에서 일어나는 도덕적 문제에 일차적 관심을 갖는다고 한다. 그에 의하면 "도덕가로서 우리는 당연히 우리가 살고 있는 현실 세계에서 행해져야 할 바를 연구해야 한다"는 것이다.[49] 따라서 시지윅에 있어서 중대한 문제는 현실의 조건하에서 인간의 의무가 무엇인가이며 "이상적인 사회의 도덕에 관한 연구는 기껏해야 예비적인 연구에 불과하고 그 다음에 나아갈 단계는 이상 사회에서 현실 사회에로 이성(理性)의 지도 아래 나아가는 일"이라고 했다.[50]

---

46 J. J. C. Smart, op. cit., p.43.
47 Ibid.
48 Ibid.
49 H. Sidgwick, *The Methods of Ethics*, p.19.

시지윅은 이상적 사회와 현실적 사회를 구분할 뿐만 아니라 공리주의적 관점에서 볼 때 그들 각 사회에 있어서 행위의 방식과 의사 결정의 전략이 반드시 일치하지 않음을 밝히고 있다. 우선 철저한 공리주의자들로 이루어진 이상적 사회에서는 아무도 공인된 도덕 규칙이 허용하지 않는 방식으로 비밀리에 행동하는 것이 정당화될 수 없다. 만일 그러한 예외적인 행위도 공리의 원칙에 의해 정당화될 수 있는 것이라면 그러한 유형의 상황에 적용될 수 있도록 도덕 규칙의 부수 조항으로서 첨가되어야 할 것이며 따라서 그러한 예외 조항은 그와 적절히 유사한 모든 경우에 적용될 것이 요구되고 또한 이러한 사실이 공지되어야 한다고 했다.[51]

여기에서 명백한 것은 그러한 예외를 두는 이유가 어떤 사람에게 타당하려면 그와 유사한 처지에 있는 다른 모든 이에게도 타당해야 한다는 점이다. 사실상 현행 규칙 체계보다 더 복잡한 어떤 새로운 규칙 체계의 필요성을 증명하려면 공리주의자는 그것이 보편적으로 따라도 좋으리라는 것을 보일 수 있어야 한다. 우리가 철저한 공리주의자라면 우리와 유사한 처지에 있는 자들의 그릇된 행위를 비난하면서 그와 동일한 행위를 하는 자신을 정당화할 수는 없는 것이다. 왜냐하면 그는 유사한 조건에 있는 다른 사람이 자기와는 달리 행동하리라고 믿을 근거가 없기 때문이다.[52] 따라서 공인된 도덕 체계가 있고 모든 사람이 그에 충실히 따르는 이상적 사회를 롤즈의 용법에 따라 공리주의적으로 질서 정연한 사회(utilitarian well-ordered society)라 할 수 있을 것이다.

이런 사회에 있어서 어떤 상황에 처한 한 공리주의자는 다른 공리주의자

---

50 Ibid., pp.19-20.
51 Ibid., p.485.
52 Ibid., p.488.

도 그와 유사한 처지에 있게 될 경우 유사하게 행위하기를 바라게 된다. 왜 냐하면 철저한 공리주의자들이라면 어떠한 특정한 여건하에서 모두 동일 하게 추론하고 동일하게 반응할 것이기 때문이다. 여기에서 유사한 처지란 어떤 특정한 의사 결정과 관련된 모든 관점에서 유사한 것을 의미한다. 이 를 보다 극단적으로 해석한다면 환경적 여건뿐만이 아니라 성격 구조에 있 어서도 유사할 것이 요구된다. 시지윅의 견해에 암암리에 함축되고 있는 바를 그 극단에까지 밀고 가면 철저한 공리주의적 사회에서는 모든 사람이 그 본질에 있어서 동일하며 따라서 처지의 유사성이 반응의 유사성을 결정 하기에 충분하다고 할 수 있다. 이와 같이 동질성을 지향하는 사회 형태가 과연 이상 사회인지는 또 다른 문제를 제기하는 것이다.

그런데 유사한 처지에 있게 될 경우 유사하게 행위하기를 바란다는 것을 시지윅의 진의(眞意)에 가깝게 보다 온전하게 해석한다면 만일 모든 이가 공리주의의 원칙을 받아들일 경우 엄밀히 말해서 아무도 나와 똑같은 상황 에 처하지는 않을지라도 내가 특정한 여건하에서 어떤 방식으로 추론하고 행위함에 대해서 모두가 합당하다고 인정하게 되리라는 것이다. 여기에는 타인들도 처지가 비슷하게 될 경우에는 유사하게 행위하리라는 점이 가정 되고 있으며 이러한 가정은 우리는 모두 동일한 도덕 원칙을 공유하고 있 으므로 타인들도 나의 처지가 될 경우에는 나와 같이 행위하리라는 이유로 서 내 행위를 지지하고 인정하리라는 것을 의미한다.

앞에 나온 극단적 해석은 모든 공리주의자들이 소신, 동기, 반응에 있어 서 획일적임을 가정하는 것으로서 현실적으로도 불가능할 뿐만 아니라 이 상적 사회의 바람직한 조건으로 보기도 어렵다. 이에 비해 보다 온건한 해 석은 공리의 원칙이 사회의 모든 성원에게 구속력을 갖는 것으로 공지되고 있다는 것으로서 시지윅의 의도에 더 가까울 것으로 생각된다. 결국 그의 주장은 만일 모든 사람이 공리주의에 의거해서 자신의 행위를 정당화한다고 가정한다면 그러한 근거는 적절한 여건하에서 모든 이가 합당한 것으로 인정하는 것이어야 하고 그러한 근거에서 정당화될 수 있는 행위는 그 사회의 모든 다른 성원에 의해서도 정당화될 수 있어야 한다는 것이다. 이런 점에서 시지윅에 있어서 공리주의적 행위는 롤즈적 의미에 있어서 공지성(公知性, publicity)의 요구를 만족시키는 것으로 볼 수 있을 것이다.[53] 타인의 무지를 기초로 해서만 시행될 수 있는 비의적(秘義的) 도덕 체계는 사회윤리로서의 현실적 작용성을 보장하기 어렵다고 할 것이다.

그런데 우리가 살고 있는 현실 사회에 있어서는 이상적이고 질서 정연한 공리주의적 사회에 있어서와는 사정이 달라지게 된다. 대부분의 사람이 철저한 공리주의자도 아니며 현행 도덕 규칙이 여러 점에서 비공리적 요소를 내포하고 있고 법 또한 공리주의적 관점에서 용납하기 어려운 악법일 수가 있다. 시지윅에 의하면 "공리주의자는 일반적으로 철저한 공리주의자들로 구성된 사회에서는 예외적인 도덕적 처지에 대한 근거가 합당한 것으로 인정될 수 있다는 데 대해서 의심하지 않는다. 그러나 그러한 예외를 인정하는 보다 정밀하고 복잡한 규칙이 그가 실제로 살고 있는 사회에 있어서 채택되어야 할 것인가에 대해서는 회의적이 된다. 그리고 그러한 것을 도입하는 것이 현행 도덕의 질을 악화시키고 저해하지나 않을까 하는 우려를 갖게 된다"고 했다.[54]

공리주의자인 한에 있어서 공인된 도덕 규칙에 따를 것인가의 여부에 대한 정당화의 기준은 이상 사회나 현실 사회에 있어서나 동일할지 모르나 그의 행위가 구체적으로 어떤 방식에 의해 표현되며 그의 의사 결정 원리

---

53 J. Rawls, *A Theory of Justice*, pp.133, 454.
54 Ibid., p.489.

가 다른 사람에게 그대로 알려져야 할 것인가에 대해서는 두 사회 간에 차이점이 있게 된다. 비공리주의적 현실 사회에서 공리주의자는 공인된 도덕 규칙의 준수 여부를 그 결과에 대한 고려를 통해서 결정해야 할 뿐만 아니라 그의 의사 결정의 근거를 타인에게 알리는 것과 알리지 않는 것의 상대적 효용도 고려해야 한다. 여기에서 공리주의자는 동일한 상황에 처한 타인과 달리 행위해야 할 경우가 생기게 되며 동일한 행위를 할 경우에도 그것이 동일한 이유에서 행하지 않을 수가 있게 된다.

그래서 공리의 원칙에 의거해서 숙고된 도덕 판단이 사회의 현행 도덕 규칙이 지시하는 바와 달라질 경우 공리주의자는 행위 그 자체의 공리에 더하여 현행 규칙에 대한 위반이 가져올 결과의 공리도 고려해서 의사 결정을 하게 된다. 이러한 위반이 타인과 현행 법질서에 가져올 파괴적이고 부정적인 결과를 고려해서 공리주의자는 최대의 공리를 결과하기 위해 행위의 수행을 비밀리에 하든지, 수행은 공공연히 하고 그 행위의 근거를 속이든지 해야 한다는 결론에 이른다고 시지윅은 말한다. 이들 경우에 공리주의적 근거를 공지시키게 되면 현행 규칙에 대한 준수 정신을 해치게 되고 법질서의 혼란을 가져오는 역효과를 초래하게 된다는 것이다.[55]

결국 시지윅에 의하면, 비이상적, 비공리주의적 사회에서는 공리의 원칙을 공개적으로 알리는 데 어려움이 있다는 것이다. 왜냐하면 일반 사회에 그것이 공공연히 알려질 경우 현행 도덕 체계가 무시되고 불안정하게 되는 위험 부담을 안게 되기 때문이다. 따라서 비밀이 지켜져야 옳은 행위가 이루어질 수 있고 그렇지 않으면 행해지지 않으며 이러한 생각마저도 비밀리에 간직되어야 한다. 그래서 시지윅은 현행 도덕 규칙을 공리주의적 근거

---

55 Ibid., p.490.

에 의해 비밀리에 지키지 않아도 됨을 정당화하고 있을 뿐만 아니라 이런 원칙 그 자체도 비밀리에 채택하는 것이 합당함을 요구하는 셈이다. 이러한 모든 의사 결정이나 전략의 선택은 모두가 공리주의적 근거에서 정당화될 수 있기 때문이다.

그런데 비이상적 사회에 대한 이상과 같은 공리주의적 비밀 정책이나 전략은 나아가서 이상적인 사회와 비이상적인 사회의 간격을 메우는 일에 있어서 새로운 문제를 제기한다. 왜냐하면 공리주의자는 자신의 사회를 비이상적 상태에서 이상적 상태에로 가져가기 위해서도 동일한 전략에 의거하지 않을 수 없기 때문이다. 현실 개조의 의도를 갖는 공리주의자는 끊임없이 자신의 의도를 비밀리에 감추어야 하며 비밀이 탄로 날 경우 그의 현실 개조의 뜻은 무산되고 만다. 이것은 결국 우리가 사회윤리 체계의 선택에 있어서 공지성이라는 요구 조건을 중시해야 한다는 것을 의미하며 타인의 무지를 바탕으로 하는 도덕 체계의 불안정성을 뜻하는 것이다.

만일 사회의 모든 이들이 어떤 자가 공리주의자인지를 알게 될 경우 그들은 그가 자신의 행동을 공리의 원칙에 비추어서 정당화하리라는 것도 알게 된다. 그리고 그들은 추론하기를 그가 공인된 도덕 규칙을 준수하거나 위반할 가능성도 공리의 극대화 원칙에 달려 있다는 것도 알며 공리를 극대화시킨다고 생각될 경우 그는 비밀리에 그것을 위반할 것이라는 사실까지도 알게 된다.

모든 이가 이것을 알아버릴 경우 그는 비밀리에 행위하는 것에 실패하게 되고 따라서 공리 극대화에도 실패하게 되며 사회의 공공 도덕에 대한 위반자가 된다. 그렇게 될 경우 그는 자신의 의도를 실현하지 못하게 됨은 물론 정상적인 인간 관계마저 상실하게 된다. 이러한 결과를 회피하기 위해 그는 공리주의적 신념을 남몰래 고수해야 한다는 현실적 전략을 택하지 않을 수 없는데,[56] 이는 결국 공리주의적 이상 사회의 현실화를 보장하는 길이 되기가 어려우며 그의 공리주의적 이상은 언제나 비밀 속에 갇히어 공전(空轉)을 면치 못하리라고 생각된다.

---

56 Ibid., pp.474-75, 480-82, 484-86, 489 참조.

제3장 공리의 측정과 계산 가능성

공리주의가 옳은 것을 좋은 것의 극대화로 보는 목적론적인 윤리 체계인 이상 일차적으로 좋은 것, 즉 본래적 선이 무엇인가가 규정되어야 할 것은 물론이고 이를 바탕으로 해서 옳은 행위의 선택에 대한 지침이 주어질 수 있음을 보일 수 있어야 한다. 물론 공리주의가 현실적 작용성을 갖는 윤리 체계로 판명되기 위해서는 이미 앞 장에서 살핀 대로 그것이 현실적인 의사 결정의 절차를 제시할 수 있어야 할 뿐만 아니라 특히 사회윤리로서의 그 역할을 다하기 위해서는 극대화의 원리(maximizing principle)가 작용 가능한 것이어야 하고 이를 위해서는 다시 공리의 측정 및 계산 가능성이 전제되어야 한다. 우리는 이 장에서 공리주의의 현실적 작용성을 좌우하는 관건으로서 공리의 측정 및 계산 가능성을 몇 가지 측면으로 나누어 분석, 비판해 보고자 한다.

1. 측정의 인식론적 기초

공리주의의 기본 원칙을 구체적인 상황의 도덕 판단에 적용할 경우 우리는 그 추론의 과정을 다음과 같은 실천적 삼단논법(practical syllogism)으로 정식화할 수 있을 것이다. 우선 추론의 대전제는 공리주의의 기본 원칙인 '최대의 선을 가져오는 행위가 옳은 행위'라는 것으로서 적어도 공리주의를 표방하는 한 모두 이 대전제에는 합의하리라고 볼 수 있다. 그러나 이것만으로는 구체적 상황의 도덕 판단에 이를 수 없는 까닭에 우리는 다시 그 소전제로서 구체적으로 '어떤 행위 x가 그 상황에서 최대의 선을 가져온다'는 판단이 필요하며 이상의 두 전제로부터 'x라는 행위는 옳은 행위'라는 결론이 도출된다.

그런데 여기에서 결론의 진위를 가리기 위해서는 대전제의 일반 원리를 구체적 상황에 연결시켜 주는 소전제의 진위가 가려져야 하는데 그것은 경험적인 판단인 까닭에 당면한 상황의 특정한 사실들에 대한 과학적 연구에 의해 진위가 확인될 수 있는 것이다. 물론 대전제에 있어 선이 무엇이냐에 대해서도 공리주의자들 간에 불일치가 있을 수 있음은 전술한 바와 같거니와 비록 그에 대한 합의가 이루어진다 할지라도 소전제에 관해서 이견이 있으면 결론이 달라지게 된다. 이에 대한 불일치는 모든 관련된 경험적 사실을 완전히 파악할 수 있다고 가정할 경우에 해소될 수 있는 것이긴 하나 인간 능력의 한계는 어쩔 수가 없는 것이다. 현실의 행위 결과는 헤아릴 수가 없고 아무도 다 알 수 없을 정도로 복잡한 변수들에 의해 지배되는 까닭에 여기에 공리주의가 회피할 수 없는 깊은 인식론적인 문제가 가로놓여 있다.[1]

행위의 도덕적 가치가 그 결과에 의존한다는 전통적이고 가장 일반적인 형식에 있어서의 공리주의는 무어(G. E. Moore)[2]에 의해 더 상세화됨으로써 어떤 상황에 있어 행위자에게 가능한 대안적 행위들(alternative actions) 가운데서 최선의 결과를 가져오는 행위만이 우리가 마땅히 행해야 할 행위요 옳은 행위임을 내세우게 되었다. 이와 같이 행위에 대한 평가에 있어 비교의 문제가 명시됨으로써 어떤 행위가 가능한 다른 대안들에 비해 적어도 동일하거나 그 이상의 선을 산출할 경우 옳은 행위가 되며 그것이 많은 선을 산출한다 할지라도 그보다 더 나은 결과를 가져오는 행위가 있을 경우 그것은 그른 행위가 되는 것이다.

이 점은 전통적 공리주의에 있어서는 분명히 되지 않았던 것으로 생각되며 적어도 벤담의 문맥[3]에서는 가능한 대안들 가운데 절대적으로 최선의 결과를 가져오는 행위만이 우리가 마땅히 행해야 할 것이라는 점은 지적되지 않고 있다. 어떤 면에서 고전적 공리주의에 있어서는 옳은 행위나 의무가 되는 행위는 정도(degree)의 문제로 생각되었으며 옳은 행위의 범주에 드는 행위들 간에도 어떤 행위는 다른 행위보다 더 옳은 것일 수가 있는 것이다. 밀도 "행위는 그것이 행복을 산출하는 경향에 비례해서(in proportion to) 옳다"[4]고 말하고 있다

사실상 시지워이 주어진 상황하에서 객관적으로 옳은 행위란 전체적으로 최대량의 행복을 산출하게 될 행위라고 한 점에서 비롯되어 무어에 의해 더욱 명료화되었던 전통적 공리주의에 대한 이상의 수정과 관련해서 무어는 공리주의에 대해서 또 한 가지 수정안을 제시한 셈인데, 이는 과거 공리주의에 대한 논의에서 비교적 주목을 끌지 못했던 점에 속하는 것으로서

1 John Hospers, *Human Conduct*(New York, Harcourt Brace, 1972), p.206 참조.
2 G. E. Moore, *Ethics*, ch. 1 참조.
3 J. Bentham, *An Introduction to the Principles of Morals and Legislation*, ch. 1.
4 J. S. Mill, *Utilitarianism*, p.10.

최근에 싱어에 의해 새로이 문제 제기가 이루어진 셈이다. 그것은 바로 공리주의에 있어서 행위의 가치가 결과에 의존한다고 할 경우 그 결과는 확률적으로 추정된(probable) 결과인가, 실제로 일어난 현실적(actual) 결과인가라는 문제이다. 이에 대한 무어의 대답은 행위의 옳고 그름을 가리는 기준은 현실적으로 일어나는 행위의 실제 결과이며 도덕 판단의 객관성은 이러한 기초 위에서만 보장되는 것이라고 했다. 이로부터 그는 최선의 결과를 가져오리라는 기대 속에서 이루어진 행위도 그 실제 결과가 최선의 것이 아니라면 우리는 당연히 그것을 그릇된 행동이라 해야 한다고 단언하고 있다.[5]

벤담이나 밀은 이 문제에 대해서 현실의 실제 결과라기보다는 추정되는 가정상의 결과를 염두에 두었으리라고 생각된다. 이 점은 그들이 특히 행위의 경향성(tendency)이라는 말을 즐겨 쓰고 있다는 사실에서도 확인될 수 있으며 이러한 뜻에서 전통적 공리주의자는 미래 전망적이고 앞으로 행해져야 할 바를 결정할 합리적 근거를 제공하고자 했다고 볼 수 있다. 이에 비해서 무어가 의도하고 있는 실제 결과 공리주의(actual consequence utilitarianism)[6]는 과거 회고적이며 기껏해야 과거에 어떤 행위를 했어야 하는지를 판단하는 기초를 제공하고 있는 것으로 보인다.

그런데 실제 결과 공리주의는 주어진 상황에서 가능한 대안적 행위 가운데서 확률적으로 최선의 결과를 가져올 것으로 기대되는 것만으로는 그 행위의 정당성을 위한 충분 조건이 되지 못하며 실제로 최선의 결과를 가져오리라는 기대에 의거한 행위는 추정적으로 옳을(probably right) 뿐 실제

---

5 G. E. Moore, op. cit., pp.106–107, 118–19.

6 M. G. Singer, "Actual Consequence Utilitarianism", *Mind*, Vol. LXXXVI(1977) 참조.

로 옳은(actually right) 행위가 아니며 실제로 행위가 수행되고 그 결과가 드러났을 때에야 비로소 우리는 객관적으로 그 행위의 옳고 그름을 판정할 수 있게 된다. 확실히 우리는 결과가 주어진 연후에야 어떤 행위의 시비를 제대로 가릴 수 있는 관점에 서게 된다고 할 수 있으며 이런 뜻에서 실제 결과 공리주의는 공리주의에 있어 분명히 하나의 발전으로 간주됨이 합당하다 할 것이다.

그러나 이와 같이 공리주의의 발전적 전개 과정에서 나타난 실제 결과 공리주의는 더 깊은 곳에서 인식론적인 난관에 부딪힌다. 그러한 입장에 따르면 어떤 행위에 있어 결과가 나쁠 경우는 다른 대안적 행위가 행해졌어야 마땅하다고 말할 수 있게 된다. 그러나 문제는 그 대안들 중 어떤 행위도 실제로 수행되지 않았다는 점이다. 판정 기준은 행위의 실제 결과인데 대안들 중 실제 행해진 행위는 하나의 행위뿐이며 다른 행위들은 실제로 행해지지도 않았고, 따라서 그 결과가 정확히 평가될 수 없는 것이다. 실제 결과 공리주의가 작용 원리의 기능을 하기 위해서는 결코 행해진 적이 없는 모든 행위의 실제 결과를 모두 다 알 것이 요구된다. 그러나 행해지지 않은 행위는 실제 결과를 가질 수 없으며 따라서 행해진 행위와 행해지지 않은 행위의 실제 결과 간의 비교는 불가능하므로 결국 이 입장에 의하면 다른 대안적 행위가 행해졌어야 하리라는 도덕 판단은 불가능한 것이 된다. 이상의 근거로부터 실제 결과 공리주의는 이론적 부정합성을 배제할 수 없다는 비판을 받게 된다.[7]

이렇게 극단적으로 비판해 들어가면 실제 결과 공리주의에 의할 경우 어

---

7 Ibid. 참조. 이에 대한 반론으로서는 Loren E. Lomasky, "Is Actual Consequence Utilitarianism Incoherent", *Southern Journal of Philosophy*, Vol. XVI, No. 2 참조.

떤 행위의 옳고 그름을 추후적으로도 판정할 수 없다는 결론에 이르게 된다. 왜냐하면 사전에뿐만 아니라 사후에도 모든 가능한 대안들 가운데서 어느 행위가 사실상 최선의 결과를 가져올지를 알 방도가 없기 때문이다. 즉 최선의 결과라는 개념은 상대적이며 비교적인 것인데 수행된 행위의 결과와 그것이 수행되지 않았을 경우에 나타나게 될 결과를 비교할 수는 결코 없기 때문이다. 공리주의 원리를 비교적이 아닌 전통적인 방식으로 이해한다 해도 실제 결과 공리주의는 옹호될 수가 없는 것이다. 왜냐하면 어떤 행위로 인해 이 세계의 선이 증가되었는지를 알기 위해서는 적어도 수행된 행위의 결과와 그것이 수행되지 않았을 경우에 나타나게 될 결과 간의 비교가 암암리에 전제되어 있으며 따라서 실제 결과 공리주의는 여기에서도 역시 궁지를 모면할 수 없게 되기 때문이다.[8]

행위 결과의 측정 가능성의 문제와 관련하여 몇 가지 문제점들을 더 지적해 보기로 한다. 우선 행위 결과라는 말의 정확한 의미를 규정하는 일은 많은 오류를 피하는 데 도움이 되리라 생각한다. 대체로 공리주의자들은 행위의 결과를 규정하는 문제에 많은 관심을 기울여 왔는데 베르히스트롬(L. Bergstrom)[9]은 어떤 것이 행위의 결과로서 간주되어야 할 것인가에 대한 몇 가지 요구 조건을 제시했다. 첫째는 시간성의 요건으로서 결과는 시간적으로 행위에 뒤따라 오는 것이라는 점이다. 이는 다시 결과는 행위가 완결된 이후에 시작되는가 혹은 진행 중에 시작되는가, 아니면 행위의 시작과 더불어 시작되는가에 따라 달라질 수 있다. 둘째는 인과적 요구 조

---

8 M. G. Singer, op. cit.

9 Lars Bergstrom, *The Alternatives and Consequences of Actions*(Stockholm, 1966), Dan W. Brock, "Recent Works on Utilitarianism", *American Philosophical Quarterly*, Vol. 10, No. 4(October 1973)에서 재인용.

건으로 이 점에 있어 우리는 네 가지 선택지를 갖게 된다고 한다. 행위가 결과의 필요 조건일 경우, 충분 조건일 경우, 필요 조건이거나 충분 조건일 경우 그리고 필요 조건이면서 충분 조건일 경우가 그것이다.

끝으로 또 한 가지 조건은 결과가 행위자에 대해서 갖는 관계와 관련된 것이다. 결과는 행위자에 의해 의도된 것일 수도 있고 그렇지 않을 수도 있으며 예견 가능한 것일 수도 있고 아닐 수도 있으며 따라서 행위자가 결과에 대해서 책임이 있을 수도 없을 수도 있다는 것이다. 그런데 베르히스트롬의 이 마지막 요건은 행위자에 대한 칭찬과 비난의 문제와 관련된 것으로서 행위의 옳고 그름에 대한 목적론적인 기준에 있어서는 직접적인 의미를 갖지 않는다. 공리주의의 윤리설에 있어서 대안적 행위의 비교를 위해 필요한 것은 행위자의 심리적 동기보다는 행위에 따르는 객관적인 세계의 변화인 것이다.

이상의 요건들을 통해서도 알 수 있듯이 행위 결과에 대한 규정은 그리 간단한 문제가 아니며 인간의 특정한 행위를 기술하는 방법에도 여러 가지가 가능하리라고 본다. 더욱이 행위와 그 결과를 구분하는 데에 이르게 되면 문제는 더욱 복잡해지며 나아가서 이 문제는 규범윤리학상 중요 관심거리 중의 하나인 결과주의(consequentialism)와 형식주의(formalism) 간의 논쟁과 관련되어 있다. 그리핀(J. P. Griffin)이 지적한 바와 같이 행위에 대한 기술은 행위가 묘사되는 시간축에 따라 행위와 결과의 범위가 정해지며 내포되는 구체적인 세목의 정도에 따라 일반성에 있어서도 여러 가지가 있을 수 있다.[10] 여하튼 동일한 행위도 묘사하기에 따라서 동일한 측면이 행위 그 자체의 일부일 수도 있고 행위의 결과일 수도 있다면 결과주

---

10 J. P. Griffin, "Consequences", *Proceedings of the Aristotelian Society*, Vol. 65(1964-65), pp.167-82 참조.

의와 형식주의 간의 논쟁의 초점도 무의미하게 되고 마는 것이다.

'우리는 어떤 행위의 모든 결과를 알 수 있는가?'라는 질문에 대해서 무어가 부정적인 대답을 제시한 이래 현대의 많은 철학자들은 그에 동의하고 있는 셈이다. 베르히스트롬은 우리가 행위의 모든 결과를 안다고 할 수 있기 위해서는 우선 행위 a의 모든 결과가 어떤 결과 집합 u 속에 있음을 알고 그리고 그 u의 요소를 모두 열거할 수 있을 때라고 했다. 그러나 그러한 일은 논리적으로 불가능하지는 않으나 현실적으로 결코 가능하지가 않다는 것이다.[11]

그러나 베르히스트롬은 그것의 불가능성을 증명하기 위해서 이용되어 온 몇 가지 논거를 검토하는 가운데 특히 우리의 행위 결과는 무한한 인과적 연쇄를 이룸으로써 그에 대한 실제적 파악이 불가능하다는 논증은 그릇된 것이라고 지적하였다.[12] 왜냐하면 사건의 연쇄가 있을 때 어떤 한 고리는 그 이전 고리의 결과이기는 하나 모든 고리가 제일 첫 고리의 결과라고 하기는 어렵기 때문이라고 했다. 그러나 그의 이러한 비판은 다시 반박될 수 있으리라고 본다. 비록 첫 번째 고리가 모든 고리의 직접적인 원인은 아닐지라도 그 원인의 일부로서 혹은 간접적인 원인으로서 작용하고 있을 경우 이러한 첫 번째 고리의 영향력이 모든 행위의 결과 속에 고려되지 않아야 할 이유는 없기 때문이다. 어떤 한 행위의 효력이 점진적으로 감소해 가기는 하나 그 미세한 영향이 무한히 파상적으로 확산되어 갈 것을 가정할 때 행위 결과의 완전한 파악이란 사실상 불가능에 가깝다 할 것이다.

그런데 이러한 결론이 참이라면, 다시 말하면 행위의 모든 결과를 실제

---

11 L. Bergstrom, op. cit.
12 Ibid.

로 측정할 수 없는 것이 사실이라면 우리가 행위의 객관적인 옳고 그름을 밝힐 수 있는 길은 없으며 이는 공리주의의 치명적 약점이 아닐 수 없다. 우리가 행위의 객관적인 시비를 판정할 수 없을 경우 행위를 지도하는 윤리 체계로서 공리주의의 기능은 그만큼 약화될 것이기 때문이다. 그러나 어떤 사람은 이러한 생각의 비현실성을 지적하면서 우리는 대안적 행위들 가운데서 옳을 확률이 가장 높을 행위를 선택할 수 있고 타인에게도 충분히 그 선택을 권할 수 있다는 것이다. 그러나 이러한 확률 계산마저 의거해야 할 행위 결과에 대한 근본적인 측정 불가능성을 내세우는 비판에 대해서 이상의 옹호론은 별다른 설득력을 갖기 어렵다고 생각된다.

베르히스트롬을 위시한 많은 도덕철학자들은 대안적 행위나 그 결과에 대한 우리의 지식은 언제나 불완전하고 불확실하여 우리의 의도가 아무리 좋다 할지라도 우리의 행위로부터 최대의 선을 산출하리라는 확신을 가질 수 없다는 것이다. 물론 이러한 사실은 공리주의의 약점이 될 뿐만 아니라 로스식의 조건부 의무론에 바탕을 둔 법칙론에 있어서도 치명적인 것이 된다. 어떤 상황에서 상충하는 상대적 의무들 가운데서 '다른 조건이 같은 한' 어떤 특정한 하나가 우리의 진정한 절대적 의무라고 할 경우 그러한 조건부를 해결하기 위해 우리는 부분적으로나마 행위의 결과에 의존하지 않으면 안 되기 때문이다.

행위 결과의 측정과 관련해서 또 한 가지 문제가 될 수 있는 것은 가용한 대안적 행위들(alternative actions)의 목록을 어떻게 제시할 것인가이다. 과거의 대부분의 공리주의자들은 어떤 상황에서 가능한 행위에 대안들이 무엇이며 어떻게 그것을 발견해 낼 것인가라는 문제를 심각하게 다룬 적이 없다. 그러나 베르히스트롬은 이의 중요성을 환기시키면서 단순한 대안이 아니라 대안들의 집합이 무엇인가를 규정하면서 집합의 요소는 적어도 둘 이상의 수행 가능한 특정 행위로 구성되어야 하며 행위 주체나 행위 시간이 동일해야 한다는 것이다. 그리고 공리주의적 원리는 동일한 집합의 요소들에만 적용되어야 한다고 했다.[13]

그러나 우리는 언제나 새롭고 더 완전한 대안들을 구성할 수 있는 까닭에 베르히스트롬도 대안의 선택과 발견의 문제에는 두 가지 난점이 있다고 했다.[14] 대안의 선택 문제가 순수히 경험과학적인 방법에 의해 해결될 수가 없는 이유는 대안 선택을 위한 합당한 기준이 행위 결과에 대한 가치 평가에 바탕을 두는 것이기 때문이다. 그리고 가능한 모든 대안적 행위를 알 수 없는 것은 어떤 상황에서 행위자가 수행할 수 있는 것이 무엇인가가 확정되지 않을 뿐 아니라 행위의 결과도 충분히 확인될 수 없기 때문이다. 결국 일정한 상황에서 객관적으로 옳은 행위가 수행되기 위해서는 그 상황에서 가능한 모든 행위 대안이 제시되고 그중에서 비교를 통해 최대의 선을 결과하는 대안적 행위가 선택될 수 있음이 전제되어야 하나 공리주의자는 이들 가운데 어느 하나에 대해서도 만족스러운 해답을 주지 못하는 것으로 판단된다.

2. 쾌락의 측정과 양화 가능성

이상에서 논의한 것처럼 공리주의에 있어서의 인식론적인 문제가 해결될 수 있다고 가정한다 해도 다음에는 행위의 결과로서 생겨나는 여러 선(善)의 측정 가능성 혹은 그러한 선을 결과하게 될 행위 또는 제도의 공리 계산이 가능한지의 여부가 문제된다. 앞에서도 이미 지적한 바와 같이 이

---

13 Ibid.
14 Ibid.

러한 가측성(可測性)의 문제에 있어서 가장 유리한 지위에 있는 입장은 한 가지 종류의 선만을 내세우는 윤리적 일원론이며 공리주의의 여러 형태들 가운데서 쾌락주의적 모형은 바로 이러한 문제를 중심으로 해서 초점을 맞추고 있는 윤리주의라 할 것이다. 이러한 입장의 성공 여부는 쾌락이라는 것이 과연 그들이 기대한 바대로 양화(量化) 가능한 것인지, 그래서 그것이 공리 계산을 가능하게 하는 단위로서의 역할을 어느 정도 수행해 낼 수 있는지에 달려 있다 할 것이다.

쾌락의 양을 계산하기 위한 가장 정확한 방법은 벤담에 의해 제시되었다. 그는 행위의 결과로서 나타나게 될 쾌락과 고통의 양을 측정하기 위해서 이른바 쾌락 계산법(hedonistic calculus)[15]이라는 것을 고안했던 것이다. 여기에서 그의 첫 번째 기준은 쾌락의 강도(intensity)로서 두 개의 쾌락은 다른 조건이 같을 경우 더 강한 것이 선호되며 고통은 약한 것이 선호된다는 것이다. 두 번째는 쾌락의 지속성(duration)으로서 다른 조건이 동일한 한, 더 선호되는 쾌락은 가장 오래 지속되는 쾌락이라는 것이다. 그런데 불행히도 가장 강한 쾌락은 일반적으로 그 지속성이 짧다는 속성을 가지며 따라서 우리는 자주 짧고 강한 쾌락과 길고 여린 쾌락 간의 선택 문제에 봉착하게 되는데 이 두 기준의 상충 문제에 관해시 벤담은 주목하지 않고 있는 것으로 보인다.

세 번째는 확실성(certainty)의 기준으로서, 생겨날 가능성이 더 확실한 쾌락이 선호된다는 것인데 이는 벤담이 실제 결과 공리주의인 무어와는 달리 추정적 결과에 의거한 공리주의자임을 말해 준다. 그리고 네 번째는 근접성(propinquity)이라는 기준으로서, 더 가까운 쾌락이 먼 훗날 주어질

---

15 J. Bentham, op. cit., ch. 1 참조.

쾌락에 비해 선호된다는 것인데 일반적으로 더 가까운 쾌락은 생겨날 가능성이 더 확실하다는 이유에서 선호되고 있음을 감안한다면 이것은 독립된 하나의 기준이 되기 어려울 것으로 생각된다. 다섯째는 다산성(fecundity)이라는 기준으로서 이후에 더 이상의 다른 쾌락을 유발하고 조장하는 성향을 갖는 쾌락이 선호된다는 것인데, 스마트는 이 기준을 선용할 경우 밀의 질적 쾌락주의는 벤담의 양적 쾌락주의에로 환원 가능한 것이라고 말하고 있다. 시작(詩作)과 압정 놀이는 그 자체로서 동일한 쾌락을 주는 것이긴 하나 시작이 주는 쾌락이 질적으로 더 고차적이라 생각되는 것은 그것이 더 생산적인 쾌락이기 때문이라는 것이다.[16]

그리고 여섯 번째 기준은 쾌락의 순수성(purity)으로서 어떤 두 개의 쾌락 가운데서 고통과 섞이지 않고 일어나는 쾌락일수록 더 선호된다는 기준이다. 일곱 번째의 마지막 기준은 쾌락의 범위(extent)로서 쾌락을 누리는 사람의 수가 많은 것일수록 선호된다는 기준인데, 이것은 특히 쾌락주의이면서도 고대의 이기적 쾌락주의와 근대의 보편적 쾌락주의로서의 공리주의가 갈라지는 분기점이 되며 최대 다수의 최대 행복이라는 원리가 이를 잘 보여주고 있다. 그러나 공리주의에 있어서도 이러한 측면은 그 근본 원리인 쾌락의 극대화 원리를 보완하는 것이긴 하나 그것과 상충되지 않는 한에서 고려될 뿐인 부차적인 규정에 불과한 것이다.

그런데 벤담은 이상과 같은 계산의 과정이 모든 도덕 판단이나 입법, 사법의 활동에 앞서서 엄격하게 행해진다는 것은 기대될 수 없다고 했다. 그러나 언제나 그것을 염두에 둘 필요가 있으며 그것에 접근될수록 보다 정

---

16 J. J. C. Smart, *Utilitarianism For & Against*(Cambridge, Cambridge University Press, 1973), pp.12-25 참조.

확한 판단에 가까워지게 된다는 것이다.[17] 그런데 벤담의 이러한 쾌락 계산법이 실제로 쾌락과 고통에 대한 정확한 수학적 계산을 가능하게 할지는 의심스러운 일이다. 우선 여러 기준들 가운데서 시간 측정이 가능한 지속성이나 근접성 등은 정확하게 계산될 수 있을지 모르나 사람들마다 판단의 기준이 다를 수 있는 강도는 지속성만큼 정확한 측정이 어려우며, 확률의 문제와 관련된 확실성의 기준도 그 측정이 용이하지가 않으며, 먼 미래의 결과들에 대한 인식에 기초한 다산성의 측정에 이르면 거의 불가능 한 일이 되고 만다.

여기에서 쾌락과 고통의 양화(量化) 불가능성에 대해서 이론상으로는 두 가지 입장이 가능하다. 하나는 양화 불가능성이란 시간이 감에 따라 보완, 극복될 수 있는 기술상의 문제로 보는 입장이다. 한때 우리는 기온에 대해서 단지 덥다든가 춥다든가 어제보다 오늘이 더 따뜻하거나 쌀쌀하다고 말할 수 있을 뿐이었다. 그러나 오늘에 와서는 온도계를 이용해서 정확히 얼마나 더운지 얼마나 추운지를 말할 수 있게 되었다. 그와 마찬가지로 우리는 언젠가는 쾌락과 고통의 측정에 있어서도 그와 유사한 단계에 이르게 되리라는 것이다.

다른 또 하나의 입장은 양화 불가능성이란 기술의 발전에 의해서도 해결될 수 없는 본질적인 불가능성임을 내세우는 것으로서 비록 우리가 정신물리학(精神物理學)의 발전으로 인해 대뇌피질을 통과해 가는 화학-전자파의 강도를 측정할 수 있게 된다 할지라도 우리는 흐르는 전파의 강도만 잴 수 있을 뿐 쾌락 그 자체의 강도를 재는 것이 아니라는 것이다. 이런 입장에 따르면 쾌락이나 고통은 전자류(電子流)와는 달라서 본질적으로 양화될

---

17 J. Bentham, op. cit., ch. 1.

수가 없다고 한다.[18] 이상의 문제를 더욱 깊이 추궁해 가다 보면 결국 그것은 인식론적인 문제와 관련이 되고 나아가서는 타인의 마음(other mind)과 같은 형이상학적인 문제에까지 다다르게 된다.

그래서 일부의 윤리학자들은 우리가 어떤 입장을 취하든 합리적 의사 결정의 지침을 제시하려는 윤리학과는 상관이 없다고 하면서 쾌락의 정밀한 측정이 현실적으로 불가능하다 해서 별다른 문제가 없다는 것이다. 스테이스(Stace)는 쾌락의 측정 불가능성을 들어 선악과 옳고 그름을 알 수 없다는 것은 매우 천박한 논거라고 하면서 쾌락을 측정하지 못한다 해서 어느 정도의 쾌락인지, 어떤 쾌락이 더 큰 것인지를 모를 이유가 없다는 것이다. 온도계가 없어도 더운 날과 추운 날을 구분하고 춥고 무더운 것을 알 수 있듯이 정확한 측정을 하지 않아도 쾌락과 고통의 정도와 그들간의 비교는 가능하다는 것이다. 그러나 상식적인 차원에 머무는 이러한 조정책은 공리주의에 대한 철저한 비판과 분석을 의도하는 평자들에게는 별다른 만족을 주지 못할 것으로 생각된다.[19]

나아가서 많은 비판가들이 지적하고 있는 것은 쾌락에 있어서는 강도나 지속성과 같은 양적인 차원뿐만 아니라 비교 불가능한, 질적으로 다른 여러 종류의 쾌락이 있다는 사실이다. 질적으로 서로 다른 이러한 쾌락들이 상충할 경우 우리는 무엇으로 그 우열을 가릴 것이며 또한 양적인 차원에 있어서도 이미 앞에서 지적한 바와 같이 짧고 강한 쾌락과 길고 여린 쾌락 간의 계산 또한 단순하지가 않은 것이다. 그리고 고전적 쾌락주의자들은 쾌락과 고통이 서로 반대가(反對價)를 가진 것으로 보아 그 상쇄의 결과로

---

18 John Hospers, op. cit., pp.57-58 참조.
19 Ibid., p.58.

서 쾌락의 극대화를 말하고 있으나 서로 다른 뜻에서이긴 하지만 산타야나 (G. Santayana)나 포퍼(K. R. Popper)[20] 등과 같이 쾌락가(快樂價)와 고통가(苦痛價)의 비대칭성(asymmetry)을 내세울 경우 쾌락 계산의 문제는 더욱 어려운 일이 되고 만다. 앞으로 우리는 쾌락과 고통의 본질적 양화 불가능성과 관련하여 두 가지 점만을 더 상론하고자 한다.

이미 앞서서 질적 쾌락주의에서도 암시된 바와 같이 욕구(desire)나 의식(consciousness)이라는 개념과 마찬가지로 쾌락이나 고통이라는 개념도 지향적 개념(intentional concepts)이라고 할 수 있다. 다양한 쾌락들이 쾌락성(pleasantness)을 공유하고 있다고 하기보다는 우리가 좋아하고 지속하거나 반복되기를 바라는 무수히 질적으로 상이한 감정이 있다고 하는 것이 옳을 것이다. 나아가서 이와 같이 질적으로 상이한 감정들 가운데는 실제적으로뿐만 아니라 논리적으로도 그러한 감정의 원천이나 대상으로부터 구분해 낼 수 없는 것들이 있다고 할 수 있다. 물론 무아적(無我的)인 열반이나 막연한 불안과 같은 예외적인 경우가 있기는 하나 대부분의 쾌락과 고통은 고차적인 형태이건 저급한 형태이건 간에 그 지향적 대상으로부터 분리해서 생각하기 어려우며 이러한 지향적 대상에 의거해서 그들간의 질적 차이도 구분되는 것이다.

지향적인 고통과 쾌락은 그 지향적 대상에 의해서만 구분될 수 있다고 했다. 지향적 고통과 쾌락은 욕구와 마찬가지로 언제나 일정 대상을 지향하고 있으며 그 지향 대상에 의해서만 구분 가능하다. 이러한 종류의 개념

---

20 G. Santayana에 관해서는 J. Rawls, *A Theory of Justice*, p.557 참조. K. R. Popper, *The Open Society and Its Enemies*, V. I(London, Routledge, 1973), pp.235, 284. 쾌락의 증가보다 동일량의 고통을 감소하는 것에 더 큰 비중을 주는 이러한 공리주의를 부정적 공리주의(Negative Utilitarianism)라 명명하기도 한다.

을 현대의 심리철학에서는 지향 개념이라 부른다.[21] 지향 개념은 언제나 하나의 대상을 요구하며 그것이 없이는 논리적으로 불완전한 개념이다. 욕구는 언제나 구체적인 어떤 대상에 대한 욕구이며 의식 또한 구체적으로 어떤 것에 대한 의식이다. 그와 마찬가지로 구체적인 쾌락과 고통은 어떤 대상과 관련된 특정한 쾌락과 고통이다. 이것들은 그 대상으로부터 분리된 추상적인 것으로는 그 의미를 상실한다.

이상과 같은 논의가 사실이라면 우리는 양적 쾌락주의의 기초를 전복시킬 만한 논리적 근거를 갖게 된다. 시작(詩作)이 주는 쾌락은 비록 양적으로 동일한 것이라 할지라도 압정 놀이에서 맛보는 쾌락과 대치할 수 없다. 두 종류의 쾌락은 그 대상과 분리되어서는 그 생명을 잃고 만다. 지향적 쾌락감의 구체적인 성질은 언제나 그 고유한 대상과의 지향적 결합체이다. 이러한 문맥에서 볼 때 고전적 공리주의가 기초하고 있는 양적 쾌락주의는 로크에서 흄에 이르는 고전적 경험론과 마찬가지로 당대에 풍미한 요소 심리학(elemental, atomic psychology)의 희생물이었다고 판단된다. 그들이 내세운 쾌락성은 경험의 질적 직접성으로부터 추상된바, 추후적으로 구성된 인위적 산물이라 할 수 있을 것이다.[22]

양적 쾌락주의를 더 이상 합당한 윤리설로서 받아들일 수 없을 경우 우리는 밀이 제시한 질적 쾌락주의에 기대를 걸게 된다. 그러나 지향적 개념으로서 쾌락이 비록 우리의 도덕감에 의해 합당한 것으로 받아들여진다 해

---

21 지향 개념의 약사(略史) 및 그 심리학적 의미에 대한 설명은 Rollo May, *Love and Will*(New York, Dell, 1969), ch. 9와 10 참조. 철학적 논의로는 R. Chisholm, "Intentionality and the Mental" 참조.

22 쾌락 개념의 변화와 경험 개념의 변화가 대체로 유사한 과정을 거쳐 이루어진다는 것은 흥미 있는 사실이며 그 심리학적 근거가 되는 요소 심리학에서 형태 심리학(gestalt psychology) 에로의 변화에 의해 설명이 가능하리라고 본다.

도 그것의 계산 불가능성으로 인해 수학적으로 정립된 공리주의자들, 즉 후생 경제학자들에게 대안으로서의 의미를 상실하게 되었다. 그들은 쾌락이나 혹은 질적 쾌락 대신에 욕구나 욕망(want)의 만족이라는 개념을 도입한다.[23] 인간의 욕구는 다양한 것인 까닭에 이러한 개념은 벤담의 양적 쾌락과는 달리 감각의 성질로 오해될 가능성도 피할 수 있는 것으로 생각된다. 그러나 행복을 욕구-만족으로 보는 대안이 나름의 장점을 갖는 것이긴 하나 그 또한 새로운 난관에 봉착하게 된다. 그것은 특히 공리의 계산자가 고려해야 할 욕구의 한계를 정하는 문제와 관련되어 있다.

가장 중요한 두 가지 사례를 들면 그 하나는 윤리적으로 기초된 욕구(ethically based desires)와 타자 지향적 욕구(other-regarding desires)이다. 개인이 갖는 욕구 중에 비공리주의적 신념이나 도덕관에 기초한 욕구가 있다. 예를 들면 세속적인 욕구의 만족과는 상관 없는 욕구를 갖는 엄격한 청교도주의자가 있다고 해보자. 공리주의적 계산자는 그들의 욕구를 고려해야 할 것인가, 아니면 그와 같은 그릇된 윤리에 오도된 자의 욕구를 계산에서 제외할 것인가. 이는 쉽사리 판단하기가 어려운 문제라고 생각한다. 이 밖에도 사실상 비공리주의적 욕구는 얼마든지 있을 수 있는 것이다.

또한 사람들은 자신에 관련된 자기 지향적 욕구와 이웃에 대해서 품게 되는 타인 지향적 욕구가 있다. 우리는 자신에 대해서 원하는 것 이외에도 사회의 다른 성원이나 단체에 대해서도 어떤 것을 바라게 된다. 그런데 공리 계산자는 이러한 모든 욕구도 고려해야 할 것인가? 더욱 이 문제를 어렵게 하는 것은 그러한 욕구 중에는 증오하는 자들의 불행을 희구하는 욕

---

23 이러한 개념에 입각한 공리주의에 관해서는 Brian Barry, *Political Argument*(London, Routledge, 1965), ch. 3 참조.

구와 같이 비공리주의적 욕구도 있으며 부모들이 자식에 대해서 갖게 되는 욕구들도 있다. 이러한 욕구들을 모두 고려한다는 것은 거의 불가능에 가까우며 계산에서 단순히 제외시키는 데도 문제가 있다. 로날드 드워킨(Ronald Dworkin)은 대자적(對自的) 선호(personal preferences)와 대타적(對他的) 선호(external preferences)를 모두 고려하는 공리주의를 천박한 공리주의라 하면서 진정한 공리주의는 자기 지향적인 욕구만을 참작해야 한다고 하나 그에 대한 반론 또한 가능한 것이다.[24]

나아가서 우리의 선호 속에 나타나는 욕구는 여러 가지 생물학적 본능이나 특정한 사회와 과정의 산물이다. 따라서 그것은 기존하는 사회 체제에 의해 결정된 것일 뿐만 아니라 그러한 체제를 다시 강화하는 것이기 마련이다. 그렇게 될 경우 결국 이러한 공리주의는 기존하는 체제를 반영하고 강화해 줄 욕구의 최대 만족을 요구하는 윤리설이 되며 그것은 강한 보수주의적 성향을 띠지 않을 수 없다고 생각된다.

우리는 여기에서 이러한 유형의 공리 계산 방식이 갖는 난점을 극복해 줄 수 있는 대안으로서 각자가 갖는 욕구나 선호에 상관없이 가치를 갖는 어떤 특정한 목적이나 선을 상정하고 그에 의거한 공리 계산의 방도를 생각해 볼 수 있을 것이다. 그러나 이러한 대안이 기존 체제에 대한 개혁적인 윤리 체계를 제시해 줄 수 있는지는 모르나 여기에서 다시 문제되는 것은 그러한 목적이나 선을 누가 어떤 방식으로 규정하고 선택하는가이다. 다시 말하면 특정한 목적이나 선에 대한 정당화가 요구된다는 것이다. 이러한

---

24 Ronald Dworkin, *Taking Rights Seriously*(Cambridge, Harvard University Press, 1978), pp.234-38, 275-78 참조. 이에 대한 반론으로는 H. L. A. Hart, "Between Utility and Rights", *The Idea of Freedom*, Alan Ryan(ed.) (Oxford University Press, 1979), pp.77-98 참조.

대안에 있어서 한 가지 가능성은 바로 불합리한 구체제에 대한 개혁적 의지에 불탔던 철학적 급진주의자 벤담 등이 구상했던 것과 길을 같이하며 그것은 결국 쾌락이라는 특정한 선을 상정하는 고전적 공리주의에로 발전할 가능성이 크다 할 것이다.

3. 공리의 계산과 개인간 비교

이미 논의된 바와 같이 쾌락적 공리주의는 사회를 구성하는 모든 성원의 쾌락에 대한 산술적 총합의 극대화를 주장한다. 따라서 공리주의에 있어서는 한 개인의 쾌락에 대한 아주 정확한 계산이 가능하다고 전제되어야 할 뿐만 아니라 그러한 계산이 개인간의 비교(interpersonal comparison)에 있어서도 의미가 있어야 한다. 일반적으로 말해서 공리를 측정하는 방식에는 두 가지 문제가 있게 되는데 그 하나는 여러 대안에 의해 한 개인이 얻게 될 쾌락이나 만족의 정도를 계산(calculation)하는 문제요 다른 하나는 개인들 상호간에 쾌락이나 만족의 정도를 비교(comparison)하는 문제이다.

그런데 이 두 번째 문제를 해결힘에 있어 개인간의 능력이나 목적 및 가치관의 다양성을 감안한다면 그러한 비교와 평가는 다분히 측정하는 자의 직관에로 내맡겨질 수도 있으며 그 타당성이 의심스러운 편견이나 이기심에 그 바탕을 둘 수도 있다. 그러나 이러한 문제에 대해서 전통적인 공리주의자가 만족스러운 해답을 제시하고 있지 않음은 물론 이들을 계승하고 있는 후생 경제학(welfare economics)의 전개에 있어서도 최근에 애로우 (K. J. Arrow)[25]나 블랙(I. D. Black) 등에 의해 사회 후생 함수(social welfare function)의 구성에 대한 난점이 지적되고 있으며 이는 결국 공리주의에 의거한 사회적 선택 문제의 해결에 있어 부정적 결론으로 풀이될 수 있을 것이다.

　결국 우리가 각 개인에 대한 쾌락이나 공리를 측정할 수 있다고 가정할지라도 쾌락에 대한 개인간의 비교가 이루어지지 않을 경우 전체 쾌락의 계산은 불가능하게 되는 것이다. 따라서 공리주의자들은 모든 개인이 쾌락에 대한 유사한 능력을 갖는다는 이른바 표준적 가정(standard assumption)을 하지 않을 수 없는데 사실상 이것은 개인간 비교의 척도를 마련하기 위해 지나친 대가를 치르는 것으로 생각된다. 메인(Maine)이 지적한 바와 같이 일단 우리가 공리주의의 표준적 가정이 정책의 입안을 위해 불가피한 가정이며 벤담도 역시 그렇게 생각했다는 것을 안다면 그러한 가정이 나타나게 된 배경적 근거가 명백하게 된다. 개인간의 차이가 다양하고 비록 중대한 것일지라도 그것을 무시해야 할 강력한 현실적 요구로 인해서 모든 사람은 똑같은 것으로 생각되어야 하며 따라서 개인간의 비교도 가능하다고 생각되어야 한다는 것이다.[26]

　그런데 최근에 와서 공리의 계산이나 비교의 문제에 있어서 쾌락이나 만족의 정도 대신에 선호(preference)의 강도가 측정되어야 한다는 논의가 있어 왔는데 이는 그 나름의 합당한 이유와 장점이 있다 할 것이다. 우선 계산의 문제는 단지 어떤 개인이 대안 A, B, C, D 중 B보다 A, C보다 B, D보다 C를 선호하고 있음을 확인하려는 것이 아니고 그가 B보다 A를 선호하는 정도가 C보다 B를 선호하는 정도에 비해 더 강하며 C보다 B를 선호하는 정도가 D보다 C를 선호하는 정도에 비해 더 강하다는 것을 알고자 하기 때문이다. 이와 마찬가지로 개인간의 비교 문제에 있어서도 B보다 A를

25　K. J. Arrow, *Social Choice and Individual Values*(London, Yale University Press, 1963) 참조.

26　J. Rawls, *A Theory of Justice*, p.324.

선호하는 정도와 C보다 B를 선호하는 정도, D보다 C를 선호하는 정도가 확인될 수 있어야 합당한 비교 평가가 성립할 수 있을 것이기 때문이다.

공리의 측정에 있어서 계산의 문제가 중대한 이유는 만일 우리가 여러 대안이 한 개인에게 결과할 쾌락이나 만족의 정도를 측정하기 위해서는 이들에 대한 그의 선호에 있어 서수적(序數的, ordinal) 정보 이상을 가질 필요가 있기 때문이다. 만일 대안 A를 B보다 선호하는데 이로 인해서 C보다 덜 선호하는 D가 부수적으로 결과한다고 할 때 우리는 그 사람이 B보다 A를 선호하는 정도가 D보다 C를 선호하는 정도보다 더 강한가를 알기까지는 어떤 대안이 더 큰 만족을 주는지를 결정할 수 없다. 여기에서 더 이상 요구되는 것은 단순히 서수적인 것이 아니고 기수적(基數的)인(cardinal) 정보인 것이다. 단순히 선호의 서열만이 아니라 간격차를 나타내는 지표가 만들어져야 한다. 만일 그것이 가장 선호하는 대안을 상한점으로 하고 가장 선호하지 않는 대안을 하한점으로 하는 수직선에 의해 표현될 경우 우리는 그 선상에 놓인 간격차를 통해서 선호의 강도를 판별할 수 있게 된다.[27]

비교의 문제 또한 계산의 문제와 마찬가지로 중대한다는 것은 이미 지적된 바와 같다. 그런데 두 가지 대안 S₁, S₂가 있다고 할 때 어떤 두 사람에게 어느 대안이 더 큰 만족을 결과하는지 알기 위해서는 대안들이 각자에게 가져올 만족의 정도를 대비할 수 있어야 한다. 만일 한 사람은 S₁, 다른 사람은 S₂를 선호한다고 가정할 경우 그에 대한 공리주의적 판단을 내리기 위해서는 각 대안들이 각자에게 주는 만족의 정도가 계산되고 그것이 또한 합당한 기준에 의거해서 비교되어야 한다. 그런데 많은 경제학자들은

---

27 Philip Pettit, *Judging Justice*(London, Routledge, 1980), pp.120-21 참조.

1930년대에 이르러 계산의 문제는 물론 특히 개인간 비교의 문제가 해결 불가능한 것임을 알게 되었고 따라서 더 이상 고전적 공리주의를 고수할 수 없음을 알게 되었다. 이로 인해서 새로운 후생 경제학의 전개가 있게 되었고 파레토(Pareto)에 의해 새로운 방향 설정을 하게 되었으나 다시 최근에 애로우는 그간의 후생 경제학적 전개를 결론지으면서 "여기에서 취하게 될 관점은 공리의 개인간 비교는 무의미하다는 것이며 더욱이 개인적 공리의 측정이 가능하다 해도 그것이 개인간의 복지 비교에 있어서 아무런 의미도 갖지 못한다"고 주장했다.[28]

애로우의 지적에도 나타나 있듯이 아직도 많은 문제를 남기고 있기는 하나 개인적 공리의 측정 문제에 관해서는 많은 연구가 있어 왔으며 부분적으로 성과가 있음도 사실이다. 그러나 개인간 공리 비교로 나아가면 문제는 더욱 복잡해지고 그 해결이 어려워진다. 그리고 한 개인의 상이한 두 시점 간의 공리 비교도 개인간 공리 비교에 준해서 그 난점이 지적되고 있다. 공리 비교의 문제가 더욱 어렵게 되는 것은 비록 우리가 개인적 공리 측정에 있어서 각 대안들에 대한 어떤 개인의 선호들을 연구하여 대안들 간의 간격차를 측정하기에 충분한 선호의 구조를 밝혀낸다 할지라도 간격차를 나나내는 직선상의 원점(原點)과 간격 단위의 결정은 임의적으로 이루어진다는 사실에 있으며 그것은 마치 온도의 측정에 있어서 우리가 섭씨(C)의 체계와 화씨(F)의 체계를 택하는 것이 임의적임과 마찬가지다.[29]

예를 들어서 말하면 비록 대안들이 한 개인에 대해서 갖는 공리의 측정이

28 K. Arrow, op. cit., p.9.
29 Ilmar Waldner, "The Empirical Meaningfulness of Interpersonal Utility Comparison", *The Journal of Philosophy*, Vol. LXIV, No. 4(February 24, 1972), p.87.

가능하다고 가정하여 세 개의 대안이 A라는 사람에게는 각각 10, 8, 4의 공리를 갖게 되고 B에게는 8, 6, 0의 공리를 갖는다고 할지라도 이 두 사람의 선호 체계에 있어서 8이라는 공리가 동일한 값을 의미하는 것인지 그리고 A에 있어서 10과 8의 간격과 B에 있어서 8과 6의 간격의 차가 같은 것인지는 정할 수가 없는 것이다. 이것이 더욱 명백해지는 것은 B의 선호 체계를 0 지점에서 위로 두 자리씩 각각 올려보면 10, 8, 2가 되고 다시 이것의 단위를 반으로 줄이면 5, 4, 1이 된다는 점이다. 대안들에 대한 이러한 선호 체계는 모두 상호간의 선형 변환(線型變換, linear transformation), 다시 말하면 0 지점의 선택과 단위 간격의 크기를 설정함에 따라 그 체계가 변하는 까닭에 간격차를 나타내는 선호의 구조는 개인간 공리를 비교하기 위해서 충분하지가 못한 것이다. 이 변환에 있어서 언제나 일정하게 남는 것은 한 개인에 있어서 대안들에 대한 공리 간격의 비례일 뿐이다. 다시 말하면 선호 구조가 보여주는 것은 한 개인의 선호 강도에 따른 대안들의 서열일 뿐인 것이다.[30]

물론 개인에 있어서 대안들이 갖는 공리의 간격 측정은 여러 상황에서 개인의 의사 결정을 설명하고 그에 대한 지침을 제시하는 이론을 위해서는 어느 정도 도움을 주고 있음이 사실이다. 특히 시장 소비자가 대안적인 상품들 간에 합리적인 선택을 행하는 데 대한 소비자 선택 이론이나 불확실성을 내포하는 상황 속에 있어서 합리적 행위 선택과 관련된 의사 결정 이론은 바로 이러한 사실을 보여주고 있다. 그러나 우리의 관심사인 윤리학이나 후생 경제학의 문제들에 있어서는 그러한 측정만으로는 충분하지가 못하며 개인간의 공리 비교가 실질적으로 이루어질 수 있어야 한다. 그러

---

30 Ibid., p.87.

나 지금까지 후생 경제학자들 간에 합의되고 있는 바에 따르면 이러한 비교 판단에 대한 경험적 근거를 대기는 어려우며 설사 그러한 비교가 경험적으로 유의미하게 이루어진다 할지라도 그것은 특정한 규범적인 가치 판단의 전제 위에서 이루어진다는 것이다. 나아가서 이 문제는 철학적으로 타인의 마음에 대한 인식론적인 그리고 형이상학적인 문제와도 관련되어 논의되고 있다.

앞으로 우리는 고전적 공리주의의 현실적 작용성에 있어 관건이 되는 개인 간 비교의 문제가 해결되기 어렵다는 논의가 시작된 이래 경제학에 있어서 전개되어 온 일련의 약사를 더듬어 가는 가운데 그에 대한 하나의 대안으로서 롤즈의 계약론적 정의론이 제시되는 사상사적 맥락을 가려보고자 한다. 1930년대 이후 수많은 경제학자들에 의해 공리를 측정할 만한 만족스러운 척도가 없다고 주장되어 왔으며 동시에 후생 경제학자들은 경제 및 사회 발전을 평가하기 위한 대안적 기준을 정식화하기 위해 노력해 왔다. 고전적 공리주의에 대한 최초의 유력한 대안은 이탈리아의 경제학자이자 사회학자인 파레토에 의해 제시되었다. 그의 기준은 다음의 두 가지 규칙을 설정한다. 첫째, 만일 사회의 모든 성원이 두 개의 사회 체제 S_1과 S_2 간에 무차별적(indifferent)이라면 사회 역시 그것들에 대해서 무차별적이어야 한다. 둘째, 적어도 한 사람이 S_2보다 S_1을 더 선호하고 이에 대한 반대 선호를 가진 자가 없을 경우 사회도 역시 S_2보다 S_1을 선호해야 한다는 것이다.[31]

우선 이러한 기준이 호소력을 갖는 것은 그것을 위해서 개인적 선호의

---

31 A. N. Page, *Utility Theory: A Book of Readings*(New York, John Wiley, 1968), p.358 이하.

강도를 측정하거나 비교할 필요가 없으며 사람들이 선호하는 바가 무엇인지만 알면 되기 때문이다. 사회적 무차별을 개인적 무차별에 호소하며 다른 사람들이 무차별일 경우 선호하는 사람이 한 사람만이라도 있다면 그것이 바로 사회적 선호를 결정한다는 것은 매력적인 이론이다. 사회 복지의 기준이 이러한 규칙을 만족시키지 못할 경우 우리는 그것이 무엇인가 잘못되어 있음을 분명히 진단해 낼 수 있다.

그런데 파레토의 기준은 옳은 것이긴 하나 그것이 대단한 역할을 해낼 수 없다는 것이 판명되었다. 예를 들어서 사람들이 세 개의 대안 x, y, z 간에 선택해야 할 경우를 생각해 보자. x나 y 두 대안은 파레토의 기준으로 보아 z보다 더 우월하다고 판정될 때, 다시 말하면 적어도 한 사람이 x나 y를 z보다 더 선호하고 z를 x나 y보다 더 선호하는 사람이 없을 경우 그 기준에 의하면 z는 결코 그 사회에서 채택되어서는 안 된다는 결론이 나온다. 그러나 그 기준은 아직도 x나 y 가운데 어느 것이 선택되어야 하는가에 관해서는 말해 주는 바가 없다. 만일 한 사람이 y보다 x를 더 좋아하고 다른 한 사람이 x보다 y를 더 좋아한다고 가정할 경우 그 기준은 아무런 힘도 쓰지 못하게 된다. 그 두 가지 대안은 모두 그 이상의 대안이 없다는 뜻에서 파레토 최적(optimal)의 대안들이다. 그러나 그들 중 어느 것이 더 나은 것인가에 대해서 그 기준은 아무런 지침도 제시해 줄 수가 없으며 따라서 사회적으로 더 선호되어야 할 대안을 찾기 위해서는 다른 기준이 요구되는 것이다.

파레토 기준이 갖는 이러한 측면은 그 불완전성(incompleteness)이라 이름하여 비판되어 왔다. 완전한 기준은 두 가지 대안을 두고 어떤 하나가 다른 것에 비해 더 낫다든가 똑같이 좋거나 나쁘다는 등 무엇인가를 말해 줄 수 있어야 한다. 그리고 경쟁적인 대안들을 평가해야 할 대부분의 경우에 있어서 개인들의 선호가 상충하는 것이 현실이라면 파레토의 기준은 이러한 대부분의 경우에 속수무책일 수밖에 없다. 더욱이 이러한 기준은 현실적으로 유력한 소수자의 강력한 선호를 근거로 해서 다수자의 요구를 묵살하는 보수적 경향을 옹호하게 될 우려마저 있는 것이다.

파레토 기준의 불완전성은 후생 경제학자들로 하여금 여러 가지 수정안과 대안들을 생각하게 했다.[32] 시도된 수정안들은 대체로 원안과 유사한 비판을 받기가 일쑤인 까닭에 주로 대안의 가능성에 관심의 초점이 모아졌다. 여기에서 적합한 후보안으로 등장한 것이 이른바 사회 의사 결정론(social decision theory)에 의해 제시된 기준이었다. 사회 의사 결정론의 기준에 의하면 적절한 투표의 절차(voting procedure)를 이용해서 대부분의 사람들에 의해서 선택되는 대안이 가장 나은 것이 된다는 것이다. 적절한 투표의 절차가 어떤 것이냐에 따라서 의사 결정의 기준이 여러 가지이기는 하겠으나 적합한 절차의 범위를 한정시키는 것은 어렵지가 않을 것으로 생각된다. 가장 일반적이고 자연스러운 절차는 다수결(majority decision)의 절차이며 이는 다수의 사람이 찬성 투표를 하는 대안을 가장 우월한 것으로 간주하는 절차이다.[33]

다수결주의라는 사회적 의사 결정의 기준이 합당한 것으로 생각되는 이유는 그것이 공리의 계산이나 비교의 필요성을 요구하지 않아서라기보다는 고전적 공리주의에 비해서 개인의 의사가 더 귀중하게 처리된다는 점에 있다. 이러한 기준에 있어서는 각 개인의 한 표가 동등한 비중을 가지며 고전적 공리주의에 있어서와 같이 타인의 처지를 보다 향상시키기 위해서 자신을 희생시킬 필요는 없는 것이다. 예를 들어서 세 친구가 함께 휴일을 즐

---

32 Amartya Sen, *Collective Choice and Social Welfare*(London, Oliver & Boyd, 1970), ch. 2와 2* 참조.

33 Ibid., ch. 9와 9* 참조.

기고자 할 때 둘은 바다를 더 선호하고 다른 한 사람은 산을 훨씬 더 강렬하게 선호한다고 할 경우 다수결 원칙에 따르면 각자의 의사가 동등한 자격을 갖고 있으므로 바다에서 휴일을 즐기는 것으로 결정될 것이다. 그러나 동일한 예가 고전적 공리주의에 있어서는 선호의 강도를 고려하게 되므로 산으로 결정될 가능성도 배제할 수 없는 것이다.

그런데 이러한 다수결주의도 다시 고전적 공리주의에 못지않은 문제점들이 지적되었다. 그중 하나는 그것이 갖는 적용 가능성 혹은 현실성의 문제와 관련된 것이고 다른 하나는 그 결과의 합당성 혹은 도덕적 정당성의 문제이다. 첫 번째 문제는 특히 경제학자들의 관심거리가 되어 온 문제로서 1950년대 초반 미국의 경제학자 애로우에 의하여 엄격히 논의되었다. 소위 그의 불가능성 정리(impossibility theorem)[34]에 있어서 애로우는 적어도 불합리한 결과를 가져오지 않아야 한다는 최소한의 요구 조건을 만족시키는 투표 절차가 없음을 보이고 있다.

그의 논증에 의하면 모든 투표의 절차에는 엇갈리는 결과를 가져오는 불합리한 투표 방식이 가능하다는 것인데, 예를 들면 한 사람은 B보다 A를 선택하고 또 한 사람은 C보다 B를 선택하는데 제3의 사람은 A보다 C를 선택할 경우 해결은 불가능하게 되고 만다. 애로우의 제안에 따르면 투표의 절차가 만족시켜야 할 조건은 그 절차가 어떤 양식의 투표에도 적용되어야 한다는 영역의 무제한 조건, 그리고 만일 모든 사람이 y보다 x를 선호할 경우 x가 선정된다는 약한 의미의 파레토 조건, 어떤 개인의 투표권도 결정적인 것일 수 없다는 무전제 조건, 끝으로 직접 상관없는 대안들로부터

---

34 Arrow의 정리에 관해서는 K. Arrow, "Values and Decision-Making", Peter Laslett and W. G. Runciman(eds.), *Philosophy, Politics and Society*, 이에 대한 자세한 논의로는 A. Sen, op. cit., ch. 3과 3* 참조.

의 독립의 조건 등이다.

애로우의 논증이 예시하고 있는 불합리한 결과를 가져오는 투표의 절차는 이미 그 이전부터 널리 알려져 있는 투표의 역리(paradox of voting)라는 것이다. 다수 결정의 방법에 따라서 세 사람이 세 개의 대안 A, B, C를 놓고 결정하려 할 경우 한 사람은 A, B, C의 차례로 선호하며 두 번째 사람은 B, C, A의 차례로 선호하며 나머지 한 사람은 C, A, B의 순서로 선호한다면 투표의 결과가 어떻게 될 것인가를 생각해 보면 알 수 있다. 이러한 경우 결국 다수결주의는 어떤 합리적 의사 결정도 내릴 수 없는 것이다.

만족할 만한 투표 절차를 정하는 데 있어서 위에 나온 기술적인 난점이 다수결주의가 당면하는 유일의 문제는 아니다. 더욱 주목할 만한 사실은 고전적 공리주의에 있어서와 마찬가지로 다수결주의에 있어서도 우리의 직관적인 도덕 판단에 합치되는 분배적 정의의 실현이 어렵다는 점이다. 공리주의에 있어서는 일부 사람들의 희생이 다른 사람들의 이득에 의해 보상된다는 가능성을 허용한다는 것이 문제였다. 그런데 다수결주의에 있어서의 문제는 사람들이 투표하는 방식에 편견과 이기심이 개입할 가능성으로부터 생긴다. 이러한 편견으로 인해서 소수자 집단은 사회의 수혜권으로부터 소외될 가능성이 있으며 다수의 횡포를 견제할 방도가 없는 것이다. 고전적 공리주의를 받아들일 수 없는 이유와 거의 동일한 근거에 의해 다수결주의도 배척되지 않을 수 없는 것이다.

우리가 제Ⅱ부에서 논의하게 될 롤즈의 계약론적 제안은 고전적인 공리주의를 비판해 가는 전통에 있어서 그 다음 단계로서의 의의를 갖는다.[35]

---

35 롤즈의 입장을 공리주의 및 다수결주의와 관해서 논의한 것은 A. Sen, op. cit., ch. 9와 9* 참조. 또한 그의 논문 "Informational Analysis of Moral Principles", Ross Harrison (ed.), *Rational Action*(Cambridge University Press, 1979) 참조.

공리주의의 경우에 있어서 소수자 차별 대우의 가능성을 가져온 것은 그것이 개인의 권리를 중시하지 않은 때문이었고 바로 이러한 점으로 인해서 다수결주의와 같은 사회적 선택 기준에 대해 관심이 집중되어 온 것이다. 그러나 다수결주의 역시 결국 동일한 결과에 이른다는 점에서 비판을 면할 수 없는 것이었다. 계약론적 대안은 다수결주의가 의도했던 바를 새로운 근거 위에서 더욱 철저히 시도하려는 것이라 하겠다. 계약론적 대안에 따르면 정의로운 사회 체제는 사람들의 선호에 부응하는 것이긴 하나 그 선호는 보통의 투표 절차에 나타난 선호가 아니라 이기심이나 편견에 좌우되지 않는 무사공평한 관점에서 대안적 사회 체제들에 대해서 갖게 될 순화된 선호이다. 따라서 계약론은 이러한 관점을 규정하는 일에 그 초점을 맞추게 되며 계약론의 성패는 바로 이 점에 달려 있다고 할 것이다.

제4장   공리주의적 정의관 비판

　공리주의에 대한 비판은 여러 측면에서 행해질 수 있을 것이다. 공리의 원칙과 관련된 논리적 일관성도 문제가 될 수 있으려니와 이미 우리가 검토해 온 바와 같이 의사 결정의 절차를 제시하는 기능에 있어서나 측정의 인식론적 기초, 쾌락이나 행복의 계산 가능성, 그리고 개인간 공리의 비교 문제 등에 있어 여러 가지 난점들이 지적될 수 있다. 이러한 측면에서의 비판은 대체로 공리의 원칙이 갖는 현실적 작용성을 중심으로 하고 있다고 생각된다. 그러한 또한 쾌락 공리주의와 다원 공리주의 간의 논의에서도 지적된 바와 같이 공리주의에 대한 비판은 도덕적 합당성의 관점에서도 시도될 수 있다. 이러한 면에 있어서 공리주의에 대한 가장 심각한 도전은 그 것이 정의의 원칙에 위배될 가능성을 함축하는 점에 대해서라고 생각된다.

　공리주의는 약속의 불이행, 무죄자의 처벌 등을 허용할 가능성이 있다고 지적될 뿐만 아니라 비록 이러한 가능성을 배제할 수 있는 공리주의 형태를 재구성할 수 있다 할지라도 그것은 다시 노예제도와 같은 부정의한 제도와 양립할 수 있으며 소수자나 개인의 인권 유린과 심각한 불평등 및 불공정한 분배를 정당화할 소지를 갖고 있어 우리의 신중한 도덕 판단에 합치하지 않는 윤리설로 비판되고 있다. 우리는 이 장에서 공리주의에 대한 가장 치명적인 반례로 생각되어 온 정의의 문제를 중심으로 공리주의적 입장을 비판적으로 분석한 후 이러한 비판을 예견하고서도 그 활로를 다시 공리주의 내부에서 찾고자 했던 밀의 시도를 평가해 봄으로써 이를 공리주의에서 롤즈의 정의론으로 전환하기 위한 도약대로 삼고자 한다.

1. 고전적 공리주의의 정의관

보위(Norman E. Bowie)도 지적한 바와 같이 고전적 공리주의자들에 있어서 분배적 정의가 중대 관심사가 아니었던 이유에는 여러 가지가 있을 수 있다. 첫째 그들은 입법이나 도덕의 일반 이론을 전개하고자 했던 까닭에 정의의 문제는 특수하고 따라서 이차적인 문제로 생각되었다. 둘째로 정의와 같은 특수한 문제가 논의될 경우에도 관심의 초점은 분배적 정의보다는 시정적(是正的) 정의(corrective justice)에 더 기울어졌다(특히 벤담의 경우). 그리고 셋째로 당시만 해도 정의라는 말은 일반적으로 형평(equity)과 거의 동의어로 사용되었고 그것은 또한 공리주의가 설명하기 어려운 대목과 당장에 직결되는 것이었다.[1]

그러나 정의의 문제가 주제적으로 언급될 경우에도 고전적 공리주의자들은 정의를 자선(benevolence)과 동일시하고 있으며 나아가서 이 이타적 자선을, 일반의 복리를 증진하기 위해 제도를 가장 효율적으로 운용하는 것으로 봄으로써 결국 그들은 정의를 일종의 효율성(efficiency)으로 보는

---

1 Norman E. Bowie, *Distributive Justice*(Amherest, The University of Massachusetts Press, 1971), p.13, Note 1 참조.

데 일치하고 있다. 벤담에 의하면 "정의가 명하는 바는 특정한 경우에 적용된 공리(utility)가 명하는 바이다. 따라서 정의는 특정한 경우에 특정한 방법으로 이타심의 목적을 증진하기 위한 상상적인 수단에 불과하다. 정의의 명령은 특정한 경우 특정한 문제에 적용된 이타심의 명령의 일부에 불과한 것이다."[2] 그리고 그는 정의가 공리로부터 도출된다는 것을 부인한 그로티우스(Grotius)를 비판함은 물론[3] '정의'나 '부정의'라는 말도 다른 말들과 마찬가지로 "어떤 고통과 쾌락의 관념을 내포하는 집합명사(collective terms)로만" 사용하겠다고 밝힌다.[4]

시지윅의 정의관이 벤담의 그것과 유사한지의 여부는 『윤리학 방법론』 제3권 제5장의 정의에 관한 논의에서도 그다지 명백하지는 않다. 그러나 그가 받아들이고 있는 도덕론의 전반적인 관점에서 볼 때 정의의 문제에 있어서 벤담과의 유사성은 명백한 귀결이라고 생각된다. 『윤리설의 다섯 가지 유형』에서 브로드의 비판이 오해에서 비롯된 것이 아니라면[5] 그리고 『정의론』에서 롤즈의 분석이 합당하다면[6] 분명히 시지윅은 정의의 요구를 공리의 원칙에 예속시키고 있는 셈이다. 그가 정식화하고 있는 공리주의에 의거할 경우 한 사회의 제도나 체제는 그 성원들이 고통을 제외한 최대의 행복을 달성할 경우 정당하며 따라서 정의롭다고 할 수 있을 것이기 때문이다.

이상과 같은 관점에서 볼 때 공리주의의 일반 원리로서 제시된 최대 다

---

2 J. Bentham, *An Introduction to the Principles of Morals and Legislation*, ch. X.

3 J. Bentham, *The Limits of Jurisprudence Defined*, C. W. Everett(ed.) (New York, Columbia University Press, 1945), p.117 이하.

4 J. Bentham, *The Theory of Legislation*, C. K. Ogden(ed.) (New York, Harcourt Brace and Co., 1931), p.3.

5 C. D. Broad, *Five Types of Ethical Theory*(London, Routledge, 1956), pp.249. 253.

6 J. Rawls, *A Theory of Justice*, p.23 참조.

수의 최대 행복의 원리는 분배 문제에 있어서도 그대로 적용 가능할 것이며 가능한 대안적 분배 형태 중에서 최대 다수의 최대 행복을 가져오는 분배가 가장 정의로운 분배 형태라는 점에 대해서 고전적 공리주의자들은 일반적으로 합의하고 있는 것으로 풀이된다. 그런데 공리주의자들은 자신들의 정의관이 우리의 일상적 정의감에 위배될 가능성을 배제하기 위해 두 가지 보조 가설을 필요로 하게 된다. 그들은 일반의 행복은 동일한 비중을 갖는 개인적 효용 함수의 총화로 구성되는 사회적 효용 함수에 의해 표현된다고 생각하여 개인의 효용 함수는 본질적인 모든 측면에서 유사하다고 가정한다(롤즈는 이를 'standard assumption'이라 부름). 효용 함수에 있어서 개인간의 현실적 차이는 양육이나 교육과 같은 우연적 변수에 의거한 것으로서 고려되어서는 안 된다는 것이다. 벤담은 "모든 사람은 하나로 간주되어야 하고 아무도 하나 이상으로 간주될 수 없다(everybody to count for one, nobody for more than one)"라고 말했고 J. S. 밀은 다시 이것을 벤담의 공식(dictum)이라 하여 행복에 대해서 모든 사람이 동등한 권리를 가진 것으로 해석함과 아울러 이에 대한 전적인 동의를 표명하고 있다.[7]

이상의 가정과 아울러 공리주의자들은 한계 효용 체감이라는 또 하나의 가정을 첨가함으로써 미래에 대한 간접적인 영향을 일단 무시할 경우 일정한 기간 동안 소득 분배에 있어서 평등에의 요구를 받아들이는 것으로 보인다. 두 개의 가정을 받아들일 경우 B보다 더 많은 소득을 갖는 A가 소득의 일부를 B에게 양도함으로써 전체의 효용이 증대할 것이며 따라서 공리주의자가 평등한 분배를 선호할 것은 당연한 귀결인 것이다. 효용 함수가 동일하므로 일정한 소득이 A와 B에게 동일한 효용을 갖는다고 볼 수 있으

---

7 William S. Sahakian, *Ethics*(New York, Barnes & Noble Books, 1974), pp.30-31.

며 한계 효용 체감으로 인해 부유한 A가 가진 소득의 일부를 가난한 B에게 양도하는 것이 더 큰 효용을 결과할 것이기 때문이다.[8]

그러나 벤담이나 밀 등이 모두 이상의 관점에서 평등주의적 이념을 제시하고 있는 것으로 생각되나 공리주의의 원칙 속에서 그것이 일차적인 중요성을 지니는 것으로 생각하지는 않는 것으로 보인다. 이들이 모두 그러한 평등을 말하는 것은 그것이 더 고차적인 원리로서 최대 행복에 기여한다는 조건하에서이며 최대 행복의 원리와 독립해서 그 가치를 인정하는 것 같지는 않다. 벤담은 평등에 관해서 "평등은 안녕, 생계, 부유 등과는 달리 행복의 직접적 수단은 아니다. 그것은 이 세 가지 특히 생계와 부유를 매개로 해서만 작용한다. 이 세 가지의 용도, 결과, 목적은 최대의 행복에 있으며 최대 행복의 크기는 그 세 가지가 분배되는 비율과 관련된 평등의 정도에 달려 있는 것"이라고 했다.[9]

밀의 입장을 살펴보면 이러한 문제들에 대한 공리주의자들의 입장이 더욱 명료하게 드러난다. 그는 "평등은 공리라는 말 바로 그 뜻 속에, 혹은 최대 행복의 원리가 의미하는 바로 그 속에 들어 있다. 한 사람의 행복이 그 정도가 동일한 다른 사람의 행복과 동등하게 생각되지 않는다면 그 원리는 아무런 합리적인 의미도 없는 한갓 말의 형식에 불과하게 된다. … 모든 사람은 사회 전체의 공리가 다른 것을 요구하는 경우를 제외하고는 평등한 대우를 받을 권리를 갖는다"고 하였다.[10] 물론 밀은 벤담에 비해 소수자의 권리나 개인의 자유를 옹호하는 편에 가담하고 있기는 하나 이렇게 하는

---

8 J. Rawls, "Justics as Reciprocity", Samuel Gorovitz(ed.), *Mill: Utilitarianism*(The Bobbs-Merrill Company Inc., 1971), pp.261–62.

9 Norman E. Bowie, op. cit., pp.13–14, Note 1에서 재인용.

10 J. S. Mill, *Utilitarianism*, pp.76–77.

것이 결국 전체 공리를 극대화한다는 점에서 그 정당 근거를 찾고 있는 만큼 평등에의 고려는 여전히 부차적인 위치에 머물러 있다 할 것이다.

앞서 논의된 바와 같이 공리주의의 일반 원칙에 있어서도 그러하지만 특히 공리주의적 정의의 공식에 있어서도 행복이 측정 가능한 것임은 전제되어야 할 것이다. 시지윅의 말을 빌려 이를 다시 예시해 보면 그는 최대 행복의 원리를 설명하면서 "앞에서와 마찬가지로 이 경우에 있어서도 내포된 가정은 우리의 계산 속에 들어갈 모든 쾌락은 다른 쾌락 및 모든 고통과 양적으로 비교가 가능하다는 점이다. 이러한 모든 감정은 그 욕구에 있어서 ＋와 －(혹은 0)의 어떤 양적 강도를 갖는다. 이러한 양은 어느 정도까지는 알려질 수 있는 것이어서 이상적인 척도에 의해서 대체로 그 크기가 측정될 수 있는 것이다."[11] 그러나 이러한 전제가 내포하고 있는 문제점들은 이미 앞 장에서 논의, 비판된 바와 같다.

그런데 이상과 같은 공리주의적 정의관이 합당한 것으로 인정되기 위해서는 그에 대해서 가능한 여러 가지 반론들을 이겨야 한다. 예상되는 반론들을 대별해 보면 공리주의 내적인 비판과 공리주의 외적인 비판으로 구분될 수 있으리라 생각된다. 여기에서 외적인 비판이란 공리주의적 기준에 의거해서는 정의로운 분배라고 판단될지라도 그것이 정의에 대한 우리의 신중한 판단이나 정의감에 위배되는 것임을 보이는 것과 관련된다. 그리고 내적인 비판이란 공리주의적 공식에 함축된 개념적 명료성 및 논리적 일관성 그리고 이들과 관련된 현실적 작용성 등과 관련된 것인데 개념적 명료성이나 그 현실적 작용성에 관해서는 이미 대체로 논의된 것으로 생각된다. 개념적 명료화가 필요한 것으로는 주로 행복이라는 본래적 선의 다의

---

11 H. Sidgwick, *The Methods of Ethics*, p.413.

성과 관련되어 있고 현실적 작용성은 주로 본래적 선의 극대화를 위한 측정 가능성을 중심으로 한 것이다.

내적인 비판 중의 또 한 가지 문제는 공리주의적 공식 속에 내재해 있는 논리적 모순과 관련된 것이다. 최대 행복(greatest happiness)의 원리와 최대 다수(greatest number)의 원리는 언제나 조화를 이루는 것만은 아니며 때로는 상충할 수도 있는 것이기 때문이다. 레셔(N. Rescher)가 논의한 바에 따르면 행복을 나누는 분배 방식에는 전체 행복의 최대화를 도모하는 방식과 전체 행복은 그에 미치지 못하나 최대 다수에게 더 많은 행복을 주는 방식이 있을 수 있다는 것이다. 이럴 경우 최대 행복의 원리는 행복 분배의 범위와 상충하게 되며 두 개의 원리가 모두 공리주의의 공식에 있어 기본적인 것으로 생각될 경우 공리주의 내에서 그러한 상충을 조정할 방도는 없다는 것이다.[12]

그리고 이와 비슷한 맥락에서 사하키언(W. S. Sahakian)은 공리주의의 공식 그 자체만으로서는 그 두 원리, 즉 최대 다수의 원리와 최대 행복의 원리 중 어느 것이 더 중대한지 분간할 수 없다고 말하면서 다음과 같이 비판하고 있다.[13] 최대 다수의 원리에 강조를 두면 다수의 행복을 위해 소수의 행복이 희생될 수 있으며 이 경우에는 다수자가 얻게 될 이득이 사소한 것일지라도, 그리고 그를 위해서 소수자에게 요구되는 희생이 엄청난 것이어도 그러한 것들은 아무런 상관이 없을 수가 있다. 이것은 다수자의 횡포에 의해 소수자의 인권이 유린되는 경우가 아닐 수 없다. 한편 최대 행복의 원리에 역점을 두게 되면 소수자의 이득이 심대하고 다수자의 희생이 약소

---

12 Nicholas Rescher, *Distributive Justice*(New York, Bobbs-Merrill Company, 1966), pp.25-34 참조.

13 W. S. Sahakian, op. cit., p.31.

할 경우라면 언제나 소수자를 위해서 다수자의 행복이 희생될 수가 있다. 따라서 어느 경우에 있어서도 합당한 정의관이 제시될 수 없다는 것이다.

그러나 고전적 공리주의자들은 특정한 가정을 바탕으로 해서 그러한 두 개의 원리가 현실적으로 상충할 가능성을 배제하고자 하며 만일 상충이 있을 경우에는 두 개의 원리 중 하나에 더 우선적 지위를 부여함으로써 문제를 해결하려고 한다. 특정한 가정이란 이미 앞서 논의된 바와 같이 모든 사람은 행복에 대한 동일한 능력 즉 동일한 효용 함수를 갖고 있으며 동일한 효용 체감의 원칙에 의해 지배된다는 것으로서 이러한 가정으로 인해 최대 다수의 원리와 최대 행복의 원리는 오히려 상보적인 관계에 있게 된다는 것이다.[14] 그리고 만일의 경우 상충이 불가피할 때는 최대 행복의 원리가 우선적으로 고려되어야 하고 최대 다수의 원리는 행복의 최대량에 변동이 없는 한에서 작용하는 부차적인 원리가 된다고 한다.

하지만 이러한 해석은 다시금 많은 논란을 불러일으키게 된다. 우선 모든 사람의 효용 함수가 동일하다는 것은 현실적으로 증명되기 어려운 사실이다. 비록 효용 함수에 있어서 차이가 있음이 사실임에도 불구하고 계산의 편의상 그러한 가정이 요구될 경우 그것은 지나친 대가를 요구하는 것이 아닐 수 없다고 생각된다. 나아가서 이것이 모든 사람의 효용 함수가 동일해야 한다는 당위론으로 해석될 경우 그 정당화의 문제는 더욱 어렵게 된다. 그리고 두 개의 원칙이 상충함으로써 최대 다수의 원리에 비해 최대 행복의 원리에 대해서 절대적인 우선성을 부여할 경우 공리주의는 결국 분배적 정의의 문제를 신중히 다루지 않는다는 비판을 면하지 못하게 되고 그것은 우리의 숙고된 도덕 판단에도 합치되지 않는 것으로 간주된다. 이

---

14 J. Rawls, *A Theory of Justice*, p.324.

는 다시 공리주의에 대한 외적 비판과도 연결되는 지점이다.

외적인 비판은 흔히 반증례의 형태를 통해서 제시된다. 공리주의적 기준에서 보면 정의로운 것으로 생각되는 분배 형태도 정의에 대한 우리의 기본적 직관에 의거할 경우 분명히 부정의한 것으로 판정되는 때가 있다. 이러한 반증례의 기초에는 언제나 공리적 가치에 대립하는 비공리적 가치가 작용하는 것으로 생각된다. 여기에서 행복의 극대화와 상충하는 가치는 분배적 정의의 문제를 해결할 경우에 고려되어야 할 가치로서 공리주의의 공식 속에 환원될 수 없는 것들이다. 지금까지 제시되어 온 외적 비판들은 대체로 공리주의는 다른 가치들을 무시한 채 행복의 가치나 극대화의 원리만을 분배적 정의의 최종적 기준으로 삼아 온 사실과 관련되어 있다.

따라서 제시될 수 있는 반증의 형식은 일반적으로 다음과 같은 논법에 따라 이루어진다.[15] (1) 공리주의의 공식은 최대 다수의 최대 행복을 결과하는 분배를 정의로운 것으로 내세운다. (2) 그러나 최대 다수의 최대 행복에 따라 분배될 경우 개인적 자유와 같은 다른 가치들이 희생된다. (3) 최대 행복만을 위해 다른 가치들이 희생될 경우 결과되는 분배는 정의에 대한 우리의 기본적인 직관(정의감)에 위배된다. (4) 따라서 공리주의의 공식에는 문제가 있다. 이를 보다 명료하게 예시하기 위해 다음의 분배 방식들을 생각해 보기로 하자.

	대안 1	대안 2	대안 3
수혜자 A	13	12	10
수혜자 B	11	11	9
수혜자 C	+4	+4	+8
	28	27	27

---

15 N. Rescher, op. cit. 참조.

이상의 대안들에서는 가정상 단순화를 위해 모든 다른 복잡한 요인들이 배제되고 오직 평등과 행복의 극대화만이 고려되고 있다. 비록 대안 1은 최대 다수의 최대 행복이라는 관점에서 볼 때 대안 2보다 나은 것일지는 모르나 그것이 반드시 대안 3보다 더 정의롭다고 생각되지는 않는다. 분배의 평등이 반드시 행복의 극대화보다 더 중대한 가치인가는 다시 더 논의가 되어야 할 것이나 이 경우에 있어서 우리의 도덕적 직관에는 대안 1이 대안 3보다 더 정의롭다는 생각이 들지는 않는다는 점이다.

이와 같은 반증례가 의도하는 반론은 이미 고전적 공리주의자인 시지윅에 의해서도 감지되고 있다. 그에 의하면 "분명한 것은 동일한 양의 행복을 동일한 수의 사람들에게 분배하는 데는 여러 방식이 있을 수 있다는 점이다. 올바른 행위에 대한 공리주의적 기준이 가능한 한 완전한 것이 되기 위해서 우리는 그러한 방식들 중 어떤 것이 더 나은 것인가를 알아야 한다. 따라서 이 모든 경우에 있어서 실제상 중요한 물음은 주어진 행복의 양을 분배함에 있어서 어떤 방식이 다른 방식보다 더 나은가이다. 그런데 공리주의의 공식은 이러한 문제에 대해서 아무런 해답도 제시할 수 없는 것으로 생각된다. 적어도 우리는 전체적으로 최대의 행복을 추구하는 원리를 정의롭고 정당한 행복의 분배 원칙에 의해 보충해야 할 것이다. 대부분의 공리주의자들이 암암리에 혹은 공공연히 채택해 온 원칙은 평등의 원칙이다."[16]

이상의 인용문이 중요한 의미를 갖는 이유는 시지윅이 공리주의에 의해서는 올바른 분배 방식이 선택될 수 없음을 시인한 때문이며 선택의 기준을 제시해 줄 평등의 원칙에 의해 공리주의가 보충되어야 한다는 것을 받

---

16 H. Sidgwick, op. cit., pp. 416–17.

아들이고 있기 때문이다. 바로 이러한 점이 위에 나온 반증례가 내세우고자 하는 바이다. 분배적 정의의 모든 문제를 해결하기 위해서는 최대 다수의 최대 행복에만 기초한 공리주의 이외에 또 다른 원리를 필요로 하는 것이다.

그런데 위에 나온 인용문이 보여주는 또 한 가지 사실은 시지윅은 여전히 공리주의자였고 따라서 공리주의적 한계를 뛰어넘을 수 없었으며 그는 단지 행복의 양이 동일한 한에 있어서의 정의로운 분배 방식을 문제 삼고 있다는 점이다. 따라서 그는 위의 반증례의 대안들 중 전체 행복의 양이 가장 큰 대안 1이 가장 나은 분배 방식이며 전체 행복의 양이 동일할 경우에는 평등을 고려한 대안 3이 대안 2보다 나은 분배 방식임을 인정한 셈이다. 평등의 기준은 동률인 대안 2와 대안 3의 승부를 가리는(break a tie) 경우에만 이용되는 부차적인 기준일 뿐이다. 그러나 여기에서 중요한 것은 전체 행복의 양이 설사 동일하지 않을 경우에도 공리주의는 분배적 정의를 위한 부적합한 기준일 수 있다는 점이다. 때로는 최대 다수의 최대 행복을 위한 분배보다 행복의 전체량이 그에 미치지 못할지라도 보다 평등한 분배가 더 정의로운 경우가 있으며 따라서 위의 반증례에서 대안 1보다 대안 3이 더 정의로운 분배 방식이라고 할 수 있을 것이다.[17]

이러한 반론을 피할 수 있는 유일한 길은 공리주의가 정의로운 분배 방식에 있어 평등한 분배 원칙의 도움을 받을 필요가 없이 공리주의의 공식 그 자체 속에 평등이 내재해 있음을 논증하는 일이다. 그러나 역사적으로 보아 어떤 공리주의자도 공리주의에 대한 자신의 정의 속에 평등주의를 성공적으로 도입했던 자는 없었다. 밀은 그의 『공리주의』에서 평등이란 공리

---

17 Norman E. Bowie, op. cit. 참조.

가 의미하는 바의 일부임을 주장하고 있으나 자신의 주장에 대한 아무런 설득력 있는 논거도 대지 않고 있으며 우리는 그의 주장이 옳다고 생각해야 할 아무런 이유도 발견할 수가 없다.

이미 살핀 바와 같이 공리주의는 그 자체로서 일정한 행복의 양을 분배하는 정의로운 방식을 가려줄 기준을 제시하지 못하고 있을 뿐만 아니라 최대 다수의 최대 행복을 위한 분배(대안 1의 경우)보다 평등한 분배(대안 3의 경우)가 더 정의로울 가능성을 설명하지 못하고 있다. 여기에서 공리주의가 봉착하게 되는 딜레마는 평등을 무시하면 분배적 정의론으로서 부적합하게 되며 평등을 포함시킬 경우 엄밀한 의미의 공리주의가 견지되기 어렵다는 점에 있다. 이러한 논의로부터 우리가 도달하게 되는 결론은 행복의 극대화 원리와 분배의 평등화 원리가 모두 중요하다는 사실과 때로는 최대의 행복보다 분배의 평등이 더 중요한 것으로 택하게 할 보다 합당한 정의관이 요구된다는 점이다.

이 절을 결론지음에 있어 우리는 에먼즈(D. C. Emmons)[18]의 분류에 따라 공리주의자들 간에 공리와 정의의 관계에 대한 가능한 세 가지 입장을 간단히 살펴보기로 한다. 이는 정의의 관점에서 제기되는 반론에 대해 공리주의자가 취할 수 있는 세 가지 입장이기도 하다.

첫 번째 입장은 정의와 공리의 상충 가능성을 인정하는 동시에 그러한 상충이 일어날 경우 공리의 원리에 절대적 우위를 인정하려는 입장이다. 대체로 말해서 고전적인 공리주의자들은 이러한 입장을 고수하는 셈이다. 최근에 다시 이러한 입장의 한 유형을 제시하고 있는 스프리그(Sprigge)에 의하면 우리가 정의에 대해서 도덕적 힘을 부여하는 것은 그것이 일반

---

18 D. C. Emmons, "Justice Reassessed", *American Philosophical Quarterly*, Vol. 4(1967), pp.144-51 참조.

적으로 큰 공리를 갖기 때문이라고 한다. 그러나 정의가 일반적으로 높은 공리를 갖는다고 해서 그것이 항상 높은 공리를 갖는다고 미루어 생각하는 것은 잘못일 수가 있다. 이러한 입장은 공리주의자가 제시할 수 있는 최선의 것이긴 하나 그 타당성이 의심스러운 입장이다. 우선 이미 앞에서도 논의된 바와 같이 정의와 공리 극대화가 상충했을 경우 대부분의 비공리주의자들은 오히려 정의가 도덕적으로 우선적이라 주장하고 있으며 정의에 대한 우리의 직관적 도덕 판단에서 보아도 공리에 절대적 우선을 부여하는 것은 타당성이 의심스러운 것으로 생각된다.

두 번째 입장에 의하면 정의와 공리는 단지 외면적으로만 상충하는 것으로 보일 뿐 실제로는 상충하지 않는다는 입장으로서 벤담에서 비롯되어 최근에는 나브슨(J. F. Narveson)[19] 등에 의해 옹호되고 있다. 이러한 입장에 따르면 정의란 이미 공리 속에 함축되어 있으며 따라서 정의의 원리는 공리의 원리에서 도출될 수 있다고 한다. 이러한 입장은 어느 정도 타당하게 보일지는 모르나 이를 위해서는 그 근거가 의심스러운 여러 가지 가정의 힘을 빌려서만 가능한 것이다. 이러한 입장을 변호하기 위해 흔히 있어온 한 가지 논증은 모든 사람의 효용 함수가 동일하며 누구든지 효용 체감의 법칙에 지배되는 까닭에 정의롭고 평등한 분배는 결국 공리의 극대화를 도모하는 분배라고 주장한다. 다른 한 가지 논증은 인간은 본성상 부정의를 싫어하며 정의의 실현을 보고 만족을 얻는 까닭에 정의는 인간의 행복을 증진시킨다는 것이다. 그러나 이상의 두 가정에 이용된 심리학적 사실은 그 타당성을 단적으로 인정하기 어려운 것으로 생각되고 있다.

세 번째 입장은 다원적인 이상적 공리주의의 입장으로서 정의에 대한 요

---

19 J. F. Narveson, *Morality and Utility*(Baltimore, The Johns Hopkins Press, 1967) 참조.

구를 행복과 마찬가지로 극대화되어야 할 하나의 본래적 선으로 보는 입장이다. 만일 최대의 행복을 산출하는 것만이 아니라 최대의 선을 실현하는 것이 더 고차적인 유일의 지배 원리로 내세우는 공리주의가 있다면 거기에서는 행복의 수단을 산출하는 것에 못지않게 행복의 평등한 분배도 선을 구현하는 방법이 될 수가 있다. 이러한 공리주의에 있어서는 우리가 다른 가치를 실현할 의무가 있는 것과 마찬가지로 정의로워야 할 상대적 의무도 갖는 것으로 생각된다. 이러한 입장은 정의와 관련해서 공리주의에 대해 제기되는 반론을 받아들임으로써 시도되는 하나의 대안으로서 고전적 공리주의보다 더 유리한 위치에 있는 듯하다.

그러나 이러한 공리주의에 있어서도 일상적인 의미에서 공리와는 독립적인 원리를 공리주의 속에 도입함으로써 지극히 비공리주의적 윤리 체계를 결과하게 되며 엄밀한 의미에서 공리주의적 견지를 떠나게 되는 것이다. 더욱이 여기에서는 행복이라는 선과 분배적 선의 증가분을 통약적(通約的)으로 비교 측정할 수 있는 방도가 결정되어야 하는 실제상의 난점이 있게 되며 다원적인 선들 간에 상호 비교의 기준이 공리주의 내에서 제시될 수 없는 이상 이러한 입장은 다원적 의무들을 설정하는 직관주의와 바를 바가 없게 된다. 처음에 우리는 무엇이 옳음인가를 합리적으로 결정해 주리라는 기대에서 출발했는데 여기에서는 단지 옳음을 좋음(善)으로 말만 바꾼 상태로 남아 있을 뿐 사실상 아무런 해결도 주어지지 않고 있는 셈이다. 이러한 이유로 해서 다원적 공리주의는 최근의 공리주의자들 간에 별반 논의거리가 되지 못하는 것이라 생각된다.

2. 전체 공리주의와 평균 공리주의

전체 공리주의(total utilitarianism)라 함은 우리가 흔히 공리주의의 고전적 형태로 알고 있는 것으로서 벤담에서 시작되어 시지윅에 의해 가장 명료하게 정식화된 이론이다. 그 주요 사상은 한 사회의 제도들이나 체제는 그 성원들이 고통을 제외한 최대의 행복을 달성하도록 편성될 경우 정당하며 따라서 정의롭다는 것이다. 개인이 자신의 선을 최대한으로 성취하고 가능한 한 자기의 합리적인 목적을 가장 잘 실현하도록 행동하는 것이 합당하듯이 사회 역시 합리적 타산에 의해 전체의 선을 극대화시키는 것은 당연하다는 것이다. 개인적 선택의 원리와 사회적 선택의 원리 간에 유비(analogy)가 성립할 경우 전체 공리주의는 당연한 귀결인 것이다.[20]

개인에 있어서 합리적 선택의 원칙이 사회 전체에도 그대로 적용될 수 있음을 가정할 경우 고전적 공리주의에의 논증은 자연스러운 것으로 생각되며 공리주의의 역사에 있어서 공평한 관망자(impartial spectator)의 지위와 동정심(sympathy)이 강조되고 있다는 점도 쉽게 이해될 수 있다. 왜냐하면 개인의 원칙이 사회에 적용되기 위해서는 공평한 관망자의 공감적 동일화(sympathetic identification)가 필수 불가결의 장치일 것이기 때문이다.[21] 바로 이 관망자의 공감적 상상에 의해서 모든 이의 욕구들이 일관된 하나의 욕구 체계에로 조직될 수 있으며 이러한 융합(conflation) 과정에 의해서 모든 사람들은 하나로 통합된다. 이상적인 동정심과 상상력을 갖춘 자로서 공평한 관망자는 타인들의 다양한 욕구들을 자기의 것인 양 경험하고 동일화할 수 있는 완전히 합리적인 개체이다. 이렇게 해서 그는 모든 성원이 갖는 욕구들의 강도를 확인하고 전체적인 욕구 체계 속에서 각자가 갖는 응분의 비중을 할당하게 되며 나아가서는 사회 전체에 걸친 욕구 체계의 만족을 극대화하는 데 힘쓰게 된다.

---

20 J. Rawls, *A Theory of Justice*, pp.23-24.
21 Ibid., p.27.

개인의 선택과 사회적 선택이 원리상 동일하다고 가정할 경우 이상적으로 동정적이고 공평한 입법자가 어떤 제도나 정책을 그 상황에서 가능한 다른 대안들보다 더 강력히 시인하는 경우에 그 제도나 정책은 정당하다고 할 것이다. 여기에서 시인(approval)이란 흄이 생각한 바와 같이 어떤 제도의 작용이 그에 관련된 자들의 행복에 미치는 결과들에 대한 공감적 경험에서 주어지는 쾌락의 양에서 비롯되는 것이다.[22] 따라서 이상적 입법자가 있다면 그는 각자의 처지에 대한 공감적 동일화를 통해 사회 성원 전체에 한 번 순회함으로써 동정적으로 상상된 고통이 동정적으로 상상된 쾌락을 상쇄시키고 남은 쾌락의 순수 총량에 의해 그의 입법 과정이 진행되며 정책 입안이 정당화된다는 것이다.

이상과 같은 가정은 시지윅의 학설 속에도 암시적으로 나타나고 있다. 그에 따르면 보편적인 선의 개념이 여러 개인들의 선들로부터 형성되는 것은 한 개인의 선이 그의 의식 상태의 시간적인 계열 속에 연속적으로 이루어지는 상이한 선들로부터 구성되는 것과 같다는 것이다.[23] 또한 그는 "그런데 어떤 사람이 가정상 자기 자신에게 주의를 집중하고 있을 때 만일 최고선이란 당연히 그리고 거의 필연적으로 쾌락이라고 생각된다면 우리는 그와 유사한 사람들이 서로 어떤 관계를 맺고 있든지 간에 그들의 최고선도 그 성질에 있어서 본질적으로 다를 수 없다고 결론지어도 타당할 것"이라고 했다.[24] 결국 시지윅은 개인적 선택 원리로서 합리적 타산(rational prudence)이 합당한 것처럼 사회적 선택 원리로서 합리적 이타심(rational benevolence)도 의심의 여지가 없다고 생각한다.

---

22 D. Hume, *A Treatise of Human Nature*, L. A. Selby-Bigge(ed.) (Oxford University Press, 1978), pp.574-84 참조.
23 H. Sidgwick, *The Methods of Ethics*, p.382.
24 Ibid., p.405.

공리주의자들이 이러한 가정을 당연한 귀결로 받아들이는 배후에는 그들 나름의 인간관, 사회관이 전제되어 있다고 생각할 수 있다. 시지윅은 타인의 행복을 위해 현재의 자기의 행복을 희생해야 할 이유가 어디에 있는가라고 묻는 이기주의자에게 미래의 더 큰 쾌락을 위해 현재의 쾌락을 희생해야 할 이유는 어디에 있는가라고 반문한다. 그는 지적하기를 인간의 정신이 감정, 감각, 인상 들의 행렬에 불과하다는 흄의 입장을 받아들일 경우 감정의 연쇄에 있어서 어떤 일부가 다른 일부를 배려해야 할 이유가 없다고 함으로써 자(自)와 타(他)를 구분하여 쾌락이 발생하는 소재로서의 공간 선호를 배제함과 아울러 그 시간 선호(time preference)마저 배척한다.[25] 여러 면에 있어서 시지윅 공리주의의 현대적 계승자인 스마트도 현대의 과학적 심리학의 맥락에서 볼 때 인간의 자기 동일성 개념은 신경생리학, 사이버네틱스, 정보 이론 등에 의해 해소되는 경향을 보이고 있다고 말하면서 시지윅보다 한층 더 극단적인 어조로 평등한 분배 원칙에 대한 전체의 최대 행복이라는 원칙의 절대적 우위를 내세우고 있다.[26]

최근에 이르러 다시 파피트(D. Parfit)는 인간의 자기 동일성에 대한 최근의 심리철학적 연구 성과에 기초해서 분배적 정의에 대한 공리주의적 입장을 정당화하고자 한다. 그에 의하면 공리주의에 함축된 인간관에 따를 경우 개인간의 차이는 도덕적으로 덜 중요한 사실로 간주되며 따라서 그와 관련된 공정한 분배의 원칙도 전체적 선의 극대화 원칙에 비해 도덕적 비중이 더 약한 것으로 처리되어 온 것인데 이는 자기 동일성에 대한 약한 가정(weak assumption)을 지지하는 현대 심리학의 연구 결과에도 합치한

25 Ibid., pp.418-19.
26 J. J. C. Smart, "Distributive Justice and Utilitarianism", John Arthur and William H. Shaw(eds.), *Justice and Economic Distribution*, p.108.

다고 했다.[27] 그러나 심리학의 결론에 대해서도 이론의 여지가 있을 수 있거니와 도덕의 문제를 단순히 심리학적인 사실에만 기초하려는 파피트와는 다른 문맥에서 공리주의가 공정한 분배의 원리를 무시하는 점을 비판하면서 고티에는 공리주의자들이 사회 전체를 한 개체로 보고 있다고 지적하고[28] 롤즈는 그들이 집단은 개체가 아니란 점을 망각, 개인간의 차이와 다양성을 신중히 다루지 않는다고 비판한다.[29]

롤즈를 위시해서 공리주의에 대한 많은 비판가들이 공유하고 있는 입장에 의하면 "개인간의 구분은 신중히 다루어야 하며(take seriously the distinction between persons)"[30] "삶과 경험의 개별성이 인정되어야 하고(recognize separateness of life and experience)"[31] 개인들의 "권리가 소중히 다루어져야 한다(take rights seriously)"는 것이다.[32] 이는 공리주의적 인간관 내지는 그에 기초한 사회관이 우리의 신중한 도덕 판단에 합치하지 않는다는 반례로 풀이될 수도 있을 것이다. 여하튼 각자가 자신의 고유한 목적 체계를 갖는 독립된 개인들을 중심으로 해서 이루어진 것이 인간 사회의 본질적인 면모라고 생각할 경우 이러한 다원적인 인간 사회를 규율해야 할 원칙이 단순히 개인의 선택 원칙을 확대한 것으로 생각해야 할 자명한 이유는 없는 것이다. 이러한 논법은 각 부분들이 어떤 성질을 가졌다는 이유로부터 그들에 의해 구성된 전체도 그러한 성질을 갖는다

27 Derek Parfit, "Later Selves and Moral Principles", *Philosophy and Personal Relations*, Alan Montefiore(ed.) (London, Routledge and Kegan Paul, 1973), pp.137-69 참조.
28 David Gauthier, *Practical Reasoning*(Oxford University Press, 1963), p.126.
29 J. Rawls, *A Theory of Justice*, p.28.
30 Ibid., pp.27, 191.
31 R. Nozick, *Anarchy, State, and Utopia*, p.33.
32 R. Dworkin, *Taking Rights Seriously*(Harvard University Press, 1977) 참조.

고 추론함으로써 결합의 오류(fallacy of composition)를 범한 것으로 비판되기도 했다.[33] 각자의 행복이 본인에게 선이라고 해서 전체의 행복이 모든 이에게 선이라고 말하기는 어렵기 때문이다.

흔히 전통적 공리주의자는 개인의 자유에 대한 강력한 옹호자였으며 사회의 선은 그 구성원이 누리는 선에 의해 실현됨을 주장한다는 점에서 개인주의적인 사상가들로 생각되어 왔다. 그러나 각 개인들을 자신의 고유한 목적 체계를 갖는 독립적인 개별 인격으로 보지 않고 강도나 지속성으로 환산 가능한 쾌락의 주체로 보며 이를 바탕으로 욕구의 체계를 융합함으로써 한 개인의 선택 원칙을 사회 전체에 확대 적용함에 이르러서는 이러한 윤리가 지배하는 사회 유형은 동질 사회적 성향을 나타내는 전체주의적 유형이리라는 지적도 가능한 것이다.[34]

이상과는 달리 사회로 하여금 전체 공리가 아니라 일인당 평균 공리의 극대화를 도모하게 하는 입장을 평균 공리주의(average utilitarianism)라 본다. 이는 좀 더 현대적인 입장으로 생각되는데 J. S. 밀에 의해 암시되고 윅셀(Wicksell) 등에 의해 주장된 이후 최근에는 하사니(J. C. Harsanyi)[35] 등이 그에 대한 새로운 이론적 기초를 제공하고 있다. 전체 공리주의에 의하면 공리의 총량은 각 성원이 향유하는 공리의 양을 모두 합함으로써 구해지며 사회는 이를 극대화하도록 편성된다. 그리고 다른 조

---

33 이러한 오류를 명백히 보여주고 있는 구절은 J. S. Mill, *Utilitarianism*, p.37. 이를 오류로 보지 않고 Hare류의 'Universalizability'를 암시한 것으로 해석한 사람은 Rem B. Edwards, *Pleasures and Pains*, pp.142–43 참조.

34 J. Rawls, *A Theory of Justice*, pp.29, 188.

35 J. C. Harsanyi, "Cardinal Utility in Welfare Economics and the Theory of Risk Taking", *Journal of Political Economy*, Vol. 6(1953): "Cardinal Welfare, Individualistic Ethics, and Interpersonal Comparisons of Utility", *Journal of Political Economy*, Vol. 63(1955) 참조.

건이 같다면 사회 성원의 수가 두 배가 되면 공리의 총량도 두 배가 될 것으로 생각된다. 그러나 평균 공리주의에 있어서는 그 총량을 다시 성원의 수로 나눈 평균치의 극대화를 요구하는 까닭에 한 사회의 인구가 두 배로 된다 해도 평균 공리는 동일하거나 오히려 감소하는 경향을 보일 수도 있다. 이러한 두 입장을 두고 볼 때 합리적인 인간이라면 전체 복지의 총량을 극대화하는 것보다 자신의 평균적인 복지 수준에 관심을 가질 것이며 따라서 평균 공리주의에의 선호가 있으리라 생각된다.

이상과 같은 점에서 두 입장 간의 차이는 산아 제한 문제에 대해서 이견을 보이는 현실적 중요성도 갖게 되리라고 생각된다. 그렇다고 해서 전체 공리주의자가 산아 제한을 반대할 논거가 없다는 것은 아니나 이를 위해서는 평균 공리주의에 비해 더 많은 부담을 안게 되는 것이다. 하지만 대부분의 경우에 있어서는 이 두 유형의 공리주의가 아무런 실제상의 차이를 결과하리라고 생각될 별다른 이유가 없는 까닭에 대체로 말해서 전체의 행복을 증대하는 가장 효과적인 방도는 역시 평균적인 행복도 증대하게 되며 그 역도 성립한다는 주장이 나타나고 있다. 스마트는 이러한 두 입장 간의 선택 문제를 미해결로 남기면서 굳이 우열을 가릴 필요가 있을 경우에는 오히려 고전적인 원칙을 우위로 내세우고자 한다.[36]

그리고 전체 공리주의는 물론이고 평균 공리주의도 전체 공리가 사회 구성원들에게 배분되는 방식에 대해서 어떤 직접적인 언급도 없다.[37] 단지 선택될 사회에 있어 어떤 지위의 성원으로 나타날 가능성이 모든 이에게 동등한 것으로 전제하고 불충분한 근거 위에서 확률 계산을 하고 있는 셈이다. 여기에서 우리는 분배 방식에 대한 구체적인 언급이 없는 한 평균 공

---

36 J. J. C. Smart, *Utilitarianism For & Against*, pp.27-28.
37 J. Rawls, *A Theory of Justice*, p.26.

리주의는 그 외견상의 개인주의적 인상에도 불구하고 사실상은 전체 공리주의와 마찬가지로 전체주의적 함축을 면할 수가 없는 것이다. 왜냐하면 여기에서의 평균치는 개인적 평균 복지의 하한선에 의해 확보되기보다는 평균 공리의 계산 근거가 되는 전체의 복지 총량에 의해 제약되기 때문이다.

물론 공리주의자들은 고전적 형태이건 현대적 형태이건 간에 자신의 이론이 내세우는 바는 단순한 복지의 극대화만이 아니고 형평적 배분에 의거한 극대화라고 생각해 왔다. 이미 살핀 바와 같이 벤담도 개인은 쾌락에 대한 동등한 능력을 가지며 동일한 효용 함수를 갖는다는 점에서 공리 총합의 계산에 있어 각자는 동등하게 고려되어야 한다고 했다. 나아가서 그는 한계 효용 체감의 법칙에 의해 공리는 절대적인 평등 분배를 통해 극대화될 수 있다고 주장했던 것이다. 그러나 이러한 공리주의자들의 가정이나 주장이 갖는 타당성 여부도 문제이려니와 평등의 원칙 자체가 윤리 체계의 제1원칙 속에 명시적으로 제시되지 않을 경우 그것은 원칙의 현실적인 적용에 있어 제1원칙을 만족시키는 한에 있어서만 의미를 갖게 되는 부차적인 것에 불과하게 되는 것이다.

여하튼 여기에서 우리의 관심사는 결국 공리를 어떤 입장에서 계산해야 하느냐, 즉 공리 계산의 관점이 문제인 것이다. 대체로 말해서 전체 공리주의가 전체의 입장에 서는 것이라면 평균 공리주의는 앞에서 살핀 바와 같이 개인적 입장에 비중을 두는 듯하면서도 전체의 입장에서 계산된 바에 의해 제약되는 것이었다. 이 점에 있어서 우리는 평균 공리주의가 보이는 개체 중심적 성향을 그 연장선상의 한계에까지 밀고 갈 경우 공리 계산에 있어 개인을 더 중시하는 하나의 관점을 상정할 수가 있다. 이는 사회 전체의 공리를 극대화시키지도 않고 전체 공리에 의해 제약된 평균 공리를 극대화시키지도 않으나 어떤 사회의 모든 성원, 특히 최소 수혜자를 위시한

모든 성원에게 배분되는 공리를 극대화시키려는 입장이 된다.[38]

　이러한 관점에 입각하는 분배의 원리는 전체 공리의 극대화 원리도 아니고 평균 공리의 극대화 원리도 아니며 개인으로서 모든 인간의 인간다운 생활을 보장하는 최소치를 극대화하는 원리로서 롤즈의 어법을 원용하여 굳이 표현한다면 최소 극대화(最小極大化) 공리주의라 할 수 있을 것이다. 공리주의가 공리 계산에 있어 반드시 어떤 특정한 관점을 내세우는 것이 아니라면 그것은 이와 같은 관점과도 양립 가능할 것으로 생각된다. 그러나 이러한 입장이 과연 순수한 공리주의의 지평 속에서 정당화될 수 있을지는 다시 논의되어야 할 문제이다.

3. J. S. 밀의 공리주의와 자유주의

　공리주의자로 불리는 사람 가운데 아직도 그 연구가들 사이에 해석상의 합의를 보지 못하고 있는 자는 J. S. 밀이다. 그는 공리주의와 관련된 혼란과 모순의 비밀은 서로 대립하는 두 가지 해석의 가능성이 그 속에 나타난다는 사실에 있다. 논의의 한 가닥은 그의 중심되는 입론 속에 명백히 나타나고 있으며 논의의 또 한 가닥은 암암리에 그 배후를 흐르고 있는데 때로는 배경과 전경이 뒤바뀌는 경우가 있기도 하다. 벤담에 의해 기계적으로 조립된 낡은 건축이 그에 의해 다른 양식으로 보수되고 개축된다. 쾌락주의적 인생관이 인간의 가능성에 대한 개발이라는 보다 깊은 인생관에 의해 대체되고 있다. 외적인 규범에 의해 규제되는 자연적, 이기적 본능의 다발

38　Sidney S. Alexander는 롤즈의 정의론에 대한 공리주의적 해석을 내세워 그것을 'Maximin Utilitarianism'이라고 부르고 있다. "Social Evaluation Through Notional Choice", *Quarterly Journal of Economics*(1974), Vol. LXXXVIII 참조.

로서의 인간에 대한 심리학적 설명이 점차 발전하는 존재로서의 인간성에 대한 기대와 신뢰에 바탕을 둔 자유주의적 인간관으로 바뀌고 있다. 이러한 관점에서 우리는 그의 사상 속에 공리주의적 측면과 자유주의적 측면을 아울러 읽게 되며 나아가서 과연 그의 자유주의가 공리주의의 틀 속에서 견지될 수 있는 것인지 묻게 되고 만약 불가할 경우 이를 합당한 도덕론으로서 공리주의가 갖는 한계로 해석하고자 한다.

J. S. 밀은 벤담과 더불어 철학적 급진주의(philosophic radicalism)의 지도자요 공리주의 철학자이며 경제학자인 제임스 밀(James Mill)의 아들이다. 그러나 이미 앞에서도 지적된 바와 같이 그의 철학의 목적은 고전적 공리주의가 감수해야 했던 여러 가지 반론으로부터 공리주의를 구제하는 데 있었으며 이러한 구제의 단서를 콜리지(Coleridge)로부터 전해 받은 대륙의 이상적 자아 실현설에서 발견했던 만큼 그의 사상에서 보이는 양면성이나 딜레마는 바로 이러한 출발점에 연유하고 있다 할 것이다. 여하튼 그의 철학적 저술은 우선 벤담의 입장을 비판적으로 분석하는 데서 시작하였다.[39]

밀에 의하면 벤담은 공리의 원칙에 대한 확신을 가진 나머지 그에 대한 철학적 논증이나 정당화를 시도하지 않았으며 다른 윤리설들을 무시하고 있음을 지적하면서, 다른 도덕 원칙들도 더 논구할 필요가 있다고 말한다.[40] 그리고 벤담은 공리의 원칙을 협의로 해석하여 특정한 결과에 대한 원리로 해석했다고 비판하면서 이러한 해석은 입법을 위해서는 적절한 것일지는 모르나 유기적 제도에 관한 이론이나 국가의 성격을 규정하는 정치

---

39 J. S. Mill, "Remarks on Bentham's Philosophy"(1938)과 "Bentham"(1938) 참조. 아래의 요약은, J. Rawls, *Social and Political Philosophy*(1980-81) 강의 노트 참조.

40 J. S. Mill, "Remarks on Bentham's Philosophy", pars. 3-6.

형태 등 더 넓은 의미의 사회적 문제를 해결하기에는 부적합한 것이라고 주장했다.[41] 벤담의 가장 큰 공로는 법에 대한 연구, 특히 법이 과학이 될 수 있는 가능성에 대한 연구에 있다는 것이다.

나아가서 밀은 벤담이 인간성에 대한 분석가로서도 성공하지 못했음을 지적했다. 벤담은 인간을 오직 쾌락을 추구하려는 동기에서만 움직이는 존재라고 가정하고 그러한 사례들을 열거하고 있으나 그럼으로써 그는 인간의 가장 근본적인 동기들을 무시하게 되었고 그의 학설을 심리학적 이기주의로 채색하는 결과를 가져오게 되었다는 것이다.[42] 그리고 이로 인해서 인간이 발전할 수 있다는 최대의 희망이 우리의 성격이나 기본적 욕구의 변화에 있다는 것을 보지 못했고 나아가서 정치 제도란 인간을 그들 역사의 특정한 여건과 발전 과정에 적응하게 하는 사회 교육의 방편으로 생각하지 못하게 했다고 말한다.[43] 결국 벤담의 가장 큰 잘못은 실제로 사람들을 움직이는 동기의 일부에만 주목하였으며 이 점에 있어서도 인간을 사실 이상으로 합리적 계산자로 가정하는 점에 있다고 밀은 지적한다. 그리고 이러한 입장은 이해 관계의 인위적 동일화(artificial identification)에 대한 그의 학설의 기초가 되었다는 것이다.[44]

이상과 같은 벤담에 대한 비판을 염두에 두고 저술된 밀의 『공리주의』는 그러한 비판을 이겨낼 수 있는 형태의 공리주의를 재구성하려는 시도라고 할 수 있다. 그래서 밀은 공리주의자로 남아 있으면서 그것을 확장하려는 사업에 착수하게 된 것이다. 그러나 그는 수정 공리주의자이긴 했으나 그

---

41 Ibid. pars. 7–11.
42 Ibid. pars. 23–30.
43 Ibid., pars. 31–35.
44 Ibid., pars. 36–37.

가 고전적 공리주의를 수정, 변경시키고자 했던 점들은 지극히 그 의의가 심대한 것이다.

그의 『공리주의』의 제1장은 벤담에 대해서 자신이 제시한 첫 번째 비판과 관련된 것으로서 밀은 공리주의에 대한 정당화를 시도하고 있으며 자신의 재구성된 공리주의의 요지를 밝히고 있다. 이 절은 제4장과 제5장에 의해 보충됨으로써 밀의 입장의 전부를 보여준다. 특히 여기에서 밀의 전반적인 논증 방식은 상식적 신조(common-sense precept)들의 애매함과 상충은 결국 공리의 원칙에 의거해서 해결되지 않을 수 없다는 것으로서 이 점에 있어서 시지윅의 방법적 선구를 이루고 있다. 밀도 시지윅처럼 상식의 도덕을 무의식적인 공리주의(unconscious utilitarianism)로 풀이하는 것으로 보인다.

제2장에는 공리의 원칙에 대한 밀의 기본적인 수정이 포함되고 있다. 그런데 그는 우선 벤담의 것과 유사한 공리의 원리를 제시하는 듯하다가[45] 이기주의적 심리학에 기반을 둔 공리주의에 대한 반론을 이겨낼 수 있는 공리주의가 되기 위해 쾌락에 있어서 양적인 차원과 질적인 차원을 구분하고 그러한 구분에 대한 옹호론을 펴고 있다.[46] 제3장에서는 인간은 날 때부터 만인의 행복을 도모하는 공리의 원칙 그 자체에 따라 행위하려는 욕구를 습득할 수 있는 존재임을 해명하면서 외적인 규제(external sanctions)[47]에 의해 그렇게 행위하도록 강제되는 것이 아니라고 했다. 그래서 밀은 심리학적 이기주의를 물리침으로써 특정한 결과의 원칙을 넘어서는 공리의 원칙을 전개하며 그것이 국가의 성격을 규정하는 제도론의 기

---

45 Ibid.; J. S. Mill, *Utilitarianism*, p.10.
46 J. S. Mill, *Utilitarianism*, p.12 이하.
47 Ibid., p.39.

초가 될 수 있다는 것이다.

우리는 이미 앞에서 고전적 공리주의에 있어서 개인간 비교의 문제를 논의한 적이 있다. 그런데 어떤 목적이 사회의 합당한 공동 목적이 되려면 모든 것을 고려해서 우리 모두가 그것을 최대로 실현하고자 하는 어떤 것이어야 한다. 따라서 우리는 고전적 공리주의에 대해서 왜 우리가 쾌락의 극대화를 원해야 하는가라고 묻게 된다. 쾌락과 결부된 행위나 경험의 종류, 그것이 전제하는 개인간의 관계를 고려함이 없어 어떻게 해서 강도나 지속성만이 고려되는 한에 있어서 쾌락이나 특정한 감각으로 생각되는 쾌락이 그 자체로서 어떤 가치를 갖게 되는 것인가라는 문제가 생겨난다.

이러한 의문과 관련된 반론으로서 공리주의는 동물이 쾌락성을 경험한다는 의미에서 돼지에게나 가치 있는 학설이라는 비난이 있게 된 것이다. 나아가서 인간뿐만이 아니라 모든 유정자(有情者)를 포함한 개체간의 비교에 있어서도 다음과 같은 문제가 제기될 수 있다. 만일 각 개체는 그 나름의 행복에 대한 일정한 능력 즉 효용 함수 체계를 갖는다고 가정하고 지상에는 유일의 재화로서 일정량의 식품이 있다고 해보자. 그런데 어떤 동물은 사람이 행복하기 위해 필요한 식량의 100분의 1이면 족하다고 할 경우 이 지상의 쾌락을 극대화하기 위해서는 사람보다 그러한 동물 수의 증가가 요구된다고 할 것이다. 그러나 이러한 결론은 우리의 도덕감이 용납할 수 없으리라고 생각된다.

밀은 자신의 공리주의가 이상과 같은 패러독스에 빠지지 않기를 원한다. 우선 그는 쾌락의 원천을 설명하는 일로부터 시작해서 시지윅과는 달리 쾌락의 원천에는 본질적으로 서로 다른 두 가지 종류가 있다고 하면서 쾌락은 언제나 인간의 고차적 능력(higher faculties)과 저급한 능력의 실현과 관련해서 일어난다고 했다. 따라서 쾌락에는 질적으로 서로 다른 두 종류의 쾌락, 즉 지성, 감성, 상상력에 의한 쾌락과 자연적, 육체적 욕구에 의한

단순한 감각의 쾌락이 있다.[48]

그래서 밀에 의하면 시작(詩作)이 압정 놀이보다 더 가치 있다고 생각하고 그것에 우리의 생을 몰두하는 것이 더 의미 있다고 생각하는 것은 그것이 더 많은 쾌락을 주어서가 아니고 그것이 더 고차적인 인간의 능력을 실현시켜 주는 것이기 때문이다. 그런데 이미 지적된 바와 같이 여기에서 더 고차적이라는 것의 기준은 밀에 따르면 "그것을 선호해야 한다는 어떤 도덕적 의무감과 상관없이 인간의 선호를 결정하는 것"이라고 했다. 또한 여기에서 선호란 그 두 가지 쾌락을 모두 잘 알고 있는 자의 선호라고 말한다. 그리고 그는 이러한 선호는 삶의 방식 즉 존재의 양식(manner of existence)[49]과 관련되며 그것을 대체로 두 가지로 구분, 평가함으로써 존재의 두 등급을 나누고 있다.

밀은 저급한 쾌락보다도 고차적 쾌락에 더 우선적 지위를 부여하고 있으며 고차적 쾌락이 없는 생은 견딜 수 없는 것이며, 얼마나 큰 만족감을 줄지 모르나 인간의 자유 의지가 선택하지 않으리라고 본다. 물론 저급한 쾌락도 중요한 것으로서 그것이 없는 삶은 비참하고 옹색한 것이다. 그러나 이 두 경우에 있어서 그 한계에 대한 설명이 서로 다르다는 것이다. 저급한 쾌락이 생존과 건강과 활동을 위해서 필수적인 것이긴 하나 어느정도가 만족되고 나면 고차적인 쾌락이 선호되며 그러한 것이 없이는 인간은 결코 행복할 수가 없다는 것이다.

밀의 공리 원칙에 있어서 핵심적인 것은 인간의 심리에 대한 그의 기본 입론이다. 그에 의하면 두 가지 쾌락을 모두 향유할 수 있는, 다시 말하면 고차적 기능과 저급한 기능을 모두 발휘할 수 있는 인간은 저급한 기능의

---

48 Ibid., p.12.
49 Ibid.

발휘가 중심이 되는 생활 방식을 결코 의식적으로 채택하지는 않으리라는 것이다. 현실적으로 그들이 현저하게 그러한 생활 방식을 택하는 것은 어떤 심리학적 원인이나 혹은 사회적인 여건에 의해 강제된 것이라고 한다. 즉 성격의 나약함이나 경쟁에서 오는 적대감, 필수품의 부족, 시간과 기회의 부족에 기인한다는 것이다.[50]

그런데 이상과 같은 밀의 공리주의적 입장에 합치하는 사회 및 정치 형태는 어떤 것인가? 그에 의하면 현대사회를 지배해야 할 원리에는 사회적, 정치적 권리의 평등과 사상의 자유를 핵심으로 하는 자유의 원칙, 그리고 소수자의 의사 존중을 위한 대의 민주제, 균등한 기회와 자유로운 직업 선택, 개인간의 자유로운 결사와 협동을 고무하는 사회 환경, 그리고 가능한 한에서의 지방 자치 등이다. 이러한 원리들이야말로 미래의 사회 및 정치 형태를 규율해야 된다는 것이다.[51]

밀에 의하면 그의 공리 원칙을 선택할 경우 이상의 원리를 만족시키는 사회 형태는 최대의 공리를 결과하게 될 사회 형태가 된다는 것이다. 그의 논거에 따르면 이상의 원리를 만족시키는 제도만이 선호의 기준이 작용할 수 있는 사회의 배경적 조건을 세울 수가 있다는 것이다. 그러한 사회에 있어서는 모든 사람을 행복하게 해줄 특정한 하나의 삶의 방식이란 있을 수 없다. 능력 개발의 수단과 균등한 기회가 있고 예속이 존재하지 않는 여건 속에서 인간은 자유로이 자신의 삶의 방식을 스스로 택하게 된다. 그러한 적절한 조건하에서 그들의 자유로운 선택은 결국 최선의 결과를 가져오리라고 밀은 믿는다.

---

50 Ibid., pp.12, 18–19.
51 J. S. Mill, *Subjection of Woman*(1869), *On Liberty*(1859), *Representative Government*(1861) 참조.

밀은 자유의 원칙을 미래의 사회제도를 다스려야 할 원칙으로 보고 있다는 것은 이미 말한 바와 같다. 그는 우선 이 원칙과 관련된 배경적 설명으로 그의 『자유론(On Liberty)』을 시작하고 있다.[52] 그에 의하면 이 문제는 의지의 자유와 관련된 문제가 아니며 민주 사회의 발전 단계에서 나타나는 사회적 자유와 관련된 문제라고 했다. 그리고 또한 이 문제는 통치자의 횡포로부터 사회를 보호하는 방법과도 다른 것이라고 했다. 또한 자유의 문제는 민주주의에 대한 벤담의 입장에 의해서도 해결될 수 없는 것으로서 그것은 소수자에 대한 다수자의 권리 남용을 허용한다는 것이 이미 널리 알려진 사실이라는 것이다. 따라서 밀이 염두에 두고 있는 자유의 문제는 이상의 문맥에서 볼 때 결국 개인의 독립성과 관련된 법과 도덕의 문제에 있어서 다수자 의견에 대한 적절한 제한을 규정하는 문제가 된다고 할 것이다.[53]

사실상 법이나 기존 도덕에 나타난 집단의 의사는 대체로 그 사회에 있어서 우세한 계층에 의해 결정되며 그러한 계층의 이익에 좌우된다고 볼 수 있다. 따라서 지배계층이 변하면 그에 따라 법제도도 바뀌게 마련이다. 그렇다면 그것에 반영된 의사는 합당한 근거도 없는 집단적 선호에 불과하며 숙고를 통한 정당한 판단을 나타내는 것이 아니다.[54] 그래서 중요한 것은 이러한 정당화되지 않는 집단적 선호가 많은 사람에 의해 공유되어 강력한 힘을 소유하게 된다 할지라도 그것이 법의 기초가 되어서는 안 된다는 점이다. 비록 그것이 인류 역사에서 흔히 볼 수 있는 현실이기는 하나 만일

---

52 J. S. Mill, *On Liberty*, Richard Wollheim(ed.), *John Stuart Mill, Three Essays* (Oxford University Press, 1975), p.5.

53 Ibid., p.9.

54 Ibid., pp.9-10.

다수의 의견이나 선호가 개인에 대한 법이어서는 안 된다면 사회적 요구가 개인들의 요구는 어떻게 결정되어야 할 것인가를 해결해야 하며 바로 이 문제가 밀의 자유의 원리가 겨냥하는 문제이다.[55]

밀에 있어서 자유의 원리는 법이나 입법에 적용되며 공공 견해의 도덕적 강제력을 판정하는 데 적용되는 것이다. 그리고 그러한 원리의 적용 범위에 있어서 어린아이나, 자유롭고 평등한 논의에 의해 개발될 수 없는 상태의 사람은 제외된다. 그리고 후진 사회나 또한 자유의 장기적 이득을 기다릴 수 없을 정도로 국외의 적이나 국내의 소요에 의해 위협받는 나라도 제외된다.[56] 그래서 밀에 있어서 자유의 원리는 일정한 사회적 여건에만 타당성을 갖는 것으로 생각되며 이는 롤즈가 그의 정의의 원칙에 있어서 자유의 유보 조항을 규정하는 것의 직접적 선구를 이루고 있다.

그런데 밀은 말하기를 이러한 원리에 대한 자신의 논증이 공리와는 무관한 추상적 권리라는 이념에만 근거한 것이 아니라고 한다. 공리주의자들과 마찬가지로 그에 있어서도 공리는 궁극적인 기준으로서 개인적 자유를 규정하는 권리를 포함해서 모든 권리의 기초라고 했다. 따라서 여기에 있어서 공리는 광의로 해석되어야 하며 발전하는 존재(progressive being)로서 인간의 항구적인 관심(permanent interests)에 근거한 것이라고 했다.[57] 그런데 그러한 인간의 항구적인 관심에 기초해서 개인들이 존중해야 할 타인들의 권리는 사회적 제도를 전제로 한 권리들, 즉 특정한 종류의 자유들로서 대체로 다음과 같은 것들로 구성된다. 첫째는 도덕적, 과학적, 신학적 등 모든 주제에 관련된 사상과 토론의 자유이고, 둘째는 자신의 성격

---

55 Ibid., pp.14–15.
56 Ibid., p.19.
57 Ibid., p.16.

에 맞는 인생 계획을 스스로 설계하고 추구하는 자유이며, 셋째는 결사의 자유이다. 따라서 밀에 있어서 자유로운 사회는 대체로 이상의 자유들이 존중되고 아무도 절대적, 무조건적이라는 의미에서 완전한 자유를 누리지는 못하는 그러한 사회라고 정의될 수 있을 것이다.[58]

그런데 이상에서 설명된 밀의 자유 원칙에 있어서 주목할 만한 것은 밀이 공리와 상관없는 추상적 권리를 말하고 있지 않다는 점이며 그의 여러 원리는 유기적 제도에 바탕을 둔 넓은 의미의 공리를 극대화하는 것이라는 주장을 일관하고 있다는 점이다. 유기적 제도란 국가의 성격을 규정하고 사람들이 적절한 성격을 갖게끔 교육하는 방편이요 또한 그러한 목표를 달성하기 위한 수단과 자유를 제공하는 장치이다. 자유를 제한함으로써 얻어지는 당장의 사회적 이득을 내세우는 것은 공리를 특정한 결과의 원리로서 협소하고 근시안적으로 해석하기 때문이라는 것이다.

앞에서도 언급되었듯이 밀이 공격의 대상으로 삼고 있는 원리는 많은 이들이 공유하는 강력한 신념이 옳고 그름의 기준으로서 권위를 갖는다는 원리이다. 그가 주장하는 바에 따르면 그러한 신념은 그 자체로서 아무런 권위도 가질 수 없으며 그런 한에서 그것이 자유의 원칙을 포함한 현대사회를 지배해야 할 기본 원칙을 유린할 수 없다는 것이다. 이러한 원칙들 간의 조정이나 수정은 공리에 의거해야 하며 그러한 합리적 기초를 갖지 않는 견해는 이성에 근거하지 않는 것으로서 단순한 선호에 불과하며 부당한 것으로 간주되어야 한다고 했다. 물론 여기에서 밀이 말하는 공리의 원리는 이미 그의 『공리주의』에서 제시된 것과 동일한 것으로 볼 수 있다.

밀은 그의 『자유론』 제4장에서 사회에 있어서 공리의 원칙이 제대로만

---

58 Ibid., pp.17–18.

이해되면 어떤 법적인 권리와 의무의 체계가 법적, 도덕적인 구속력을 갖는 정당한 체계인가가 밝혀지리라고 말한다. 그에 의하면 권리란 이해 관계를 보호하는 법적, 도덕적 방편이며 그것을 보호함으로써 공리가 증진된다고 한다. 결국 밀의 입장이 가져올 중대한 결과는 욕구나 선호의 만족은 그 욕구나 선호의 성격이나 배경적 조건과 상관없이는 정당 근거로 간주될 수 없다는 것이며 이 점에서 시지윅과 좋은 대조를 이루고 있다. 밀은 최대 다수의 견해라 할지라도 또한 그것이 아무리 강력한 것일지라도 자유의 원칙에 위배되는 한 그것은 아무런 의미가 없다고 한다. 그것이 현실적으로 유력한 언권(言權)을 행사하기는 하겠지만 아무런 정당성도 부여할 수 없다는 것이다.

『자유론』의 마지막에 이르러 개인이 갖는 가치(worth)를 다루면서 밀은 "국가의 가치는 결국 그것을 구성하는 개인의 가치"라고 말하고 있다.[59] 이러한 가치관은 인간의 고차적 능력의 자유로운 개발이라는 이념을 내세우는 것으로서 그의 공리주의와도 관련된 것이다. 그러한 인간의 능력에는 지적, 도덕적, 사회적 능력들이 포함되며 나아가서는 정서나 감정의 능력까지도 포괄된다. 이러한 이념은 사실상 그리스 사상에서부터 유래하는 자유주의적 이상이라 할 수 있을 것이다.

여기에서 중요한 것은 인간이 자신의 인생을 스스로 만들어 가야 한다는 사실이다. 우리는 이러한 능력의 개발에 있어 주어진 관습에 따르거나 지배적인 여론에 따르도록 강제되어서는 안 되며 자신의 경험을 자기 나름대로 해석하고 이용할 수 있어야 한다는 것이다. 밀에 의하면 "인간성 속에 주어진 그들의 힘은 삶의 방식을 선택함에 의해 실현되며 이러한 선택 행

---

59 Ibid., p.141.

위와 그들이 선택한 삶의 방식은 그것이 타인의 권리 및 그로부터 결과되는 의무에 대한 존중에서 온 것인 한 그 자체로서 가치를 갖는다. 이는 그들의 삶의 방식이 의거한 신념의 진위 여부나 그들이 추구하는 목적이 사려 깊고 현명한가와도 상관이 없는 것"[60]이라고 했다.

끝으로 이 절의 결론 삼아 밀의 공리주의에 있어서 공리와 정의의 관계를 일별해 보기로 한다. 밀은 『공리주의』의 마지막 장에서 공리나 행복이 옳고 그름의 기준이라는 학설을 받아들이기 어렵게 한 가장 강력한 장애물 중의 하나는 정의라는 관념이라는 것이다. 그러나 그에 의하면 정의라는 관념에 결부되었던 강력한 감정은 사실상 그 바탕에 깔린 공리주의적 근거로 인한 것이라는 것이다.[61] 이러한 결론에 이르기 위해 정의라는 관념을 분석하는 가운데 그의 정의가 권리의 보호와 동일한 것임을 보이고 있다. 이러한 권리는 "사람들이 그것을 갖게끔 옹호해야 할 바의 어떤 것"이라고 했다.[62]

정의의 관념에 동반하는 감정은 자연적 충동에서 비롯되어 법적 체제를 바탕으로 하는 공리의 원칙으로 이루어지기는 하나 사회적인 관점에서 볼 때 공리라는 기준에 있어서 더 고차적인 위치를 차지하며 따라서 어떤 다른 것보다 더 우월한 의무가 되어야 하는 도덕적 요구를 의미한다.[63] 결국 밀이 법적 체제를 통해서 시행된다는 권리들에 의해 구성되는 정의는 사실상 사람들이 자신의 인격에 의해 권리들을 갖게 되는 배경적 조건이다. 이런 의미에서 정의는 도덕과 관련된 것으로 생각되기보다는 도덕의 조건으

---

60 Ibid.
61 J. S. Mill, *Utilitarianism*, p.62.
62 Ibid., p.88.
63 Ibid., p.76.

로 보이는 것이다.

그런데 『공리주의』에서 암암리에 나타난 정의의 개념은 자유론의 시발점이 된다. 도덕의 기준으로서 벤담류의 최대 행복의 원리는 소수자의 권리에 대한 옹호를 통해서 분명히 포기되고 있다. 이미 지적된 바와 같이 최대 다수와 결부된 최대 행복의 원리는 도덕적 고려에 있어서 소수자가 소외될 수 있음을 시사하고 있다. 고전적 공리주의에 있어서 최대 행복의 원리를 적용할 경우 모든 사람은 하나로 간주되고 하나 이상으로 간주되어서는 안 된다고 가정함으로써 평등주의적 경향을 암시하는 듯하나, 일단 그러한 적용이 이루어지고 나면 바로 그 원리 자체로 인해서 소수자는 고려에서 배제되어 버리고 만다. 밀이 다수의 횡포로부터 소수자의 보호를 내세우는 것은 고전적 의미에 있어서 최대 행복의 원리에 기초한 것이 아니며 발전하는 존재로서 인간의 항구적 관심에 근거한 가장 넓은 의미에 있어서 공리에 바탕을 두고 있는 것이다.

『자유론』의 목적은 "인간이 개인적으로나 집단적으로 타인의 행위에 대한 간섭이 정당화되는 유일한 목적은 자기 보호에 있다"는 원리를 주장하려는 것이다.[64] 자유가 존귀한 것은 쾌락을 증진시키거나 최대 행복을 도모하는 데 있는 것이 아니라 개인의 능력과 인격이 완전한 전체로 가장 조화롭게 발전하기 위한 조건이기 때문이다. 나아가서 자유는 인간의 발전을 위한 조건에만 그치는 것이 아니고 사회 복지를 위한 조건이다. 「여성의 예속」[65]이라는 논문 속에서 여권에 대한 모든 논증이 기초하고 있는 원리는 여성의 최대 행복이 아니라 그들의 최대 발전을 위한 조건으로서 평등에

---

64 J. S. Mill, *On Liberty*, p.33.
65 J. S. Mill, *Subjection of Woman*.

대한 인간 그 자체로서의 요구이다. 성(性)의 평등에 대한 이러한 논증에서 밀은 분명히 고전적 공리주의의 상속자가 아닌 것이다. 나아가서 자유와 평등에 대한 이상의 모든 논거들을 지탱할 수 있는 공리의 개념은 이미 공리라고 부르기에는 너무나 공허한 개념이 아닌가 생각한다. "모든 것을 담는 것은 하나도 담지 않은 것과 동일"할 것이기 때문이다. 이런 의미에서 우리는 밀을 굳이 공리주의자로 붙들어 두기보다는 그를 자유주의자로 부르는 것이 그에게 더욱 공정할 것이라고 생각된다.

영국의 윤리적 전통에 있어서 밀의 지위는 다음과 같이 요약될 수 있으리라 생각한다. 밀은 자신의 윤리설을 벤담 이래 기계적으로 조립된 공리주의의 형식을 빌려 재구성하고 있기는 하나 자유에 대한 소수자의 권리, 남자와 동등한 기회에 대한 여성의 권리 등 구체적 문제에 있어서 그의 논조는 인간성에 대한 전혀 다른 관점에서 유래되고 있다. 그는 인간의 유기적 성격과 사회라는 유기체 속에서의 인간의 지위를 중시하고 있다. 사실상 그는 도덕의 목적을 인격의 가장 완전한 개발로 생각하고 있으며 그러한 목적은 인간이 갖는 고차적 능력이 발휘될 수 있는 사회에서만이 실현될 수 있다고 생각한다. 따라서 도덕은 개인의 자연적 본능 위에 부과되는 외적, 관습적 규범으로 생각되지 않고 인간의 고유한 행위 속에 인간의 내적인 이상이나 가치의 이념이 표현되는 것으로 본다. 이러한 도덕관은 사실상 우리가 제Ⅱ부에서 다루게 될 롤즈의 정의론에 나타난 도덕관에 근접하고 있는 것으로 보이며 단지 밀은 자신의 입장을 공리주의적 틀 속에 가두어 두고자 함으로써 새로운 이념과 낡은 이념의 중계자로서 만족하고 있다고 생각된다. 바로 이 점이 마르크스(K. Marx)와 동시대인으로서 당대 사회의 구조적 병리에 대한 동일한 진단을 내리면서도 그 처방에 있어 밀을 보수주의적 이데올로기의 대변자로 규정하게 하는 논거가 되기도 한다.

제Ⅱ부　　　사회정의와 계약 이론

제1장 사회윤리의 방법론적 기초

1. 목적론 비판과 의무론적 전환

우리가 제 I 부에서 이야기해 온 공리주의의 갖가지 난점은 롤즈로 하여
금 새로운 윤리 체계의 구성을 시도하게 했다. 이미 지적한 바와 같이 공리
주의는 목적론적인 윤리 체계에 있어서 가능한 가장 유력한 하나의 도덕론
이며, 공리주의의 실패는 결국 목적론적인 윤리 체계의 실패로 생각될 수
있다. 따라서 새로운 윤리 체계의 기초는 목적론과는 전적으로 상이한 바
탕 위에 세워지지 않으면 안 되고 그것은 어떤 종류의 의무론이리라고 추
론할 수가 있다. 롤즈가 제시하고자 하는 의무론적 윤리 체계를 논의하기
이전에 공리주의에 대한 그의 비판적 입장을 약술하고자 한다.

롤즈에 의하면 "목적론적인 윤리 체계가 보다 일관성 있는 이론 구성을
위해서 반드시 쾌락주의가 되어야 하는 것은 아니나 그러한 방향에로의 진
행은 자연스러운 추세"[1]라는 것이다. 따라서 그는 "쾌락주의란 목적론이
도덕 추론을 위한 명료한 방식을 구성하고자 할 경우 나타나는 징후"[2]라고

했다. 그리고 그는 쾌락주의의 실패를 말하면서 목적론이 쾌락주의와 같은 방법에 의존하지 않으면 안 되었던 이유를 이해하는 일이 중요하다고 했다.

공리주의는 모든 가치를 쾌락과의 함수 관계를 통해서 산정하고자 하는데 이와 같은 환원주의적 성향의 배후에서 우리는 결국 합리적인 의사 결정을 도모하려는 동기를 간파할 수 있다는 것이다. 개인에 있어서나 집단에 있어서 의사 결정이 어려운 것은 그들이 갖는 수많은 욕구나 목적들이 서로 충돌할 경우 그것을 조정, 해결해 줄 방법의 발견이 어렵기 때문이다. 그 방법이란 바로 저러한 다양한 욕구나 목적들의 우열을 비교해 줄 기준의 설정을 의미하는 것이라고 할 수 있다.

롤즈에 따르면 언뜻 떠오르는 가장 손쉬운 방법의 하나로서 모든 다른 욕구나 목적들에 우선하는 하나의 기본적 욕구 또는 지배적 목적 (dominant ends)[3]이 있다는 생각인데 이는 윤리학자들에게 매력적인 것으로 보였으며, 공리주의자도 그중 하나라는 것이다. 이와 같이 만일 다른 목적들이 예속되는 그러한 하나의 목적이 있을 경우 그 목적은 다른 모든 욕구나 목적들을 분석하는 계산척의 역할을 할 수 있게 된다. 그래서 합리적인 선택 과정이나 의사 결정에 있어서 우리는 모든 하위 목적들을 그러한 하나의 지배 목적에 대한 수단으로서 고려하게 된다는 것이다.

우리가 앞에서 살핀 바와 같이 전통적 공리주의는 대체로 쾌락주의에 기초해 있다고 볼 수 있다.[4] 그런데 쾌락주의는 여러 가지 의미의 해석을 허

---

1 John Rawls, *A Theory of Justice*(Cambridge, Harvard University Press, 1971), p.560.
2 Ibid.
3 Ibid., ch. IX, sec. 83 참조.
4 Ibid., ch. IX, sec. 8. 참조.

용하기는 하나 그것은 또한 지배 목적을 설정함으로써 우리의 선택 문제를 해결하려 했던 입장이기도 하다. 그들은 계산의 어려움과 정보의 결핍이 문제이기는 하나 적어도 원리상으로는 합리적 선택이 가능함을 보이고자 한다. 이러한 문맥 속에서 쾌락주의자들은 우선 만일 인간 생활이 합리적으로 영위되어야 한다면 어떤 지배적인 목적이 있어야 한다고 추론하고 쾌락을 협의로 보아 감각이나 감정의 성질로 해석할 경우 그것은 그 자체로서 선(善)인 유일의 것이며, 그것만이 지배 목적의 역할을 할 수 있을 것으로 생각하게 된다고 한다.[5]

그런데 일반적으로 지배 목적이 갖추어야 할 조건으로 생각되는 것은 그것이 애매모호하거나 포괄적인 개념이어서 다양한 해석을 허용하는 것이어서는 안 되며, 구체성을 가짐으로써 원리상 그 존부가 실증 가능한 것이어야 한다. 또한 그것은 지나치게 특수한 것이어서 인간이 소중히 여기는 가치들과 배타적인 것이어서는 안 되며, 바람직하고 추구할 만한 가치이어야 한다. 전자의 조건을 갖춤으로써 계산척의 구실을 해낼 수 있고, 후자의 조건을 구비함으로써 우리의 도덕감에도 배치되지 않을 수 있다는 것이다. 따라서 행복과 같이 지나치게 포괄적인 목적도 아니고 축재나 권력과 같이 지나치게 배타적 목적도 지배 목적의 후보로서 부적합한 까닭에 쾌락주의자들은 내면으로 향하게 되어 내성에 의해 확인될 수 있는 감각이나 감정의 어떤 일정한 성질 즉 쾌락성(pleasantness)에서 지배적 목적을 발견하기에 이른다.[6]

롤즈에 의하면 쾌락주의자들은 쾌락이 감정이나 감각의 특수한 속성으

---

5 Ibid., p.555.
6 Ibid.

로 간주될 경우 그것이 계산척의 노릇을 할 수 있으며 특히 벤담 등은 쾌락이 강도나 지속성 등에 의해 이론상으로는 필요한 모든 계산이 이루어질 수 있다고 생각한다는 것이다. 그리고 그들이 쾌락을 지배 목적으로 생각했다고 해서 특정한 목적을 내세우는 것도 아니라고 생각하는 이유는 우리가 다양한 활동을 통해 쾌락을 추구할 수 있다고 보기 때문이다. 따라서 쾌락의 극대화를 목표로 하는 것은 선택의 합리적인 방도를 규정해 주는 것이면서도 우리의 신중한 도덕 판단에 위배되지 않는다는 것이다.[7]

그런데 이상과 같이 쾌락을 지배 목적으로 하는 도덕 체계가 하나의 이론 체계로서 구실을 다하기 위해서는, 그리고 의사 결정이나 정책 입안에 있어서 작용하는 이론 장치이기 위해서는 쾌락이라는 개념이 그들이 기대하는 바대로 계산의 단위로서의 기능을 제대로 발휘할 경우이다. 그러나 이미 우리가 제 I 부에서 살핀 바와 같이 쾌락이라는 개념 자체에도 여러 가지 애매성이 있을 뿐만 아니라, 쾌락의 측정 가능성이나 개인간 비교의 가능성에 있어서 지극히 부정적인 결론을 내리지 않을 수 없는 것이다. 그러한 측정이나 비교가 단순히 현실적으로 어려운 작업일 뿐만 아니라 이론적인 차원에 있어서도 여러 가지 난점을 모면할 수 없음은 이미 살핀 바와 같다.

나아가서 롤즈는 쾌락이라는 것이 현실적인 필요와 요청으로 인해서 계산을 허용할 수 있을 정도로 충분히 특정한 방식으로 규정될 경우, 다시 말하면 온전한 계산이 가능할 정도로 양화(量化) 가능한 것으로서 이해될 경우 그것이 과연 인간의 유일한 합리적 목적으로 생각될 수 있을까라는 문제가 남는다고 했다.[8] 사실상 감정이나 감각의 어떤 특정한 속성으로서의

---

7 Ibid., p.556.

쾌락에 대한 선호는 우리의 신중한 도덕 판단이 용납하기 어려울 것으로 생각된다. 바로 이러한 이유로 해서 시지윅은 쾌락이 감정의 특수한 성질임을 인정하기를 꺼리는 일면을 보이고 있다. 그러나 쾌락이 다양한 가치들을 측정하는 궁극적 척도로서의 역할을 함에 있어서는 그도 이러한 사실을 인정하지 않으면 안 되었다.[9] 바로 여기에서 우리는 측정 가능성을 보장하고 비도덕성도 피해야 하는 양립하기 어려운 두 가지 과제 속에 고심하는 공리주의의 숙명적인 딜레마를 보게 되는 것이다.

앞에서도 언급된 적이 있지만 지배 목적을 설정하는 이유는 우리의 의사 결정에 있어서 순전히 선호에서의 선택 범위를 줄이려는 동기에서이다. 그러나 롤즈에 의하면 목적론적인 체계에 있어서는 좋은 것(善)이란 개념이 지극히 애매모호함으로 인해서 이러한 애매모호성이 옳은 것(義)에도 그대로 이전된다는 것이다. 따라서 좋음이 개인적 선호에 맡겨질 경우 그에 따라서 좋음의 극대화로서의 옳음도 곧바로 영향을 받게 되고 전체적으로 애매한 윤리 체계를 결과하게 된다. 그러나 옳음이 단순한 선호의 문제가 될 수 없다는 것은 당연하며, 따라서 우리는 선(善)과 의(義)의 관계에 대한 다른 입장을 발견해야 할 필요를 느끼게 된다.[10]

롤즈에 의하면 목적론이 일반적으로 강한 호소력을 갖는 것은 그것이 합리성의 이념을 구현하는 것으로 생각되기 때문이라고 했다. 합리성이란 보통 어떤 것을 극대화하는 것으로 생각되고 있으며, 도덕론에 있어서 그것이 선을 극대화하는 것으로 생각됨은 당연하다고 할 수 있다.[11] 사실상 최

---

8 Ibid., p.557. 또한 C. D. Broad, *Five Types of Ethical Theory*, p.187 참조.
9 H. Sidgwick, *The Methods of Ethics*, p.127과 pp.405-407, 409 비교 참조.
10 Ibid., p.559.
11 Ibid., pp.24-25.

대의 선을 도모하도록 사회가 편성되어야 한다는 것은 자명한 것으로 생각된다. 그러나 목적론이 갖는 약점은 극대화되어야 할 적절한 목적이나 선을 규정하지 못하는 점에 있다고 롤즈는 지적한다.

목적론의 전통이 보여주고 있는 바는 그 가장 유력한 형태인 공리주의에 있어서까지 도덕적 합당성과 현실적 작용성의 관건인 계산의 가능성이 양립하는 윤리 체계를 세우기가 지극히 어렵다는 사실이며 계산의 가능성을 확보하기 위해 일원론적으로 충분히 단순화된 선을 전제하는 입장은 그에 의해 해명되지 못하는 우리의 도덕 판단이나 윤리적 신념을 반증례로 들어 반박되기 일쑤이며 도덕적 자료들에의 정합성을 유지하기 위해 충분히 포괄적인 선을 설정하는 입장은 객관적 계산을 통해 현실에 적용되기에는 지나친 애매성을 윤리 체계 속에 도입하게 된다. 그러나 목적론에 내재하는 이러한 딜레마에도 불구하고 그것은 도덕 문제에 대한 합리적 해결의 가능성을 보인다는 점에서 아직도 많은 윤리학자들로부터 매력적인 것으로 생각되고 있다.

이와는 달리 전통적으로 의무론 혹은 법칙론으로 알려진 윤리 체계는 특히 로스 등에 의해 제시된 유형에 있어 우리의 도덕적 직관에 주어지는 자료의 기반에서 출발하는 까닭에 우리의 숙고된 도덕 판단이나 윤리적 신념에의 충실을 보여준다는 점에서 높이 평가를 받아 왔다. 이러한 의미에서 롤즈에 의하면 역사적으로 볼 때 공리주의에 견줄 만한 가장 널리 알려져 있는 대안은 직관주의(intuitionism)라고 했다.[12] 그러나 그는 이러한 직관주의적 의무론은 올바른 행위의 기본 원리가 두 개 이상임을 내세우는 입장이라고 전제하고서 이러한 직관주의 혹은 다원주의(pluralism)는 대

---

12 J. Rawls, *A Theory of Justice*, part. I, ch. 7 참조.

체로 두 가지 결함을 갖게 된다고 생각한다. 첫째로 그것은 도덕 원칙들이 도덕적 직관에 주어지는 자명한 전제라고 주장할 뿐 그 원칙에 따라야 할 이유나 근거를 설명할 수가 없다는 점이다. 둘째로 그것은 특정한 상황에 있어서 둘 이상의 원칙들이 상충하는 행위를 지시할 경우 이를 해결해 줄 명확한 지침을 제시하지 못한다는 점이다.[13] 결국 직관주의적 의무론은 우리로 하여금 도덕적 궁지에 이르게 하며 그를 헤쳐 나갈 아무런 합리적 해결에로의 기대도 안겨줄 수 없게 되는 것이다.[14]

전통적 의무론이 당면한 궁지에 대한 공리주의적 해결책은 일견 매력적인 것으로 보이긴 하나 이미 지적된 바의 또 다른 난제들을 초래함이 불가피하다고 단정하고 롤즈는 대체로 의무론적인 전통에 서면서도 도덕적 궁지를 해결해 줄 새로운 활로를 모색하고자 한다. 그는 우리의 도덕적 직관 자료에 기초를 두면서도 도덕 원칙에 따라야 할 합리적 근거를 설명해 줌은 물론 상충하는 원칙들 간의 우열을 가려줄 정의의 원칙에 도달하는 방법으로서 계약론적 가설을 제시하고 있다. 롤즈는 이러한 방법이 공리주의가 갖는 합리적 도덕(rational morality)의 이념을 함축하면서도 직관주의적 의무론이 내세우는 도덕감에의 합당성(reasonableness)을 고려하는 것이 되리라고 기대한다.

그런데 옳은 행위가 전제된 선의 극대화로서 규정되는 공리주의적 윤리 체계에 있어서 도덕적 합당성과 현실적 작용성의 관건이 전제된 선의 내용에 있다고 한다면 옳음의 원칙이 계약 당사자의 합의의 결과로서 규정되는 법칙론적 윤리 체계에 있어서는 연역의 기초로서 계약 조건이 도덕적 합당성과 현실적 작용성을 좌우하는 관건이 아닐 수 없다. 따라서 롤즈가 저야

---

13 Ibid., p.34.
14 Robin Attfield, "Toward a Defense of Teleology", *Ethics*, Vol. 85(1975) 참조.

할 부담은 도덕적으로 합당하고 현실적으로 작용하는 정의의 원칙을 보장하게 될 전제 조건을 어떻게 구성할 것인가에 있게 된다.[15] 전제의 설정에 있어서 합당성과 작용성이 고려되지 않을 경우 그로부터 도출되는 도덕 원칙에 대해서 합당성과 작용성을 기대하기는 어려울 것이다. 그리고 이미 서론에서도 지적된 바와 같이 그러한 전제는 가능한 한 약한 것이어야 하고 간명해야 할 것이다. 또한 도출된 정의의 원칙은 가능한 한 가정된 전제들의 논리적 귀결이어야 하며, 숨어 있는 다른 가정에 의해 지지되어서는 안 될 것이다. 앞으로 우리의 논의는 이러한 점들에 주목하여 우선 이 장에서는 정의론의 배경적 전제로서 정의의 우선성과 사회의 기본 구조를 논하고 연역의 직접적인 전제, 도출 과정 및 귀결은 다음 장으로 미루기로 한다.

2. 의무론과 정의의 우선성

롤즈의 윤리 체계가 갖는 기본 특성 중 하나가 의무론적인 것임은 그의 중심되는 주장 속에서 발견된다. 그의 중심되는 주장은 사실상 정의에 대한 이론이기보다는 윤리 체계에 있어서 정의가 차지하는 지위와 관련되어 있다고 생각된다. 그 주장은 『정의론』의 서두와 말미를 장식하고 있으며, 저술의 기본 의도 또한 그 주장의 근거를 밝히고자 하는 데 있다고 볼 수 있다. 그것은 바로 '정의는 사회제도의 제1덕목'이라는 주장이며, 이는 사회의 기본 구조와 사회 개조의 전반적 방향을 평가하는 가장 중요한 근거가 되는 것이다.

---

15 이 책 제Ⅱ부 제2장 3절 참조.

『정의론』의 서두에서 롤즈는 "정의가 사회제도의 제1덕목인 것은 진리가 사상 체계의 제1덕목인 것과 같다. 이론이 아무리 정교하고 간명한 것일지라도 그것이 진리가 아니면 수정되고 배척되어야 하듯이 법이나 제도가 아무리 효율적이고 정연할지라도 그것이 정의롭지 못하면 개혁되고 철폐되어야 한다. 인간 활동의 제1덕목으로서 진리와 정의는 준엄한 것이다"[16]라고 주장한다.

같은 책의 말미에 가서 롤즈는 서두의 주장을 다시 한 번 확인하면서 결론짓기를 "나는 정의의 우선성에 대한 이러한 느낌을 이해하고 납득하게 하는 이론을 제시하고자 노력했다. 공정으로서의 정의관이 바로 그 결과이며, 그것은 그러한 입장을 해명하고 그 일반적인 방향을 밑받침하기 위한 것"이라 했다.[17] 이상에서 나타난 롤즈의 주장은 정의의 우선성과 그것이 사회의 기본 구조에 관련된 것이라는 두 개의 주장으로 분석될 수 있으며, 앞으로 우리는 이 절과 다음 절에서 그 두 가지 주장을 차례로 상론해 가고자 한다.

정의의 우선성(priority of justice)에 대한 주장은 우선 직관적인 호소력을 갖는다고 생각된다. 우선 정의란 상호 비교의 대상이 되는 여러 가치들 가운데 하나라기보다는 그에 의해서 가치들이 비교되고 평가되는 기준이요 다양한 가치를 분배하는 방식과 관련된 것으로 보인다. 이런 의미에서 정의는 가치 중의 가치이며, 상충하는 가치들을 조정하는 기준으로서 경쟁하는 여러 가치들에 대해서 우선성을 가져 마땅한 것으로 생각된다.

가치의 조정자로서 정의가 다른 여러 가치들에 우선해야 한다는 말은 롤즈에 있어서 대체로 두 가지 의미를 갖는 것으로 생각된다. 우선성의 한 가

---

16 J. Rawls, *A Theory of Justice*, p.3.
17 Ibid., p.586.

지 의미는 공리주의적 윤리설에 대한 비판에서 나오는 도덕적 당위로서의 우선성이다. 이러한 관점에서 본 정의의 우선성은 개인격(個人格)의 존중과 인간 사회의 다원성에 바탕을 두고 있다. 전체 행복의 극대화를 위해서 정의를 희생한다는 것은 불가침의 것을 침해하는 것이요 다양한 욕구들을 하나의 단일한 욕구 체계로 융합하는 것이며, 개인간의 구분(distinction between persons)을 신중히 다루지 않음을 뜻하는 것이다.[18]

롤즈에 의하면 "각 개인은 사회 전체의 복지도 유린할 수 없는 정의에 입각한 불가침성을 갖는다. 이러한 이유로 해서 정의는 몇 사람의 자유의 상실이 타인이 공유할 더 큰 선(善)에 의해 정당화됨을 거부한다. 그것은 많은 사람들이 누리게 될 더 큰 이득의 총량을 위해 소수에게 강요되는 희생을 허용하지 않는다. 따라서 정의로운 사회에서는 평등한 시민의 자유가 확보된 것으로 간주된다. 정의에 의해 보장된 권리는 정치적 흥정이나 사회적 이익의 계산거리가 될 수 없는 것이다."[19]

정의의 우선성이 갖는 또 다른 한 가지 의미는 정의란 판단의 기준이어서 판단되는 대상과 상관없이 독립적으로 도출되어야 한다는 사실과 관련되어 있다. 이런 뜻에서 그것은 논리적인 혹은 인식론적인 우선성이라고 할 수 있다. 롤즈는 이러한 요구를 사회의 기본 구조를 평가하기 위한 아르키메데스적 점에 대한 요구라고 말한다.[20] 문제는 이러한 점이 어디에서 발견될 수 있느냐이다. 만일 정의의 원칙이 사회의 기존하는 선이나 현행 가치관으로부터 도출된다면 그것이 제시하는 비판의 관점이 그것이 규제하려는 가치관 이상의 타당성을 보장받기가 어렵다. 왜냐하면 여러 가치의

---

18 Ibid., pp.27, 191.
19 Ibid., pp.3-4.
20 Ibid., pp.260-63, 584.

산물일 경우 정의도 동일한 우연성에 의해 결정될 것이기 때문이다.

이와는 달리 기존하는 선이나 현행의 가치관을 무시하고 경험적 요소와는 상관없이 그 기준을 설정하려 할 경우 그것은 정당화하기 어려운 선험적 가정에 바탕을 두지 않을 수가 없는 것이다. 두 개의 대안 중 전자는 우연적이라는 점에서 자의적인(arbitrary) 것이라면 후자는 근거 대기가 어렵다는 점에서 자의적인 것이 된다. 두 개의 극단을 피하면서 정의의 원리가 도출되어야 함을 아는 롤즈는 "우리는 우리 자신의 목표를 멀리서 바라볼 수 있는 하나의 관점을 필요로 한다"[21]고 말한다. 그런데 그와 같은 바람직한 관점은 "이 세계를 초월한 어떤 곳으로부터의 관점, 즉 초월적 존재의 관점이 아니요 이 세계 내에서 합리적 인간들이 채택하게 될 생각과 감정의 어떤 방식이다"[22]라고 했다.

이상과 같은 정의의 우선성에 대한 주장은 그의 저서를 관류하고 있는 몇 가지 다른 논증들과 밀접히 관련되어 있다. 그들 중 한 가지 중요한 논의는 선(善, the good)에 대한 의(義, the right)의 우선성이라는 주장과 관련된 것이다. 정의의 우선성과 마찬가지로 의의 우선성은 공리주의적 주장과 맞선 일차적인(first-order)인 도덕적 주장인 동시에 결국은 어떤 메타-윤리학적인 의미에서 이차적인(second-order) 주장이기도 하다. 이는 목적론적인 윤리설에 반대해서 의무론적인 윤리설을 택한다는 것을 뜻하는 것이다.

직접적인 도덕적 요구로서 선에 대한 의의 우위성이 의미하는 바는 의의 원칙들은 행복이나 욕구 충족에의 요구가 아무리 강렬한 것일지라도 그것

---

21 Ibid., p.22.
22 Ibid., p.587.

을 능가하며 충족시킬 만한 욕구나 가치의 범위를 미리 제한해 준다는 것이다. "의(義)나 정의의 원칙은 어떤 만족이 가치 있는 것인가를 정해 주고 합당한 가치관을 위한 제한을 제시한다. ··· 공정으로서의 정의관에 있어서 의의 개념이 선의 개념에 선행한다고 말함은 바로 이러한 사실을 나타내는 것이다."[23]

정의의 우선성은 어떤 면에서 정의에 위배됨으로써 얻어지는 이득은 아무런 가치가 없다는 주장에 의해서 설명될 수도 있다. 정의에 위반해서 얻어지는 이득은 애초부터 아무런 가치도 갖지 못하는 까닭에 그것이 정의의 요구를 침해할 수는 없는 것이다.[24] 롤즈는 의(義)의 우선성이 밀을 위시한 고전적 자유주의자들의 결론에 접근하고 있음을 보이고자 한다. 공리주의와는 달리 공정으로서의 정의관에 있어서는 평등한 자유에 대한 개인의 권리는 이를 거부하는 다수자의 선호에 대해서 절대적 우위성이 주장되어야 한다는 것이다.

롤즈에 의하면 "다수자의 강한 신념도 그것이 미리 설정된 정의의 원칙에 근거를 두지 않는 단순한 선호일 경우 처음부터 아무런 의미도 갖지 못한다. 그러한 입장을 만족시켜 주는 일은 평등한 자유를 능가할 만한 어떤 가치도 갖지 못한다. 정의의 원칙에 대해서는 신념의 강도나 다수자의 것이라는 사실도 아무런 의미가 없다. 계약론에 의하면 자유의 근거는 기존적인 선호와는 전적으로 별개의 것이다."[25]

선에 대한 의의 우선성이 갖는 보다 중대한 의의는 그것이 정의론 전체를 이끌어가는 일종의 메타-이론적 역할을 하는 데 있다. 롤즈에 의하면

---

23 Ibid., p.31.
24 Ibid.
25 Ibid., p.450.

윤리학의 두 가지 주요 개념은 의와 선이며, 윤리설의 구조는 대체로 이러한 두 가지 기본 개념을 규정하고 관련짓는 방식에 의해 결정된다는 것이다. 이미 앞에서 언급한 적도 있지만 그들을 관련짓는 근본적으로 상이한 두 가지 방식은 목적론과 의무론이다. 롤즈에 따르면 목적론적 윤리 체계에 있어서는 "선을 의와 독립해서 규정한 다음 의는 그 선을 극대화해 주는 것으로 규정한다."[26] 의무론적 윤리설은 비목적론적인 것이라 할 수 있으며, 그것은 "의와 독립해서 선을 규정하지도 않으며, 의를 선의 극대화로 해석하지도 않는다."[27] 공정으로서의 정의관은 두 번째 의미에 있어서 의무론이라 할 수 있다는 것이다.

공정으로서의 정의관이 갖는 두드러진 특성이 나타나는 것은 바로 이러한 의무론적 성격에 있어서이다.[28] 다시 말하면 선에 대한 의의 우선성이 주장되는 점에서 공정으로서의 정의관의 중심 특성이 드러나게 된다는 것이다. 롤즈에 의하면 그것은 전체로서의 기본 구조를 기획함에 있어 어떤 기준을 부여해 준다고 한다. 그는 자신이 제시하고자 하는 의무론적 윤리설의 중대한 장점 중의 하나는 그것이 목적론적 체계에 있어서보다 개인의 평등한 자유에 대한 더욱 견고한 기초를 준다는 데 있다고 했다. 바로 이 점에 있어서 의무론적 윤리설은 자유주의적 전통과 밀접한 관련을 맺게 된다.

롤즈에 의하면 "평등한 시민의 자유는 목적론적 원리에 기초할 경우 불안정하게 된다. 자유에 대한 논거가 논란의 여지가 있는 불확실한 전제에 의거하고 있을 뿐만 아니라 믿을 수 없는 계산에 의거하고 있기 때문이다.

---

26 Ibid., p.24.
27 Ibid., p.30.
28 Ibid., p.446.

… 계약론에 의하면 평등한 자유는 전혀 다른 근거를 갖게 된다. 그것은 본래적 가치 총량의 극대화나 순수한 잔여(殘餘) 만족의 최대치를 요구하는 것이 아니다. 그러한 원리는 각자가 도덕적 인격으로 공정하게 대우받을 경우 시민들이 받아들이게 될 공동체의 원칙을 만족시키게끔 규정된다."[29]

비록 롤즈가 일차적으로는 공리주의적 윤리설에 반론을 제기하고 있으나 그의 야심은 사실상 공리주의에 의해 대변되는 목적론적 윤리 체계 전체를 공격의 목표로 하고 있다. 이와 같이 널리 진행되는 논증 과정에서 정의의 우선성과 관련된 또 하나의 논의가 나타나게 되는데 그것은 도덕적 주체에 관한 것으로서 자아가 내세우는 목적들에 대한 자아 자체의 우선성이다.

롤즈에 따르면 "목적론의 구조는 근본적으로 잘못 생각된 것이며, 처음부터 그것은 의와 선을 그릇된 방식으로 관련짓고 있다는 것이다. 우리는 먼저 독립적으로 규정된 선에 의해서 우리의 생을 영위하려 해서는 안 된다. 우리의 본성을 일차적으로 드러내 주는 것은 우리의 목적들이 아니고 그러한 목적들이 설정되는 배경적 조건과 그것이 추구되는 방식을 규제하기 위해 받아들이게 될 원칙인 것이다. 왜냐하면 자아는 그것이 내세우는 목적에 선행하며, 지배적인 목적이라 할지라도 여러 가지 가능성 중에서 선택되어야 하기 때문이다. … 따라서 우리는 목적론이 제시한 의와 선의 관계를 뒤바꾸어 의를 더 우선적인 것으로 보아야 한다. 그래서 도덕론을 반대 방향에서 전개해 나가야 한다."[30]

목적론과 의무론은 자아의 통일성(unity of self)을 서로 다른 방식으로

---

30 Ibid., p.560. 이에 대해서는 이 책 제Ⅲ부 「윤리학에 있어서 인간관의 문제」 참조.

설명한다고 한다. 롤즈에 의하면 목적론적 체계에 있어서는 자아의 통일성이 경험의 과정 중에서 이루어진다. 예를 들면 쾌락주의에 있어서는 쾌락적 경험의 총합이 그 심리적 영역 내에서 극대화되는 과정을 통해 이루어진다고 한다.[31] 그러나 공정으로서의 정의관은 관점을 전적으로 달리하여 자아의 통일성은 경험의 과정 중에서 그것이 하게 될 선택에 앞서서 미리 확립된다. 그는 "원초적 입장의 당사자들은 쾌락과 고통의 능력이 아니라 도덕적 인격을 자아의 근본적 측면으로 보며, … 중요한 점은 의의 우선성이 전제될 경우 우리의 가치관의 선택은 일정한 한계 내에서 이루어지게 된다는 것이다. … 자아의 본질적 통일성은 의의 개념에 의해 미리 주어지게 된다"[32]고 했다.

평등한 자유나 의의 우선성에 있어서와 같이 여기에 있어서도 의무론의 가정은 자유주의적 결론에 이를 것으로 보이며, 그에 대해서 공리주의적 체계보다 훨씬 더 견고한 기초를 제공한다고 생각된다. 자아의 통일성에 대한 의무론적 설명에서 생겨나는 자유주의적 결론은 인간 주체를 선택을 주재하는 행위자로서, 즉 그 목적이 주어지기(given)보다는 스스로 선택하는(choose) 존재로, 그의 목적과 의도가 자유 의지에 의해 결정되는 존재로 본다는 점이다. 그래서 도덕적 인간은 자신이 스스로 택한 목적을 갖는 주체이며, 자신의 기본적 선호는 여건이 허용하는 한 자유롭고 평등한 합리적 존재로서의 자기의 본성을 가장 온전히 나타내 주는 생활 양식을 가능하게 하는 조건에 대한 선호라고 할 수 있을 것이다.

의의 우선성에 대한 롤즈의 주장이 갖는 중요성은 자아에 대한 그의 논

---

31 Ibid., p.561. 이 책 제 I 부 제4장 2절의 공리주의적 인간관과 대조됨.
32 Ibid., p.563.

의에서 본격적으로 나타난다고 하겠다. 『정의론』의 후반부로 갈수록 롤즈는 이러한 관계를 더욱 강조한다. 자아는 의의 개념에 의거해서 자신을 형성하고 그 우선적 지위를 견지하는 까닭에 정의감으로부터 행위하는 경우에만 우리는 자신의 진정한 본성을 표현하게 된다는 것이다. 이 때문에 정의감이란 단지 여러 욕구들 중 하나가 아니고 질적으로 더 고차적인 동기로 생각되며, 정의도 단지 중요한 가치들 중 하나가 아니라 사회제도의 제1덕목이라고 했던 것이다.

롤즈는 "자유롭고 평등한 합리적 존재로서 우리의 본성을 나타내고자 하는 욕구는 일차적 우선성을 갖는 의와 정의의 원칙에 따라 행위할 경우에만 달성된다. … 이러한 우선성에 따라서 행위함으로써만 우리의 자유는 임의적인 우연성으로부터 독립해서 표현된다. 따라서 우리는 자신의 본성을 실현하기 위해 다른 목적들을 규제해 줄 우리의 정의감을 보전하는 생각 이외에 다른 대안이 있을 수 없는 것"[33]이라고 했다. 이상과 같은 의무론적인 자유주의(deontological liberalism)는 칸트의 철학과 직접적으로 맞닿아 있는데 이에 대해서는 다음 장에서 상론하고자 한다.

3. 사회의 기본 구조와 자유주의

정의의 우선성 다음으로 우리가 논하려는 주제는 사회의 기본 구조(basic structure of society)에 관한 롤즈의 입장이다. 롤즈에 의하면 계약론적 정의관의 요체는 사회의 기본 구조가 정의의 일차적 주체(primary subject)라고 했다. 그의 정의론은 이와 같이 매우 특수하면서도 가장 중

---

33 Ibid., p.574.

요한 경우에 대한 정의의 원칙을 설정하는 데서 시작하고 있다. 이로부터 생겨나는 정의의 원칙은 다른 경우에 적합한 원칙과 기준에 대해서 규제적인 우선성을 갖는다고 한다. 그에 의하면 기본 구조란 주요한 사회적 제도들이 결합되어 이루는 하나의 체제이며, 그에 따라서 기본적인 권리와 의무가 할당되고, 사회 협동체에서 생겨난 이득을 분배하는 방식이라는 것이다.[34]

우선 이러한 점은 공리주의와 좋은 대조를 이루고 있다. 공리주의는 앞서 고찰된 바와 같이 도덕 문제에 관한 완전히 일반적인 이론(general theory)이며, 특히 이 점은 시지윅에 있어서 가장 명료하게 정식화된 고전적 이론에 있어서 분명하다. 공리의 원칙은 모든 사회 형태와 개인의 행위에 똑같이 적용된다. 사회적인 칭찬과 비난의 관행에서 비롯해서 사람의 성격이나 경향적 특성에 대한 평가까지도 그 원리에 의해 이루어진다. 규칙 공리주의가 개별적 행위와는 구분된 규칙을 논하기는 하나 그 구분은 단순한 범주상의 구분에 불과하며, 평가의 경우에 있어서 별다른 차이가 보이지는 않는다.

물론 공리주의에 있어서도 상이한 종류의 경우가 갖는 특성이 인정되고 있기는 하다. 그러나 이러한 특성은 서로 다른 인과적 관계(causal relationship)에서 생기는 것으로만 생각한다. 따라서 사회의 기본 구조도 광범위한 사회적, 심리적 인과의 결합물로 생각한다. 사회의 기본 구조가 그 하위 조직들이나 더 넓은 배경적 국제 관계로부터 구분되기는 하나 그들 각 경우에 있어서 부차적인 기준과 규칙이 서로 다르다 할지라도 그 근거가 되는 공리의 제1원칙에 의해 규제되는 점에 있어서는 동일하다. 결국

---

34 Ibid., p.7.

공리주의에 있어서는 관련된 사람의 수나 그들의 의사 결정과 행위에 의해 조직되는 제도 구조상의 차이는 그 제1원칙의 보편성에 아무런 영향을 미치지 못하게 되는 것이다.

비록 공리주의와 같이 모든 경우에 있어서 적용되는 일반론으로 제시된 것이 아니긴 하나 기본 구조에 대해서 별다른 제1원리가 요구되지 않는 입장으로서 롤즈의 견해와 대조를 이루는 것은 『무정부, 국가 및 유토피아』에 나타난 노직(R. Nozick)의 견해이다.[35] 그에 의하면 폭력, 절도, 사기, 강제 계약으로부터의 보호라는 좁은 의미의 기능에만 국한된 최소 국가 (minimal state)[36]만이 정당하며, 그보다 더 광범위한 권력을 갖는 국가는 개인의 권리를 유린하게 된다고 함으로써 롤즈와 동일한 문맥에서 공리주의에 대한 대항 이론을 제시한다. 그는 완전히 정의로운 상황으로부터 그 누구의 권리도 침해함이 없이 도덕적으로 합당한 일련의 단계를 거쳐 최소한의 국가가 나타나는 과정을 보이고자 하며, 더 강력한 국가가 생겨날 필요가 없는 이유를 밝히려 한다. 이를 위해서 그는 어느 정도 풍요롭고 모든 사람이 합당한 생활 상태를 유지하고 있으며, 그들의 소유 정도도 정의로운 그러한 자연 상태를 가정한다. 또한 이러한 자연 상태는 어떤 규칙을 제정하고 시행하는 국가와 같은 제도가 존재하지 않는 상태로 규정된다.[37]

이어서 노직은 소유물의 획득(acquisition)[38]을 규제하고 한 사람으로부터 다른 사람에게 그 소유물이 양도(transfer)[39]되는 과정을 규제하는 정

---

35 Robert Nozick, *Anarchy, State, and Utopia*(New York, Basic Books, 1974, 남경희 역, 『아나키에서 유토피아로』, 문학과지성사, 1984 참조.

36 Ibid., pp.26-27.

37 Ibid., pp.10-25.

38 Ibid., pp.150-53.

의의 원칙을 제시한다. 이러한 원칙들에 따라서 정의로운 소유가 규정되는데 사람들은 획득과 양도에 있어서 정의의 원칙에 따라서 획득한 것이면 무엇이든지 소유할 권한(entitled to)[40]을 갖게 되며, 이러한 원칙들의 반복적인 적용이 아니고서 주어진 어떤 것에 대해서는 권한을 갖지 않는다는 것이다. 최초의 소유 상태가 정의로운 자연 상태로부터 시작해서 모든 사람이 획득과 양도에 있어서 정의롭게 행위했을 경우 그에 결과되는 소유 상태 역시 처음과 마찬가지로 정의롭다고 할 수 있을 것이다. 정의로운 획득과 양도의 원리는 역사를 통해서 무한한 거래의 연쇄가 진행한다 할지라도 소유 상태의 정의를 보존하게 된다. 부정의는 바로 그러한 원칙들을 의도적으로 위반하든가 실책이나 무지에서 비롯될 뿐이라는 것이다.

개인들이 어떻게 활동하고 어떤 합의(agreement)가 이루어지는가에 따라서 다양한 형태의 조직과 협동체가 생겨난다. 노직에 따르면 이러한 모든 형태의 조직 역시 획득과 양도의 정의 원칙에 의해 지배됨으로써 그 합법성이 주어진다고 한다. 사회 협동체는 언제나 자발적인 합의에 의해 가담하는 개인들에 의해 조직된다. 정의로운 최초의 자연 상태에서 각 개인들이 소유했던 권리들 이외에 어떤 권력이나 권리도 있을 수 없으며, 이를 무시한 조직은 그것이 국가라 할지라도 불법적이고 부정의하다는 것이다. 국가도 다른 사적 조직과 마찬가지로 개인적 합의의 산물이며, 아무도 이러한 합의를 강요할 수 없다고 한다.

그런데 여기에서 주목할 만한 사실은 합의라는 개념이 노직에 있어서 본질적인 중요성을 갖는 것이긴 하나 롤즈적 의미에 있어서의 사회계약론과

---

39 Ibid., pp.157–58.
40 Ibid., pp.144–82. 그의 정의론도 대체로 절차적 정의관에 의해 구성되기는 하나 롤즈적 의미에 있어서 순수 절차적 정의관인지에 대해서는 의문의 여지가 있다.

는 구분된다는 점이다. 왜냐하면 사회계약론은 원초적 합의를 통해서 공공적인 법 체계가 설정되며, 그에 의해 정치 권력이 규제되며, 그것은 시민으로서의 모든 이에게 적용되는 것이다. 정치 권력이나 시민권은 사회계약이라는 관념 그 자체를 통해서 이해되는 것이다. 그러나 국가도 다른 조직체와 마찬가지로 간주되는 노직의 입장에 있어서는 사회의 기본 구조에 대한 특별한 정의론이 설 자리가 없게 되는 것이다. 적어도 이러한 관점에서 볼 때 롤즈는 노직의 이론도 공리주의와 마찬가지로 사회의 기본 구조가 갖는 특별한 의미와 본질적인 중요성을 신중히 다루지 못한 이론이라고 비판한다.

롤즈는 우선 자신의 정의론은 모든 경우에 적용되는 일반론으로는 적합하지 않음이 분명하다고 했다.[41] 그것은 기본 구조를 규제하기 위한 기준으로서 다른 많은 경우에 있어서는 부당한 지침이 될 수도 있다는 것이다. 그가 들고 있는 예에 의하면 교회나 대학 사회를 위해서는 다른 원리가 필요하게 된다. 물론 교회나 대학도 기본 구조 속에 있는 단체인 까닭에 기본 구조가 제시하는 요구 조건을 위반할 수는 없으며, 그것이 허용하는 범위 내에서 그에 고유한 특성에 맞추어 적합한 규율 체계를 제정할 수 있다고 한다. 이어서 롤즈는 기본 구조를 정의의 일차적 주체로 생각하는 데 대한 몇 가지 이유를 다음과 같이 들고 있다.

첫째로 그가 사회의 기본 구조를 중요시하는 이유는 개인이나 집단의 행위가 일어나는 정의로운 배경적 조건(background conditions)을 확보하기 위한 것이다.[42] 롤즈에 의하면 개인간의 상호 관계가 공정한 것이기 위

---

41 J. Rawls, "The Basic Structure as Subject", Albin I. Goldman(ed.), *Values and Morals*, p.49.

42 Ibid., p.55.

해서는 어떤 배경적 조건이 필요하다고 한다. 사회적 여건이나 사람들의 상호 관계는 항상 변하고 발전하는 것인데, 그러한 여건이 비록 처음에는 공정하게 설정되고, 또한 개인들의 상호 관계가 자유롭고 공정한 합의에 의해 이루어진다 할지라도 그러한 합의가 축적되는 과정에서 사회적 추세나 역사적 우연 등의 복잡한 변수들이 결합되어 시민들의 상호 관계나 기회를 변화시켜 자유롭고 공정한 합의가 더 이상 이루어질 수 없는 상황에 이르게 된다는 것이다.

이러한 결과는 노직이 말하는 고의나 실책 혹은 무지에서 오는 결과를 능가하는 것으로서 사회와 역사 속에는 개인적 차원을 넘어서는 측면이 있음을 롤즈가 지적하는 것으로 생각된다. 따라서 롤즈는 기본 구조에 속하는 제도들에 주목함으로써 개인이나 집단의 행위가 일어나는 정의로운 배경적 조건을 확보하고자 하며, 이러한 구조에 의해 적절히 통제, 조정되지 않을 경우 처음에는 정의로운 상태가 상호 작용의 과정 중에서 더 이상 정의롭지 않게 된다고 했다.

둘째로 롤즈가 사회의 기본 구조를 중시하는 이유는 그 속에서 개인의 성격이 형성되고 욕구의 형태까지도 결정되는 심대한 영향력을 갖고 있기 때문이다.[43] 개인의 성격이나 관심은 미리 주어지는 것이 아닌 까닭에 정의론은 그것들이 형성되는 방식도 해명해야 한다는 것이다. 사회의 제도 형태는 그 성원에게 영향을 미치어 현재의 자신뿐만 아니라 미래에 어떤 사람이 되고자 하는 것까지도 대체로 규정해 준다. 그들은 자기의 사회적 지위에 따라 자신을 바라볼 것이며, 그들에게 현실적으로 가용한 수단과 기대를 고려하게 된다. 따라서 사회 경제 체제는 기존하는 욕구나 포부를

---

43 Ibid., pp.55-56.

만족시키기 위한 제도적 장치일 뿐만 아니라 미래의 욕구와 포부를 형성하는 방식이기도 하다는 것이다.

나아가서 롤즈는 개인의 지능이나 능력도 고정된 자연적 혜택으로만 볼 수 없으며, 사회의 기본 구조에 의해 조건지어지는 측면이 있다는 사실에 주목한다.[44] 물론 불가피한 유전적 요소가 있기는 하나 능력과 재능은 사회적 조건과 관련 맺지 않고는 그 잠재된 가능성이 실현될 수 없는 것이다. 그런 의미에서 실현된 능력은 언제나 선택된 것이며, 그것도 무한한 가능성 중 일부에 불과한 것이다. 천부적 재능의 개발에 영향을 미치는 요인에는 그것을 격려하고 지원해 주는 사회적 분위기와 더불어 그것을 훈련하고 활용해 주는 제도가 있다. 그래서 우리의 목적이나 포부뿐만 아니라 우리의 능력이나 재능도 상당한 정도로 사회적 여건을 반영하고 있다고 생각할 때 사회의 기본 구조는 보다 심각히 다루어야 할 주제가 된다고 롤즈는 말한다.

결국 지금까지 이야기된 점을 종합해 보면 정의론이 규제해야 할 것은 천부적 재능, 사회적 지위, 역사적 우연 등에서 유래하는 시민들의 인생 전망에 있어서의 불평등이라 할 수 있다. 이러한 불평등은 단면적으로 보면 대단한 것이 아닐지 모르나 오랜 시간을 두고 생겨날 누적적 결과는 엄청난 것이다. 롤즈의 정의론은 기본 구조에 있어서 바로 이러한 원초적 불평등에 초점을 맞추어 그러한 자연적 사실에 기초한 불평등을 제도적 장치에 의해 교정하고자 한다. 그리고 일단 그것을 규제할 적절한 원칙이 발견되고 요구되는 제도가 설립되면 다른 불평등을 규제하는 방법의 문제는 그 해결이 더 수월해진다고 보는 것이다.

---

44 Ibid., p.56.

그런데 사회의 기본 구조가 갖는 이상과 같은 몇 가지 중대한 특성 이외에도 롤즈가 도덕의 사회적 기능을 중시하는 데는 몇 가지 이유가 더 있다. 이들은 대체로 윤리설이 다루어야 하고 다룰 수 있는 도덕의 성격 및 범위와 관련된 것이다. 그중 하나는 도덕의 일반 이론으로서 제시된 공리주의의 야심적인 시도가 성공하지 못함으로 인해서 윤리학의 탐구 영역을 사회윤리와 관련된 최소한의 것으로 제한하려는 소극적 이유에서이고 다른 하나는 인간 개개인의 인격과 다양한 가능성에의 신뢰에 바탕을 둔 도덕에 대한 자유주의적 입장에 서려는 적극적인 이유에서이다. 이 두 가지 이유는 각각 다른 근거에서 도덕의 사회적 역할, 즉 사회의 기본 구조를 주제로 한 사회윤리의 중요성을 강조하는 것이다.

첫 번째로 든 소극적 이유는 인간의 도덕적 숙고를 제한하는 불가피한 한계와 관련된 것이다.[45] 롤즈에 의하면 도덕적 숙고는 우리의 반성 능력과 판단력에 의존하며, 이러한 능력은 한꺼번에 주어지는 것이 아니고, 우리가 공유하는 공동 문화에 의해 점진적으로 형성되고 계발된다는 것이다. 따라서 윤리설은 우리의 숙고를 위해서 대체적인 윤곽을 세우는 일에 종사하게 되는데, 효율적이고 공정한 사회 협동 체제를 위한 정의의 문제는 바로 그러한 것과 관련된 것이라고 했다. 그리고 시민들이 이러한 공공적 정의관에 의해 설정된 틀 속에서 숙고를 해갈 때 그들은 사회 생활을 영위함에 있어 대체로 충분한 의견의 일치를 보게 된다는 것이며, 그럴 경우 정의관은 충분히 그 사회적 기능을 수행하게 된다고 했다.

그리고 롤즈는 사회의 기본 구조를 정의의 일차적 주체로 하는 것 이외

---

45 J. Rawls, "Kantian Constructivism in Moral Theory", *The Journal of Philosophy*, Vol. LXXVII, No. 9(September 1980), p.560.

에도 우리의 도덕적 숙고를 제약하는 한계를 감안한 현실성 있는 사회윤리의 확립을 위해서 몇 가지 개념적 장치를 자신의 정의론 속에 도입하고 있는데[46] 거기에는 공지성(公知性)의 조건과 우선성 규칙[47] 그리고 기본선을 개인간 비교의 기초로 삼는 것 등이 있는데, 이들에 관해서는 앞으로 더 논의될 것이다. 여하튼 고전적 공리주의는 행위와 제도를 포함한 도덕의 모든 문제를 단일 원칙에 의해 해결하려는 야심적인 윤리설이었다. 그러한 그것은 인간의 능력으로는 불가능한 비현실적 목표를 설정하는 것이다. 공정으로서의 정의관은 인간의 현실적 한계로 인해 가장 기본적인 문제에 주목하여 그것이 해결되고, 그에 따른 제도가 설정되면 다른 문제의 해결도 비교적 쉬워진다는 보다 온건한 목적을 내세우는 것이라고 롤즈는 말한다.

둘째로 공정으로서의 정의관이 도덕의 사회적 기능을 중시하는 적극적 이유는 그것이 도덕에 대한 자유주의적 입장을 지지해 주기 때문이라고 했다.[48] 롤즈는 정의의 문제가 성립하기 위한 객관적 여건으로서 경제적 혹은 자연적 자원의 적절한 부족 상태는 역사의 발전에 따라 극복될 가능성이 있으나, 정의의 주관적 여건으로서 시민들 간의 종교적, 철학적, 도덕적 신념 및 서로 다른 삶의 방식에 있어서 그들의 근본적인 차이는 인간 생활의 영속적인 측면으로 보고자 한다.[49] 이러한 문제에 대한 합의는 강제되지 않는 한 불한정한 것이며, 오래 지속될 수가 없다는 것이다. 롤즈는 이러한 근거 위에 자신의 자유주의적 윤리관을 세우고자 한다.

그에 의하면 인생관 전체에 대한 합리적이고 자유로운 합의가 지속될 수

---

46 Ibid., pp.561–63 참조.

47 Ibid., p.562.

48 J. Rawls, "Lecture Ⅲ. The Contingencies of Social Dependence"(The Lecture given at Stanford University, May 1978), pp.22–24.

49 Ibid., p.22.

없을 경우 사회윤리는 기본 구조의 사회정의라는 가장 본질적인 문제에만 제한하고, 그러한 정의관이 허용하는 범위 내에 모든 가치관은 그것에 대한 상대적 평가에 관계없이 용인되어야 한다고 했다. 그러한 의미에서 정의관은 가치 중립적(value-neutral)인 것이라 할 수 있다. 모든 인간에게 타당한 하나의 가치관에 대한 지속적인 합의가 불가능한 것은 우리 인생의 사회적 의존성 때문이다. 이는 우리의 탄생 및 그것과 관련된 다양한 우연성에 기인하는 것이다. 그러한 것들은 우리의 삶을 지배하고 우리의 애착과 기호를 형성하며, 우리의 신념과 가치관의 모태를 이룬다. 이러한 사회적 의존성과 우연성은 하나의 가치관에 대한 합의를 불가능하게 하며, 사회윤리의 기반을 다른 곳, 즉 기본 구조의 정의 문제에서 구하게 한다는 것이다.[50]

그런데 롤즈는 자신의 자유주의적 윤리관에 의하면 가장 적합한 하나의 가치관이나 생활 방식이 없다는 것은 극복되어야 할 하나의 손실이 아니라, 오히려 좋은 계기가 된다는 것이다. 일단 우리가 정의의 원칙에 합의하고 그러한 원칙을 구현하는 사회 체제를 정립할 경우 그러한 제도적 배경 속에서 형성되고 허용되는 갖가지 삶의 양식과 다양한 가치관들은 상보적(相補的)인 관계에 있게 되며, 우리는 자신의 고유한 가치관을 지닌 채 다양한 인간 존재가 이루어내는 포괄적인 문화 총체에 참여하고 그를 향유하게 된다고 한다.[51] 이상과 같은 자유주의는 이미 살핀 바 있는 J. S. 밀의 『자유론』에 나타난 이념과 상통하며, 선(善)에 대한 의(義)의 우선성을 내세우는 칸트의 윤리설에서도 읽을 수 있는 것이다.

---

50 Ibid., p.23.
51 Ibid., p.24.

제2장 계약론의 전통과 윤리학적 구성주의

홉스(T. Hobbes) 이래 근대의 사회계약론은 계약(contract)이라는 개념을 논증의 방식으로 이용하고 있다는 점에서 과거의 계약 사상과 구분되며, 함축된 인간관이 형이상학적이고 신학적인 배경과는 무관하게 지극히 개인주의적이라는 점에서 다른 정치 사상과 구별된다. 계약이라는 논증의 방편을 통해서 전제된 개인주의적인 인간관으로부터 일련의 사회 규범의 원리가 도출되며, 그러한 원리는 제도나 정부 형태, 법 체제 등이 조직되는 방식을 규정하게 된다. 인간관으로부터 원칙의 체계를 도출하는 이러한 논증의 형태는 가정적 상황에 있어서 개인들 간의 합리적 선택 이론(theory of rational choice)을 적용한 것으로 볼 수 있을 것이다. 물론 계약론의 유형에 따라 인간관과 선택의 원칙이 다양하기는 하나 근대의 계약 이론은 그러한 논증 방식이 합당한 원리를 도출하기 위해 가장 적절한 것으로 본다는 점에서 일치하고 있는 셈이다.

그런데 계약 논증에 있어서는 이론의 연역적 기초로서 전제 속에 어떤 인간관 내지는 개인의 모형이 투입되는가가 중요하며, 합당한 전제가 설정될 경우 우리가 얻고자 하는 원리에의 추론이 보장된다. 전제가 지나치게 과중할 경우 다시 그 전제 자체를 정당화해야 하는 부담을 안을 뿐만 아니라 합당한 원리를 도출하기도 어렵다. 반면에 전제가 지나치게 미약하거나 극단적으로 추상화된 인간관이 가정될 경우 바람직한 원리의 도출이 불가능하며, 우리의 숙고된 도덕 판단에 부합하는 원리를 얻기가 어려워진다. 역사적 잔재를 배제하기에 충분할 만큼 일반적이어야 하고, 실질적인 원리 체계를 결과하기에 충분할 만큼 구체적인 것이어야 한다.

롤즈는 이와 같이 가정되는 전제와 도출되는 원칙 간의 상관 관계를 알고 있었던 까닭에 "전통적인 각 정의관마다 그 원칙들이 더 나은 원칙이게끔 한, 최초의 상황에 대한 하나의 해석이 존재한다"[1]고 했던 것이다. 이어서 그는 이러한 사실을 일반화시키는 과정에서 합당한 하나의 정의관에 이를 수 있다고 생각하고 "원칙의 선택에 부과함이 합당하다고 널리 생각되고 있는 조건들을 가장 잘 표현해 주는" 하나의 모형이 있는데[2] 그것이 바로 자기가 제시한 공정으로서의 정의관을 결과하게 된다고 했다. 그러나 여기에서 일반적으로 안게 되는 부담으로서 롤즈가 극복해야 할 것은 합당한 원칙의 도출을 위해 충분히 일반적이면서도 충분히 구체적인 전제를 설정해야 한다는 딜레마의 상황이다. 이 점에 주목하여 홉스와 로크의 두 모형 및 루소와 칸트의 발전된 모형을 살핀 뒤 롤즈의 계약론적 정의관에로 나아가기로 한다.

---

1 J. Rawls, *A Theory of Justice*, p.121.
2 Ibid.

1. 홉스의 모형과 로크의 모형

롤즈는 자신의 목적이 로크, 루소 그리고 칸트에 의해 흔히 알려져 있는 사회계약의 이론을 고도로 추상화시킴으로써 그러한 전통의 치명적 약점들을 극복하는 동시에 그것들이 가진 모든 장점들이 살아나는 일반적인 정의관을 제시하는 데 있다고 했다.[3] 그런데 우리는 그가 직접 언급한 계약론자들 이외에도 사회계약론의 전통에 있어서 홉스의 입장도 중시하고자 한다. 홉스의 계약론적 모형은 롤즈가 볼 때 도덕론으로서 치명적인 난점을 지닌 것이긴 하나 논리적으로 가장 간명하고 단순한 방식으로 정식화된 것일 뿐만 아니라 다른 모든 계약론자들도 그것으로부터 출발해서 비판적으로 자신의 모형을 제시하고자 했던 근대 계약론의 원형이라 할 수 있을 것이기 때문이다.

홉스의 사회계약설을 이해하기 위해 그의 철학적, 형이상학적 입장이 반드시 전제되어야 하는 것은 아니며 보다 본질적인 중요성을 갖는 것은 그의 이기적이고 합리적인 인간관과 그로부터 비롯되는 자연 상태(state of nature)라는 개념이다. 우선 그의 논증에 있어서 그러한 사태가 역사적 현실로서 존재했는지의 여부는 그다지 중대한 의미를 갖지 못하며, 대체로 가정적인(hypothetical) 것으로 간주하는 것이 합당하다고 생각된다. 이렇게 볼 때 그의 계약론에 있어서 자연 상태란 대체로 두 가지 의미를 함축하고 있는 것으로 해석될 수 있을 것이다.

하나는 국가가 존재하지 않는다고 가정할 경우 우리의 인생이 얼마나 살벌하고 비참했을지를 보여주려는 것으로서 홉스가 생각하기에 효율적인

---

3 Ibid., p.11.

통치를 위해 반드시 갖추어야 할 모든 권력을 가진 통치자가 없을 경우에 나타나게 될 사태를 의미하는 것이다. 다른 하나는 사회 성원들이 효율적인 통치 체제를 세우는 것이 서로에게 합리적인 이유를 이해하게 되는 관점을 의미한다. 다시 말하면 인간성을 포함한 인간 존재의 영속적인 여건들로 구성된 자연 상태의 관점에서 볼 때 사회의 모든 성원들은 효율적 통치 체제가 존속하여 사회적 안정이 보장되기를 바랄 만한 충분한 이유를 갖게 되며, 이런 한에서 사회계약이 합리적인 것으로 이해된다. 롤즈의 원초적 입장도 바로 이러한 관점으로서의 자연 상태에 대한 합당한 해석으로 제시된 것이라 할 수 있을 것이다.

그런데 홉스는 자연 상태에 있어서 인간들은 대체로 능력에 있어서 동등하며, 동정심 등 타고난 우호적 감정을 갖지 못하고 각자는 이기적으로 자신의 보존과 안녕을 추구하는 비사회적 존재들이라고 한다.[4] 이와 더불어 인간의 욕구를 만족시켜 줄 자원과 수단의 절대적 부족이라는 객관적 여건은 상호 경쟁과 상호 불신을 불가피하게 함으로써 자연 상태는 언제나 전운이 감도는 잠재적 전쟁 상태에로 이행하지 않을 수 없다.[5] 그러나 홉스에 의하면 인간은 또한 그러한 전쟁 생태가 자기 보존이라는 지배적 관심에 위배된다는 것을 알 정도로 충분히 합리적인 존재이며, 자연적인 능력인 이성을 통해서 자연 상태의 황량하고 비참한 삶이 개선될 수 있음을 안다는 것이다. 그래서 인간의 이성은 평화를 위한 조항들을 제시해 주는데, 홉스는 이를 자연법(law of nature)이라 불렀으며[6] 그 핵심은 기독교의 황

---

4 Thomas Hobbes, *Leviathan*, C. B. Macpherson(ed.) (Penguin Books, 1980), pp.183–88 참조.

5 Ibid., p.185.

6 Ibid., p.189.

금률(Golden Rule)의 정신으로 요약된다.

그에 따르면 인간의 이성에 의해 발견되는 자연법으로 인해 인간은 모두에게 불운한 자연 상태로부터 계약을 통해 국가를 구성하는 것이 자기의 합리적 타산(prudence)에 부합하는 것임을 이해하게 된다. 이렇게 해서 전통적으로 종교적 내지는 형이상학적인 근거에서 이해되어 오던 자연법이 홉스에 있어서는 순전히 합리성에 의거한 실천적 추론의 결과요, 타산 판단에 의해 도달된 정리로 해석된다. 따라서 홉스에 있어서 자연법은 타산적 합리성에만 기초하고 있으며, 그의 체계에 있어서 도덕적 추론이나 도덕적 의무라는 개념은 들어설 자리가 없다. 자연 상태에 있어서 이기적 인간들 간에는 설사 각자의 자기 보존을 위해 자연법을 지키자는 계약에 합의한다 할지라도 모두가 준수하리라는 계약 이행을 보장할 길이 없으며, 따라서 홉스에 있어 이러한 인간의 타산적 이기성은 강력한 장치에 의해 제어되어야 한다는 결론이 불가피하게 된다.

홉스에 의하면 모든 사람들이 두려워할 통치 권력이 존재하지 않는 자연 상태에 있어서는 사람들이 주어진 여건하에서 각자 개별적으로는 합리적 행위를 한다 할지라도 그것은 결국 상호 파괴적인 전쟁 상태를 결과할 뿐이며, 이는 전체적으로 볼 때 불합리한 것이 아닐 수 없다. 이런 의미에서 그의 자연 상태는 '죄수의 딜레마(prisoner's dilemma)'라 불리는 상황을 일반화한 것에 불과하다고 볼 수 있다. 왜냐하면 자연 상태는 서로를 모르는 다수의 사람들로 구성된 상황이며, 만일 그들 대부분이 자연법을 위반하면 상호 파괴적인 전쟁 상태를 유발하게 되고, 대부분이 자연법을 지키게 되면 서로에게 이로운 평화가 가능하지만 각자는 다른 대부분의 사람이 자연법을 따를 경우 혼자 어김으로써 이득을 볼 수도 있으며, 대부분의 사람이 어길 경우 그것을 지키는 소수의 사람들은 치명적인 손해를 입게 되기 때문이다.[7]

이러한 상황에서 생기는 문제는 서로에게 이익이 되는 상태를 규정, 확립하고 그러한 상태를 안정화시켜 줄 방안을 찾는 일이다. 즉 각 개인에게 그러한 상태를 유지하는 데 있어 요구되는 규칙을 준수하게 하기 위한 충분한 동기와 근거를 부여하는 일이다. 이에 대한 해결책으로서 홉스는 모든 사람이 사회계약을 통해 자신의 모든 권리를 양도함으로써 그러한 상태를 유지하기 위해 필요한 모든 권력을 갖는 통치자(sovereign)를 내세울 것을 주장한다. 여기에서 주목할 만한 사실은 통치자는 사회계약의 당사자가 아니라는 점과 신민(臣民)이 되는 자들은 그의 통치를 평가하고 판단하는 권리마저도 포기해야 한다는 점이다.[8]

홉스에 대해 가능한 몇 가지 반론을 제시해 보면 우선 홉스는 절대 권력에 의해서만이 사회의 안녕이 효율적으로 보장될 정도로 인간을 철저히 이기주의적이고 자기 중심적인 존재로 규정하고 있다. 그러나 절대 권력에 의한 해결은 지나친 대가를 치르는 것이며, 그러한 극단론을 피하기 위해서는 그 전제가 되는 인간관이 재고되어야 하리라고 생각된다. 홉스의 인간관에 있어서는 언제나 자신의 이득만을 계산하는 이기적 존재만이 있을 뿐이며, 설사 자연법이 도덕법으로 생각될 수 있다 할지라도 그것을 욕구하고 실행하는 동기는 여전히 이기적이고 타산적인 것으로 남는다. 이 점

---

7 이는 A.W. Tucker에 의해 두 사람 간의 비협동적, 비영합적 게임(two-person, non-cooperative, non zero-sum game)을 예시하기 위해 제안된 것이다. 비협동적이라 함은 그들 간의 합의 사항이 구속력을 갖지 못하기 때문이며, 비영합적이라 함은 한 사람에게 이득이 되는 것이 반드시 다른 사람의 손실을 가져오는 것이 아니기 때문이다. 이것은 각자의 관점에서 보면 합리적인(separately rational) 의사 결정이 결국은 모두에게 더 불합리한(collectively irrational) 결과를 가져오게 됨을 보여주고 있다. 홉스의 자연 상태는 죄수의 딜레마에 대한 고전적 사례로 볼 수 있으며, 그는 분명한 문맥에서는 아니나 직관적인 방식에서나마 이러한 논리를 염두에 둔 것으로 보인다. J. Rawls, *A Theory of Justice*, p.269 참조.
8 T. Hobbes, op. cit., p.227.

에 있어서 흄은 홉스의 인간관에 중대한 수정을 가한다. 흄에 의하면 인간은 도덕의 바탕이 될 제2의 본능과도 같은 동정심(sympathy)을 개발하게 되며, 이러한 자연적 경향성은 사회 속에서 도덕적인 생활을 지속함에 따라 더 강화될 수 있다고 한다.[9] 그러나 홉스는 이러한 가능성을 고려하지 않았으며, 자연 상태에 있어서나 사회 속에 있어서나 인간은 영원히 이기주의자로 머물 뿐이다.

또 한 가지 비판은 비록 우리가 홉스의 인간관을 그대로 용납한다 할지라도 그의 이론은 여전히 난점을 내포하게 된다는 것이다. 이러한 점에서 그와 동시대인인 로크는 홉스의 인간관을 전제한다 할지라도 그가 말하는 합리적 이기주의자가 그러한 절대 군주를 내세운다는 것은 불합리하다고 말했다. 로크에 의하면 "비록 사람들이 사회 속으로 들어갈 경우, 그들이 자연 상태에서 누리던 평등, 자유, 능력 등을 사회의 손에 맡긴다 할지라도 … 그것을 자기 자신, 특히 자신의 자유와 재산을 더 잘 보존하려는 의도를 가지고 하게 된다. 왜냐하면, 더 처지가 나빠지려는 의도를 가지고 자신의 조건을 변경시키려는 합리적 존재는 생각할 수가 없기 때문이다."[10] 확실히 자연 상태에서 누리던 평등을 포기해서 대등한 어떤 적대자보다도 더 강력한 군주를 설정한다는 것은 불합리한 처사이며, 따라서 개인 위에 군림하는 절대권을 도출하려는 홉스의 추리는 합리성에 의해서도 부당한 것이 된다는 것이다.

이와 관련해서 로크는 이기주의적 인간관에 입각한 홉스의 체계 속에서 하나의 부정합(不整合)을 발견한다. 홉스에 의하면 계약이란 사회의 성원

---

9 J. L. Mackie, *Ethics*(Penguin Books, 1977), pp.111-15 참조.

10 John Locke, *Second Treatise of Government*(1690), ch. 9, sec.13. Thomas P. Peardon(ed.), *The Second Treatise*(Indianapolis, Bobbs-Merrill, 1952) 참조.

간에 성립하며, 그 속에 군주는 포함되지 않는다. 그런데 군주 자신도 하나의 인간인 이상 이기적인 존재가 아닐 수 없으며, 따라서 군주와 백성은 계속 자연 상태 속에 있게 되고, 그런 한에서 전쟁 상태를 계속하게 된다. 이를 극복하기 위해 그와의 사이에 다시 하나의 계약이 성립하게 되면 그의 권능이 제한될 뿐만 아니라 계약의 효율적인 시행을 위해서는 보다 고위에 있는 또 하나의 군주가 필요하게 되고 이러한 과정은 무한 소급을 요구한다는 것이다. 이러한 이유로 인해서 홉스는 우리가 군주를 신뢰하는 수밖에 없다고 했지만 로크는 전쟁 상태를 영속화할 뿐만 아니라 그것도 가장 불평등한 조건 위에서 전쟁을 지속시키는 그러한 입장은 부당한 것이 아닐 수 없다고 비난한다.

이런 식으로 생각해 갈 때 결국 우리는 다음과 같은 결론에 이르게 된다. 도덕이 권력에 의해서만 실현될 수 있다면, 즉 그것이 힘을 배경으로 하지 않고는 인간의 행위를 구속할 수 없다면 도덕은 성립할 수 없으리라는 점이다. 왜냐하면 통치권의 무한 계열이란 있을 수 없으며, 따라서 최종적인 권력체가 존재해야 하기 때문이다. 그렇게 될 경우 우리는 최종 권력의 비도덕 내지는 무도덕을 배제할 수 없으며, 그런 권력을 세우는 이상 결코 그러한 궁지에서 헤어날 길이 없는 것이다. 이러한 문맥에서 워녹(G. J. Warnock)은 "만일 강제가 순수한 우연에 의해서가 아니고 어떤 일반 이익을 위해 작용하기 위해서는 자신의 행위는 강제됨이 없이 일반의 이익을 위해서 기꺼이 행위할 수 있는 몇 사람 혹은 많은 사람이 있어야 함을 주장하는 것은 합당한 것으로 보인다"[11]고 했다.

새로운 계약론의 모형으로 이러한 난제를 해결하고자 했던 로크는 통치

---

11 G. J. Warnock, *The Object of Morality*(London, Methuen, 1971), p.75.

권의 소재를 정부로부터 국민에게로 이전시켰다. 그래서 정부는 사람들이 일정한 목적을 위해서 그 권력의 일부를 양도한 국민의 대행자로서의 의미를 갖게 된다. 정부와 국민 간에 계약이 이루어지기는 하나 그것은 대등한 자들 간의 계약이기보다는 재산 소유자와 그 관리자 간의 계약에 가깝다. 따라서 백성과 군주 간에 문제가 발생할 경우 판관은 당연히 백성이어야 한다고 로크는 말한다. 단순한 관리자는 소유자의 처분에 따라야 할 것이기 때문이다.

또한 로크는 홉스적 인간관에 함축된 현실적 문제를 해소하기 위해서 도덕 법칙은 궁극적인 통치자의 행위는 물론이고, 그 내면적인 양심에 대해서도 구속력을 갖는 것으로 이해되어야 한다고 주장한다.[12] 이를 위해서는 도덕 법칙이 전제 군주와 같은 외적 강제가 없이도 인간의 행위를 구속할 수 있지 않으면 안 되며, 이는 결국 도덕 법칙이 국가 사회가 있기 이전의 자연 상태에 있어서도 인간의 행위를 구속할 수 있음을 의미한다. 이렇게 해서 사람들은 정당한 권력을 정당한 방식으로 정부에 양도할 수 있으며, 정부의 비위를 발견할 경우 역시 그 권력을 정당하게 박탈할 수 있게 된다. 국민들만이 도덕적인 의미에 있어서나 자연적인 의미에 있어서 국가 권력의 근원인 까닭에 정부는 그들의 동의 없이 어떤 정당한 권력의 행사도 불가능하다. 따라서 국민이 피치자인 동시에 통치자이어야 하는 것이다.

로크는 도덕이나 윤리 체계도 수학의 체계와 마찬가지로 논증될 수 있는 것으로 생각한다.[13] 그리고 그도 홉스와 마찬가지로 어떤 정치적 지배자도 존재하지 않는 자연 상태에서 출발한다. 나아가서 그는 이러한 상태에 있

---

12 Harry Prosch, *The Genesis of Twentieth Century Philosophy*(New York, Doubleday & Company, Inc., 1964), p.180.
13 Ibid., p.181.

는 사람들이 어떤 종류의 정부를 합리적으로 설립할 것인가를 논증하고자 한다. 그러나 로크는 실제로 그러한 자연 상태가 존재했다고 믿으려는 경향을 보임으로써 흄의 비판을 받기도 했다. 하지만 인간의 역사에 있어서 그와 같은 단계가 현존했었는가는 그의 논증에 있어서도 그다지 중요한 의미를 갖는 것은 아니다. 오히려 그의 의도는 국가가 없을 경우 어떤 문제가 생겨나며, 따라서 국가를 세우는 것이 합리적인 이유가 어디 있는가를 보이고자 하는 데 있다. 홉스와 마찬가지로 로크도 국가와 같은 것이 없을 경우 그것을 설립할 충분한 이유가 있다고 믿었다.

로크의 도덕 체계에 있어서 가장 기본적인 개념은 재산권, 즉 사물에 대한 권한(title)으로서의 소유권이다. 우리 자신을 사물에 투여해서 결합시키는 노동은 그러한 권한을 우리에게 부여한다. 노동은 우리 자신의 일부로서 우리의 능력을 사물 속에 투입하는 것이며, 그로 인해서 우리는 사물과 결합하게 되고 사물은 우리 자신과 동화된다. 이렇게 해서 그 사물은, 나 자신의 일부가 나의 것이고 나에게 속하는 것이듯 나의 소유로 변화한다.[14] 이러한 사실은 그 사물이 나의 직접적인 창조물일 때 더욱 명백해지는데 그럴 경우에 그것은 그것을 만든 창조자의 연장에 불과한 것이기 때문이다.

로크에 의하면 필연적 존재로서 신(神)도 이상과 같은 방식으로 그 자신의 목적에 따라 우리 인간을 창조했으며, 따라서 우리에 대해서 권한을 갖는다는 것이다. 우리는 그의 재산에 불과하며, 따라서 우리는 자신의 생명에 대해서는 물론이고 타인의 생명에 대해 아무런 권한이 없다. 우리는 자신의 생명을 신으로부터 위탁받은 자요, 그의 재산 관리자(repository)에

---

14 Ibid., p.182.

불과하며, 따라서 그것을 보존해야 할 책임을 진다. 나아가서 우리는 타인의 자유에 대해서 아무런 권한을 갖지 않는다. 왜냐하면 인간이 자유로운 행위에 의해서 자신의 생을 영위하고 생명을 보존하는 것이라면 타인의 자유에 대한 권한은 결국 그의 생명에 대한 권한을 함축할 것이기 때문이다.[15]

물론 넓은 의미의 재산에는 생명과 자유도 포함될 것이나 로크에 의하면 좁은 의미의 재산(property)에 대한 권한도 본질적인 중요성을 갖는다. 왜냐하면 인간이 노동을 통해서 자신과 결합한 사물에 대해서 권한을 갖지 않는다면 그는 자신의 생명의 일부에 대한 권한을 상실하는 것이기 때문이다. 그리고 또한 얼마간의 재산은 인간의 생명 보존을 위해서도 불가결의 것이다.[16] 이렇게 해서 로크에 있어서 인간은 자신의 생명, 자유, 재산에 관한 세 가지 권리를 갖게 된다. 이러한 권리는 모든 개인이 소유하고 있는 것으로서 아무도 타인의 그러한 권리를 침해할 수 없으며, 인간은 그러한 권리를 행사함에 있어서 오직 신에 대해서만 책임을 진다.[17]

이러한 권리는 어떤 자연법의 존재를 지시하며, 그것은 사실상 로크에 있어서 신의 법을 의미한다. 신에 의해 부여된 그러한 자연법은 인간으로 하여금 타인의 생명, 자유, 재산의 침해를 규제하기 위한 것이다. 그러나 이러한 신학적 배경에도 불구하고 로크는 자연법의 근거를 인간의 이성에 둠으로써 경험적인 도덕철학을 전개하고자 한다. 여하튼 자연 상태에 있어서 이미 도덕 법칙은 존재하며, 그것은 인간의 자연적 빛인 이성에 의해 알려지는 것이다. 그리고 또한 아무도 그러한 신법 내지는 자연법을 판정할

---

15 Ibid.
16 Ibid.
17 J. Locke, op. cit., ch. 2, sec. 6.

특별한 권위를 부여받은 자는 없으며, 각자가 자기 행위의 판단자이자 자연법의 시행자로서의 권리를 갖추고 있다.

그렇다면 로크에 있어서 자연 상태에 있던 사람들이 계약을 통해서 국가가 정부를 수립하는 합리적 이유는 무엇인가? 홉스와는 달리 로크에 있어서 자연 상태는 본질적으로 전쟁 상태가 아니다. 따라서 계약을 위한 다른 이유의 제시가 요구된다. 로크가 제시하고 있는 몇 가지 이유를 요약해 보면 우선 자연 상태에 있어 자연법에 대한 인식이나 해석이 사람에 따라 다르고 다양할 수 있다는 것과 자연법의 시행에 있어서 규제나 처벌의 문제가 있다는 것이다. 따라서 자연법에 대한 공통된 이해의 기반이 요구될 뿐만 아니라, 그것을 판정해 줄 공정한 판관과 그러한 판정을 시행하고 그 위반을 방지해 줄 적절한 권력 기관이 필요하게 된다. 바로 이러한 점에서 사람들은 자연 상태보다 계약에 의한 국가 사회 속에 살기를 원하게 될 충분한 이유가 있다는 것이다.[18]

그런데 합리적인 존재라면 더 나쁘게 되려는 의도하에 자신의 조건을 변경시키라고 생각될 수는 없는 까닭에 사람들은 국가에 대해서 자신의 모든 권리를 양도하지는 않는다고 한다. 로크에 있어서 국가는 홉스식의 리바이어던(Leviathan)이 아니라, 일부의 권리를 양도하되 그것도 국가가 생명, 자유, 재산에 대한 각자의 자연권을 보장해 준다는 조건하에 성립한다는 것이다.[19] 나아가서 로크에 있어서는 국가란 단지 계약에 의해 형성된 공동체인 까닭에 국가의 정책은 공동체에 의해서 결정되거나 혹은 일치된 합의가 없을 경우에는 성원의 다수결 원칙(majority rule)에 의해 결정되는 것이다.[20] 물론 이러한 다수결 투표도 사회계약의 기본적 조항, 즉 개인은

---

18 Ibid., ch. 3, sec. 21.
19 Ibid., ch. 11.

자연법의 효과적 시행을 위해 권리의 일부를 양도한다는 것과 국가는 모든 사람을 평등하게 다스리는 공법의 테두리 내에서 개인의 자연권을 보장한 다는 조항을 침해할 수 없다. 그래서 국가는 시민들의 자연권의 수탁자인 동시에 그 보호자인 것이다. 왜냐하면 로크에 있어서는 그러한 국가를 형 성하기 위해서 자연 상태를 떠나는 것만이 합리적이 되는 것이기 때문이 다.

로크의 입장을 비판하기에 앞서 한 가지 주목할 만한 사실은 그가 자연 상태에서 이미 가정하고 있는 재산권 내지는 사유재산제도와 관련된 것이 다. 그런데 그는 자연 상태의 재산 소유에 있어서 축적될 수 있는 재산의 양에 아무런 제한도 두지 않고 있으며, 단지 허비되지 않을 정도의 축적이 라고만 규정하고 있다. 다시 말하면 '자연물이 타인에게도 충분할 정도로 많이 남겨져 있는 한', 그리고 소유물이 썩거나 손상되지 않는 한 소유의 정도에 제한이 없다는 것이다. 그리고 자신이 사용할 수 있는 이상을 취한 다 할지라도 교환 매체가 도입되면 잉여물의 손상 문제도 해결된다. 그래 서 로크는 그러한 불변하는 교환 매체로서 자연 상태 속에 화폐(money)의 도입을 가정한다.[21] 이렇게 될 경우 자연 상태는 소수자가 자신의 재능, 노 력, 교환 및 행운에 의해서 거대한 재산을 갖게 되는 불평등한 분배 상태가 결과되며, 이러한 불평등은 계약을 통해 국가 그 자체에로 이행하게 됨으 로써 시민 사회의 불평등마저 정당화되는 길이 열리게 된다.

이와 더불어 로크에 있어서는 시민 사회의 불평등이 시정될 수 있는 아 무런 제도적 장치도 인정되지 않고 있다. 이미 앞에서 논의된 바와 같이 로

20 Ibid., ch. 8, sec. 95-99.
21 Ibid., ch. 5, sec. 27과 ch. 5, sec. 26 참조.

크에 있어서는 자연권의 내용뿐만이 아니고, 그것을 보호하는 국가의 기능도 소극적인 것에 불과하다. 다시 말하면 자연권이 타인으로 하여금 생존을 위한 필수적인 기본선 혹은 기본 가치를 제공하게 하는 것이 아니고, 단지 각자가 그런 선이나 가치를 추구함에 있어서 상호 불간섭을 의미하는 것임과 마찬가지로 국가도 복지의 제공자가 아니고 심판관에 불과한 소극적 기능만을 갖는다. 그 역할은 모든 경쟁자들로 하여금 상호간의 권리를 확인시킴으로써 자유로운 경쟁 체제를 유지시키는 것이다. 로크의 국가는 각자가 자신의 복지를 자유로이 추구하는 과정에서 타인의 자유로운 추구를 침해하지 않게 확인하는 기능만을 수행하는 것이다.[22]

로크의 국가관에 대한 비판은 주로 경제적 부(富)의 불평등한 분배를 허용, 정당화한다는 점에서 제시된다. 이미 살핀 바와 같이 교환 수단인 화폐가 자연 상태에 도입됨으로써 불평등이 생겨나게 되고, 그것이 계약을 통해 시민 사회에 이행됨으로써 정당화, 영속화한다. 나아가서 경쟁적인 자유 시장 내에서는 세대가 나아갈수록 본인 자신의 능력만에 의해서가 아니라 그들이 태어난 사회적 지위로 인해서 재산을 축적하게 된다. 그래서 비록 모든 이가 재산에 대한 동등한 권리를 지닌다 해도 재산을 얻기 위한 현실적인 능력에 있어서 그들은 불평등할 수밖에 없는 것이다. 따라서 자유 시장 체제 내에서 경쟁의 공정한 옹호자라면 소득, 재산, 권력의 재분배 원리를 통해서 자유 시장의 교환 규칙을 보완해야 한다. 이는 자유에 대한 소극적 권리 이상으로 적극적 권리가 요구됨을 의미하며 야경 국가에 대신해서 복지 국가관의 출현이 정당함을 뜻한다. 사람들이 자신의 정당한 소유권을 갖는다 할지라도 그 권리가 절대적이라는 결론은 나오지 않으며, 최

---

22 Ibid., ch. 5, sec. 50.

소한의 인간다운 생활 조건에 대한 적극적 권리도 갖는다고 생각된다.

이상과 같이 살펴볼 때 과연 합리적 인간들이 로크적 계약 조건에 합의할지는 의심스럽다. 로크는 계약 당사자들이 자연 상태에서 결과된 경제적 불평등을 시민 사회 속에 옮겨 놓으리라고 가정한다. 그러나 이러한 가정은 정당화되기가 어렵다고 생각되며, 자연 상태에서 혜택을 받지 못한 사람들이 그러한 조건에 합의하리라는 합리적 근거를 대기도 어렵다. 그리고 로크와 같이 소극적 권리의 주장자들이 흔히 당하게 되는 비판은 그것이 옹호하려는 경제적 경쟁은 불공정하다는 것과 이러한 경쟁에서 생기는 불평등은 계약 상황에서 합리적 인간들의 합의를 얻기 어렵다는 점이다. 결국 우리는 국가가 갖는 기본적 기능에 관한 로크의 이론, 즉 국가의 기능은 시민의 자연권을 옹호하는 것이어야 한다는 입장에 합의한다 할지라도 그러한 시민의 권리가 소극적 측면에 국한되어야 한다는 결론에 이견을 갖게 되며, 보다 적극적인 권리를 옹호하는 국가관으로 나아가게 되는데, 바로 이러한 지점에서 롤즈의 정의론이 시작된다 할 것이다.

롤즈의 관점에서 가능한 한 가지 비판은 로크의 계약론이 특정한 선이나 가치관에 의거해서는 안 된다는 의무론적 요구를 만족시키지 못한다는 것과 관련된다. 인간의 가치관은 다양하며, 따라서 지배적인 하나의 목적이란 있을 수 없다. 롤즈에 의하면 "가치관을 선택하는 자유는 그러한 가치관에 선행적인 제약을 가하지 않는 이론에서 연역된 원칙에 의해서만 제한된다"는 것이다.[23] 그런데 로크는 인간이 사회와 국가에 들어가는 가장 크고 주된 목적은 자신의 재산권을 보장하기 위한 것이라 하고, 그러한 목적이 자연에 의해 주어진 것임을 계약의 전제로서 받아들인다. 이러한 점에서

---

23 J. Rawls, *A Theory of Justice*, p.253.

홉스의 계약론을 비판한 칸트의 의무론적 입장은 그대로 로크에게도 해당 된다고 생각된다. 홉스와 마찬가지로 로크도 인간이 우연적으로 공유하게 된 목적을, 모든 인간이 규제되어야 할 정의의 원칙에 대한 연역의 전제로 삼고 있다 할 것이다.

나아가서 자연권에 의거한 로크의 계약론은 롤즈적 관점에서 볼 때 또 한 가지 비판이 가능한데 그것은 신의 법이나 자연법에 의거하는 것은 계 약론의 전제로서는 지나치게 과중한 것이라는 점이다. 롤즈는 정의의 원칙 이 "강한 전제에 의거하지 않기를 보장하기 위해서"[24] "일반적으로 공유되 며 더 약한 조건으로부터"[25] 추론해야 할 것을 요구한다. "우리는 이론의 기초로서 가능한 한 적게"[26] 가정해야 하기 때문이다. 합당한 원칙 체계의 도출을 위해서 홉스의 전제가 지나치게 빈약하거나 왜곡된 것이라면 로크 의 그것은 지나치게 과중하거나 보수적이다. 롤즈의 관점에서 볼 때 어떤 모형도 합당한 정의 원칙의 도출을 위한 순수 절차적 모형이 되기에는 그 절차 자체 속에 불순한 역사적, 사회적 침전물이 함축되고 있으며, 이것은 보다 추상화, 일반화의 과정을 거쳐 절차의 순수화가 요구된다 할 것이다.

2. 루소와 칸트에 의한 발전

로크의 정치철학에 내포된 실천적 함축은 홉스의 그것에 비해서 당대에 더 설득력을 가진 것이었으며, 백여 년 동안이나 별다른 비판이 없었다. 그 러나 그 방법론적 기초는 흄을 위시한 대부분의 공리주의자들에 의해 공격

---

24 Ibid., p.129.
25 Ibid., p.20.
26 Ibid., p.129.

을 받기 시작했다. 고전적 공리주의를 창도했던 벤담은 「무정부론적 오류」라는 그의 주요 논문에서 "자연권이란 단지 무의미한 말일 뿐이다. 자연적인 절대권이란 웅변적 헛소리요 과장된 호언장담에 불과하다"고 했다.[27] 그리고 이러한 방법론적 비판과 더불어 스미스를 위시한 공리주의적 경제학자들이 그 사회 경제학적 의의를 분석하기 시작했을 때 로크의 정치 이론은 그 실질적 내용에 있어서도 비판을 받지 않을 수 없었다. 흄과 스미스 등이 남긴 중대한 공헌 중의 하나는 사회의 원자적 단위인 개인간의 관계에 있어서 새로운 차원을 규명했다는 데 있다. 개인들은 홉스나 로크에서 보이는 소극적 관계만인 아니라 상호간에 적극적 관계도 형성한다는 것이다.

도래할 자연주의의 전위적 인물로서 흄은 신의 존재 및 사회계약이라는 허구에 기초를 둔 사회철학의 약점을 간과할 수 없었다. 그는 도덕이나 법체제 그리고 정의와 재산이라는 관념의 기원을 인과적 분석을 통한 자연적 근거에서 설명하고자 하였고, 그러면서도 그것이 우리의 사회적 삶을 위한 실질적 지침이 될 수 있게 하려고 했다.[28] 그에 의하면 인간은 사회적 관계를 형성하려는 기본적인 적극적 능력으로서 동정심(sympathy)을 갖는다는 것이다. 그리고 사회는 그러한 능력을 기초로 해서 자연적으로 성장해 온 것이며, 재산이나 정의도 점진적이고 자연적인 발전의 산물이라고 하였다. 그러나 흄 이래의 공리주의자들은 또 다른 극단으로 나아간 나머지 이미 제 I 부에서 지적한 바와 같이 여러 가지 문제점을 내포할 뿐만 아니라

---

27 J. Bentham, "Anarchical Fallacies", A. I. Melden(ed.), *Human Rights*(Belmont Calif, Wadworth, 1970), p.32.

28 David Hume, "On the Original Contract", Ernest Baker(ed.), *Social Contract* (Oxford Paperbacks, 1971), pp.145-66 참조.

철학적 의미에서 진정한 발전으로 보는 데는 이론의 여지가 있다 할 것이다.

이러한 점은 후기의 공리주의자인 J. S. 밀에 있어서도 마찬가지이며, 그는 그러한 상황을 인식하고 있었으면서도 그에 대한 명확한 해결책을 제시하지 못했던 것이다. 그는 로크에서 벤담에 이르는 전통에서 결여되고 있는 점을 보완하는 데 자신의 생애를 보낸 셈이다. 이미 살핀 바와 같이 콜리지(Coleridge)의 시적(詩的) 상상력에 의해 해석된 대륙 철학에 눈뜨긴 했으나, 영국의 전통에 깊이 집착하고 있었다. 개인적 자유의 영역과 사회적 규제의 영역 간에 역동적 변증법(밀은 이것을 'vital dialectics'라고 불렀다)은 그가 언제나 염두에 두고 고심했던 문제였으나, 결국 그는 자신의 생애를 통해서 그것들에 대한 정합적인 종합을 이룩하지 못했다고 생각되며, 진정한 종합은 당대에 이미 대륙 쪽에서 구상되고 있었던 것이다.[29]

루소는 비록 흄의 동시대인이긴 했으나 홉스와 로크의 사회계약론적 전통을 포기하지 않았으며, 이를 더 발전된 형태로 전개하고자 했다. 루소도 자신의 계약론적 기초를 그의 고유한 인간 이해에서 찾고자 한다. 그는 인간성이 본래 선하다고 믿었고, 이러한 사실을 보이기 위해 전통적 원죄설을 비판하는 데서 시작하고 있다. 원죄설에 의하면 최초의 인간은 원래 자연적 완전성을 소유하고 있었으나, 교만에 의해 동기화된 자유 의지의 악용이라는 스스로의 잘못으로 인해 범죄하게 되었으며, 이로 인해서 세상에는 비참과 죄악 등이 번성하게 되었다. 그리고 우리 모두는 원조들의 죄에 공동 참여하게 되며, 이러한 상태로부터의 구제는 오로지 산의 은총에 의해서만 가능하다는 것이다.

---

29 H. Prosch, op. cit., p.211.

그러나 루소에 의하면 최초의 상태인 자연 상태는 자연적 완전성을 갖는 상태가 아니라, 완전에 대한 우리의 잠재적 능력인 이성이나 도덕감이 아직 개발되지 않은 원초적 상태였다. 그러한 능력들은 사회 속에서 일정한 발전 과정을 거쳐서만 완전히 실현될 수 있다는 것이다. 그리고 인간의 비참과 현재의 죄악 및 그릇된 가치들은 자유 의지에 의한 선택으로 말미암은 것이 아니고 불행한 역사적 우연성과 사회적 여건으로 인한 것이라 했다. 또한 최초의 인간이 교만한 동기를 갖는다는 것은 불가능한 일이며, 그러한 것은 오직 사회 속에서만 발견될 수 있고 악과 거짓 가치의 전파도 사회제도로 인한 것이라고 한다. 나아가서 인류의 구제도 오로지 인간 자신에 의해서만 이루어질 수 있다는 것이다. 이와 같이 사회 발전에 대한 루소의 설명은 지극히 세속적이고 자연주의적인 색채를 띠고 있으며, 그런 점에서 다른 계몽주의자들과 유사성을 보이고 있다.[30]

인간의 자연적 선을 내세우는 루소는 사회 이론의 전제로서 원죄설을 거부하는 동시에 홉스적 인간관에 대해서도 부정적이다. 홉스는 교만과 허영 및 지배욕이 기본적인 원초적 충동이라 생각하며, 그로 인해 자연 상태는 전쟁 상태를 방불케 한다. 그러나 루소는 이에 반대하고 인간은 원래부터 사회적 성향을 갖는다는 것을 인정한다. 루소에 의하면 원초적인 자연 상태에 있어서 인간은 자연적 욕구에 의해 움직이기는 하나, 그것은 자기애(自己愛, amour de soi)에 의해 인도되는 동시에 동정심(compassion)에 의해 제약을 받는다고 한다. 그는 동정심이나 이와 유사한 감정을 자기애로 환원하는 홉스에게 반대하고, 자기애와 동정심을 구분하고 있으며, 사실상 이성에 의해 인도되고 동정심에 의해 조정되는 자기애는 적절한 사회

---

30 J. Rawls, *Social and Political Philosophy*(1981), 강의 노트 참조.

적 여건과 교육을 통해 인간적이고 도덕적인 행위의 심리적 기초를 제공할 수 있다는 것이다.[31]

원초적인 인간성과 그 성향에 대한 이러한 논의가 사회 이론에 대해서 갖는 함축은 지극히 중요한 것이다. 물론 현실적 인간은 교만과 허영, 지배욕에 의해 움직이기도 하고, 그것이 정치 활동에 있어서도 중요한 요인이 된다는 점은 사실이다. 그러나 더 중요한 것은 그러한 경향성이 원초적인 것인가, 아니면 파생적인가를 묻는 일이며, 특정한 사회에 의해 조건화된 성향을 인간의 본성으로 규정할 경우 말과 마차의 위치를 뒤바꾸는 오류를 범하게 된다. 이와 관련해서 루소는 시민적 자유가 보장되고 이성이나 도덕감 등 인간의 능력이 실현되며, 그러면서도 교만과 허영의 악덕과 지배 복종의 관계와 허위 가치 및 부정의가 생겨나지 않는 사회가 가능하다고 주장하고, 그 이유는 그러한 나쁜 가치를 지지하는 요인이 인간 본성의 원초적 구조 속에 없기 때문이라고 했다.[32]

동일한 계약론적 전통에 서면서도 루소는 로크와도 다른 접근 방식을 취한다. 로크는 계약 당사자가 시민 사회에 들어갈 때 양도할 수 없는 자기 권리의 일부를 견지한다고 주장하는 데 비해 루소는 만일 개인 각자가 사회에 대해서 일정한 권리를 견지한다고 할 경우 그것은 사회의 성원들이 각자의 개인적 권리를 무조건 존중해야 함을 뜻하며, 심지어 그 권리가 모든 이의 진정한 공동 이익 즉 모든 이의 의지에 직접적으로 반대되는 것으로 생각될 경우에도 그것을 존중하도록 강요당하게 됨을 의미한다고 했다. 사람들이 시민 사회에서 개인의 권리를 절대적으로 소지한다고 할 경우 아

---

31 Ibid. 참조.
32 Ibid. 참조.

무도 자신이 합당하게 의욕하게 될 법의 지배하에서 살 수 있다는 보장이 없으며, 따라서 아무도 진정한 자유를 누릴 수 없는 결과가 된다고 한다.

물론 사람들이 일정한 권리를 소지하고 시민 사회에 들어간다는 것 자체가 로크의 치명적인 약점이 될 수는 없다. 루소에 있어서도 결국 일반 의지(general will)가 각 개인들에게 자신의 신체와 재산에 대한 권리를 되돌려주기 때문이다. 이들간의 중대한 차이는 로크가 그러한 권리를 사회와는 상관없이 신으로부터 부여받는다고 가정하는 데 비해, 루소에 있어서는 보다 현실적으로, 사회를 구성하는 동료 시민들로부터 그 권리를 부여받는 셈이다.[33] 이것이 의미하는 바는 이론적으로 그러한 권리가 비신학적이고 보다 세속적이며, 합리적인 기초 위에 서 있는 것일 뿐만 아니라 실제로 그러한 권리를 행사함에 있어서도 우리는 언제나 단지 자신의 양심에 의해서가 아니라(신에 의거한다는 것은 결국 자신의 양심에 의거하는 것임), 모든 이의 일반 의지에 의해서 자신의 행위를 정당화해야 하므로 더 정의롭게 행사될 수가 있다는 점이다.

『사회계약론』 속에서 루소는 개인에 대한 국가의 권위를 정당화하는 문제를 다음과 같이 해명하고 있다. 우리의 문제는 바로 "전체적인 공동의 힘으로 모든 조직 성원의 신체나 재산을 방어하고 보호해 줄 그러한 조직의 형태, 그리고 그로 인해서 각자는 자기 자신을 다른 모든 사람과 결합시키는 동시에 자기 자신에게만 복종하고 그 이전과 같이 자유로이 남아 있을 수 있는 그러한 조직의 형태가 있는지"를 확인하는 일이라고 했다.[34]

홉스에 있어서 계약 당사자는 그들의 모든 권리를 통치자에게 양도하고

33 H. Prosch, op. cit., p.223.
34 J. J. Rousseau, *The Social Contract*, bk. 1, ch. 6, Maurice Canston(trans.) (Baltimore, Penguin Books, 1968), p.60.

안녕을 얻는 반면 로크의 계약자들은 일부의 권리를 양도하여 생명과 재산을 지키고 루소의 계약자들은 그들의 모든 권한을 양도하여 진정한 자유와 자율성(autonomy)을 확보하고자 한다. 루소에 있어서 이것이 가능한 것은 자신의 권리를 양도한 공동체 내에서 각자는 동등한 성원이며, 아무도 더 유리하거나 불리할 수 없기 때문이다. 따라서 각자는 사회적 의사 결정에 있어서 동등한 언권(言權)을 갖는다. 루소에 있어서 평등이란 집단적 의사 결정의 절차에 있어서 계약 당사자들 간의 공정성의 보장을 의미한다. 바로 이러한 점은 롤즈의 공정으로서의 정의관의 출현을 예견하게 하는 것으로도 생각된다.

사회계약에 대한 역사적 해석을 떠나서 루소는 어떤 조건하에서 합리적인 인간들이 정치적 질서를 받아들이게 되는지를 물음으로써 가정적 관점에서 국가의 합리적 기초를 탐구하려 한다. 그의 대답에 의하면 국가가 개인들의 단순한 집합체가 아니라 공동선(common good)을 중심으로 한 정치적 공동체일 경우에만 국가의 권위를 인정하는 것이 합리적이라는 것이다.[35] 각자가 이기적으로 자신의 이익만을 추구하는 집합체에 비해서 공동체는 단순한 이기주의자들의 집합이 아니라, 그 성원들이 공동선을 얻고자 하는 공동의 목표를 지닌 조직이다. 그리고 루소는 그러한 공동선을 분간해 주는 것은 공동체의 일반 의지라고 믿었다. 일반 의지는 개별 의지로부터 구분되며, 또한 그것은 개별 의지의 집합으로서 전체 의지(total will)로부터도 구분되어야 한다는 것이다.[36] 일반 의지는 공동의 이익을 추구하는 것인 반면 전체 의지는 사적인 이익을 추구하는 개인적 욕구의 총체에 불과한 것이기 때문이다.

---

35 Ibid., bk. 2, ch. 7, p.64.
36 Ibid., bk. 2, ch. 3, p.72.

또한 루소에 있어서는 로크와는 달리 사회란 다수결에 의해 좌우되는 단순한 개인의 집합이 아니다. 로크적인 다수결 원리를 받아들일 경우 계약 당사자들은 그들의 자율성을 확보할 수 없다고 보기 때문이다. 일반적 의미에서 다수결 원칙이란 소수자는 자신이 동의하지 않는 경우에도 다수자에 의해 지지되는 정책을 따라야 한다는 것이다. 따라서 다수결에의 복종은 때로는 자신의 의지를 보류해야 한다는 점에서 자율성의 포기를 함축한다. 루소의 계약자들이 자신의 모든 권리를 공동체에 양도하는 것은 공동의 선을 추구하는 것을 공동체의 기능으로 생각하기 때문이다. 따라서 다수결 원칙에 있어서와는 달리 누구의 선도 타인의 선에 예속되지 않는다는 뜻에서 각자는 이전과 똑같이 자유로운 상태로 남아 있을 수가 있다. 일반 의지에 의해 지배되는 공동체는 일반의 선이나 공동선을 추구하며, 그에 대해서 모든 시민은 동등한 관계를 지닌다.

이상과 같은 루소의 접근 방식이 갖는 의의는 그것이 경쟁적 개인주의를 견제하며, 우리의 관심을 공동선이나 공동의 이익에 집중시키는 데 있다. 그러나 여기에서 문제는 그러한 공동선을 지향하는 일반 의지가 어떤 방식에 의해서 확인되는가에 있다. 그는 이를 확인하기 위한 최선의 방법으로서 일인 일표에 의거한 국민투표의 절차를 제시했다. 그러나 그가 투표라는 의사 결정의 절차에 의거하게 될 경우 다수결 원칙 이외의 현실적 방도를 강구하기가 어렵다. 여기에서 그는 투표인의 판단을 배후에서 규제해 줄 도덕 법칙을 암암리에 언급하게 된다. 그에 의하면 시민들이 각자의 개인적 선호나 욕구에 따라 투표하는 것이 아니라 공평한 관점에서 공동의 선을 확보하기 위해 투표할 경우 표현되는 것이 일반 의지라 할 수 있다. 우리가 일반 의지에 표를 던질 때 우리는 자신의 개인적 관점을 포기하고, 모든 것을 자신과 타인에 공통되는 보편적 관점에서 보게 된다는 것이다. 결국 일반 의지란 일반적으로 혹은 보편적으로 의욕하는 모든 사람의 의지라고 할 수 있을 것이다.

위에서 논의된 바와 같이 루소는 일반 의지를 확인하기 위한 제도적 장치를 논의하던 중도에 투표 과정에 있어서 각 시민의 숙고를 규제해 줄 윤리적 원칙에 대한 해명에로 이행하고 있는 셈이다. 비록 그러한 원칙에 대한 그의 진술이 일반 의지를 확인하기 위한 현실적인 제도 장치에 대한 논의와 혼용되어 있기는 하나 그의 이러한 통찰은 정치적, 도덕적 원리의 정당화를 위한 철학적 기초로 발전될 수 있는 길을 열어 놓았다. 이러한 발전적 전개는 칸트에 의해 이루어졌으며, 그는 루소의 일반 의지로부터 정언명법을 도출하고 이를 도덕과 합법성의 최고 기준으로 삼고자 하였다.[37] 나아가서 그는 도덕에 있어서 자율성의 의의를 강조한 점에 있어서도 루소의 영향을 받은 셈이며, 루소가 그리던 이상 사회의 이념을 목적의 왕국이라는 개념으로 정식화함으로써 롤즈의 질서 정연한 사회라는 개념의 선구를 이루게 된다.

루소는 사회를 다스리는 합법적인 통치 속에 내재하는 도덕 원칙에 주목하고 로크보다 더 순수한 형태로 그것을 전개해 갔다. 그러나 루소에 있어서도 그러한 도덕 원칙이 공동의 복지에 대한 고려나 입법 과정과 관련된 정치적 도덕 원리에 지나지 않았으며, 정치 문제의 해결에 가담하는 자들을 위한 윤리 기준이었다. 칸트는 루소의 입장 속에 함축된 윤리적 의의를 보다 분명히 부각시킴으로써 원리에 입각한 인간의 모든 행위를 규제해 줄 가장 순수한 형태로서의 실천 법칙을 제시함으로써 홉스에서 비롯된 도덕 및 정치 철학의 탐구 과정에 있어서 대단원을 이루게 된다.[38]

칸트는 보편적이고 객관적인 행위 법칙을 정언명법(定言命法,

---

37 H. Prosch, op. cit., p.230.
38 Ibid., p.242.

categorical imperative)이라 불렀다. 그에 의하면 정언명법이란 어떤 특정한 목적을 겨냥한 가언적(假言的)인 것일 수가 없다. 따라서 우리가 그러한 개념에 도달하기 위해서는 우연적이고 특정한 모든 목적을 배제해야 하며, 이러한 추상화의 과정을 통해서 우리에게는 행위 원칙의 형식만이 남게 된다. 따라서 유일한 정언적 실천 원리는 보편적 원리에 따라서만 행위하라는 원리가 될 것이다. 칸트의 주장에 의하면 정언명법의 형식은 이미 그 자체의 정의 속에 내포되어 있는 것으로서, "당신의 행위 준칙(maxim)이 모든 합리적 존재의 보편적 법칙이 될 수 있도록 행위하라"는 것이다. 이와 같이 도덕의 최고 원리는 지극히 형식적이고 추상적인 것으로 생각되기는 하나, 칸트는 그것을 더 구체적인 의무 체계를 전개함에 있어 적용될 형식적 틀이나 절차로 생각했던 것으로 보인다.

그런데 칸트는 이러한 정언명법이 또한 "모든 합리적 존재를 그 자체로서 목적으로 대우하며, 결코 단지 수단으로 대우하지 말라"와 같이 표현될 수도 있다고 주장한다. 칸트에 의하면 이것이 결국 더 형식적인 규정과 동일한 것이 되는 이유는 합리적 존재로서의 인간은 타인을 위한 단순한 수단이 아니라, 그 자체에 있어서 목적으로 스스로 이해되고 있기 때문이라는 것이다. 또한 이것은 칸트에 있어서 계약의 개념이 도입되는 단서를 보여준다. 인간은 타인의 수단이 되는 데 합의할 수는 있으나, 그것은 반드시 각 당사자가 서로 상대방의 목적에 대한 수단이 되게 하는 계약을 통해서만 가능하다는 것이다. 계약이란 자유로운 인간이 상대방의 자유를 침해함이 없이, 다시 말하면 비도덕적으로 됨이 없이 사회 속에서 상대방을 이용할 수 있는 방식이라 할 것이다.[39]

동일한 도덕 원칙에 대한 제3의 표현 방식은 "목적 왕국의 성원으로서 행위하라"는 것으로서 칸트에 의하면 직관적으로 가장 잘 이해될 수 있는 것이라고 했다. 이것은 합리적 인간들로 이루어진 이상적 공동체 즉 목적의 왕국이라는 개념에 의해 표현되고 있는 것으로서 그러한 국가에 있어서는 모든 인간이 따르는 법이 바로 자기 자신의 입법한 것이라는 의미에서 모든 행위 주체는 동시에 통치자인 것이다. 이것은 루소가 기술하고 있는 정당한 이상 국가일 뿐만 아니라, 도덕적 인간들에 의해 정의의 원칙에 대한 철저한 준수가 이루어지는 롤즈의 질서 정연한 사회의 전형이 된다. 그것은 모든 성원들이 보편화 가능한 정언명법에 따라 도덕적인 의사 결정을 하고 타인의 인격을 목적으로 대우하는 윤리적 공화국인 것이다.

칸트의 정치철학이 사회계약론적 전통 위에 서 있다고 하는 것은 여러 가지 점에서 타당하다.[40] 왜냐하면 그는 말하기를 이상 국가나 진정한 공화국은 사회계약에 합치해야 한다는 것이다. "그것을 통해서 사람들이 국가를 형성하게 되는 그런 행위, 더 정확히 말해서 오직 그것을 통해서만 국가의 합법성이 인정될 수 있는 그러한 행위의 이념은 원초적 계약(original contract)이며, 그로 인해서 모든 사람들은 그들의 외면적인 자유를 버리고 공동체의 성원으로서 다시 말하면 국가의 국민으로서 그 지위를 다시 인수하게 된다."[41]

그는 사회계약의 비역사성을 맹백히 함으로써 전적으로 가정적인 성격을 갖는 계약임을 강조한다. 그의 정치철학에 있어서 사회계약이란 국가와 법의 정당성을 판단하는 기준을 제시해 주는 이성의 이념(Idea of Reason)이지 현실적 합의나 실제적 약조와는 아무런 관련이 없는 것이다. 여기에

---

39 Ibid., p.239.
40 칸트의 계약 사상이 가장 명료하게 나타난 저서로는 *On the Old Saw: That May Be Right in Theory but It Won't Work in Practice*, E. B. Ashton(trans.) (Philadephia, University of Pennsylvania Press, 1974) 참조.
41 Ibid. Ernst Cassierer, *Rousseau, Kant and Goethe*(Princeton University Press, 1970), p.35에서 재인용.

서 칸트는 이념이라는 말을 매우 엄밀한 의미로 사용하고 있다. 사회계약의 이념에 대응하는 국가는 "플라톤적인 의미에서 이데아(Idea)와 유사한 것으로서 상상력에 의해 구성된 허구가 아니라, 모든 공공법을 위한 영원한 규범으로서의 의미를 갖는다." 그에 따르면 "원초적 계약이란 사실상 단지 이성의 이념이다. 그러나 그것이 실제상의 현실성을 갖는 것임도 확실하다. 왜냐하면 그것은 입법자들이 법을 제정함에 있어 그 법이 전 국가의 통합 의지에 의해 생겨날 수 있는 방식으로 제정하게 해주고 시민권을 요구할 수 있는 한에서 모든 시민들이 일반 의지에 합의할 수 있는 것으로 간주하게 하는 것이다."[42]

이와 같이 칸트가 사회계약을 시민들이 합당하게 합의할 바를 보여주는 이성의 이념임을 강조하는 것은 전통적으로 계약론에 겨냥된 난점들을 염두에 두고 있기 때문이다. 특히 그의 의도는 국가는 일반적으로 힘과 권력에 기초를 두고 역사적 과정을 거쳐 생겨나는 경험적 산물이지 합의나 계약에 의해 생기는 것이 아니라는 흄의 유명한 반론을 피하려는 데 있다. 여기에서 칸트는 계약의 이념을 현행 입법이나 행정을 판단하기 위한 가정적 (假定的) 기준으로 생각함으로써 흄의 입장과도 조화될 수 있는 것으로 생각했다.[43]

칸트의 계약론은 또한 홉스의 입장에 대한 반론으로서의 의미도 있다.[44] 그의 논의의 중심은 시민 사회의 기초가 될 삼각대로서 자유, 평등, 독립의 원리를 규명하는 일이었다. 홉스는 동일한 원리로서 자연 상태를 규정하고 있으며, 시민 사회에 있어서는 군주에 대한 신민의 복종만을 강조한다. 그

---

42 I. Kant, *On the Old Saw*, p.65.
43 D. Hume, "On the Original Contract" 참조.
44 I. Kant, *On the Old Saw* 참조, 특히 ch. II는 홉스에 대한 반론이라는 부제가 붙어 있다.

러나 칸트는 그러한 원리를 군주의 의무를 포함해서 시민 사회의 존속을 위해 필수적인 기준으로서 강조한다. 홉스는 인간의 자연적 평등, 자유, 독립을 시민 사회에 있어서는 군주의 절대 권력으로 흡수시키는 데 비해서 칸트는 그러한 규범적 개념을 시민 사회에 있어서 과도한 권력의 견제를 위한 인간의 권리를 구성하는 것으로 보았다.

그런데 한편 칸트는 로크가 주장한 저항권(抵抗權)에 대해서도 반대 의사를 보인다. 저항권은 시민 사회와 양립할 수 없는 준칙에 따르는 것으로서 완전히 무정부 상태를 결과할 수도 있기 때문이다.[45] 그는 불완전한 법질서도 무정부 상태보다는 나은 것인 까닭에 비록 통치자가 계약의 이념을 그르칠 경우에도 신민들은 복종해야 한다고 했다. 저항권에 대한 칸트의 거부는, 시민 전쟁이란 시민 사회의 합법적 유대를 파괴하며, 사람들을 다시 자연 상태로 환원시키는 최대의 악이라고 한 홉스를 연상하게 한다. 그러나 군주의 권위를 인정하는 한에 있어서는 유사점이 있으나, 칸트의 경우에 있어서는 그것이 시민의 기본권에 의해 견제를 받게 된다. 칸트는 군주의 권위와 시민의 기본권을 조정하고자 한다. 그리고 군주는 시민에 대해 부정의를 행할 수 없으며, 계약의 이념을 준수해야 할 의무가 부여된다는 점에서 홉스와는 갈라서게 된다.[46]

칸트에 있어서는 시민이 군주에 대해서 강권을 가질 수는 없다.[47] 그러나 이로 인해서 군주가 정의의 원칙을 떠나도 좋다는 결론이 나오지는 않는다.[48] 그렇다면 통치자의 오류에 대해서 시민의 기본권을 지켜줄 방도는 무엇인가? 칸트는 공표(公表)의 자유(freedom of publicity)라고 말한다.

---

45 Ibid., ch. II 참조.
46 Ibid., p.61.
47 Ibid., p.64.

시민들은 군주의 판단에 반대하는 자신의 의사를 공공적으로 표현할 수 있다는 것이다.[49] 그러한 자유를 홉스가 허용하지 않는 이유는 그러한 이견이 불복종을 조장한다는 데 있으나, 칸트에 있어서는 의견의 차이가 오히려 통치자와 신민의 각성을 조장한다는 것이다. 복종을 전제하는 공공적 논의는 비밀리에 모반할 필요성을 없애고 저항의 위험을 완화시키기 때문이라고 했다.[50]

이 절에서 우리는 루소와 칸트에 의해 더욱 발전된 계약론의 모형을 살펴 왔다. 그들은 모두 도덕적 인간관을 전제한다는 점에서 대체로 홉스보다는 로크의 모형에 기초하고 있는 것으로 보인다. 그러나 그들은 동시에 로크에 지나친 개인주의적 성향을 비판함으로써 공리주의자나 홉스의 전체주의적 모형과의 조정을 꾀한다. 여기에서 그들은 개인의 자유와 공동의 선을 조화롭게 바라볼 수 있는 도덕적 관점을 제시하게 되는데, 이를 루소는 일반 의지로, 칸트는 선의지 내지는 정언명법을 통해 표현하고자 한다. 이 점에서 롤즈는 칸트적 모형의 직접적인 계승자로 자처하며, 방법론적인 면에서 자신의 입장을 칸트적 구성주의로 해석하고 있다. 그러나 계약론적인 전통과 롤즈의 정의론 간에는 이러한 방법론적인 근친성에도 불구하고, 그로부터 도출되는 원칙 체계의 실질적 내용에 있어서는 중대한 한 가지 차이를 보이게 된다.

롤즈의 관점에서 볼 때 전통적 계약론자들의 가정 속에 간과되고 있는 가장 중요한 하나의 요인은 사회 경제적(socio-economic) 측면이다. 당사자들 간의 사회 경제적인 관계가 사회계약의 내용 속에 다루어졌어야 함에

48 Ibid., pp. 72-73.
49 Ibid., p. 71.
50 Ibid., p. 73.

도 불구하고 그러한 문제는 이미 계약 이전에 해결된 것으로 간주되거나 소홀히 처리되고 있다. 예를 들어서 로크는 재산의 보호가 국가의 중대한 목적이라고 생각하기는 하나 이미 자연 상태에 있어서 교환의 매체로서 화폐의 도입으로 인해 사람들은 재산의 무한한 축적에 암암리에 동의함으로써 재산 분배의 문제는 사회계약이 있기 이전에 이미 해결된 것으로 인정되고 있다.[51] 국가 권력이 개인의 사유재산을 자연권으로서 보호한다는 의미 이외에 사회계약이란 재산의 분배 문제와 아무런 상관이 없는 것이다.

루소에 있어서는 사정이 다소 복잡한 셈이다. 그는 재산의 분배 상태가 엄청난 불평등을 보일 경우 정치적 평등은 무의미하다는 사실을 명백히 인식하고 있었던 유일한 사람으로 생각되고 있다.[52] 그러나 그도 역시 사회계약은 사회 경제적 관계에 간섭할 수 없음을 명백히 하고 있다. 그래서 사회계약은 시민들의 재산을 탈취하지 않을 것이며, 오히려 계약으로 인해서 시민들이 이미 갖고 있던 재산에 대한 합법적인 소유가 보장되며, 따라서 그들의 재산은 국가 권력의 보호하에 있게 된다는 것이다.[53] 그러므로 루소에 있어서 국가의 기능은 공동의 권력을 통해서 신체와 재산을 보호하는 것이며, 그로 인해서 각자는 모든 이와 결합함으로써 자기 자신에게만 복종할 뿐 과거와 마찬가지로 자유로운 상태로 남아 정치적 자유와 평등만을 향유하게 된다.

칸트는 이러한 문맥에 있어서 자신의 입장을 가장 명백하게 나타내고 있는 자이다. 그는 사회계약의 기초이자 목적인 자유를 논의하면서 "자유에 대한 이러한 권리는 인간이 권리를 가질 수 있는 본성을 갖는 한에서 인간

---

51 J. Locke, *Second Treatise of Government*, ch. 5 참조.
52 J. J. Rousseau, *The Social Contract*, p.97.
53 Ibid., pp.66-69.

존재로서의 공화국의 성원들에게 속한다"고 했다.[54] 그래서 이러한 자유는 '본성적으로(자연적으로)' 인간에 속하는 자유이며, 그것이 현실적으로 어느 정도 실현되고 있는가는 부차적인 문제이다. 이와 마찬가지로 법 질서에 의해 표현되는 평등 역시 추상적인 것에 불과하다. 권리상(de jure) 모든 인간은 평등하나 사실상(de facto) 이러한 이론적인 평등은 엄청난 불평등 및 예속과 양립 가능하다는 것이다. 이러한 불평등과 타자에의 예속은 인간 존재로서 시민의 자유 및 평등과 상충하지 않는 것이며, 따라서 사회계약에 의해 수정되지 않는 것이다.

이상에서 살핀 바와 같이 계약론자들이 말하는 자연 상태, 자연권, 자연법, 국가 등은 결국 그들이 살았던 당대의 시민 사회를 반영하고 있는 것에 불과하다. 그들이 옹호하고자 했던 자연법과 자연권은 실상 영원 불변한 것이 아니라 시대 제약적인 것이었으며, 그들이 세우고자 했던 이상 국가는 지난 역사를 통해서 결코 실현될 수 없는 것으로 판정된 초기의 자유주의적 국가였다. 이 점에 있어서 롤즈는 계약론적 전통을 계승하면서도 전통적인 계약론자들과는 전혀 다른 사회적 여건 속에서 그들이 느끼지 못했던 정의감을 통해서 더 추상화되고 일반화된 계약론을 구성하고, 그로부터 사회 경제적인 측면까지노 고려된 정의의 원칙을 도출하고자 한다. 충분히 실질적인 함축을 내포하면서도 역사의 우연적 제약과도 충분한 거리를 두고자 하는 그의 시도가 어느 정도 성공할 수 있을 것인가를 살펴 가기로 하자.

---

54 I. Kant, *On the Old Saw*, p.146.

3. 롤즈와 윤리학적 구성주의

롤즈는 정의론이 두 개의 주요 부분으로 나누어질 수 있다고 본다. 하나는 최초의 상황에 대한 해명과 거기에서 선택 가능한 각종 원칙들의 정식화이고, 다른 하나는 그러한 원칙들 가운데서 실제로 채택될 원칙에의 입증이라고 했다.[55] 따라서 계약론적 전통과 롤즈의 정의론과의 관계에 대한 논의도 두 가지 측면에서 이루어질 수 있다고 생각되는데, 이들은 각각 연역의 전제로서 최초의 상황에 대한 합당한 해석과, 그로부터 일정한 추론을 거쳐 도출되는 정의 원칙의 실질적 내용을 중심으로 하는 것이다. 롤즈의 정의론에 있어서 최초의 상황에 대한 해석의 구체적 세목과 원칙의 도출 과정 및 그 실질적 함축에 관해서는 다음 장에서 상론하기로 하고, 이 장의 결론에 해당하는 본 절에서는 지금까지 논의해 온 계약론이 갖게 될 윤리학의 방법론적 의의를 롤즈의 문맥을 통해서 살펴보고자 한다. 여기에서 우리는 칸트의 윤리학에 대한 그의 새로운 해석 및 그것이 전통 윤리학에 대해서 갖는 방법론적 의의도 규명하게 될 것이다.

도덕적 가치의 소재를 객관적인 것으로 믿는 것이 윤리학적 절대론(ethical absolutism)이라면, 윤리학적 회의론(ethical scepticism)은 객관적인 가치의 존재를 의심하거나 부인하려는 것이다. 전통적으로 가치의 객관성을 입증해 보려는 두 가지 사고의 실험이 행해져 온 셈인데, 자연주의 윤리설과 직관주의 윤리설이 그것이다. 이 양자는 가치나 규범의 객관적 존재를 믿었을 뿐만 아니라 그 인식의 가능성을 전제하는 윤리학적 인식주의(ethical cognitivism)였다. 그러나 현대의 규범윤리학이 대체로 회

---

55 J. Rawls, *A Theory of Justice*, p.54.

의론이나 상대주의에 의해 지배되고 있다면, 그것은 결국 이러한 두 가지 전통적 실험이 실패했다는 것으로 풀이될 수 있을 것이다.

윤리설에 있어서 직관주의(intuitionism)는 자명한 원칙들을 발견해서 그로부터 구체적인 도덕 체계를 도출하려는 소위 데카르트적인 방법에 기초해 있다. 여기에서는 제1원칙의 인식이 가능하고, 또 그것이 필연적 진리라는 사실이 가정되고 있으며, 따라서 연역 추리를 통해 전제의 진리성을 결론에로 이행시킴으로써 도덕 체계의 타당성을 보증하게 된다. 그러나 직관론자들은 도덕에 있어서 필연적인 적이나 절대적인 것으로 주장될 수 있는 제1원칙의 존재를 증명하지 못한 셈이며, 인간의 인식 기능인 직관의 역사적 제약성과 상대성을 내세우는 반론을 이겨내기 어려운 실정이다.

윤리적 전통에 있어서 자연주의(naturalism)라 불리는 것은 대체로 비도덕적 개념에 의한 도덕적 개념의 정의(定義) 가능성을 전제하고 상식 및 과학에 의한 일정한 절차에 입각해서 도덕적 진술도 다른 경험적 진술처럼 그 진위가 검증 가능한 것으로 보려는 입장이다. 그러나 자연주의적 방법에 있어서는 우선 도덕적 개념과 비도덕적 개념의 구분 및 도덕적 개념의 정의 그 자체가 정당하다는 것이 가정되어야 한다. 나아가서 이를 위해서는 의미에 대한 명확한 이론이 전제되어야 하는데, 그러한 것이 자연주의에 있어서는 결여되었던 것으로 생각된다.

나아가서 도덕에 있어서 실질적인 규범적 문제는 분석윤리학(meta-ethics)의 언어 분석적 방법에 의해서도 해결될 수 없을 것으로 보인다. 가치 개념의 의미에 대한 명료화가 윤리적 문제에 대한 빛을 던지는 것이 사실이기는 하나 도덕적 언어의 의미나 도덕적 추론의 논리로부터 어떠한 실질적인 결론이 도출되는 것은 아니기 때문이다. 롤즈에 의하면 도덕론에 있어서 주요한 문제는 기본적인 도덕적 언어의 정의를 분석한다 해서 해결되는 것이 아니며, 오히려 정의의 타당성이 그로부터 결과되는 도덕 체계

의 합당성에 의해 판정되어야 한다는 것이다.[56]

그런데 여기에서 한 가지 가능한 대안은 인간이 전적인 무(無)로부터 도덕이나 가치를 새로이 창조하는 일이다. 이럴 경우 도덕이란 발견(discover)되어야 할 무엇이 아니라 만들어지고 창조(create)되어야 할 그 무엇으로 생각된다.[57] 발견되기를 기다리는 객관적 가치의 존재에 대한 회의는 기존 가치의 허구성에 대한 폭로와 아울러 새로운 가치의 전적인 창조와 그에 대한 주체의 결단을 요구하게 된다. 니체나 일부 실존주의자의 윤리는 철저한 허무주의에 바탕을 둔 가치 창조의 윤리로서 근본적 선택(radical choice)을 내세운다.

그러나 롤즈는 발견의 윤리도 창조의 윤리도 아닌 구성(construction)의 윤리라는 제3의 가능성을 제안한다. 이것은 인간에 앞서서 미리 존재하는 객관적 도덕 원칙을 전제하지 않는다는 점에서 발견의 윤리와 길을 달리하며, 이성에 기초하지 않는 전적인 선택이나 주체의 결단만을 내세우지 않는다는 점에서 창조의 윤리로부터도 구별된다. 결국 롤즈의 윤리학적 구성주의(ethical constructivism)의 성패는 발견의 윤리가 바탕하고 있는 독단적 환상의 암초와 창조의 윤리가 자리하고 있는 무근거적 허무의 늪을 피하는 항해술의 가능성에 달려 있다 할 것이다.

도덕론에 있어서 구성주의라는 용어는 다소 생소한 것이긴 하나, 그것은 직각적으로 칸트의 철학과 어떤 관계를 갖는 것임을 연상시킨다. 칸트와의 근친성은 롤즈의 최근 논문인 「도덕론에 있어서 칸트적 구성주의」라는 논제 자체가 노골적으로 보여주고 있다. 롤즈는 자신이 이러한 논문을 쓰게 된 이유의 하나는 자기가 제시한 공정으로서의 정의관이 그 뿌리를 칸트의

---

56 Ibid., pp.130, 579.
57 J. L. Mackie, *Ethics*, p.106.

철학에 두고 있다는 점을 해명하려는 것이고, 다른 하나는 칸트적 구성주의가 다른 윤리설에 비해 잘 이해되어 있지 못하며, 이로 인해서 도덕철학의 발전이 늦어지고 있음을 밝히려는 데 있다는 것이다.[58]

원래 인식론적인 회의주의에 맞서서 행해진 칸트의 작업이 현대의 윤리학적 회의주의의 극복을 위해서도 이루어져야 한다는 데 착안했던 롤즈는 인식론적인 구성주의에 대응해서 자신의 윤리설을 구성주의적 입장으로 해석하고자 한다. 그런데 롤즈는 자신의 이러한 시도가 전적으로 독창적인 것이 아님을 보이기 위해 자신의 도덕적 구성주의를 굳이 '도덕론에 있어서 칸트적 구성주의'로 부르고자 한다. 물론 '칸트적'이라는 용어는 그도 밝힌 바와 같이 완전한 동일성이 아니라, 그 정신에 있어서의 유사성을 의미하는 것이다.[59] 여하튼 롤즈의 칸트 해석법은 전통적인 해석과는 다른 것이 아니면 안 된다. 그는 칸트의 철학에 있어서 인식론과 도덕론 간에는 부정합이 없으며, 동궤적(同軌的)인 것으로 생각하고 칸트는 윤리학에 있어서도 구성주의자였던 것으로 보고자 한다.

롤즈는 칸트의 인식론과 도덕론이 동일한 틀에 의해 짜이고 있음을 보이기 위해 선험적 논리학(transcendental logic)과 순수 의지론(doctrine of pure will)을 대비하고 있다.[60] 롤즈에 의하면 이론 이성이나 실천 이성이나를 막론하고, 이성의 역할은 배경적 조건을 구성하는 일이라는 것이다. 선험 논리에 있어서 범주가 객관적 사건의 공적(public) 질서를 구성하듯이, 정언명법을 통해 나타나는 순수 의지의 원칙은 공유하는(shared) 행위

---

58 J. Rawls, "Kantian Constructivism in Moral Theory," *The Journal of Philosophy*, Vol. LXXVII, No. 9 (September 1980), p.515. 이하에서는 K.C.M.T.로 줄임.

59 Ibid., p.517.

60 J. Rawls, "The Structure of Desire"(Howison Lecture given at Berkeley, May 1, 1979), p.2.

질서의 기초를 구성한다. 실천 이성이 개인적, 사회적인 목적 추구를 위한 공공적 규율 체계를 구성하는 것은 마치 이론 이성이 사물에 대한 경험적 지식을 얻기 위한 공공적 형식을 구성하는 일과 동일하다는 것이다.[61]

　그런데 롤즈는 자신의 공정으로서의 정의관은 특정한 여건 속에서 단일한 개인의 행위 준칙(maxim)의 정당성을 정언명법에 의해 검증하는 문제로부터 개인들의 사회적 행위 체계의 기초가 되는 사회의 기본 구조의 정의관을 채택하는 문제로 이행함으로써 칸트 자신의 입장에 비해 선험적 논리에 더 잘 상응하는 윤리설이 된다고 한다. 왜냐하면 순수 이론 이성이 사물의 인식을 위한 공공적 기초를 구성하듯이 원초적 입장의 당사자들은 자신의 전 생애를 영위하게 될 사회적 배경 체계의 공공적 기초 원리를 선택하기 때문이다. 롤즈에 의하면 공정으로서의 정의관이 사회계약이라는 개념을 사용하는 것도 바로 이러한 사회적 맥락의 본질적인 중요성을 지적하기 위한 방편이라는 것이다. 그리고 원초적 입장이 함축하고 있는 사회적 측면들로 인해서 칸트의 인식론과 윤리론의 동궤성(同軌性)이 더욱 합당하게 된다고 한다.

　그런데 롤즈는 칸트의 윤리학에 대한 전통적 해석 방식이 크게 왜곡되어 있다는 것은 그것이 윤리학에 대한 그릇된 이해에 기인한 것이라고 지적하면서 자신의 새로운 윤리관을 제시하고자 한다. 그에 의하면 우선 윤리학의 진정한 과제는 자연적이건 신적이건 간에 인간과는 상관없이 선행적이고 독립적인 질서에 의해 고정된 객관적인 도덕적 진리(moral truth)를 추구하는 인식론적인 문제가 아니라 인간과 인간의 포부에 대한 깊은 이해에 바탕을 두고 우리 모두가 함께 살 수 있는 바람직한 사회의 기본 헌장을 합

61　Ibid., p.6.

의에 의해 채택하려는 실천적이고 사회적인 문제로 생각되어야 한다는 것이다.

롤즈에 의하면 그 방법에 있어서나 정신에 있어서 단연 현대적이라 평가되는 공리주의자 시지윅마저도 윤리학의 문제를 인식론적인 문제로 보았으며, 그가 윤리학의 방법을 진리를 찾는 방법으로 규정함으로써 나타나는 결과는 그것이 윤리학에 있어서 정당화를 인식론적인 문제로 해석하는 데만 그치지 않고, 도덕의 제1원칙과 그것이 알려지는 방식에만 우리의 관심을 제한하게 한다는 것이다. 그러나 롤즈는 제1원칙이란 도덕론의 주요한 요소이기는 하나 인간에 대한 이해와 도덕의 사회적 기능도 그에 못지않게 중요하다고 했다. 그리고 이러한 요소들의 중요성이 인정되기까지는 윤리학적 구성주의가 이해될 수 없다는 것이다.

시지윅의 방법론적 한계는 도덕의 사회적 역할이나 인간관의 문제에 주목하지 않음으로써 구성주의의 가능성을 보지 못한 데 있다고 한다. 이로 인해서 그는 칸트의 윤리설이 별다른 윤리학적 방법인 것을 알지 못했으며, 따라서 정언명법도 순전히 형식적인 원리로만 파악되었다는 것이다. 그는 정언명법을 '한 사람에게 옳은 것은 유사한 처지에 있는 다른 사람에게 옳다'는 형평의 원리(principle of equity)로서 받아들이고 있기는 하나, 그것이 도덕론의 충분한 기초가 될 수 없는 까닭에 칸트의 윤리론을 윤리학의 실질적인 방법론으로 볼 수가 없었던 것이다.[62]

나아가서 브래들리(Bradley)도 그의 『윤리학 연구(*Ethical Studies*)』에서 헤겔의 견해를 따라 칸트의 윤리학을 순전히 형식적이고 내용이 없는 것으로 평가하고 있으며, 따라서 변증법의 초기 단계로만 생각했다고 한

---

62 K.C.M.T., p.556.

다. 칸트의 윤리학을 이렇게 형식적인 것으로만 해석함으로써, 하나의 독립적인 방법으로서의 구성주의는 연구되지 못했다는 것이다. 롤즈에 의하면 이러한 결함은 거의 최근까지도 시정되지 않음으로써 20세기 윤리학은 무어에서부터 철학적 분석에만 주력하여 윤리의 문제를 여전히 인식론적인 것으로 생각하는 데는 변함이 없으며, 단지 도덕적 진리의 개념을 지지하느냐 배척하느냐에만 주목해 오고 있다는 것이다.[63]

흔히 보편화 가능성의 원리(principle of universalizability)로 이해되는 정언명법을 칸트 윤리학의 핵심으로 생각하는 것이 철학의 통념으로 되어 있다. 그러나 롤즈는 칸트의 윤리학에 있어서 일반성과 보편성의 위치를 강조하는 것은 그릇된 해석으로 생각한다. 그에 의하면 도덕 원칙이 보편성을 띠어야 한다는 것은 칸트에 이르러 새로운 것이 아니며, 이러한 형식적 조건들로부터 실질적으로 대단한 성과가 나오는 것도 아니라는 것이다. 그와 같은 것은 도덕론을 세우기 위해서 지극히 빈약한 기초이며, 따라서 칸트의 학설에 대한 논의를 이러한 개념들에 국한시키는 것은 그것을 하찮은 것으로 만들어 버리게 된다고 한다.[64] 이런 뜻에서 롤즈는 칸트의 형식과 공리주의의 내용을 종합했다는 헤어의 입장에도 동의하지 않는다.

롤즈는 칸트의 윤리학이 갖는 진정한 의의는 다른 곳에서 찾아져야 할 것으로 보고 자신의 정의관에 대한 칸트적 해석은 자율성(autonomy)에 대한 칸트의 개념에 기초를 두고 있다고 주장한다.[65] 나아가서 롤즈는 자신의 구성주의에 있어서 핵심이 되는 원초적 입장은 칸트의 자율성 개념과 정언명법, 목적의 왕국 등에 대한 절차적 해석(procedural interpretation)으

---

63 Ibid.
64 J. Rawls, *A Theory of Justice*, p.251.
65 Ibid.

로 생각하려 한다.[66] 그는 자신의 공정으로서의 정의관에 있어서 가장 기본적인 두 개의 개념은 질서 정연한 사회(well-ordered society)와 도덕적 인간(moral person)이며, 원초적 입장(original position)은 제3의 매개적인 개념으로서 그 역할은 도덕적 인간이라는 개념과, 질서 정연한 사회의 시민들을 규율하는 정의의 원칙들 간의 관계를 맺어주는 것이라 한다. 칸트적 구성주의의 본질은 그것이 어떤 합리적 요구 조건에 부응하는 구체적인 구성 절차를 세우고 그러한 절차 내에서 합리적 구성 주체인 인간들이 합의를 통해서 정의의 제1원칙에 도달한다는 데 있다. 결국 윤리학적 구성주의는 특정한 인간관과 정의의 제1원칙을 적절한 구성 절차에 의해 관련지으려는 것이다.[67]

롤즈는 윤리학적 구성주의의 더 깊은 이해를 위하여 이와 대립되는 합리적 직관주의(rational intuitionism)라는 입장과 대조시킨다. 합리적 직관주의란 플라톤 이래 서양 도덕철학을 지배해 온 입장으로서 홉스나 흄에 의해 비판을 받은 후 칸트에 이르러 결정적인 도전을 받게 되었다고 한다. 최근에는 시지윅, 무어 등에 의해 대변되는 이러한 입장의 요지는 도덕의 기본 개념은 비도덕적 언어로 분석할 수 없다는 것과 도덕의 제1원리는 인간관이나 도덕의 사회적 기능과 상관없이 선행하는 도덕적 질서에 의해 인식된다는 점이 있다. 여기에서 대체로 우리는 롤즈가 고전적 공리주의로 대변되는 인식주의적 윤리관과 계약론적 전통에 함축된 구성주의적 윤리관을 대비시키고 있다는 점을 간파할 수 있다.

두 윤리관 사이의 한 가지 대조점은 자율성의 문제를 중심으로 해서 나타난다. 롤즈에 의하면 칸트가 흄의 심리학적 자연주의를 타율적

(heteronomous) 윤리로 비판한 것과 마찬가지로 합리적 직관주의도 칸트적 의미에 있어서 타율적 윤리가 된다는 것이다. 물론 합리적 직관주의에 있어서는 도덕 원칙이 자연 세계로부터 독립해 있어 합리적 직관의 대상이기는 하나 그러한 원칙은 본질상 인간 존재에 의해 결정되지 않는 선행적 질서에 의해 성립한다는 점에서 타율성의 충분 조건이 된다고 한다. 칸트적 의미에 있어서의 타율성은 도덕의 제1원리가 인간 본성의 특정한 심리적 구조에 의해 정해질 때 성립할 뿐만 아니라 인간 존재와는 무관한 선행적인 보편적 질서에 의해 정해질 경우에도 성립한다는 것이다.[68]

윤리학적 구성주의의 핵심은 인간의 도덕적 자율성을 보장할 수 있다는 점이라고 롤즈는 말한다. 그리고 그는 이러한 자율성을 합리적 자율성(rational autonomy)과 완전한 자율성(full autonomy)으로 나누고, 원초적 입장 속의 당사자들이 누리는 합리적 자율성과 질서 정연한 사회 속의 시민들이 누리는 완전한 자율성을 대조하면서 자신의 윤리학적 구성주의가 합리적 자율성을 그 부분으로 하는 완전한 자율성을 보장하는 도덕론임을 보이고자 한다.[69] 완전한 자율성은 구성의 주체로서 당사자들의 숙고를 지배하는 합리성(the rational)의 계기와 당사자들을 자유롭고 평등한 도덕적 인격으로 공정하게 다루는 원초적 입장의 배경적 조건에 의해 표현되는 합당성(the reasonable)이라는 두 계기에 의해 설명된다는 것이다.[70]

그런데 롤즈는 다시 원초적 입장에 있는 구성 주체로서의 당사자들의 합리적 자율성을 두 가지 측면으로 나누어 풀이한다. 첫째로 그들은 선택을 위한 숙고에 있어서 정의의 선행적 원리에 의해 지배되지 않는다는 점에서

---

68 Ibid., p.559.
69 Ibid., p.521.
70 Ibid., p.528.

자율적이며, 이러한 뜻에 있어서의 자율성은 순수 절차적 정의(pure procedural justice)의 관념에 의해 표현된다고 한다. 둘째로 당사자들은 무지의 베일로 인해 자신의 도덕적 능력에 의해서만 동기가 주어진다는 점에서 자율적이라 생각되는데, 이러한 측면의 자율성을 보여주는 것은 기본선(primary good)에 대한 해명과 그 도출 과정이라고 한다.[71]

롤즈에 의하면 자신이 기술하고 있는 원초적 입장은 순수 절차적 정의의 이념을 최고도로 내포하고 있다는 것이다. 그는 당사자가 제시된 대안적 정의관들 중에서 어떤 원칙을 택하든 그것이 정의로운 것임을 뜻한다. 달리 말하면 정의의 원칙 그 자체가 당사자들에 의해 수행되는 숙고의 절차에 의해 결정된다는 것을 의미한다. 이는 독립적으로 미리 주어진 정의의 기준이 있고, 그런 기준을 만족시키는 결과에 도달할 만한 절차도 있는 완전한 절차적 정의(perfect procedural justice)와 좋은 대조를 이룬다.[72] 순수 절차적 정의의 본질적 특성은 정의의 독립적 기준이 존재하지 않으며, 정의라는 것이 절차 그 자체의 결과로서 규정된다는 점에 있다.

원초적 입장의 당사자들은 동등한 도덕적 인간들로서 롤즈는 이들을 '가치관(善)과 더불어 정의감에 대한 능력(a conception of the good and a capacity for a sense of justice)을 갖는'[73] 존재로 규정하고 있다. 정의감에 대한 능력을 갖는다는 것은 칸트적 인간관과 직결되는 것으로서 롤즈에 있어서도 모든 인간은 도덕 법칙의 입법자인 동시에 그것에 복종할 능력이 있다고 가정된다.[74] 또한 롤즈는 원초적 입장의 당사자들이 일정한 가치관

---

71 Ibid., p.523.

72 J. Rawls, *A Theory of Justice*, p.505, "Fairness to Goodness", *Philosophical Review*, 84(October 1975).

73 J. Rawls, "A Kantian Interpretation of Equality", *Cambridge Review*(February 1975), pp.94–99 참조.

을 추구할 능력이 있는 자들이라고 가정한다. 왜냐하면 각자가 추구하는 선이나 가치관은 정의로운 분배 원칙의 선택에 합리적 기초를 제공한다고 생각하기 때문이다. 그런데 롤즈의 정의의 원칙을 선택함에 있어서 당사자들의 숙고를 왜곡시킬 개인적 혹은 집단적 이해 관계를 배제하고 도덕 원칙의 선택에 영향을 주어서는 안 될 우연적 요인들을 배제함으로써 이 점에 있어서도 칸트의 요구를 받아들인다.[75] 원초적 입장의 당사자들은 가치관을 갖는 존재이기는 하나, 자신의 특정한 가치관에 대한 지식에 기초해서 분배 원칙을 선택하지는 않는 까닭에 원초적 입장은 근본적으로 평등주의적 선택 상황임이 보장된다.[76]

그런데 현실적 인간의 우연적 욕구들을 배제하기는 하나 롤즈는 칸트의 형식주의에 대한 해결책을 제시하고자 한다.[77] 그에 의하면 합리적 인간들은 어떤 공통된 목적을 공유하며, 일정한 공통된 선, 즉 자유, 자존감, 소득, 부 등을 욕구하며, 이러한 선들은 원초적 입장에서 선택될 분배적 정의의 내용(content)을 제공하게 된다는 것이다.[78] 롤즈는 칸트의 현상계를 두 개의 영역으로 구분함으로써 인간의 자연적 속성은 모두 우연적이고, 도덕적으로 임의적이라고 생각하는 입장을 피하고자 한다. 어떤 자연적 욕구는 모든 인간의 가치관의 일부로서 도덕적 인격의 구성 요인인 까닭에 단순히 우연적인 욕구만은 아니라는 것이다.[79] 따라서 어떠한 인생관이나

---

74 Ibid.
75 J. Rawls, "Fairness to Goodness", p.538.
76 Brian Barry, *The Liberal Theory of Justice*(London, 1973), pp.13-14 참조.
77 Oliver Johnson, "The Kantian Interpretation", *Ethics*, 85(October 1974), pp.58-66;
    Stephen L. Darwall, "A Dense of the Kantian Interpretation", *Ethics*, 86 (January
    1976), pp.164-70 참조.
78 J. Rawls, *A Theory of Justice*, pp.62, 92.
79 Ibid., p.579, "Fairness to Goodness", p.539.

가치관의 추구를 위해서도 요구되는 일반적 수단이요 배경적 조건이 되는 기본선에 의해 동기가 부여되는 원초적 입장의 당사자들은 현실로부터 완전히 추상된 존재가 아니라 인간 존재의 일반적 여건과 관련된 합리적 존재들이며, 이런 점에서 단순히 자연적 경향성이나 이기적 충동에 의해 동기화되는 타율적 존재와는 구별된다는 것이다.

이상과 같이 합리적 자율성의 설명에 이어 롤즈는 자신의 정의관이 완전한 자율성도 실현하고 있음을 보이고자 한다. 그에 따르면 이러한 자율성은 질서 정연한 사회의 시민들이 일상 생활 속에서 실현하는 자율성이긴 하나, 그 본질적인 면은 원초적 입장의 규정 속에 적절히 표현되고 있다고 한다. 그는 완전한 자율성의 설명을 위해 사회 협동체(social cooperation)라는 개념이 내포하는 두 가지 계기에 주목한다고 했다. 그 하나는 이미 설명한 바와 같이 원초적 입장의 당사자들이 수행하는 숙고의 합리성이고, 다른 하나는 협동을 위한 공정한 조건으로서 협동하는 모든 사람의 공동 이익과 공동 부담에 관련된 합당성이다.

이러한 합당성은 당사자들의 숙고가 이루어지고 서로의 관계에 있어서 그들의 처지를 규정하는 제약들의 성격에 의해 주어지며, 그들의 처지를 공정하게 하는 원초적 입장의 배경적 장치에 의해 표현된다.[80] 좀 더 구체적으로 말하면 제1원칙을 규제하는 여러 가지 형식적 제약 조건 특히 공지성(公知性, publicity)을 전제하고서 여러 정의관을 평가하게 되며, 또한 무지의 베일로 인해 사람들은 자연적 재능이나 사회적 지위에 의해 유리하거나 불리해지지 않는 도덕적 인격으로 대우받는다는 점이다. 따라서 그들은 도덕적 인격으로서 동등한 처지에 있게 되며, 그런 뜻에서 공정한 관계

---

80 K.C.M.T., p.258.

속에서 정의관을 택하게 된다. 그리고 합당성을 위한 또 하나의 조건은 정의의 일차적 주체가 사회의 기본 구조라는 가정이며, 이로 인해서 당사자들은 대안적 정의관들을 이른바 배경적 정의(background justice)의 제1원칙으로서 평가하게 된다.

완전한 자율성에 대한 이상의 설명을 간추리면 "합당성은 합리성을 전제하며, 그에 우선한다"[81]는 롤즈의 말에 의해 표현될 수 있다. 합당성이 합리성을 전제하는 이유는 사람들에게 동기를 부여하는 기본선에 대한 가정이 없이는 사회 협동체나 정의의 개념이 무의미하고 공허하기 때문이며, 합당성이 합리성에 우선한다 함은 그것이 추구할 만한 최종 목적에 한계를 정해 주기 때문이다. 롤즈는 원초적 입장에 있어서, 합당성은 합리성에 틀을 정해 준다고 하며, 칸트의 용어법을 빌려 실천 이성은 당사자의 합리적 숙고에 의해 나타나며, 순수 실천 이성은 그러한 숙고가 일어나는 배경적 제약조건에 의해 나타난다고 했다. 합리성에 대한 합당성의 절대적 우위, 선(善)에 대한 의(義)의 우선이 자율성의 기초이자 칸트적 구성주의의 특성이라고 강조한다.

롤즈가 합리적 직관주의에 대해서 윤리학적 구성주의가 갖는 특성으로 제시한 것은 인간의 자율성을 보장한다는 것 이외에 그러한 입장이 도덕의 사회적 기능을 중시한다는 점이다. 시지윅의 합리적 직관주의의 형태이건 벤담의 자연주의적 형태이건 간에 도덕의 일반론으로 제시된 공리주의와는 달리 롤즈는 인간의 도덕적 숙고를 규제하는 불가피한 한계에 주목하여 도덕론의 과제를 공정한 사회 협동체를 위한 사회정의의 문제에 제한함으로써 숙고의 대체적인 틀만을 세우는 보다 온건한 과제를 다룬다는 점은

---

81 Ibid., p.530.

앞에서도 지적된 바 있다.[82] 여기에서 말하는 불가피한 한계란 인간이 처한 상황의 복잡성과 그에 대한 인간 능력의 유한성 등을 의미하는 것으로서 이러한 인간의 조건은 윤리의 주제를 사회의 기본 구조와 관련된 사회 윤리로 보게 되는 결과를 갖는다.

이미 우리는 앞 장에서 윤리학의 주제로서 사회의 기본 구조는 여러 가지 측면에서 중대한 의미를 갖는다는 사실에 주목했었다. 그리고 또한 이 장에서 이론 이성과 실천 이성의 동궤성(同軌性)에 입각한 칸트의 구성주의 윤리나 이를 이어받는 롤즈의 윤리학적 구성주의가 윤리의 사회적 측면을 중시한다는 것도 알았다. 그런데 롤즈는 현실성 있는 사회윤리 체계를 세움에 있어 인간의 도덕적 숙고를 제약하는 한계를 처리하기 위해서 사회의 기본 구조를 정의의 일차적 주체로 삼는 일 이외에도 여러 가지 조치를 취하고 있다. 그중에는 공지성이라는 요구 조건을 내세우고, 우선성 규칙을 이용하며, 개인간 비교의 기초로서 기본선을 도출하는 일 등이 있다. 구성주의가 이러한 개념 체계를 도입하는 것은 공리주의에 비해 더 현실성 있는 정의관을 구성하기 위한 것으로서, 그러한 개념 장치는 구성 주체인 당사자에 대한 규정이나 그들의 숙고 방식에 대한 설명을 통해서 공정으로서의 정의관 속에 설정된다.[83]

롤즈에 의하면 도덕 체계가 공지적(public)이어야 함은 그것이 공공 도덕으로서의 사회적 기능을 다하기 위해서는 사회의 성원 상호간에 일반적으로 주지되어야 할 뿐만 아니라, 그 제1원리가 널리 이해되고 준수될 수 있을 정도로 충분히 간명한 것이어야 한다. 따라서 그러한 원리의 이해를 위해서 지극히 어렵고 확인하기 힘든 정보가 요구되어서는 안 된다. 타인

---

82 Ibid., p.560.
83 Ibid., pp.561-63.

의 무지를 바탕으로 해서 시행이 가능한 도덕 원칙은 사회의 공공적 도덕관으로 받아들여질 수 없다는 것이다. 이러한 것들을 고려에 넣을 때 구성의 당사자들은 이해가 쉽고 적용이 간단한 원리를 선호하게 된다. 원초적 입장에 있어서의 요구 조건이 간명할수록 그로부터 결과하는 도덕관은 그 사회적 기능을 수행하는 능력이 더 증가된다 할 것이다.

특정한 원리들 간에 상대적 비중을 결정해 줄 우선성(priority) 규칙을 이용하는 것도 역시 인간의 도덕적 능력의 불가피한 한계와 사회적 여건의 복잡성을 처리하기 위한 것으로서, 전통적 법칙주의의 다원성을 극복하기 위한 방편이다.[84] 공정으로서의 정의관에 있어서는 두 개의 우선성 규칙이 작용하게 되는데, 첫째로 파레토적인 의미에 있어서의 효율성이나 사회 전반에 걸쳐 이득 총량의 극대화에 대한 정의의 우선성이고, 둘째로 차등의 원리인 정의의 두 번째 원칙에 대한 평등한 자유의 원리인 정의의 제1원칙이 갖는 우선성이다. 그러나 이러한 규칙의 도입으로 인해서 정의의 기본적인 문제들에 대한 완전한 해결책이 주어지는 것은 아니나 불일치의 폭이 줄어듦으로써 그 처리가 더 쉬워진다는 것이 롤즈의 주장이다.

끝으로 기본 구조에 있어서 생겨나는 정의의 문제와 관련해서 복지의 개인간 비교를 위한 현실성 있는 기초를 발견함에 있어서도 인간적 한계에 대한 동일한 고려가 행해진다. 롤즈의 구성주의에 있어서, 이러한 비교는 사회적인 기본선을 통해서 이루어지는데, 그것은 가능한 한 일반적인 의미에 있어서 자유, 기회, 권리, 소득, 부 등 공적이고 사회적인 특성을 갖는 것들이다. 기본선이란 통산(通算) 불가능한 다양한 선이나 가치관과도 양립 가능한 것으로서 어떤 가치관의 실현을 위해서도 일반적으로 요구되는

---

84 Ibid., p.562.

다목적 수단(all-purpose means)이다.[85] 정의관을 선택하기 위한 합리적 기초로서 기본선을 내세운다는 것은 개인간 비교의 기준을 각자마다 다양하고 변화무쌍한 주관적 욕구(desire)에 두지 않고 모두가 공유하고 있는 객관적이고 기본적인 욕구(need)에 둔다는 것을 뜻한다.[86] 여하튼 이는 사회 협동 체제의 이득을 분배함에 있어서 시민들의 몫을 비교하는 일이 지극히 단순화되고, 논의의 여지가 적은 기초 위에 놓인다는 것을 의미한다고 한다.

그런데 롤즈는 이상에서 논의된 도덕의 사회적 기능을 중시하고 사회윤리적 측면을 강조하는 것이 칸트의 윤리학에 대한 축자적 해석이기보다는 자신에 의해 첨가된 내용임을 인정한다. 그러나 그는 이러한 첨가가 충분히 합당한 것이며, 칸트의 모든 윤리서를 함께 고려할 때 그의 학설이 의도하는 바와도 아주 유사한 것이라고 한다.[87] 롤즈에 의하면 칸트의 정언명법은 일차적으로 일상 생활에서 진지하고 양심적인 개인의 사적 격률(格律)과 관련된 것이나 이러한 격률을 테스트하는 과정에서 그것은 목적 왕국의 성원이라는 관점에서 사회적 결과까지도 평가하게 된다고 한다. 그래서 칸트에 있어서는 일상생활의 특수한 사적인 경우에서 출발하여 그러한 과정의 결과로서 사회정의도 포함되는 완전한 원리 체계가 도출되는 데 비해 공정으로서의 정의관은 반대 방향에서 구성해 감으로써, 사회의 기본 구조를 규제할 원칙에 대한 집단적 합의에서 출발하여 그러한 선행적 합의에 따라서 개인적, 단체적인 모든 의사 결정이 규제된다는 것이다.

---

85 J. Rawls, "Social Unity and Primary Goods"(Lectures at Stanford, May 1978), p.12. 이 논문은 후에 Amartya San and Bernard Williams(eds.), *Utilitarianism and Beyond* 에 게재되었음.

86 Ibid., p.14.

87 J. Rawls, *A Theory of Justice*, p.252.

제3장　정의론의 전제와 논증 과정

1. 인간의 조건과 정의의 여건

　워녹(G. J. Warnock)은 『도덕의 목적(*Object of Morality*)』이라는 저술에서 인간의 처지나 형편(humam predicament)은 홉스의 자연 상태와 같이 극단적인 표현까지는 빌릴 필요가 없을지는 모르는 본질적으로 일이 잘 풀리지 않는 악조건에 처해 있다고 한다. 이러한 악조건의 요인으로서 그는, 인간의 욕망은 다양하고 무한하나 이를 충족시킬 자원은 제한되어 있고 더욱이 그것을 이용할 인간의 지식과 지능에는 한계가 있다는 점을 들었다. 나아가서 여기에 인간의 제한된 합리성과 제한된 동정심이 가세함으로써 인간의 상황은 도덕적으로 더욱 악화되지 않을 수 없는 실정이라는 것이다.[1]

1　G. J. Warnock, *The Object of Morality*(London, Methuen & Co Ltd., 1971), p.17.

그러나 워녹은 인간의 이러한 조건은 본질적인 것이어서 근본적인 변혁을 기대하기는 어려우나 전적으로 희망이 없는 것은 아니며 인간의 노력에 의해서 개선의 여지가 있음도 사실이라고 했다. 그러한 악조건의 개선을 위해 인간은 과학의 발전을 통한 지식과 정보의 확대를 도모하고 협동을 위한 유기적 조직을 구성하며 행위에 대한 외적 강제로서 법 체제를 세우기도 한다. 그러나 이러한 개선책들도 결국 행위의 내적 강제로서의 선의지(善意志) 내지는 선한 성향(good disposition)을 습득하게 하는 도덕에 의해 보완되지 않으면 안 된다는 것이다. 그래서 워녹은 도덕의 일반적 목적(general object)은 일차적으로 제한된 동정심과 그 잠재적 결과들을 견제함으로써 인간의 악조건을 개선하는 데 기여하는 것이라 했다.[2]

도덕의 가장 기본적인 주제를 사회의 기본 구조에 대한 정의의 문제로 파악한 롤즈는 워녹과 거의 유사한 문맥에서 항구적이고 본질적인 인간의 일반적 조건을 정의의 여건(circumstances of justice)[3]이라 부른다. 그에 의하면 정의의 여건이란 정의가 요구되는, 따라서 정의가 덕(virtue)이 되는 조건이다. 그것은 인간 사회의 일반적 여건이며 인간의 협동을 가능하게 하고 동시에 필요하게 만드는 조건이다. 그래서 사회는 성원의 상호 이익을 위한 협동체(co-operation)로 생각된다. 사회란 사람들 간의 이해관계의 일치와 상충이라는 양면을 갖게 되는데 모든 성원이 상호 협동을 통해 이익을 얻는다는 점에서 이해의 일치가 있으며 협동으로 생긴 소득의 분배 방식을 두고 이해의 상충이 있게 된다. 이러한 충돌을 조정해 줄 체제의 규제 원칙이 필요하게 되는데 그것이 바로 정의의 원칙이라 할수 있으

---

2 Ibid., p.26.
3 J. Rawls, *A Theory of Justice*, pp.126–30 참조.

며 그러한 원칙을 요구하는 배경적 조건 그것이 바로 정의의 여건이라는 것이다.

그런데 일찍이 흄은 이러한 여건이 자원의 부족과 인간의 이기심이라는 두 측면으로 이루어진다고 하였다.[4] 롤즈는 대체로 이를 받아들이면서도 다소 변경을 가하여 정의의 객관적 여건은 자원이 지나치게 풍족하여 협동이 불필요하지도 않으며 협동이 불가능할 정도로 지나치게 궁핍하지도 않은 적절한 부족 상태(moderate scarcity)라 하고 정의의 주관적 여건은 협동의 주체들이 제한된 이타심의 소유자들일 뿐만 아니라 서로 상이한 이해 관계와 목적 체계를 갖는다는 사실이라고 했다. 이는 각자가 실현할 만한 가치가 있다고 생각하는 특이한 인생 계획과 가치관을 갖는다는 것을 의미한다. 그리고 그들은 그 어느 누구도 아닌 바로 자기 자신의 가치관을 실현하려는 데 관심을 가지며 그들 상호간에는 동정이건 시기이건 어떤 선행적인 도덕적 유대도 존재하지 않는 상호 무관심한(mutually disinterested) 자들이라고 가정한다.[5]

결국 롤즈에 있어서 정의의 여건은 다음과 같이 요약될 수 있다. 즉 "간략히 말해서 정의의 여건은 상호 무관심한 자들이 적절한 부족 상태에서 사회적 이득의 분배를 두고 서로 대립하는 요구를 제시할 때면 언제나 성립한다고 할 수 있다. 이러한 여건이 존재하지 않는다면 정의의 덕은 생겨나지 않을 것인데 그것은 마치 생명이나 신체를 상해할 위험이 없는 한 신체적 용기가 필요 없는 것과 마찬가지다."[6] 정의의 여건은 정의의 덕을 필

---

4 D. Hume, *A Treatise of Human Nature*, bk. Ⅲ, pt. Ⅱ, sec. ⅱ ; *An Enquiry Concerning the Principles of Morals*, sec. Ⅲ, pt. Ⅰ 참조.
5 J. Rawls, *A Theory of Justice*, pp.13 이하, 127 이하.
6 Ibid., p.128.

요로 하는 여건이다. 그것이 성립하지 않을 경우에 정의의 덕은 무의미하며 그것이 요구되지 않을 뿐만 아니라 가능하지도 않은 것이다. 그러나 롤즈에 의하면 인간 사회의 일반적 특성은 바로 정의의 여건에 있다고 한다. 따라서 정의의 덕은 인간 일반의 덕으로서 언제나 요구된다는 것이다.

이상과 같이 생각할 때 롤즈에 있어서 정의의 덕이 생겨나게 되는 조건은 경험적인 조건으로 볼 수 있다. 이에 대하여 롤즈는 자신의 입장을 명백히 하고 있다. "도덕철학은 자유로이 임의의 가정을 이용해야 하며 마음대로 일반적인 사실들을 이용해야 한다. 그 이외에 다른 방도가 있을 수 없기 때문이다. 중요한 것은 전제들이 참이고 충분히 일반적이어야 한다"는 점이다.[7] 또한 그에 의하면 "계약론이 공리주의와 일치하는 점은 정의의 기본 원리가 사회에 있어서 인간과 관련된 자연적 사실에 의거하는 것이 당연하다고 주장하는 점이다. 이러한 의존은 원초적 입장에 대한 설명에 있어서도 분명하다. 즉 당사자들의 의사 결정은 일반적 사실에 비추어서 이루어진다. 나아가서 원초적 입장의 여러 요소들은 인간적 삶의 여건들에 대해서 여러 가지 가정을 하고 있다. … 이런 가정이 참이고 충분히 일반적인 것이라면 아무런 문제가 없다. 왜냐하면 그러한 요소들이 없이는 모든 체계가 내용 없는 공허한 것이 되기 때문이다."[8]

그런데 여기에서 정의의 여건에 대한 이상의 설명이 과연 정의의 우선성에 대한 롤즈의 주장과 양립 가능할 것인가라는 의문이 생겨난다. 왜냐하면 정의의 여건이 갖는 조건적 성격이 정의의 우선성 및 그와 관련된 의무론적 가정의 무조건성 내지는 절대성을 지지할 수 없을 것으로 보이기 때

---

7 Ibid., pp.129-30.
8 Ibid., pp.51, 158.

문이다. 따라서 정의의 여건에 대한 경험론적 설명은 롤즈 정의론의 핵심인 정의의 우선성에 대한 요구를 의심스럽게 하는 것이며 나아가서 정의의 덕과 대등한 지위를 갖는 다른 덕목의 존재를 가정하게 한다. 그렇다면 정의의 덕은 다분히 상대적이요 치료적(therapeutic) 성격을 갖는 것이고 또한 여건에 따라서 정의는 덕이 아니라 악덕(vice)이 되는 경우도 예견하게 하는 것이다.

그런데 이상과 같은 문제에 대해서 롤즈는 그 나름의 대답을 준비하고 있는 셈이다. 우선 그는 정의의 여건에 대한 경험론적인 설명을 하면서도 그러한 정의의 여건이 인간 사회의 일반적 여건임을 가정하고자 한다. 그에 의하면 정의의 문제가 성립하기 위한 객관적 여건으로서 경제적 혹은 자연적 자원의 적절한 부족 상태는 역사의 진전에 따라 극복될 가능성을 배제할 수는 없으나 시민들 간의 종교적 신념 및 인생관, 가치관에 있어서의 차이는 인간 생활의 영속적인 측면으로 보고자 한다. 따라서 정의의 여건을 인간 사회의 일반적 특성으로 보려는 그의 입장은 단순히 선행적인 경험에 기초한 사회학적 일반화에 근거를 둔 것이기보다는 도덕에 대한 그의 자유주의적 해석에 바탕을 둔 것이라 생각된다.

정의의 여건에 대한 롤즈의 해명 속에 내포된 이러한 자유주의적 함축과 관련해서 맥퍼슨(C. B. Macpherson) 같은 사람은 흄적인 정의의 여건이 정의로운 사회관에 대한 공정한 기초가 된다는 데 대해서 지극히 회의적이다. 그는 현대의 다른 많은 학자들과 더불어 두 가지 점에서 이를 비판한다. 우선 그는 선진 산업 사회는 곧 잉여 생산(surplus production) 시기에 접어들게 되며 이는 인간의 기본적인 욕구(need)를 충족시키기 위해서 요구되는 그 이상의 생산을 의미한다는 것이다. 그리고 또한 그에 의하면 인간성은 사회제도의 합리적 조직으로 인해서 새로운 의식 구조로 개선된다는 것이다. 그래서 시민들은 물질적인 재화를 더 적게 욕구하게 될 것이며 그들의 능력 실현에 필요한 재화만을 욕구하게 된다는 것이다. 이러한 점에서 맥퍼슨은 롤즈적 정의를 넘어서는 사회적 여건이 가능함을 가정하고 있다.[9]

정의의 여건을 인간의 영속적 조건으로 보는 롤즈의 입장은 사실상 정의를 잠정적이고 치료적인 덕목으로 본 흄의 입장과도 구분된다. 흄에 의하면 "정의란 인간의 관습에서 생겨난 것이다. … 그것은 인간 정신의 어떤 성질과 외적 대상의 여건이 함께 만들어내는 어떤 불편에 대한 치료제로서 의도된 것이다. 인간 정신의 성질은 이기심과 제한된 관후함이요 외적 대상의 여건은 인간의 욕구나 욕망에 비해서 그 부족함과 아울러 변화무상함이다."[10] 나아가서 그는 "인간의 이타심이나 자연의 풍요함이 충분할 정도로 증가하게 되면 정의는 무용하게 될 것이며 더 고상한 덕과 더 호의적 축복에 자리를 내주게 될 것"이라 했다.[11]

이상에서 볼 수 있듯이 흄에 있어서는 정의의 여건은 이타심(benevolence)이라는 보다 바람직한 여건에로 나아가는 과도적 단계에 불과하다. 이타심의 여건은 더 이상 정의의 여건이 성립하지 않는 사회를 말한다. 따라서 흄에 있어서 정의의 덕은 이미 그 속에 다른 덕목을 전제하는 상대적인 것에 불과하다. 이타심의 여건이 성숙했음에도 불구하고 계속 정의를 내세우는 것은 정의에 대한 지나친 집착을 의미하는 악덕으로 간주될 수도 있다. 그런데 롤즈의 이론에 있어 핵심을 이루고 있는 의무론적 입장은 그 전통을 칸트에 두고 있는데 칸트의 인식론과 윤리학은 대체로 흄이 대변하

---

9 C. B. Macpherson, *Democratic Theory: Essays in Retrieval*(Oxford, 1973), pp.36-38, 61-63 참조.

10 D. Hume, *Treatise*, bk. Ⅲ, sec. 2, p.494.

11 Ibid., p.495.

고 있는 경험론적인 공리주의적 전통에 대립하는 것이었다. 롤즈가 이어받고 있는 칸트의 의무론은 정의의 여건에 대한 흄의 설명이 기초하고 있는 우연적인 인간적 여건을 배제하는 도덕 형이상학에 정초된 것이다.

흄에 있어서 정의란 인간적 관행의 소산이요 그것은 전적으로 인간 사회의 필요에 의해 생겨나는 것이다. "그래서 형평이나 정의의 원칙은 전적으로 인간에 대한 특수한 상태나 여건에 의존하고 있으며 그 기원은 그것이 엄격하고 일관되게 준수됨으로써 공적으로 결과되는 공리에 두고 있다. 이와는 달리 인간의 조건이나 여건이 극단적으로 풍요하거나 궁핍하며 혹은 완전한 인류애나 완전한 악의가 심어진다면 정의는 전혀 무용한 것이 될 것이며 그 본질은 파괴되고 사람들에게 정의의 의무를 지울 수 없게 된다"고 한다.[12] 이와는 대조적으로 칸트는 "경험적 원리는 전혀 도덕 법칙을 위한 기초를 제공할 수 없다. 왜냐하면 도덕 법칙에 있어서 그것이 모든 합리적 존재에게 구별 없이 적용되어야 하는 보편성과 그로 인해서 그들에게 부과된다는 무조건적 필연성은 그 기초가 특정한 인간성의 구조로부터나 혹은 그것이 처한 우연적 상황에서 온 것일 때 상실되는 것"이기 때문이라고 했다.[13]

그러나 인간적 현실에 기반을 두면서도 아르키메데스적 점을 찾으려는 롤즈는 흄의 입장에 완전히 의존할 수 없음은 물론 칸트의 입장도 그대로 받아들일 수 없는 것이다. 칸트에 있어서 정의의 여건은 정의를 필요로 하는 인간 사회의 여건 속에 존재하는 것이 아니고 정의와 도덕 일반을 가능

---

12 D. Hume, *An Enquiry Concerning the Principles of Morals*(La Salle, Open Court, 1966), sec. Ⅲ, pt. Ⅰ, p.20.
13 I. Kant, *Fundamental Principles of the Metaphysics of Morals*, Thomas K. Abbot, *The Essential Kant*(New York, New American Library, 1970), pp.341-42.

하게 하는 이념의 영역, 즉 인간 사회를 초월한 선험적인 세계이다. 그러한 영역은 이른바 목적의 왕국이며 현상적 세계를 초월한 영역으로서 칸트가 말한 바와 같이 그것은 확실히 하나의 이념으로서 인간 존재는 항구적 거주자로서가 아니라 스쳐 지나가는 방문객일 뿐이다. 이러한 정의의 여건은 도덕적 덕목의 선행 조건이 아니라 그 성취의 척도이며 인간이 자율적으로 부여하는 도덕 법칙에 따라 행위할 때, 즉 목적 왕국의 입법적 구성원으로서 행동할 때 도달되는 것이다.[14]

롤즈는 칸트가 예지계, 선험적 주체를 말할 때 그를 떠나게 되는데 목적의 왕국에 대한 설명에 있어서도 바로 그러한 측면을 보여주고 있다. 롤즈는 그러한 개념이 인간적 정의의 기초로서는 불만족하다고 본다. 왜냐하면 그것은 인간이 인간의 현실적 삶의 여건으로부터 격리되는 한에서 인간에게 적용되는 것이기 때문이다. 그러한 의미에서 칸트의 선험적 자아의 선택은 공허하며 따라서 무근거적이고 임의적인 것이 된다. 롤즈의 지적에 따르면 칸트는 도덕 법칙에 의해 행위하는 것이 우리의 본성을 표현해 준다는 점을, 그에 대립하는 원칙에 따라 행위하는 것과 구분할 수 있게끔 실질적인 차이를 보여주지 못한다는 것이다.

이상의 난점을 극복하고 그러면서도 칸트의 의무론적인 핵심을 보존하기 위해 롤즈는 목적의 왕국이라는 개념을 재구성하여 정의의 여건에 대한 경험적 설명을 하면서도 개인간의 우연적 차별상을 배제하고자 한다. 원초적 입장을 내세우는 목적은 우연적이며 따라서 도덕적으로 부적합한 사회적, 자연적 요인을 사상하면서도 경험을 초월한 선험적 주체나 예지계와 같은 개념에 의거하지 않고서 정의의 원칙을 도출하는 방식을 제시하기 위

---

14 Ibid., pp. 334-39.

한 것이라 할 수 있다.

이상과 같이 롤즈는 그의 원초적 입장이 칸트적 연원을 갖는 것임에도 불구하고 그것이 여러 관점에서 칸트의 입장을 떠나는 것으로 본다. 롤즈는 정의의 원칙을 도출하기 위해서 인간의 일반적 선호나 욕구에 의존하고 있으나 칸트에 있어서는 도덕 법칙의 기초를 일반적 선호나 욕구에 두는 것은 그것이 인간 존재에 있어서 아무리 널리 분포된 것일지라도 결국 더 좁은 타율성에 대해서 더 넓은 타율성을 대치한 것에 지나지 않게 된다. 다시 말하면 그것은 보다 엄밀한 의미에서 특정한 인간 존재의 성격만이 아니라 인간 존재 일반의 성격에 관련된 것이긴 하나 칸트의 자율성 개념을 만족시키기에는 우연성으로부터 충분한 거리를 취하지 못한 것이 된다.

그러나 롤즈에 있어서 이러한 보다 일반적인 우연성은 문제가 되지 않는다. 그의 관심사는 인간들 간에 공정한 정의론을 전개하는 데 있으며 따라서 공정성을 해치는 것은 개인들 상호간에 존재하는 차별적 우연성일 뿐이다. 모든 인간에게 공통되는 우연적 속성은 롤즈에 있어서 문제가 되지 않을 뿐만 아니라 어떤 의미에서는 그의 도덕론의 본질적 구성 요소가 된다. 도덕철학은 자유로이 일반적 사실들을 참조할 수 있어야 하며 정의의 여건도 바로 그러한 사실들 중의 하나인 것이다. 칸트와는 달리 롤즈는 두 가지 의미에서 그것에 의존하게 되는데 그 특별한 한 가지 이유는 그것에 의존함으로써 특정한 해결이 주어지는 합리적 선택의 원리를 기술하려는 것이고 보다 일반적인 이유는 정의의 원칙이 이 세계를 초월하는 추상적이고 형이상학적인 존재가 아니라 현실 세계의 인간 존재에 적용되게 하기 위함이다.

그에 의하면 "정의의 여건 속에 존재함으로써 당사자들은 적절한 부족 상태와 상충하는 요구라는 제약 조건에 똑같이 당면하고 있는 다른 사람들과 더불어 사는 세계 속에 존재하게 된다. 인간의 자유는 이러한 자연적 제약에 비추어서 선택된 원리에 의해 규제되어야 한다. 공정으로서의 정의관은 인간적 정의론이며 그 전제 속에는 인간과 자연에 있어서 그들의 지위에 대한 기본적 사실들이 들어 있는 것이다."[15] 이로 인해 우리는 롤즈가 정의의 여건에 대한 칸트의 입장을 그대로 채택하지 않고서 인간적 여건의 특성에 대한 경험론적 해석에 의거하는 이유를 이해하게 된다.

그런데 여기에서 경험론적 해석이라 함은 위에서 이미 지적된 바와 같이 흄적인 의미에서 순수한 경험적 설명으로 오해되어서는 안 된다. 사실상 롤즈에 있어서 원초적 입장의 전제들은 엄밀한 의미에서 경험적으로 주어지는 것이 아니고 반성적 평형(reflective equilibrium)으로 알려진 정당화의 방법에 의해 주어진다. 이러한 방법은 두 가지 종류의 정당화를 포함하며 그것들이 결합되어 상호 교정과 상호 지지를 하게 된다. 정당화의 한 측면은 정의에 대한 우리의 숙고된 신념에 의거하는 것이고 다른 한 측면은 엄밀히 경험적 사실은 아니나 서술적(descriptive) 기준에 의거하는 것이다. 이러한 정당화의 문제에 있어서 일반적으로 롤즈의 입장이 분명한 것은 아니나 특히 그 서술적 측면에 대해 간단히 언급하기로 한다.

그에 의하면 "최초의 상황에 대한 가장 유리한 해석을 어떻게 정할 것인가? 우선 그 한 가지 방법으로서 나는 일정한 조건 아래서 정의의 원칙이 채택되어야 한다는 데 대해서는 상당한 합의가 있으리라고 가정한다. 원초적 입장에 대한 특정한 규정을 정당화하기 위해서 그것이 일반적으로 공유되고 있는 전제들을 내포하고 있다는 점을 보여야 한다. 우리는 널리 받아들여지고 있으면서도 최소한의 전제들로부터 더 구체적인 결론으로 논증해 가야 한다. 각 전제들은 그 자체가 당연하고 현실성이 있어야 한다. 그

---

15 J. Rawls, *A Theory of Justice*, p.257.

들 가운데 어떤 것은 무해하고 사소한 것일 수도 있다."[16] 그리고 "이러한 상황에 대한 가장 유리한 규정을 찾음에 있어 우리는 양쪽으로부터 작업을 하게 된다. 우선 우리는 그것이 널리 공유되고 있으면서도 약한 조건들을 나타내 주는 것으로 묘사함으로써 시작해야 한다. 그리고 이러한 조건들이 의미 있는 일련의 원칙들을 결과할 만큼 충분히 강한 것인가를 살펴야 한다. 그렇지 못할 경우 그와 비슷한 합당성을 가진 다른 전제를 찾아내야 한다"고 했다.[17]

상호 무관심성이라는 가정을 내세우면서도 롤즈는 동일한 기준에 의거한다. 그에 따르면 "원초적 입장에 있어 상호 무관심이라는 가정은 정의의 원칙이 강한 가정에 의거하지 않게 하기 위함이다. 원초적 입장은 널리 공유하면서도 약한 조건을 내포해야 한다는 점을 알아야 한다. 그래서 정의관은 자연적 감정의 광범위한 유대를 전제해서는 안 된다. 정의론의 기초로서 우리는 가능한 한 가정을 적게 하도록 노력해야 한다"고 했다.[18] 상호 무관심이 이타심에 비해 동기상의 적절한 조건임을 보이기 위해 롤즈는 상호 무관심과 무지의 베일이 결합된 가정이 단순성과 명료성이라는 장점을 갖는 동시에 언뜻 보기에는 더 관대한 동기들이 갖는 이점까지도 보장할 수 있다고 한다. 무지의 베일과 이타심을 전제로 삼지 않는 이유에 대해 롤즈는 "그 대답은 그렇게 강한 조건이 필요하지 않다는 점이다. 나아가서 그 것은 정의론을 약한 가정에 기초하려는 의도에 배치되며 정의의 여건과도 합치되지 않기 때문"이라고 했다.[19]

---

16 Ibid., p.18.
17 Ibid., p.20.
18 Ibid., p.129.
19 Ibid., p.130.

롤즈는 정당화 문제에 대한 결론에서 말하기를 "내가 여러 번 강조해 온 것은 원칙에 대한 조건들이 그 각각으로 볼 때 최소한의 성격을 갖는다는 점이다. 예를 들어서 상호 무관심한 동기라는 것은 무언가를 요구하는 규정이 아니다. 그것은 정의론을 합리적 선택이라는 아주 정밀한 개념에 기초하려 할 뿐만 아니라 당사자에게 적은 것을 요구하는 것이다."[20] 결국 롤즈는 서술적인 측면에서 볼 때 원초적 입장의 가정이 정당화되는 문제에 관해서 두 가지 기본적 해답을 주려는 것으로 보인다. 첫 번째는 그 전제가 널리 받아들여지고 일반적으로 공유되어야 한다는 것이고 또 한 가지는 그것이 합당한 다른 가정들에 비해 최소한으로 약한 것이어야 한다는 점이다.

2. 원초적 입장과 무지의 베일

우리는 앞에서 롤즈의 정의론의 핵심은 결국 인간적 정의(human justice)를 판단하는 기준이 되는 아르키메데스적 점을 찾는 일이며 그러한 관점은 역사적 우연성에 의거해서도 안 되며 경험과 무관한 선험적 가정에 의한 것이어서도 안 된다는 사실을 알았다. 스킬라(Scyla)의 암초와 카립데스(Charipdes)의 늪을 피하면서 정의의 원리를 도출하고자 하는 롤즈는 우리는 "우리 자신의 입장을 멀리서 바라볼 수 있게 하는 하나의 관점을 필요로 하는데"[21] 그것이 인간의 현실을 보지 못할 정도로 멀어서도 안 된다고 한다. "그와 같은 바람직한 관점은 이 세계를 초월한 어떤 곳으로부터의 관점 즉 초월적 존재의 관점도 아니며 이 세계 내에서 합리적 인간이

---

20 Ibid., p.583.
21 Ibid., p.22.

채택하게 될 생각과 느낌의 어떤 방식"이라고 설명한다.[22]

이미 살핀 바와 같이 바로 이러한 점에서 롤즈와 칸트의 근친성(近親性)은 그 한계를 노출하게 된다. 의(義)의 우선성, 자율성, 정언명법, 목적 왕국 등의 개념을 중요한 유산으로 받아들이면서도 칸트가 이러한 개념을 선험적 연역에 의해 도출하려는 것을 비판하고 롤즈는 이러한 복잡한 가정과 정당화되기 어려운 형이상학적 배경을 제거하고 그것이 갖는 도덕적 결과를 형이상학적으로 더 온건한 경험론이라 생각되는 범위 내에서(within the scope of an empirical theory) 재구성함으로써 보존할 수 있다고 믿는다.[23] 롤즈는 칸트의 선험적 개념들이 인간적 정의의 기초로서는 만족스러운 것이 못 된다고 생각한다. 왜냐하면 그것이 인간 존재에 적용되는 것은 그것이 인간의 현실적 여건을 떠나 있는 한에서 적용 가능한 것임을 의미하며 이는 결국 인간이 더 이상 인간이기를 그만둘 때 적용된다는 말이기 때문이다.

롤즈에 의하면 도덕 개념에 대한 메타-윤리적 분석이나 선험철학적 분석은 실질적인 정의론의 기초로서는 지극히 빈약하다는 것이다. 이미 지적된 바와 같이 칸트 윤리학의 중심 입장을 지키면서도 그의 난점을 극복하기 위해 정의의 여건이 갖는 경험적 성격을 받아들임과 아울러 실천 이성 비판에 제시된 칸트의 입장에 대한 그의 대안에 있어서 관건 개념이 되는 것은 바로 원초적 입장(original position)이다. 원초적 입장으로 인해서 우리는 우리의 목적을 멀리서 바라볼 수 있게 되며 그렇다고 해서 우리가 인간적 여건과 완전히 무관할 정도로 멀어지지도 않는다는 것이다. 칸트의

---

22 Ibid., p.587.
23 J. Rawls, "A Well-Ordered Society", Peter Laslett and James(eds.), *Philosophy, Politics and Society*, 5th Series(Oxford, Basil Blackwell, 1971), p.6.

난점을 해결하면서도 아르키메데스적 점이 되기 위한 원초적 입장의 가정적 전제들을 분석해 보기로 한다.

롤즈에 의하면 "원초적 입장이란 거기에서 도달된 합의가 공정한 원상(原狀, ststus quo)이다. 그것은 당사자들이 도덕적 인격으로서 동등하게 대우받고 그 결과가 사회적 세력들 간의 상대적 균형이나 자의적 우연성에 의해 제약받지 않는 사태이다. 따라서 공정으로서의 정의관은 처음부터 순수 절차적 정의라는 관념을 이용할 수 있게 되는 것이다."[24] 그런데 롤즈의 재구성이 뜻하는바 경험적 우연성과 선험적 공허성 간의 딜레마도 해결하면서 아르키메데스적 점에 대한 요구도 만족시키기 위해서 원초적 입장은 특정한 조건들로 구성될 필요가 있다. 원초적 입장의 조건들은 두 가지로 대별될 수 있는데 이미 본서의 서론에서 지적된 바와 같이 하나는 지식(knowledge)에 관련된 조건이고 다른 하나는 동기(motivation)에 관련된 조건이다.

지식에 대한 제한은, 더 상론될 것이나, 원초적 입장의 당사자들이 자신과 소속된 사회의 특수한 사정에 무지하다는 점이다. 이는 무지(無知)의 베일(veil of ignorance)에 의해 표현된다.[25] 동기상의 조건은 우선 원초적 입장의 당사자들이 일반적 의미에서 합리적 존재들이며 나아가서 그들은 이타적인 존재들이 아니라는 점이다. 이 두 번째 규정은 앞 절에서 논의된 정의의 여건 중 주관적 측면과도 관련된 것으로서 당사자들은 무지의 베일로 인해 그 구체적 내용을 확인할 길은 없으나 자신의 가치관을 최대한 실현하고자 하며 타인에 관해서는 시기심도 이타심도 없는 무관심한 자들이다. 이로 인해서 롤즈는 연역의 전제로서 원초적 입장 속에 실질적인 도덕

---

24 J. Rawls, *A Theory of Justice*, p.120.
25 Ibid., pp.12, 19, 137 이하.

원천이나 정의관과 관련된 함축을 배제하고자 한다. 결국 동기와 관련된 조건은 당사자들의 상호 무관심적 합리성(mutual disinterested rationality)이라 할 수 있을 것이다.

그런데 원초적 입장의 인지상의 조건으로서 무지의 베일은 그리스 신화에 있어서 정의의 여신인 디케(Diké)가 봉사(blind)였음을 연상시키는 것으로서 원초적 입장에서 합의된 어떤 원칙도 정의로운 것이 되게 하는바 공정한 절차를 설정하기 위한 가정이다. 롤즈에 의하면 우리는 사람들을 불화하게 하고 그들의 자연적, 사회적 여건들을 자신에게만 유리하게 이용함으로써 생겨나는 특수한 우연성의 결과들은 무효화시켜야 하며 그러기 위해서 당사자들이 무지의 베일 속에 있다고 가정해야만 한다는 것이다. 그러나 특수한 우연성을 배제하면서도 실질적인 정의론의 도출을 위한 전제로서의 무지의 베일은 적절한 두께를 갖는 특정한 것으로 규정되지 않으면 안 되며 따라서 원초적 입장의 인지적 조건은 일정한 지식의 배제와 아울러 일정한 지식의 요구라는 양면을 갖게 된다.

우선 무지의 베일로 인해 배제되는 지식, 다시 말하면 원초적 입장의 당사자가 몰라야 할 바는 특수한 사실들에 대한 정보로서 그중 하나는 개인간의 공정성을 보장하기 위한 것이고 다른 하나는 세대간의 공정성을 보장하기 위한 것이다. 전자에 있어서 당사자들은 자신의 사회적 지위와 천부적 재능을 모르며 나아가 자신의 가치관이나 인생 계획의 세목을 모르고 자신의 특수한 심리적 경향도 모른다는 것이다. 후자에 있어서는 당사자들이 자신이 속한 사회의 특수 사정 즉 자기 사회의 경제적, 정치적 상황이나 문명 및 문화의 수준도 모르며 그들이 어떤 세대에 속하고 있는지에 대해서도 정보를 갖고 있지 않다는 것이다. 그런데 롤즈에 의하면 당사자들에게 알도록 허용된 한 가지 특수 사정은 단지 그들의 사회가 정의의 여건 즉 정의가 문제되는 여건하에 있다는 점이다.[26]

이상과 같이 지식에 대한 더 광범위한 제한이 요구되는 것은 한편으로는 사회정의의 문제가 한 세대 내에서 일어나며 다른 한편으로는 세대간에도 일어나기 때문이라고 했다. 정의로운 분배 원칙은 전자와 관련되고 정의로운 저축 원칙은 후자와 관련되는 것이다. 여하튼 롤즈에 의하면 지식에 있어서 이러한 제한의 목적은 정의 원칙의 선택이 자연적, 사회적 여건의 우연성에 의해 지배되지 않게 하기 위함이며 도덕적 관점에서 보아 부적합한 모든 요인들을 사상하기 위함이다. 무지의 베일로 인해 정의의 원칙은 평등과 공정을 조건으로 선택됨이 보장되며 개인간의 상이한 관심들이 배제되는 까닭에 원초적 합의의 만장일치가 보장된다는 것이다.[27]

한편 무지의 베일이 허용하는 지식, 즉 당사자들이 알아야 할 바는 이상의 지식을 제외한 모든 일반적 지식(general knowledge)이며 그것에는 별다른 제한이 있을 수 없다고 한다. 그들이 일반적 지식을 기초로 해서 원칙을 선택한다는 것은 공지성의 기준이 요구하는 바이며 상대의 무지를 기초로 해서 도달된 합의는 정당화될 수가 없기 때문이다. 나아가서 이는 합의된 정의의 원칙이 실질적인 내용을 갖게 하기 위한 조처이기도 하다. 이러한 관점에서 특히 롤즈가 강조하고 있는 일반적 사실로서는 당사자들이 어떤 사회적인 기본선을 선호하고 있다는 점이다.[28] 기본선이란 합리적 인간이라면 자신의 가치관이나 최고 목적이 무엇이냐에 상관없이 모든 목적의 달성에 필요한 것이라고 생각된다는 이유에서 모든 사람은 더 많은 기본선을 선호하게 되고 그로 인해서 정의관을 택하려는 합리적 동기가 부여된다는 것이다. 기본선에 대한 이러한 가정은 개인간의 비교 문제를 해결

26 Ibid., p.128.
27 Ibid., pp.137-38.
28 Ibid., pp.62, 92.

하기 위한 객관적 기초를 제시하는 것으로서 현실적 작용성에 있어서 롤즈의 정의론이 공리주의의 난점을 극복하기 위한 조처들 중 하나이다.

기본선의 구체적 내용은 롤즈가 말하는 선에 대한 기초론(thin theory)에 의해 주어진다.[29] 여기에서 기초론이라 함은 그것이 인간의 특정한 모든 가치관의 실현에 유용할 것으로 보이는 종류의 선에 대해서 널리 공유된 최소한의 가정만을 내포한다는 의미이다. 따라서 이것은 그들의 특정한 욕구(desire)가 어떤 것인지에 상관없이 어떤 삶의 양식을 택하든 그 실현을 위해 모든 인간들이 원하게 되는 수단적 가치들이다. 선에 대한 이러한 기초론은 여러 가지 특정한 가치나 목적 간의 우열에 대한 판단이나 선택의 기준을 제시하는 것이 아니라는 점에서 정의의 원칙이 채택된 연후에 나타나게 될 더 포괄적인 이론으로서 선에 대한 완전론(full theory)과 구별된다.[30]

이렇게 해서 무지의 베일은 당사자들이 공정성과 만장일치라는 조건하에서 숙고하게 하고 기본선에 대한 설명은 합리적 선택에 도달하고 특정한 해결책에 이르는 데 필요한 최소한의 동기를 제공하는 것이다. 이러한 두 개의 가정이 결합됨으로써 당사자들은 공동의 이익 즉 모든 합리적 인간에게 공통되는 이해 관계에만 의거해서 생각하게 된다. 그런데 원초적 입장에 대한 이상의 두 가정은 사실상 당사자들이 쓰게 될 무지의 베일이 갖는 적절한 두께에 대한 가정이라 할 수 있다. 따라서 롤즈에 있어서 무지의 베일은 개인의 자연적 재능, 사회적 지위 등 특수한 사실을 보지 못할 정도로 두터운 것이어야 하고 기본적 선을 위시한 일반적 사실들을 분간할 수 있

---

29 Ibid., p.396 이하.
30 Ibid., pp.396, 397 이하.

을 정도로 얇은 것이어야 한다. 따라서 베일의 적절한 두께를 설정하는 일은 경험적 지반을 잃지 않으면서도 아르키메데스적 점을 찾으려는 롤즈의 시도의 성패가 달려 있는 것이라 할 수 있다.

정의의 원칙과 그에 의해 규제되는 질서 정연한 사회라는 개념은 이상의 원초적 입장으로부터 3단계의 절차를 거쳐 나타나게 된다. 우선 최초의 선택 상황에 내포된 선(善)에 대한 기초론이 있고 다음에는 이로부터 의(義)의 개념과 정의의 원칙이 도출되며 나아가서 다시 이를 배경으로 해서 선에 대한 완전론이 전개되어 다양한 선과 여러 가치에 대한 규정이 이루어진다. 그런데 중요한 사실은 비록 선에 대한 기초론이 의나 정의의 원칙에 선행하는 것이긴 하나 롤즈의 정의론에 있어서 핵심이 되는 선에 대한 의의 우선성을 침해할 정도로 그것이 특정한 실질적 내용을 함축해서는 안 된다는 점이다. 정의론이 근거하고 있는 의의 우선성은 선에 대한 완전론, 즉 특정한 가치나 목적을 다루는 이론에 대한 것이며 선에 대한 완전론은 따라서 정의의 원칙이 선택된 이후에 그것에 비추어서 나타나게 된다.[31]

롤즈의 설명에 따르면 "의(義)의 원칙들을 세우기 위해서는 선(善)에 대한 어떤 개념에 의거할 필요가 있다. 왜냐하면 우리는 원초적 입장에 있어서 당사자들의 동기에 대한 가정을 필요로 하기 때문이다. 그런데 이러한 가정은 의라는 개념의 우선적 지위를 위태롭게 해서는 안 된다. 따라서 정의의 원칙을 논증함에 있어서 이용되는 선에 대한 이론은 순수히 기본적인 것에만 제한된다. 선에 대한 이러한 설명을 기초론이라 부르고자 하는데 그 목적은 정의의 원칙에 이르기 위해 요구되는 기본적인 선에 대한 전제를 확보하려는 데 있다. 일단 이러한 이론이 전제되고 기본선이 설명되면

31 Ibid., pp.433-39 참조.

우리는 자유로이 정의의 원칙을 이용해서 선에 대한 완전론이라 불릴 것을 계속 전개해 갈 수 있게 된다"는 것이다.[32]

이러한 3단계 절차는 공정으로서의 정의관에 특징적인 것으로서 다음과 같은 방식으로 아르키메데스적 점에 대한 요구를 해결하게 된다. 선의 완전론에 대한 의의 우선성은 평가의 기준이 평가의 대상에 우선하고 그로부터 구분될 수 있어야 한다는 조건을 만족시키는 것이며 롤즈에 의하면 평가의 기준이 기존하는 욕구나 욕망에 함축된 것이어서는 안 되기 때문이라는 것이다. 그리고 의나 정의의 원칙이 일반적 의미에 있어서 인간의 현실적 욕구와 관련된 선에 대한 기초론으로부터 도출되어야 한다는 사실은 정의의 원칙에 대해서 현실적이고 구체적인 근거를 제공함으로써 그것이 인간 세상과 동떨어진 임의적인 것이 아니게 해준다. 그래서 선험적 연역에 의거함이 없이 지극히 추상적이지도 않고 지나치게 현실적이지도 않은 아르키메데스적 점의 발견이 가능하게 되는 것이다.

롤즈에 의하면 결국 공정으로서의 정의관이 개인주의적인 측면을 갖는다 할지라도 정의의 두 원칙은 기존하는 욕구나 사회적 조건의 우연성에 의거하고 있지 않다는 것이다.[33] 이렇게 해서 우리는 제도를 평가하고 사회 개조의 지침이 될 정의의 원칙과 그것에 합치하는 이상적 인간관을 도출할 수 있게 된다는 것이다. 그래서 기본적인 사회적 선과 같은 어떤 일반적 욕구(need)를 가정하고 그것을 적절히 규정된 상황에서 이루어지게 될 합의의 기초로 삼음으로써 아르키메데스적 점을 발견하기 위해서 선험적 혹은 완전설적(perfectionist) 원칙에 의거할 필요가 없게 되는 동시에[34]

---

32 Ibid., p. 396.
33 Ibid., p. 236.
34 Ibid., p. 263.

기존하는 우연적 여건들에 대한 의존으로부터도 해방될 수 있게 된다는 것이다.

이렇게 해서 결국 롤즈는 공정으로서의 정의관이 받아들이기 어려운 다른 두 극단적인 대안의 가운데 위치하는 것으로 보고자 한다. 기존하는 욕구나 욕망에 의거함으로써 적절한 평가의 기준을 설정하기 어려운 것이 공리주의라면 암암리에 특정한 선을 전제함으로써 기존하는 우연성을 극복하려는 것이 아리스토텔레스나 니체와 관련되는 완전설이라 생각한다. 공정으로서의 정의관은 우연적 욕구와 상관없이 사회와 인간에 대한 이념이나 원칙을 세움으로써 공리주의로부터 떠나면서도 인간적 선이나 탁월성과 같은 선천적 개념에 의거하지 않고서도 문제를 해결한다는 점에서 완전설과도 결별한다. 롤즈에 의하면 "이렇게 해서 계약론은 욕구의 순수 만족량과는 다른 것을 고려한다는 점에서 완전설과 유사하다. 그러나 동시에 인간적 탁월성의 선천적 기준에 의거함이 없이 인간의 이상을 규정하게 된다. 따라서 계약론적 입장은 완전설과 공리주의의 중간에 위치한다"는 것이다.[35]

이상이 바로 정의의 원칙을 도출하기 위한 전제요 절차인 원초적 입장에 대한 설명이다. 원초적 입장과 정의의 원칙 간의 관계는 롤즈에 의하면 연역적인 것이라고 한다. 그에 의하면 "우리는 이 말이 함축하고 있는 가장 엄밀한 의미에서 도덕 기하학(moral geometry)을 성취해야 한다"는 것이다.[36] 그러나 문제는 기하학의 공리(公理)에 있어서와 마찬가지로 연역적 전제로서 원초적 입장의 가정적 조건들이 우선 받아들여져야 한다는 점이다. 왜냐하면 그러한 전제 그 자체는 체계 내에서 증명될 수가 없을 것이기

---

35 Ibid., p.327
36 Ibid., p.20.

때문이다. "최초의 상황에 대해서 무한히 다양한 모델이 있을 수 있으며 따라서 무수히 많은 도덕 기하학의 정리 체계가 가능한 것이다."[37] 그렇다면 원초적 입장의 특수한 가정들은 어떻게 정당화될 것인가?

물론 롤즈는 연역의 전제가 갖추어야 할 일반적 요구 조건에 의해 그 전제가 정당화되어야 한다고 말한다. 그러나 한편 그는 "정의관은 원칙들에 대한 자명한 전제나 조건들로부터 도출될 수는 없다"[38]고 생각하는 까닭에 오히려 전제의 최종적 정당화는 그로부터 도출되는 결과의 합당성에 비추어 이루어지는 것이라 할 수 있다. 그에 의하면 "정의관의 정당화는 모든 것들이 결합되어 하나의 정합적인 입장을 이루는 여러 가지 고려 사항들의 상호 지지의 문제(matter of the mutual support)"라는 것이다.[39] 도출되는 결과의 합당성에 비추어 전제를 정당화하는 문제는 다음 장으로 미루기로 하고 우선 우리는 이 절에서 롤즈가 스스로 말하는바, 연역의 전제가 갖추어야 할 일반적 요구 조건을 원초적 입장의 조건들이 얼마나 충족시키고 있는지에만 주목하기로 한다. 이는 전제의 간명성과 더불어 원초적 입장의 당사자들이 쓰게 될 무지의 베일의 적절한 두께를 설정하는 문제와 직결되어 있다.

우리는 앞 장에서 롤즈의 도덕론은 칸트적 의미에 있어서 구성주의적 입장으로서 20세기의 전반적인 윤리적 회의주의에 대해서 새로운 활로를 트기 위해 시도된 것이라 했다. 그리고 칸트적 구성주의의 본질은 그것이 어떤 합리적인 요구 조건에 부응하는 구체적인 구성 절차를 세우고 그러한 절차 내에서 합리적 인간들이 합의를 통해서 정의의 제1원칙에 도달한다

---

37 Ibid., p.126.
38 Ibid., p.21.
39 Ibid.

는 데 있다고 했다. 그리고 여기에서 합당한 구성 절차를 마련하기 위한 개념적 장치가 바로 원초적 입장이며 롤즈는 우리가 이러한 입장에 섬으로써 비로소 발견의 윤리가 바탕하고 있는 독단적 환상의 암초와 창조의 윤리가 자리하고 있는 무근거적 허무의 늪을 피하는 항해술의 가능성이 열리리라고 기대한다.

그래서 그는 경험적 우연성과 선험적 비현실성이라는 딜레마의 두 뿔 사이로 피하기 위해 원초적 입장의 당사자들이 적절한 두께를 갖는 무지의 베일 속에 있을 것을 요구한 것이다. 따라서 베일의 적절한 두께를 설정하는 일은 경험적 지반을 잃지 않으면서도 그 우연성을 배제하고 아르키메데스적 점을 찾는 롤즈의 시도의 성패가 달려 있는 것이다.[40] 롤즈가 지적한 바와 같이 공정으로서의 정의관은 다른 계약론들과 마찬가지로 두 부분으로 이루어지는데 하나는 최초의 상황에 대한 해석 및 거기에서 나타나는 선택의 문제이고 다른 하나는 합의될 정의의 원칙과 그에 대한 논증이다. '우리는 이론의 전반부를 받아들이면서도 후반부를 받아들이지 않을 수 있으며 그 역도 가능한 것'이라 했다. 최초의 상황에 대한 해석과 관련된 전반부에 있어서 대부분의 중도적 입장이 그러하듯이 롤즈는 양쪽으로부터의 비판을 피할 수 없었고 그에 대한 답변을 마련하지 않으면 안 되었다.

한편에서의 비판은 평가의 기준이 평가의 대상에 의존되어서는 안 된다는 요구와 관련된 것으로서 원초적 입장 특히 무지의 베일이라는 장치는 현실적 욕구의 우연성으로부터 충분한 거리를 취하고 있지 못하다는 반론이다. 이는 주로 롤즈가 제시한 기본선에 향해진 것으로서 그것은 가치 중립적인 것이 아니고 선에 대한 특정한 입장을 선호하고 있다고 지적한

---

40 Ibid., pp.260-63, 584.

다.[41] 기본선은 모든 인생 계획이나 가치관의 실현에 동등하게 소용되는 것이 아니며 따라서 원초적 상황의 공정성을 침해하는 것이고 순수 절차적 정의관에 있어 절차의 순수성이 보장될 수 없다고 한다. 정의론의 전제로서 기본선은 모든 인간이 보편적으로 공유하고 있는 것으로부터 도출된 것이기보다는 서양에 있어서 자유주의적 부르주아의 인생 계획에 대한 우연적 선호에 근거하고 있으며 따라서 그로부터 결과되는 정의의 원칙도 특정한 가치관의 산물에 불과하다는 것이다. 무지의 베일은 원초적 입장 속에 함축된 이러한 편견이나 우연성을 배제할 정도로 충분히 두터운 것이 아니면 안 된다고 한다.[42]

그러나 또 하나의 다른 비판이 반대되는 극단으로부터 생겨난다. 이러한 반론은 평가의 관점이 현실적인 인간 경험으로부터 너무 멀리 떨어져 있어 지나치게 추상적이거나 초월적인 것이어서는 안 된다는 요구와 관련되어 있다. 롤즈가 칸트적 형식주의를 완전히 극복하지 못하고 있다는 지적과도 상통하는 이러한 반론에 의하면 원초적 입장은 너무나 추상적이고 인간의 현실로부터 초연한 것이어서 그것이 나타내는 최초의 상황은 실질적인 내용을 갖는 특정한 정의관의 전제로서는 너무나 빈약하다고 하여 무지의 베일이 더 얇아야 한다고 주장한다. 이러한 반론들은 대체로 공리주의의 진영에서 제기되는 것으로서 롤즈의 베일은 너무나 두터운 것이어서 도덕적으로 합당한 정보, 예를 들면 각자의 가치관과 같은 것까지도 배제하고 의미 있는 결과의 산출에 필요한 지식을 제외함으로써 합당한 정의의 원칙을

---

41 Adina Schwartz, "Moral Neutrality and Primary Goods", *Ethics*, Vol. 83, No. 4(July 1973) 참조. Thomas Nagel, "Rawls on Justice", *Reading Rawls*, Norman Daniels(ed.), p.10에도 유사한 비판이 나타난다.
42 Thomas Nagel, op. cit. 참조.

선택하는 데 요구되는 동기를 설명하기 어렵다는 것이다. 따라서 공평성을 보장하기 위해서는 더 경제적인 얇은 베일로도 충분하다는 것이다.[43]

롤즈에 대한 많은 비판가들은 이상과 같은 두 반론 중 어느 한 진영에 가담하고 있는 것으로 보이며 이에 대해서는 롤즈 자신의 변호와 아울러 그의 입장에 동조하는 옹호론도 많은 것으로 생각된다. 이러한 반론들과 옹호론 간의 논쟁이 아직도 끝을 보지 못하고 있는 만큼 우리는 우선 정의론의 전반부에 대한 수용 여부를 보류하고 정의의 원칙 및 논증에 관련된 그 후반부에 대한 논의로 나아가기로 한다.

3. 정의의 원칙과 그에 대한 논증

롤즈는 자신이 제시한 정의의 원칙이 지금까지 설명해 온 원초적 입장의 조건들에 부합하는 유일한 선택임을 증명하고자 하며 이상적으로는 자신의 논증이 엄밀한 의미에서 연역적인 것이 되기를 바란다. 물론 그도 자신의 논증이 완전히 연역적인 것이 되지 못함을 인정하고 있으며 따라서 정의론의 전제를 받아들이면서도 그 결론을 받아들일 수 없거나 그 역도 성립할 가능성을 열고 있기는 하다. 그러나 우리가 해야 할 일은 가능한 한 그것이 엄밀한 도덕 기하학이 되도록 힘쓰는 일이며 거의 연역적인 체계가 되도록 만드는 일이라고 했다. 물론 이미 지적된 바와 같이 최초의 상황에 설정되는 전제들에 따라서 도덕 기하학의 체계도 다양할 것이나 롤즈는 자신이 설정한 전제들이 가장 합당하다고 믿는 까닭에 그로부터 가장 합당한 결과가 나타나리라고 기대한다. 우리는 이 절에서 우선 원초적 입장의 당

---

43 Ibid., pp.7-10 참조; R. M. Hare, "Rawls' Theory of Justice", *Reading Rawls* 참조.

사자들이 채택할 발견적 가설이나 선택의 전략을 알아본 후 그가 전개하는 원칙에의 논증을 해명하고 각 원칙의 함의를 분석해 보기로 한다.

롤즈가 계약론적 방법을 채택한 이면에는 가설적 조건을 특정하게 설정함으로써 도덕 판단(moral judgement)을 사려 판단(思慮判斷) 혹은 타산 판단(打算判斷, prudential judgement)으로 옮겨 놓을 수가 있으며 그럴 경우 직관에의 의존을 피하거나 적어도 줄일 수 있다는 생각이 깔려 있다. 왜냐하면 그가 설정한 계약의 가설적 조건하에 있어서는 합리적인 타산적 사려가 우리에게 명하는 바가 바로 정의가 되기 때문이다. 특정한 사실들 특히 자신의 구체적인 여건에 대한 무지의 베일이라는 조건으로 인해서 동일한 선택이 모든 사람의 타산에 맞는 까닭에 우리의 일상적인 타산 판단과는 달리 이러한 타산 판단은 동시에 보편성과 무사 공평성(無私公平性)을 갖게 된다. 바로 이러한 이유로 해서 타산 판단은 모든 사람에게 공정하고 정의로운 판단으로 간주될 수가 있다. 과거에도 많은 철학자들이 도덕 판단을 타산 판단으로 대치하려는 시도를 해왔다. 그러나 단순한 대치가 불가능한 것은 그 두 판단의 성격이 전혀 다른 것이기 때문이다. 흄이 지적했듯이 그들간의 본질적인 차이점 중 하나로서 도덕적 언어(language of morals)는 보편적인 관점을 취한다는 점에서 자애적 언어(language of self-love)와 구분된다는 것이다. 롤즈의 가정은 바로 이러한 타산적 안목에 대해 보편적 관점을 부여하기 위해 고안된 것이다.

이와 같이 도덕 판단이 원초적 입장이라는 롤즈의 개념 장치에 의해 타산 판단으로 환원될 경우 당사자들은 어떤 선택의 전략에 따라 정의로운 제도의 규제 원칙을 택하게 될 것인가? 다시 말하면 원초적 입장에 있는 합리적 계약자들은 정의로운 제도 체계를 결정할 경우 어떤 선택의 원칙이나 발견의 방편(heuristic device)을 이용할 것인가가 문제이다. 이는 원초적 입장의 여러 가정 속에서 당사자들의 합리성이 실현되는 방식과도 관련된 것이다. 현대의 의사 결정론의 용어법상으로 볼 때 원초적 입장에서의 선택은 불확실한 상황하의 선택(decision under uncertainty)이라고 할 수 있을 것이다. 왜냐하면 가정상의 당사자들은 그들이 채택할 어떤 특정한 사회 체제 아래서 그들의 개인적인 처지가 어떻게 될 것인지에 대해서 알지 못하고 있기 때문이다.

그런데 불확실한 상황에서 합리적인 인간들이 의거하게 될 결정 규칙에 대해서는 일반적으로 의견을 달리하는 두 가지 입장이 있다.[44] 그 하나는 최소 극대화(最小極大化, maximin) 원리를 내세우는 입장으로서 불확실한 상황 속의 합리인들은 가능한 대안들 가운데서 그 각각이 초래할 최악의 결과(minimorum) 중 가장 다행스러운 것(maximum)을 보장한다고 생각되는 대안을 선택한다는 것이다.[45] 롤즈는 원초적 입장에서 합리적 개인들은 바로 이러한 규칙에 따라 결정을 하리라고 생각한다. 롤즈가 비판의 대상으로 삼고 있는 다른 하나의 결정 규칙은 기대 효용 극대화(expected utility maximization)의 원칙으로서 이는 불확실한 상황하의 합리인이 가능한 대안들 중 기대되는 결과들의 평균 효용이 가장 큰 것을 취한다는 입장으로서 대체로 평균 공리주의의 논거가 되는 입장이다.

그런데 롤즈는 이러한 최소 극대화의 원리가 모든 선택 상황에 적용된다고 주장하거나 그것이 자명한 원칙이라고 생각하지는 않는다. 하지만 원초적 입장에서의 합리적 선택 전략으로서 최소 극대화의 원리를 채택하게 하는 것은 그 상황이 갖는 몇 가지 특성에 기인한다는 것이다.[46] 이러한 특성

---

44 J. C. Harsanyi, "Can the Maximin Principle Serve as a Basis for Morality?: A Critique of John Rawls's Theory", *American Political Review*, Vol. 69(June 1973) 참조.

45 J. Rawls, *A Theory of Justice*, p.152 이하.

은 선택 상황에 대한 롤즈의 특유한 규정 방식에서 유래하는 것으로서 가장 중요한 것은 그것이 무지의 베일에 의해 미래에 대한 모든 확률 계산적 근거가 차단되어 있는 까닭에 기대 효용 극대화의 원리를 중심으로 한 확률 계산적 전략이 무용한 상황이라는 점이다. 이 점에 있어서도 역시 롤즈와 공리주의자들 간에 베일의 두께를 중심으로 한 시비가 가능하리라 생각된다. 그리고 롤즈에 의하면 그것은 단 한 번의 선택으로 나를 포함한 자손만대의 장래를 결정하는 심각하고도 최종적인 선택인 까닭에 위험 부담을 안고서 미래에 대한 비판적 전망 가운데서 신중하고도 보수적인 결정이 불가피한 그런 상황이기도 하다는 것이다. 이 점에 대해서는 다음 장에서 비판적인 논의를 하기로 하고 그의 정의의 원칙과 그 도출 과정에 주목하기로 하자.

롤즈는 자신이 규정한 원초적 입장의 상호 무관심한 합리적 당사자들이 무지의 베일 속에서 사회적인 기본선(자유, 기회, 권력, 소득, 부, 자존심의 기반 등)의 분배 원칙을 정함에 있어 우선 평등(equality)에서 시작하리라고 생각한다.[47] 원초적 입장에 있는 당사자들의 관점에서 볼 때 그들은 무지의 베일로 인해서 자신을 위해 어떤 특정한 이익을 취할 길이 없다. 또한 그들은 자신의 이익을 추구하는 합리성으로 인해 자기에게 특수한 손해를 그대로 묵과할 이유도 없는 것이다. 따라서 그가 사회적 기본 가치의 분배에 있어서 동등한 몫 이상을 기대한다는 것은 부당하며 동등한 몫보다 적은 것에 합의한다는 것도 불합리한 까닭에 그가 할 수 있는 현명한 길은 평등한 분배를 요구하는 원칙을 정의의 원칙으로 받아들이는 일이라는

---

46 Ibid., pp.155-56.
47 Ibid., pp.150-51.

것이다.

그러나 롤즈는 원초적 입장의 합리적 인간들은 이러한 단순한 평등의 원칙을 최종적인 것으로 받아들일 이유가 없다고 한다. 왜냐하면 만일 사회 체제 내에 어떤 불평등이 있음으로써 그것이 단순한 평등이 주는 수준과 비교해서 모든 사람의 처지를 더 개선해 줄 수 있을 경우 합리인이라면 그러한 불평들을 허용하지 않을 근거가 없기 때문이라고 한다. 당사자들은 더 평등한 분배가 주는 당장의 이익에 미래에 돌아올 더 큰 보상을 생각하여 투자할 수 있는 사려 깊은 합리인이다. 이러한 불평등에 대해서 그들은 불평할 합리적 이유를 갖지 않으며 그것은 오히려 정의에 부합하는 것으로 받아들이게 된다. 더욱이 롤즈에 있어서 원초적 입장의 당사자들의 합리성은 타인과의 상대적 비교만으로 낙담하는 시기심(envy)을 배제하는 것으로 규정되는 까닭에 그들은 조건부의 불평등을 허용하는 차등의 원칙(difference principle)에 합의하리라는 것이다.[48]

롤즈는 이러한 차등 원칙의 구체적 내용을 명시하는 과정에서 이미 지적된 최소 극대화 원칙에 의거하고 있다. 무지의 베일로 인해서 미래를 점칠 만한 확률 계산의 근거가 불충분한 까닭에 또한 일상적 경우와는 달리 이러한 결정은 자손만대에 걸친 중대사에 관련된 까닭에 당사자들은 위험을 기피하고 신중한 의사 결정을 위해 최소 극대화 원칙에 호소하게 된다. 그런데 롤즈는 당사자들이 이런 식으로 의사 결정을 한다는 것은 사회적 불평등이 허용될 경우 그들은 자신이 가장 불운한 자가 될 경우를 가정하고 그럴 경우 가장 다행스러운 결과가 보장되는 대안을 고려함을 의미한다는 것이다. 따라서 당사자들은 최소 수혜자(最小受惠者, the least

---

48 Ibid., p.151.

advantaged)의 관점에서 허용되는 불평등이 자신에게 가장 유리하게 규제되는 대안을 채택하게 된다는 것이다.[49] 그래서 롤즈는 불평등이 최소수혜자 집단의 장기적인 기대치를 극대화시키거나 적어도 그에 기여할 경우에 허용할 수 있다는 결론에 이르게 된다.

이러한 추론의 과정을 통해서 우선 롤즈가 도달하게 된 정의 원칙의 일반적 모형, 즉 이른바 일반적 정의관(general conception of justice)은 다음과 같은 것이 된다. "모든 사회적 기본 가치 — 자유와 기회, 소득과 부, 그리고 자존감의 기반 — 는 이러한 가치들의 일부 혹은 전부의 불평등한 분배가 최소 수혜자에게 이득을 주지 않는 한 평등하게 분배되어야 한다."[50]

그런데 롤즈는 이상과 같이 정식화된 일반적 정의관에 만족하지 않고 이보다 더 특수하게 규정되는 정의의 두 원칙 즉 특수한 정의관(special conception of justice)에로 나아가고자 한다. 왜냐하면 일반적 정의관에 있어서는 허용될 불평등의 종류에 대한 아무런 제한도 가해지지 않고 있으며 따라서 기본 가치들 간의 상호 교환에 대한 아무런 제약이 없는 까닭에 더 작은 자유가 더 큰 경제적 가치에 의해 보상될 수도 있게 되며 이는 결국 노예제도와 같은 부정의한 제도가 배제되지 못하고 있음을 의미한다. 따라서 롤즈는 이러한 사태의 극복을 위해 사회적 기본 가치들 간의 우선성(priority) 문제에 주목하고 그러한 문제를 처리할 수 있는 원칙들을 발견하고자 한다. 두 개의 원칙으로 구성되는 특수한 정의관은 바로 그러한 추론의 과정 속에서 결과된 것이다. 그래서 원초적 입장에서 당사자들이 최종적으로 채택하게 될 정의의 두 원칙은 다음과 같은 형식으로 표현된

---

49 Ibid., p.97.
50 Ibid., p.303.

다.[51]

제1원칙 : 평등한 자유의 원칙(Principle of Equal Liberty)

각자는 모든 사람에 대한 유사한 자유의 체계와 양립 가능한 평등한 기본적 자유의 가장 광범위한 총체 체계에 대한 평등한 권리를 가져야 한다.

제2원칙 : 차등의 원칙(Difference Principle)

사회적, 경제적 불평등은 다음과 같은 두 조건을 만족시키도록 편성되어야 한다.

(a) 최소 수혜자에게 최대의 이득이 되고

(b) 기회 균등의 원칙하에 모든 이에게 개방된 직책과 직위에 결부되어야 한다.[52]

이상과 같은 정의의 두 원칙은 세 가지 특수한 주장으로 구성되어 있는데 그 주장의 각각은 확률 계산의 전략보다는 최소 극대화의 원칙에 의거하고 있는 것으로 생각된다. 첫 번째 주장은 경제적 이득에 대한 자유 우선의 원칙이요, 둘째는 제2원칙의 전반부가 나타내는 좁은 의미의 차등의 원칙이며, 셋째는 제2원칙의 후반부를 이루는 공정한 기회 균등의 원칙이다. 그런데 롤즈에 의하면 두 원칙 간이나 혹은 그 부분들 상호간에는 축차적인(lexicographical) 우선의 서열이 있다고 한다. 그래서 제1원칙은 제2원칙에 우선하고 다시 제2원칙은 그 후반부가 전반부에 우선하며 나아가서 이러한 제2원칙은 효율성(efficiency)이나 공리(utility)의 원칙보다 우선

51 Ibid., p.302 참조.
52 Ibid., p.302.

적으로 적용되어야 한다는 것이다.

우선 여기에서 문제되는 것은 일반적 정의관과 특수한 정의관과의 관계이다. 이 점에 있어서 가장 중요한 대목은 바로 자유라는 기본 가치에 관한 것이다. 일반적 정의관에 있어서 자유는 단지 여러 기본 가치들 가운데 하나였으며 따라서 차등의 원칙에 의해 처리될 수 있어 더 큰 경제적 반대 급부에 의해 다소의 자유가 희생될 수도 있다. 그러나 정의의 두 원칙에 있어서는 자유가 다른 기본적 가치들에 비해 우선적 지위를 차지하게 되며 요구되는 자유는 평등한 자유이고 가장 광범위한 가능한 최대의 자유이다. 여기에서 문제는 합리적 선택자들이 어떤 근거에서 자유에 대해서 더 우선적인 비중을 두며 차등의 원칙에 의거할 경우 자유의 불평등한 분배가 그들 모두에게 이득이 될 경우가 있음에도 불구하고 평등한 자유를 주장하는가에 관한 것이다. 이 점에 있어서 롤즈의 논거는 원초적 입장에서 당사자들에게 허용되는 일반적 지식, 특히 인간 심리의 일반적 법칙에 기초를 둔 것이다.

물론 롤즈도 합리적 개인들이 언제나 정의의 두 원칙을 택하리라고 생각하지는 않는다. 그러나 그에 의하면 당사자들은 그들의 기본적 자유가 효과적으로 발휘될 수 있는 유리한 조건하에서라면(under favorable conditions) 경제적 복지의 개선 때문에 자유의 희생을 감행하지 않으리라고 한다.[53] 합리적 인간들은 가능한 한 자신의 욕구를 최대한으로 실현하고자 하며 그들이 바라는 바를 성취할 수 있는 기회를 극대화시키고자 한다. 그런데 물질적 부의 증가는 일정한 수준을 넘어서는 사람들의 욕구 충족을 위한 기회를 그다지 증가시키지 못하는 반면 자유의 증가는 그러한

---

53 Ibid., pp.151-52, 542-43 참조.

기회를 증대시켜 줄 수 있다는 것이다. 따라서 일정한 수준의 물질적 생활을 향유한다고 할 때 자유 우선의 원칙을 택한다는 것은 합리적 처사라 할 수 있다는 것이다. 결국 롤즈의 두 정의관은 사회의 경제 발전 과정에 있어 서로 다른 단계에 적용되는 것으로서 이 점에 있어서 그의 정의론도 전혀 비역사적인(ahistorical) 것이라고만 볼 수는 없을 것이다.

롤즈는 이러한 자유의 절대적 우선성을 특히 원초적 입장의 계약 당사자가 다른 무엇에 의해서도 희생하기를 원치 않는 종교적, 도덕적 관심과 신념을 가질 수 있다는 전제에서 도출하고자 한다.[54] 이러한 관심과 신념을 가질 자유는 가장 중요한 양심의 자유(freedom of conscience)로서, 이것이 어떠한 경제적, 사회적인 이득이라는 명분에 의해서도 제한될 수 없음은 우리의 숙고된 도덕 판단에 있어서 고정점(fixed point) 중의 하나라고 한다.[55] 롤즈는 이 밖에 다른 기본적 자유도 양심의 자유에 대한 일반화로써 해결하고자 한다.[56] 여하튼 기본적인 물질적 욕구가 충족되는 한에서 더 이상의 물질적 이득에 대한 관심보다 자유에의 관심이 상대적으로 더욱 중요하게 되며 자유의 절대적 우선성이 성립할 수 있다는 것이다. 결국 롤즈는 경제적, 사회적 가치의 한계 효용은 감소하는 반면 자유의 한계 가치는 점증한다고 보며 이 두 한계 효용이 교차하는 지점으로부터 자유 우선을 요구하는 특수한 정의관이 적용된다고 생각하는 것이다.

그리고 또한 당사자들이 자유 우선의 원칙뿐만 아니라 자유의 평등한 분배를 택하는 이유로서 롤즈는 자존감(self-respect)이라는 기본 가치의 중요성을 내세운다. 그에 의하면 이러한 자존감에 의해 밑받침되지 않고는

---

54 Ibid., p.206.
55 Ibid.
56 Ibid.

어떤 인생 계획도 만족스러운 것이 될 수 없다는 것이다. 그런데 사람들은 자신의 동료에 의해 지극히 낮게 평가될 경우 자존감을 상실하게 되는 것이며 그러한 자존감을 보장해 주는 적합한 조건은 평등한 자유의 소유에 있다고 롤즈는 생각한다.[57] 시민권을 포함해서 기본권에 있어서 동등한 지위를 누릴 경우 사람들은 비록 물질적인 다소간의 불평등에도 불구하고 자존감에 대한 동등한 기반을 잃지 않게 된다는 것이 롤즈의 생각이다.

또 한 가지 중요한 논점은 차등의 원칙과 관련된 것이다. 앞에서도 이미 언급되었듯이 단순한 평등보다도 차등이 허용됨으로써 더 큰 이득이 결과되리라는 전제하에서 차등의 원칙에 합의한다는 것은 일반적으로 합리인의 처사라 할 수 있을 것이다. 그런데 사실상 이러한 차등의 원칙이 채택될 경우 실질적인 이득을 보는 것은 단지 그 사회의 최소 수혜자 집단인 것으로 생각된다. 왜냐하면 더 유리한 위치에 있는 자들은 차등의 원칙이 지배하는 사회 체제 내에서는 자유 경쟁 체제에서보다도 작은 몫을 받게 될 것이며 따라서 어떤 의미에서는 다른 사람의 더 큰 몫을 위하여 더 작은 몫을 강요받게 되기 때문이다. 그러나 롤즈는 이와 같이 더 유리한 조건을 구비하고 있는 사람들도 차등의 원칙을 바탕으로 하는 사회 체제에 기꺼이 호응할 근거가 있다는 것이다. 여기에서 롤즈는 이러한 근거를 원초적 입장 속의 당사자들이 갖는 단순한 합리성에서 찾기보다는 원초적 입장의 배경적 조건이 함축하고 있는 합당성과 관련짓고 있다고 생각된다.

롤즈에 의하면 우선 유리한 처지에 있는 자들에게 분명히 말할 수 있는 것은 각자의 행복은 사회 협동 체제(cooperation)에 달려 있으며 그것 없이는 아무도 만족스러운 생을 영위할 수 없다는 점이다. 그리고 그들은 그

---

57 Ibid., pp.440–41.

체제의 조건들이 정당할 경우에만, 다시 말하면 차등의 원칙 같은 공정한 근거를 바탕으로 해서만 타인들의 자발적인 협동을 요구할 수 있고 그들의 협력을 기대할 수 있다는 것이다.[58] 결국 이러한 생각의 배후에는 상호 이익의 증진을 위한 호혜적(reciprocal) 제도로서의 협동 체제의 효율성은 그 성원 개개인의 능력에 달려 있기는 하나 이러한 능력은 협동 체제의 테두리 안에서만 비로소 발휘될 수 있다는 생각이 깔려 있다. 이렇게 볼 때 협동 체제 내에서 발생되는 모든 이득은 모든 성원이 그에 대해서 어떤 권리를 갖게 되는 공동의 산물이다. 따라서 결국 롤즈에 의하면 자연적 능력의 배분이 공동의 자산(common asset)으로서 간주되어야 하며 그것을 근거로 해서 과다한 몫을 요구하는 것은 도덕적인 관점에서 볼 때에는 근거 없는(morally arbitrary) 부당한 것이라고 한다.[59]

이와 관련해서 공정한 기회 균등의 원칙에 대한 롤즈의 해명도 유사한 방식으로 이해될 수 있을 것이다. 적어도 그가 의도하고 있는 이 원칙은 재능 있는 사람이면 출세할 수 있다는 식은 자유 경쟁의 원칙일 수는 없다. 이러한 자유 경쟁은 사실상 도덕적 관점에서 볼 때 임의적인 것으로서 천부적 재능과 사회적 지위의 오랜 누적적 결과를 바탕으로 하고 있으며 이는 원천적인 부정의가 아닐 수 없기 때문이다. 롤즈에 의하면 소득과 부의 분배가 역사적, 사회적 행운에 의하여 이루어지는 것을 허용할 이유가 없는 것과 마찬가지로 천부적 재능의 배분에 의하여 소득과 부의 분배가 이루어짐도 허용할 이유가 없다는 것이다.[60] 물론 가족제도가 존속하는 한 기회 균등의 원칙이 완전히 실현될 것을 기대하기는 어려우나 사회적 출신

---

58 Ibid., p.173.
59 Ibid., p.179.
60 Ibid., p.74.

이나 지위에 상관없이 모든 직위는 개방되어야 하고 차등의 원칙에 의해 자연적 불평등을 보상함으로써 가능한 한 도덕적 관점에서 볼 때 자의적 (恣意的)인 요인의 영향을 감소시켜야 한다는 것이다.

이상에서 제시된 정의관의 함축을 간단히 요약하면 그것은 우선 정의의 제1원칙 즉 자유 우선성의 원칙에 의해 규제되는바 자유주의적(liberal) 이념에 의해 특정지어진다. 사회정의의 두 원칙은 그 축차적 서열(lexical order) 때문에 기본적 자유는 오직 자유에 의해서만 제약될 뿐 어떠한 경제적 이득과도 교환될 수 없으며 또 어느 한 사람의 자유의 상실은 그로 인해 타인이 향유할 더 큰 선에 의해 정당화될 수 없다는 명백한 자유주의를 내세우고 있다. 이미 언급된 바와 같이 인권 유린의 최악의 사례로서 노예제도의 허용 가능성을 결정적으로 봉쇄하지 못한다는 공리주의에 대한 비판을 통해 노예제도는 언제나 부정의한 것으로[61] 규정하면서 롤즈는 각자는 사회 전체의 복지라는 명목 아래서도 유린될 수 없는 정의에 입각한 불가침성을 지니고 있으며 따라서 정의로운 사회에서는 정의에 의해 보장되는 이러한 기본권이 더 이상 정치적 흥정이나 사회적 이득의 계산에 희생되어서는 아니 된다는 직관적인 기본 신념을 그의 정의관의 서두에 못박고 있는 셈이다.[62]

롤즈의 정의관은 또한 차등의 원칙이 표현하고 있듯이 강력한 평등주의적(egalitarian) 경향에 의해 규정된다. 즉 사회적, 경제적 불평등이 그 사회에서 가장 불리한 처지에 놓인 사람들, 즉 최소 수혜자의 이득을 증진시키지 않는 한 모든 경제적, 사회적 가치는 평등하게 배분되어야 한다는 것

---

61 J. Rawls, "Justice as Fairness", *The Philosophical Review*, LXVII(April 1958), p.96.
62 J. Rawls, *A Theory of Justice*, pp.3~4.

이다. 또한 앞에서 지적된 바와 같이 이러한 차등 원칙의 배후에는 그 정당 근거로서 자연적 재능은 그 자체로써 아무런 도덕적 가치를 갖지 못하며 공동의 자산으로 간주됨으로써 오히려 그러한 자연적 불평등은 사회정의의 원칙에 의해 수정되어야 한다는 주장이 깔려 있다. 이미 살핀 바와 같이 전통적 사회계약론자들은 정치적 영역에 있어서는 혁신적인 사상을 제시하고 있기는 하나 사회 경제적인 차원에 있어서는 대체로 보수주의자들로 남아 있었다. 롤즈는 평등의 이념을 사회 경제적 구조의 차원에까지 확대함으로써 전통적 자유주의자들의 공허한 자유를 현실화시켰을 뿐만 아니라 노직 등의 자유지상주의(libertarianism)와도 길을 달리하는 복지 국가에 대한 강력한 이론적 근거를 제시하고 있다.

그러나 이로 인해서 롤즈가 완전한 평등주의자는 아닌 까닭에 완전히 평등한 자유를 요구하는 제1원칙과 사회적, 경제적 가치의 분배에 있어서 불평등이 정당화될 수 있는 원칙 간의 심각한 불가 양립성을 지적하는 자도 있다. 부와 권력에 있어서의 불평등이 기본적 자유에 있어서의 불평등을 산출할 경우 롤즈는 그 두 가지 원칙을 조정할 수 없다는 것이다. 다니엘스(N. Daniels)는 원초적 입장의 당사자들은 그 양 측면을 모두 고려한 완전한 평등의 원칙을 선택할 만한 정당한 이유가 있다고 지적하며 결국 롤즈는 그의 제1원칙이 갖는 평등주의적 함의를 충실히 고려하지 못한 셈이라고 지적한다.[63] 자유의 이념과 평등의 이념 간의 조정은 결국 현대의 정치철학에 있어서 가장 핵심적인 과제로서 롤즈적 조정안은 극단적인 자유주의나 극단적인 평등주의의 요구에 미치지 못하고 있음은 분명하다. 그러나 모든 요구를 동시에 만족시키는 대안의 구성이 불가능한 이상 그들을 가장

---

63 Norman Daniels, "Equal Liberty and Unequal Worth of Liberty", *Reading Rawls*, pp. 253-82 참조.

조화롭게 조정하는 대안의 선택이 불가피한 일이다.

이 점에 주목하여 롤즈는 자유와 자유의 가치를 구분하고 각자에 있어서 자유의 가치는 "체제 내에서 그들의 목적을 실현할 수 있는 각자의 능력에 비례한다"는 것이다.[64] 따라서 롤즈에 있어서는 결국 "평등한 자유로서의 자유는 모든 이에게 동일하나 … 자유의 가치는 모든 이에게 동일하지 않으며" 더 큰 권력과 부를 갖는 자에게는 그들의 목적을 달성할 수 있는 더 큰 수단이 주어지는 셈이다.[65] 그런 의미에서 자유의 가치는 자유 실현의 수단과 관련되며 차등의 원칙에 따라서 분배된다고 할 수 있다. 이와 같이 자유의 평등한 분배와 자유를 행사할 능력이나 수단의 불평등한 분배를 근거로 해서 롤즈의 제1원칙을 규정하고 있는 자유의 유명무실한 평등을 비판하는 자도 있다.[66] 그러나 롤즈는 자유의 평등한 분배와 자유의 가치에 대한 불평등한 분배 간에 간격이 있음은 사실이나 우리가 엄밀한 의미에서 완전한 평등주의를 받아들이지 않을 합리적 근거가 있다면 차등의 원칙에 의해 규정되는 자유 실현의 수단이나 능력의 분배가 무한히 평등주의적거 성향을 가짐으로 해서 자유와 자유의 가치가 점차 수렴해 가는 정의의 두 원칙을 최상의 대안으로 선택하게 된다는 것이다. 자유의 가치는 허용된 불평등이 모든 이의 처지를 개선해 주는 사회에서 극대화될 것이기 때문이다.[67]

64 J. Rawls, *A Theory of Justice*, p.204.
65 Ibid.
66 N. Daniels, op. cit, p.259.
67 Evan Simpson, "Socialist Justice", *Ethics*, Vol. 87, No. 1(October 1976).

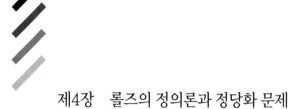

제4장 롤즈의 정의론과 정당화 문제

　서론에서 우리는 사회윤리의 타당성을 평가해 줄 두 기준을 추출하여 이를 각각 도덕적 합당성과 현실적 작용성이라 했다. 지금까지 우리는 공리주의를 부정적 매개로 해서 전개되고 있다고 생각되는 롤즈의 정의론이 그러한 두 기준에 있어서 보다 우월한 것으로 가정하고, 그것을 비판의 각도에서 분석해 왔다기보다는 이해를 위한 분석에 주력해 온 셈이다. 그러나 우리는 롤즈의 정의론에 대한 결론적인 이 장에서 저러한 두 가지 기준을 중심으로 그의 정의론에 겨냥되고 있는 몇 가지 비판을 소개하고, 이들로부터 롤즈의 입장이 어느 정도 옹호될 수 있는지도 논의해 보고자 한다. 우선 도덕적 합당성의 관점에서 가능한 반론들을 논의하고, 현실적 작용성의 관점에서 롤즈의 이상적 정의론이 갖는 현실적 의의도 규명해 보고자 한다. 그리고 롤즈에 있어서 정당화를 위한 보다 일반적인 논증의 방법으로서 계약 논증과 정합 논증 간의 관계를 살핀 뒤 반성적 평형에 의거한 그의 정당화 방법이 보장하는 도덕의 객관성 내지 보편성의 문제도 알아보고자 한다.

1. 합리성 및 합당성과 도덕적 관점

이미 지적된 바와 같이 롤즈는 사회 협동체(social cooperation)라는 개념이 합리성(the rational)과 합당성(the reasonable)이라는 두 가지 계기를 내포하는 것으로 본다. 따라서 그것을 규율하는 원칙 체계가 정당화되기 위해서는 그것이 합리성과 합당성의 기준을 만족시키는 것이어야 한다. 합리성이란 협동에 가담하는 당사자들의 이익을 최대로 보장한다는 타산 판단과 관련된 것이고, 합당성이란 모든 이의 공동 부담과 공동 이익에 대한 공정한 조건으로서 도덕 판단과 관련되며, 타산 판단에 도덕적 관점을 부여하는 것이다. 롤즈의 의무론에 있어서는 합당성이 합리성에 우위를 차지하며, 그것을 제약하는 동시에 합당성은 협동의 동기를 부여해 주는 근거인 합리성을 전제하고 있다. 그는 자신의 정의론이 합리성을 만족시킬 뿐만 아니라 특히 합당성에 있어서 다른 어떤 대안보다 더 유력한 것임을 논증하고 있다. 따라서 반론 또한 이 두 가지 관점에서 각각 제시되고 있다.

우선 합리성에 의거한 반론은 원초적 입장의 합리적 선택 전략으로서 최소 극대화(maximin) 원리를 중심으로 해서 제기된다. 『정의론』에서 롤즈는 자신과 사회에 대한 특수한 사실들에 무지한 합리적 인간은 고전적 공리 원칙이나 평균적 공리 원칙보다 자신의 정의의 원칙을 선택하리라고 한다. 원초적 입장이라는 가정적 선택 상황에 있어서 합리성 및 무지의 조건에 비추어 볼 때 자신의 정의의 원칙이 더 유력하다는 것은 그 원칙이 공리 원칙의 어떤 유형보다 원초적 입장의 당사자들에게 더 선호되리라는 것을 보여준다는 것이다. 그런데 하사니나 애로우 등은 원초적 입장에 있어서의 선택을 합당한 선택이라고 생각하는 점에서 롤즈에게 동의하면서 그러한 입장에 처한 사람들이 반드시 평균 공리의 원칙보다 롤즈의 두 원칙을 선

택하리라는 점에 대해서는 이견을 제시한다.[1]

롤즈도 원초적 입장의 선택 상황으로부터 평균 공리의 원칙이 도출될 가능성을 논의하고 있다.[2] 그에 의하면 원초적 입장에서 라플라스(Laplace)의 전략을 택할 경우 평균 공리의 원칙이 선택되리라는 것이다. 라플라스의 전략을 택함으로써 원초적 입장에 있는 자들은 자기가 사회의 각 지위를 점유할 확률이 동등할 것으로 가정하고, 또한 그들이 위험을 기피하지 않는다고 할 때 그들은 평균 공리의 원칙을 충족시키는 사회를 선호하게 되리라고 롤즈는 추론한다. 이어서 그는 논하기를 원초적 입장에서 라플라스 전략을 택할 경우 이런 식으로 평균 공리의 원칙을 선택하게 되기는 하나 원초적 입장의 당사자들이 정의의 두 원칙을 결과하는 최소 극대화의 전략을 선호하게 될 충분한 이유가 있다는 것이다. 롤즈에 의하면 당사자들이 최소 극대화의 전략을 채택하게 될 이유들 중의 하나는 그들 자신과 후손들에게 중차대한 결과를 가져올 기로에 서 있는 사람들은 모험을 기피하는 것이 합리적이기 때문이라고 했다.[3]

하사니의 주된 비판은, 우리는 대부분의 일상적인 경우에 기대 효용 극대화(expected utility maximization)의 전략에 의해 의사 결정을 하게 된다는 점이며, 여기서 그는 롤즈의 최소 극대화 전략을 적용할 경우 불합리하고 역설적인 결과가 생겨나는 반론들을 제시한다.[4] 그러나 제시된 반

1 J. C. Harsanyi, "Can the Maximin Principle Serve as a Basis for Morality?: A Critique of John Rawls's Theory", *American Political Science*, Vol. 69 (June 1975), p.596; Kenneth Arrow, "Some Ordinalist-Utilitarian Notes on Rawls's Theory of Justice", *The Journal of Philosophy*(1973), pp.245-63 참조.

2 J. Rawls, *A Theory of Justice*, pp.161-75 참조.

3 Ibid., p.169.

4 J. C. Harsanyi, op. cit., p.596.

증례에 대해 롤즈는 최소 극대화의 규칙은 작은 규모의 상황에 적용되는 것이 아니고, 사회의 기본 구조와 같은 큰 규모의 상황에 적용되는 것이라고 응수하면서 최소 극대화 원칙은 의사 결정에 있어서 미시적(micro) 원칙이 아니라 거시적(macro) 원칙이라고 했다.[5] 이에 다시 하사니는 도덕의 기본 원칙이 적용되는 상황의 규모에 따라 달라야 하는 이유를 납득할 수 없다고 맞서면서 규모의 대소를 구분하는 기준이 무엇인가를 반문하고 있다.[6]

그런데 롤즈와 하사니 간의 보다 중요한 쟁점은 불확정한 상황하의 의사 결정에 있어서 위험 부담의 문제 및 그와 관련된 확률 계산의 방식에 있다. 하사니에 의하면 도덕 판단이란 특정한 상황에 있어서의 개인적 선호 판단(preferential judgement)으로 규정될 수 있으며, 여기에서 특정한 상황이란 판단자 개인의 대한 어떤 특수한 지식의 제한을 의미하는데, 그로 인해서 판단의 공평성(impartiality)이 보장될 수 있다는 것이다. 예를 들어서 소득 분배에 있어서 가치 판단은 결과되는 분배 체제 내에서 각자가 갖게 될 상대적 지위가 무엇인가를 전적으로 모르고서 선택하게 될 경우 고도의 공평성을 나타내게 된다는 것이다.[7] 그런데 그러한 상황에서 합리적 행위자가 결정하는 방식에 대해서는 여러 가지 상이한 이론들이 있는데, 하사니는 그러한 조건이 성립할 경우 우리는 소득 분배에 있어서 분배 체제 내의 각 지위에 있게 될 확률이 모두 동일하다는 라플라스적 가정 위에서 자신의 선호를 나타내게 된다는 것이다.

---

5 J. Rawls, "Some Reasons for Maximin Principle", *American Economical Reviw*, Vol. 64 (May 1974), p.142.
6 J. C. Harsanyi, "Postscript." 이것은 롤즈의 응답에 대한 제2의 반론임. op. cit., pp.605-606.
7 Ibid. 참조.

그리고 하사니는 공평한 선호 판단에 대한 이상의 설명으로부터 평균 공리의 원칙이 분명히 결과하리라고 본다. 예를 들어서 n수의 성원을 갖는 어떤 사회 체제 내에서 각자가 갖게 될 복지 수준을 $U_1, U_2, U_3 \cdots U_n$이라고 해보자. 이때 합리적이면서 공평한 판단자는 동등한 확률 원칙에 의해 자신이 n가지 지위 중 하나를 차지할 확률이 각각 1/n이라고 생각하고, 그러한 기대 확률 속에서 자신의 기대 공리를 극대화해 주는 체제를 택하게 된다는 것이다. 이러한 사회 체제는 n수의 성원들로 나눈 전체 공리의 산술적 평균치를 극대화해 주는 체제로서 평균 공리 $AU = \frac{1}{n} \sum Ui$로 표현되는 체제이다. 하사니에 의하면 사회 체제뿐만이 아니라 도덕 체계를 평가하는 데에도 동일한 논리가 이용된다는 것이다.[8]

결국 이상과 같은 하사니의 입장이 갖는 요지는 그가 미래에 대한 완전한 무지를 동일한 확률 규칙으로 해석하고, 이로 인해서 도덕 판단의 공평성이 보장된다고 보는 점에 있다. 그러나 롤즈는 완전한 무지에 대한 더 강한 해석을 가정함으로써 완전한 무지는 확률 분포의 양상에 대해서까지 전혀 모르고 있다는 것을 의미한다고 했다. 그에 의하면 확률의 분포 방식에는 여러 가지가 가능하며, 그것 중 어느 것이 더 현실성이 있는지조차 알 수 없다는 것이다. 이렇게 볼 때 결국 동등한 확률 규칙은 그중에서 특정한 한 가지 분포 양식, 즉 모든 가능성이 똑같은 확률 분포를 선호하는 것이라고 롤즈는 말한다. 이에 맞서서 하사니는 롤즈도 확률 계산을 배제하고 있는 것이 아니라, 사실상 최소 극대화의 규칙을 채택함으로써 최악의 경우

8 J. C. Harsanyi, "Nonlinear Social Welfare Functions", *Theory and Decision* 6(1975), pp.311–32 참조.

9 J. C. Harsanyi, "Can the Maximin Principle Serve as a Basis for Morality?: A Critique of John Rawls's Theory", p.599.

에 대해서 가장 큰 비중을 부여하는 확률 분포를 선호하고 있다고 지적한다.[9] 이렇게 볼 때 결국 이들간의 쟁점의 핵심은 선택 상황에 있어서 각 대안들의 위험 부담을 고려할 것인가의 여부에 달려 있다 할 것이다.

여기에서 롤즈는 원초적 입장의 당사자들이 위험 기피적으로(risk-averted) 규정되고 있는 것이 사실이나 그것이 인간의 일반적 성향과 다른 특수한 심리적 가정은 아니라고 한다. 나아가서 그는 만일 우리가 사회의 성원인 개인의 관점에서 공리를 측정하여 고전적 내지는 평균적 공리주의자들과 같이 위험 부담과 상관없이 측정되는 양으로 공리를 나타낼 경우 원초적 입장의 결정이 갖는 중대성에 비추어 볼 때 공리의 원칙이 요구하는 바는 견디기 어려운 모험을 동반하는 것이라 했다. 반면에 공리가 원초적 입장에서 측정되며, 위험 부담이 고려될 경우 공리의 기준은 최소 극대화의 기준과 크게 다를 바가 없게 된다고 롤즈는 주장한다. 공리의 기준은 위험 기피가 무한히 증가함에 따라 최소 극대화의 기준에 근접해 갈 것이라고 한다. 그래서 롤즈에 따르면 어떤 식으로 생각하든 최소 극대화의 원리에 유리한 결론이 나온다는 것이다.[10]

최소 극대화 원리에 대한 이런 식의 정당화를 두고 애로우는 또 다른 반론을 전개하면서 위험 부담을 고려하고서도 평균 공리주의가 옹호될 수 있다고 나선다. 그에 의하면 원초적 입장과 같은 불확정한 상황에서 공리를 지정하는 폰 노이만-모르겐스테른(Von Neumann-Morgenstern) 절차는 공리의 결정 과정에 있어서 위험 기피의 요소를 고려하고 있다는 것이다.[11] 예를 들어서 원초적 입장에 있는 자들이 두 사람의 성원으로 구성되

10 J. Rawls, "Bayesian Utilitarianism", *Lecture Note* 2 참조.
11 K. Arrow, op. cit. 참조. Von Neumann and Morgenstern, *Theory of Games and Economic Behavior*(New York, 1944), pp.15-29.

는 두 개의 대안적 사회 중에서 선택한다고 가정하고, 사회 A에서는 매월 200만 원이나 5만 원을 받게 되고, 사회 B에서는 100만 원이나 20만 원을 받게 된다고 해보자. 이럴 경우 한계 효용 체감의 요인을 고려한다 할지라도 A라는 사회가 B라는 사회의 평균 효용보다도 더 큰 효용을 준다고 할 수 있을 것이다.

그런데 여기에서 애로우가 주장하고자 하는 바는 비록 원초적 입장의 당사자가 A보다 B라는 사회를 선호하게 된다 할지라도, 그들의 선택이 반드시 최소 극대화 전략을 적용한 결과로 볼 필요가 없다는 것이다. 그것은 공리 계산에 있어서 위험 기피가 고려된 라플라스 전략에 의해 채택된 기대 공리 극대화의 방법으로 생각될 수도 있기 때문이라는 것이다.[12] 원초적 입장에 있는 자에게는 100만 원보다 200만 원을 받게 될 요행에 비해 20만 원보다 5만 원을 받게 될 위험이 치명적인 것일 수가 있기 때문이다. 따라서 애로우는 원초적 입장의 당사자들이 A보다 B를 택하는 것은 위험 부담을 고려한 평균 기대 효용 극대화의 전략에 의한 선택으로 생각될 수 있다고 주장한다.

이렇게 될 경우 결국 롤즈와 애로우 간에는 선택 결과나 내용에는 이견이 없으며, 단지 그러한 선택을 두고 해석상의 차이만 있는 것으로 보인다. 롤즈는 위험 부담이 고려될 경우 공리주의는 결국 최소 극대화의 기준에 근접하게 된다고 하고, 애로우는 위험 부담이 고려될 경우에도 공리주의만으로 족하며, 최소 극대화 규칙과 같은 별다른 입장을 설정할 필요가 없다는 것이다. 그러나 애로우와 같이 위험 부담까지 고려되는 공리주의는 또 다른 난점을 유발하게 되는데, 공리 계산에 고려될 위험의 정도를 측정 계

---

12 K. Arrow, op. cit. 참조.

산해야 한다는 문제뿐만 아니라, 원초적 입장의 위험 기피 정도를 롤즈와 같은 방식으로 규정하는 그 자체도 다시 공리주의적으로 정당화될 수 있어야 한다.

나아가서 원초적 입장의 선택을 애로우와 같이 본다고 해서 롤즈의 정의론과 공리주의에 함축된 실제상의 차이가 감소된다고 보기는 어렵다는 점이다. 이는 최소 극대화의 전략을 선택한다는 것의 의의가 단지 합리성에 대한 논의로 완전히 해소될 수 없다는 점과 관련되며, 이러한 합리성을 제약하는 배경적 조건으로서 합당성과의 관계 속에서 더 논의되어야 한다는 것을 의미한다. 롤즈에 있어서 원초적 입장 속의 당사자들이 누리는 합리성은 숙고된 도덕 판단에 기초한 원초적 입장의 조건들이 갖는 도덕적 합당성에 의해 그 전모가 드러나게 되기 때문이다.

반성적 평형에 있어서 우리의 숙고된 도덕 판단에의 충실은 롤즈의 정의론이 근거하고 있는 방법론적 기초이다. 그는 이러한 도덕 판단에의 부정합성을 들어 공리주의적 도덕 체계의 허점을 지적하는 동시에 자신의 정의론이 더 우월한 것임을 논증하고 있다. 도덕 판단에의 정합성 내지는 도덕적 합당성은 그의 정의론에 있어서 가장 중요한 기준이며, 합리성의 기준에 우선하는 것이다. 그러나 롤즈는 다시 이 합당성으로 인해 자신의 정의론을 비판하는 몇 가지 반론에 직면하지 않으면 안 된다. 노직의 반론은 그의 정의관이 사실상 인간의 숙고된 도덕 판단에 합치하지 못함을 지적하는 것이고, 라이언즈 등은 그의 정의관이 사실상 합당성의 기준에 있어서 공리주의를 크게 능가하는 것이 아님을 지적한다. 이들의 지적을 검토해 보기로 한다.

만일 노직의 비판이[13] 옳다면 롤즈의 계약론은 자신이 공리주의에 대해서 겨누었던 동일한 화살의 과녁이 된다. 롤즈가 자신의 정의론을 공리주의에 대한 새로운 대안으로 보려는 데 대해 노직은 원초적 입장 속에 내포된 공정성(fairness)의 이념은 우리의 숙고된 도덕 판단의 일부와 크게 상충하는, 따라서 도덕적으로 합당하지 못한 것이라는 반론을 제기한다.[14] 그렇다고 해서 노직의 반론이 롤즈의 이론에 대한 부분적인 반증의 형태를 취하는 것은 아니다. 부분적 반증을 대기는 쉬우나 건설적 대안을 제시하기는 어려운 일이다. 그런데 노직은 롤즈의 이론에 대신할 만한, 도덕적으로 더 합당한 대안이라고 생각하는 분배적 정의론을 제시하고 있다. 그는 이러한 이론을 '권한으로서의 정의론(entitlement theory of justice)'이라 부르고 있다.

롤즈가 칸트의 전통 위에 서 있다고 한다면, 로크의 현대적 계승자로 생각되는 노직에 의하면 사회에 있어서 사람의 소유가 정의로운 것이 되기 위한 필요 충분 조건은 그러한 소유가 생겨나는 방식을 명시하는 어떤 원리에 의거해서 그것을 소유할 만한 권한을 가질(be entitled to) 경우라고 한다. 이어서 그는 그러한 원리로서 정당한 원초적 취득(acquisition)의 원리, 정당한 교환과 양도(transference)의 원리, 그리고 이러한 원리가 제대로 수행되지 않을 경우를 위한 시정(rectification)의 원리를 제안한다. 그리고 취득과 양도의 원리는 그것을 제한하는 로크적 단서(proviso)를 포함함으로써 어떤 사람의 취득과 교환 행위로 인해서 아무도 큰 타격(catastrophe)을 받지 않는 한 취득과 교환의 결과는 정의롭다는 것이다.[15]

노직의 입장에 따르면 고전적 혹은 평균적인 공리의 원칙이나 롤즈의 정의의 두 원칙과는 달리 자신의 권한의 원칙은 최종 상태적(end-state) 원

---

13 R. Nozick, *Anarchy, State, and Utopia*, ch. 7, sec. II, pp.187-231 참조.

14 Ibid., p.230.

15 Ibid., pp.178-82.

리가 아니라, 역사 과정적(historical process) 원리라고 한다. 다시 말하면 그것은 소유가 분배되는 정태적 방식에 의해서가 아니라 소유가 생겨나는 동태적 방식에 의해서 정의를 규정한다는 것이다. 역사 과정적 원칙에 대해서 제기될 수 있는 몇 가지 난점을 인정하면서도 노직은 롤즈의 정의론에 있어서 근본적인 문제는 원초적 입장을, 생산과 소유 활동이 구체적으로 이루어지는 역사 과정적 정의의 원리가 아닌, 하늘에서 떨어진 만나(manna from heaven)를 나누기만 하는 최종 상태적 정의 원리를 결과할 수 있도록 구성되었다는 점에 있다고 한다.[16] 따라서 노직은 역사 과정적 정의론이 도덕적으로 더 바람직하지 않다는 증거를 보일 수 없는 한 롤즈의 정의론은 합당한 것으로 받아들이기가 어렵다는 것이다.

결국 롤즈의 정의론에 대한 노직의 반론은 원초적 입장이란 역사 과정적 정의관을 결과할 수 없다는 점에 있다. 그러나 롤즈의 원초적 입장을 순수히 최종 상태적 정의관을 결과하기 위해 구성된 것으로 보는 데는 의문의 여지가 있다고 생각된다. 특히 우리가 정의의 두 원칙이 최종 상태적 정의관에 있어서와 같이 모든 사회적 선의 분배 방식을 구체적으로 명시하는 것이 아니라는 사실을 알게 되면 오히려 롤즈의 원칙은 사회의 모든 성원에게 기본선인 자유, 기회, 경제적 가치 등의 어떤 최소한만을 요구하는 것으로 볼 수 있다. 그런 최소한을 넘어서 여타의 선이 분배되는 방식은 노직에 있어서와 같이 개인적 소유나 자유로운 교환의 문제와 다를 바가 없는 것이다.

어떤 최저 생활에 대한 각 개인의 권리가 보장되면 개인적 소유와 자유로운 교환의 결과는 그 내용에 상관없이 정의로운 것이 된다. 그러한 결과

---

16 Ibid., pp.198-204.

가 만족시켜야 할 최종 상태의 유형은 롤즈의 순수 절차적 정의관에 있어서 찾기가 어렵다. 이렇게 볼 때 롤즈의 정의관에 있어서 어떤 사회적 최소치(social minimum)에 대한 권한은 노직의 권한적 정의관에 있어서 로크적 단서와 유사한 기능을 하고 있는 셈이다. 노직에 있어서 개인적 소유나 자유로운 교환은 타인에게 큰 타격을 주지 않는다는 로크적 제약 조건에 위배되지 않는 한 정의로운 것이다. 그와 마찬가지로 롤즈에 있어서도 사유 활동이나 자유 교환은 최소한에 대한 모든 이의 권리가 보장되는 한 정의롭게 된다. 그 어떤 이론에 있어서도 고전적 혹은 평균적 공리 원칙과 같은 최종 상태적 정의 원칙을 만족시킴으로써 정의로운 결과가 결정되는 것은 아니며, 이런 한에서 노직의 반론은 별다른 설득력을 갖지 못한다고 생각된다.

그런데 노직은 자신의 권한적 정의론이 롤즈의 정의론과 다른 점을 보이기 위해서 더 특수한 반론들을 제기하고 있는데[17] 우리는 그중에서도 도덕적 합당성과 관련해서 가장 중요하다고 생각되는 한 가지 점에만 주목해 보기로 한다. 그것은 바로 롤즈의 정의론에 있어서 사회적 지위나 특히 타고난 천부적 재능이 공동의 자산(common asset)으로 간주되고 있다는 점과 관련된다. 롤즈에 따르면 원초적 입장은 "정치적, 경제적 이득을 추구함에 있어서 자연적 재능과 사회적 여건의 우연성을 무효화시키는"[18] 정의관을 결과하게끔 구성된 것이다. 원초적 입장을 이런 식으로 구성하는 정당한 근거로서 롤즈는 아무도 자신의 자연적 자질의 분배분에 있어서나 사회에 있어서 최초의 출발점에 대한 당연한 권한은 없으며, 그러한 특성들

---

17 Ibid., pp.213-27.
18 J. Rawls, *A Theory of Justice*, p.15.

은 도덕적 관점에서 볼 때 임의적인 것(arbitrary from moral point of view)이라고 했다.[19]

롤즈가 노직의 권한으로서의 정의 원칙의 선택을 효과적으로 배제하게 끔 원초적 입장을 구성하는 것에 대해 노직은 원초적 입장에 대해서 롤즈가 부여하는 조건은 적어도 두 가지 관점에서 문제점이 있으며, 따라서 그러한 상황에서 이루어지게 될 선택은 정당화될 수 없다고 했다. 첫째로 노직은 주장하기를 롤즈는 사회적 선의 분배에 있어서 자연적 재능의 역할을 완전히 무효화시키지 않고 있으며, 따라서 그로 인해서 타인의 처지를 개선해 줄 경우 어떤 사람이 더 큰 몫을 차지할 수 있게 된다는 것이다. 또 한 가지 문제로서 노직은 인간의 합리성이나 선택의 능력과 마찬가지로 천부적 능력이나 사회적 지위도 도덕적으로 임의적이 아니라는 반론을 제기한다. 왜냐하면 이러한 모든 요인들은 도덕적 의의를 가지며 동시에 도덕적 결과를 가져오기 때문이라고 했다.[20] 그러나 그 어느 반론도 롤즈에 대한 합당한 반론이 되기에는 의문의 여지가 있는 것으로 생각된다.

우선 롤즈의 정의로운 사회에 있어서 유리한 자연적 자질이나 사회적 지위가 기본선을 획득함에 있어서 여전히 작용하고 있다는 것은 사실이다. 그러나 그것은 원초적 입장의 당사자들, 즉 자신과 사회에 대한 특수한 사실들에 무지한 자들에게 받아들일 만한 방식으로 작용하고 있는 것이다. 나아가서 천부적 자질과 사회적 지위가 도덕적 관점에서 보아 임의적이라고 주장함으로써 롤즈는 그러한 요인이 도덕적 의의를 가지며, 도덕적 결과를 갖는다는 노직의 입장을 부인하는 것이 아니다. 롤즈는 정의로운 사

19 Ibid., pp.102, 72.
20 R. Nozick, op. cit., pp.213-27.

회에서 유리한 자연적 자질이나 사회적 여건은 공정하고 공평한 도덕적 결과를 가져오게끔 작용한다. 이러한 요인이 도덕적 관점에서 보아 임의적이라 함은 아무도 그것에 대해서 당연한 권한을 갖고 있지(deserve) 않다는 사실을 달리 말한 것에 불과하다. 그러한 요인은 당연한 권리가 아니므로, 그것이 정치적, 경제적 이득 분배에 사사로이 개재되어서는 안 된다는 것이다.

롤즈는 자연적 자질이나 사회적 지위에 대해서 당연한 권한을 내세우는 입장을 거부하는 동시에 그러한 자질이나 지위는 물론 그로부터 결과되는 분배분의 평준화를 주장하는 입장에도 동조하지 않는다. 롤즈의 정의론은 불평등한 자질을 제거하거나 평준화하는 것이 아니고, 최소 수혜자도 행운 있는 자들의 혜택에 동참할 수 있도록 이득과 부담의 체제를 편성하려는 것이다. 이것이 바로 차등의 원칙이 구현하고자 하는 체제이다. 차등의 원칙은 천부적 자질의 임의성을 전혀 다른 방식에서 접근하여 우리가 자신의 재능을 행사하는 방식을 바꾸는 대신에 그 재능으로부터 나오는 이득을 주장하는 근거가 되는 도덕적 기초를 변화시킨다.

그래서 우리는 더 이상 자신이 가진 자질이나 그로부터 결과되는 이득의 독점자가 아니며, 자연적 재능의 분배를 공동의 자산으로 간주하고, 결과에 상관없이 그러한 분배에서 나오는 이득에 동참하게 된다.[21] 이렇게 해서 차등의 원칙은 행운의 임의성을 인정하면서도 우리가 우연히 각자에게 배당된 재능의 소유자가 아니며, 그것의 감시자 내지 관리인임을 내세운다. 따라서 천부적으로 혜택을 받지 못한 자들의 처지를 개선해 준다는 조건하에서만 그들의 행운으로부터 이득을 받을 수 있다. 천부적으로 유력한

---

21 J. Rawls, *A Theory of Justice*, p.179.

자는 그들이 단지 더 많은 재능을 타고났다는 이유에서가 아니라 숙련과 교육의 부담을 지고 더 불리한 자를 도우게 되는 방식으로 그들의 자질을 이용한다는 뜻에서 이득을 보게 된다. 아무도 자신의 더 큰 천부적 능력을 부여받아야 할 당연한 이유는 없으며, 아무도 사회에서 더 유리한 출발점을 차지해야 할 도덕적 근거는 없는 것이다.[22]

이상과 같이 능력의 분배를 개인적 소유가 아니라 공동의 자산으로 봄으로써 롤즈는 자연과 사회의 우연성을 교정하기 위해서 각자의 자산을 평준화해야 할 필요가 없게 된다. '사람들이 서로의 운명에 동참하기를 합의'할 경우[23] 그들의 운명이 개별적으로 다양하다 할지라도 문제될 바가 없다는 것이다. 롤즈에 의하면 자연적 재능의 분배는 정의와 부정의의 문제가 아니다. 그리고 또한 인간이 특정한 지위에 태어난다는 것도 정의 여부와는 무관한 문제이다. 이것들은 단지 자연적 사실일 뿐이라는 것이다. 정의 여부가 문제되는 것은 그러한 사실 그 자체가 아니라, 그러한 사실을 인간이 처리하는 방식이라는 것이다.[24]

그런데 여기에서 노직은 천부적 자질이 임의적인 것임을 인정한다 할지라도 차등의 원칙이 필연적으로 결과하는 것은 아니며, 자신의 권한 이론이 도출될 수 있다고 한다. 비록 천부적 재능에 대해 당연한 권리를 갖는 (deserve) 것은 아닐지라도 합당한 권한을 가질(entitle) 수 있다는 것이다. 결국 이런 반론의 요지는 임의성에 의한 논증은 차등의 원칙을 지지하기보다는 오히려 그것에 의해 차등의 원칙이 반증될 수도 있다는 것이다. 개인들이 자신의 천부적 자질에 대한 당연한 권리가 없다고 해서 롤즈에

---

22 Ibid., p.102.
23 Ibid.
24 Ibid.

있어서와 같이 전체로서의 사회가 그것을 소유할 당연한 권리가 있음이 논증되는 것은 아니기 때문이다. 우연히 그 소재를 나에게 둔 것임으로 해서 나의 자산이 될 수 없다면, 그것이 공동 자신이 되는 정당 근거는 무엇인가? 그것이 나에게 속하는 것이 아니라 해서 어떻게 해서 공동체에 귀속되는 것인가? 그것이 공동체에 귀속되는 것이 덜 우연적이며, 도덕적 관점에서 볼 때 덜 임의적이라 할 수 있는 근거는 무엇인가? 노직과 같은 자유지상주의자(libertarian)들로부터의 이러한 반문에 대해서 설득력 있는 대답을 제시해야 하는 것이 롤즈와 같은 복지 국가의 이념을 옹호하는 자들에게 지워진 부담이며, 그것도 비신학적이고 세속적인 근거에서 제시해야 하기 때문에 그 부담은 더욱 무거운 것이다.

이상과 같은 반문에 성공적으로 해답을 제시한다 할지라도 롤즈는 합당성과 관련하여 볼 때 그의 정의의 원칙이 공리의 원칙에 비해 기대한 만큼 우월한 것이 못 된다는 또 하나의 반론에 봉착하게 된다. 롤즈는 그의 두 원칙이 공리의 원칙에 비해 우월한 것임은 우선 제1원칙인 최대의 평등한 자유의 원칙에서 명백히 나타나며, 제2원칙인 차등의 원칙에 있어서도 그러하다는 것이다. 그런데 롤즈에 있어서 정의의 두 원칙은 모든 상황에 무조건적으로 적용되는 것이 아니라, 자유의 효율적인 행사를 보증하는 유리한 조건하에서만 적용될 수 있는 조건부 원칙이다. 따라서 공리 원칙과의 공정한 비교가 이루어지기 위해서는 두 단계의 논증이 필요하게 되는데 하나는 유리한 조건하의 특수한 정의관, 즉 정의의 두 원칙과의 비교이고, 다른 하나는 불리한 조건하의 일반적 정의관과의 비교이다.

첫 번째 단계에 있어서 우리는 단순히 공리주의와 롤즈의 정의관을 비교하는 것이 아니라, 유리한 조건하에서의 특수한 정의관과 유리한 조건하의 공리의 원칙을 비교하게 된다. 따라서 여기에서는 공리주의에 대해서도 롤즈가 가정하는 유리한 조건들이 모두 허용되어야 할 것이며, 우리는 공정한 비교를 위해서 모든 조건하에서가 아니라, 가장 유리한 조건 아래서 공리의 원칙을 고려하게 된다. 그런데 롤즈의 원칙과는 달리 일반 이론으로 제시된 공리주의는 상이한 사회적 조건 아래서도 그 형태나 내용을 변경하지 않는다. 따라서 우리는 대체로 롤즈의 정의의 두 원칙에 비해 공리의 원칙이 위험 부담이 클 것으로 생각하게 된다. 왜냐하면 롤즈의 특수한 정의관과는 달리 공리주의는 유리한 조건하에서도 노예제도나 농노제와 양립할 가능성이 있기 때문이다.

그런데 라이언즈는 이상의 논의에 대해서 반론이 가능하다고 생각한다.[25] 왜냐하면 단순한 논리적 가능성만으로는 공리주의에 대한 반대를 위한 충분한 근거가 되기 어렵다고 생각하기 때문이다. 그에 의하면 중요한 모든 일반적 사실과 원칙들에 입각해서 추론하는 원초적 입장의 당사자들은 공리주의와 노예제의 논리적 양립 가능성보다는 유리한 여건하에서 공리주의가 노예제를 현실적으로 용납할 가능성에 주목하게 될 것이라고 한다. 공리주의가 단지 논리적으로 가능한 위험 부담에 의해 거부되기는 어려우리라고 생각되며, 이런 식으로 추궁해 갈 경우 적어도 공리주의에 대해서 롤즈의 정의관이 갖게 될 우월성은 크게 손상되지 않을 수 없다는 것이 라이언즈의 비판이다.[26]

이상과 유사한 논의가 두 번째 단계의 비교에 있어서도 적용될 수가 있다. 여기에서는 더 이상 유리한 조건이 가정되지 않으며, 따라서 롤즈의 일반적 정의관과 공리주의 간에 비교가 행해진다. 이 두 가지 대안은 모두 노예제나 농노제와 논리적으로 양립 가능하며, 그들 양자간에 현저한 차이점

---

25 David Lyons, "Rawls versus Utilitarianism", *The Journal of Philosophy*, Vol. LXIS, No. 18(October 5, 1972) 참조.
26 Ibid., pp.541-42.

은 없어지게 된다. 그러나 여기에서도 롤즈는 공리주의적 기준이 전체의 선을 위해 소수자의 선을 희생시킬 수 있다는 관점에서 자신의 일반적 정의관이 더 우월하다고 생각하게 된다. 따라서 공리주의가 허용하는 제도가 롤즈의 일반적 정의관에 의해서는 용납될 수 없는 경우가 논리적으로 가능한 것이며, 사회의 최소 수혜자의 처지도 동일한 여건에서라면 롤즈적 체제에서보다는 공리주의적 체제에서 더 비참할 가능성이 있다. 나아가서 노예제와 같은 체제하에 있어서도 사회의 최소 수혜자는 공리주의보다 롤즈의 원칙하에 있는 것이 더 유리하리라고 논증될 수 있다.

이와 같은 이유로 해서 사회의 최소 수혜자의 처지에서 볼 때 공리주의가 롤즈의 일반적 정의관보다 위험 부담이 더 큰 것으로 결론지어질 수 있다. 그러나 라이언즈는 이것도 역시 제1단계의 비교에서 제시한 것과 대체로 같은 이유에서 그릇된 생각이라고 비판한다. 공리주의를 논박하기 위해서는 단지 논리적 가능성만으로는 불충분하며, 원초적 입장의 당사자들이 당면하는 문제는 공리주의적 사회에 있어서 최소 수혜자의 처지가 일반적 정의관을 구현한 사회의 최소 수혜자의 처지보다 더 비참하게 될 현실적 가능성이라고 한다. 그러나 이러한 현실적 가능성에 대한 롤즈의 구체적 논증이 없다고 라이언즈는 지적한다.[27]

이상에서 제시된 라이언즈의 비판은 대체로 타당한 것으로 생각되며, 합당성의 관점에서 공리주의에 비해 자신의 정의론이 절대적으로 우월하다는 롤즈의 주장을 그대로 받아들이기 어렵게 한다. 그러나 자신의 입장이 우월함을 내세우기 위한 롤즈의 논증이 논리적인 가능성이나 이론적인 차원에서만 진행되고 있다는 비판에 대해서는 의문의 여지가 있다. 오히려

---

27 Ibid., pp.542-43.

롤즈가 대안적 입장으로서 자신의 정의론을 제시하려는 기본 동기는 공리주의의 현실적 난점에서 비롯된다고 생각된다. 구체적 사실들에 대한 지식의 과다한 요구와 계산의 어려움에서 생겨나는 애매성은 공리주의가 우리의 숙고된 도덕 판단에 위배될 가능성을 언제나 함축하고 있음을 뜻하며, 그런 한에서 정의의 원칙에 비해 언제나 더 큰 위험 부담을 갖게 되는 것이다.

롤즈는 자신의 정의관에 있어서와 같이 숙고된 도덕 판단에 나타난 신념이나 이상들을 제1원칙 속에 구체적으로 표현하는 것은 두 가지 정당한 이유를 갖는다고 한다. 하나는 공리주의적 가정(표준적 가정 등)이 의심의 여지가 있는 까닭에 "당사자들은 불확실하고 복잡한 통계적 계산에 자신을 내맡기기보다는 곧바로 자신의 자유를 확보하는 길을 택할 것으로 생각되기 때문"이라고 한다.[28] 다른 하나는 공리주의적 계산이 평등한 자유를 보장할 것이 확실하다 할지라도 "상호간에 서로 공표하는 것은 현실적으로 실질적인 장점을 가지며", 이러한 문제는 공지성 및 안정성과도 관련된 것이다.[29] 이러한 논점들에 비추어 볼 때 롤즈의 정의관이 갖는 우월성은 오히려 그 현실적 가능성에 의해 내세워진 것으로 보이며, 그런 한에서 라이언즈의 입론에 관해서는 다시 반론의 가능성이 있다 할 것이다.

2. 이상적 정의론과 현실적 전략

롤즈는 그의 『정의론』에서 사회정의의 이론은 다음과 같은 두 가지 특성을 가질 때만이 만족할 만한 것이 될 수 있다고 했다. 첫째로 정의론은 '반

---

28 J. Rawls, *A Theory of Justice*, p.160.
29 Ibid., p.161.

성적 평형에 있는 우리의 숙고된 판단들'에 부합되는 것이어야 한다.[30] 다시 말하면, 정의론을 적용할 경우 '우리가 현재 최대의 확신을 가지고 직관적으로 내리고 있는 것'과 동일한 판단에 이르게 되어야 한다는 것이다.[31] 둘째로 정의론은 '사회의 공공 도덕의 기초(public moral basis of society)'로서의 역할을 수행할 수 있어야 한다.[32] 즉 그것은 롤즈가 규정한바 유리한 조건을 갖춘 사회에 있어서 철저히 준수되리라고 생각되는 공공적 정의관이 될 수 있어야 한다는 것이다. 여기에서 유리한 조건을 갖춘 사회란 심리학과 도덕 학습의 일반적 사실들에 비추어 그 부담이 지나치게 크지 않을 경우 사람들이 일정한 공공적 정의관을 철저히 따르는 그러한 질서 정연한 사회를 가리키는 것이다.[33]

바람직한 정의론은 사회에 있어서 공공 도덕의 기초로서의 역할을 수행할 수 있어야 한다는 것은 롤즈가 도덕의 사회적 기능을 중요시하고 있음을 의미한다. 어떤 도덕 체계가 공공 도덕 내지는 사회윤리의 기초로서의 역할을 다하기 위해서는 여러 가지 조건이 요구될 것이나 그중에서도 특히 그것은 대안이 될 다른 도덕 체계들에 비해 현실적 작용성에 있어서 유력한 것이 아니면 안 된다. 이미 우리가 제Ⅰ부에서 지적한 바와 같이, 하나의 사회윤리 체계로서의 공리주의는 그 현실적 작용성에 있어서 여러 가지 이론적, 실제적 난점을 갖는 것이었다. 따라서 바람직한 사회윤리 체계는 적어도 공리주의가 갖는 그러한 난점을 극복한 것이어야 한다는 사실을 누구보다도 명백히 인식하고 있던 롤즈는 자신의 정의론을 구성함에 있어 애

---

30 Ibid., p.182.
31 Ibid., pp.19-20.
32 Ibid., p.182.
33 Ibid., p.145 참조.

초부터 그러한 난점을 배제하기 위한 제한과 개념 장치를 설정하고 있는 것이다.

이미 앞에서 논의된 바이지만, 롤즈는 도덕의 일반론으로 제시된 공리주의와는 달리 도덕적 상황의 복잡성과 인간 능력의 불가피한 한계에 주목하여 도덕론의 과제를 사회의 기본 구조에 대한 정의 문제에 국한시킨다. 그리고 공공 도덕의 원리는 지극히 어렵고 확인하기 힘든 정보를 요구해서는 안 되며, 일반적으로 이해되고, 따를 수 있을 정도로 충분히 간명하다는 의미에서 공지적(公知的)인 것이어야 한다. 나아가서 롤즈가 여러 원리들 간의 상대적 비중을 결정해 줄 우선성 규칙을 이용하는 것도 역시 인간의 도덕적 능력이 갖는 불가피한 한계와 사회적 여건의 복잡성을 처리하기 위한 것이다. 그리고 더 중요한 것은 사회의 기본 구조에 있어서 생겨나는 정의의 문제와 관련해서 복지의 개인간 비교를 위한 간명하고 현실성 있는 기초를 발견함에 있어서도 도덕의 현실적 작용성에 대한 동일한 고려가 행해지고 있는 셈이다.[34] 그러나 롤즈의 정의론이 이러한 점들에 있어서 공리주의보다 우세한 것일지라도 그것 역시 현실적 작용성에 있어서 몇 가지 난점을 숨기고 있다.

이미 우리는 제 I 부에서 행위 공리주의와 규칙 공리주의를 논의하는 가운데 공리주의가 의사 결정의 절차나 현실적 전략을 제시함에 있어서 봉착하게 될 난점을 지적하였다. 그와 동일한 시각이 롤즈의 정의론이 갖는 현실적 작용성을 검토함에 있어서도 요구된다고 생각한다. 롤즈는 그의 『정의론』에서 만일 우리가 현실 세계의 정의를 규정하고, 그에 대해서 의미 있는 이야기를 하려면 우선 완전한 정의가 무엇인가를 규정해야 한다고 전제

---

34 이 책 제Ⅱ부 제2장 3절 참조.

하고[35] 그 대부분의 논의에 있어서 이상 사회의 정의를 규정하는 일에 전력을 투구하고 있는 셈이다. 이런 한에서 "정의의 문제는 전략의 문제와 혼동되어서는 안 된다"고 할 것이다.[36] 그러나 롤즈에 있어서도 정의에 대한 논의가 이상론으로부터 시작되는 이유는 그것이 사실상 우리가 현실 생활에서 당면하는 더 긴박하고 중요한 문제를 체계적으로 파악하는 데 필요한 기초를 발견하기 위한 것인 만큼[37] 그 다음에 문제되는 것은 비이상론 즉 현실적 문제를 해결하기 위한 지침이나 전략이 아닐 수 없다.

롤즈에 있어서 정의론은 크게 이상론(ideal theory)과 비이상론(non-ideal theory)으로 나누어진다. 그가 『정의론』에서 구성하고 있는 이론은 대체로 이상론에 국한된 것이며, 비이상론은 단지 부분적으로만 다루어지고 있다. 이상론에 있어서는 우리가 사는 현실 세계가 아닌 이상적인 정의의 원칙이 지배하는 질서 정연한 사회가 가정되고 있으며, 그러한 정의의 원칙이 모든 이에게 공지되어 있고, 모든 성원은 그러한 원칙을 철저히 준수하고자 하는 정의감을 지닌 도덕적 인간임이 가정된다.[38] 정의로운 사회에서 성장해 감으로써 사람들은 정의감을 개발하게 되고, 개발된 정의감으로 다시 정의로운 사회 체제의 기반을 공고히 하게 되어 이러한 호순환(好循環)은 정의롭고도 내적으로 안정된 사회를 보장하게 된다. 앞에서 논의된 축차적으로 서열화된 정의의 두 원칙은 바로 이러한 질서 정연한 사회의 성원들에 의해 채택되고 그들을 지배할 것으로 제시된 정의의 이상론에 속한다.

---

35 J. Rawls, *A Theory of Justice*, pp.8-9.
36 Ibid., p.231.
37 Ibid., p.8.
38 Ibid., p.245.

그러나 이제 우리는 이상과 같이 이상론에 속하는 정의의 원칙이 우리가 현실 생활에서 직면하는 더 긴요하고 중대한 문제에[39] 어떤 관련을 가지며, 어떻게 적용되는가를 살펴야 한다. 롤즈에 의하면 정의론에 있어서 이상론이 더 핵심적인 부분이며, 비이상론을 위해서도 중대한 부분이라고 하면서 그에 대한 이유를 제시하고 있다. 우선 "이상론은 우리가 달성해야 할 정의로운 사회관을 제시해 줌으로써 현행 제도는 그러한 관점에 비추어 판단되어야 하고, 그것이 충분한 이유 없이 정의로운 상태로부터 멀어진 정도에 따라 부정의하다고 간주된다"는 것이다.[40] 나아가서 "이상론에 속하는 정의의 원칙은 사회 개조의 지침이 될 만한 목적을 설정해 준다"고 했다.[41]

이상에서 나타난 바와 같이, 롤즈가 전개한 이상적 정의론은 사회의 기본 구조가 갖는 분배적 측면의 정의 여부를 판단하고 평가하는 기준(standards for assessing)을 제시할 뿐만 아니라 부정의한 현행 사회제도를 개조하고, 사회 변화의 지침이 될 기준(standards for guiding)을 제시하는 것이다. 물론 이상론의 이 두 가지 측면은 서로 밀접히 관련되어 있다. 정의의 원칙이 현행 사회제도의 정의 여부를 평가하는 기준을 제시하지 못할 경우, 따라서 개조가 요구되는 시발점을 판단하지 못할 경우, 그것은 사회 변화의 지침으로서도 그 기능을 다하지 못할 것이다. 현행 체제를 평가해 줄 기준을 제시하는 정의의 원칙은 정의의 관점에서 보아 어디에서 개조가 이루어져야 하고, 어디에서 그쳐야 하는가를 지적함으로써 사회 변화의 지침으로서도 그 힘을 발휘할 수 있게 된다. 따라서 이 두 기준은 서

---

39 Ibid., p.9.
40 Ibid., p.246.
41 Ibid., p.245.

로 밀접한 관련을 맺고 있는 것으로서 한 기준의 양면이라 해도 과언이 아니다.

그런데 문제는 비록 우리가 완전한 정의가 무엇인가에 대한 롤즈의 해명이 온전히 합당한 것이라고 가정한다 할지라도 그것이 자동적으로 "제도를 평가하고, 사회 개조의 전반적 방향을 제시하는 지침"[42]이 되는 것은 아니라는 점에 있다. 왜냐하면 롤즈에 있어서 현행 체제의 정의 여부에 대한 판단은 그 체제의 현실적 여건 등을 포함한 배경적 구조와 역사적으로 그에 앞선 선행 체제에 대한 정보를 참조로 해서 이루어져야 하기 때문이다. 롤즈에 의하면 "분배는 그것을 결과하게 된 체제, 즉 설정된 기대치에 비추어서 개인들이 성실히 살고 있는 그 체제를 떠나서는 판단될 수 없다. 추상적으로 일정한 재화의 분배를 물을 경우 그 문제에 대해서는 대답이 주어질 수 없다"는 것이다.[43]

이러한 문맥은 롤즈가 순수 절차적 정의의 개념을 말하는 것과도 관련된다. 그에 의하면 "정의로운 결과에 대한 독립적 기준은 존재하지 않는다."[44] 따라서 어떤 체제가 정의의 요구 조건을 가장 충실히 만족시키는지는 미리 결정될 수 없다고 생각한다. 이러한 문제에 대한 일반적 해답이 주어질 수 없는 이유는 그것이 대체로 각국의 전통적 제도, 사회적 세력, 특수한 역사적 배경 등에 달려 있기 때문이다. 롤즈에 의하면 정의론은 그러한 요소를 배제하지 않으며, 따라서 정의론 그 자체는 어떤 형태의 체제도 선택하지 않는다고 한다. 어떤 체제가 특정한 국민들에게 가장 좋은가는 그들의 여건, 제도, 역사적 전통에 달려 있기 때문이다.[45] 나아가서 롤즈는 "정치 경

---

42 Ibid., p.263.
43 Ibid., p.88.
44 Ibid., p.86.

제 체제의 선택도 정의론에 의해 해결되지 않는다"고 한다.[46] 그것은 바로 저러한 배경적 조건과의 밀접한 관련하에서 선택되어야 할 것이기 때문이다.

이상의 논의를 예증하기 위해 우리는 노예제도에 대한 롤즈의 입장을 살펴볼 필요가 있다. 그에 의하면 '노예제도란 언제나 부정의한' 제도로서 공리주의와 자신의 이론을 구분하기 위한 유력한 사례로서 이용되고 있다. 그런데 공정으로서의 정의관에 있어서도 어떤 체제의 정의 여부를 평가할 때 그 배경적 구조와 관련해서 생각되어야 한다면, 노예제도가 정당화될 가능성이 없지는 않다. 노예제도나 농노제도도 그것이 과거의 더욱 심각한 부정의를 구제했을 경우에는 용인될 수가 있으며, 역사상 전통 체제보다 노예제도가 더 나은 과도기는 얼마든지 가능한 것이다. 예를 들어서 과거에는 포로들을 죽이던 도시 국가들이 포로를 노예로 삼는다는 조약을 체결했다고 해보자. 이럴 경우 공리주의적 근거에 의해서도 노예제도가 허용될 수 있으나, 롤즈에 있어서도 노예제는 과거의 관행보다 덜 부정의한 제도가 된다. 그 체제는 노예를 혹독하게 다루지 않을 경우 분명히 현행 체제의 개선책이기 때문이다.[47]

여하튼 이상에서 본 바와 같이 역사적 배경이 정의의 판단에 중요한 고려 사항이 될 경우 완전한 정의의 추상적 이념은 전적으로 무의미한 것은 아니나 직관에 대해서 지나치게 많은 여지를 남김으로써 현실적 지침으로서 그 힘을 손상받게 마련이다. 나아가서 역사적 여건과의 함수 관계에서 정의의 정도가 판별될 경우 우리는 정의(justice)라는 개념과 정당화

45 Ibid., p.274.
46 Ibid., p.280.
47 Ibid., p.248.

(justification)라는 개념 간에 별다른 차이를 발견할 수 없게 된다.[48] 그러나 비록 노예제도가 어떤 역사적 단계에 있어서 정당화될 수는 있다 할지라도 그것이 정의롭다고 하기는 어려울 것으로 생각된다. 이 점에 있어서 롤즈의 정의론은 불분명한 일면을 감추고 있다 할 것이다.

그런데 롤즈는 정의론에 있어서 비이상론은 이상론이 선택된 다음에 전개되는 것이며, 이러한 비이상론은 다시 두 개의 하위 부분으로 나누어진다고 했다. 그 하나는 자연적 한계와 역사적 우연성에의 적용을 다스리는 원칙으로 구성되고, 다른 하나는 부정의를 처리하는 원칙으로 구성된다.[49] 첫 번째 부분은 이미 위에서 설명해 온 내용과 관련된 것으로서, 여기에서 자연적 한계나 역사적 우연성은 경제적, 기술적, 문화적 발전으로 인해 극복이 어느 정도 가능한 조건으로서 자유의 효율적인 행사와도 관련된 여건이라 할 수 있다. 두 번째 부분은 부분적 준수론(partial-compliance theory)이라고도 불리는 것으로서, 그 일부에 대해서 롤즈는 그의 『정의론』에서 충분히 논의를 전개하고 있는 셈이다. 부분적 준수론에는 대체로 형법상의 문제나 시민 불복종 내지는 양심적 거부의 문제, 그리고 국가간의 정의 문제 등이 속하게 된다.[50]

정의의 이상론이 비이상적 세계의 현실 문제에 도움을 주는 한 가지 방식은 롤즈에 의하면 정의로운 제도를 수호해야 한다는 자연적 의무를 통해서이다. 따라서 현행 제도가 정의의 기본 원칙을 떠나 있는 한에서 우리는 그 개혁을 위한 노력을 해야 할 의무를 지닌다. 그러나 현실 세계에 있어서

---

48 J. Rawls, "Reflections on 'Justice as Fairness'", Hugo A. Bedau(ed.), *Justice and Equalty*(Prentice-Hall, Inc., 1971), p.110.
49 J. Rawls, *A Theory of Justice*, pp.245-46.
50 Ibid., p.351.

그러한 의무를 수행하는 것은 그리 간단하지가 않으며, 우리는 종종 시지윅이 말한 보수적 정의(conservative justice)의 역리(逆理)에 봉착하게 된다. 다시 말하면 불완전한 관행이나 제도의 개혁은 일부의 사람에게는 불공평하게 마련인데, 왜냐하면 경기의 중도에 게임의 규칙을 변경시킬 경우 비록 그 규칙이 불공정했다 할지라도 그 규칙이 지속되리라고 믿고 인생계획을 설계했던 사람의 정직한 기대까지도 박탈하게 될 것이기 때문이다. 그래서 규칙 변경의 타당성은 낡은 규칙의 불공정성의 정도와 그에 대한 일반적인 신뢰의 정도에 달려 있게 된다. 우리가 개혁을 시도할 경우, 흔히 상충되면서도 모두 정당한 그러한 요구들의 비중을 재야 하며, 어떤 결정을 내리든 일부에게는 불공평하게 된다.

　롤즈 자신도 비이상론의 문제를 다룸에 있어 직관적 요소의 개입이 불가피함을 인정하고 있다. 그래서 롤즈는 이상론을 전개함에 있어 이상론에서 배제하고자 했던 직관주의를 일부 받아들이게 되는 셈이다. 특히 부정의한 법에 복종할 의무와 그 한계를 다루는 부분은 가장 전형적인 예로서 나타난다.[51] '더 복잡하고 극단적인 비이상론의 경우'에는 이상론에 있어서 그의 엄격한 우선성 규칙도 실제상으로 무의미하게 되며, '도무지 만족할 만한 해답이 있을 수 없는' 경우도 있게 된다.[52] 이미 살핀 바와 같이 비이상론에 있어서 자연적 한계와 역사적 우연성을 평가하는 경우에 있어서와 마찬가지로 부분적 준수론에 있어서도 직관에 호소함이 불가피한 일이며, 이에 비례해서 이상론의 현실적 작용력이 그만큼 감소된다 할 것이다. 부분적 준수론에 있어서 롤즈가 비교적 자상하게 다루고 있는 시민 불복종의 경우를 들어 이 점을 예시하고자 한다.

51　Ibid., pp.350-55 참조.
52　Ibid., p.303.

시민 불복종(civil disobedience)의 문제는 일차적으로 개인윤리의 문제로서 나타나는데, 그것은 어떤 조건하에서 "시민 개개인의 공공연하게 비폭력적인 정치적 위법 행위를 하는 것이 정당화될 수 있는가"라는 문제이다.[53] 어떤 체제의 정의 여부를 평가하는 사회윤리의 문제와는 달리 부정의한 체제에 대한 관용 여부는 제도적 문제가 아니라, 개인적이거나 집단적인 행위의 문제이다. 이것은 거짓말을 하고 약속을 어기는 행위, 즉 도덕적 구속력을 갖는 규칙에 위반하는 행위를 도덕적으로 정당화하는 일과 유사한 것으로서 롤즈의 정의론에 있어서도 규칙 공리주의와 행위 공리주의가 충돌하는 상황과 유사한 국면이 나타남을 의미한다.[54] 정의롭거나 거의 정의로운(nearly just) 사회에서는 일반적으로 법에 복종하지 않는 행위는 정당화될 수 없다. 그러나 그것은 무조건적인 것은 아니며, 충분한 이유가 있는 상황에서는 불복종이 허용될 수도 있다. 여기에서 시민 불복종의 한계에 대한 문제가 생겨난다.

그런데 이 문제의 해결을 위해서는 사회의 기본 구조의 정의를 규정하는 원칙을 갖는 것만으로는 부족하며, 우리는 이미 어느 정도 정의로운 제도를 갖는다고 가정되는 사회에서 개인적 양심에 지침을 주는 보조 원리를 필요로 한다. 롤즈는 개인에 대한 원리의 도출을 위해 사회정의의 원칙을 도출할 때와 마찬가지로 다시 한 번 계약론적 방법에 의거한다. 사회의 기본 구조에 대한 원칙이 확정된 후 원초적 입장의 당사자들은 옳음(義)의 체계(system of the right)를 세우기 위해 개인의 원칙을 수립하게 되며, 일

---

53 Ibid., p.63.

54 이 문제는 행위 공리주의와 규칙 공리주의 간의 관계와 마찬가지로 행위 의무론(act deontology)과 규칙 의무론(rule deontology) 간의 관계에서 성립하는 것으로 보는 자도 있다.

단 이러한 원칙의 체제가 모두 채택되면 이의 적용을 위해 무지의 베일은 완전히 걷히게 되고, 관련된 모든 사실과 정보를 참조해서 특정한 문제들에 대한 해결이 이루어진다는 것이다.[55]

어떤 조건하에서 법에 복종하지 않아도 되는가라는 시민 불복종의 정당화 문제는 이상에서 채택된 개인의 원칙과 관련된 개인적 선택의 문제라고 롤즈는 말한다. 그러나 그에 있어서 이러한 문제에 대한 명확한 해결책이 제시되기는 어려울 것으로 보인다. 왜냐하면 여기에서의 난점은 선택된 개인적 원칙 혹은 그것이 지시하는 의무들 간의 상충에서 생겨나게 되는데, 그것은 "어떤 점에서 다수결 입법에 의해 제정된 법을 준수하는 의무가 부정의에 저항하는 의무에 비추어 구속력을 상실하게 되는가"이다.[56] 롤즈가 사회적 원칙에 대한 설명에서 거부한 직관주의가 상충하는 개인적 의무를 논의하는 가운데 다시 살아나지 않을 수 없다.[57] 물론 여기에서 롤즈는 직관주의를 견제하기 위한 몇 가지 기준을 제시하고 있기는 하나 시민 불복종의 문제를 어렵게 만드는 의무의 상충을 논의하는 가운데, 그는 조심스럽게 현실적 문제를 간단히 해결해 줄 정확한 원칙이 있을 수 없음을 인정하고 있다.

이와 같이 롤즈에 있어서 모든 원칙의 체계가 주어진다 해도 그러한 원칙의 체계에 의해 해결될 수 없는 현실적 문제가 남게 되는 것이다. 이는 대체로 원칙들이 갖는 애매성이나 그들간의 상충으로 인해 생겨나는 것이라 할 수 있다. 롤즈 자신의 말을 빌리면 이런 의무들이 상충할 경우 그 우

---

55 Ibid., pp.113-14.

56 Ibid., p.363.

57 Joel Feinberg, "Duty and Obligation in the Non-Ideal World", *The Journal of Philosophy*, Vol. LXX, No. 9(May 10, 1973), pp.263-75 참조.

열을 판단하는 문제에 대해 "그러한 문제를 해결할 명확한 규칙은 없다"는 것이다.[58] 그는 이러한 문제가 해결될 수 있는 방법을 제시하지 않고 있으며, 더욱이 유용하고 현실성 있는 규칙에 의해 체계적 해결의 가능성을 말하지 않는다. 사실상 이러한 문제는 『정의론』에서 그가 주로 다루고자 하는 문제의 범위를 넘어서는 것이라 생각되며, 그는 실제로 더 해결이 간명하다고 생각되는 사회적 기본 구조의 문제만 다루고 있을 뿐이다.

이상에서 살핀 바와 같이 롤즈의 이상론이 제시하고 있는 정의의 원칙은 비이상적 현실 세계에 있어서 현행 체제의 정의 여부를 평가하는 사회윤리에 있어서나 부정의한 사회 체제의 관용 여부와 관련된 개인윤리에 있어서 별다른 현실적 작용력을 갖지 못하며, 우리의 상대적 직관에 많은 여지를 허용하고 있는 셈이다. 그렇다면 그의 정의론 역시 외견상 공리주의에 비해 그 현실적 작용성이 우월한 것으로 보임에도 불구하고, 그 작용력 역시 이상 세계에서나 가동되는 힘일 뿐 정작 현실 세계에 있어서는 무력한 것이 되고 만다. 이것이 사실이라면 정의로운 시민과 정의로운 제도와의 호순환이 이루어지는 이상 세계의 정의론은 부정의한 시민과 부정의한 제도가 악순환을 거듭하는 현실 세계를 영원히 구제할 수 없다는 결론에 이르게 된다.

현실에 있어서 정의의 문제가 해결되기 어려운 두 가지 점이 있다면 그 하나는 인간의 행위와 사회 조직 속에는 지극히 다양한 변수들이 작용하고 있으며, 이를 분석 처리하는 능력 내지 의욕이 우리에게 부족하다는 점이고, 다른 하나는 정의의 기준이 갖는 애매성 내지는 다의성에 기인하는 것으로서 그로 인해 어떤 부정의도 정당화될 소지와 구실이 마련될 수 있다

---

58 J. Rawls, *A Theory of Justice*, p.364.

는 점이다. 정의에 대한 보다 설득력 있고 타당한 기준과 현실성 있는 이념을 제시하는 것이 바로 철학의 일차적 사명이라고 생각한 롤즈는 사회의 구조적 병인(病因)과 그 인과 관계를 분석함으로써 개인이나 제도적 부정의의 원천을 진단하고, 그에 대한 구체적 처방이나 전략을 세우는 것은 철학자만의 임무일 수는 없고, 사회과학을 포함한 관련된 학문 상호간(interdiciplinary)의 연구를 요하는 공동 과제라고 판단한다.[59] 이러한 이유에서 롤즈는 자신의 『정의론』의 대부분을 이상론에 국한하고 그 비이상론적 전개를 주저했다고 할 것이다.

3. 계약 논증과 정합 논증 및 도덕의 객관성

우리는 앞의 두 절에서 롤즈의 원초적 입장에서 채택된 정의의 원칙이 서론에서 우리가 전제한 사회윤리의 두 요구 조건으로서 도덕적 합당성과 현실적 작용성을 어느 정도 만족시키고 있는가에 대해서 살펴 왔다. 우리는 이 장에서 롤즈의 정당화 방법을 보다 일반적으로 다룸으로써 원초적 입장으로부터의 논증이 갖는 정당화의 힘(justificatory force)이 정확히 어디에 있는 것인지를 밝히고자 한다. 롤즈에 있어서 정당화의 문제는 사실상 그가 두 가지 상이한 종류의 정당화에 동시에 의거하는 까닭에 더욱 복잡하게 된다. 그 하나는 인간의 숙고된 도덕 판단에 의거하는 반성적 평형의 방법이고 다른 하나는 사회계약론과 관련된 합리적 선택의 방법이다. 라이언즈의 용어법을 빌리면 전자는 정합 논증(coherence argument)이

---

59 필자는 롤즈와의 직접 면담을 통해서 이 점을 확인할 수 있었다. 그는 정의의 실현을 위한 현실적 전략은 일률적으로 제시될 수 없으며, 각국의 고유한 여건에 대한 분석에 의거해야 하는 까닭에 이 문제는 학문 상호간의 공동 과제에 속한다고 했다.

고, 후자는 계약 논증(contract argument)이라 할 수 있는데[60] 우리의 주된 관심사는 정당화의 힘과 관련해서 이들 두 논증 간의 관계를 알아본 후 그것이 보장해 줄 도덕의 객관성 문제도 알아보는 데 있다.

롤즈는 초기 논문에서[61] 과학적 방법에 기초를 둔 윤리학의 의사 결정 절차를 제시한 적이 있으며, 『정의론』에 있어서도 과학적 방법에 의거한다는 기본 정신은 그대로 견지하고 있다.[62] 그러나 과학적 방법이 정당화에 있어서 전형이 된다는 점에서 동일하나 롤즈는 그간에 이루어진 과학적 방법관의 일반적 전환을 자신의 『정의론』 속에 반영하고자 한다. 이미 지적된 바와 같이 과학적 방법에 대한 다소 실증주의적 입장에 섰던 초기 논문과는 달리 『정의론』에서는 과학적 방법에 대한 실용주의적 입장을 채택한다.[63] 따라서 도덕 판단과 도덕 원칙 간에 일방적인 관계를 상정하고, 도덕 판단들로부터 도덕 원칙을 귀납적으로 도출하고자 했던 정초주의적(foundational) 입장을 버리고 도덕 판단과 도덕 원칙의 상호 조정의 과정을 중요시하는, 정당화에 있어서 정합주의적(coherentist) 입장을 자신의 방법론으로 택하게 된다.[64]

롤즈는 자신의 정의관이 이상과 같은 정합 논증에 의거해서 제시된 것임을 믿는다. 다시 말하면 그는 일련의 사람들이 도덕적 자료 즉 제시된 원리

---

60 David Lyons, "Nature and Soundness of the Contract and Coherence Arguments", *Reading Rawls*, pp.141-68 참조.

61 J. Rawls, "Outline of a Decision Procedure for Ethics", *Philosophical Review*, Vol. 60 (1951), pp.177-79.

62 J. Rawls, *A Theory of Justice*, p.51.

63 C. F. Delaney, "Rawls on Method", *Canadian Journal of Philosophy, Supplementary*, Vol. Ⅲ(1979), p.158.

64 J. Rawls, *A Theory of Justice*, p.579 참조. 롤즈는 W. V. Quine이나 Morton White에 의해 대변되는 과학적 방법관에 동조하고 있다.

들이 그에 비추어 검토될 숙고된 도덕 판단들을 공유할 경우 정합 논증은 자신의 원칙을 정당화해 줄 것이라고 말한다. 비록 이러한 정당화의 방법은 플라톤 이래 도덕철학의 중요한 방법론적인 전통으로서 롤즈에 있어서 새로운 것이 아니긴 하나 롤즈에 있어서 보다 체계적으로 구체화되고 있으며, 이러한 논증법과 관해서 그의 정의관을 검토하는 것은 유용하리라고 생각된다.

그러나 롤즈도 충분히 인정하고 있는 바와 같이 어떤 정합 논증도 결정적인 것일 수는 없다. 왜냐하면 우리의 도덕 판단은 비록 그것이 어떤 때에는 자명해 보이는 것일지라도 시간이 지남에 따라 개선의 여지를 노출하게 되는 것이다. 나아가서 다양한 도덕 판단들을 포괄적으로 설명해 줄 수 있는 도덕 원칙의 발견 또한 쉬운 것이 아니다. 판단과 원리 간의 만족스러운 합치를 위해서는 어떤 판단들이 무시되어야 하고, 애초에 제시된 원리의 수정도 필요하며, 이들간의 상호 조정이 요구되는 것이다. 이러한 의미에서 롤즈는 자신이 제시한 원칙이 우리의 숙고된 도덕 판단에 완전히 합치하며, 공리주의는 철저히 배격되어야 한다고 주장한 적이 없으며, 정합 논증에 의해서 그렇게 주장할 수도 없는 것이다.

더 중요한 점은 정합 논증의 정당화의 힘이 분명하지 않다는 점이다. 설사 어떤 원칙이 우리의 공유한 정의감을 잘 해명해 주고, 기본적인 도덕적 신념에 더 잘 부합한다 할지라도 그로 인해서 그 원칙의 타당성이 보장된다고 보기는 어렵기 때문이다. 왜냐하면 순수한 정합 논증은 결국 우리의 기존 도덕 판단이나 현행 정의감과 그것을 해명해 주는 원칙 간의 순환 논증이기 때문이다. 그러한 논증에 의해 도덕 원칙이 정당화될 수 있다는 것

---

65 D. Lyons, op. cit., p.147.

은 도덕적 관습주의(moral conventionalism)에 지나지 않는 것이라 할 수 있다. 이로 인해서 우리는 롤즈의 정당화에 있어서 또 하나의 방법인 계약 논증에 주목하게 된다.[65]

정의의 원칙에 대한 롤즈의 주된 논증은 위에서 논의한 순수한 정합 논증을 넘어서 사회계약과 관련된 것이다. 롤즈는 공동체에 의해 이득을 볼 수 있다는 것을 아는 일단의 사람들이 자신의 사회 전체에 대한 분배 원칙에 합의하게 되는 상황을 가정하고, 거기에서 합의될 원칙이 바로 정의의 원칙이 된다고 한다. 그런데 이미 살핀 바와 같이 롤즈가 설정한 계약 당사자들의 자격 조건과 그들의 숙고를 규제할 제한 조건이 성립할 경우 합리적 인간들은 최소 극대화 전략에 따라서 대안들을 고려하게 된다. 이러한 매개적인 전략에 기초해서 롤즈는 자신의 두 원칙이 유리하게 선택되리라고 추론하는데 그 이유는 그것이 사회의 최소 수혜자를 선호하기 때문이라는 것이다.

이상과 같은 계약 논증의 전개 과정을 통해 결국 롤즈가 의도하는 바는 그것이 비록 완전한 의미의 연역적 논증은 아니나 비교적 엄밀한 논증이 가능하리라는 점이다. 만일 사실이 그러하다면 논리적인 관점에서 볼 때 계약 논증은 정합 논증에 비해 더 강력한 정당화의 힘을 갖게 된다고 생각한다. 그러한 이유는 그것이 원칙의 근거를 합리적 선택의 이론과 인간 조건에 대한 사실에 둠으로써 우연성을 배제하기 어려운 도덕적 신념에 기초를 두는 정합 논증의 순환성을 피할 수 있기 때문이다. 여하튼 롤즈는 이러한 논증이 자신의 원리를 정당화해 준다고 주장한다.

그런데 사실상 롤즈의 정당화 문제에 있어서는 전체적으로 보아 정합 논증이 계약 논증에 비해 더 우선적인 것으로 나타난다. 그에 따르면 그의 정의론은 정합 논증의 결과에 일치하게끔 계약 논증을 구성하려는 것이며, 아니면 적어도 정의의 원칙을 매개로 해서 우리의 숙고된 도덕 판단과 계약 논증의 전제들 간에 가능한 한 최선의 합치점을 제공하게끔 계약 논증을 구성하려는 것이다. 그래서 결국 롤즈는 계약 논증과 정합 논증을 적절히 조정하여 보다 일관성 있는 포괄적 입장을 구성하려는 것을 넘어서 계약 논증을 정합 논증의 일부로서, 즉 인간이 공유하는 가치관 속에 함축된 내용을 체계화하는 방편으로 사용하고자 한다.[66] 이로써 이미 우리가 제1장에서 밝힌 바와 같이 삼각 측량을 위한 제3의 지점이 설정되는 것이다. 그의 입장은 결국 계약 논증을 포함하는 보다 포괄적인 정합 논증이라 할 것이다. 그러나 우리는 정당화의 힘과 관련해서 포괄적인 정합 논증의 구조가 더 면밀히 분석되어야 할 필요를 느끼게 된다.

다니엘스는 도덕론이 일련의 도덕 판단과 그것을 해명해 주거나 산출하는 일련의 도덕 원칙으로 이루어진다고 널리 생각되고 있는 일반적 입장을 도덕론에 대한 2단적 입장(two-tiered view)이라고 불렀다.[67] 그런데 이러한 입장이 윤리학에 있어서 정당화의 문제를 처리할 수 있기 위해서는 그 어느 한편에 대해서 인식론적으로 우선적 지위를 부여함으로써만 가능하다. 즉 도덕 판단들에 우선적 지위를 부여하여 그것을 도덕적 지각이나 직관으로 부르고, 그로부터 도덕 원칙을 도출하든가, 도덕 원칙에 우선적 지위를 부여하여 그것을 자명하거나 선천적인 것으로 보고 그로부터 판단들의 체계를 연역하든가이다. 전자는 대체로 W. D. 로스에서 그 모형을 찾을 수 있으며, 후자는 시지윅 등에서 그 유사한 형태를 보게 된다.

그러나 그 어느 방법도 정당화에 있어서 또 다른 문제를 야기하게 되며, 따라서 그다지 매력적인 대안이 될 수 없다. 여기에서 도덕 판단과 도덕 원

---

66 Ibid., pp.158-59.

67 Norman Daniels, "Wide Reflective Equilibrium and Theory Acceptance in Ethics", *Journal of Philosophy*, Vol. LXXVI, No. 5(May 1979), p.256.

칙 간에 어떤 정합(整合)을 구하는 제3의 대안이 모색될 수 있다. 그러나 그러한 입장이 우리의 도덕관을 명료히 해주고 도덕적 논의의 진전에 도움이 되기는 하나 그 역시 도덕적 정당화의 방법이 되기에는 많은 문제를 내포한다. 도덕 판단과 도덕 원칙 간의 단순한 정합성만으로는 결코 계급적, 혹은 문화적 배경과 이기주의적 요인 내지는 역사적 우연으로부터의 완전한 탈피가 불가능한 까닭에 그 이상의 어떤 조치나 방도가 강구되지 않으면 안 된다.

다니엘스는 숙고나 반성을 통해서 도덕 판단과 도덕 원칙 간의 정합과 평형을 추구하는 방법론을 롤즈의 어법에 따라 반성적 평형이라 부르면서 롤즈의 도덕론은 단순히 전통적인 반성적 평형보다는 그 구조가 더 복잡한 것으로 보고 롤즈의 광의의 반성적 평형(wide reflective equilibrium)을 전통적인 협의의 반성적 평형(narrow reflective equilibrium)으로부터 구분하고자 한다.[68] 이로 인해서 윤리학에 있어서 정당화 문제는 보다 합당하게 처리될 수 있으며, 전통적 정합 이론에 있어서 도덕의 객관성에 대한 우려도 수월히 해소될 수 있다는 것이다. 그에 의하면 롤즈의 광의의 반성적 평형은 도덕적 직관주의의 위장된 형태가 아니며, 따라서 헤어 등에 의해 제기된 주관주의적이라는 비난으로부터도 옹호되어야 한다는 것이다.

그가 말하는 광의의 반성적 평형의 방법이란 도덕 체계에 있어서 3단의 구조를 설정하고, 그들간의 정합성을 도모하려는 시도이다. 여기에서 3단 구조는 일련의 도덕 판단들과 일련의 도덕 원칙들 그리고 일련의 적절한 배경적 이론들(background theories)이다.[69] 그래서 우리는 우선 우리가 일상적으로 내리는 여러 판단들 중 숙고된 판단을 정선하고, 그러한 도덕

---

68 Ibid., p.257.
69 Ibid., p.258.

판단들에 합치하는 몇 가지 대안적 원칙들을 제시한다. 그러나 원칙과 판단 간의 최선의 합치점을 찾는 협의의 반성적 평형과는 달리 여러 대안적 원칙들의 상대적 강점과 약점들을 검토하기 위한 철학적 논증을 전개하게 된다.

그런데 그러한 철학적 논증들은 일련의 적절한 배경적 이론들로부터의 추론에 의해 구성된다. 특정한 일련의 논증이 전개되면 당사자들은 어떤 원칙들이 더 합당하고 받아들일 만한 것인가를 알게 되며, 그것은 협의의 반성적 평형에서 도달된 원칙과 일치할 수도 있고, 다른 것일 수도 있다. 도덕 판단들과 도덕 원칙들 그리고 적절한 배경적 이론들 간에 상호 조정의 과정이 있게 되고, 그를 통해서 결국 그 3자가 합치하게 되는 평형 지점에 이르게 된다. 그런데 여기에서 중요한 것은 어떤 도덕 원칙이 숙고된 도덕 판단과 합치한다는 사실과는 어느 정도 상관이 없는 근거에서 그 원칙이 더 받아들일 만한 것임을 보여줘야 한다는 점이다. 그와 같은 독립적인 지지 근거가 없을 경우에는 배경적 이론에 의거하지 않는 협의의 반성적 평형과 다를 바가 없게 되기 때문이다. 그러한 독립적 지지 근거에 의해서만 비로소 숙고된 도덕 판단을 체계화해 주는 도덕 원칙이 도덕적 사실의 단순한 일반화가 아님이 확인되는 것이다.[70]

비유적으로 말하면 과학에 있어서 진정한 과학적 법칙과 우연적인 일반화를 구분해 주는 것은 그것들과 관련된 배경적 이론들의 체계인 것이다. 따라서 중요한 것은 숙고된 도덕 판단들의 우연적 일반화를 배제해 줄 독립적 준거를 찾아내야 한다는 것이다. 즉 배경적 이론은 협의의 반성적 평형에 나타난 것과 동일한 숙고된 판단들의 재구성이어서는 안 된다는 결론

---

70 Ibid., pp.258-59.

에 도달한다. 배경적 이론은 도덕 판단을 검증하기 위해 사용되는 숙고된 도덕 판단의 범위를 넘어서는 것이어야 하고, 따라서 적어도 배경적 이론의 준거가 되는 숙고 판단의 일부는 도덕 원칙의 바탕이 되는 숙고 판단과는 무관한 것이어야 한다.

롤즈에 있어서 배경적 이론을 구성하는 일부의 요소는 일련의 숙고된 도덕 판단이다. 여기에서 중요한 사실은 배경적 이론을 구성하기 위해 부분적으로 어떤 도덕 판단에 의거해야 한다는 것은 배경적 이론으로 인해 도덕 판단과 도덕 원칙에 내포된 도덕적인 요소가 비도덕적인 것으로 환원된다는 것을 가정하지 않는다는 것을 의미한다. 그런데 독립적인 준거를 마련하기 위해서는 도덕 원칙에 대응하는 숙고된 도덕 판단과 배경적 이론의 바탕이 되는 숙고된 도덕 판단이 상당한 정도로 무관해야 할 필요가 있다. 다시 말하면 배경적 이론은 도덕 원칙과 도덕 판단의 합치에 이용된 것과 동일한 유형의 도덕적 개념을 내포해서는 안 된다는 것이다.

롤즈에 의하면 우리는 철학적 논증을 통해서 대립하는 정의관들 중 하나를 선택하는 합당한 방법으로서 계약 논증을 받아들이게 된다고 한다. 그런데 여기에서 철학적 논증은 여러 가지 적절한 배경적 이론들로 구성된 추론들을 의미하는데 그러한 이론에는 선(善)에 대한 의(義)의 우선을 주장하는 법칙론, 자율성을 갖는 도덕적 존재를 말하는 인간론, 다원적 인간들로 구성된 공동체로서 그리고 정의의 여건과 관련된 사회 이론, 질서 정연한 사회의 이념을 포함한 도덕의 사회적 기능론 등이 있다. 이러한 여러 가지 배경적 이론들에 비추어 볼 때 계약 논증을 택하는 것은 합당한 일이다. 그래서 결국 롤즈에 있어서 최종적으로 선택되는 도덕 원리는 협의의 반성적 평형에 있어서 숙고된 도덕 판단에 합치해야 할 뿐만 아니라, 현실성 있고, 안정된 질서 정연한 사회의 규제 원리가 될 수 있어야 한다. 롤즈에 의하면 이러한 사회야말로 합당한 배경적 이론들을 만족시키는 이상적 사회 유형이기 때문이다.

공정으로서의 정의관에 대립하는 하나의 대안, 즉 공리주의는 도덕 원칙의 선택을 위한 방법으로서 합리적 계약자의 모형이 아니라 공평한 관망자의 관점을 전제한다. 그리고 다시 이러한 공평한 관망자 이론은 그 배경적 이론으로서 롤즈와는 다른 인간론, 사회론 및 도덕의 기능을 가정하며, 의(義)를 선(善)에 대한 극대화로 보는 목적론에 그 바탕을 두고 있다. 나아가서 공정으로서의 정의관과는 다른 입장들은 협의의 반성적 평형을 보는 관점도 달리하며, 이론의 최종적 시금석인 현실적 실현 가능성을 보는 시각도 달리하고 있다. 이러한 전반적 고려점들의 상호 지지(mutual support)는 롤즈에 의하면 인간이 제시할 수 있는 정당화 방법에 있어서 최선의 것이 아닐 수 없다는 것이다.

지금까지 우리는 롤즈의 정당화 방법이 결국 포괄적인 정합 논증이고, 광의의 반성적 평형이라는 점을 살펴 왔다. 그런데 이러한 방법에 있어서 궁극적으로 제기될 수 있는 문제는 윤리학에 있어서 객관성의 보장과 관련된 것이다. 여기에서 롤즈가 택할 수 있는 길은 대체로 두 가지 중 하나일 것으로 생각된다. 만일 우리가 객관성을 간주관적(間主觀的) 합의(inter-subjective agreement)의 의미로 사용한다면, 반성적 평형에 의거하는 그의 방법은 윤리적 객관성을 보장하는 방도가 될 수 있을 것이다. 그러나 가치 실재론자들과 같이 객관성을 독립적으로 존재하는 도덕적 진리에 부합하는 것으로 본다면, 반성적 평형에 입각하는 자는 입을 다물 수밖에 없는 것이기 때문이다.

도덕의 객관성을 자연주의적 방식에 의해 정당화하는 입장을 거부한다는 점에 있어서 롤즈와 시지윅은 일치하고 있다. 그리고 그들이 반성적 평형을 윤리학의 중요한 방법으로 보고 있다는 점에 있어서도 합의한다. 그러나 시지윅은 롤즈와는 달리 도덕적 진리의 객관적 존재를 전제하고, 그 소재를 비자연적 세계에 둠으로써 합리적 직관주의자가 된다. 따라서 시지윅에 있어서는 반성적 평형이 공리 원칙의 객관적 진리성을 증거하는 기준으로서가 아니라, 합리적 직관에 의해 파악된 그러한 원칙이 참이라는 것을 상식적인 도덕 판단에 비추어 사람들에게 납득시키기 위한 대인 논증(對人論證, argumentum ad hominem)으로 이용되고 있는 것이다.[71]

따라서 시지윅에 있어서는 공리주의의 제1원리가 반성적 평형의 결과로서 주어진다 할지라도 그로 인해서 공리주의가 반드시 진리가 되는 것은 아니다. 반성적 평형은 결코 윤리설의 타당성이나 객관성에 대한 종국적인 기준은 될 수 없다. 물론 그도 현실적으로 반성적 평형에 의거해서 공리주의의 타당성을 납득시키고 설득할 수밖에 없을지는 모르나 분명히 그는 도덕 원칙의 타당성 여부를 반성적 평형의 결과나 도덕 판단의 정합성만으로 규정하지는 않는다. 따라서 그의 전체적 입장을 가정할 경우 도덕에 있어서의 객관성은 의심의 여지가 없으며, 따라서 도덕적 상대주의나 직관주의라는 비판도 면하게 된다.

그런데 롤즈는 객관적인 도덕적 진리를 내세우는 전통적인 윤리설들을 처음부터 비판하고 나선다. 따라서 그러한 가능성에로의 길은 일단 그에게 막혀 있는 셈이다. 한편 객관성을 간주관적 합의로 풀 경우 그것은 지식사회학적인 관점에서 볼 때 사회적, 역사적 맥락에 따라 가변적이고 상대적인 것으로서, 엄밀한 의미에 있어서의 객관성을 보장하기 어렵게 된다. 간주관적 합의는 그것이 아무리 보편적인 것일지라도 언제나 수정 가능성을 배제할 수 없다는 의미에서 미래에 대해서 개방되어 있다. 롤즈가 자신의

---

71 Peter Singer, "Sidgwick and Reflective Equilibrium", *The Monist*, Vol. 58, No. 3 (July 1974), pp. 490–517 참조.

정의론이 보장하는 객관성의 성격에 대해서 항상 명백히 하고 있는 것은 아니다. 그러나 그가 객관적으로 존재하는 도덕적 진리를 받아들이지 않는 한 그는 도덕의 객관성을 간주관적 기초 위에 두지 않을 수 없다고 생각한다. 그러면서도 그가 자신의 정의관에 대해서 기대하는 객관성은 시간과 공간을 초월한 보편성이 아닐 수 없다. 롤즈의 객관성은 그를 상대주의자나 객관주의자로 규정하기에는 너무나 자신만만하고, 야심적인 방식으로 제시되고 있다. 여기에 그의 입장이 갖는 양가성(兩價性)이 있다 할 것이다.

나아가서 이러한 애매성은 그의 윤리학적 구성주의에 대해서도 지적될 수 있다. 그에 의하면 구성이라는 말은 객관적 진리에 대한 발견으로부터도 구별되고, 회의주의적 허무에 기초한 창조로부터도 구분되는 개념이다. 그러나 이론 이성의 영역에 있어서와는 달리 실천 이성의 영역에 있어서의 구성은 발견도 창조도 아닌 제3의 개념으로서의 지위를 견지하기가 어려울 것으로 생각된다. 구성이라는 개념이 갖는 이러한 애매성으로 인해 그의 정당화 방식도 두 가지 극단 사이를 동요하고 있는 것으로 풀이될 수 있다. 하나는 당사자들의 선택이나 합의라는 행위를 통해서 원칙이 생겨난다는 뜻에서 정의주의적(情意主義的, emotivistic) 내지는 주의주의적(主意主義的, voluntaristic) 입장과 관련된 창조의 윤리요, 다른 하나는 인지와 공동의 통찰을 통해서 원칙에 이르게 된다는 인지주의적(認知主義的, cognitivistic) 설명과 관련된 발견의 윤리이다.

인간관에 대한 전제와 더불어 계약 행위가 원칙에 선행한다는 정당화의 방식은 주의주의적 설명을 요구하고 있다. 자아가 목적에 우선하고, 원칙보다 절차가 우선한다는 것은 각각 행위의 주체와 정당화에 대한 인지주의적 입장의 근거가 된다. 자아의 선재(先在)가 가정될 경우 그들의 목적은 주어지는(given) 것이기보다는 선택되는(chosen) 것이며, 계약이 선행할 경우 정의의 원칙은 발견의 대상이기보다는 합의와 창조의 산물이 된다.

원초적 입장에서 행해지는 일은 무엇보다도 우선 선택 행위인데, 좀 더 정확히 말하면, 당사자들의 공동 선택이요 합의이다. 여기에서 정당화의 힘은 당사자들의 바로 그 합의가 부여해 주는 것이며, 그들이 선택한 원리는 그들이 바로 그것을 선택했다는 사실로 인해서 정의의 원칙이 된다. 정당화에 대한 주의주의적 설명이 가능한 것은 정의의 원칙이 선택의 산물이라고 한 점에 있으며, 따라서 순수 절차적 정의관과 관련되어 있다. 롤즈에 의하면 "사회의 기본 구조를 위한 정의의 원칙이 원초적 합의의 대상이라는 점이 핵심적인 생각"이라고 하며, "정의의 원칙은 원초적 입장에서 선택될 원칙이다. 그것은 일정한 선택적 상황의 결과"라고 했다.[72] 그리고 또한 "공정으로서의 정의관에 있어서 정의의 원칙은 자명한 것으로 생각되는 것이 아니고, 그것이 선택되리라는 사실에서 그 정당화가 이루어진다"고 했다.[73]

그러나 한편 롤즈의 정의론에 대한 인지주의적 해석 가능성은 『정의론』의 배면을 흘러가는 그의 야심에 뿌리를 두고 있는 것으로서, 정의론의 전편을 통해 암시적으로 나타나고 있다. 특히 공정으로서의 정의관에 대한 칸트적 해석은 경우에 따라서 이러한 인지주의적 해석을 더욱 강화해 주는 것으로 보인다. 그럴 경우 비록 선택이라는 말에 대한 언급이 남아 있기는 하나 당사자들은 어떤 의지의 주체로서보다는 세상을 인지하는 주관으로 기술되고 있다. "내가 하려는 바는 원초적 입장을 예지적 자아(noumenal self)가 세계를 바라보는 관점으로 생각한다는 점이다. 예지적 자아로서

---

72 J. Rawls, *A Theory of Justice*, p.11.

73 Ibid., pp.41-42.

당사자들은 그들이 원하는 원칙을 선택하는 완전한 자유를 가진 자일 뿐만 아니라, … 이런 식으로 세계를 바라볼 수 있으며, 이러한 관점을 사회 성원으로서 자신의 생활 속에 표현할 수 있는 자이다."[74] 좀 더 엄밀히 말하면 이상의 인용문 속에는 선택의 완전한 자유를 누린다는 주의주의적 언어와 세계를 바라보고 인지한다는 인지주의적 언어가 롤즈에 의해 혼용되고 있다 할 것이다.

여하튼 롤즈의 『정의론』은 합의에 의한 선택의 윤리로서 시작된 것이 인지에 의한 발견의 윤리로 끝을 맺고 있는 것으로 보인다. 그 책의 최종 구절에서 선택과 의지의 언어는 인지와 발견의 언어로 교체되고 있으며, 칸트적 구성주의의 윤리가 스피노자적 인지주의의 윤리로 바뀌고 있다. "만일 우리가 이러한 정의관을 파악한다면, 우리는 언제나 필요한 관점으로부터 세계를 바라보게 된다. 그래서 이러한 관점으로부터 사회에 있어서 우리의 위치를 바라보는 것은 영원(永遠)의 상(相) 아래에서(sub specie aeternitatis) 그것을 바라보는 것이다. 그것은 인간의 상황을 모든 사회적 관점에서만이 아니고, 모든 시간적 관점에서 바라보는 것이다. 영원의 관점은 세계를 초월한 어떤 곳으로부터의 관점도 아니며, 선험적 존재의 관점도 아니다. 오히려 그것은 이 세계 속에서 합리적 사람들이 채택할 수 있는 생각과 느낌의 어떤 방식이다."[75] 여기에서 볼 때 정당화에 있어서 관건이 되는 롤즈의 원초적 입장의 비밀은 거기에서 의욕된 바가 아니라 거기에서 인지된 바와 관련되고 있다. 중요한 것은 당사자들이 무엇을 선택하고 합의하는가가 아니고, 그들이 무엇을 인지하고 발견했는가이다.

---

74 Ibid., p.241.
75 Ibid., p.587.

이상에서 우리는 발견의 윤리가 바탕하고 있는 독단적 암초와 창조의 윤리가 자리하고 있는 허무의 늪을 피하고자 하는 롤즈의 항해가 결국 암초에 좌초하고 늪에 침몰하는 위기를 목격하게 된다. 그러나 필자의 생각으로는 만일 현대 규범윤리학의 과제가 윤리적 회의주의의 극복에 있다면 롤즈의 구성주의적 대안은 하나의 유력한 해결책을 시사하고 있는 것으로 보이며, 구성의 전제나 절차를 장치하는 방식에 따라 여러 유형의 구성주의가 가능하리라고 생각된다. 롤즈의 구성주의는 결국 인간적 현실로부터 충분히 멀면서도 충분히 가까운 하나의 관점을 구성하려는 시도이다. 영원의 상 아래에 서고자 하면서도 경험의 지평을 떠나지 않으려는 그의 시도는 분명 의미 있는 철학을 하고자 하는 대부분의 철학자들의 그것처럼 야심적인 적으로 보이며, 그의 구성주의가 갖는 딜레마도 바로 그러한 야심의 소산으로 여겨진다.

결론: 윤리학 방법 여론(餘論)

　지금까지 우리는 사회윤리학의 방법론적 관점에서 고전적 공리주의와 롤즈의 정의론을 대비적으로 분석, 검토해 왔다. 그런데 우리는 이러한 작업을 사회윤리학이 요구하는 몇 가지 측면에서 두 입장 간의 일대일 대응 관계를 통한 비교와 대조에 의해서가 아니라, 현대 규범윤리학의 논쟁사적인 관점에서 비교적 유리한 고지에 위치하고 있는 롤즈의 정의론을 고전적 공리주의에 대한 비판적 매개를 통해 분석, 평가함으로써 수행해 왔다고 할 수 있을 것이다. 따라서 우리의 논의는 애초부터 정의론에 승점을 주어 공리주의에 대해서 지나치게 불공평하다는 인상을 줄지는 모르나 정의론이 보여주는 외면상의 성과가 그 현실적 적용에 있어서 공리주의를 크게 능가하지 못하는 일면이 있다는 사실은 이미 지적한 바와 같다. 결론을 대신하는 이 장에서 우리는 단지 지금까지 행해 온 논의의 요지를 약술하기보다는 방법론에 관한 서론에 있어서도 충분히 논의되지 못했고 본론 속에서도 주제적으로 다룬 적은 없으나 우리의 논의와 직접, 간접으로 관련된 것으로 암시되어 온 몇 가지 문제를 제기하고 이에 대한 지금까지의 연구 혹은 전망을 알아보고자 한다. 이들을 윤리 체계 구성상의 문제, 즉 목적론과 법칙론의 관계 및 윤리적 상대주의의 극복 문제 등을 중심으로 해서 전개해 가고자 한다.

1. 목적론과 의무론의 변증법

이미 서론에서 밝힌 바와 같이 아직도 현대 규범윤리학의 지평에는 자신만만한 공리주의자들의 목적론적 진영이 건재하고 있으며 롤즈의 정의론이 함축하고 있는 의무론의 난점에 대한 비판자들의 지적 또한 속출하고 있다. 이는 양대 진영간의 논전이 간단히 해결되기 어려움을 뜻하며 각 입장은 그 나름의 강점과 더불어 극복하기 어려운 부담을 지고 있음을 의미한다. 롤즈 자신도 "모든 이론은 어딘가 결함을 갖게 마련"이라고 생각하며[1] 자신의 "이론도 미숙하고 상당한 결함을 갖고 있다"고 봄으로써[2] 윤리이론에 있어서 철저한 오류 가능론(fallibilism)을 견지하고 있는 셈이다. 따라서 부분적인 반증례를 들어 어떤 이론 체계의 타당성을 부인하는 것은 잘못이며 중요한 것은 그것이 다른 대안적 이론들에 비해 우리의 숙고된 도덕 판단을 정합적으로 해명하는 데 어느 정도 성공하고 있는가라고 했다.

그런데 정의론에서 롤즈가 도출한 정의의 원칙은 규범윤리의 체계에 있어서 중요한 부분을 이루기는 하나 그것만으로 규범윤리의 완전한 체계를 구성할 수는 없는 것이다. 따라서 롤즈에 있어서도 기본 구조에 대한 원칙들이 결정되면 원초적 입장의 당사자들은 개인에 대한 원칙들 즉 개별 인

---

1 J. Rawls, *A Theory of Justice*, p.52.
2 Ibid., pp.52, 581, 586.

간의 의무 및 책무와 관련된 원칙들을 결정하게 됨으로써 의(옳음)의 완전한 체계(a complete conception of right)를 확립하게 된다고 했다. 그러나 이미 지적된 바와 같이 비록 그러한 원칙들의 체계가 주어진다 할지라도 그러한 원칙의 적용만으로 해결될 수 없는 행위의 문제들이 존재하는 이유는 문제와 관련된 원칙들의 애매성이나 그들간의 상충에 기인한다고 했다. 롤즈는 "그러한 의무들이 상충하게 될 경우 그 경중을 잴 방도는 무엇인가?"라고 자문한 뒤 "그러한 문제를 해결해 줄 명확한 규칙은 존재하지 않는다"[3]고 지적하고 있다. 사실상 이러한 문제들에 대한 체계적 해결책의 가능성은 그가 더 이상 천착하지 않고 있는 윤리학의 문제이며 따라서 계약론적 방법론이 윤리학의 전 체계(rightness as fairness)의 선택에까지 확대될 수 있는지의 문제는 미제로 남기고 있는 셈이다.[4]

여기에서 롤즈가 의거할 수 있는 한 가지 방도는 사회적 원칙들의 해명에 있어서 그가 배제해 왔던 직관주의를 개인적 의무들 간의 상충을 해결하기 위해 도입하는 일이다. 이미 논의된 바와 같이 시민 불복종과 관련된 의무의 상충을 논하는 가운데 그는 "현실적 문제를 곧바로 해결해 줄 명확한 원칙이 있을 수 없음은 분명한 일"이라[5] 하면서 자신의 논의는 "적절한 고려 사항을 가려주고 그들의 비중을 정하는 데 도움이 됨으로써" "우리의 시야를 밝혀주기 위한 것"이라 했다.[6] 그런데 롤즈가 직관주의적 방식에 의거하는 정도에 비례해서 공리주의가 다시 언권을 회복할 가능성이 열리게 되며 적어도 개인적 의무들 간의 상충을 해결함에 있어서 공리주의는

---

3 Ibid., p.339.
4 Ibid., pp.339-40 참조.
5 Ibid., p.364.
6 Ibid.

직관주의를 능가할 여지를 갖게 된다.

나아가서 개인에 대한 원칙이나 의무의 선택에 이어서 롤즈에 있어서는 선(善)이나 목적 또는 인생 계획도 선택에 기초를 두고 있다. 사회의 기본 구조에 대한 것이건 개인에 대한 것이건 간에 의(義)의 원칙은 원초적 입장에서 이루어지는 집단적 선택의 산물인 데 비해 선에 대한 입장이나 가치관은 현실 세계에서 행해지는 개인적 선택의 소산이다. 따라서 그 두 가지는 선택에 기초하고 있는 점에서는 같으나 중대한 차이점을 갖는다. 의가 선택되는 가정적 상황에 있어서의 인간은 현실인이 아니며 따라서 의나 정의로 생각되는 것은 우리가 자유로이 선택하는 것이 아니다. 왜냐하면 무지의 베일이 걷히어 현실적 선택이 이루어질 경우에는 이미 정의의 원칙이 구속력을 갖기 때문이다. 그러나 선에 있어서는 각자가 스스로 자기가 원하는 바를 자유로이 선택하게 되며 각자가 원하는 바가 다른 만큼 각자는 정의에 위배되지 않는 한에서 "자유로이 원하는 인생 계획을 선택할 수 있는 것"[7]이다.

그런데 롤즈에 의하면 "철학적 관점에서 볼 때 하나의 올바른 정의관이 있다"고 할 수 있으나[8] 그에 비견할 만한 올바른 하나의 가치관은 있을 수가 없다. 여기에서도 선에 대한 의의 우선성이 작용함으로써 정의의 원칙은 개인이 선택한 선의 입장을 제약하며 개인의 가치관이 정의와 충동할 경우 정의가 우선성을 갖게 된다. 롤즈가 거듭 주장한 바와 같이 정의의 원칙은 모든 가능한 인생 계획과 양립할 수는 없으며 정의에 위배되는 가치관은 배제된다. 이와 같이 공정으로서의 정의관에 있어서는 의의 개념이 선의 개념에 우선함으로써 목적론적 윤리설과는 대조적으로 이미 주어진

---

7 Ibid., p.447.
8 Ibid., p.446.

의의 원칙과 일관하는 삶의 방식에 적합한 것만이 선이 되는 것이다.[9]

그런데 선이나 목적의 선택은 미리 규정된 정의의 원칙에 의해 규제되기는 하나 선택 현상을 기술하고 평가하기 위해서는 정의의 제약이 구체적으로 느껴지는 방식, 다시 말하며 그것이 행위자의 숙고 속에 작용하는 방식을 구체적으로 알아야 할 필요가 있는 것이다. 여기에서 롤즈는 정의의 원칙과 더불어 선택의 범위를 좁혀줄 일련의 고려 사항을 제시하고 이들을 계산 원칙(counting principles)이라고 불렀다.[10] 그것들은 대체로 수단적 합리성과 관련된 것으로서 주어진 목적에 대한 보다 효율적인 수단을 선택하고 다른 대안들과 비교해서 보다 포괄적이며 실현 가능성이 더 큰 목적을 선택하라는 것 등이다. 물론 이러한 계산 원칙의 힘을 빌린다고 할지라도 "우리의 인생 계획을 평가하기에는 불충분"한 것이며[11] 따라서 롤즈는 이러한 원칙의 힘이 다할 때 우리는 단지 선택해야 할 뿐이라 하며 "우리는 순수한 선호적 선택의 범위를 좁힐 수 있을 뿐 그것을 완전히 제거할 수는 없으며 결국에는 더 이상 원리에 의한 지침이 없이 어떤 계획이 가장 나은가를 결정해야 할 지점에 이른다"는 것이다.[12]

여하튼 우리는 여기에서 롤즈의 정의론이 그가 시종 비판의 대상으로 삼아 온 공리주의와 만나게 되는 일면을 보게 되며 특히 그것은 개인의 도덕 생활에 대한 그의 언급에서 명백하게 나타난다. 결국 공정으로서의 정의관이 공리주의를 배격한 것은 사회윤리 혹은 공공 도덕의 기초로서였으며 개인윤리나 사적 도덕의 기초로서는 공리주의를 합당한 것으로 받아들이는

---

9 Ibid., p.396.
10 Ibid., pp.415, 416.
11 Ibid., p.416.
12 Ibid., pp.551, 552.

셈이다. 롤즈에 의하면 "적어도 타인이 영향을 받지 않을 경우 사람들이 자신의 최대 선을 성취하게끔 행위하고 가능한 한 자신의 합리적 목적을 증진하는 것은 합당한 행위이며"[13] "개인에 있어서의 원칙은 가능한 한 자신의 복지, 자신의 욕구 체계를 증진하는 것"이라고 한다[14] 그리고 그는 "개인의 인생 계획을 선택함에 있어서 일반적 해답을 제시하는 것으로 보이는 하나의 형식적 원리가 있음은 분명하다. 이는 욕구의 기대되는 순수 총량을 극대화해 주는 원칙이다"라고 분명히 밝히고 있다.[15]

롤즈에 의하면 공리주의의 잘못은 선을 욕구의 만족으로서 생각한 점에 있는 것이 아니라 그러한 선의 향유가 개인간에 배분되는 방식에 주목하지 않은 점이다. 이러한 잘못은 그에 의하면 개인의 합리적 선택 원리를 전체로서의 사회적 선택 원리로 확대함으로써 모든 인간의 욕구를 하나의 일관된 욕구 체계로 간주하고 그 전반적 만족을 구하는 데 기인한다는 것이다.[16] 그렇게 함으로써 공리주의는 모든 인간을 하나로 융합(fuses, conflates)하여 사회적 선택을 본질적으로 효율적 관리의 문제로 보고 있으며 개인적 선택은 그것으로서 환원될 수 있는 것으로 생각함으로써 개인간의 차이와 다양성을 신중히 다루고 있지 못하다는 것이다.[17]

이쯤 해서 우리는 규범윤리학의 관점에서 가장 만족스럽다고 생각되는 전체적 윤리 체계를 잠정적으로 구상해 볼 수 있을 것이다. 앞에서 우리는 공리의 원칙을 도덕에 있어서 옳고 그름의 유일한 원칙으로 받아들일 수 없음을 여러 유형의 공리주의에 대한 분석과 비판을 통해서 확인해 왔다.

---

13 Ibid., p.23.
14 Ibid.
15 Ibid., p.416.
16 Ibid., pp.26-27.
17 Ibid., pp.27, 33.

물론 로스 같은 의무론자가 생각했듯이 약속을 지키는 일과 같이 공리의 원칙으로 해명하기 어려운 여러 경우들이 있을 것이나 우리는 그중에서도 가장 극단적인 반증례로 생각되는 정의의 문제를 중심으로 공리주의의 가능성들을 검토해 왔다. 그래서 우리는 세계의 선의 순수 총량을 극대화하는 어떤 원칙과는 독립해서 선의 분배에 있어서 지침이 될 정의의 원칙을 인정해야 한다는 결론에 이른 것이다.

이러한 결론과 이 장에서 지금까지 행해 온 논의와 관련지어 생각할 때 우리가 구상하는 전체적 윤리 체계는 공리의 원칙과 정의의 원칙이라는 두 가지 기본적인 원칙을 설정하는 프랑케나(W. K. Frankena)의 윤리설에 근사할 것으로 생각된다. 그에 의하면 이러한 두 가지 원칙에 의해 구성되는 윤리설은 의무론적인 것으로서 전통적 의무론들보다는 훨씬 더 공리주의에 가깝다고 하며 이를 절충적 의무론(mixed deontology)이라 부르고 있다.[18] 그리고 약속을 지키는 것과 같은 특수한 의무의 규칙들과 특정 상황에서 행할 바에 대한 우리의 모든 판단은 그러한 두 개의 원리로부터 직접, 간접으로 도출될 수 있다고 하며 그런 한에서 자신의 입장은 공리의 요구만을 내세우는 규칙 공리주의와도 구분된다는 것이다.

이상과 같이 두 개의 기본 원칙을 전제하는 입장에 따를 경우 그들 각 원칙이 명하는 의무는 현실적 의무가 아니라 조건부 의무가 되며 프랑케나의 윤리설은 로스적인 의미에서 조건부 의무론이 된다. 따라서 구체적인 현실적 의무를 확인하기 위해서는 공리의 원칙과 관련하여 선악의 총량을 측정하는 문제와 더불어 두 원칙 간의 상충이 있을 경우 그 해결의 문제에 당면하게 된다. 그런데 프랑케나는 선의 극대화를 명하는 공리의 원칙은 "인간

---

18 William K. Frankena, *Ethics*(Prentice-Hall, Inc., 1973), 2nd edition, p.43.

은 선을 행하고 악을 피해야 한다"는 선행적(先行的, prior) 원칙을 전제한다는 사실을 확인하고 이러한 보다 기본적인 원칙을 선행(善行, beneficence)의 원칙이라 부름으로써 자신의 입장을 선행의 원칙과 정의의 원칙으로 이루어지는 절충적 의무론으로 수정한다.[19] 그는 다른 모든 구체적인 의무들은 이러한 두 원칙으로부터 직접, 간접으로 연역이 가능하다고 생각하며 선악의 총량을 측정하는 문제도 더 완화될 수 있다고 믿는다.

그러나 이러한 수정된 입장에 있어서도 여전히 남는 문제는 원칙들 간의 상충이 있을 경우 그 해결의 문제이다. 그는 개인적 행위의 차원이나 사회 정책의 차원에 있어서 그 두 원칙의 상충 가능성을 인정하면서도 그에 대한 일률적인 해결책이 있을 수 없다고 생각한다. 대체로 정의의 원칙이 선행의 원칙에 우선한다고 생각되고 있기는 하나 '하늘이 두 쪽 나도 정의가 실현되어야 한다'는 입장에는 동조하지 않는다. 여기에서 프랑케나는 의무론자인 로스와 마찬가지로 추상적인 이론 구성보다는 도덕적 현실에 충실함으로써 합당한 도덕론에 있어서 상충의 문제는 불가피한 것으로 생각한다.[20] 다만 그가 바라는 것은 모든 사람이 도덕적 관점을 취하고 관련된 모든 사실을 알게 될 경우 하나의 합의에 이르게 되리라는 점이며 그러한 이상적 상황에 있어서는 두 원칙이 상충함이 없이 모두 충족될 수 있으리라고 기대하고 있다.

---

19 Ibid., p.45. Frankena 이외에도 Brian Barry, *Political Argument*와 Nicholas Rescher, *Distributive Justice* 등은 공리주의적 집합 원칙(aggregative principles)에 동조하면서도 그것이 동시에 평등주의적 분배 원칙(distributive principles)에 의해 보완, 제한되어야 한다고 주장하며 이들이 상충할 경우 그 조정을 위한 고차적인 우선 규칙이 없다고 하여 롤즈의 입장과 대조를 이루고 있다.

20 Ibid., p.53. W. D. Ross, *The Right and the Good* 참조.

이미 지적된 바와 같이 규범윤리설에 대한 기대를 옳고 그름의 결정의 성질에 대한 해명으로만 볼 때 논자의 입장은 대체로 프랑케나의 그것에 동조하는 편이다. 합당한 윤리설에 있어서 목적론적인 고려와 의무론적인 고려는 상호 배타적인 관계에 있을 수 없으며 공리와 정의를 모두 포괄하는 입장이 아니면 안 된다고 생각한다. 그러나 현실적 작용력을 갖는 사회윤리 체계를 추구함에 있어 의사 결정의 절차를 감안할 경우 사정은 달라질 것으로 보인다. 이미 살핀 바와 같이 적어도 현실성 있는 사회윤리는 의사 결정의 절차에 있어 공리의 계산에 있어서와 같은 위험 부담을 배제할 수 있는 제어 장치를 갖는 것이 아니면 안 된다고 생각한다. 바로 이 점에 있어서 롤즈적 의미의 의무론이 갖는 장점이 있을 것으로 보인다. 정의에 입각한 인간의 기본권은 결코 사회적 이득의 계산에 회부될 수 없다는 것이 의무론적인 전제요 기본 신념이다.

롤즈는 윤리설의 두 기능을 분명히 구분하고 있는 것은 아니나 그가 자신의 정의관에 있어서와 같이 숙고된 도덕 판단에 나타난 이상(理想)들을 제1원칙 속에 구체적으로 표현하는 것은 "당사자들은 스스로를 불확실하고 복잡한 통계적 계산에 내맡기기보다는 곧바로 자신의 자유를 확보하는 길을 택할 것"[21]으로 생각하기 때문이라고 했을 때, 그리고 그가 공리주의적 계산이 평등한 자유를 보장할 것이 확실하다 할지라도 "상호간에 서로 공표하는 것이 현실적으로 실질적인 장점을 갖는다"고 했을 때[22] 그는 자신의 입장을 그 현실적 작용성 내지는 의사 결정의 절차라는 관점에서 정당화하고 있다 할 것이다. 이런 점에서 볼 때 비록 공리주의가 도덕적 합당성 내지는 정사 결정의 성질을 해명함에 있어 모든 난점을 보완할 수 있는

---

21 J. Rawls, *A Theory of Justice*, p.160.
22 Ibid., p.161.

길이 열린다 할지라도 사회윤리로서 그 현실적 작용성 및 안정성을 보장하기 위해 공지성(公知性)에 기초한 롤즈적 의무론의 개념 장치에 의거하지 않을 수 없다고 생각된다.

그러나 한편 의무론 일반이 당면하기 쉬운 난점은 의무에의 무조건적 고수가 빠지게 될 도덕적 관행주의 내지는 도덕적 보수주의의 위험이다. 이러한 사정은 이미 공리주의에 있어서도 논의된 것처럼 현행 규칙 공리주의가 당면하는 것과 유사하다. 규칙 공리주의에 있어서 공리의 원칙에 의해 정당화될 수 없는 규칙의 체계는 견지될 수 없듯이 의무론적인 체계에 있어서도 공리 혹은 보다 포괄적인 의미의 목적론적인 고려를 외면한 법칙에의 무조건적인 고수는 정사 결정의 성질로 보나 의사 결정의 절차로 보나 더 이상 정당화할 수 없는 상황에 이르게 될 것이다. 물론 의무론의 경우에 있어서는 언제나 공리의 원칙에 의해 현행 규칙의 수정 가능성에 대한 검토가 요구되는 규칙 공리주의에 비해 의무의 체계가 갖는 상대적 비중이 크다고 할 것이나 여기에서도 그것이 공리의 원칙 혹은 다른 목적론적인 원칙에 의해 견제되지 않을 경우 도덕적 관행주의를 면하기 어려울 것으로 보인다.

이런 관점에서 시선스크(A. Sesonske)는 의무 판단의 정당화를 위해서는 의무론적이고 의무의 기원에 관해서는 목적론적인 절충적인 입장을 제안한다.[23] 그의 이러한 제안이 일면의 타당성을 갖는 것으로 생각되기는 하나 여기에서 우리는 합당한 윤리 체계가 요구하는 바는 목적론과 의무론의 변증법적인 어떤 긴장 관계라고 가정해 본다. 앞에서 논의된 바와 같이 목적론적인 계산 절차가 안고 있는 위험 부담은 의무론적인 장치에 의해

---

23 Alexander Sesonske, *Value and Obligation*(New York, Oxford University Press, 1964), p.115 참조.

제어되어야 하며 또한 의무론적인 원칙 고수가 갖기 쉬운 근거 없는 보수성은 목적론적인 합리성에 의해 견제되어야 하는 것이다. 이러한 긴장 관계를 처리해 줄 일률적인 규칙이란 있을 수 없을 것이며 그것은 도덕 문제와 관련된 보다 복합적인 여러 고려 사항들 간의 상호 조정에 의해 해결되어야 할 것으로 판단된다. 이러한 어려운 사정은 나아가서 도덕적 상대주의의 여러 문제와도 그 맥락이 맞닿아 있는 것으로 보인다.

2. 윤리적 상대주의의 극복 문제

윤리적 상대주의(ethical relativism)란 행위의 도덕적 시비는 사회에 따라 다양하며 모든 시대에 모든 인간에게 구속력을 갖는 절대 보편적인 도덕적 기준이란 존재하지 않는다는 학설이다. 따라서 이러한 입장에 의하면 어떤 인간의 특정 행위가 옳고 그름은 그가 속한 사회에 따라서 상대적이며 한 사회에 있어서 옳은 행위도 다른 사회에 있어서는 그른 행위가 될수 있고 제3의 사회에서는 옳지도 그르지도 않을 수 있다는 것이다. 윤리적 상대주의나 그것이 의거하고 있는 문화적 다양성이라는 사실은 현대에 있어서 새로운 것은 아니며 이미 그 연원은 기원전 5세기경의 그리스의 소피스트에까지 거슬러 올라간다. 이로 인해서 플라톤은 도덕의 절대적 기초를 확립함으로써 상대주의를 극복하는 일을 도덕철학자로서 그의 주요 과제로 자각했던 것이다.

대체로 윤리적 상대주의는 문화 상대주의에 기초를 두고 있으며 후자가 전자를 함축한다고 생각된다. 문화 상대주의에 의하면 각 문화는 그 부분들이 융합되어 하나의 고유한 전체를 이루고 있는 것으로서 다른 문화에 의해 이해되거나 평가될 수 없는 환원 불가능한 다양성을 보여준다는 것이다. 문화의 일부가 되는 윤리도 그것이 속한 사회의 전체적인 문화 유형으로부터 추상되어 이해되거나 평가될 수 없다는 것이다. 그런데 문화 상대주의는 대체로 논리적으로 구분될 수 있는 두 가지 입론을 통해 주장되고 있는데 그 하나는 한 사회의 도덕적 신념, 규칙, 관행은 그 사회에 고유한 문화의 다른 측면들(제도, 경제 체제, 언어, 문화 양태)에 의존해서 그 타당성이 평가되어야 한다는 의존성 입론(dependency thesis)이고 다른 하나는 시대와 사회에 따라 도덕적 요소를 위시해서 모든 문화의 구성 요인들이 환원 불가능한 다양성을 갖는다는 다양성 입론(diversity thesis)이다.[24]

이 두 입론을 종합하여 윤리적 상대주의의 논증을 요약하면 (1) 도덕은 다른 문화적 요인에 의존하고 그들의 함수로서 성립하며, (2) 다른 요인들은 시대와 역사에 따라 다양성을 보이며, 따라서 (3) 도덕도 시대와 역사에 따라 다양하고 상대적이다. 이 두 가지 입론이 모두 윤리적 상대주의의 논증을 위해 요구되는 것이므로 이에 대한 반론 역시 두 가지 방식으로 전개될 수 있으리라 생각된다. 다시 말하면 두 가지 형태의 반상대주의가 가능하리라고 생각되는데 하나는 의존성 입론에 대한 반론으로서의 절대주의이고 다른 하나는 다양성 입론을 부인하는 보편주의이다.

윤리적 절대주의란 플라톤 이래 많은 철학자들의 지지를 받아 온 것으로서 도덕적 신념이나 원칙에 타당성(眞僞)은 그것을 받아들이는 자의 문화적, 사회적 배경과 논리적으로 무관하다는 것이다. 다시 말하면 도덕 판단의 진위는 판단자가 속하는 사회의 다른 문화적 요인들과 아무런 관련이 없다는 것이다. 따라서 윤리학도 수학 등과 같은 다른 학문들과 다를 바가 없으며 도덕적 진리도 사람들 간의 합의 여부에 의존하지 않는다. 대체로

---

24 John Ladd, *Ethical Relativism*(Wadsworth Publishing Company, Inc., 1973), p.3 참조.

이러한 절대론자는 윤리적 인식주의(cognitivism)의 입장에 서게 마련이며 이미 논의된 바와 같이 윤리적 인식이 가능하다는 입장에는 전통적으로 직관주의와 자연주의가 있어 왔으며 공리주의자들도 이러한 진영에 속하게 된다.

이에 비해서 윤리적 보편주의란 도덕이 다른 문화적 요인들에 의존하는 것은 사실이나 다른 요인들이 인간들에게 대체로 불변적인 점에 주목하여 윤리의 보편성을 내세우는 입장이다. 흄은 윤리적 인식주의에 반대하여 도덕 문제는 이성의 문제가 아니라 도덕감(moral sentiment)의 문제라고 생각하였으나 이러한 도덕감이 인간 본성의 보편적인 구조에서 유래하는 것으로서 모든 인간에게 동일한 것으로 봄으로써 윤리적 상대주의자로부터 구분된다. R. M. 헤어도 도덕 판단은 인식의 결과이기보다는 결단의 소산이기는 하나 윤리학에 내포된 원리의 결정에 있어서 보편성을 인정함으로써 역시 비인식적 보편주의를 택하고 있다. 대체로 윤리적 절대주의 내지는 인식주의에 대한 정의주의(情意主義)의 결정적 비판이 가해진 이후 많은 도덕철학자들은 모종의 보편주의를 통해서 윤리적 상대주의의 극복을 시도하고 있다고 생각되며 롤즈도 그중의 하나라고 생각된다.

시지윅은 그의 『윤리학 방법론』 제1판 서문에서 우리가 행해야 할 바를 결정해 줄 참된 방법을 발견해야 한다는 긴급한 과제를 제쳐놓고 가능한 한 중립적이고 공평한 입장에서 인간 일반의 도덕 의식 속에서 발견될 수 있고 우리에게 친숙한 역사적 체계들로 전개된 몇 가지 방법들을 규명하고자 한다고 적고 있다. 방법론 전반에 걸쳐 상당한 차이를 보임에도 불구하고 롤즈도 시지윅과 유사한 취지에서 객관적인 도덕적 진리에 대한 인식론적인 가정과 무관하게 도덕 이론을 논의할 수 있다고 생각한다.[25] 그에 따르면 최근 도덕철학의 발전은 도덕적 진리라는 개념에 대해서 회의적인 입장을 보이는 까닭에 사람들이 견지하고 있는 도덕적 신념이나 도덕관을 더 깊이 이해할 때까지 인식론적인 문제는 유보할 수밖에 없다는 것이다. 다시 말하면 도덕적 진리의 문제를 잠정적으로 괄호 속에 넣고 사람들이 적절하게 규정된 조건하에서 내세우게 될 실질적인 도덕관을 검토하고자 하는 것이다.

이러한 작업을 위해서 그는 반성적 평형 상태에 있어서의 사람들의 숙고된 판단이나 일반적 신념에 합치하는 일련의 원칙들을 발견하고자 했던 것이다. 이러한 원칙 체계는 사람들의 도덕관을 대변하고 그들의 도덕적 능력을 규정해 준다는 것이다. 롤즈는 더 손쉬운 방법으로 이러한 작업을 진행시키기 위해 일반인들의 다양한 도덕관과 부정합적인 도덕적 신념들을 정합적으로 체계화한 결과로서 대표적인 도덕철학자들의 도덕관과 도덕원칙들을 상호 대조적으로 검토하게 되며 이러한 검토의 과정에 있어서 자신의 숙고된 판단과 더불어 독자의 숙고된 도덕 판단을 동원하고자 한다.

그런데 롤즈는 이러한 반성적 평형의 방법이 보수적이고 관습적이며 따라서 시대와 사회에 따라 상대적이라는 비판에 대해서 두 가지 점을 내세워 자신의 입장을 옹호하고자 한다.[26] 첫째로 반성적 평형에서 고려되는 것은 특정한 행위나 제도에 대한 보다 특정한 숙고 판단이 아니라는 것이다. 사람들은 특정한 상황이나 제도를 위시해서 도덕의 제1원칙이나 기준, 나아가서는 도덕관에 대한 형식적이고 추상적인 조건에 이르기까지 일반성에 있어서 정도를 달리하는 다양한 숙고 판단을 내리게 된다는 것이다. 그런데 우리가 주목하는 바는 그러한 갖가지 숙고된 신념들이 상호 수정과 조정의 과정을 거쳐서 하나의 정합적 체계로 조직될 가능성이라는 것이다. 따라서 이러한 과정에 있어서 고정점이란 있을 수 없으며 아무리 일반적인

25 J. Rawls, "The Independence of Moral Theory", p.9.
26 Ibid., pp.7-8.

차원에 있어서의 판단일지라도 원리상 개선의 여지가 없는 판단은 있을 수 없다는 것이다.

둘째로 이미 우리가 살핀 바와 같이 롤즈가 중시하는 것은 협의의 반성적 평형이 아니라 광의의 반성적 평형에 있어서 우리가 견지하게 될 도덕관이라는 것이다. 따라서 여기에 있어서는 가능한 다른 대안들과의 대조적인 검토가 이루어지며 그들 각각에 대한 합리적이고 철학적인 지지 논거가 대조적으로 분석된다는 것이다. 그리고 이미 그가 전제했던 바와 같이 인식론으로부터 도덕 이론의 독립성(the independence of moral theory from epistemology) 입론에 의해 반성적 평형의 방법은 하나의 올바른 도덕관이 존재한다고 전제하지 않는다는 것이다.[27]

그런데 윤리적 절대주의 내지는 인식주의에 반발하고 있는 대부분의 도덕철학자에 있어서와 마찬가지로 롤즈에 있어서도 이상에서 언급된 방법론이나 그에 대한 옹호론으로부터 그가 윤리적 상대주의를 극복하는 데 성공하고 있다고 단정하기에는 여러 가지 난점이 지적될 수 있다. 흄에 있어서도 그의 보편주의가 성공하기 위해서는 인간성에 있어서 항구적이고 보편적인 공통된 측면이 있다는 가정이 전제되어야 하는데 인간성과 사회에 있어서 도덕적으로 본질적인 것과 비본질적인 것의 구분은 인류학적인 사실에 의거한 것이기보다는 도덕적 함의를 갖는 선택의 결과이며 따라서 순환 논증을 면하기가 어렵다. 마찬가지로 롤즈에 있어서도 의미 있는 숙고된 도덕 판단을 정선해 내는 장치에 있어서 선행적인 기준이 전제되지 않는 한 동일한 오류를 범하게 된다는 지적이 가능하다.

롤즈는 도덕철학의 이론을 인류 일반의 도덕적 관념에 의해 검증하려 했

---

27 Ibid., p.9.

으나 그것이 현실적으로 용이하지 않은 절차인 까닭에 일정한 조건을 갖춘 특정한 집단의 유능한 판단자(competent judges)의 숙고된 판단에 의거하고자 한다.[28] 그런데 이것도 유능한 판단자를 확인하는 방법상의 문제로 인해 결국 롤즈는 자신과의 사고의 실험을 통해 유능한 판단자가 내릴 것으로 생각되는 숙고된 판단을 확인하고자 한다.[29] 이런 점에서 윤리적 상대주의자들로부터의 비판이 가능한 두 가지 점만을 지적하기로 한다.

첫째 유능한 판단자의 도덕 판단은 시대에 따라 서로 다르고 다양하다는 점이다. 다시 말하면 개인적, 정치적 자유 및 경제적, 사회적 이득의 공정한 분배를 내세우는 롤즈의 정의관이 인류의 역사를 두루해서 받아들여진 것은 아니며 그것은 단지 지난 2세기간의 서양 역사의 귀결에 합치할 뿐이라는 것이다. 그러한 자유주의적 정의론은 현대의 유능한 도덕 판단자의 숙고된 도덕 판단을 올바르게 해명한 것일지는 모르나 자연적 질서 속에 나타난 차등적 지위를 보존하고 재생산하는 것을 정의라고 생각한 플라톤, 아리스토텔레스의 숙고된 도덕 판단을 해명한 것은 아니다. 정의에 대한 전통적 관념은 노예가 상전에게, 신민(臣民)은 치자(治者)에게, 여자는 남자에게 복종하는 것이 정의라고 생각되었다.

만일 이와 같이 도덕 이론이 해명하고자 하는 일련의 도덕 판단이 고대의 그리스와 현대의 미국에서 서로 다를 수 있다면 이는 그에 상응하는 도덕 이론도 서로 다를 수 있음을 함축하는 것이 된다. 이와 같이 도덕 이론이 숙고된 도덕 판단이 변함에 따라 변한다고 한다면 이는 롤즈가 피하기 어려운 상대주의가 아닐 수 없다. 물론 플라톤이나 아리스토텔레스는 유능한 판단자가 아니며 고대 그리스 사람들은 대체로 숙고된 도덕 판단을 내

---

28 J. Rawls, "Outline of a Decision Procedure for Ethics" 참조.
29 J. Rawls, *A Theory of Justice*에서 이용하고 있는 방법.

리지 못한 자들이라고 할 수 있을지도 모른다. 그러나 그렇게 말할 경우 도덕 원칙의 도출을 위한 전제로서 유능한 도덕 판단자를 그가 선택한 실질적 도덕 원칙으로 규정하게 되는 순환에 빠지게 되며 이는 롤즈 자신에 의해서도 용납될 수 없는 것이기 때문이다.

둘째로 동일한 시대 속에서도 문화적, 사상적 배경을 달리하는 여러 도덕 이론 간의 상충 가능성이 있다. 각 입장이 모두 어떤 유능한 판단자의 숙고된 도덕 판단의 결과라고 생각할 때 이 또한 롤즈에게는 불리한 사실이 아닐 수 없다. 현대에 있어서도 롤즈의 자유민주주의적 정의론에 대한 이론으로서 불평등을 경쟁의 합당한 결과로 보는 자유 방임적 정의관과 경제적 성장이 불평등을 정당화한다는 공리주의적 정의관 등이 건재하고 있다. 이러한 입장에 있어서는 롤즈에 있어서와는 달리 공정은 최고의 절대 가치가 아니라 의존적 가치에 불과한 것이다. 여기에서 우리는 두 도덕철학자가 각각 유능한 판단자가 행하리라고 스스로 생각하는 일련의 판단에 대한 반성적 평형 상태에 있으면서 서로 불일치할 수 있다는 가능성을 볼 수 있게 된다.

물론 이미 지적된 바와 같이 롤즈는 도덕 이론에 있어서 오류 가능론을 견지한다고 생각되며 따라서 그는 모든 이론이 어딘가 결함을 가질 수 있다고 믿으며 자신의 이론도 미숙한 점이 있고 상당한 결함을 갖고 있는 것으로 본다. 그래서 롤즈 자신도 모든 사람이 광의의 반성적 평형에 이르게 된다 할지라도 여전히 여러 가지 상반되는 도덕관이 견지될 수 있음을 수긍한다.[30] 다행히 하나의 도덕관이 다른 도덕관에 비해 절대적인 우월성을 보일 수도 있으나 모든 사람들이 상충하는 입장을 내세울 가능성도 있다는

---

30 J. Rawls, "The Independence of Moral Theory", p.9.

것이다.

그런데 롤즈는 이 두 가지 극단적인 가능성 사이에 중도적인 제3의 가능성을 말하고 있다 여기에서는 소수의 상이한 도덕관들이 다른 것들에 비해 우월한 것으로 남게 되는데 여기에 그들은 다시 상충하여 합의의 기반을 전혀 갖지 않는 것들이든가, 아니면 상이한 기하학들 간의 관계에 있어서와 같이 절대 도덕이라 할 수 있는 중대한 제1원칙은 공유하고 있으나 다른 문제들에 있어서는 그 도덕관에 고유한 서로 대조적인 해결책을 갖게 되는 관계에 있을 수 있다는 것이다.[31] 이러한 두 가지 선택지 중에 롤즈는 두 번째 선택지에 동조하고 있는데 이는 정의의 기본 원칙에만 합의한다면 개인적인 차원에 있어서의 인생관이나 가치관의 선택은 각자의 책임에 맡긴다는 그의 자유주의적 도덕관을 의미하는 것으로 풀이된다. 결국 롤즈의 입장은 사회윤리와 개인윤리를 구분하고 개인윤리에 있어서 허용되는 상대주의를 사회윤리의 절대적 우위를 통해 극복하고자 하는 윤리적 보편주의라 생각된다.

끝으로 설사 우리가 윤리적 절대주의나 보편주의를 포기하고 윤리적 상대주의의 편에 선다 할지라도 그것이 극단적인 허무주의나 철저한 자유 방임주의가 될 수 없는 한 윤리적 상대주의자들 간에는 새로운 문제가 제기된다. 특히 오늘날에 있어서 윤리적 상대주의는 단지 이론적인 논의의 대상에 그치는 것만이 아니고 심각한 실제상의 문제를 유발하고 있다.[32] 현대사회에 있어서는 문화적, 종교적, 사회적 배경이 서로 다른 사람들이 서로 얽혀서 살게 마련이며 따라서 상호간의 인생관 및 도덕관의 차이를 무시할 수 없게 되었다. 과거에 있어서는 자신과 종교관이나 도덕관을 달리

---

31 Ibid., p.3.
32 John Ladd, op. cit., pp.1-11 참조.

하는 타인에게 자신의 입장을 강요하거나 그들을 억압해 오기도 했으나 오늘날에는 적어도 선의지를 가진 자라면 그러한 차이와 다양성을 합당하게 처리할 수 있는 방안을 모색하지 않을 수 없다.

여기에서 우선 우리는 우리와 입장을 달리하는 타인을 이해하고 용납하는 관용(toleration)의 문제가 로크가 구상했던 것보다 훨씬 더 광의의 차원에서 철학적으로 논의되어야 한다고 생각한다. 대체로 윤리적 상대주의자들 간에 관용이 하나의 중대한 덕목으로 받아들여지게 될 경우 그것에는 크게 두 가지 의미가 함축되어 있다고 생각된다. 첫째로 우리가 타인의 인생관과 도덕관을 존중하고 그에 대해 관용을 베푼다는 것은 결국 타인에 대한 존중, 인간에 대한 존중을 의미하며 따라서 관용이라는 덕목은 인격에 대한 존중의 원리(the principle of respect for person)를 함축하는 것으로 생각되며 이는 도덕의 본질이라 생각된다. 둘째로 관용의 덕목은 무제한적인 것이 아니라 일정한 한계를 갖지 않을 수 없으며 이는 특히 인격에 대한 존중의 원리 그 자체가 요구하는 바이다. 따라서 인종 차별주의(racism)나 광신주의(fanaticism)와 같이 타인의 인격을 제약하는 윤리관, 인생관에 대해서는 더 이상 관용이 베풀어지기 어려운 한계점이 나타나게 된다.[33]

이상과 같은 논의가 합당한 것이라면 관용을 제1의 덕목으로 하고 인격존중의 원리를 함축하는 상대주의는 엄밀한 의미의 상대주의로 보기가 어려울 것으로 생각된다. 그것은 오히려 도덕의 제1원리를 전제하는 한에서 다양한 인생관, 도덕관을 허용하는 롤즈적 입장에 접근하는 것으로 보인다. 여기에서 문제는 제1원리가 가져오게 될 결과가 무엇이며 그러한 원리

---

33 Ibid., pp.10-11 참조.

가 그 아래에 속하게 될 다양한 도덕관을 상호 조정해 줄 구성적 기초를 제공할 만큼 충분히 실질적인 의미를 갖는 것인지를 확인하는 일이다. 그것은 지나치게 공허한 형식적인 원리이어서도 안 되고 지나치게 실질적인 함축을 내포함으로써 제1원리로서의 기능을 손상받아서도 안 된다. 칸트의 인격 존중의 원리는 너무 공허한 형식주의라 하고 롤즈의 정의의 두 원칙은 특수한 편견에 개입되어 있다고 지적된다. 합당한 도덕의 제1원리를 모색하는 것이 도덕철학의 가장 중대한 과제라고 생각할 때 윤리학적 구성주의가 제시할 수 있는 또 다른 제3의 가능성은 어떤 것일까?

제Ⅲ부   공리주의와 롤즈의 정의론

정의의 이념과 현실[*]
―그 역사적 전개 과정

1. 머리말: 정의의 기준

정의라는 말만큼 흔히 사용되면서도 그 의미가 불투명한 개념도 없을 것이다. 우리는 사회정의를 요구하며, 정의의 이름으로 저항, 규탄하고 심판, 정죄하며 심지어 정의를 명분 삼아 전쟁까지도 불사한다. 세상에 정의가 부재하며, 사람들의 정의감이 소멸해 감을 탄식하는가 하면 혹은 어떤 사람을 정의의 투사(鬪士), 의인(義人), 의사(義士)라 부르며, 그들의 행위를 의거(義擧)로 기리고 그들의 분노는 의분(義憤)이라 한다. 반면에 어떤 사람은 주장을 달리하여 도대체 정의라는 것은 존재하지 않으며, '정의란 곧 힘'이라 하여 권력의 별명에 불과하다고 비웃는다. 그러나 막상 정의가 무엇인가라고 소크라테스식으로 추궁해 가면 누구나 이 문제가 갖는 의외의

---

* 이 논문은 『철학논구』, 제4집(서울대학교 철학과, 1975)에 게재되었음.

복잡성에 놀라게 된다. 우리는 바로 이러한 작업을 이 논고에서 하고자 한다.

다니엘 웹스터(Daniel Webster)의 말대로 "정의는 지상에 있는 인간의 최대의 관심사"[1]라 할 수 있다. 이 세상의 피해는 모두가 괴로운 것이지만, 부정당한 피해는 더욱 가슴 아픈 일이다. 운명적인 피해라면 사람들은 서로 협동, 연합하지만 부당한 피해는 오히려 불화와 분노를 불러일으킨다. 이렇게 정의의 문제는 그 단초부터 흥분을 유발하기 쉬운 주제로 보이며, 이러한 문제를 두고 하등의 감정적 동요도 일지 않는 자는 일단 자신의 정의감을 재고해 봄직도 하다. 그러나 단순한 감정적인 흥분만으로는 처리될 수 없는 데에 또한 정의가 요구하는 준엄한 냉정성이 있다. 사회의 부정을 개탄하고, 대국적인 울분을 토로하기는 쉬우나, 그러한 병폐를 차분히 진단하고, 이를 개선하기 위한 구체적인 방안을 모색하는 것은 지극히 어려운 일인 것이다.

정의의 문제가 해결되기 어려운 이유 중의 하나는 인간의 행위와 사회 조직 속에는 지극히 복합적이고 다양한 변수들이 작용하고 있으며, 이 복합체를 분석, 처리할 수 있는 능력 내지는 의욕이 우리에게 부족하기 때문이다. 정치 경제적인 사회 체제에 내재하는 논리(?)에 대한 우리의 인식이 조직적인 부정의를 의도하는 세력의 그것을 능가하는 경우만이 부정에의 경향에 대한 효과적인 제동이 가능하다. 열 사람의 파수꾼이 한 사람의 도둑을 막기가 어렵기 때문이다.

부정의의 극복을 어렵게 하는 또 한 가지 이유는 정의의 기준이 갖는 추상성 내지 다의성에 기인한다. 정의의 기준이 갖는 이러한 애매성은 결국

---

1 Roscoe Pound, *The Task of Law*, p.1.

'각자에게는 그의 정의가 있다'는 난맥상을 초래하게 되며, 나아가 이러한 혼돈은 어떠한 부정도 정당화되는 소지와 구실을 마련해 주는 셈이 된다. 사회의 구조적 병인(病因)과 그 인과 관계를 설명함으로써, 개인이나 제도적 부정의 원천을 진단, 처방하는 것이 언론과 사회과학의 책임이라면 정의에 대한 보다 설득력 있고 타당한 기준(criteria)과 현실성 있는 이념을 제시하는 것은 바로 철학의 사명에 속할 것이다.[2] 우리의 논고는 바로 이러한 철학적인 관점에 초점을 맞추면서 진행될 것이다.

제목을 정의의 이념이라고 한 것은 이념이란 용어가 갖는 함축적 의미 때문이다. 이념이란 한편에서는 일반성과 보편성을 갖는 원리나 기준 그 자체를 지칭하는 것이면서도 다른편에서는 현실에 대응하여 그것을 구제하려는 인간의 실천적 의지에 관련되어 있다. 따라서 본 논고는 정의의 이념 내지 기준 자체가 역사를 통해서 발전, 전개되어 가는 과정을 살펴 감과 동시에 그것이 당대의 현실에 지도 이념으로서 어떠한 관련을 갖는지에 대해서도 관심을 갖고자 한다.

2. 고대 그리스의 정의관

정의라는 말은 우선 그리스어의 dikaiosynē(영어의 righteousness) 즉 정의의 덕을 의미하는 것에서 시작된다. 그러나 용법상에 나타난 정의의 다양성에 주의해 보면 정의란 또한 dikē(justice)를 의미하기도 하였다. 전자가 주체적인 정의, 즉 윤리적 덕(ēthikē aretē)의 일종으로서의 정의인데 대해서 후자는 객체적으로 성립하는 정의, 다시 말하면 정의라고 부르

---

2 Hugo A. Bedau(ed.), *Justice and Equality*, Introduction 참조.

는 질서, 원리 등을 의미하는 것이다. 그런데 그리스의 주지주의적 정신에 의한 정의관의 변천은 전자가 갖는 보다 포괄적이고 윤리적인 의미로부터 보다 엄밀하고 법적인 후자에로 이행하는 추이를 보이고 있다.[3] 나아가서 그 이후의 정의의 역사는 기독교적인 예외를 제외하고는 대체로 전자보다는 후자에 더 큰 관심을 가져왔던 것으로서, 오늘날 우리가 정의라고 할 때는 주로 후자의 의미를 갖는 것으로서 법적인 혹은 제도적인 질서와 관련되어 있다. 그러나 우리는 그리스인들의 보다 일반적인 사용 예에 따라 실천적인 덕으로서의 정의로부터 논의를 시작해 보기로 하자.

주지하듯이 플라톤의 윤리학의 중심 문제는 덕론(德論)이며, 그는 '이데아'론을 근거로 하여 이를 영혼 삼분설 위에 세우고자 한 것이다. 그는 사람의 영혼을 육체와 상관 없는 순수한 이데아적인 부분과 육체에 매인 부분으로 나누어 이데아적인 부분은 불멸의 이성(理性, logistikon)이고, 육체에 매인 부분을 다시 상하로 나누어 낮은 것은 감각적인 정욕(情欲, epithymetikon)이요, 높은 것은 이성과 정욕 사이에서 이성의 명령에 따르며, 정욕을 누르는 기개(氣槪, thymbeides)라 하였다. 그리고 플라톤은 이성의 덕을 지혜(sophia), 기개의 덕을 용기(andreia), 정욕의 덕을 절제(sophrosyne)라 하고, 이러한 영혼의 모든 힘과 기능들이 주어진 그 본분을 지키고 영혼이 질서와 조화를 가질 수 있도록 위의 세 가지 덕을 통일하는 덕이 바로 정의 내지 공정(dikaiosyne)이라고 하였다.[4] 그에 의하면 정의는 모든 덕 중의 여왕이요 만덕(萬德)의 완성을 의미하는 것으로서, "모든 덕은 정의 가운데 포함되어 있다"고 하는 고대 그리스의 철학자 테오그

3 Yoh Chin Lee, "A Study on the History of Term 'DIKAIOSUNE'", p.9.
4 Platon, *Republic* IV 441 d/e.

니스(Theognis)의 말과 더불어 그리스인의 용어법상 가장 함축적이고 포괄적인 용례의 절정을 보여주고 있다.

그런데 찰스 도드(Charles H. Dodd)에 의하면, 이와 같이 포괄적인 의미의 정의에 관한 한 후대에 끼친 플라톤의 영향은 대단한 것이 못 되며, 오히려 그가 제시한 협의에 있어서의 정의의 의미가 오늘날의 용법에 더욱 공헌한 바가 크다고 한다.[5] 플라톤에 의하면 협의에 있어서 정의란 올바르게 행위하고 자신의 임무를 다하는 시민적 덕을 의미했다. 다시 말하면, 정의란 사회에 대하여 시민에게 법적으로 지정된 행위를 뜻하는 것으로서, 그는 "자신의 임무에 전념하며 참견하지 않는 것이 정의"[6]라고 했다. 다른 곳에서 그는 또한 재판관의 임무를 정의라고 부르기도 했다. 그래서 플라톤은 정의라는 말을 도덕적인 의미와 법적인 의미 두 가지로 사용하고 있음을 알 수 있다.

그런데 정의라 불리는 덕은 옳은 것(dikaion)을 바라고, 그것을 실현시키려는 주체적인 가능태라고 할 수가 있다. 따라서 여기에는 이미 옳은 것이 무엇인가에 대한 인식이 예상되어 있다고 하겠다. 넓은 의미의 윤리적인 덕의 경우에 있어서도 지성적인 인식이나 판단을 필요로 하듯이 정의의 경우에도 지성의 긴장적인 협력이 요구된다. 물론 정의의 덕은 지성의 사려와 동일시될 수는 없으나 그러한 사려 없이는 정의의 덕이란 성립할 수가 없다. 사려를 결한 용감은 저돌적인 용맹에 불과하며, 사려를 동반하지 않는 정의란 실상 맹목적인 정의감의 경향성(Neigung)에 지나지 않는 것이다. 따라서 올바른 인간의 육성이란 올바름을 지향하는 의지를 단련시키

---

5 Charles Harold Dodd, *The Bible and the Greeks*, p.43.
6 Platon, *Republic* IV 433.

는 한편 올바름이 무엇인지를 인식하는 지성의 깊이를 길러주는 데 있다. 덕에 내포되어 있는 사려란 올바른 것이 무엇인가를 개개의 구체적 상황에 있어서 판단하고 결정하는 역할을 한다. 그래서 정의에 대한 탐구의 초점은 결국 정의가 무엇인가라는 정의의 보다 엄밀한 기준에 대한 물음에로 귀착한다. 우리는 바로 이러한 문맥에서 아리스토텔레스의 정의관을 살피기로 하자.

아리스토텔레스는 정의에 있어서 '일반적인 것 외에 다른 특수한 것'이 있다고 생각하고, 이 구별을 지을 필요성을 느낀다. 그의 분석에 따르면 정의란 광의로 사용할 경우에는 '법(nomos)'에 따른다는 의미를 지니고 있으며, 협의에 있어서는 균등(ison)을 의미한다는 것이다.[7] 전자의 경우 법이라 함은 실정법뿐만 아니라 자연법(phusei dikaion)도 포함하는 것인 까닭에 법에 따르는 행위라는 의미로서의 정의의 덕은 규범에 따라서 행동하고자 하는 내면적 의지에 있어서의 탁월성 전반을 가리키는 것이다. 따라서 그것은 결국 윤리적인 덕 일반과 별개의 것이 아니며, 여기까지는 플라톤적 의미에 있어서의 정의관과 대체로 일치하는 셈이라 할 수 있다.

그러나 이에 반해서 협의의 정의 즉 엄밀한 의미에 있어서의 정의는 균등이라고 했다. 바로 이러한 분석에 있어서 아리스토텔레스는 정의론의 역사에 있어서 무비(無比)의 결정적인 의의를 지니게 되는 것이다. 물론 정의를 일종의 균등으로 보려는 이러한 특수한 관점은 플라톤의 균등론[8]에서 유래된 것이지만, 본격적으로 정의를 균등으로 설명한 것은 그가 처음이다. 그리스의 수학은 균등을 기하학적 균등과 산술적 균등으로 구분하였다. 전자는 A : B = C : D 라는 식의 균등이고, 후자는 C = D 라는 의미의

7 Aristoteles, *Nichomachean Ethics* 1130b.
8 Platon, *Republic* 558; *Laws* 707.

균등이다. 아리스토텔레스는 정의가 전자와 같이 비례적 균등을 의미하는 경우에는 그것을 분배적 정의(to dianemētikon dikaion)라고 불렀고, 후자와 같은 절대적인 균등의 의미에 있어서의 정의는 시정적(是正的) 정의 (to diorthōtikon dikaion)라고 불렀다.[9] 범죄에서 유발되는 상해나 물품 교환, 대여 등에 있어서는 절대적인 균등의 원리에 기초해서 회복과 시정이 이루어지는 것이 정의인 반면 재화나 영예, 권력 등 국가의 공민간에 이루어지는 모든 분배는 각자 그 사람의 '가치에 응하여(kat'axian)' 비례적으로 행해질 때 정의로운 것이라고 했다.[10]

그런데 정의를 분배적인 것이냐 시정적인 것이냐에 따라서 비례적 균등과 절대적 균등으로 나누는 것은 결코 양자가 이질적인 두 개의 원리 위에 성립함을 의미하는 것은 아니다. 오히려 전자의 특수한 경우로서 후자가 성립한다고 보아야 할 것이다. 즉 A : B = C : D에 있어서 A = B일 경우에 당연히 C = D가 되는 것이며, '가치에 응하여'라는 점에 있어서도 인간의 가치가 동일하다면, 산술적으로 균등한 몫이 만인에게 귀속되는 것이 정의가 될 것이다. 평등한 경제적인 인간간에 있어서 즉 A = B인 인간 관계를 전제하는 경우에는 교환에 있어서와 같은 C = D 식의 산술적인 등치(等植)가 정의로서 성립한다. 여기에서도 물론 A : B = C : D라는 균등성이 폐기되는 것이 아니고, 오히려 C = D를 가능하게 하는 기초로서 볼 수가 있는 것이다.

따라서 아리스토텔레스의 비례적 평등론은 그 자신이 이야기한 '정의는 균등이다'라는 말의 정신이나 의도를 부정한 것으로 오해해서는 안 된다. 그는 홉스나 밀처럼 모든 인간이 '날 때부터 평등하다'고 생각지 않았으며,

---

9 Aristoteles, *Nichomachean Ethics* 1130b.
10 Ibid., 1131a.

또한 정의는 결코 사람들 사이의 상대적 우열을 무시할 수 없다고 생각한다. 그래서 그가 "정의는 평등한 자에게는 평등한 대우를, 차등한 자에게는 차등한 대우를 요구한다"[11]고 했을 때 그는 '정의는 균등이다'라는 원리와 하등의 모순을 느끼지 못했으며, 오히려 그들 사이의 정합성을 발견했던 것이다. 여하튼 절대적 균등 즉 평등이 정의 본래의 요구일지라도 그것이 인간의 가치가 각각 동일하지 않다는 인식과 결부된 경우 '가치에 응하여'라는 제한 조건이 부가됨으로써 분배의 경우 전형적인 그리스적 정의가 성립함을 볼 수 있다. 여기에 정의와 인간관에는 밀접한 함수 관계가 성립하게 되는 것이다.

그래서 여기에서 중요한 것은 '가치에 응하여'라는 구절의 의미를 보다 분명히 밝히는 일이다. 다시 말하면 A : B에 있어서 그 비율을 결정하는 기준이 어디에 있는가를 규명하는 일이다. 이 점에 있어서 아리스토텔레스는 흥미 있는 주석을 달고 있다. 그에 의하면 가치가 무엇인가는 국가에 따라 다양하다고 한다. 민주주의 국가에서는 자유인이라는 신분이, 과두 정치의 국가에 있어서는 재산과 문벌이, 그리고 이상적인 국가 즉 귀족 정치의 국가에 있어서는 인간으로서의 지적, 도덕적 능력이나 탁월성이 가치를 규정한다는 것이다.[12] 그러므로 그에 의하면 인간의 가치는 국가에 따라 다른 식으로 생각될 수 있으며, 따라서 정의가 무엇인가는 국가 체계에 표현된 독특한 가치 체계의 성격에 따라 다른 식으로 결정된다는 논법이다.

가장 이상적인 최상의 국가에 있어서 인간의 가치 기준은 당연히 인간의 인간으로서의 덕과 우월성 즉 지적, 도덕적 탁월성에 의존한다는 인간관으로부터 정의와 관계된 다음과 같은 두 개의 중요한 명제에 도달하게 된다.

---

11 Aristoteles, *Politics* 1119.
12 Aristoteles, *Nichomachean Ethics* 1131a.

(1) 재산, 문벌, 권력이라는 피상적인 가치 기준에서가 아니라, 진정한 의미에 있어서의 인간의 우월과 열등이 의심할 수 없는 사실이라면 우월한 인간은 그 가치에 응하여 많은 권익을 얻는 것이 정의이다. (2) 모든 의미에 있어서 가치적 열등의 한계에서 나타나는 노예는 인간 이하의 존재이며, 인간적 탁월을 기준으로 정해지는 하이어라키는 자유인인 시민까지만을 포함할 뿐 노예는 거기에서 제외되는데, 이러한 정의는 시민적 정의라 할 수 있다.

이상의 두 명제는 상호 무관한 것이 아니며, 함께 전형적인 고대적 정의 개념을 표시해 준다. 인간의 진정한 가치를 탐구하여 인간의 이상상을 세속적인 전습적 편견으로부터 해방하고자 했던 노력은 소크라테스 이래 그리스 윤리학에 있어서 찬란한 성과를 거두었다. 그러나 궁극적으로 참된 방식에 있어서 인간의 가치를 평가하는 기준이 발견되었다 하더라도 그 가치에 비례해서 권리와 이익을 귀속시키는 것이 정의라는 결론은 다시 문제가 되어야 하는 것이다. 실로 '각자에게 그의 몫을 돌리라(suum cuique tribuere)'[13]는 것이 정의라는 로마법에 있어서의 사상, 혹은 더 간략하게 '각자에게 그의 몫을(suum cuique, to each his own)'이라는 공식은 고전적인 정의의 귀결적 표현으로서 결정적인 중요성을 갖고 있으나, 정의와 관련하여 여러 가지 문제점을 내포하고 있는 것이다.

나아가서 인간을 어떤 식으로 고정적으로 생각된 가치 주체로 보고 그 가치에 비례적인 방식으로 권익을 귀속하는 것이 정의라고 한다면, 이러한 정의 이론에 입각한 것은 광의에 있어서의 신분 사회인 것이다. 『공화국(Republic)』 속에서 플라톤은 정의의 문제를 추궁해 가는 가운데 "우리가

---

[13] Ulpianus, *Digesta liber* I, titulis 1, 10.

이야기했었고, 거듭 반복했듯이, 국가의 성원은 한 가지 임무만을, 즉 그의 본성에 천부적으로 적합한 임무만을 수행해야 한다"[14]고 했다. 이로부터 그가 내리는 결론은 모든 사람은 자신의 임무에만, 즉 목수는 목수 일에, 구두장이는 구두 짓는 일에만 전념해야 한다는 것이다. 따라서 직업간의 변동은 허용되지 않으며, 더욱이 사회의 계층간의 이동은 금지된다. "본성 상 노동자인 자가 무사 계급으로 나아가든가 무사가 통치자 계급으로 이동 할 때 이런 유의 변동은 결국 도시 국가의 몰락을 뜻하는 것"[15]이었다. 따라서 플라톤에 있어서 3계급 사이의 이동이란 부당한 것이며, "각 계급이 자신의 임무에 전념할 때 이것이 바로 정의"[16]가 되는 것이다. 이상의 논의 를 요약하면 결국 플라톤은 정의를 계급 질서의 원리와 동일시했음을 의미 한다. 왜냐하면 모든 계급은 자신의 임무에 전념해야 한다는 원리가 뜻하 는 바는 간단히 표현하면, 통치자는 통치하고 노동자는 노동하고 노예는 노역할 때, 그 국가는 정의롭다는 것이다. 이러한 정의관은 대체로 계층적 인 질서 위에 성립하는 전체주의적, 신분 사회적 정의관이라 할 수 있을 것 이다.[17]

이러한 사회에서 가치가 0으로 인정되는 존재들이 권익의 분배에서 제 외되는 것은 지극히 당연한 사실이다. 인간성의 한계가 시민이라는 자유인 에 한정되고, 또한 소위 외만인(外蠻人)도 노예나 다름없이 생각한 것은 그 리스적 지혜의 오점으로 생각된다. 플라톤은 전쟁 포로로서의 그리스인의 노예화에는 반대했으나, 그리스인이 이방인을 노예로 삼는 것은 오히려 권 장했다.[18] 그리고 그는 노예제도를 반대하는 아테네의 움직임을 격렬히 공

---

14 Platon, *Republic* 433a.
15 Ibid., 434b.
16 Ibid., 441d.
17 Karl R. Popper, *The Open Society and Its Enemies*, ch. 6 참조.

376

격하고, 노예제도의 합법성을 주장한다. 또한 그는 최선의 도시 국가에서 노예제도를 폐지하지 않으며[19] 조야하고 저급한 자는 훌륭한 자의 노예가 되어야 한다는 주장을 옹호하고 있다.[20]

이에 비해서 아리스토텔레스는 플라톤을 인용 비판하는 특유한 표현법으로 "우리가 노예와 대화하는 것조차 금지하고 단지 명령적인 언사만을 사용해야 할 뿐이라고 한 자는 그릇되었다. 우리는 노예를 어린이 이상으로 타일러 가르쳐야 하기 때문"[21]이라고 했다. 이는 "노예는 타일러서는 안된다"[22]는 플라톤의 노예관보다는 훨씬 완화되고 관대한 견해이긴 하나 그 차이란 지극히 사소한 것에 불과하다. 오히려 우리는 그가 플라톤의 사상에 상당한 지배를 받고 있으며, 그의 노예관을 체계화하고 있음을 본다. 아리스토텔레스에 의하면 "어떤 자는 타고난 자유인이고, 어떤 이는 천부적인 노예이다. 그래서 후자에게 있어서 노예제도는 정당할 뿐만 아니라 적합하다"[23]는 것이다. "날 때부터 자신을 위해서가 아니라 타인을 위해서 태어난 인간은 천부적인 노예이며"[24] "자유민의 여성은 다소간의 이성을 소유하고 있으나, 노예는 전혀 이성적인 추리력이 없는 존재"[25]라고 말한다. 이렇게 볼 때 노예제도란 플라톤의 정치 관념 중에서 아리스토텔레스가 채택한 유일의 관념이라 해도 과언이 아니다.

그러나 이상과 같은 철학자들의 주장과 설득에도 불구하고 페리클레스(Pericles)의 민주적 시정 이래 5세기경 그리스의 현실은 한편에서는 그리

18 Platon, *Republic* 471b/e.
19 Ibid., 548e, 549a.
21 Aristoteles, *Politics* 1260b.
22 Platon, *Laws* 777e
23 Aristoteles, *Politics* 1254–1255a.
24 Ibid., 1260a.
25 Ibid., 1254a.

스인과 이방인 사이의, 다른 편에서는 자유민과 노예 사이의 완강한 차별을 극복하고자 하는 운동이 일고 있었다. 이러한 반(反) 노예주의적 운동은 단지 소수의 지성인, 즉 에우리피데스(Euripides), 알키다무스(Alcidamus), 리코프론(Lycophron), 안티폰(Antipon), 히피아스(Hippias) 등에 국한된 것이 아니었으며, 그것은 또한 상당한 실제적인 성공을 거두기도 하였다. 이러한 증거는 아테네의 반민주주의자들의 일치된 보고에 의해서도 더욱 확연한 사실이다.[26] 여하튼 이러한 진보적 움직임으로부터 유래된 과도적인 혼란은 보수 세력의 눈에는 국가의 안정 내지는 존망에 일대 위협이 아닐 수 없으며, 이에 우리의 위대한 철인들도 조국의 사회 경제적인 하부 구조의 붕괴를 우려한 나머지 더 보수적이고 복고적인 지도 이념을 통해서 위기를 극복하는 데 그들의 애국적인 정열을 쏟았던 것이다. 그러나 현실의 완강한 저항은 그 흐름에 역행하면서 현실을 구제하려는 이러한 복고적인 이념을 수용할 수가 없었던 것이다. 오늘날 우리는 노예가 그의 인간적 열등성에도 불구하고, 생명이나 자유를 박탈당하거나 행복의 추구를 거부당하는 것이 정의라는 사상을 도저히 용납할 수 없을 것이다. 그러나 인간을 평등한 인간으로서 인정하는 것은 우리에게 너무나 쉽사리 생각되고 자명한 것이긴 하나, 서양에 있어서 인권의 자각에 이르기까지에는 끊임없이 피나는 투쟁의 역사가 요구되었다. 그러한 역사에 있어서 무엇보다도 뚜렷한 사건으로서 우리는 당연히 기독교에 주목하지 않을 수 없는 것이다.

---

26 K. R. Popper, op. cit., ch. 5 참조.

3. 기독교 및 중세의 정의관

기독교의 정의론은 그리스의 정의관에 복잡한 굴절을 부여함으로써 정의의 역사에 있어서 하나의 단층 현상을 보여준다. 물론 기독교적인 정의론도 일의적으로 이야기하기는 어렵다. 성서에는 근본적으로 다른 두 가지 원리들이 대립하고 있기 때문이다. 이 대립은 모세의 교훈을 중심으로 구약과 신약 사이에 존재할 뿐만 아니라, 예수의 교훈과 사도 바울을 중심으로 신약 안에서도 존재하며, 심지어는 예수의 교훈들 자체에서도 발견된다.

구약 시대에 유태인의 정의는 대체로 응보적인(retributive) 것이었다. 정의의 신[27]인 여호와는 그들이 법을 따르지 않을 때 가혹한 벌을 내렸다. 모세에 의해 간단하게 정식화된 응보의 원리는 "하느님 여호와의 명령을 들으면 복이 될 것이요, 다른 신을 좇으면 저주를 받으리라"[28]는 것이다. 여호와의 뜻에 거역하는 것이 가장 큰 부정의이며, 그에 대해서는 신의 복수가 따르게 된다. 이러한 신과 인간과의 관계는 인간과 인간과의 관계에 있어서도 그대로 적용되어 탈리온의 법(jus talionis)에 의한 정의가 나타난다. "그가 형제에게 행하려고 꾀한 대로 그에게 행하여 너희 중에서 악을 없이 하라. … 생명은 생명으로, 눈은 눈으로, 이는 이로, 손은 손으로, 발은 발로 갚으라"[29]는 것이다. 이와 같이 '같은 것은 같게' 식의 정의에 의해 지배되는 구약성서의 일반적 특징은 점점 체계화됨으로써 율법주의적 사상으로 굳어져 성문화된 법조문을 문자 그대로 지키는 것이 정의라고 생

---

27 Isaiah 30:18.
28 Deuteronomy 11:26.
29 Ibid., 19:19.

각되었으며, 결국 그것은 무미건조한 규범윤리로 떨어지게 된 것이다.

예수가 반대하고 나온 것은 바로 이러한 율법주의적 규범이었다. 그는 산상 설교 가운데 "너희는 눈은 눈으로, 이는 이로 갚으라는 말을 들었다. 그러나 나는 너희에게 말한다. 악을 행하는 사람에게 보복하지 말라. 누가 네 오른 뺨을 치거든 왼편 뺨도 돌려대라"[30]고 한다. 또한 그는 "너희는 네 이웃을 사랑하고 원수를 미워하라는 말을 들었다. 그러나 나는 너희에게 말한다. 원수를 사랑하고 너희를 박해하는 사람들을 위해 기도하라. 그래야 너희가 하늘에 계신 아버지의 아들이 될 것이다. 아버지께서는 악한 자나 선한 자에게 똑같이 비를 내려주신다"[31]고 했다. 바로 여기에서 응보 대신에 사랑이 요구되고 있으니 사랑이란 받은 사랑에 대한 답례도, 갚아야 할 것을 갚는 보상도 아닌 것이라고 할 수 있다. 이 점에서 우리는 기독교를 기독교로서 성립시켜 주는 새로운 이념의 단서를 보게 되는 것이다.

사실 기독교 윤리의 최고의 덕은 사랑의 덕이었고, 정의의 덕은 그 아래에 위치하였다. 아퀴나스(Aquinas)는 그리스적인 정의, 용기, 절제, 지혜의 상위에 사랑, 희망, 신앙을 놓고자 하는 뜻을 명백히 표시했다. 그뿐만 아니라 기독교적인 사랑은 한층 더 나아가 그리스적 정의를 부정하는 것으로 보인다. 그리스의 에로스적 사랑은 가장 뛰어난 혼에 대하여 그의 탁월성을 사랑하는 것이며, 그런 의미에서 '각자에게 그의 몫을'이라는 정의의 원리와 정합적으로 결합되는 사랑인 데 반해서, 기독교의 아가페적인 사랑은 약한 자와 죄인에게로 향하는 역설적인 성격을 갖는다. 따라서 각자에게 그의 몫을 귀속시키는 정의의 사상을 부정하는 것으로 보인다.

고전적 정의론자인 아리스토텔레스는 이러한 기독교적 사랑과 같은 것

---

30 Matthew 5:38.
31 Ibid., 5:43.

을 말한 적이 없다. 설사 그가 사랑을 이야기할 때도 그것은 성서의 사랑과는 거리가 먼 것이었다. 왜냐하면 그가 말한 귀족적 정신간의 사랑은 그가 능력과 공적(merit)에 의해 이루어지기 때문이다. "사랑받을 가치가 있는 것만이 사랑의 목적이 될 수 있다"[32]고 아리스토텔레스는 여러 번 언급, 강조하였다. 그러나 기독교적 사랑은 사람을 가리지 아니한다.[33] 하느님께서는 사랑받을 가치가 있는 자만이 아니라 가치를 못 가진 자를 더욱 사랑한다는 것이다. 그래서 "너희는 사랑하는 사람만을 사랑한다면 자랑할 것이 무엇이냐?"[34]고 반문한다. 기독교적 사랑은 '~에도 불구하고(trotzdem)'의 사랑이지 '~이기 때문에(weil)'의 사랑이 아니다.[35] 이는 사랑받는 자의 본질에 달려 있지 않고, 사랑의 뜻 그 자체에 달려 있으며, 가치를 판단하는 사랑이 아니라 가치를 주는 사랑이라고 할 수 있다.

여하튼 복음서에 나타난 사랑에 대한 교훈들이나 비유들, 예를 들면 '포도원의 품꾼', '탕자의 귀가', '잃어버린 양' 등의 비유는 일견 그리스적 정의 개념에 정면으로 배치되는 것처럼 보인다. 그러나 신의 나라와 그의 정의가 항상 문제되며, "정의에 굶주린 자가 축복받으며"[36] "너희들의 정의가 율법학자와 바리새 사람들의 정의보다 낫지 않으면 너희는 결코 하늘나라에 들어가지 못할 것"[37]이라고 하였다. 그뿐만 아니라 '하느님의 의(義)'는 성서에서 대단히 빈번히 이야기될 뿐만 아니라, 실로 성경의 중심적인 제목이어서 성경이 '하나님의 의(義)의 서(書)'[38]라고까지 불림을 감안할

---

32 Aristoteles, *Nicomachean Ethics* VIII 1155.
33 Matthew 5:44.
34 Luke 6:32.
35 Anders Nygren, *Agape und Eros*, S.3.
36 Matthew 5:10.
37 Ibid., 5:20.
38 Romans 1:17, 3:21.

때 기독교가 정의의 덕을 결코 경시한 것이라고 볼 수 없을 것이다. 단지 이곳에 있어서 정의는 그리스 철학에 있어서와 문맥과 중점을 달리했을 뿐 그리스적 정의를 부정했다고 볼 수는 없다. 정의의 부정이 아니라, '더 나은 정의'가 여기에서 요구되며, 그것은 다름 아닌 사랑의 원리로서 주어진다.

물론 정의와 사랑은 동일한 것은 아니다. 그러나 정의와 사랑은 상호 긴장 속에서 밀접한 연결을 갖는다. 정의는 항상 사랑의 선결 조건이며, 사랑은 정의를 무시하거나 뛰어넘어서도 안 된다. 사랑은 정의가 요구하는 것 이상의 것을 행할 수는 있으나 더 적게 행할 수는 없다. 사랑은 정의를 희생시키거나 짓밟고 넘어가는 것이 아니라 진정한 사랑은 정의를 넘어서 있으나 반드시 정의를 통하여 정의를 완수하면서 넘어서 있는 것이다. 이런 의미에서 정의는 최소한의 사랑이며, 사랑은 완성된 정의라 할 수 있다. 사랑만이 정의를 완성시켜 주는 것이다. 그래서 예수는 사랑의 복음으로 인해서 "내가 율법이나 예언자들의 말을 폐하러 온 줄로 생각하지 말라. 폐하러 온 것이 아니라 완성하러 왔다"[39]고 말했던 것이다. 브루너(E. Brunner)의 이야기대로 물을 잔에다가 넘치게 할 생각이 있는 사람이 아니고는 그 잔을 가득히 차도록 부을 수 없기 때문이다. 이는 무엇보다도 정의를 행동에 옮기려는 자에 대해서 말해질 수 있는 것으로서 정의에 따라서 행동하려 할 때 그 정의를 방해하는 모든 동기를 없애버리거나 무력하게 만드는 것은 사랑뿐인 것이다. 따라서 사랑은 정의를 현실에 구현시키는 데 있어 중대한 실천적 함의를 지니는 것이다.[40]

사랑에 의한 구제의 복음을 통해서 기독교가 전통적인 정의 이념에 가한

---

39 Matthew 5:17.
40 E. Brunner, *Justice and The Social Order*, ch. 15 참조.

변혁의 의의는 대단한 것이다. 그것은 무엇보다도 '가치에 응하여'라고 할 때의 바로 그 가치의 관점이 혁명적으로 동요되었음을 의미한다. 여기에서는 모든 인간이 어떠한 가치의 차등에도 불문하고, 똑같이 취급되어야 한다는 의미에서 동등한 권리를 가진다. 기독교의 정의의 이념은 근본에 있어서 하나님께서 사람을 "자기의 형상대로 창조"[41]하였다는 성서의 계시로부터 안출된다. 어떠한 세속적인 구별과도 상관없이 모두가 다 하나의 인간이며, 이는 모든 사람을 하나의 간단한 구절로 결속시키는 구약성서에 의한 최고의 율법에 "무릇 사람의 피를 흘리면 사람이 그 피를 흘릴 것이니 이는 하느님이 자기 형상대로 사람을 지었음이니라"[42]라는 구절에서 더 확연히 표현되고 있다. 하나님의 형상대로의 인류의 창조는 성서에 있어서의 정의에 대한 이념의 가장 깊은 기초가 되었으며, 정의의 역사에 있어서 가장 고귀한 유산이 된다.

사람의 존엄성에 대한 이 구약의 교리는 신약에서도 변형되지 않고 오히려 심화되고 보편화된다. 만인과 만민족의 속죄자로서의 예수를 믿는 신앙으로 인하여 이것은 그 완전한 표현을 성취했다고 말할 수 있다. 예수는 전 인간 역사의 목표이며, 전 창조의 근원이요 동시에 인간의 원형이 된다. 왜냐하면 "만인은 그의 것이며, 그를 통하였고, 그에게로 돌아가며"[43] "모든 사람은 예수 그리스도 안에 신앙으로 말미암아 하느님의 아들이 된다."[44] 또한 그를 믿는 사람은 "유태인이나 이방인의 차이도 없고 노예나 자유인, 남자와 여자의 차이도 없으니, 대저 너희는 다 예수 그리스도 안에 하나인 연고니라"[45] 하였다. 이 구절이 바로 모든 인간의 동일한 기본적 권리에 대

---

41 Genesis 1:2.
42 Ibid., 9:6.
43 Romans 11:36.
44 Galatians 3:26.

한 서양인의 개념을 기초하는 기독교의 교의(敎義)인 것이다. 물론 인류라는 개념이나 만민 평등의 사상은 기독교에 앞서 스토아 철학 속에 그 연원을 두고 있기는 했다. 그러나 그것은 결코 단독으로 역사의 전환점이 될 수 없었고, 기독교의 철저한 감화력을 기다려서야 비로소 혁명적인 역사적 변혁을 가져오게 된 것이라고 할 수 있을 것이다.

그런데 이와 같이 만인을 신 앞에 평등하게 보는 기독교적 정의 이념은 그에 포함된 사회 사상적 함의를 생각할 때 그것은 그리스적 정의 즉 비례적 균등의 사상에서 파생되는 신분 사회적인 비인도주의적 제약을 일거에 타파하기에 족한 것이며, 거기에 평등의 복음이 지니는 혁명적인 의의가 있다 할 것이다. 그러나 그러한 사회 사상적 함의가 그대로 현실화되기에는 아직도 누적되어 온 고대 사회적 잔재의 중압하에 정치, 경제 및 사회적인 제반 여건이 너무나 성숙해 있지 못했다. 따라서 그러한 종교적 이념은 이러한 사회적 토양과 결합되자마자 변질을 가져왔고, 이는 오히려 또 다른 사회적 불평등을 배태시키고 말았다. 이렇게 하여 기독교적 정의론은 그의 현저한 평등주의적 경향에도 불구하고 그것은 하나의 종교적 이념에 그치고 말았으며[46] 사회 사상으로서는 만인의 평등을 주장하기보다는 도리어 '각자에게 그의 몫을'이라는 비례적 균등을 다시금 정의로서 받아들이게 된 것이다. 어떤 의미에서는 기독교의 교의 자체에 이미 이러한 변질을 유발하고 암시할 만한 이론적 배경을 내포하고 있었는지도 모른다.

그 대표적인 일례를 들면 아우구스티누스(Augustinus)의 『신국론(Civitas Dei)』에 의하면, 신국(神國)과 지상국(地上國)이 엄밀히 구별되어

---

45 Ibid., 3:28.
46 Sanford A. Lakoff, "Christianity and Equality", p.132.

전자에는 신에 봉사하는 자, 경건한 자, 진정한 그리스도자 즉 'pius'가, 후자에는 그렇지 못한 자 즉 'impius'가 그 시민으로 속한다. 그런데 현실의 세계에는 그러한 두 나라의 시민이 '곡식과 잡초가 함께하듯이' 사람의 눈에 판별되기 어렵도록 혼재하고 있다는 것이다. 그러나 신적인 정의에 의한 신국의 시민에게는 영원한 구제와 행복이, 지상국의 시민에게는 영원한 멸망과 저주가 귀속된다는 것인데, 바로 여기에 '각자에게 그의 몫을'이라는 고대적 정의의 기본 원칙의 배제가 어렵다는 사실이 단적으로 드러나 있다. 다만 여기에 있어서는 인간의 가치의 기준으로서 그리스적 덕에 대하여 사랑과 신앙이라는 기독교적 덕을 가지고 거기에 응하여 지상적 권익이 아니라 천상적인 지복(至福)이 약속되는 것이다. 아우구스티누스는 여기에 그치고 있다. 그러나 이러한 것들은 사회 사상으로 곧장 왜곡되고 세속화되어 신국이 바로 교회와 동일시되고 교회적 기독자와 그렇지 않은 자에 기초하여 사회적 권익의 귀속을 결정짓는 것으로 되었던 것이다. 이는 분명히 종교적 정의론과 고대의 사회적, 정치적 정의론과의 혼합을 의미하여, 이로부터 결과된 것은 비기독교인에 대한 사회적 차별 대우였다.

이렇게 해서 결국 사랑의 복음이 포함하고 있는 인간 평등의 이념은 사라지고 고대의 신분 사회적인 원리가 그대로 기독교적 편견의 바탕 위에 변조되어 재확인된 셈이다.[47] 더욱이 노예나 이방인 대신에 이교도 내지 이단자가 정상적인 인간의 목록에서 제외되어 정치적, 사회적 권익을 박탈당하기에까지 이르게 된다. 물론 이러한 것은 복음서 본래의 의도가 아닐뿐더러 교부 아우구스티누스의 의도와도 거리가 먼 것이다. 기독교적 평등의 이념이 사회 사상의 내부에서 진실로 풍성한 결실을 보기 위해서는 사

---

47 Paul E. Sigmund, "Hierarchy, Equality and Consent in Medieval Christian Thought", p.140.

회 내지는 정치 사상의 면에 있어서 다시 일보의 전진을 기다려야 했던 것이다. 여하튼 우리는 정의를 인간의 가치에 비례적인 권익의 분배로 해석하는 고대적인 전제가 청산되지 않고 의연히 잔존해 있다는 것에 중세적 정의론의 맹점을 보게 된다. 이러한 맹점이 그 극단적인 행태에 있어서 노출되는 부분은 바로 중세의 노예관일 것이다.

인간에 대한 비정의(非正義)의 절정이라고 할 수 있는 노예제도가 성서에서 공공연히 기정 사실로서 인정되고 있다는 것은 놀라운 일이다. 구약에서뿐만 아니라 신약에서까지도 노예제도는 합법적이고 정당한 제도로 승인되고 있다. 다만 신약에서는 소유자의 권리를 제한하거나 노예의 형편을 다소 완화하려는 규정들이 나타났다는 점에서 사소한 차이가 있을 뿐이다. 구약에서는 노예제도가 여호와에 의하여 명령된 것으로 나타나 있으며[48] 적어도 시내산에서 모세를 통하여 내려준 법과 양립할 수 있는 것으로 표현되고 있다. 그뿐만 아니라 이스라엘 사람마저도 노예로 만드는 것이 불법이 아니라고 기록되어 있으며[49] 심지어 자기 딸을 노예로 팔아도 괜찮다고 허용되어 있다.

신약에 있어서도 바울이 빌레몬에게 보낸 짧은 서한에서 우리는 기독교적 보수주의의 고전적 증례를 발견할 수 있다. 바울이 가장 비인간적인 노예제도에 있어서 스스로 자기를 해방시키기에 성공한 오네시모를 그 주인에게 종으로 다시 돌려보내는 것을 볼 때 우리는 놀라지 않을 수 없다. 설사 바울이 다시금 오네시모와 그 주인의 관계가 정의 위에서가 아니라 사랑 위에 기초되기를 원한다 해도, 비록 이 편지의 모든 체제와 어조가 정의

---

48 Levictus 25:6.
49 Exodus 21:2.

의 원칙이 아니라 더 숭고한 사랑의 원칙이 관심사로 되어 있다 해도 인간 부정의 낙인인 노예제도는 정의가 요구하는 기본 인권에 배치되는 것이며, 인간의 비정의의 절정으로밖에 볼 수 없는 것이다.

또한 에페소인들에게 보내는 편지에서 바울은 노예가 그 주인에게 복종하는 것이 신에 대한 의무처럼 신성한 것이라고 하면서 말하기를 "종된 자들아 육신의 주인에게 순종하기를 그리스도께 순종하듯 하며, 두렵고 떨리는 마음으로 성실을 다하라. … 사람에게가 아니라 주께 한다는 뜻에서 기쁜 마음으로 섬기라. 선한 일을 하는 사람은 그가 종이든 자유인이든 각기 주께로부터 그만한 보상을 받는다는 것을 알고 있을 것이다."[50] 이상의 인용구에서 우리는 사도 바울을 위시한 기독교 사상 일반이 갖고 있는 구조적 이원성을 읽어낼 수 있을 것이다. 바울은 당시 로마의 사회 경제적 현실의 기반을 이루는 노예제도의 붕괴가 국가 사회의 멸망으로 직결됨을 경계하여 현실적으로는 노예제도의 보존을 말하면서 바로 동일한 구절 속에서 선한 일을 하는 자는 계급의 구별 없이 하느님으로부터 동등한 보상을 받는다고 하여 종교적 이념상으로는 평등주의를 견지하고 있는 것이다. 여기에서 혁명적 이념을 소화시킬 만한 현실의 성숙이 미흡했던 당시에 기독교적 지성이 감수해야 했던 이념적 혁신성과 현실적 보수성 사이의 이원적인 갈등이 여실히 노출된다. 결국 이러한 문맥에서 예수의 "왕국은 이 세상에 속한 것이 아니었으며"[51] "하느님의 것은 하느님에게 가이사의 것은 가이사에게"[52]라는 구절의 의미가 이해되어야 할 것이다.

신국과 이 나라의 정의 곧 사랑의 원리는 복음의 본질이라 했다. 그러나

---

50 Ephesians 6:5.
51 John 18:19.
52 Matthew 23:15.

이는 기독교가 지상적인 정의에 대해 무관심할 수 있다는 말은 아니다. 예수 자신은 신적인 정의만을 가르치고 이를 구현시키는 것이 그의 사명일 수 있으나 사도들은 실제로 부딪치는 지상적 제도에 관한 행동 규범을 가르치지 않으면 안 되었다. 이러한 현실의 세찬 요청에 부응하여 기독교적 이념의 굴절 현상은 어떤 의미에서 불가피한 것이었는지도 모른다.

사랑 그 자체는 만인에게 동일하지만 정의는 만인을 구별한다. 사랑에 대해서는 주인과 종의 구별도 남녀노소의 구별도 없으나, 정의는 각자에게 저들의 마땅한 차지를[53] 돌린다. 그리하여 이 현세적 생활 속에서는 각자의 사회적 신분에 따라 다른 정명(定命)이 주어지게 된다. 각자의 의무는 각 기독교인으로서가 아니라, 시민적 질서에 있어서의 어떤 위치, 즉 조직 속에서 각각 분기되고 배열된 개인으로서의 의무이다. 이 점은 기독교인의 국가에 대한 의무에 있어서 더욱 뚜렷하다.[54] 그리스도인은 더 높은 권위에게 복종해야 하며, 국가가 요구하는 정의를 행해야 한다. 로마 제국은 합법적 질서의 집행자로서 하나님의 사신(使臣)이며, 그의 권위는 하나님으로부터 온 것이다. 이렇게 하여 현세적 정의와 영적인 신적인 정의라는 두 가지 다른 교훈의 구별이 신약 속에서 이루어지게 된다. 이상과 같은 바울의 이론은 로마 제국과 같은 기성 권위의 실정법에 대하여 아무런 보류 없는 인정을 의미할 뿐만 아니라 어떠한 실정법과 어떠한 기성 국가의 권위도 정당화될 수 있는 최상의 실마리가 될 수 있을 것이다.

---

53 I Corinthians 7:3; Romans 13:7.
54 Romans 13:1.

4. 근세 이후의 정의관

지금까지 우리가 살펴온 바와 같이 기독교의 평등주의적 이념은 정의의 역사에 있어서 획기적인 것이긴 했으나, 그것은 끝내 종교적 신념에 그쳤을 뿐 현실 속에 누적되어 온 고대적 잔재의 완강한 버팀 앞에 변질을 가져오고야 말았다. 따라서 근세 이후 정의 이념의 역사에 맡겨진 과제는 사회 현실 전반에 걸친 정리 작업을 통해 역사의 침전물을 청산하고 그 위에 평등주의적 이념의 여실한 현실화를 도모하는 일이었다. 근대사 전반에 걸친 지속적인 계몽 운동과 자유를 위한 투쟁은 바로 이러한 근세적 과제를 수행하려는 자각적인 몸부림인 것이며, 드디어 피나는 오랜 투쟁의 결과는 미국의 독립 선언과 프랑스의 인권 선언 등에 의해 집약되고 결실을 맺게 된다. 1776년의 미국 독립 선언 이후 정의의 역사는 고대 및 중세를 통하여 신분 사회적인 사상적 전제의 집요한 중압으로부터의 결정적인 해방과 또한 그것을 가능하게 하기 위한 조건으로서 비례적 평등과 절대적 평등이라는 두 개의 서로 다른 정의의 요구에 대한 의식적인 대결이라는 방향으로 거대한 일보를 나타냈다고 생각할 수 있다.

독립 선언의 한 구절을 보면 "우리들은 모든 인간(all men)이 평등하게 (equal) 창조되었다는 것, 만인에게 조물주로부터 일정한 양도 불가능한 권리(unalienable Rights)가 부여되었다는 것, 이러한 여러 권리들 중에는 생명, 자유 및 행복의 추구가 포함되어 있다는 것 등은 자명한(self-evident) 진리라고 믿는다"[55]고 했다. 이 구절에 두드러지게 나타난 것은 소위 기본적 인권에 있어서 모든 인간의 평등을 강력히 주장하고 있다는

---

55 Declaration of Independence, 1776, 서두 참조.

점이다. 여기에서 우리는 '모든 인간'이라는 말에 강세가 주어짐을 알 수 있으며, 따라서 우리는 그것을 철저하고 엄밀한 의미에서 받아들일 필요가 있다. 인간이라면 누구든지 바로 그가 인간임으로 해서 문벌이나 권력, 인종, 국적, 남녀노소, 개인적 재능, 신앙 여부에 있어서의 차이나 차등으로 인해 생존을 위협받거나 자유를 박탈당하거나 행복의 추구를 저해받는 것이 허용되지 않는다.

그런데 이와 같은 기본적인 권리가 만인에게 평등한 것은 신의 창조 의지에 기초해 있는 것으로서, 그 진리성의 인식 근거는 자명하다고 되어 있다. 이는 자연법은 자명하다는 자연법 사상의 영향인 것으로서 근세 자연법의 산물인 프랑스의 인권 선언의 전문에 자연법은 '간단명료한 원리(principles simples et incontestables)'라고 말한 것과 마찬가지다. 이 인권 선언에서는 개인은 누구나 "천부적이고 양도 불가능한 신성한 인권을 가지고 있으며, 모든 인간은 출생 및 생존에 있어서 자유롭고 평등한 권리를 가지고 있다(les hommes naissent et demeurent libres et egaux endroits)"[56]라고 함으로써 독립 선언에 나타난 만인 평등 이념은 여기에서 다시 한 번 확인된 셈이다. 이상과 같은 선언들에 함축되어 있는 사상은 그 자체의 역사적 제약성을 초월하여 정의 이념의 자각사(自覺史)에 있어서 획기적이고도 광대한 전망을 약속하는 것이다.

만인의 평등이 자명하다는 것은 17세기 이래 학문적 의식에 있어서 수학적 방법의 우월이 반영된 것으로도 볼 수 있는 것이며, 이러한 인식은 역사적으로 멀리는 소피스트나 스토아 철학과도 연관을 가진다고 할 수 있다. 그러나 그러한 이념은 무엇보다도 기독교에 힘입고 있는 것으로서, 기독교

---

56 Dèclaration des Droits de l'Homme et du Citoyen, 1789, 전문 참조.

적 지반 위에서 '신 앞의 평등'으로부터 '법 앞의 평등'으로까지 세속화 내지는 현실화된 것임은 앞의 두 선언문에서도 암시되고 있음을 알 수 있다. 거기에 제시된 만인의 평등, 즉 만인은 생존에 있어서 더욱 잘 살고자 하는 욕구나 그 기회를 거절 또는 박탈할 수 없다는 의미에서의 평등성은 인간을 어떤 의미의 가치와도 상관없이 즉 세속적인 의미에서 문벌, 권력, 재산, 남녀 등등의 기준에 있어서나 혹은 그리스적 내지는 기독교적인 덕이라는 기준에 의거함이 없이 단지 인간을 인간이라는 기반 위에서 내세우는 것이다. 이것은 정의론의 역사에 있어서 과거의 전통적인 선입견에 정면으로 반격을 가함을 뜻한다. 정의란 여기에서는 고전적, 중세적 여러 형태의 신분 사회적인 비례적 평등의 의미로부터 단적으로 해방되는 것이기 때문이다.

여기까지 살펴온 바와 같이 만인에 있어서 기본적 인권의 절대적 평등이라는 정의의 요구는 일단 해결된 것으로 보인다. 평등한 기본권의 보장이야말로 오랜 역사의 투쟁에 의해 쟁취된 정의의 상수항(常數項)인 것이다. 그러나 다른 면에 있어서 자질과 노력을 달리하는 각인이 일률적으로 동등한 사회적 위치를 부여받고 동등한 보상을 획득한다는 것만이 정의가 허용하는 바인지, 또는 이 경우에는 정의의 원리가 어떤 식의 비례적 평등을 요구할 것인지가 다시 문제되어야 할 것이다. 만인이 평등하다고 해서 소크라테스나 예수 같은 고귀한 인격의 가치가 부정됨을 의미하지는 않는다. 오직 그들의 가치의 탁월성에 응하여 특권적, 독점적인 권익을 향유하는 것이 정의가 아님을 주장하는 것이다. 다시 말하면 인간이 갖는 어떠한 진정한 가치나 또는 문벌, 권력 등이 그의 특권을 정당화할 수 없는 것이며, 역으로 노예나 농노, 혹은 자본주의 사회의 무산자가 그 가치의 열등 때문에 잘 살 기회가 박탈될 수 없다는 것이다.

하지만 모든 면에서 모든 인간의 절대적 평등이란 불가능하며, 또한 그것이 정의가 요구하는 것이 아니라면 모종의 비례적 분배에 대한 고려가 요구될 경우 인간의 가치는 고정적, 실체적인 것이 아니라 동적, 기능적으로 재파악될 필요가 있다. 이러한 의미에 있어서의 가치는 가치라기보다는 루소의 말대로 공적(services reèls)이라고 부르는 편이 더 적합할 것이다. 권익의 상대적 분량을 바로 이러한 공적에 응하여 귀속하는 것은 정당할 수 있으며, 이것이 바로 18세기의 정의 이념의 지평 속에서 의식되기 시작하였다. 우리가 여기에서 주의해야 할 것은 이러한 의식의 맥락은 플라톤이 정의에 부여한바 만인이 자기 고유의 것에만 전념해야 하는 신분 사회로서가 아니라, 직능 사회적인 의미에서 이해되어야 한다는 점이다. 그래서 '각자에게 그의 몫을'이라는 원리가 바로 각자에게 그의 공적에 따라 보수를 주는 것이 정의라는 의미를 갖게 되었다. 여기에서 각자는 자신의 고유한 임무에만 충실해야 한다는 플라톤적인 의미에 있어서 기본적 인권이나 잘 살 수 있는 기회를 모든 이에게 불평등하게 부여하는 것이 아니다. 이렇게 해서 앞서 아리스토텔레스가 분배적, 시정적이라 불러 분별한 비례적 균등과 산술적 균등이라는 두 개의 정의의 요구도 이러한 규정과 전개 과정에 의해서 비로소 전체적이고 통일적인 연관을 획득했다고 볼 수 있을 것이다.

지금까지 정의 이념의 사적 전개 과정을 더듬어 오는 가운데 우리는 정의 이념의 자각사(自覺史)는 근세를 넘어오면서 그 전체적 지평을 조망하기에 이르렀음을 알았다. 이제 우리는 이러한 전개 과정에서 도출된 결론들을 현대 정의론자들의 관점에 서서 더 분명하게 재정리해 봄으로써 현대에 있어서 정의의 문제들을 고찰하고 이로부터 현대적 정의관을 생각해 보기로 한다. 우리는 우선 이러한 작업의 단서를 엄밀한 평등주의적 이념에서 찾아보고자 한다. 물론 이러한 엄밀한 의미의 철저한 평등주의(radical egalitarianism)는 제시되는 일도 드물고, 논의되는 일도 거의 없다. 왜냐하면 그것이 갖는 사회 이념으로서의 비현실성은 너무나 명백하기 때문이다. 그러나 논리적으로만 가능한 이념의 극단적인 형태로서의 엄밀한 평등주의는 그것이 아주 극단적인 것임으로 해서 덜 철저하나, 더 현실성 있는 평등주의적 이념을 안출하는 데 있어 우리의 사고를 정리해 주는 효용을 갖는다.

엄밀한 평등주의란 하이에크(F. A. Hayek)가 "인간이 좌우할 수 있는 모든 점에 있어서 모든 개인의 완전하고 절대적인 평등"[57]의 원리를 공박했을 때, 또한 벌린(I. Berlin)이 "모든 인간이 다른 모든 인간과 유사해져야만 하는 절대적인 사회적 평등"[58]을 말할 때 염두에 두었던 관념이다. 그리고 벤(I. Benn)과 피터스(R. S. Peters)는 평등의 '소극적' 이념만을 주장했을 뿐 엄밀한 의미에 있어서 어떤 형태의 '적극적 평등주의'[59]도 배척했으며, 루카스(J. R. Lucas)도 "수많은 목적과 여러 가지 조건을 갖춘 모든 인간간에 모든 관점에 있어서의 평등"[60]의 원리를 거부했던 것이다. 이상에서 지적된 엄밀한 평등주의란 모든 사람이 모든 관점에 있어서 절대적으로 평등해야 한다는 요구로서, '어떤 사회적 불평등도 불필요하고 정당화될 수 없으며, 따라서 제거되어야 한다'는 주장으로 정식화될 수 있을 것이다. 따라서 우리에게 남은 중요한 과제는 이러한 엄밀한 평등주의에 혹종의 제한 조건을 가함으로써 보다 현실성 있고 신축성 있는 평등주의적 이념을 발견하는 일이다.

우선 우리는 정의가 평등과 관련되어 있다는 기본 원리만을 부인할 수가 없으며, 이를 전제로 하여 정의의 논의를 시작할 수 있을 것이다. 브란트

---

57 F. A. Hayek, *The Road to Serfdom*, p.109.
58 I. Berlin, "Equality", p.311.
59 I. Benn and R. S. Perters, *The Principles of Political Thought*, p.153.
60 J. R. Lucas, "Against Equality", p.142.

(R. B. Brandt)가 사회정의를 논하는 가운데 "현대 사상가들 사이에 의견이 일치하는 한 가지 점은 평등과 정의가 긴밀한 관련을 갖고 있다는 점이라고 생각한다"[61]고 한 최근의 발언은 비단 사회정의에 국한되는 것만은 아닐 것이다. "모든 사람은 정의가 일종의 평등이라고 생각한다"[62]는 사실을 아리스토텔레스가 통찰한 이래 그것은 결코 부정된 적이 없는 정의의 원리요 전제가 되었다. 비록 정의와 평등의 구체적인 관계에 대해서는 이론의 여지가 있기는 하나 정의의 개념을 분석하려는 모든 최근의 시도는 그 두 개념의 관계에 대한 원칙적인 승인에서부터 출발하고 있다. 또한 논자들 사이에 합의가 이루어지고 있는 바는 이러한 평등의 전제 가운데서도 특히 변경 불가능한 상수항은 인격의 평등한 존엄성과 그에 따른 기본적 인권의 평등이라는 사실이다. 이것은 기독교에서 인권 선언에 이른 전통의 귀결로서 "너 자신을 포함한 모든 인격에 있어서의 인간성을 항상 동시에 목적으로서 대우하고 결코 단순한 수단으로서 사용하지 말라"는 칸트의 실천 이성의 근본 법칙에서,[63] "모든 인간은 사회 전체의 복지라는 명목 아래서도 유린될 수 없는 정의에 입각한 불가침성(inviolability)을 소유하고 있으며, 정의에 의해 보장되는 이러한 기본권은 더 이상 정치적 흥정이나 사회적 이득의 계산에 희생되어서는 안 된다"[64]는 롤즈의 기본적 신념 속에 강력한 표현을 얻고 있는 것이다.

롤즈에 의하면 고전적 공리주의(classical utilitarianism)의 치명적 약점은 그것이 인간의 기본권을 유린하는 최악의 제도인 노예제에 대한 결정적 봉쇄를 하지 못한다는 점에 있다고 지적하면서 욕망과 쾌락의 극대화를

---

61 R. B. Brandt(ed.), *Social Justice*, p.v.
62 Aristoteles, *Politics* 1282b 18; *Nichomachean Ethics* 1113a 13.
63 I. Kant, *Kritik der practischen Vernunft*.
64 J. Rawls, *A Theory of Justice*, p.586.

가져오는 제도는 정의롭다는 견해를 반박하고 있다. 정의는 결과가 아니라 모든 계산의 전제이기 때문이다. 공리주의는 노예제도가 부정의한 근거로서 그것이 노예 소유주에게 주는 이익이 노예에게 주는 손실을 능가하지 않으며, 따라서 사회 전체의 이익의 극대화를 결과하지 않는다는 사실에서 구한다. 그러나 공정성(fairness)으로서 이해되는 정의론에 따르면, 노예 소유자의 이익이라는 것은 아예 계산 속에 고려조차 될 수 없는 항목이다. 왜냐하면 노예 소유자라는 역할이란 당사자들의 합의의 결과로서 이루어진 제도로 인정될 수 없기 때문이다. 설사 노예제도가 결과적으로 최대 다수의 최대 행복을 가져다주는 것일지라도 "노예제도란 언제나 부정의한 것(Slavery is always unjust)"[65]으로 규탄되고 고발되어야 한다고 했다. 정의는 행복의 최대화라는 결과보다는 그 행복을 계산하는 산출 근거에 관련되어 있기 때문이다.

정의의 투쟁사는 그 대부분이 바로 이러한 기본적 인권의 평등을 확보하고 확인하는 데 소모되었다고 해도 과언이 아니다. 그것은 정의의 기본 바탕이요 이러한 기반의 확보가 없이는 어떠한 정의론도 무의미한 것이 되고 마는 것이다. 그러나 기본권의 평등이 모든 면에 있어서의 획일적인 동등을 의미하는 것이 아니라면 기본권의 평등이 확보되는 순간 정의는 그 다른 측면인 인간간의 부동등성의 측면에 직면하게 된다. 따라서 정의의 문제는 바로 이러한 현실적 부동등성 즉 자연적 내지는 사회적 차등성을 고려하지 않으면 안 된다. 기본권의 항목만 제한한다면 사실상 비례적 평등의 이념은 어떤 의미에서 정의의 현실성을 감안한 사회적 이념이 될 수 있는 것이다. 아리스토텔레스는 인간간의 천부적 불평등과 사회적 불평등의

---

65 J. Rawls, "Justice as Fairness", p.96,

불가피성을 통찰한 나머지 모든 이러한 불평등이 반드시 부정당한 것이 아니라고 하며 정의란 영원히 현실 불가능한 것이라고 생각지도 않았다. 아리스토텔레스 이후 수십 세기 동안 '정의로운 불평등(just inequality)'[66]이 존재한다는 기본 취지에 반대한 정의론은 거의 없었다고 해도 과언이 아니다. 단지 문제는 불평등 중에서도 어떠한 불평등이 부정당한 것이며, 그들의 정당성 여부를 평가할 기준이 무엇인가를 묻는 일이다.

현대적 정의론자들은 사회적 평등은 별다른 정당화를 필요로 하지 않는 데 반해서 사회적 불평등은 언제나 그 정당한 근거에 의해서만 허용될 수 있다는 점에 합의하고 있다. 아리스토텔레스는 불평등한 대우는 어떤 정당한 근거를 댈 수 있어야 하며, 합당한 이유가 없는 불평등은 부당하다는 것을 제시한 최초의 사람이라 할 수 있다.[67] 스테판은 그것을 더 분명히 하여 "우리가 동료를 대함에 있어 어떤 차등을 둘 때에는 언제나 그에 대한 적합한 이유(relevant reason)가 있어야 한다"[68]고 했다. 그래서 우리는 엄밀한 평등주의의 요구를 다소 완화하여 "차등을 둘 만한 적합한 이유가 없는 한 모든 사회적 불평등은 제거되어야 한다"는 공식을 얻게 된다. 이러한 공식은 물론 철저한 평등주의도 아닐 뿐더러 고대적인 의미의 비례적 평등주의의 직접적 계열도 아니다. 그러면서도 그것은 인간간의 현실적 부동성을 고려할 충분한 여지를 갖추고 있다. 우선 그 공식은 적합한 이유가 있는 예외적인 경우를 제외하고는 만인의 평등에 대한 보장을 요구하고 있다. 그런데 적어도 이러한 예외적인 조항에 고려될 수 없는 유일하고 불변적인 정항(定項)은 인간의 존엄성에서 비롯된 기본권의 평등한 보장이라는 점에

---

66 Hugo A. Bedau(ed.), op. cit., p.6.
67 Aristoteles, *Politics* 1283 a2.
68 Leslie Stephen, "Social Equality", *Ethics* I(1891), p.267.

있어서 일반적인 합의가 이루어지고 있다는 사실은 앞에서 말한 바와 같다. 다만 문제는 바로 적합한 이유라는 제한 조건에 있는 것으로서 그 적합성(relevancy)의 기준이 무엇인가에 관한 논란이 제기될 수 있는 것이다.

우선 적합성과 관련하여 고려되어야 할 사항은 최소한의 사회적 불평등은 어떤 사회에 있어서도 필수적인(necessary) 특성이라는 점이다. 인간 사회에 관한 어떤 사회학적인 모델도 모두 사회적 불평등을 내포하기 마련이며, 다소간의 사회적 불평등에 의존함이 없이는 고도의 산업 사회는 상상조차 불가능한 것이다. 모든 불평등의 제거가 불가능한 이유로서는 어떤 사회가 조직되기 위해서는 그 성원들 간의 역할의 분화(role differentiation)가 필수적이며, 이러한 구분을 위해서는 다시 역할의 계층화(role-stratification)가 불가피하기 때문이다.[69] 나아가서 어떤 불평등은 다른 불평등의 도입에 의해서만 제거될 수 있고, 또한 이러한 최소한의 사회적 불평등의 도입에 의해서만 더 큰 자연적 불평등의 완화가 가능할 수 있는 것이다. 도입될 사회적 불평등은 천부적 불평등으로 인한 더 큰 차등에의 불가피한 제동 장치이다. 흄이 말한 바와 같이 우리가 모든 사람의 사회적 조건을 균등하게 하자마자 각자의 능력과 노력의 상이한 정도가 당장 그 평등을 깨어 버리는 것이다.[70] 따라서 여기에서 중요한 것은 어떤 사회 체제를 유지하는 데 필요한 최소한의 불평등이 무엇인가에 답하는 일이며, 이러한 불평등의 도입은 사회적 효용이나 목적에 의해 허용되고 조직되어야 한다.

그러나 이러한 사회적 불평등은 각종의 권력과 결부되어 언제나 그 사회적 효용이나 목적과는 상관없이 허용되는 것이 인간의 현실이고 보면 현대

---

69 Hugo A. Bedau, "Radical Egalitarianism", p.175.
70 D. Hume, *Enquiry Concerning the Principles of Morals*, p.194.

의 법철학자들은 이러한 권력적인 지배 관계 속에서의 정의까지도 생각하지 않으면 안 되기에 이른다. 여기에 노예제도가 합법시되고, 인간간의 본래적인 불평등은 문제 삼을 필요조차 없었던 아리스토텔레스에 있어서는 미처 생각하지도 못했던 제3의 정의가 문제된 것이다. 근세 이후 서서히 의식되어 온 이러한 유의 정의를 코잉(H. Coing)의 용어법에 따라 '보호적 정의(justitia protectiva)'[71]로 부를 수 있을 것이다. 그에 의하면 보호적 정의의 최고의 명제는 "인간에 대한 인간의 모든 권력은 제한되지 않으면 안 된다"[72]는 것이다. 이것은 오랜 인간 경험에 근거를 둔 것으로서, 무제한한 권력은 항상 남용될 위험을 내포하기 때문이다. 따라서 정의가 권력 관계 속에서 갖는 의미는 바로 '한계를 짓는다는 것' 이외의 아무것도 아닌 것이다.

우선 첫째로 권력은 그 구조 내부에 자동 제어 장치를 설치함으로써 스스로를 제한해야 한다. 다시 말하면 권력은 사회제도 내에서 사회적 목적이 허용하는 한계를 넘지 않도록 자기 제한(Selbstbegrenzung)[73]을 가하지 않으면 안 된다. '사회적 목적이 권력을 제한한다'는 이러한 원리는 공법상으로는 권력 분립(Gewaltenteilung)의 원칙으로 나타나며, 거기에서 상호 견제되고, 균형을 얻게 된다. 또한 둘째로 권력은 기본권의 존중(Respektierung der Grundrechte)으로부터 오는 한계를 넘어서는 안 된다. 권력자는 피치자의 인간적 권위를 존중하고, 그에 따른 기본적 권리를 보장해야 한다. 여기서 권력자는 자기에게 복종하는 자는 일개인이 아니라 다수자, 즉 공동 사회의 모든 구성원임을 생각해야 하고, 따라서 권력자는

---

72 Helmut Coing, *Grundzüge der Rechtphilosophie*, p.181.

72 Ibid., p.184.

73 Ibid., p.185.

그 전원을 평등하게 대우해야 하고, 함부로 차별해서 취급해서는 안 된다. 어떠한 권력자일지라도 인간이 향유하는 기본적 권리를 전적으로 파기하거나 없앨 수는 없는 것이다.

이상과 같은 방식으로 권력은 제한을 받지 않으면 안 된다. 그런데 이와 같이 권력이 참으로 정의의 이념에 맞도록 행사되는 것을 보장하기 위해서는 그 권력 행사를 소극적으로 제한하는 것으로서는 불충분하며, 나아가서 그것이 과연 제한된 범위 내에서 충실히 행사되었는지를 사후에 심사해 보지 않으면 안 된다. 다시 말하면 권력은 제한될 뿐만 아니라 또한 감독되어야 한다. 이러한 감독의 형식 중 가장 대표적인 것은 소송 절차의 형식을 취하는 감독 방법이다. 사법 재판에 있어서의 심급제도, 불법 또는 위법한 행정 처분에 대한 소원(訴願) 또는 행정 소송의 제도 등이 이에 속한다. 결국 파운드(R. Pound)가 갈파한 대로 법에 의한 정의에는 사법적 정의, 입법적 정의, 행정적 정의가 있으나, 그 균형의 체현자는 사법적 정의[74]라는 사실을 상기할 때 정의의 현실적 구현에 있어서 사법부의 존재 가치를 새삼 강조하게 되는 것이다.

그런데 이상에서 논한 바와 같이 불가피하고 필수적인 사회적 불평등 이외에, 피할 수도 있고 제거할 수도 있는 불평등 중에서도 우리가 감수해야 할 뿐만 아니라 의도적으로 도입하고 보존해야 할 사회적 불평등이 있을 수 있다. 다시 말하자면 어떤 사회적 불평등은 적합한 근거에 의해서 정당화될 수 있다(justifiable)는 것이다. 이러한 근거 중에서도 현대의 정의론자에게 가장 널리 이야기되는 것으로서, 능력이나 공적(merit)에 의한 차별 대우와 기본적 욕구(need)에 의한 차별 대우만을 고찰해 보기로 한다.

---

74 Roscoe Pound, *Justice according to Law*, 1951.

우선 능력이나 업적에 따른 사회적 가치의 차별적 분배로서 이 경우에 능력이란 도덕적 가치, 사회적 유용성, 선천적 능력 등을 의미한다. 보수나 소득을 이러한 능력이나 공적에 따라 분배하는 것은 선수들에게 포상하는 것과 같은 이유에서 정당한 일이다. 정치적 권한도 능력에 따라서 그리고 임금도 기술, 책임, 근타(勤惰)에 응해서 분배될 수가 있다. 이러한 능력주의적 기준이 정당화되는 유일한 이유는 그것이 능률과 생산을 자극하며 나아가서는 공공의 이익을 가져온다는 공리주의적 이유에서이다.

이상과 같은 관점에서 볼 때 인간은 불평등한 가치를 갖고 있음이 사실이며, 따라서 그들의 대우나 지위가 그들의 상이한 가치에 응하는 것은 정당화될 수 있을 것이다. 그러나 역사상의 대부분의 차별 대우는 거의 언제나 가치의 차등을 훨씬 능가하거나 무시하는 것이었다.[75] 누구도 타인의 노예나 사유물이 되어야 할 정도로 무가치한 존재는 없는 것이다. 나아가서 사회의 상층을 이루는 자들이 반드시 덕이나 능력 혹은 사회적 유용성에 있어서 더 가치 있는 자들이었다고 할 수 없다. 그뿐만 아니라 사회적 특권이 태생적인 것이거나 우연적 계기에 의해 부여된 것이며, 기회 균등에 의거한 공개적 경쟁에 의해 획득된 것이 아닐 때 문제는 더욱 심각해지는 것이다. 결국 우리가 규탄해야 할 것은 불평등 그 자체가 아니라 그 차별의 근거에 관한 것이며, 부당한 불평등은 부단히 적발되고 제거되어야 할 것이다. 이와 같이 평등에 대한 요구가 능력이나 가치 문제에 관련될 때 그것은 평등에 대한 적극적인 신념에 기초하기보다는 부정당한 불평등에 대한 부정적, 소극적 요구라 할 수 있을 것이다.[76]

그러나 불평등에 대한 또 하나의 정당한 근거로서 기본적 욕구(basic

75 D. D. Raphael, "Justice and Liberty", p.467.
76 Ibid., p.468.

need)에 따른 분배가 있으며, 이 근거는 부분적으로나마 평등에 대한 적극적인 요청을 의미한다.[77] 이 경우의 차별 대우는 수혜자의 능력이나 가치에 의해서가 아니고, 그 능력이나 업적에 상관없이 최소한의 생활을 보장한다는 의미에서이다. 이와 같이 기본적 욕구의 충족은 인간이 인간으로서의 자격을 갖추게 되는 조건을 부여한다는 의미에서 정당한 기준이 된다. 여기에서 베풀어지는 대우의 불평등은 자연적 불평등에 반비례하는 것으로서 자연의 불평등을 보완하려는 것이다. 또한 그것은 기존하는 불평등을 최소한으로 줄이고 부족하고 결핍된 인간을 정상적인 인간과 비슷한 수준에 이르도록 끌어올리려는 것이다. 사회 체제의 힘을 빌려 자연적인 불평등이 더욱 현격한 불평등으로 심화되는 것을 막는 것은 가능한 일이다. 따라서 그러한 인위적인 노력을 통해서 자연적 불평등을 보완하고 장애 없는 자가 소유한 바와 동등한 기회와 만족을 장애자에게도 주려는 것이다. 이상과 같은 이념은 "필수품을 결한 자가 있는 한 사치품은 허용되지 말아야 하며", "소수에게 꿀을 주기 전에 모두에게 빵을"[78]이라는 표현 속에도 나타나 있다. 이러한 기본적 욕구의 긴박도는 그것을 충족시키지 않을 경우 그 인간으로부터 인간으로서의 정당한 조건을 얼마나 박탈하는가에 달려 있는 것이다. 이러한 욕구에 따른 분배는 사회적 유용성과는 상관없이 요구되고 보장되어야 할 것이다. 그것은 기본적 인권, 평등 및 자유의 실질적인 보장과 관련되어 있고, 노예제도의 여실한 봉쇄를 확보하는 유일한 길이 된다.

앞에서 정식화했던 "차등을 둘 만한 적합한 이유가 없는 한 모든 사회적 불평등은 제거되어야 한다"는 공식에 지금까지의 논의의 결과 즉 "필수적

---

77 Ibid.
78 Ibid., p.472.

이거나 정당화될 수 있는 불평등 이외의 모든 사회적 불평등은 제거되어야 한다"는 최종적 공식을 얻게 되는 것이다.

5. 결론: 실천의 문제

본 논고를 결론지음에 있어 우리는 다시 정의의 역사의 출발점으로 되돌아가 주체적, 실천적 의지로서의 정의관을 상기할 필요를 느낀다. 정의의 문제가 새로운 역사적 계기를 만날 때마다 다시금 거듭해서 물어지는 이유는 바로 정의의 현실적 구현이라는 실천의 문제가 그만큼 중대하고 어렵기 때문이라고 생각된다. 물론 그렇다고 해서 정의에 대한 이론적 해명이 이미 완결되었음을 의미하는 것은 아니다. 심지어는 켈젠(H. Kelsen)같이 정의의 문제를 그 이론적 해명이 불가능한 것으로 보려는 극단적인 입장도 있을 수 있다.

그에 의하면 사람들이 정의에 대한 자신의 이념을 그것만이 정확하고 절대로 타당한 것이라고 내세우는 것은 우리의 감정적 행위를 합리적으로 정당화하려는 요구가 너무 크기 때문이라고 한다. 만인의 자유니 평등이니 하는 것도 소원에 기초를 둔 요청으로서 이러한 주관적인 가치 판단에 기초를 둔 요청을 합리적으로 정당화하려는 것은 자기 기만이요, 이데올로기라고 했다.[79] 따라서 그 원리의 타당성은 아무런 객관성도 없는 가치 판단에 의존되어 있는 것이며, 비판적인 분석에 의하면 이러한 원리는 항상 특정한 사회 질서나 집단 또는 계급의 이익을 표현한 것에 지나지 않는다는 것이다. 따라서 그러한 원리는 주장될 뿐이지 결코 증명되는 것이 아니라

---

79 Hans Kelsen, *General Theory of Law and State*, p.14.

고 했다. 나아가서 켈젠은 지금까지의 정의론을 보면, 그것은 대개 '각자에게 그의 것을'과 같은 공허한 표식이 되든가 또는 칸트의 '정언명법'과 같이 모든 인간에 대하여 구속력을 가져야 한다고 의욕되는 원리에 의해서만 각자의 행위는 결정되어야 한다는 의미의 동어 반복이 될 것이다. 그러나 '각자에게 그의 것을'이라는 표식은 무엇이 각자의 것인가라는 질문에는 대답하지 않고, 그리고 정언명법은 무엇이 모든 인간에 대하여 구속력을 가져야 한다고 의욕될 원리인가를 말하지 아니한다. 이와 같이 정의의 개념을 규정하는 모든 유명한 표식들은 거의 다 자명하다고 생각되는 해답을 미리 예정하고 있으나, 그 해답은 결코 자명하다고 볼 수 없는 것이다.[80]

그러나 이상과 같이 선결 문제에 관한 미해결의 여지가 있음에도 불구하고, 정의의 실천에 관한 문제는 물어질 수 있는 것이며, 또한 마땅히 물어져야 할 것이다. 이론적인 미제(未濟)로 인해 실천이 영원히 유보된다는 것은 인간의 현실이 용납하지 않을 것이며, 그러기에는 우리는 또한 정의와 불의에 대해 너무나 많이 알고 있기 때문이다. 정의에 대한 엄밀한 이론적 물음이 제기되기 이전에 인간은 정의의 실천에 대한 현실적 생의 절실한 요구를 직감하고, 이에 실천적 의지로서의 정의를 탐구하기 시작했던 것이다. 문제의 근원을 돌이켜 보는 것은 언제나 현재의 부실함을 보완받기 위함이라고 생각된다. 고대에 있어서 정의는 하나의 윤리적 덕으로서 주체의 존재 방식을 의미하는 데서 출발했다. 정의의 실현을 바라는 주체적인 의욕으로서 실천적인 의지로서의 정의의 덕은 '과다(過多)를 탐하지 말라'는 주체적인 존재 방식이었다. 기독교에서 사랑이 정의와 긴밀한 관련 속에

---

80 Ibid., p.18.

나타나는 것도 바로 이러한 실천적인 맥락 속에서 이해되어야 할 것이다. 그러나 정의의 역사가 지향해 온 객체적 정의에의 일변도는 드디어 주체적인 덕으로서의 정의에 대한 망각과 상실을 초래한 것이다. 더욱이 오늘날과 같은 도덕의 부재 속에서 정의감의 빈곤을 절감하는 우리에게는 역사적으로 중대한 상황에 처해 있는 주체로서의 자각과 자신의 과대한 탐욕을 거절할 줄 아는 정의로운 에토스(ethos)가 요청되는 것이다. 정의의 문제를 주체적인 덕으로서의 정의의 문제로 환언하는 그리스적, 기독교적인 고전적 휴머니즘의 정의론 가운데 특히 귀중한 교훈은 정의를 실천적으로 해석한다는 점에 있다고 하겠다.

자신에게 과대한 탐욕을 삼가고 '각자에게 그의 몫을 주려는 항구 불변의 의지'는 오늘날 모든 사람이 공유해야 할 실천적 의지로서 요청된다. 나아가서 이러한 요청은 사회적 현실을 주도해 나가는 세력의 의지, 즉 사회 정의가 입법화되고 현실적으로 집행되는 현장에서 작용하는 의지에 더욱 중대한 관련을 갖는다. 정의의 입법과 집행에 대한 신뢰의 궁극적 근거도 결국 입법자와 집행자의 정의로운 의지에 대한 신뢰를 의미하기 때문이다. 사회의 성립에서뿐만 아니라 정의로운 사회의 형성을 위해서도 최소한의 사회적 권위의 도입은 불가피하다. 우리는 그러한 사회적 권위가 정의의 보다 조직적이고 강력한 실현을 보여줄 것을 기대한다. 그런데 이러한 기대의 바람직한 성취는 코잉의 말대로 사회적 목적에 의한 권력의 자기 제한을 동반함으로써만 이루어질 수 있다. 바로 이러한 점에서 '각자에게 그의 몫을 돌리는 항구 불변의 의지'로서의 정의는 가장 귀중한 실천적 합의를 갖는다고 생각된다.

롤즈의 정의론 개요[*]

1. 정의론의 반향

하버드 대학의 철학 교수인 존 롤즈(John Rawls)는 근 20여 년 동안 정의의 문제만을 파고든 단일 주제의 철학자로 알려져 있다. 1958년 「공정으로서의 정의」라는 논문을 발표한 뒤, 그의 관심은 사회정의 개념에 대한 현대적 해석 문제에 집중되어 「분배적 정의」, 「시민 불복종」, 「정의감」 등 여러 논문들을 발표하여 주목을 끌기 시작했고, 그러한 글들에서 단편적으로 제시된 생각들의 요지를 일관되게 정리함으로써 그야말로 20여 년에 걸친 탐구의 결실로서 나타난 것이 바로 그의 대저 『정의론』[1]이다.

1971년 출판된 이래 이 저서가 받게 된 그 광범위한 관심과 명성은 아무

＊ 이 논문은 『현대의 사회 사상가』(민음사, 1979)에 「J. 롤즈」라는 제목으로 게재된 것임.

1 J. Rawls, *A Theory of Justice*(Cambridge, Harvard University Press, 1971), 황경식 역, 『사회정의론』, 서광사, 1979 참조.

도 감히 예견할 수가 없었다. 정의에 관한 논문이 처음으로 학술지에 발표된 이래 그와 관련된 몇 차례의 발표 논문을 통해서 롤즈의 정의론의 발전 과정에 친숙해 있는 도덕 및 정치 철학자들 가운데에서도 감히 그러한 예견을 한 자는 아무도 없었다. 이러한 예상 외의 수확에 대해 영미 철학계는 이를 세기적 대작으로 평가하면서 최고의 찬사를 아끼지 않았다. 윤리학자 햄프셔(S. Hampshire)와 워녹(G. J. Warnock)은 각각 이를 "대전(大戰) 이후 도덕철학에 있어서 가장 중요하고 의의 있는 기여"요 "정치 이론에 있어서 무비의 공헌"[2]으로 단정하였으며, 경제학자 애로우(K. Arrow)는 이것이야말로 현대에 있어서의 정의 개념에 대한 가장 심오한 연구라 하였고, 철학자 파인버그(J. Feinberg)는 이 저서에 철학적 고전의 위치를 부여하기를 꺼리지 않았던 것이다.[3]

롤즈가 보여주고 있는 정연하고도 심오한 이론 전개에 비추어 볼 때 학계의 이러한 반응은 당연한 것으로 볼 수도 있을 것이다. 그러나 『정의론』의 파문은 단지 학계에만 국한된 것이 아니었다. 영미의 분석철학적인 전통 속에서 아무리 학계의 대단한 평가를 받은 자일지라도 롤즈처럼 『뉴욕 타임스』 및 『런던 타임스』를 위시하여 『이코노미스트』, 『네이션』, 『스펙테이터』, 『뉴 리퍼블릭』 등의 일반 잡지와 신문들이 경쟁하듯 서평과 특집을 싣는 등 그와 같은 실로 파격적인 반응을 불러일으킨 자는 없을 것이다. 『뉴욕 타임스』 서평은 롤즈의 『정의론』에 내재해 있는 정치적 함의는 결국 우리의 생활 방식마저 바꾸어 놓으리라고까지 극언하고 있다.

롤즈의 저서가 불러일으킨 이같이 비상하게 폭넓은 관심에 대해서는 여

---

2 Samuel Gorovitz, "John Rawls: A Theory of Justice", p.272 참조.
3 김여수, 「현대사회의 정의는 무엇인가」, 『월간중앙』(1976), 서두 참조.

러 가지 점에서 설명이 가능할 것이다. 한 가지 분명한 점은 수많은 독자들이 그의 책 속에서 단순한 언어 분석적인 도덕 및 정치 철학이 아니라 실질적인(substantive) 도덕 및 정치 철학이라는 더 오랜 전통에의 다행스러운 복귀를 발견했기 때문이다. 적어도 일반인들에게는 현대의 분석철학적인 방법이 도덕적, 정치적 언어의 의미나 그 정의적(情意的) 기능만을 분석하는 데만 골몰한 나머지 사회윤리의 규범적 문제는 이미 포기해 버린 지 오랜 것으로 생각되었다. 그러나 롤즈의 『정의론』은 코헨(Marshall Cohen)의 지적대로 영미의 정치철학적인 전통이 사멸되었으리라는 오랜 의혹에 대한 설득력 있는 반증을 보여준 셈이다.[4] 『뉴욕 타임스』도 적고 있듯이, 그의 저서는 J. S. 밀과 시지윅 이래로 출간된 것들 중에서 그러한 전통에 대한 가장 현저한 기여라고 주장될 수 있을 것이다.

롤즈의 저서가 그와 같은 광범위한 호소력을 갖게 된 데는 또 다른 이유가 지적될 수 있을 것이다. 사회과학적인 다양한 자료들에 입각함으로써 롤즈는 그의 책을 보다 폭넓은 독자들에게 공개하고 있다. 코헨의 말과 같이 롤즈는 흄과 스미스, 벤담 그리고 밀의 전통을 재현시킴으로써 그의 정치적인 이론 구성을 도덕심리학 및 법학과 경제학의 기본 탐구와 관련시킬 것을 내세우고 있다.[5] 전문적인 철학자들의 개념 장치에 친숙한 자들보다는 제반 사회과학의 개념이나 이론에 익숙해 있는 자가 훨씬 더 많을 뿐만 아니라 경험 과학적인 준거점이 많은 것은 그만큼 그 이론의 현실성을 보장하는 것이기 때문이다.

나아가서 『정의론』은 단순히 사회과학에 의존할 뿐만 아니라 반대로 그

---

4 "The Social Contract Explained and Defended", *New York Times Book Review*(July 16, 1972).
5 Ibid., p.1.

사회과학의 내용을 더 풍요하게 해주리라는 기대도 안겨준다. 이러한 점은 비학술지의 많은 편집자들에게까지 관심의 대상이 되어 온 것은 물론 전문적인 사회과학자들의 흥미를 불러일으킴으로써 정의론이 각종 전문 학술지의 특집 및 심포지엄이나 정치학자, 경제학자, 법학자 들의 토론에 있어서 주제가 되고 있다는 사실에서도 짐작할 수가 있다.

그런데 실질적인 도덕 및 정치 철학적 전통에의 롤즈의 복귀는 그것이 받게 된 엄청난 대접과 가장 관계가 깊다고 생각되는 또 다른 측면을 갖는다. 롤즈가 그에 속하는 실질적인 정치철학적 전통에 있어서의 대부분의 저작들은 상당한 이데올로기상의 중대성을 지니고 있다. 그들은 그들 당대의 지배적인 도덕 및 정치적 이념을 그 이론 구성에 고려함으로써 그 이론을 일관되게 함은 물론 수세기를 지속하는 설득력을 부여하게 된 것이다. 당대의 과학적 방법의 모델 및 사회과학의 성과들에 의거함으로써 그들은 합리적인 사람이면 누구나 다 받아들이게 될 지배적인 견해를 제시하려 했던 것이다.

『정의론』에 있어서 롤즈의 목표도 그와 유사한 이념상의 함의를 지니고 있다. 그의 의도는 우선 우리의 시대를 지배하는 도덕적, 정치적 입장의 근저에 깔린 정의의 원칙들을 밝히고자 한다. 그리고 또한 이 원칙들이 모든 사람들이 그 공정함에 합의하게 될 선택 절차의 결과로 인정될 수 있는 것(공정으로서의 정의)임을 증명하고자 한다. 또한 우리가 사회과학으로부터 모든 지식을 갖게 될 경우에도 그러한 원칙들은 쓸 만한 사회 체제를 표현해 주고 있음을 해명하고자 한다.

그런데 이들 원칙에 반영되고 있는 우리 시대의 지배적인 도덕적, 정치적 이념은 물론 자유주의의 이데올로기이다. 하지만 그것은 자유 방임적인 고전적 자유주의의 재현일 수는 없으며, 평등주의적인 복지 이론과 양립 가능한 자유주의일 것이다. 따라서 그것은 18, 19세기를 지배했던 것보다는 더 평등주의적인 자유주의일 것이나 그래도 그것은 역시 자유주의인 것이다. 그래서 롤즈는 이러한 자유주의에 대해 일관성 있고 설득력 있는 이론 체계를 구성하는 데 자신의 목표를 두고 있다.

더욱이 이러한 롤즈의 목표가 비상한 관심을 모으고 있는 배경에는 『정의론』이 정치적 투쟁과 의혹의 소용돌이 속에서 자유주의에 대한 심각한 도전의 시기에 발간되었다는 데 있다. 이 저서의 전편에 깔린 주제는 풍요 속에서의 빈곤에 대한 새로운 의식, 인종 차별을 제거하기 위한 민권 운동, 월남전의 고민 등으로 인한 사회적 동요에 직면했던 1960년대 서구 사회의 관심과 일치하였던 것이다. 이러한 일련의 현상들은 수많은 사람들이 기존의 정치 사회제도 및 정책과 대립하는 결과에 이르게 하였으며, 또한 기존 제도의 정의 여부에 대한 근본적인 문제와 자유, 기회 및 다른 사회적 가치들의 분배에 대한 문제, 그리고 정치 권력의 정의로운 행사에 대한 기본적 문제들 등 정의로운 사회의 기준에 대한 철학적 문제를 새로이 제기하지 않을 수 없게 했던 것이다.[6]

물론 롤즈의 저서가 이와 같이 시의에 적합한 이념적인 의의를 지닌다고 해서 그가 현상(status quo)을 유지하기 위한 논변가에 그친다고 결론짓는 것은 지극히 부당한 일이다. 물론 루크스(Steven Lukes)의 지적과도 같이 자유주의에 대한 롤즈의 옹호에는 이데올로기적인 편견이 없는 바는 아니다. 정의로운 사회를 겨냥하기 위해 영원의 상(相) 아래 서고자 하는 그의 야심에도 불구하고, 지금까지의 정의의 이론들이 모두 어떤 특정한 정치적, 도덕적인 입장을 표현하고 있듯이, 그의 입장 역시 어떤 하나의 정의론 — 자유주의적 민주주의의 정의론을 제시하는 쪽으로 기울고 있는지

---

6 Norman Daniels, *Reading Rawls*(New York, 1976), Introduction xiii 참조.

도 모를 일이다.[7]

하지만 롤즈의 방대하고 심오한 이론 체계에 대해 모든 평자들의 해석이 일치하고 있는 것은 아니다. 어떤 사람은 롤즈가 제시한 자유주의적 입장이 너무 평등주의적이라 하고 어떤 이는 충분히 평등주의적이지 못하다 하여 그것이 그릇되었다고 논하고 있다. 이 밖에도 그의 다면체적 이론 체계에 함축된 다양한 주제들에 대해 갖가지의 논평들이 대립하고 있는 실정이다. 롤즈의 저서는 폭넓은 독자와 이념적인 중대성을 지니고 있는 까닭에 그에 대한 체계적이고 비판적인 평가는 더없이 중요한 일이나 그의 학문적인 업적 전반에 관한 전체적인 평가는 앞으로 더 시간을 기다려 얻어질 것으로 생각된다.

단지 우리는 여기에서 롤즈의 정의론이 갖는 중요한 몇 가지 측면에만 주목함으로써 그의 의도에 가까이 접근, 우호적인 이해를 시도하기로 한다. 이를 위해 우선 그가 비판의 표적으로 삼고 있는 공리주의의 허실을 살피고, 자기가 제시하는 새로운 정의론의 방법론적 기초로서 계약론적 접근 방식을 알아본 뒤 이를 기초로 해서 도출되는 정의의 두 원칙을 해명하고, 끝으로 롤즈의 이론 체계에 있어서 문제가 될 수 있는 대목들을 지적, 그에 대한 가능한 몇 가지 비판을 소개해 보기로 한다.

2. 공리주의 비판

도덕 및 정치 철학에 있어서 논의의 주요한 영역을 크게 두 가지로 구분한다면, 하나는 도덕적, 정치적 개념의 의미와 기능에 관한 논리적인 문제

---

7 Steven Lukes, "An Archimedean Point", *Observer Review*(June 4, 1972).

요, 다른 하나는 행위의 기준이나 당위의 근거를 다루는 규범적인 문제이다. 롤즈의 저서에서 첫 번째 문제는 단지 주변적으로만 언급될 뿐 주제적으로 논의되는 것은 대체로 두 번째 문제이며, 그것도 더 광범한 의미 연관속에서, 즉 경제 이론이나 정치철학 혹은 도덕심리학 등의 다양한 사회과학적 문맥 속에서 더 구체적으로 다루어지고 있다.

사실상 두 번째 문제는 도덕철학의 역사에 있어서 가장 중요한 것으로서 이에 있어서 근세 이후 적어도 영어 문화권의 학자들 간에 가장 지배적인 이론은 공리주의(utilitarianism)라 할 수 있을 것이다. 그런데 롤즈는 바로 이러한 공리주의에 불만을 갖고서 그에 대한 유력한 대안을 제시하고자 한다. 롤즈에 의하면, 역사적으로 볼 때 공리주의에 견줄 만한 가장 널리 알려져 있는 대안은 직관주의(intuitionism)이다. 그는 직관주의를, 올바른 행위의 기본 원리가 두 개 이상임을 내세우는 입장으로 이해하고서 이러한 다원주의 혹은 직관주의는 대체로 두 가지 결함을 갖게 된다고 생각한다. 첫째로 그것은 도덕 원칙들이 도덕적 직관에 주어지는 자명한 전제라고 주장할 뿐 그 원칙에 따라야 할 이유나 근거를 설명할 수가 없다는 점이다. 둘째로 그것은 특정한 상황에 있어서 둘 이상의 원칙들이 상충하는 행위를 지시할 경우 이를 해결해 줄 명확한 지침을 제시하지 못한다는 점이다.[8]

이와 대조적으로 시지윅 및 소위 이상적 공리주의자로 알려진 래시덜과 무어를 제외한 대부분의 공리주의자들은 도덕 원칙들을 욕구나 감정 등 인간 심리의 요인에 기초함으로써 직관주의의 첫 번째 난점에 대처하고자 한다. 또한 대부분의 공리주의자들(시지윅은 이 점에 있어서도 역시 두드러

---

8   J. Rawls, *A Theory of Justice*, §7:34-40 참조.

진 예외인데)은 도덕의 원칙들을 정당화해 줄 유일한 기본 원리로서, 다시 말하면 원칙들 간의 상충을 해결해 줄 절대적 기준으로서 공리의 원리를 제시함으로써 두 번째의 난점도 피하고자 한다. 그러나 롤즈의 생각대로 이러한 공리주의 역시 피할 수 없는 중대한 결함을 가질 경우 우리는 직관주의가 당면한 난점에 대처할 또 다른 방법을 찾지 않을 수 없다. 따라서 롤즈의 새로운 시도는, 만일 그것이 성공할 경우 도덕철학사에 새로운 장을 열게 되는 셈이다.

롤즈는 직관주의의 첫번째 난점을 극복하기 위해 단순히 직관에 의존함이 없이 정의의 원칙에 도달하는 방법으로서 계약론적 가설을 제시하고 있다. 만일 이것에 성공할 경우 그 성과는 대단할 것으로 예상되는데, 왜냐하면 그것은 직관주의가 설명하지 못하는 점을 설명해 줄 수 있을 뿐만 아니라, 정의의 원칙의 실질적인 내용에 관한 현실적인 불일치도 해소해 줄 것이기 때문이다. 첫 번째 문제점에 대한 공리주의적 해결 방식의 난점과 그 대안으로서 롤즈의 계약론적 접근 방식에 관해서는 다음 절에서 상론될 것이므로 이 절에서는 두 번째 문제에만 주목해 보기로 한다.

원칙들 간의 상충 문제를 다루는 두 번째 문제를 롤즈는, 그것이 특정한 상황에서 상충하는 도덕 원칙들 간의 우열을 가리는 것이라 하여 우선성(priority) 문제라 부르고 있다.[9] 공리주의는 우선성 문제를 해결해 줄 합리적 방도를, 공리의 원칙을 최고의 법정으로 봄으로써 구하고자 한다. 따라서 공리주의에 의하면 특정 상황에 있어서 도덕의 원칙들이 상충하는 행위를 제시할 경우 옳은 행위는 일반이 행복에 최대의 기여를 할(최대 다수의 최대 행복을 도모해 줄) 가능성이 가장 큰 것이 된다. 이러한 단일 원칙

---

9 Ibid., §8:40–45 참조.

의 도덕 체계는 직관주의의 도덕 체계에 견주어 볼 때 지극히 매력적인 것이긴 하나 이에 대해서도 역사적으로 여러 가지 난점이 지적되어 오고 있다.

이러한 공리주의적 해결책의 주된 난점은 어떤 도덕 원칙들 특히 정의의 어떤 측면은 공리에 의거하지 않는다는 점이다. 이러한 원칙들이 다른 원칙들과 대립할 경우 단순한 공리에의 호소는 부당한 것이 된다. 사실상 현실적으로 가장 심각한 상충점은 공리주의의 이론 바로 그 속에서도 나타난다. 그 이론은 사실상 두 개의 원칙으로 이루어지는데, 하나는 행복의 전체 총량의 최대 증가를 명하는 것이고, 다른 하나는 가능한 한 많은 사람들이 행복을 향유하게 하라는 원칙이다. 그런데 이러한 두 개의 원칙은 상충할 수 있으며, 특정한 상황에서 어떤 개인이나 입법자는 두 개의 상이한 정책 간에 선택해야 하는 문제에 봉착하게 된다. 하나는 총체적인 국부(國富)의 증가를 가져오는 것이요, 다른 하나는 그것의 더 광범위한 분배를 도모하는 것이다. 어떤 정책이 선택될 것인가에 대해 공리주의는 답변하기가 어렵다.[10]

물론 어떤 형태의 공리주의는 이러한 문제의 해결에 있어서 고전적 공리주의보다 더 유리한 위치에 있을 수 있다. 만일 선(善)의 최대치를 실현하는 것(산출하는 것이 아니라)을 더 고차적인 유일의 지배 원리로 내세우는 공리주의가 있다면 거기에서는 행복의 수단을 산출하는 것에 못지않게 행복의 광범한 혹은 평등한 분배도 선을 구현하는 방법이 될 수가 있다. 그러나 이러한 공리주의에 있어서도 증가된 총체 행복의 선과 광범위한 분배의 선을 통약적으로 측정할 수 있는 방도가 결정되어야 하는 실제상의 난점이

---

10 D. D. Raphael, "Critical Notice", *Mind*(1977), p.118.

있게 된다.[11] 또한 우리는 처음에 무엇이 옳음인가를 결정해야 하는 문제로 출발했는데, 여기에서는 단지 '옳음'을 '좋음(善)'으로 말만 바꾼 상태로 남아 있을 뿐 사실상 문제 자체는 그대로 남아 있는 셈인 것이다.

설사 공리주의가 그 이론 체계 속에 이론적인 난점이 없는 정합적인 이론이 된다 할지라도 정의의 관점에 서서 공리주의에 반대하는 자들은 그것이 우리가 부정의한 것으로 알고 있는 그런 종류의 행위를 허용하거나 허용할 수 있다는 것을 근거로 공리주의를 지지할 수 없다고 한다. 예를 들면 우리는 행복의 최대치가 산출되고, 그것이 최대 다수에게 분배되고 있기는 하나 이러한 상태가 소수자를 노예화함으로써 얻어지고 있는 경우를 생각해 볼 수가 있다. 그런데 이러한 사태가 사실상 공리주의에 있어서 일어날 수 없다는 공리주의자 나름의 변명은 설득력이 없는 것이다. 왜냐하면 공리주의의 원칙으로는 그러한 가능성을 완전히 배제할 수가 없으며, 공리주의는 원리상 노예제도와 같은 부정의한 제도와 양립 가능하기 때문이다.[12]

이 밖에도 공리주의에 대한 비판자들은 공리주의가 허용하고 있다고 생각되는, 도덕적으로 부당한 행위들의 더 많은 사례들을 제시해 왔는데, 예를 들면 약속의 불이행, 무죄자의 처벌, 소수인의 인권 유린 등이 그것이다. 공리주의의 옹호자들은 이러한 행위가 그 이론에 의해 허용되지 않을 뿐만 아니라 오히려 그것을 금지하고 있음을 보이기 위해 그들의 이론을 끊임없이 수정, 재구성해 온 것이다. 그러나 아직도 도덕 이론으로서의 공리주의의 적합성을 의심하게 하는 것으로서는 개인의 권리나 공정성 등에 대한 우리의 직관적 신념에 비친 공리주의에의 불만족인 것이다.[13] 하지만

11 Ibid., p.125.
12 Samuel Gorovitz, op. cit., p.275.

다른 대안들에 비추어서 도덕 이론으로서의 공리주의가 갖는 상대적 장점이 돋보여 온 것은 바로 그에 대적할 만한 현실성 있고 이론 정연한 대안이 마련되지 않았기 때문이다.

이상과 같은 문제사적인 전후 관계 속에서 롤즈는 자신의 정의론이 단지 공리주의에 대한 비판적인 공격의 하나일 뿐만 아니라, 그것에 대한 현실성 있고 이론 정연한 하나의 대안적 입장이고자 한다. 직관주의와는 달리 롤즈는 경우에 따른 정의와 부정의에 대한 직관적 생각에 의존하는 데 만족하지 않는다. 물론 그도 정의에 대한 우리의 직관적 신념의 존재나 그 정당성을 의심하는 것은 아니고, 오히려 그것을 우리의 정의감에 대한 체계적인 설명으로서의 정의론에 대한 증거로 삼고자 한다.

특히 이러한 직관적 신념의 중핵을 이루는 것은 기독교 윤리에서 근대의 인권 선언에 이르는 전통을 일관하는 인간의 존엄성에 관한 것으로서 "너 자신을 포함한 모든 인간에 있어서의 인간성을 항상 동시에 목적으로서 대우하고 결코 단순한 수단으로서 사용하지 말라"는 칸트의 실천 이성의 근본 법칙을 거쳐 "모든 인간은 사회 전체의 복지라는 명목 아래서도 유린될 수 없는 정의에 입각한 불가침성(inviolability)을 소유하고 있으며, 정의에 의해 보장되는 이러한 기본권은 더 이상 정치적 흥정이나 사회적 이득의 계산에 희생 되어서는 안 된다"[14]는 롤즈의 기본적 신념 속에 강력한 표현을 얻고 있는 것이다.

롤즈에 의하면 고전적 공리주의의 치명적 약점은 그것이 인간의 기본권을 유린하는 최악의 제도인 노예제도에 대한 결정적 봉쇄를 하지 못한다는 점에 있다고 지적하면서 욕망과 쾌락의 극대화를 가져오는 제도는 정의롭

---

13 Ibid., p.276.
14 J. Rawls, *A Theory of Justice*, p.3.

다는 견해를 반박하고 있다. 그에 의하면 정의란 계산의 결과가 아니라, 모든 계산의 전제가 되어야 하기 때문이다. 그런데 공리주의는 노예제도가 부정의한 근거로서, 그것이 노예 주인에게 주는 이득이 노예에게 주는 손실을 능가하지 않으며, 따라서 사회 전체의 이익의 극대화를 결과하지 않는다는 사실에서 구한다. 하지만 만일 노예제가 있음으로 해서 혜택 받는 계층의 쾌락이 노예들의 고통량을 능가하는 경우 공리주의는 노예제를 허용하지 않아야 할 아무런 이유도 제시하지 못할 것이다.

그러나 롤즈에 의해 공정성으로서 이해되는 정의론에 따르면 노예 소유주의 이익이나 쾌락은 아예 계산 속에 고려조차 할 수 없는 항목이라는 것이다. 왜냐하면 노예제란 그에 관련된 당사자들의 합의의 결과로써 이루어진 제도로 인정될 수가 없기 때문이다. 설사 노예제도가 결과적으로 최대 다수의 최대 행복을 가져다주는 것일지라도 "노예제도란 언제나 부정의한 것(Slavery is always unjust)"[15]으로 규탄되고 고발되어야 한다고 했다. 정의는 행복의 최대화라는 결과보다는 그 행복을 계산하는 산출 근거에 관련되어 있기 때문이다.

이상에서 살핀 바와 같이 공리주의는 우리의 직관에 자명하게 주어지는 부정의를 결정적으로 배제해 줄 수 없을 뿐만 아니라, 공리주의 원칙은 그것이 사회윤리의 지침으로서 현실에 적용되는 경우에 있어서도 피할 수 없는 문제점을 안고 있다고 롤즈는 지적한다.[16] 공리주의와 같이 행복이나 쾌락을 지배적 목적으로 하는 이론 체계가 현실의 의사 결정이나 정책 입안에 있어서 쓸모 있는 이론 장치이기 위해서는 쾌락이라는 개념이 기대하

15 Ibid., p.96.
16 공리주의에 대한 롤즈의 비판에 관해서는 필자의 논문, 「공리주의적 복지 개념의 한계」, 『철학연구』, 제13집(1978) 참조.

는 바대로 계산의 단위로서의 기능을 제대로 발휘할 경우이다. 따라서 쾌락의 양에 대한 가측성의 문제는 공리주의의 성패가 달려 있는 관건이라 해도 과언은 아니다. 우선 쾌락이 계산척으로서의 기능을 다하기 위해서는 모든 쾌락이 동질적인 것이든가, 이질적인 경우에는 그들을 통산할 수 있는 환산의 기준이 있어야 한다. 또한 흔히 논의되어 왔던 것으로서, 개인간에 있어서 쾌락이나 효용의 비교 가능성의 문제도 쾌락의 가측성과 밀접한 관련을 갖는 것이다.

우선 롤즈는 쾌락에 있어서는 강도나 지속성과 같이 쾌락의 양적 차원뿐만 아니라 질적으로 상이한, 따라서 비교 불가능한 여러 종류의 쾌락이 있다는 밀의 통찰에 동의하는 동시에 다시금 이러한 상이한 차원의 쾌락들이 갈등할 경우 우리는 무엇으로 그 우열을 가릴 것인가를 묻는다. 또한 양적인 차원에 있어서도 짧고 강한 쾌락과 길고 여린 쾌락 간의 비교 또한 그리 단순하지는 않다는 것이다. 나아가서 벤담이나 밀과 같은 쾌락주의자들은 쾌락과 고통이 서로 정확히 반대가를 가진 것으로 보아 그 상쇄의 결과로서 쾌락의 극대화를 말하고 있으나, 그 양자가 갖는 상대적 가치도 재고되어야 할 것으로 생각된다고 한다.

또한 사회 전체에 적용될 경우 공리주의는 모든 성원의 쾌락에 대한 산술적 총화의 극대화를 주장한다. 따라서 공리주의에 있어서는 그러한 쾌락에 대한 아주 정확한 측정이 가능하다고 전제되어야 할 뿐만 아니라, 그러한 측정이 개인간의 비교에 있어서도 의미가 있어야 한다. 그러나 개인간의 능력 및 목적이나 가치관의 다양성을 감안한다면, 그러한 비교적 평가는 다분히 측정자의 직관에 내맡겨질 수도 있으며, 더욱이 그 타당성이 의심스러운 편견과 이기심에 그 바탕을 둘 수도 있다. 우리가 개인간의 행복을 비교하는 일을 실제로 행하고 있다는 단지 그 이유로 해서 그러한 비교의 근거를 타당한 것으로 받아들여야 함을 의미하지는 않는다. 이러한 문제를 해결하기 위해서 우리는 이러한 판단들을 설명하고 그 근저에 깔린 규준을 제시할 필요가 있으나 공리주의적 관점에서 볼 때 만족스러운 해답을 기대하기는 어려운 것이다.

결국 우리가 각 개인의 효용가(效用價)나 쾌락을 측정할 수 있다고 가정할지라도 쾌락에 대한 개인간의 비교(interpersonal comparison)가 이루어지지 않을 경우 전체 쾌락의 계산은 이루어질 수가 없는 것이다. 따라서 공리주의자 및 이를 계승한 후생 경제학자들은 모든 개인이 쾌락에 대한 유사한 능력을 갖는다는 표준적 가정(standard assumption)을 하지 않을 수 없게 된다. 그들의 가정에 의하면 사람들은 한계 효용 체감의 조건을 만족시키는 유사한 효용 함수 체계를 갖는다는 것이다. 그러나 사실상 개인간의 비교의 척도를 마련하기 위해 이상과 같은 의심스러운 가정에 힘입는다는 것은 롤즈에 의하면 지나친 대가를 치르는 것으로 생각된다.[17] 결국 롤즈는 이상과 같은 공리주의의 난점들은 그것이 목적론적인 이론 구성에서 유래하는바 불가피한 것으로 규정하고 정의에 대한 합당한 고려를 보장할 뿐만 아니라, 이상의 난점들을 이겨내는 윤리 체계의 구성을 위해서는 새로운 바탕이 마련되지 않으면 안 된다고 역설하고 있다.

3. 계약론적 접근

롤즈는 중세 이후 도덕 및 정치 철학에 있어서 체계적인 이론을 전개한 두 가지 주요 전통을 구분하고 있다. 그중 하나는 흄, 스미스, 벤담, 밀, 시지윅, 에지워스(Edgeworth) 및 기타 현대의 많은 철학자와 사회과학자들

---

17 J. Rawls, *A Theory of Justice*, p.324.

이 가담하고 있는 공리주의적 전통으로서 이미 말한 바와 같이 롤즈는 이를 지금까지 여러 형태로 전개되어 오는 가운데 명료하고 체계적인 합리적 도덕관을 제시하는 유일한 윤리설로 간주하고 있다. 그러나 이미 논의된 바와 같이 공리주의가 갖는 여러 가지 난점으로 인해 롤즈의 정의론은 바로 그러한 입장에 대한 하나의 대안으로서 기획된 것이다.

또 다른 하나의 전통은 홉스, 로크, 루소, 칸트 등에 의해 계승되어 온 계약론적인 전통으로서 롤즈에 의하면 이는 공리주의의 전통만큼 체계적으로 발전, 전개된 일이 없으며, 그는 자신의 목적 중 하나가 바로 이러한 사정의 개선에 있다는 것이다. 따라서 롤즈의 정의론에 있어서 가장 특징적인 측면 중의 하나는 사회계약론적인 전통을 새로운 차원에서 재활시키려는 시도로서, 그는 자신의 이론이 고전적 계약론의 입장을 일반화한 것이요 고도의 추상적 수준에서 재구성한 것으로서 간주하고 있다.[18]

롤즈에 의하면 사회제도의 제1덕목, 다시 말하면 그것이 충족시켜야 할 가장 기본적인 도덕적 요구 조건은 정의(혹은 공정성)이다. 그래서 사회의 모든 성원들(더 정확히 말하면 혈통을 대표하는 가장들)이 그들 제도를 지배하게 될 일반적 법칙들에 합의해야 할 경우를 상정할 때 고전적 계약론에서 당사자들이 자연 상태로부터 계약을 통해서 시민 사회를 형성하듯이 롤즈의 계약론에서는 당사자들이 가설적인 입장에서 정의의 원칙을 선택하게 되는 것이다.

그런데 롤즈에 의하면 가능한 모든 사회가 다 정의의 원칙을 요구하는 것이 아니며, 어떤 사회에 있어서 정의의 원칙에 대한 필요성이 생기게 하는 데는 배경적 조건이 있다는 것이다. 그 객관적 여건으로서 중요한 것은

---

18 Ibid., p.11.

자원의 적절한 부족 상태(moderate scarcity)로서 여러 가지 자원이 협동 체제가 필요 없을 정도로 풍족한 것도 아니며, 보람 있는 협동체가 결렬되기 마련일 정도로 궁핍한 것이어서도 안 된다는 것이다. 또한 주관적인 여건으로서의 협동의 주체들, 즉 협동하는 당사자들이 자신의 이해 관계는 냉정히 따지지만 상대방의 이해 관계에는 비교적 무관심한 자들로서, 이 여건은 상호 무관심성(mutual disinterestedness)이라 할 수 있다.[19]

결국 요약해서 말하면 적절한 부족 상태하에서 상호 무관심한 자들이 사회적 이익에 대해 상충하는 요구를 제시할 경우 정의의 여건이 성립한다고 말할 수 있을 것이다. 물론 사회란 상호 이익을 위한 협동체이기는 하나 정의의 문제는 이해의 상충을 해결하기 위해 더욱 필요하게 된다. 그래서 자연 상태에 있는 일단의 사람들은 상호 일치되는 이해 관계뿐만 아니라, 상반되는 이해 관계도 갖는 것으로 생각된다. 따라서 이들이 하나의 협동 체제를 실현시키고자 할 때 이들 상반되는 이해 관계 사이의 조정이 불가피하게 되며, 이 조정의 원칙이 곧 사회정의의 원칙이 되는 것이다.

그런데 롤즈는 이러한 자연 상태로부터 합의된 정의의 원칙이 도덕적으로 합당한 것이 되게 하기 위해서는 거기서 합의될 정의의 원칙이 갖추어야 할 몇 가지 형식적 제약 조건들을 규정해야 하며, 나아가서 계약 당사자가 갖추어야 할 자격 조건에 대한 규정이 필요하다고 한다. 우선 정의의 원칙이 갖추어야 할 형식상의 조건들로서 다음과 같은 다섯 가지를 들고 있다. 첫째, 모든 원칙은 그 표현에 있어서 일반적이어야 하며, 어떠한 고유 명사나 특정한 설명이 감추어진 것이어서는 안 된다. 둘째, 원칙들은 적용에 있어서 보편적이어야 하는 까닭에 모든 사람이 그것에 따르게 되는 결

---

19 Ibid., §22:126-30 참조.

과에 비추어서 그 원칙들이 선택되어야 한다. 세 번째 조건은 계약론적인 입장으로부터 자연히 생겨나는 것으로서 공지성(公知性)이라는 조건이다. 모든 당사자들은 자신이 공공적 정의관을 위한 원칙을 선택하고 있음을 알아야 하며, 어떤 이의 무지를 전제로 택해서는 안 된다. 네 번째 조건은 정의관을 구성하는 원칙들 간에는 축차적 서열이 매겨져야 하며, 이로 인해서 상충하는 요구의 서열이 정해진다는 것이다. 마지막 다섯째 조건은 최종성(最終性)이라는 조건으로서 이로 인해 당사자들은 원칙의 체계를 실생활의 판단에 있어 최종적 법정으로 평가하게 되고, 더 이상의 고차적인 기준이 없어야 한다는 것이다.[20]

이상의 형식적인 제한 조건을 충족시키는 대안들의 목록 가운데서 이제 당사자들은 자신이 속하게 될 사회를 규제해 주는 정의의 원칙들을 택하게 된다. 그런데 롤즈는 당사자들이 여러 대안들을 평가함에 있어 갖추어야 할 일정한 자격 조건을 규정하고, 이러한 조건을 갖춘 도덕적 관점을 원초적 입장(original position)이라 부르고, 이는 전통적인 계약론에서 자연상태라고 불렀던, 계약이 문제되는 최초의 상황에 대한 철학적으로 합당한 해석이라는 것이다. 이는 대체로 두 가지 조건으로 규정되는데, 하나는 당사자들의 인지상의 조건으로서 무지의 베일이라 규정하고, 다른 하나는 동기상의 조건으로서 상호 무관심적 합리성이라 하였다.[21]

그리스 신화에 있어서 정의의 여신인 디케(Diké)가 봉사(blind)였음을 연상케 하는 것이 첫 번째 조건인 무지의 베일(veil of ignorance)이다.[22]

---

20 Ibid., §23:130-36 참조.
21 도덕적 입장의 유형으로서 롤즈의 원초적 입장으로 대표되는 합리적 계약자의 모델과 이상적 관망자를 내세우는 공리주의의 모델을 대조적으로 이해하기 위해서는 필자의 논문, 「도덕판단의 성립 요건」, 『철학연구』, 제12집(1978) 참조.

롤즈에 의하면 원초적 입장이라는 관념은 거기에서 합의된 어떤 원칙도 정의로운 것이 되는바, 공정한 절차를 설정하기 위한 것이다. 그래서 우리는 사람들을 불화하게 하고 그들의 사회적, 자연적 여건을 그들 자신에게 유리하게 하도록 유혹하는 특수한 우연성의 결과들을 무효화시켜야 하며, 그러기 위해서는 당사자들이 무지의 베일 속에 있다고 가정해야만 한다. 여러 대안들이 그들의 특정한 처지에 어떤 영향을 미칠 것인가를 그들이 몰라야 하며, 일반적인 고려 사항만을 기초로 해서 원칙들을 평가해야만 한다.

우선 무지의 베일로 인해서 배제되는 지식은 특정한 사실에 관한 것으로서 각자는 사회에 있어서 자기의 지위나 계층을 모르며, 천부적 재능이나 체력을 어떻게 타고날지 자신의 운수를 모른다고 가정된다. 이러한 우연적 요소들은 아무런 도덕적 가치를 갖지 못하는 것으로서 정의의 원칙을 선택하는 데 작용되어서는 안 된다. 나아가서 당사자들은 자신의 가치관이나 인생 계획의 세목을 모르며, 자신의 특수한 심리적 경향과 그들이 속한 사회의 특수한 사정도 모르며, 더욱이 자기가 어느 세대에 속해 있다는 사실로부터도 차단되어 있다. 단지 당사자들에게 알도록 허용된 유일한 특수 사정은 그들의 사회가 정의의 여건하에 있다는 것뿐이다.

그러나 그들이 인간 사회에 대한 일반적 사실까지도 모를 정도로 두터운 베일 속에 있어서는 안 된다. 그들은 정치 문제나 경제 이론의 원칙들을 이해하며, 사회 조직의 기초와 인간 심리의 법칙들도 알고 있으며, 또한 당사자들은 정의의 원칙을 선택하는 데 영향을 줄 모든 일반적 사실들을 안다고 가정된다. 오히려 그들은 이러한 사실들을 앎으로써 보다 현실성 있는

---

22 J. Rawls, *A Theory of Justice*, §24:136-42 참조.

정의관을 선택하게 된다. 결국 이러한 무지의 베일은 우선 합의의 문제를 단순화시키고 정의의 실질적 내용으로부터 우연성을 배제하기 위한 개념적 장치라 할 수 있다.

또 한 가지 조건은 동기상의 조건으로서 상호 무관심적 합리성(mutually disinterested rationality)[23]이다. 여기에서 롤즈가 의미하는 합리성이란 한 가지 본질적인 특성만을 제외하고는 사회 이론에 흔히 나오는 친숙한 것이다. 그래서 일반적으로 합리적인 인간은 그에게 주어진 선택지에 대한 일관된 선호의 체계를 갖는다고 생각된다. 그는 이러한 선택지들을 자신의 목적을 증진시켜 주는 정도에 따라 등급을 매기며, 자신의 욕구를 더 많이 만족시켜 주고 더 성공적으로 실현시켜 줄 가능성이 큰 것을 택하게 된다. 롤즈가 이러한 합리성에 덧붙인 특수한 가정은 합리적 인간이란 다른 사람에게 손해만 입힌다면 자신의 어떠한 손실도 선뜻 받아들이는 그러한 파괴적 심리인 시기심(envy)의 소유자도 아니요, 또한 상호간에 애정이나 동정심을 갖고 있지도 않다는 점이다.

이상의 두 가지 조건은 하나의 입장으로 결합될 경우 상쇄적인 효과를 갖게 된다. 당사자들은 서로에게 무관심하고 자신의 이익을 추구하는 합리적인 자들이기는 하나 자신의 신원이 무지의 베일에 의해 확인되지 않음으로써 공정성이 확보될 뿐만 아니라 결국 원초적 입장에 있는 자들은 타인의 선(善)까지도 고려하게 되는 결과에 이르게 된다. 나아가서 이러한 가정적 조건의 결합은 이타심과 지식을 결합시키는 모델보다 크게 능가하는 장점을 갖는다는 것이 롤즈의 주장이다. 그에 의하면 이타심과 지식이 결합되는 경우에는 지나치게 많은 지식에 의해 생기는 복잡성을 처리할 수 없

---

23 Ibid., §25:142-50 참조. 초기의 논문에서는 자리성(自利性, self-interested)이라 규정했다.

을 뿐만 아니라 이타심의 상대적인 강도 등 동기에 대한 가정이 애매하여 도대체 어떤 확정적인 이론도 성립할 수가 없다는 것이다. 결국 상호 무관심성과 무지의 베일이 결합되면 단순성, 명료성의 장점을 갖게 되는 동시에 언뜻 보기에는 도덕적으로 보다 매력적인 가정이라 생각되는 것이 갖는 결과까지도 확보해 준다는 것이다.[24]

롤즈가 계약론적 가설을 채택한 이면에는 이상과 같이 가설적 조건을 특정하게 설정함으로써 도덕 판단(moral judgement)을 사려 판단 혹은 타산 판단(prudential judgement)으로 옮겨 놓을 수가 있으며, 그럴 경우 직관에의 의존을 피하거나 적어도 줄일 수 있다는 생각이 깔려 있다. 왜냐하면 그가 설정한 계약의 가설적 조건하에 있어서는 합리적인 타산적 사려가 우리에게 명하는 바가 바로 정의가 되기 때문이다. 특정한 사실들 특히 자신의 구체적인 여건에 대한 무지의 베일이라는 조건으로 인해서 동일한 선택이 모든 사람의 타산에 맞는 까닭에 우리의 일상적인 타산 판단과는 달리 이러한 타산 판단은 동시에 보편성과 무사성(無私性)을 갖게 된다. 바로 이러한 이유로 인해서 타산 판단은 모든 사람에게 정의롭고 공정한 판단으로 간주될 수가 있다. 많은 철학자들이 타산 판단을 도덕 판단에 대치하려는 시도를 해왔다. 그러나 단순한 대치가 불가능한 것은 그 두 판단의 성격이 전혀 다른 것이기 때문이다. 흄이 지적했듯이 그들간의 본질적인 차이점 중의 하나로서 도덕적인 언어는 보편적인 관점을 취한다는 점에서 자애적(自愛的)인 언어와 구분된다는 것이다. 롤즈의 가정은 이러한 타산적 안목에 대해 보편적 관점을 부여하기 위해 고안된 것이다.[25]

---

24 Ibid., pp.148-49 참조.
25 D. D. Raphael, op. cit., pp.120-21.

그런데 롤즈는 직관을 배제하는 방법으로서, 대표적인 공리주의자들을 위시해서 경험적인 도덕철학자들이 채택했던 또 다른 방법이 있다는 것을 잘 알고 있었다. 이는 앞 절에서 지적한 직관주의에 있어 첫 번째 문제점과 관련된 것으로서 롤즈는 그에 대한 공리주의적 대안에 대해서도 비판적이다. 그것은 직관주의와는 달리 도덕 판단의 기초를 도덕심리 혹은 사회심리의 여러 요인 특히 동정심(同情心)에 두는 방법이다. 롤즈는 이러한 목적을 위해 설정된 동정적 관망자의 입장을 거부한다.[26] 그것은 사회의 이해 관계들을 단일한 개인의 이해 관계로 환원하려는 공리주의의 방도이나 롤즈는 이러한 공리주의적 입장의 난점은 그것이 개인간의 차이를 중요시하지 않음으로써 공평성(impartiality)을 몰개인성(impersonality)으로 오인하는 데 있다고 했다.

나아가서 도덕 판단을 동정심이나 다른 심리적인 요인에 기초하고자 하는 경험론적인 방법을 채택할 경우 우리는 적합한 심리적 요인과 규범적인 판단 간의 논리적인 관계를 해명해야 한다. 다시 말하면 우리는 옳은 행위의 기준을 제시해야 할 뿐만 아니라, 존재(Is)와 당위(Ought) 사이에 개재하는 도덕의 논리까지도 다루어야 하는 이중의 과제를 갖게 된다. 그러나 롤즈는 그의 계약론적 가설에 의해 도덕적 당위가 타산적 당위로 환원될 경우 그와 같은 두 번째의 과제로부터 자신은 해방될 수 있다고 생각한 것이다.[27]

여하튼 도덕 판단이 원초적 입장이라는 롤즈의 개념 장치에 의해 타산 판단으로 환원될 경우 당사자들은 어떤 선택 원칙에 의해 정의의 원칙들을 선택하게 될 것인가? 다시 말하면 원초적 입장에 있는 합리적 계약자들은

---

26 황경식, 「도덕 판단의 성립 요건」 참조.
27 D. D. Raphael, op. cit., p.123.

어떤 선택 원칙에 따라 정의로운 제도 체제를 결정할 것인가가 문제이다. 현대의 의사 결정론의 용어법상으로 볼 때 원초적 입장에서의 선택은 불확정한 상황하의 선택(decision under uncertainty)이라고 할 수 있을 것이다. 왜냐하면 가정상 당사자들은 그들이 채택할 어떤 특정한 사회 체제 아래서 그들의 개인적인 처지가 어떻게 될 것인지에 대해 알지 못하고 있기 때문이다.

그런데 불확정한 상황에서 합리적인 인간들이 의거하게 될 결정 규칙에 대해서는 의견을 달리하는 두 가지 입장이 있다.[28] 그 하나는 최소 극대화(maximin) 원리를 내세우는 입장으로서 불확정한 상황 속의 합리인(合理人)은 가능한 대안들 가운데 그들 각각이 초래할 최악의 결과 중(minimorum) 가장 다행스러운 것(maximum)이라 생각되는 대안을 선택한다는 것이다. 롤즈는 자신의 원초적 입장에서 합리적 개인들은 바로 이러한 규칙에 따라 결정을 하리라고 기대한다. 롤즈가 배척하는 다른 하나의 결정 규칙은 기대 효용 극대화(expected utility maximization)의 원칙으로서 이는 불확정한 상황의 합리인은 가능한 대안들 중 기대되는 결과의 평균 효용이 가장 큰 것을 취한다는 입장으로서 대체로 평균적 공리주의(average utilitarianism)의 논거가 되는 입장이다.

그런데 롤즈는 이러한 최소 극대화의 원리가 모든 선택 상황에 적용된다고 주장하거나 그것이 자명한 원칙이라고 생각하지 않는다. 하지만 원초적 입장에서의 합리적 전략으로서 최소 극대화의 원리를 채택하게 하는 선택 상황은 특정한 것으로서, 그것은 몇 가지 특성들을 지닌다는 것이다.[29] 이

28 John C. Harsanyi, "Can the Maximin Principle Serve as a Basis for Morality?", *The American Political Science Review*, Vol. 69 참조.

29 J. Rawls, *A Theory of Justice*, pp.154–55.

러한 특성들은 선택 상황에 대한 원초적 입장이라는 롤즈 특유의 규정 방식에서 유래하는 것으로서, 우선 그것은 무지의 베일에 의해 미래에 대한 모든 확률 계산적 근거가 차단되어 있는 까닭에 기대 효용 극대화의 원리를 중심으로 한 확률 계산적 전략이 무용한 상황이다. 또한 그것은 단 한 번의 선택으로 나를 포함한 자손만대의 장래를 결정하는 심각하고도 최종적인 선택인 까닭에 미래에 대한 비관적 전망 가운데서 신중하고도 보수적인 결정이 불가피한 그러한 상황이기도 하다는 것이다.

4. 정의의 두 원칙

롤즈는 자신이 규정한 대로의 원초적 입장의 당사자들이 사회적 가치들(자유, 소득, 권력, 기회 등)의 분배 원칙을 정함에 있어서 우선 평등(equality)의 원칙에서 시작하리라고 생각한다. 원초적 입장에 있는 당사자들의 관점에서 볼 때 그들은 무지의 베일로 인해서 자신을 위해 어떤 특정한 이익을 취할 길이 없다. 또한 그들은 자리적(自利的) 합리성으로 인해 자신에게 특수한 손해를 그대로 묵과할 이유도 없는 것이다. 따라서 그가 사회적 가치의 분배에 있어서 동등한 몫 이상을 기대한다는 것은 부당하며, 동등한 몫보다 적은 것에 동의한다는 것도 불합리한 까닭에 그가 할 수 있는 현명한 길은 평등한 분배를 요구하는 원칙을 정의의 제1원칙으로 인정하는 일이다.

그러나 롤즈는 그들이 이러한 단순한 평등의 원칙을 최종적인 것으로 받아들일 이유는 없다고 한다. 왜냐하면 만일 사회 체제에 어떤 불평등이 있음으로써 그것이 단순한 평등이 주는 수준과 비교해서 모든 사람의 처지를 보다 개선해 줄 수 있는 경우 합리인들이라면 그러한 불평등을 허용하지 않을 근거가 없기 때문이다. 당사자들은 보다 평등한 분배가 주는 당장의 이익을, 미래에 돌아올 더 큰 보상을 생각하여 투자할 수 있는 사려 깊은 합리인들이다. 그러한 불평등에 대해서 그들은 불평할 이유를 갖지 않으며, 그것은 오히려 정의라는 것을 용인하게 된다. 더욱이 당사자들은 타인과의 상대적 비교로 인해 낙담하는 시기심의 소유자가 아닌 까닭에 그들은 이러한 차등의 원칙(difference principle)에 합의하리라는 것이다.[30]

그런데 앞 절에서도 이미 지적되었듯이 롤즈는 원초적 입장이라는 불확정의 상황에 있는 당사자들은 그들의 의사 결정의 원칙으로서 최소 극대화의 원칙을 따르리라고 가정한다. 무지의 베일로 인해서 미래를 점칠 만한 확률 계산의 근거가 불충분한 까닭에, 또한 예사의 경우와는 달리 이러한 결정은 일생 일대의 중대사에 관련된 까닭에 가급적 당사자들은 비관적 관점에서 미래를 전망하고, 모험을 피하고 신중을 기하는 자들이다. 따라서 그들은 사회적 불평등이 허용될 경우 자신이 가장 불운한 자가 될 경우를 생각한다. 따라서 그러한 불평등은 자신에게 유리하게 규제되어야 할 것이며, 이를 위해서 그는 최소 수혜자(the least advantaged)의 관점에서 대안들을 평가하게 될 것이다. 그래서 불평등이란 최소 수혜자 집단의 장기적인 기대치를 극대화시키거나 적어도 그에 기여할 경우에 허용할 수가 있다는 제안이 고려된다.

이러한 추론의 과정을 통해서 우선 우리가 도달하게 될 정의 원칙의 일반적 모형은 다음과 같은 것이 된다. 즉, "모든 사회적 기본 가치 — 자유와 기회, 소득과 부 그리고 자존감의 기반 등 — 는 이러한 가치들의 일부 혹은 전부의 불평등한 분배가 최소 수혜자에게 이득을 주지 않는 한 평등하게 분배되어야 한다"는 것이다.[31]

---

30 Ibid., p.151.
31 Ibid., p.303.

그런데 롤즈는 이상에서 정식화된 일반적인 정의관에 만족하지 않고, 이보다 더 특수하게 규정되는 특수한 정의의 두 원칙에로 나아가고자 한다. 왜냐하면 이러한 일반적 입장에서는 허용될 불평등의 종류에 대한 아무런 제한이 가해지지 않고 있으며, 따라서 사회적 가치들 간의 교환에 대해서도 아무런 제한이 없는 까닭에 더 작은 자유가 더 큰 경제적 이익에 의해 보상될 수도 있게 된다. 따라서 롤즈는 이러한 사태의 극복을 위해 우선 사회적 가치들 간의 우선성 문제에 주목하고 그러한 문제를 처리할 수 있는 원칙들을 발견하고자 한다. 서열을 이루는 두 개의 원칙으로 구성되는 특수한 정의관은 바로 그러한 노력의 과정 속에서 결과되는 것이다.

원초적 입장의 당사자들이 최종적으로 채택할 정의의 두 원칙을 롤즈는 다음과 같이 제시하고 있다.[32]

제1원칙
각자는 모든 사람에 대한 유사한 자유의 체계와 양립 가능한 평등한 기본적 자유의 가장 광범한 총체 체계에 대한 평등한 권리를 가져야 한다.

제2원칙
사회적, 경제적 불평등은 다음과 같은 두 조건을 만족시키도록 편성되어야 한다.
(a) 최소 수혜자에게 최대의 이득이 되고
(b) 기회 균등의 원칙하에 모든 이에게 개방된 직책과 직위에 결부되어야 한다.

---

32 Ibid., p.302 참조.

이와 같은 정의의 두 원칙은 세 가지 특수한 주장으로 구성되어 있는데, 그 주장의 각각은 확률 계산의 전략보다는 최소 극대화의 원칙에 의거하고 있는 것으로 생각된다. 그 세 주장은 첫째로 경제적 이득에 대한 자유 우선의 원칙이요, 둘째로 두 번째 원칙의 전반부가 나타내는 차등의 원칙이요, 셋째로 제2원칙의 후반부를 이루는 기회의 공정한 균등이다. 그런데 롤즈에 의하면 이러한 두 원칙 간이나 혹은 그 부분들 상호간에는 축자적(逐次的)인 우선의 서열이 있다고 한다. 그래서 제1원칙은 제2원칙에 우선하고, 다시 제2원칙은 그 후반부 (b)가 전반부인 (a)에 우선하며, 나아가서 이러한 제2원칙은 효율성이나 공리(utility)의 원칙보다 우선적으로 적용되어야 한다는 것이다.

우선 여기에서 문제되는 것은 일반적 정의관과 정의의 두 원칙 간의 관계이다. 이와 관련해서 가장 중요한 대목은 바로 자유라는 기본 가치에 관한 것이다. 일반적 정의관에 있어서는 자유는 단지 여러 기본 가치들 가운데 하나였으며, 따라서 차등의 원칙에 의해 처리되고 있다. 정의의 두 원칙에 있어서는 자유가 다른 기본적 가치들에 비해 우선적인 지위를 차지하게 되며, 요구되는 자유는 평등한 자유이다. 문제는 합리적 선택자들이 어떤 근거에서 자유에 보다 우선적인 비중을 두며, 차등의 원칙에 의거할 경우 자유의 불평등한 분배가 그들 모두에게 이득이 될 경우가 있음에도 불구하고 평등한 자유를 주장하는가에 관한 것이다.

물론 롤즈도 합리적 개인들은 언제나 정의의 두 원칙을 택하리라고 생각하지는 않는다. 그러나 그에 의하면 당사자들은 그들의 기본적 자유가 효과적으로 발휘될 수 있는 유리한 조건하에서라면(그는 일정한 경제적 수준

33 Ibid., pp.151-52, 542-43 참조.

을 의미함) 경제적 복지의 개선 때문에 더 작은 자유를 교환하지 않으리라고 한다.[33] 합리적인 인간들은 가능한 한 자신의 이익을 증진하고자 하며, 다시 말하면 그들이 바라는 바를 이룰 수 있는 기회를 극대화시키고자 한다. 그런데 물질적 부의 증가는 일정한 수준을 넘어서는 사람들의 욕구를 충족시켜 줄 기회를 그다지 증가시키지 않는 반면 자유의 증가는 그러한 기회를 증대시켜 줄 수 있다. 따라서 일정한 수준의 물질적 생활을 향유한다고 할 때 자유 우선의 원칙을 택한다는 것은 합리적인 처사라 할 수 있다는 것이다.

그리고 또한 당사자들이 자유 우선의 원칙뿐만 아니라 자유의 평등한 분배를 택하는 이유로서 롤즈는 자존감(self-respect)이라는 기본 가치의 중요성을 내세운다. 그에 의하면 이러한 자존감이 없이는 어떠한 인생 계획도 만족스러운 것이 될 수 없다는 것이다. 그런데 사람들은 자신의 동료에 의해 지극히 낮게 평가될 경우 자존감을 상실하게 되는 것이며, 그러한 자존감을 보장해 주는 적합한 조건은 평등한 자유의 소유에 있다고 롤즈는 생각한다.[34] 시민권을 포함해서 기본권에 있어서 동등한 지위를 누릴 경우, 사람들은 비록 물질적인 다소의 불평등에도 불구하고, 자존감에 대한 동등한 기반을 잃지 않게 된다는 것이 롤즈의 생각이다.

또 한 가지 중요한 논점은 차등의 원칙과 관련된 것이다. 앞에서도 이미 언급되었던 것으로서 단순한 평등보다도 차등이 허용됨으로써 더 큰 이득이 결과되리라는 전제하에 차등의 원칙에 합의한다는 것은 합리인의 처사라 할 수 있다. 그런데 사실상 이러한 차등의 원칙을 채택할 경우 실질적인 이득을 보는 것은 단지 그 사회의 최소 수혜자 집단인 것으로 생각된다. 왜

---

34 Ibid., pp.440-44 참조.

냐하면 더 유리한 위치에 있는 자들은 차등의 원칙이 지배하는 사회 체제에서는 자유 경쟁 체제에서보다도 적은 몫을 받게 될 것이며, 따라서 어떤 의미에서는 다른 사람의 더 큰 몫을 위하여 더 작은 몫을 강요받게 되기 때문이다. 그러나 롤즈는 이와 같이 더 유리한 조건을 구비하고 있는 사람들도 차등의 원칙을 바탕으로 하는 사회 체제에 기꺼이 호응할 근거가 있다는 것이다.

롤즈에 의하면 우선 유리한 처지에 있는 자들에게 분명히 말할 수 있는 것은, 각자의 행복은 사회 협동 체제에 달려 있으며, 그것 없이는 아무도 만족스러운 생을 영위할 수 없다는 점이다. 그리고 그들은 그 체제의 조건들이 정당할 경우에만, 다시 말하면 차등의 원칙 같은 공정한 근거를 바탕으로 해서만 타인들의 자발적인 협동을 요구할 수 있고, 그들의 협력을 기대할 수 있다는 것이다.[35] 결국 이러한 롤즈의 생각의 배후에는 상호 이익 증진을 위한 호혜적인 제도로서의 협동 체제의 효율성은 그 성원 개개인의 능력에 달려 있지만, 이러한 능력은 협동 체제의 테두리 안에서만 비로소 발휘될 수 있다는 생각이 깔려 있다. 협동 체제 속에서 능력에 의하여 발생되는 모든 이득은 모든 성원이 똑같이 권리를 주장할 수 있는 공동의 산물이다. 따라서 결국 롤즈에 의하면 자연적 능력의 배분은 집단의 자산으로 간주되어야 하며[36] 그것을 근거로 과다한 몫을 취한다는 것은 도덕적으로 근거 없는 부당한 것이다.

이와 관련해서 공정한 기회 균등의 원칙에 대한 롤즈의 해명도 동시에 이해되어야 한다. 적어도 그가 의도하고 있는 이 원칙은 재능 있는 자이면 출세할 수 있다는 식의 자유 경쟁의 원칙일 수는 없다. 이러한 자유 경쟁은

35 Ibid., p.103.
36 Ibid., p.179.

사실상 도덕적 관점에서 볼 때 지극히 임의적인 천부적 재능과 사회적 지위의 오랜 누적적 결과를 바탕으로 하고 있으며, 이는 원천적인 부정의가 아닐 수 없기 때문이다. 롤즈에 의하면 소득과 부의 분배가 역사적, 사회적 행운에 의하여 이루어지는 것을 허용할 이유가 없는 것과 마찬가지로 천부적 재능의 배분에 의하여 소득과 부의 분배가 이루어짐도 허용될 이유가 없다는 것이다.[37] 물론 가족제도가 존속하는 한 기회 균등의 원칙이 완전히 실현될 것을 기대하기는 어려울 것이나 사회적 출신 지위에 관계 없이 모든 직위는 개방되어야 하고, 차등의 원칙에 의해 자연적 차등을 보상함으로써 가능한 한 도덕적으로 볼 때 자의적인 요인의 영향은 감소시켜 가야 한다는 것이다.

이상에서 제시된 정의론의 요지를 간단히 말하면, 그것은 우선 정의의 제1원칙, 즉 자유 우선성의 원칙에 의해 규정되는바 자유주의적 이념에 의해 특징지어진다. 사회정의의 두 원칙은 그 축차적 배열 때문에 기본적 자유는 어떠한 경제적 이득과도 교환될 수 없으며, 또 어느 한 사람의 자유의 상실은 그로 인해 타인이 향유할 더 큰 가치에 의해 정당화될 수 없다는 명백한 자유주의를 내세우고 있다. 이미 앞에서도 언급된 바와 같이 인권 유린의 최악의 사례로서 노예제도의 허용 가능성을 결정적으로 봉쇄하지 못한다는 공리주의의 비판을 통해 '노예제도는 언제나 부정의한 것'으로 규정하면서 롤즈는 "각 개인은 사회 전체의 복지라는 명목 아래서도 유린될 수 없는 정의에 입각한 불가침성을 지니고 있으며, 따라서 정의로운 사회에서는 정의에 의해서 보장되는 이러한 기본권이 더 이상 정치적 흥정이나 사회적 이득의 계산에 희생되어서는 아니 된다"는 직관적인 기본 신념을

---

37 Ibid., p.74.

그의 정의관의 서두에서 못박고 있는 셈이다.

롤즈의 정의관은 또한 차등의 원칙이 표현하고 있듯이, 강력한 평등주의적 경향에 의해 규정된다. 즉 사회적, 경제적 불평등이 그 사회에서 가장 불리한 처지에 놓인 사람들, 즉 최소 수혜자의 이득을 증진시키지 않는 한 모든 경제적, 사회적 가치는 평등하게 배분되어야 한다는 것이다. 또한 앞에서도 언급된 바와 같이 롤즈에 의하면 재능이나 체력 등의 자연적 자산은 그 자체로서 아무런 도덕적 가치를 갖지 못하며, 오히려 이러한 자연적 불평등은 사회정의의 원칙에 의해 수정되어야 한다는 것이다. 이는 분명히 단순한 공리주의적 입장을 초월한 복지 국가에 대한 강력한 이론적 근거가 아닐 수 없는 것이다.[38]

5. 비판적인 결론

롤즈의 정의론의 체계에 대해서는 대체로 세 가지 대목에 있어서 문제가 제기될 수 있을 것이다. 첫째로 롤즈는 합당한 정의의 원칙에 이르기 위해서 전제가 되는 몇 가지 조건들을 설정하고 있으며, 이들을 묶어서 원초적 입장이라는 하나의 개념으로 표현하고 있다. 그런데 모든 사람들이 받아들일 만한 조건들로 그 입장이 규정되었는지에 관해서는 문제가 제기될 수 있다. 둘째로 롤즈는 그러한 조건들로부터 정의의 두 원칙을 추론하는 과정이 대체로 연역적인 것이기를 바라며, 따라서 자신의 정의론이 도덕 기하학[39]이 될 것을 희망한다. 그러나 과연 정의의 원칙들이 그러한 전제들

---

38 김여수, 「정의의 배분적 측면」, 『정의의 철학』(1977), pp.44-45 참조.
39 J. Rawls, *A Theory of Justice*, pp.121, 126.

에만 의거한 연역적 귀결인지 아니면 또 다른 숨은 전제에 의거해서만 도출될 수 있는 것인지는 문제이다. 끝으로 비록 그 추론의 과정이 올바른 것이라 할지라도 그 결과로서의 정의론이 모든 사람들에 의해 수긍될 만한 합당한 이념상의 의의를 지니는지에 관해서 의심을 품을 수도 있을 것이다.

첫 번째 문제는 원초적 입장이 갖는 정당화의 기능에 관련된 문제이다. 롤즈는 원초적 입장 속에 고려되는 조건과 제약들은 절차적 공정성의 모델을 구성하며, 따라서 그것들은 적절한 숙고만 하게 되면 모든 사람들이 받아들일 수 있으리라는 것이다. 다시 말하면 롤즈는 만일 원초적 입장에 있는 당사자들인 도덕적 인간들이 공정하게 다루어짐을 보일 수가 있다면 원초적 입장이 정당화의 역할을 다했다는 것을 증명한 셈이 된다고 생각한다.

그러나 네이글(Thomas Nagel)과 피스크(Milton Fisk)는 원초적 입장 속에는 어떤 형태의 편견이 개재되고 있으며, 이러한 편견은 원칙들의 선택을 위한 원초적 입장이 갖는 기능을 저해한다는 것을 논증하고자 한다. 네이글은 롤즈가 원초적 입장에서의 선택 항목으로서 설정한 사회적 기본 가치들(primary goods)이 가치 체계 일반에 대한 특정한 입장과만 양립할 수 있으며, 따라서 그 속에는 선에 대한 어떤 선호가 개재되어 있는 까닭에 원초적 입장은 당사자들을 불평등하고 불공정하게 다루고 있다고 비판한다.[40] 피스크는 자신의 주장을 마르크스주의적인 관점에서 전개하면서 롤즈가 도덕적, 정치적 이론을 개인의 합리적 선택의 문제로 환원시킴에 있어 의거하는 '선택하는 개인'이라는 모델 그 자체가 이념상에 있어서

---

40 Thomas Nagel, "Rawls on Justice", *Reading Rawls* 참조.

자유주의적인 편견이라고 지적한다. 그에 의하면 우리의 현실은 언제나 집단의 이해 관계 특히 계급의 이해 관계로 얽혀 있게 마련인데, 인간을 이러한 현실적인 조건들로부터 추상시키는 것은 그릇된 왜곡이라는 것이다.[41]

드워킨(Ronald Dworkin)은 롤즈의 원초적 입장의 정당성 그 자체를 공격하기보다는 그것에 대해서 정당화의 힘을 부여하는바 전제되고 있는 더 깊은 이론이 숨어 있음을 간파하고 목적 지향적, 의무 지향적, 권리 지향적 이론 유형 중에서 권리 지향적 이론만이 계약론적인 모델에 부합될 수 있음을 논한다. 그러고서 그는 롤즈의 전체 이론의 핵심에 놓여 있는 특정한 권리는 동등한 배려와 존중에 대한 각 개인의 권리임을 지적하고, 이러한 권리는 계약의 산물이 아니라 롤즈가 계약이라는 말을 쓰기 위한 전제였다고 한다.[42] 헤어(R. M. Hare)는 원초적 입장이 갖는 분석적 기능에 대해 언급하면서 롤즈의 계약 이론은 그 주요한 선택 조건을 정상화함에 있어서 롤즈가 비판했던 이상적 관망자(ideal spectator) 이론과 비교해 볼 때 더 극적인 효과를 위해 다른 시나리오를 썼을 뿐 사실상의 차이는 없다고 했다. 또한 그는 롤즈의 두 원칙과 공리주의가 같지 않음은 사실이나 그 두가지 입장이 정당화하려고 하는 현실적인 체제에 주목할 경우 이 양자는 그다지 다를 바가 없다고 한다. 그리고 헤어는 최소 극대화 전략이 가장 합리적인 원칙이 되게 하기 위해서, 다시 말하면 차등의 원칙이 원초적 입장에서 선택되게 하기 위해서 롤즈가 확률에 대한 지식을 차단하는 짙은 무지의 베일을 사용하는 것에 대해서 공격한다. 그의 주장에 의하면 확률적인 계산도 허용하는 더 얇은 베일도 역시 원칙의 선택에 있어서의 공정성을

41 Milton Fisk, "History and Reason in Rawls' Moral Theory", *Reading Rawls* 참조.
42 Ronald Dworkin, "The Original Position", *Reading Rawls* 참조.

보장할 수 있으며, 그와 같이 보다 경제적인 베일은 공리주의적 원칙의 선택도 허용하게 된다는 것이다.[43]

두 번째 문제는 원초적 입장으로부터 정의의 두 원칙을 추론하는 과정의 정당성과 관련된 것으로서 중요한 논점은 우선 그 추론의 과정이 논리적으로 필연적인 것인가, 다시 말하면 원초적 입장에서 정의의 두 원칙과는 다른 정의관을 선택할 가능성은 없는가라는 문제와, 만일 다른 정의관을 선택할 가능성이 있으며, 따라서 정의의 두 원칙에의 추론에 필연성이 없을 경우 이러한 추론의 필연성을 위해 롤즈가 숨기고 있는 또 다른 가정이나 전제는 무엇인가라는 문제이다.

우선 자유 우선성 원칙에 관한 것으로서 롤즈에 의하면 원초적 입장의 당사자들은 여타의 기본 가치에 비해 자유의 우선성과 그 평등한 분배를 보장하는 원칙을 택하리라는 것이다. 그러나 정의의 제1원칙이 과연 원초적 입장으로부터 추론된 연역의 산물인가에 관해서는 의문의 여지가 있다. 사실상 원초적 입장에 있는 당사자들은 그들 사회의 특수 사정이나 자신의 인생 계획의 내용에 관해서 무지한 것으로 가정되고 있다. 따라서 하트(H. L. A. Hart)가 지적한 대로 그들은 여러 가지 기본 가치들의 상대적 중요성을 평가할 수 있는 처지에 있지 못하며, 따라서 그들의 정의의 원칙을 보다 일반적인 것으로 정식화할 수도 있으며, 따라서 자유에만 특별한 비중을 둘 만한 이유가 없는 것이다.[44]

나아가서 롤즈는 평등한 자유의 논거를 자존감과 관련짓고 있기는 하나 밀러(D. Miller)가 말했듯이 과연 자존감과 자유 간에만 그러한 배타적 함

---

43 R. M. Hare, "Rawls' Theory of Justice", *Reading Rawls* 참조.
44 H. L. A. Hart, "Rawls on Liberty and its Priority", *Reading Rawl* 참조.

수 관계가 성립하는지는 자못 의심스럽다. 자존감의 바탕은 일률적으로 규정되기가 어려울 것이며, 계층이나 소득 및 다른 사회적, 경제적 기본 가치와도 밀접히 관련되어 있는 까닭에 오직 자유만을 자존감의 유일한 바탕으로 산정한다는 것은 그다지 설득력을 갖기가 어려운 것이다.[45]

보다 중요한 논제는 차등 원칙의 중핵이 되고 있는 최소 극대화 원칙을 중심으로 해서 제기되고 있다. 롤즈는 불확정한 원초적 상황에 있어서의 의사 결정 규칙으로서 불충분한 근거에 의한 확률 계산을 배제함으로써 기대 효용 극대화보다 최소 극대화 원칙을 택하였다. 그러나 하사니(John C. Harsanyi)에 의하면 1950년대 중반에 지배적이었던 최소 극대화의 원칙은 그것이 전혀 현실적으로 용납할 수 없는 결정을 제시하는 심각한 패러독스를 결과한다는 데 대한 인식이 점차 증대함으로써 최근에 지배적인 입장은 오히려 기대 효용 극대화의 원칙이라고 주장하고 있다.[46] 나아가서 그는 롤즈가 최소 극대화 원칙을 선택하는 것은 확률의 계산을 전적으로 배제하고 있음이 아니라, 실상은 최악의 가능성에 가장 큰 비중을 부여하는 특유한 확률 계산에서 유래하는 것임을 지적하고 있다.[47]

만일 하사니의 지적과 같이 원초적 입장으로부터 최소 극대화 원칙에로의 추론에 필연성이 없다면 거기에는 인간 및 인생에 대한 롤즈 특유의 신념이나 입장이 개재되어 추론에 영향을 미치고 있음이 분명한 것이다. 다른 여러 학자들과 더불어 바버(B. Barber)는 원초적 입장에서 위험 극소화 전략이 채택되리라는 주장 속에 함축된 특수한 심리적 가정에 관한 몇 가지 문제를 제기하면서 최소 극대화 전략을 결과하게 된 것은 무지의 베일

---

45 R. Keat and D. Miller, "Understanding Justice", *Political Theory*(1974), p.14.

46 John C. Harsanyi. op. cit., p.594.

47 Ibid., p.599.

이 아니라 롤즈 특유의 보수적인 심리학이라는 것이다. 여기에 전제되고 있는 위험 부담에 대한 특정한 심리학적 이론이 자명한 것이 되지 못할 경우 롤즈의 최소 극대화의 배분적 정의의 원칙은 보수적 심리학의 가정 위에서만 가능하게 되는 것이다.[48]

끝으로 세 번째의 문제점은 정의의 두 원칙이 롤즈가 설정한 전제의 필연적 귀결이라 할지라도 과연 그 속에 함축된 정의의 이념이 실제로 받아들일 만한 것인지 여부에 관한 것이다. 과거와 마찬가지로 현대에 있어서의 사회정의의 핵심도 역시 사회적, 정치적, 경제적 자유와 평등 사이의 갈등과 조화의 문제로 집약될 수 있을 것이다. 사회정의 개념의 현대적 정립을 위한 롤즈의 노력도 결국 자유와 평등의 갈등을 이론적으로 융화, 조정하는 데 집중되고 있다고 하겠다. 따라서 이러한 롤즈의 조정책에 대해서는 다소 극단적인 자유주의자와 평등주의자 양쪽의 불만이 있게 마련인 것이다.

하트는 자유에 대한 롤즈의 개념과 자유를 규정하는 조건들의 분석을 통해서 롤즈는 그의 초기 논문에서 사용되던 자유에 대한 넓은 개념으로부터 생각을 바꾸어 정의론에서는 양심, 신체 및 정치적 참여의 자유와 같은 더 좁은 의미의 기본적 자유를 택하고 있다고 지적한다. 이어서 그는 주장하기를 넓은 개념을 피함으로써 롤즈는 자유의 평등성과 재산권에 있어서의 불평등성을 조화시키고자 하는 전통적인 문제를 성공적으로 회피하고 있다는 것이다.

다니엘스(Norman Daniels)도 롤즈가 기본적인 자유를 규정하는 조건

---

48 B. Barber, "Justice: Problems of Psychology, Politics and Measurement in Rawls", *Reading Rawls* 참조.

들로부터 경제적 요소를 임의로 배제하고 있다고 말한다. 또한 그는 평등한 자유에 대한 제1원칙의 요구와 부와 권력에 있어서의 불평등을 정당화하는 제2원칙의 심각한 불가 양립성을 지적하고 있다. 부와 권력에 있어서의 불평등이 기본적 자유에 있어서의 불평등을 산출할 경우 롤즈는 그 두 가지 원칙을 조정할 수 없다는 것이다. 다니엘스는 원초적 입장의 당사자들은 그 양쪽 개념을 모두 고려한 평등주의적 원칙을 선택할 만한 정당한 이유가 있다고 지적하며, 결국 롤즈는 그의 제1원칙이 갖는 평등주의적 함의를 충실히 고려하지 못한 셈이라는 것이다.[49]

한편 정의론은 현대의 자유주의자인 하이에크(F. A. Hayek)나 벨(David Bell) 등에 의해서도 격렬한 반응을 불러일으키고 있다. 특히 이러한 자유주의자의 반응 가운데서 가장 강력하면서도 논리 정연한 반박은 노직(Robert Nozick)에 의한 것이다. 그는 롤즈의 자유주의가 그의 평등주의에 대한 깊은 커미트먼트에 의해 명백히 제한되고 있다고 지적하면서(자유 유보 조항이 있음을 지적) 평등주의적 목표를 추구하는 국가는 그 의도가 아무리 순수하고 고귀하더라도 본질적으로 부당하다는 것이다. 우선 노직은 롤즈의 차등의 원칙에 내재하는 이론적 불균형을 지적한다. 즉 한 체제 안의 최소 수혜자들이 그 원칙을 기꺼이 받아들일 수 있다는 것은 충분히 납득이 간다. 그러나 더 유리한 조건을 구비하고 있는 사람들이 차등의 원칙에 입각한 사회 체제에 기꺼이 호응할 수 있다는 근거가 무엇인가를 묻는다.

이어서 그는 롤즈가 지능, 체력 등의 자연적 자산은 수정되어야 할 불평등으로서 도덕적으로 볼 때 임의적이라는 롤즈의 직관이 갖는 자명성에 의

---

49 Norman Daniels, "Equal Liberty and Unequal Worth of Liberty", *Reading Rawls* 참조.

문을 던지면서 자연적 자산은 재분배되지 않으면 아니 되는 하나의 공동 재산으로 간주하고자 하는 롤즈식의 평등주의적 이념에 대해 비판적이다. 그에 의하면 모든 개인은 그의 자연적 자산에 대한 권리를 갖는 것이며, 따라서 가장 정의로운 사회 구조는 자연적 자산은 물론이고 재산이나 사회적 지위 등 취득된 자산이라 할지라도 그것이 타인의 처지를 더 악화시키지 않고 얻어진 것이라면 그에 대한 절대적 권리가 보장되는 것이어야 한다고 했다. 이러한 노직의 입론은 복지 국가 이념에 대한 효과적인 반박 이론으로서 사유재산제도에 대한 옹호론으로서 평가되어 롤즈의 정의론에 못지 않은 파문을 던지고 있다.[50]

---

50 R. Nozick, *Anarchy, State, and Utopia* 참조.

윤리학에 있어서 인간관의 문제[*]
— 합리성과 자기 동일성을 중심으로

1. 인간관과 사회의 기본 구조

비록 어떤 특정한 인간관을 전제하고 그로부터 연역적으로 어떤 도덕 체계를 도출해 내지는 않을지라도 모든 도덕 이론에는 직접적이건 간접적이건 간에 그에 특유한 인간 이해가 함축되어 있다고 할 수 있을 것이다. 어떤 도덕 이론의 타당성을 평가하기 위해서 반드시 인간성에 대한 올바른 학설이나 인간에 대한 합당한 이해가 있어야 한다고 믿어 온 것은 아리스토텔레스에서 홉스와 흄을 거쳐 칸트에 이르는 도덕철학의 오랜 전통에 속한다. 그리고 이러한 입장에 서 있는 대부분의 전통적인 도덕철학자들은 인간의 보편성을 전제하고 올바른 하나의 인간관이 가능하다고 생각했으며, 따라서 보편적이고 절대적인 하나의 도덕 이론(ethical absolutism)이

＊ 이 논문은 『철학사상』, 제5집(동국대학교 철학회, 1983)에 게재된 것임.

성립할 수 있다고 믿어 왔다.

그러나 도덕 이론의 합당성을 평가하기 이전에 올바른 인간관이 전제되어야 한다는 점에 동의하면서도 그러한 인간론의 대상이 될 만한 인간의 고정적 성격을 부인하는 입장이 나타나게 되었다. 이러한 입장은 인간의 가소성(可塑性, plasticity)을 근거로 내세워 보편적인 인간론의 가능성을 배제한다. 이러한 입장을 대변하는 것으로 보이는 마르크스주의자들의 견해에 따르면 사회적 맥락으로부터 추상되어 인간론의 주제가 될 수 있는 어떤 고정된 인간성이 있다는 것은 인정할 수 없으며, 따라서 이로부터 도덕적 상대주의(ethical relativism)에로의 귀결은 불가피하다는 것이다.[1]

마르크스 이후 등장한 이러한 인간관의 새로운 모형을 좀 더 부연하면 대체로 논리적으로 구분될 수 있는 두 가지 입론(立論)을 통해 요약될 수 있는데, 그 하나는 한 사회의 도덕적 신념, 규칙과 관행뿐만 아니라 그와 관련된 인간성도 그 사회에 고유한 문화의 다른 측면들, 즉 정치, 경제, 언어, 문화 등 넓은 의미의 사회제도에 의존한다는 의존성 입론(dependency thesis)이고, 다른 하나는 시대와 사회에 따라 이러한 제도를 구성하는 요인들이 고유하고 환원 불가능한 다원성을 갖는다는 다양성 입론(diversity thesis)이다. 결국 이러한 입장에 따르면 인간성은 넓은 의미의 제도적 요인에 의존하고 그들의 함수로서 성립하며, 이러한 제도적 요인들은 시대와 역사에 따라 다양성을 보이는 까닭에 인간성도 시대와 역사에 따라 상대적이라는 것이다.

앤스콤(G. E. M. Anscombe)의 표현법을 원용하면 인간성이란 원초적인

---

1 이 점은 마르크스주의뿐만 아니라 Sartre를 위시한 실존주의, Dewey를 위시한 프래그머티즘 등 현대 철학의 일반적 추세로 생각된다.

자연적 사실(brute fact)이 아니라, 파생적인 제도적 사실(institutional fact)이라 할 수 있을 것이다.[2] 특정한 인간 유형은 특정한 사회제도 속에서 형성되는 것이며, 언제나 그 배후에는 그러한 특정한 인간성의 모태가 되는 사회의 기본 구조나 틀이 존재하고 있는 것이다. 그렇다고 해서 우리가 제도와 인간성 간에 기계론적인 결정론이 성립한다는 것을 내세우려는 것은 아니다. 바람직한 인간 유형이 있다면, 그것을 형성해 주고 지지해 줄 제도적 장치를 확립하는 데 힘쓸 수도 있을 것이다. 결국 인간성과 관련해서 우리에게 중요한 것은 그것이 발견의 대상이 아니라 형성이나 구성의 목표라는 사실이다.

따라서 본 논문의 의도는 비록 사회적, 역사적 배경과 무관한 어떤 고정된 인간성이 있다는 것을 부인하는 데 동조한다 할지라도 적어도 여러 가지 도덕 이론 간의 선택 범위를 좁혀줄 수 있는 합당한 인간관에 이르고자 하는 제3의 입장이 가능한가를 타진해 보는 데 있다. 그러나 지금부터 우리의 논의의 대상이 되는 인간관은 도덕적인 관점에서 볼 때 실질적인 함의가 더 희박한(less morally loaded) 엷은 의미의 인간관(thin theory of the person)이어야 할 것이다. 대체로 이런 측면에서 논의될 수 있는 주제로는 인간의 합리성(rationality), 자율성(autonomy), 자기 동일성(identity) 등이 있을 수 있다고 생각되나 본 논문에서는 합리성과 자기 동일성 문제만을 중점적으로 다루고자 하며, 그러는 가운데 자율성 문제에도 간접적인 관련을 맺고자 한다.

---

2 Anscombe의 관념을 Searle파는 다소 다른 관점에서 원용했다. G. E. M. Anscombe, "Modern Moral Philosophy", *Philosophy*, XXXIII(1958)과 "On Brute Facts", *Analysis*, 18(1957-1958), J. R. Searle, "How to Derive 'Ought' from 'Is'", *Philosophical Review*, LXXIII(1964), 58 참조.

2. 합리성과 죄수의 딜레마

공리주의적 이념을 표방하든 계약론적 진영에 속하든 간에 대부분의 도덕철학자들이 합리적 도덕(rational morality)을 제시하고자 한다는 점에서, 따라서 도덕 문제의 해결에 있어 합리성을 중시한다는 점에서 일치하고 있음은 사실이다. 그러나 한두 예외를 제외한다면 공리주의자들과 계약론자들은 인간의 합리성이나 이성을 보는 관점에 있어서 혹은 도덕에 있어 그것을 요구하는 측면에 있어서 크게 대조를 이루고 있다는 점 또한 간과되어서는 안 될 것이다. 계약론자 홉스를 포함한 벤담, J. S. 밀 등의 고전적 공리주의자들은 도덕의 기초를 쾌락과 고통에 대한 인간의 감정(passion)에 두고 있으며, 목적 실현의 수단과 관련된 이성(reason)은 그 자체로서 어떤 실질적인 도덕적 내용을 갖는 기능이 아닌 까닭에 대체로 도구적 합리성, 수단적 이성관을 내세우는 셈이다. 이에 반해서 로크에서 비롯되어 칸트에 이르는 전통적 계약론자나 이를 계승하는 롤즈는 이성의 기능이 도구적인 측면을 갖는 것임은 물론이나 이성의 더 중요한 기능은 도덕 법칙을 자율적으로 규정하는 동시에 인권 내지 인간의 존엄성 개념의 기초를 이루는 것으로 본다.

홉스나 고전적 공리주의자가 인간의 감정에 대해서 모든 관점에서 일치하고 있는 것은 아니나, 감정이나 욕구의 만족을 중요시하며 그러한 만족이 쾌락이나 행복의 척도라는 점에서 일치한다. 그리고 합리성이란 우리의 감정을 유기적으로 조직하는 것이며, 이성은 우리의 욕구 충족을 위한 수단을 고려하는 것으로 본다. "왜냐하면 사고란 욕구의 정탐꾼으로서 널리 탐색하며, 욕구 대상으로 나아가는 방도를 발견하는 것이기 때문이다"라고 홉스는 말한다.[3] 인간의 이성은 감정의 시녀로서의 기능만 가질 뿐 내적 강제로서 작용할 수 없는 까닭에 그것이 명하는 자연법은 도덕적인 행위 구속력을 갖지 못하는 것이다. 따라서 홉스에 있어서 자연 상태는 전운이 감도는 불안정한 상태의 연속이며, 이러한 인간성은 시민 사회 속에서도 본질적으로는 불변하는 것으로서, 전제 군주하에서도 자연 상태에로의 환원 가능성은 상존하게 된다.

이러한 도구적 이성관은 벤담이나 밀의 쾌락주의에 있어서도 나타난다. 벤담에 의하면 "지성은 행위의 근원이 아니며, 이성도 그 자체로서 행동의 원천이 아니다. 지성은 의지가 장악하고 있는 도구에 불과하다. 행위의 목적이 설정되는 것은 욕구와 혐오에 의해서이며, 이성이 하는 모든 일은 그 수단을 발견하고 결정하는 것"이다.[4] 이와 유사한 취지에서 제임스 밀도 "인간성에 대해서 이미 우리가 기본 전제로서 가정하고 내세워 온 바는, 인간의 행위는 그 의지에 의해 그리고 의지는 그 욕구에 의해 규제된다는 점과 그들의 욕구는 쾌락이나 고통으로부터의 해방을 그 목적으로 삼고 있으며, 부(富)와 힘을 그 기본 수단으로 한다는 점 그리고 수단에의 욕구에는 한계가 없다는 점"이라고 했다.[5] 결국 이들에 있어서 이성이란 그 자체가 실질적인 도덕적 내용을 갖는 기능이 아니며, 욕구 실현의 수단과 방법을 찾는 도구적 이성이요 최대의 쾌락과 행복을 도모하기 위한 타산적 합리성(prudential rationality)과 관련되고 있다.

이에 비해서 로크와 칸트는 홉스나 공리주의자들이 내세운 인간관을 거부하고 인간들 간의 유사한 감정이나 욕구보다는 인간들이 공유하고 있는 이성이나 합리성에 주목한다. 도덕 법칙을 발견하고, 그에 따라서 행위할 수 있는 것으로서 이성의 능력이 인간에게 있다는 것은 로크나 칸트가 홉

---

3 T. Hobbes, *Leviathan*, pt. I, ch. 8, pp.161–62.

4 J. Bentham, *The Book of Fallacies, in Works*, Vol. II, pt. IV, chap. 10, sec. 5, p.466.

5 James Mill, *Essay on Government*(Indianapolis, 1955), pp.62–63.

스나 공리주의자들과는 대조적인 사회철학 및 도덕철학을 제시하게 되는 관건이 된다. 물론 로크에 있어서 도덕 법칙이 존재한다는 것에 대한 정당화가 한편에 있어서는 신학적인 근거에 의해 이루어지고 있기는 하나, 다른 한편에서 그는 인간의 이성에 근거해서 인간의 자연권을 정당화하고자 한다. "인간의 자유나 자신의 의지에 따르는 행위의 자유는 인간이 이성을 갖고 있다는 것에 근거하고 있으며, 이성으로 인해서 인간은 자신의 행위를 규제하게 될 법과 더불어 자신의 의지의 자유에 허용된 정도를 인식하게 된다."[6]

칸트에 있어서는 이원론적인 인간관으로 인해 현실적 인간이 항상 이성의 명령에 따르는 것은 아니나 모든 인간은 이성의 잠재적 능력을 갖는다는 점에서 동등하다. 이러한 인간의 합리성은 자유나 자율의 기초가 되며, 나아가서 인간의 존엄성 개념과도 관련된다. 인간의 존엄성이라는 개념은 고전적 공리주의, 특히 벤담의 형식 속에는 나타나고 있지 않다. 칸트의 용법을 빌리자면 벤담의 체계에 있어서 모든 행위는 가격(price), 즉 행복의 추구와 관련된 수단적 가치를 갖는다. 쾌락과 고통의 기계로 규정되는 공리주의의 인간관에 있어서는 칸트의 이성적 인간관에 있어서와는 달리 인간과 여타의 동물 간에 있어서 본질적인 차이는 있을 수가 없다.[7] 물론 공리주의적 윤리에 있어서도 결국 이성이 등장하는 까닭에 이러한 대조가 지나치게 과장되는 데도 문제가 없는 바는 아니나, 그러한 이성의 기능이 감정의 요구를 극복하는 데 있기보다는 그 실현을 돕는 데 있는 것인 한 그러한 대조는 의미를 갖는다 할 것이다.

---

6 John Locke, *Second Treatise of Government*, ch. 6, par. 63, p.352.
7 I. Kant, *Groundwork of the Metaphysics of Morals*, H. J. Paton(trans.)(New York, 1964), pp.71–73.

자신의 정의론을 칸트 윤리학의 합당한 한 해석으로 자처하는 롤즈는 이러한 맥락을 더욱 분명히 하여 이성의 기능을 도구적이고 타산적인 합리성(the rational)과 목적적이고 도덕적인 합당성(the reasonable)의 두 측면으로 나눈다.[8] 이를 그의 정의론과 관련해서 말한다면 합리성이란 원초적 입장(original position) 속에서 당사자들의 숙고를 지배하게 되는 타산 판단과 관련되고, 합당성이란 원초적 입장의 배경적 조건 속에 함축하고 있는 도덕적 고려와 관련되고 있다. 나아가서 롤즈는 합당성이 합리성에 우선적인 것이라 하여 칸트의 의무론적 윤리관을 계승하면서도 동시에 합당성은 합리성을 전제한다고 하여 칸트적 형식주의의 내용 문제(content problem)도 해결하고자 한다.

지금까지 우리는 도구적, 타산적 이성관과 목적적, 도덕적 이성관으로 대비되는 두 인간관을 살펴 왔다. 그런데 이미 우리는 본 논문의 서두에서 이러한 두 인간관 간의 진위를 가려줄 불변하는 자연적 사실(인간성에 관한)이 존재하지 않는다는 점을 전제해 왔다. 따라서 도구적 이성을 지닌 인간이나 도덕적 이성을 지닌 인간은 모두 현실적으로 있을 수 있는 유형이며, 그러한 인간 유형을 지지하고 조장하는 사회의 기본 구조나 제도적 틀 또한 현실적으로 존립할 수 있는 것이다. 이 두 유형이 모두 현실적으로 가능하다고 할 경우 우리의 문제는 이들 중 어느 것이 인간성에 관한 불변적인 자연적 사실에 더 부합하는가를 발견, 확인하는 문제로부터 보다 합당한(acceptable) 인간관과 그것을 지지해 줄 제도적 틀을 선택함에 있어 필요한 고려점들을 살펴보는 문제에로 이행하게 된다.

---

8 J. Rawls, "Kantian Constructivism in Moral Theory", *The Journal of Philosophy*, Vol. LXXVII, No. 9(September 1980), p.528.

이러한 고려점들은 여러 가지 방식으로 검토될 수 있겠으나, 본 논고에서는 경제학이나 여타 사회과학에서 인간의 합리성과 관련된 문제를 검토하기 위한 일반적 모형으로 제시되는 죄수의 딜레마(prisoner's dilemma)를 중심으로 해서 생각해 보기로 한다.[9] 죄수의 딜레마라는 용어는 프린스턴의 수학자 터커(A. W. Tucker)라는 사람이 원래 특이한 종류의 게임 상황(game situation)을 예시하기 위해서 이용했던 일화에서 유래한 것이다. 각각 독방에 감금된 두 명의 죄수가 어떤 범죄의 공범자라는 혐의로 고발되었다. 유죄 판결을 위해서는 각자의 증언이 요구된다. 만일 둘 다 실토를 하면 유죄 판결을 받는 결과가 되고, 20년 징역을 각각 10년씩 분담하게 된다. 한편 한 사람은 실토를 하고 다른 사람은 함구를 할 경우, 함구한 사람이 죄를 뒤집어쓰고, 20년 징역을 살게 된다. 그리고 양자가 모두 함구를 할 경우 그들은 감형을 받게 되어 각각 2년씩 옥살이를 한다고 해보자. 두 죄수는 실토를 해버리는 게 이로울까 아니면 위험을 무릅쓰고 함구하는 게 유리할까라는 문제를 두고 고민하게 된다. 두 죄수가 당면한 상황을 게임의 모형에 따른 손익표(pay-off matrix)로 작성해 보면 아래와 같다.

X / Y	실토	함구
실토	-10 / -10	0 / -20
함구	-20 / 0	-2 / -2

9 보다 사세한 설명은 R. D. Luce and Howard Raiffa, *Games and Decisions*(New York, John Wiley and Sons, 1957), ch. v. 특히 pp.94–102 참조.

손익표의 수치는 죄수 X와 죄수 Y가 각각 부담해야 할 형량을 나타낸다. 그런데 두 죄수가 처한 이러한 상황이 딜레마가 되는 이유는, 한 죄수가 그들 사이의 유대나 의리(group solidarity)를 생각해서 함구를 했을 경우 그의 상대방은 의리 없이 실토를 해버림으로써 자기만이 크게 손해를 입는 위험을 무릅써야 하기 때문이다. 그러나 만일 둘 다 자기 안전을 위해서 의리를 어기고 실토를 하게 될 경우 그들 모두가 의리를 위해서 함구했을 때 (-2/-2)보다 서로에게 크게 불리한 결과(-10/-10)에 이르게 된다. 각 죄수의 딜레마는 공범한 상대방의 의리 정신을 믿을까 말까에서 생겨나는 것이다.

터커에 의해 제시된 이 모형은 두 인간의 비협동적, 비영합적 게임(two-person, non-cooperative, non-zero-sum game)이라 불리고 있다. 비협동적이라 함은 한 사람에게 이득이 되는 것이 반드시 다른 사람의 손실을 가져오는 것이 아니기 때문이다. 이것은 각자의 관점에서 보면 합리적인(separately rational) 의사 결정이 결국은 전체적으로 보면 모두에게 더 불합리한(collectively irrational) 결과를 가져오게 되는 상황을 보여주는 것으로서, 우리가 일상적으로 흔히 처하게 되는 상황들이다.[10]

그런데 사회과학도들은 대체로 이러한 죄수의 딜레마와 같은 상황을 사회적 인간 관계에 있어서 일반적인 모형으로 간주하고 있다. 그러나 비록 이와 유사한 상황이 일반적으로 당면하게 되는 것이라 할지라도 그것이 딜레마와 같은 역설적인 상황으로 파악되기 위해서는 게임의 이론 그 자체가 인간에 대한 어떤 이해, 즉 특정한 인간관을 전제하고 있어야 한다. 이것은 인간간에 맺어진 도덕적 유대나 의리보다는 자신의 안전을 위주로 하는

---

10 J. Rawls, *A Theory of Justice*, p.269 참조.

(safety-first) 타산적인 이해 관계에만 주목하는 인간 이해를 가정하는 것이다. 자기 안전과 이해 타산에만 골몰하는 사람은 결국 인간 관계에 있어서 자주 죄수의 딜레마를 현출할 것이나 인간간의 의리나 도덕적 유대를 중시하는 사람들에게는 그러한 상황이 딜레마가 될 수 없을 것으로 생각된다.[11]

이상과 같은 죄수의 딜레마는 도구적이고 타산적인 이성관에 의거한 대부분의 도덕 이론에서 나타나는 현상으로서 그러한 딜레마에 대한 해결책이 결국 그러한 도덕 이론 속에서는 주어질 수 없다는 것이 필자의 생각이다. 이 점은 홉스의 윤리 체계 속에서 가장 전형적으로 예시된다고 생각하며, 공리주의의 모든 유형(행위 공리주의이건 규칙 공리주의이건 그것이 공리주의인 한에서)에서도 일반적으로 나타나는 것으로 보인다. 흔히 공리주의의 이러한 난점을 지적하는 것은 공리주의의 자멸론(self-defeating argument)으로 알려져 있다.

홉스에 의하면 모든 사람들이 두려워할 통치 권력이 존재하지 않는 자연 상태에 있어서는 사람들이 주어진 여건하에서 각자 개별적으로는 합리적인 행위를 한다 할지라도 그것은 결국 상호 파괴적인 전쟁 상태를 결과할 뿐이며, 이는 전체적으로 볼 때 불합리한 것이 아닐 수 없다. 이런 의미에서 그의 자연 상태는 죄수의 딜레마라고 불리는 상황을 일반화한 고전적 사례로 볼 수 있으며, 그는 분명한 문맥에서는 아니나 직관적인 방식에서나마 이러한 논리를 염두에 둔 것으로 보인다. 홉스에 있어서 자연 상태는 서로를 모르는 다수의 사람들로 구성된 상황이며, 만일 그들 대부분이 자

---

11 Nicholas Rescher, *Unselfishness*(University of Pittsburgh Press, 1975), pp.34-35 참조.

연법(law of nature)을 위반하면 상호 파괴적인 전쟁 상태를 유발하게 되고 대부분이 자연법을 지키게 되면 서로에게 이로운 평화가 가능하지만, 각자는 다른 대부분의 사람이 자연법을 따를 경우 혼자 어김으로써 이득을 볼 수가 있으며, 대부분의 사람이 어길 경우에는 그것을 지키는 소수의 사람들은 치명적인 손해를 보지 않을 수 없게 된다.

이러한 상황에서 생기는 문제는 서로에게 이익이 되는 조건이나 상태를 규정, 확립하고 그러한 상태를 안정화시켜 줄 방안을 찾는 일이다. 즉 각 개인에게 그러한 상태를 유지하는 데 있어 요구되는 규칙을 준수하기 위한 충분한 동기와 근거를 부여하는 일이다. 이에 대한 해결책으로서 홉스는 모든 사람이 사회계약을 통해 자신의 권리를 전부 양도함으로써 그러한 상태를 유지하기 위해 필요한 모든 권력을 갖는 통치자(sovereign)를 내세울 것을 주장한다.[12] 홉스의 문제 설정 및 그 해결 방식에 대해서는 여러 측면에서의 반론이 가능할 것이다. 우리의 주제와 관련해 보면 우선 홉스는 절대 권력에 의해서만이 사회의 안녕이 효율적으로 보장될 정도로 인간을 철저히 이기적이고 타산적인 이성의 소유자로 규정하고 있음을 지적할 수 있다. 그러나 절대 권력에 의한 해결책은 지나친 대가를 치르는 것이며, 그러한 극단론을 피하기 위해서는 그 전제가 되는 인간관이 재고되어야 하리라고 생각된다.

홉스의 인간관에 있어서는 언제나 자신의 이해 타산에만 부심하는 이기적 존재만이 있을 뿐이며, 설사 자연법이 도덕법으로 생각될 수 있다 할지라도 그것을 욕구하고 실행하는 동기는 여전히 이기적이고 타산적인 것으로 남는다. 나아가서 홉스에 의하면 계약이란 사회의 성원간에 성립하며,

---

12 T. Hobbes, op. cit., p.227.

그 속에 군주는 포함되지 않는다. 그런데 군주 자신도 하나의 인간인 이상 이기적인 존재가 아닐 수 없으며, 따라서 군주와 백성은 계속 자연 상태 속에 있게 되고, 그런 한에서 전쟁 상태를 계속하게 된다. 이를 극복하기 위해 그와의 사이에 다시 하나의 계약이 성립하게 되면 그의 권능이 제한될 뿐만 아니라 계약의 효율적인 시행을 위해서는 더 고위에 있는 또 하나의 군주가 필요하게 되고, 이러한 과정은 무한 소급을 요구하게 된다.

이런 식으로 생각해 갈 때 우리는 다음과 같은 결론에 이르게 된다. 도덕이 권력에 의해서만 실현될 수 있다면, 즉 그것이 힘을 배경으로 하지 않고는 인간의 행위를 구속할 수 없다면 도덕은 성립할 수 없으리라는 점이다. 왜냐하면 통치권의 무한 계열이란 있을 수 없으며, 최종적인 권력체가 존재해야 하기 때문이다. 그렇게 될 경우 우리는 최종 권력의 비도덕 내지는 무도덕을 배제할 수 없으며, 그러한 권력을 세우는 이상, 다시 말하면 도덕의 실현이 외적 강제에 의거해서만 가능할 경우 우리는 결코 죄수의 딜레마에서 완전히 헤어날 수 없다는 결론에 이르게 된다.[13]

홉스가 당면한 것과 거의 유사한 상황을 도덕의 근본을 쾌고(快苦)의 감정에 두고 도구적 이성관을 내세우는 대부분의 공리주의자들도 공유하고 있는 것으로 생각된다. 일반적으로 소박한 유형의 공리주의라 할 수 있는 행위 공리주의(act utilitarianism)에 의하면 가능한 여러 대안적 행위들 가운데서 관련된 모든 이에게 최선의 결과를 가져오는 행위가 옳은 행위가 된다. 이에 비해서 가능한 여러 유형의 행위들 가운데서 그 일반적 수행이

---

13 G. J. Warnock, *The Object of Morality*(London, Methuen, 1971), p.75.
    그에 의하면 "만일 강제가 순수한 우연에 의해서가 아니고, 어떤 일반 이익을 위해서 작용하기 위해서는 자신의 행위는 강제됨이 없이 일반의 이익을 위해서 기꺼이 행위할 수 있는 몇 사람 혹은 많은 사람이 있어야 함을 주장하는 것은 합당한 것으로 보인다"는 것이다.

관련된 모든 이에게 최선의 결과를 가져오는 행위가 옳은 행위라고 내세우는 것이 규칙 공리주의(rule utilitarianism)이다. 이 두 입장 간의 차이는 행위를 평가함에 있어 행위 공리주의자는 어떤 개별적인 특정 행위의 결과를 고려하라고 하는 데 비해서 규칙 공리주의자는 특정 행위가 그에 속하는 행위의 어떤 집합을 모든 사람이 행했을 때, 다시 말하면 모든 사람이 그러한 행위를 하라는 규칙(rule)에 따랐을 경우의 결과를 참작할 것을 요구하는 점에 있다.[14]

행위 공리주의가 갖는 난점에는 여러 가지가 지적될 수 있으나, 그중 중요한 한 가지 난점은 행위를 경우에 따라 그때그때 평가하게 되면 일반화될 수 없는 모든 행위, 특히 개인적으로는 좋은 결과를 가져오나 사회적으로는 나쁜 결과를 가져오는 행위까지도 정당화된다는 데 있다. 각종 형태의 규칙 공리주의는 사실상 이러한 문제를 처리하기 위해서 제시된 것이다. 그런데 규칙 공리주의가 행위 공리주의의 난점들을 보완하기 위해 구상된 것이긴 하나 그것도 여러 가지 면에서 행위 공리주의가 당면한 난점을 그대로 공유하기도 한다.

특히 우리가 살펴보고자 하는 비판은 행위 공리주의의 자멸론(自滅論)이다.[15] 이에 따르면 행위 공리주의를 행위 선택의 지침으로 삼을 경우 현실적으로 공리의 극대화가 결과되지도 않으며, 공리주의의 목적 그 자체를 달성하는 데 실패하는 까닭에 행위 공리주의는 자기 파괴적이요, 따라서 자멸할 수밖에 없다는 것이다. 이를 더욱 철저히 제시한 호지슨(H. Hodgson)의 논의에 따르면 모든 사람이 행위 공리주의자이고 상대방이 행위 공리주의자임을 서로 알고 있는 사회에서는 바른 말 하기와 약속 지

---

14 William K. Frankena, *Ethics*(Englewood Cliffs, N.J., Prentice-Hall, Inc., 1963) 참조.
15 이런 반론을 제시한 사람으로는 Harrod, Harrison, Baier 등을 들 수 있다.

키는 일 등이 제대로 이루어지지 어렵다는 것이다. 그의 논의의 기초가 되고 있는 가정은 대부분의 사회적 행위 유형이 실현 가능하고 그럼으로써 어떤 유용성을 가질 수 있음은 그것이 타인에 대한 정당한 기대에 바탕을 둔 때문인데, 행위 공리주의적 사회에서는 아무도 타인에 대한 합당한 기대를 가질 수 없다는 것이다.[16]

예를 들어서 행위자 갑은 x라는 행위가 최대의 공리를 가질 경우 그것만을 행하고자 한다. 그런데 갑은 상대방인 을의 기대를 만족시키는 경우에만 최대의 공리를 갖게 되는 것이다. 그러나 을은 갑이 x를 행하리라고 믿는 경우에만 x를 기대하게 될 것이다. 두 사람은 모두 합리적이며, 갑도 이 사실을 알고 있는 까닭에 을이 x를 기대한다고 믿을 경우에만 x를 행하게 될 것이다. 그러나 갑의 행위는 을의 기대를 아는 데 달려 있고, 을의 기대는 갑의 행위에 달려 있는 까닭에 을은 갑이 x를 행하리라는 기대를 가질 만한 선행하는 이유가 없는 것이다. 또한 행위 x의 공리는 을의 기대를 아는 것에 달려 있는 까닭에 갑은 행위 x가 최대의 공리를 갖는지를 확인할 길이 없다. 여기에서 우리는 홉스에 있어서와 거의 유사한 죄수의 딜레마를 보게 된다.

호지슨이 제시한 딜레마를 제대로 논박하기 위해서는 행위 공리주의의 사회 속에서 그러한 기대가 순수히 공리주의적 근거만에 의해서 성립할 수 있음을 논증할 수 있어야 한다.[17] 그가 주장하고자 하는 바는 만일 우리가

---

16 H. Hodgson, *Consequences of Utilitarianism*(Oxford, Clarendon Press, 1965), 특히 ch. 2 참조.

17 Allan Gibbard, *Utilitarianism and Coordination*(Ph. D. diss., Harvard University, 1971)과 David Lewis, "Utilitarianism and Truthfulness", *Australasian Journal of Philosophy*, Vol. 50(1972) 등 행위 공리주의 옹호론이 있으나, 일종의 순환 논증에 빠지고 있다.

바른 말을 하고 약속을 지키는 선행적 관행에 기초한 기대를 전제하지 않는 한 공리주의적 추론만으로는 그러한 기대를 행동에 대한 고려에 도입할 수가 없다는 것이다. 결국 공리의 극대화를 위해 상대방에 대한 기대에 의거하는 행위는 결코 수행될 수가 없으며, 따라서 공리의 극대화는 달성될 수가 없는 까닭에 그런 한에서 행위 공리주의는 자멸적이고 자가 당착적인 것이다.

이러한 난점은 규칙 공리주의에 의해서도 완전히 극복될 수 없을 것으로 생각된다. 이 문제의 해결을 위해서 규칙 공리주의는 도덕 체계 속에 규칙을 도입했으나, 그 성공 여부는 결국 규칙 공리주의의 도덕 체계에 있어서 규칙이 갖게 될 지위(status of rule)에 달려 있다고 생각된다. 규칙 공리주의가 순수한 공리주의로 남아 있고자 하는 한 모든 규칙은 최고의 원칙인 공리의 원칙에 의해 정당화되어야 하며, 그런 한에서 규칙의 지위는 공리라는 목적에 대한 수단적이요 도구적인 것에 머물러야 한다. 그리고 규칙의 지위가 이와 같이 부차적인 것인 한 그것은 최고의 목적인 공리가 명하는 바에 따라서 개조, 변경되며 그 세목이 규정되어야 한다. 이런 경우 규칙 공리주의는 행위 공리주의와의 본질적인 차이를 갖는 것으로 생각될 수 없는데, 그 이유는 규칙이 갖게 될 행위 구속력이 상황에 따라 달라질 경우 규칙 공리주의는 결국 행위 공리주의로 환원될 가능성을 내포하게 되기 때문이다.

이와는 달리 규칙 공리주의가 어떤 규칙 체계에 대해서 절대적인 행위 구속력을 부여할 경우, 다시 말하면 규칙에 대해서 보다 본질적인 지위를 부여하게 될 경우 그러한 규칙 공리주의는 더 이상 순수한 공리주의의 영역 내에서 정당화가 불가능하게 되며, 그러한 비공리적 요소를 끌어들이는 규칙 공리주의는 스마트(J. J. C. Smart)가 지적했듯이 규칙에의 미신적인 숭배(rule worship)를 행하는 것으로 비판되지 않을 수가 없다.[18] 이것은 공리주의가 당면하게 되는 하나의 딜레마가 아닐 수 없다. 행위 공리주의의 난점을 공리주의 내부에서 극복하고자 할 경우 도입된 규칙이 갖는 행위 구속력의 가변성은 규칙 공리주의가 행위 공리주의에로 환원될 가능성을 내포하게 되고, 규칙의 행위 구속력을 절대화할 경우 그것은 이미 공리주의의 영역을 넘어서게 되는 것이기 때문이다.

이상과 같은 관점에서 규칙 공리주의를 비판하고 있는 디그스(B. J. Diggs)에 의하면 규칙 공리주의가 규칙이라는 것을 공리주의 속에 도입함으로써 기대하는 바가 규칙이 갖는 행위 구속력에 있다고 할 경우 그 행위 구속력의 근거는 더 이상 공리주의적으로 정당화되기 어려운, 사회 성원들 간의 합의에서 찾지 않을 수 없다고 한다.[19] 이미 행위 공리주의에 대한 호지슨의 비판에서도 지적된 바와 같이 약속의 행위가 당사자들에게 행위 구속력을 갖는 것은 그것이 단순히 미래에 결과할 기대 효용에 대한 계산에 의거해서가 아니라 기존하는 관습이나 법 등에 의해서 확립되어 있는 서로 신뢰하는 호혜성(reciprocity)과 그에 근거한 도덕적 유대에 의해서이다. 이 점에서 그라이스(R. Grice)도 서로의 인격에 대한 존중으로부터 약속이 이루어지고 이로부터 생겨나는 의무로 인해 약속 이행이 있음으로 해서 약속 관행의 유용성도 결과하는 것이지 유용하니까 약속을 지킨다는 공리주의적 설명은 말과 마차를 전도시키고 있는 것이라고 지적했다.[20] 여기에서 우리는 죄수의 딜레마가 더 이상 홉스식의 절대 군주나 규칙 공리주의적

18 J. J. C. Smart, "Extreme and Restricted Utilitarianism", *The Philosophical Quarterly*, Vol. 6(October 1956), p.346.
19 B. J. Diggs, "Rules and Utilitarianism", D. Bayles(ed.), *Contemporary Utilitarianism*(N.Y., Doubleday Anchor Books), pp.203-38.
20 Russell Grice, *The Grounds of Moral Judgement*(Cambridge University Press, 1967), p.76.

해결책에 의해서는 온전히 극복될 수 없으며, 인간의 이성에 대한 새로운 이해 즉 자율적이고 도덕적인 이성관에로 나아감과 아울러 그러한 이성이 의미 있게 작용할 수 있는 사회의 기본 구조를 모색하지 않으면 안 된다.

3. 자기 동일성에 대한 두 입장

다음에 우리가 살피고자 하는 바는 인간의 자기 동일성(personal identity) 문제와 관련하여 고전적 공리주의와 이에 대비되는 것으로서, 칸트에서 롤즈에 이르는 입장을 살피는 일이다. 파피트(Derek Parfit)는 인간의 자기 동일성에 관해서 두 가지 입장이 가능하다고 전제하고 이들을 각각 단순론(simple view)과 복합론(complex view)이라 부른다.[21] 복합론에 의하면 인간의 기억, 의도, 성격 등은 시간의 흐름에 따라 끊임없이 변화하며, 개인의 삶의 흐름에 있어서 두 시점 간의 관계가 갖는 강도에 따라 연속성(continuity)의 정도는 다양하다. 따라서 복합론은 인간의 자기 동일성에도 정도가 있다는 것을 함축하게 되며, 과거의 자기가 미래의 자기 속에 살아남아 동일한 인간이 존속한다는 것은 정도의 문제로 본다.[22] 이에 비해서 단순론은 인간의 자기 동일성을 정도의 문제로 다루는 것에 반대한다. 이러한 견해에 따르면 자기 동일성의 문제는 전부냐 전무냐 (all-or-nothing)의 문제이며, 어떤 인간은 현실에 있어서이건 상상 속에서이건 간에 '나'이거나 아니면 '타인'인 것이다. 따라서 자기 동일성은 정

---

21 Derek Parfit, "Later Selves and Moral Principles", *Philosophy and Personal Relations*, Alan Montefiore(ed.) (London, Routledge and Kegan Paul, 1973), pp.137–69 참조.

22 Ibid., p.145.

도의 차이를 갖는 연속성 너머에서 찾아야 할 것으로 본다.[23]

인간의 자기 동일성에 대한 이상의 입장들이 처벌, 약속, 지조 등과 관련된 도덕 문제에 미치는 영향은 주목할 만한 것이라 생각된다. 예를 들어서 처벌의 문제를 두고 생각해 볼 때 현행의 처벌 원칙은 대체로 처벌받는 자와 범죄한 자의 자기 동일성을 가정하는 단순론에 의거해 있다고 볼 수 있다. 그런데 만일 우리가 복합론을 받아들임으로써 어떤 범인의 범죄할 당시의 자아와 체포되어 처벌될 때의 자아 간의 다양한 연속성을 고려하게 될 경우 처벌의 내용은 연속성의 정도에 따라 달라질 것이며, 연속성이 무한히 감소함에 따라 더 이상 처벌할 수 없는 지점에 이르게 될 수도 있다. 이렇게 될 경우 도덕론에 있어서 인간의 자기 동일성이 갖는 도덕적 의의나 비중은 감소하게 마련인 것이다.

나아가서 파피트는 자기 동일성에 대한 복합론적인 관점에서 볼 때 분배적 정의에 대한 공리주의적 입장이 더 합당하다고 생각한다.[24] 공리주의는 개인간의 이득과 부담을 규제하는 정의나 공정의 원리를 배제하거나 혹은 경시하고 있으며, 그들은 개인간의 분배 문제보다는 사회 전반에 걸친 순수 이득의 극대화를 주장한다. 공리주의가 공정의 원리를 무시하는 이유로서 고티에(D. Gauthier)는 공리주의자들이 사회 전체를 한 개체로 보기 때문이라 하고, 롤즈는 그들이 집단은 개체가 아니라는 점을 망각한 때문이라 하였다.[25] 그러나 파피트는 분배 문제에 대한 공리주의적 입장을 정당화하기 위해 개인과 집단 간의 차이를 전제할 필요는 없으며, 오히려 그

---

23 Ibid.

24 Ibid., p.149.

25 Ibid., Parfit는 David Gauthier, *Practical Reasoning*(Oxford, Clarendon Press, 1963), p.126과 J. Rawls, *A Theory of Justice*, p.28을 인용하고 있음.

이유는 공리주의자들이 자기 동일성에 대한 복합론의 입장을 취함으로써 개인간의 차이를 도덕적으로 덜 중요한 사실로 간주하기 때문이라고 했다. 따라서 개인간의 차이가 도덕적으로 덜 중요한 것으로 생각됨으로써 그에 의존하고 있는 공정의 원칙도 전체적 선의 극대화 원칙에 비해 도덕적 비중이 더 약한 것으로 처리되어 왔다는 것이다. 이러한 관점에서 롤즈도 공리주의는 개인의 욕구를 하나의 사회적 욕구 체계로 융합함으로써 개인의 자기 동일성이나 개인간의 다양성을 신중히 다루지 않는다고 지적했던 것이다.[26]

이상과 같이 처벌이나 분배적 정의의 문제 등을 고려할 때 개인의 자기 동일성에 대한 복합론은 공리주의적 입장을 지지할 가능성이 더 크다고 할 것이다. 이에 비해서 자기 동일성에 대한 단순론의 입장은 동일한 도덕 문제에 대해서 더 의무론적인 경향을 보일 것으로 생각된다. 특히 칸트의 윤리적 입장이나 롤즈의 공정으로서의 정의관은 개인의 자기 동일성의 기준을 강하게 요구하고 있는 입장이다. 이러한 입장에 있어서는 개인의 책임과 기여가 중요시되며, 따라서 그에 의거한 개인간의 공정한 분배의 원칙이 우선하게 된다. 나아가서 각자의 인행 계획을 구상하고 선택하며, 개선하는 책임을 갖는 자율적인 인간 이념에 있어서는 공리주의에 있어서보다 개인의 자기 동일성에 대한 요구가 더 커질 것은 확실하다. 그런데 파피트는 최근의 심리철학에 의한 연구 성과는 자기 동일성에 대한 단순론보다는 복합론의 입장이 더 우세한 것으로 입증하고 있으며, 따라서 도덕론에 있어서도 의무론적인 유형보다 공리주의의 입장이 더 유력할 것으로 결론짓는다.

---

26 Ibid., Parfit는 J. Rawls, *A Theory of Justice*, pp.27, 191을 인용하고 있음.

그러나 롤즈는 이상과 같은 파피트의 단정에 동의하지 않는다. 롤즈에 의하면 심리철학은 광의의 경험적 방법에 의거한다 할지라도 인간에 있어서 연속성의 정도나 자기 동일성의 문제에 대해서 단정할 수 없다는 것이다.[27] 왜냐하면 이미 지적한 바와 같이 가소성 입론을 받아들일 경우 상이한 도덕관을 함축하고 있는 상이한 사회제도는 연속성에 있어서 상이한 정도를 갖는 인간 유형을 형성할 수 있을 것이기 때문이다. 따라서 인간론의 문제는 인간성에 대한 선행적인 고정된 사실을 발견하는 문제가 아니라 도덕 이론과 관련된 고려 사항을 통해서 우리 인간에게 바람직한 가장 합당한 형태의 인간 유형을 선택하는 문제가 된다는 것이다.

롤즈에 의하면 상이한 도덕관을 구현하고 있는 서로 다른 질서 정연한 사회는 그들의 상이한 제도를 통해서 서로 다른 방식으로 인간 형성을 하게 된다. 우리가 어떤 유의 인간인가는 우리가 자신을 생각하는 방식에 의해 형성되고, 이는 다시 우리가 살고 있는 사회 형태의 영향을 받게 된다는 것이다. 이러한 논법에 따르면 결국 사회는 개인들이 자신의 인생 계획을 합리적으로 추구하게끔 형성할 수도 있으며, 정의의 원칙 내에서 각자의 인생 계획을 설계함에 있어 최대의 자유를 허용함으로써 인간의 자율성을 조장할 수도 있다. 이를 위해서 사회는 다양한 인생 계획과 목적 실현을 위한 수단과 기회에 대한 공정한 분배를 보장해야 하며, 이러한 지원이 보장되는 사회에 있어서는 인간의 자기 동일성을 위한 더 큰 심리적 연속성을 결과하게 되리라고 생각된다.

자기 동일성의 기준에 대한 이상의 논의에 기초해서 고전적 공리주의와

---

27 J. Rawls, "Independence of Moral Theory", *Proceedings and Addresses of the American Philosophical Association*, 48(1974-75), pp.19, 20.

칸트의 윤리설 내지는 롤즈의 정의론에 있어서 자기 동일성의 의의나 비중을 대조적으로 상론해 보기로 한다. 시지윅이 제시한 고전적 공리주의에 의하면 하나의 궁극적인 선이 존재하며, 그것은 합리적 인간들이 그것과 관련된 배경적 조건에 상관없이 내성에 의해 확인할 수 있는 쾌락적 감정이나 의식이다. 사회적 제도나 개인의 행위는 그것이 이미 규정된 선의 순수 총량을 극대화하는 정도에 따라 옳은 것이며, 개인간에 선을 분배하는 방식에 대해서는 크게 주목하지 않는다. 사실상 이러한 입장에 있어서 나타나는 인간관은 용기(容器)로서의 인간관(container person)이라고 할 수 있을 것이다. 즉 인간은 본질적인 가치를 갖는 경험(쾌락)이 생겨나서 채워지는 하나의 그릇으로서 생각되며, 누가 그런 경험을 갖게 되는지, 인간들에게 어떤 분배가 이루어지는지는 문제되지 않고 용기 인간 모두에게 채워질 가치 있는 경험의 순수 총량만이 문제가 된다.[28]

따라서 공리주의적 입장에 있어서 개인의 자기 동일성에 대한 요구는 선의 총량을 극대화하기 위해서 현실적으로 그 최대량이 성취되는 방식과 관련된 인과 관계를 확인하기 위해서 생겨난다. 따라서 고전적 공리주의에 있어서는 인간의 자기 동일성이 가치 있는 경험의 총체를 평가하기 위해 필요한 한에서 요구된다. 현재 어떤 유가치한 경험을 갖는 자가 과거에 그 경험을 갖는 자와 동일인인가를 물을 필요가 없다. 현재의 자기와 미래의 자기 간에 시간상의 선호(time preference)가 필요 없는 것과 마찬가지로 동일한 양의 쾌감이라면 누가 그 쾌락을 갖는가라는 분배의 문제는 생겨나지 않는다. 자기 동일성을 확인하는 유일한 이유는 쾌락적 경험의 순수 총량을 측정하고, 이중 계산을 피하기 위한 것이며, 따라서 공리주의는 자기

---

28 D. Parfit, op. cit., pp.149-60 참조, J. Rawls, "Independence of Moral Theory", p.17.

동일성에 대한 최소한의 요구를 하는 윤리설이라 할 수 있을 것이다.[29]

이에 비해서 칸트나 롤즈의 입장에 있어서는 개인의 자유와 권리를 배정하는 사회의 기본 구조의 규제 원리로서의 정의의 제1원칙을 가장 기본적인 것으로 본다. 따라서 유가치한 경험의 총량이나 선의 순수 총량의 극대화에 대한 언급이 없으며, 그 대신 인간의 다양한 목적 달성을 위한 여러 가지 일반적인 수단이 규정되고, 그것의 공정한 분배 문제가 다루어진다. 이런 입장에 함축된 인간관은 그들 스스로 달성해야 할 여러 가지 기본적인 관심을 갖는 자율적 인간이며, 그들의 다양한 관심들이 사회제도에 의해 형성되고 규제되는 방식에 대한 가장 고차적인 관심(the highest interest)을 갖는 존재들이다. 정의의 기본 원칙들에 의거해서 이러한 그들의 관심을 실현하기 위한 기본적인 평등과 자유가 보장되고, 그를 위해 필요한 수단들이 효율적으로 산출되고 공정하게 분배되는 배경 체계가 세워지게 된다.

물론 이러한 입장에 있어서도 정의의 원칙이 제대로 적용되는 방식을 결정하는 인과 관계를 확인하기 위해서 개인의 자기 동일성이 요구되기는 한다. 그러나 선의 분배를 중시하지 않음으로써 더 약한 자기 동일성의 기준만으로 충분한 공리주의적 입장에서와는 달리 칸트나 롤즈의 입장에서는 자기 동일성이 더 본질적인 중요성을 갖는다. 왜냐하면 사회 협동 체제에 있어서 개인의 책임과 기여의 소재를 확인하고 그와 관련해서 공정한 분배가 이루어져야 할 뿐만 아니라 나아가서 자신의 인생을 통해서 자신이 선택한 목적에 책임을 지는 자율적인 인간관이 전제되기 때문이다. 이로 인해서 칸트와 롤즈는 인간의 자기 동일성에 대한 더 강한 요구를 하게 되는

---

29 J. Rawls, "Independence of Moral Theory", pp.17–18 참조.

것이다.[30]

　파피트의 지적대로 인간의 자기 동일성에 대한 더 약한 기준이 사실에 더 부합하는 것일지도 모른다. 실제로 우리의 심리적 연속성은 오래 계속되는 일이 드물며, 기억은 사라지고, 희망은 좌절되며, 성격과 의지도 수시로 변하는 것을 경험한다. 그리고 인간의 주변 여건 또한 시간과 더불어 변화무상하다. 이런 한에서 분배나 자기 동일성에 대한 최소한의 요구를 내세우는 공리주의는 유력하다고 생각된다. 오히려 쾌락의 극대화를 위해서는 기억이 쉽게 사라지고 성격이 변하는 것을 조장할 가능성마저 있다. 그러나 이러한 공리주의적 도덕관과 인간관을 조장하는 유형의 사회와 자기 동일성이나 지속성을 요구하는 칸트적 도덕관과 인간관을 구현하는 유형의 사회가 모두 현실적으로 가능하다고 가정할 경우[31] 롤즈는 도덕적 관점에서 볼 때 후자와 같은 사회가 실현되는 것이 더 바람직하다고 했다.

　그런데 여기에서 주목할 만한 점은 도덕 인식론의 경우에 있어서와 마찬가지로 도덕심리학의 경우에 있어서도 롤즈는 도덕심리학의 연구 성과보다는 도덕 이론에 우선적인 지위를 부여하고자 한다.[32] 이미 지적한 바와 같이 롤즈는 현대의 심리철학은 인간의 자기 동일성 문제에 대해서 어떤 단정적인 해답을 제시하고 있는 것은 아니며, 오히려 보다 일반적인 결론으로서 가소성 입론에 의거할 경우 자기 동일성의 정도에 있어 서로 상이한 갖가지 인간 유형을 형성할 수 있다고 본다. 그러나 우리는 롤즈의 이상과 같은 입장에 기대하는 바가 없지는 않으나, 그의 가정에 전적으로 동조하기는 어렵다는 사실을 발견하게 된다. 우선 현대의 심리철학이 인간의

30　Ibid., pp.18-19.
31　Ibid., p.20.
32　Ibid., pp.6-7.

자기 동일성 문제에 관해서 비록 단정적인 해답을 제시하고 있는 것은 아니라 할지라도 지금까지의 연구 성과에 비추어 볼 때 파피트가 말한 바와 같이 인간의 자기 동일성에 대한 약한 입장인 복합론이 더 우세한 것이 사실이며, 따라서 공리주의적 인간관에 의거한 사회와 롤즈적 인간관에 입각한 사회가 모두 현실적으로 가능하다는 가정 또한 견지되기 어려운 것이 아닐 수 없다.

고전적 공리주의자인 시지윅은 타인의 행복을 위해 현재의 자기의 행복을 희생해야 할 이유가 어디에 있는가라고 묻는 이기주의자에게 미래의 더 큰 쾌락을 위해 현재의 쾌락을 희생해야 할 이유는 어디에 있는가라고 반문한다. 그는 지적하기를 인간의 정신이 감정, 감각, 인상들의 행렬에 불과하다는 흄의 심리 이론을 받아들일 경우 감정의 연쇄에 있어서 일부가 다른 일부를 배려해야 할 이유가 없다고 함으로써 자(自)와 타(他)를 구분하여 쾌락이 발생하는 소재로서의 공간 선호를 배제함과 아울러 그 시간 선호마저 배척한다.[33] 여러 면에 있어서의 시지윅 공리주의의 현대적 계승자인 스마트도 현대의 과학적 심리학의 맥락에서 볼 때 인간의 자기 동일성 개념은 신경생리학, 사이버네틱스, 정보 이론 등에 의해 해소되는 경향을 보이고 있다고 말하면서 시지윅보다 한층 더 극단적인 어조로 평등한 분배 원칙에 대한 최대 행복이라는 공리 원칙의 절대적 우위를 내세우고 있다.[34]

---

33 H. Sidgwick, *The Methods of Ethics*, pp.418-19.

34 J. J. C. Smart, "Distributive Justice and Utilitarianism", John Arthur and William H. Show(eds.), *Justice and Economic Distribution*, p.108.

4. 인간학과 도덕론의 관계

우리는 지금까지 인간의 자기 동일성과 합리성이라는 두 가지 관점에서 인간에 대한 상이한 두 입장을 살펴 왔다. 서론에서 이미 논의된 바와 같이 이 두 입장 간에 시비를 가려줄 어떤 객관적인 인간성을 전제하거나 발견한다는 것은 어려운 것이 사실이다. 설사 우리가 인간성에 대한 어떤 객관적인 사실을 가정하고 발견하고자 하는 '기술적 형이상학(descriptive metaphysics)'을 추구한다 할지라도 그것은 인간을 바라보는 우리의 관점을 제약하는 일정한 사회제도들 즉 특정한 기존 체제(status quo)를 배경으로 해서만이 추구될 수 있다. 따라서 그러한 체제의 기저에 깔려 있는, 인간에 대한 숨은 이데올로기(hidden ideology)가 인간에 대한 객관적인 사실이라는 가면을 쓰고 나타날 위험은 언제나 있게 되는 것이다.

결국 우리는 여타의 문제들에 있어서와 마찬가지로 인간관의 문제에 있어서도 인간관의 시비를 객관적인 사실에의 합치 여부에 의해 가리고자 하는 부합설(correspondence theory)적 접근 방식을 포기하게 된다. 도덕철학에 있어서 인간관의 문제는 갖가지 도덕적 고려 사항들에 의거해서 보다 합당하다고 생각되는 인간관을 선택 혹은 구성하는 일이며, 그러한 인간 유형을 형성하고 조장하는 제도 체계를 수립, 강화하는 문제가 된다. 이를 인간관의 문제에 대한 오랜 전통으로서의 부합설적인 입장과 대비하여 정합설(coherence theory)적인 인간론이라 할 수 있을 것이다.

그리고 인간성의 문제를 이상과 같이 바라보고자 하는 입장은 사실-가치(fact-value)의 문제에 있어서도 전통적인 입장과 견해를 달리한다. 이미 서론에서도 언급되었지만, 적어도 인간성에 관한 순수한 자연적 사실(brute fact)은 말할 수가 없다. 인간성이란 어떤 제도적 배경 속에서 구체적 의미를 갖는다는 뜻에서 우리는 그것을 파생적인 제도적 사실

(institutional fact)이라 불렀다. 제도란 이미 어떤 가치 체계를 함축하고 있는 것이라면 제도적 사실이란 이미 특정한 가치에 의해 형성되고, 물들여진 사실이라 할 수 있다. 여기에서 사실과 가치를 엄밀히 구분하고자 하는 사실-가치 이원론은 무너지게 된다. 사실과 가치라는 두 측면을 구분해보는 것이 설사 실제적인 유용성이 있다 할지라도 그것을 지나치게 강조할 경우 우리의 인간 이해는 왜곡되지 않을 수 없다.

롤즈는 종래의 철학이 데카르트 이래 인식론적으로 정위되어 왔고, 프레게 이후에는 의미론에 대해서 우선적인 지위를 부여해 온 점을 비판하면서 프레게 이후 괴델에 이르는 동안의 의미론의 발전은 오히려 논리학의 발전에 의존하고 있음에 주목한다.[35] 이와 마찬가지로 형이상학과 인식론, 나아가서는 의미론, 심리철학 등에 의거해 오던 종래의 도덕철학이 발전하기 위해서는 도덕관의 구조, 다시 말하면 상이한 도덕관을 구성하는 기본 개념들의 상호 관계 등에 대한 연구로서의 도덕 이론의 발전이 요구된다고 주장한다.[36] 도덕 이론과 인간관의 관계에 대한 문제는 이쯤에서 미제(未濟)로 남기지 않을 수 없다.

---

35 J. Rawls, "Independence of Moral Theory", p.6.
36 Ibid., p.5.

공리주의의 현대적 전개[*]
—J. J. C. 스마트의 입장을 중심으로

1. 윤리설의 목적

　공리주의에 관한 지난 수십 년간의 열띤 논쟁은 어떤 해결이나 합의보다
는 더 새롭고도 상충하는 여러 유형의 공리주의를 산출하는 결과를 가져왔
다. 라이언즈(D. Lyons)도 말했듯이, 이제 우리는 공리주의의 주요한 형태
들을 체계적으로 조망하고 공리주 그 자체의 한계를 평가할 때가 되었다
고 생각된다.[1] 이러한 작업을 위해 우리가 논의의 중심을 스마트(J. J. C.
Smart)에 두고 그를 전후한 공리주의자들의 논의의 맥락을 더듬어 보는
것은 논지의 전개상 편의로운 전략이 될 뿐만 아니라 현대 공리주의에 대
한 체계적 조망점을 얻는 데도 유리하다고 생각되었기 때문이다.

＊ 이 논문은 전북대학교에서 열린 한국철학회 윤리분과 연구회에서 발표된 논문으로서 『철
　학』, 제20집(한국철학회, 1983 가을)에 게재된 것임.
1　D. Lyons, *Forms and Limits of Utilitarianism*(Oxford, Clarendon Press, 1965), 서문.

우선 스마트는 양적 쾌락주의에 바탕을 둔 형태의 공리주의를 옹호하고 나선다. 이러한 형태는 근대 공리주의의 선구 벤담에 의해 제시된 후 J. S. 밀의 질적 쾌락주의에 의해 수정되었고, 고전적 공리주의의 확립자인 시지윅에 의해 재활된 이후 다시 무어 등 다원적 내지는 이상적 공리주의자들의 공격의 표적이 되어 왔다. 이러한 반론들에도 불구하고 스마트가 또다시 양적 쾌락주의에로 복귀하는 논거를 이해, 비판하는 가운데 쾌락 개념에 대한 최근의 연구 성과에도 주목하고자 한다. 또한 공리주의의 현대적 전개 과정에 있어서는 행위 공리주의로 해석된 고전적 공리주의가 갖는 난점을 보완하기 위해 수정, 발전된 갖가지 유형의 규칙 공리주의가 제시되었다. 그런데 최근 이러한 규칙 공리주의가 과연 공리주의의 발전된 유형으로 이해되어야 할지에 대해 의문을 제기하는 라이언즈와 더불어 스마트는 다시 행위 공리주의를 옹호하고 나선다. 이는 양적 쾌락주의에 대한 옹호와 더불어 공리주의의 현대적 전개 과정에 있어 일반적인 흐름에 역행하는 사례로서 그 논거에 대한 이해와 비판은 현대 공리주의에 대한 전반적 인목을 얻는 데 도움이 될 것으로 생각된다.

스마트를 중심으로 한 우리의 논의가 갖는 의의 중 또 한 가지는 고전적 유형의 공리주의자들이, 자연주의자이건 직관주의자이건 간에 윤리 인식 긍정론자(ethical cognitivist)들이었는 데 비해 현대의 다른 몇몇 공리주의자들과 더불어 스마트는 윤리 인식에 대해서 부정적인 입장을 표방한 이모티비즘 이후의 철학자(post-emotivist)로서 공리주의를 전혀 다른 기반 위에서 정당화하고 있다는 점에 있다. 스마트는 인지주의적 윤리설을 비판하는 가운데 도덕의 최종 원칙을 감정에 의거한 선택으로 보며, 이 점에 있어서는 태도에 기초해서 공리주의를 정당화하고자 하는 브란트(R. B. Brandt)의 방법과 유사하다고 말한다.

그러나 브란트가 어떤 표준적 조건하에서 갖게 되는 태도들을 조정하고 체계화하는 가운데 이러한 도덕적 자료들에 의거해서 도덕의 일반 원리를 도출하는 실증주의적 입장을 취하는 데 비해[2] 스마트는 궁극적인 감정에 의거해서 선택된 일반 원칙에 의거해서 개별적인 태도나 감정의 정당성을 가리고자 하는 점에서 의견을 달리하고 있다. 이러한 메타 윤리학적 문제를 논의해 가는 가운데 우리는 윤리학의 방법론에 있어서 이모티비즘 이후에 가능한 또 다른 대안들도 살펴보고자 한다.

이상에서도 이미 암시된 바이지만, 앞으로 우리는 세 가지 항목으로 나누어 우리의 논의를 진행하고자 한다. 이는 우리가 어떤 윤리학설에 대해서 기대하는 바, 다시 말하면 윤리학설의 목적에 대한 일반적인 이해에 근거를 둔 구분이라 할 수 있다.[3] 첫째, 우리는 윤리학설이 옳고 그름을 결정하는 특성(right-making properties)이나 좋고 나쁨을 결정하는 성질(good-making properties)에 대한 해명을 제시할 것으로 기대한다. 다시 말하면 윤리학설은 그로 인해 어떤 행위가 옳은 것이 되는 특성이나 또는 그로 인해서 어떤 사물이나 사태가 좋은 것이 되는 성질에 대한 해명을 제시할 것으로 생각한다. 전통적으로 행위의 시비 결정 특성에 관해서는 결과론자(consequentialist)와 그에 대한 비판론자(대체로 의무론자들) 간의 불일치가 있으며, 사태의 선악 결정 성질에 관해서는 쾌락주의자와 비쾌락주의자 간에 이견이 있다. 전통적인 규범윤리학에 있어서 가장 중심적인 주제를 이루는 이 문제에 있어서 공리주의는 전자에 있어서 결과주의와 후자에 있어서 쾌락주의 혹은 비쾌락주의를 다양하게 결합하는 윤리설

2 Richard Brandt, *Ethical Theory*(Englewood Cliffs, N.J., Prentice-Hall, 1959), pp.242-44.
3 R. E. Bales, "Act-Utilitarianism", *American Philosophical Quarterly*, Vol. 8, No. 3 참조.

이라 하겠다. 그런데 공리주의는 대체로 행위의 옳음을 그것이 가져올 결과의 좋음(善)의 극대화로 규정하는 만큼 좋음을 기본 개념으로 보며, 옳음은 좋음과 극대화의 원리로 해명한다. 따라서 우리의 논의는 좋음을 결정하는 성질에 대한 해명으로서 쾌락주의를 중심으로 해서 2절에서 전개하고자 한다.

둘째로 일부 도덕철학자들은 윤리설에 대해서 위에 나온 것 이상의 다른 어떤 것을 기대하고 있는 것으로 보인다. 칸트가 도덕적 의사 결정이 요구되는 분기로적인 상황에서 객관적인 도덕 법칙에 대해서 주관적인 행위 준칙의 합법칙성을 점검하기 위한 시금석으로서 보편화 가능성(universalizability)의 원리를 제시했을 때, 시지윅이 "도덕가로서 우리는 당연히 우리가 살고 있는 현실 세계에서 행해져야 할 바를 연구해야 한다"[4]고 하며, 합리적 의사 결정의 절차를 제시하려는 의도 아래 『윤리학 방법론』을 전개했을 때, 그들은 암암리에 윤리학이 단지 옳음이나 좋음의 기준을 해명하는 일을 넘어서서 구체적인 의사 결정의 절차나 지침을 제시하는 것으로 보았다고 생각된다. 더욱이 더 현대적인 입장에서 행위 공리주의를 정당화하려는 스마트는 "공리주의적 기준은 다양한 선택이 가능한 자에게 어떤 것을 행해야 할지를 결정하는 데 도움을 주기 위해 제시된 것"이라 하며, "행위 공리주의는 실제로 우리가 어떤 일을 행해야 할지를 정해야 될 경우 그 결정의 방도를 제시하려는 의도에서" 제안된 것이라 했다.[5] 이는 모두가 윤리적 선택의 상황에 있어서 의사 결정의 절차나 전략을 제시하려는 점에서 공통된 관심을 갖는 것으로 보이며, 따라서 윤리설에 대해서 우

---

4 H. Sidgwick, *The Methods of Ethics* (New York, Dover Publications, Inc., 1966), p.19.
5 J. J. C. Smart, *An Outline of a System of Utilitarian Ethics*, p.31.

리가 기대할 수 있는 또 한 가지 임무는 의사 결정의 절차(decision-making procedure)를 제시하는 것이라 하겠다. 나아가서 우리는 윤리학설을 평가함에 있어서 시비 결정 성질에 대한 해명과 의사 결정 절차에 대한 제시를 구분할 필요가 있을 것으로 생각하며, 공리주의의 전개에서 행위 공리주의(act utilitarianism)와 규칙 공리주의(rule utilitarianism)간의 논쟁은 대체로 후자에 대한 기대와 관련된 것으로 이해하여 3절에서 논의하게 될 것이다.

끝으로 앞에서 논의된 기능들 이외에도 우리는 윤리설이 우리의 숙고된 도덕 판단(considered moral judgment)들을 해명해 줄 것으로 기대할 수가 있다. 어떤 도덕철학자들은 윤리설이 일상인의 도덕관을 반영하거나 일상 생활의 도덕적 추론 양식에 대한 해명을 제시할 것으로 생각하며, 우리의 일상적 언어 생활에 있어서 도덕적인 용어의 의미를 분석해 줄 것을 기대한다. 이러한 방법은 규범윤리적 문제에 있어 상당한 의견 차를 보이면서도 공리주의자와 의무론자가 공유해 왔던 영미 윤리학의 방법론적 전통이 되고 있다 해도 과언이 아니다. 시지윅은 도덕철학의 역사는 그 기본 자료가 되는 도덕적 직관들을 해명하려는 시도들의 역사이며, "그 과학적인 방법을 통해서 상식적인 도덕 판단들이 체계화되는 동시에 수정되기도 한다"고 했으며[6] 최근에 브란트는 자신의 이상적 규칙 공리주의가 합리적이고 공정한 성숙인의 숙고된 도덕 판단을 해명해 줄 것으로 기대하고 있다.

의무론자인 W. D. 로스가 자신의 조건부 의무론을 일상인의 도덕적 직관에 부합하는 것으로 제시한 것은[7] 주지의 사실이며, 최근에 롤즈도 자신

---

6 H. Sidgwick, op. cit., p.374.
7 W. D. Ross, *The Right and the Good*(Oxford, Clarendon Press, 1930).

의 방법이 일상적인 도덕 판단에 입각한 것임을 밝히면서 추상적인 도덕 원칙의 합당성을 판정하기 위해서 우리가 해야 할 일 중 하나는 그것이 확신을 갖고 내려진 우리의 신중한 도덕 판단과의 합치 여부를 확인하는 일이라 했다.[8] 그런데 앞서 논의된 바와 같이 스마트는 자신의 이론이 일상적인 도덕적 신념에의 합치 여부에 의해 판정되는 것을 명백히 거부하고 있으며, 오히려 그러한 신념을 자신의 이론에 비추어 수정할 것을 제안하고 있다.[9] 윤리 인식에 대해 부정적인 입장에 기초한 그의 메타 윤리학 속에서 그러한 제안이 어떻게 정당화될 것인지에 대한 논의는 4절 윤리학의 방법론에서 논의하게 될 것이다.

2. 쾌락주의 논쟁

옳음이란 좋음을 극대화하는 함수로서 간주하는 목적론적인 이론 구성을 갖는 공리주의에 있어서 좋음을 결정하는 성질에 관해 벤담의 양적 쾌락주의에 대해 밀의 질적 쾌락주의가 제시되었으며, 그 후 시지윅에 의해 재활된 양적 쾌락주의가 다시 무어의 다원주의에 의해 비판되었다. 이러한 논쟁사적 맥락 속에서 스마트가 또다시 양적(순수한) 쾌락주의를 옹호하고 나선 만큼 그는 밀의 질적 쾌락주의나 무어의 다원주의적 반론이 내세우는 바를 자신의 양적 쾌락주의 내에서 해결 내지 해소할 수 있는 논거를 마련해야 할 부담을 안게 된다. 스마트의 공리주의에 의하면 행위의 옳고 그름은 그 결과의 좋고 나쁨에 의해 판정되며, 결과의 좋고 나쁨은 그것이 주는

---

8 John Rawls, "Outline of a Decision Procedure for Ethics", *Ethics*, pp.50–51 참조.
9 J. J. C. Smart, "Extreme and Restricted Utilitarianism", *The Philosophical Quarterly*, Vol. 6(October 1956).

쾌락과 고통의 감정에 의해 전적으로 판정된다. 따라서 그는 쾌락의 양이 같다면 하찮은 압정 놀이도 시 쓰기와 마찬가지로 좋은 것이라는(push-pin as good as poetry) 벤담의 입장을 자신의 것과 동일시하며, 인식이나 심미와 같은 정신의 어떤 상태도 그것이 주는 쾌락 감정과 상관없이 내재적 가치를 갖는다는 무어의 이상 공리주의나, 이 두 입장 간의 중도적 노선을 가면서 고차적 쾌락과 저급한 쾌락을 구분함으로써 쾌락이 좋은 것의 필요 조건이기는 하나 좋은 것은 쾌고의 감정과 더불어 경험의 다른 성질에 의존한다는 밀의 유사-이상주의적(quasi-ideal) 혹은 유사-쾌락주의적 입장을 자신의 입장으로부터 구분하고 있다.[10]

우선 그는 만족한 바보보다 불만족한 소크라테스가 더 낫다는 밀의 주장을 분석하는 가운데 벤담도 밀과 더불어 만족한 바보보다 불만족한 철학자의 경험을 선호하는 데 합의하리라는 점에 주목할 필요가 있다고 하면서, 그러나 철학자의 정신 상태에 대한 벤담의 선호는 그 내재적 가치에 대한 선호가 아니라는 점을 강조한다. 그에 따르면 불만족한 철학자는 사회에서 유용한 인물이며, 그의 존재는 인류 문화 전반의 고양에 기여하는 엄청난 가치를 갖는다는 것이다. 다시 말하면 우리가 일반적으로 압정 놀이보다 시 쓰기를 선호하는 이유는 설사 이들이 주는 쾌락의 내재적 가치(intrinsic value)가 동일하다 할지라도 시 쓰기가 가지는 외재적 가치(extrinsic value)가 압정 놀이의 그것을 훨씬 능가하기 때문이라는 것이다.[11]

나아가서 압정 놀이와 같은 단조로운 놀이는 얼마 안 가서 지루함을 느끼게 하나 시를 즐기는 자는 그 즐거움이 전 생애에 두루 미칠 수가 있으

---

10 J. J. C. Smart, *Utilitarianism For and Against*, pp.12-13.
11 Ibid., p.15.

며, 시 쓰기는 상상력과 감수성을 개발시킴으로써 압정 놀이에만 몰두하여 멍청이가 되는 것보다 타인의 행복에도 더 기여할 길이 열린다. 요약하면 직접 당사자에 있어서이건 타인을 위해서이건 간에 시 쓰기에서 오는 쾌락은 압정 놀이에서 오는 쾌락보다 그것에 내포된 쾌락에의 잠재성 즉 외재적 가치가 더 크며, 벤담의 용어를 빌리면 더 다산적이고 생산적인(fecund) 것이라 할 수 있다. 즉 생산성 혹은 외재적 가치라는 양적 쾌락주의의 기준을 선용할 경우 질적 쾌락주의의 주장은 양적 쾌락주의 내부에서 해결, 해소될 수 있다는 것이 스마트의 주장인 것이다.[12]

이어서 스마트는 이러한 절차에 의해서도 양적 쾌락주의자와 질적 쾌락주의자 간에 의견이 불일치하며 질적 쾌락주의자가 고차적 쾌락에 대한 내재적 선호를 갖게 될 가능성을 인정한다. 그러나 스마트는 그러한 불일치가 가능하다 할지라도 그것이 현실적으로 우리가 어떻게 해야 할 것인가에 대한 지침을 제시함에 있어 어떤 차이를 가져올 것인지를 묻는다. 만일 현실적 선호에 있어 아무런 차이도 가져오지 않는다면, 그들간의 차이는 단지 언어 게임상의 차이에 불과하며, 대단한 의미가 없다는 것이다. 스마트는 그들이 제시하는 현실적 윤리 지침 간에 차이는 거의 없을 것으로 보며, 밀의 소위 고차적인 쾌락은 동시에 생산적인 쾌락이며, 저급한 쾌락은 생산성의 결여 이상으로 생산성에 역행하는 파괴적인 것들이라 한다. 따라서 대부분의 일상 생활에 있어서 순수한 쾌락주의자는 그가 제시하는 현실적 지침에 있어 질적 쾌락주의와 일치한다는 것이다.[13]

다음으로 스마트는 무어의 이상 공리주의를 비판적으로 분석하기 위해 쾌락적인 심리 상태가 전혀 내재적 가치를 갖지 않거나 부정적인 내재적

---

12 Ibid., p.16.
13 Ibid., pp.24-25.

가치를 가질 수 있는가를 묻고 그에 답하기 위해 한 가지 상상을 제의한다.[14] 감정을 지닌 존재가 오직 하나만 있는 세계가 있는데, 그는 감정을 지닌 다른 존재들도 있다는 그릇된 믿음과 더불어 그들이 엄청난 고통 중에 있다고 믿고 있다. 그런 생각에 가슴 아프기는커녕 그는 가상적인 고통에 대해서 대단한 즐거움을 느끼고 있다고 해보자. 이러한 세계는 감정을 가진 자가 아무도 없는 세계보다 좋은가, 나쁜가? 또는 이러한 세계는 그와 똑같은 믿음을 가지면서도 가상적인 고통을 괴로워하는 한 존재가 살고 있는 세계보다 더 나쁜 것인가? 이런 가상적 상황에 대해 스마트는 무어와는 반대로 가상적 사디스트가 존재하는 세계가 더 나은 세계라고 생각한다. 결국 그 사디스트는 행복하며, 감정을 가진 다른 존재들이 실재하지 않는 까닭에 그의 행복이 어떤 악도 초래할 수가 없다는 것이다. 무어도 사디스트가 행복하다는 데 합의할지는 모르나 허위 인식에 근거한 그런 식의 행복은 내재적 가치가 없다고 생각할 것이라 한다.

이어서 스마트는 우리가 가상적 사디스트를 생각할 때 그리 유쾌하지는 않을 것이나 그것은 우리가 사디스트는 대체로 해를 끼치는 존재였던 세계에서 살아왔기 때문이라 해석한다. 만일 사디스트가 좋은 결과를 가져오는 세계에 살았다면 달리 느낄 수가 있었을 것이며, 우리가 어떻게 느끼는가는 일종의 조건 형성의 산물에 불과하다는 것이다. 우리가 사디스트를 싫어하는 것은 사디즘의 결과를 싫어하는 데 근거를 둔 외재적 혐오에 불과한 것이다. 스마트에 의하면 어떤 심리 상태가 외재적으로 좋기도 하고 나쁘기도 한 경우에는 그에 대한 내재적 선호와 외재적 선호를 구분하기 수월하나, 외재적으로 항상 나쁜 것은 그에 대한 외재적 혐오와 내재적 혐오

14 Ibid., pp.26-27.

를 쉽사리 혼동하게 된다는 것이다. 이 점을 받아들일 경우, 내재적으로 나쁜 쾌락이 없다는 주장은 합당하며, 쾌락은 그것을 갖는 자나 타인에게 해를 끼칠 경우에만 즉 외재적으로만 나쁠 수가 있다는 것이다.

그런데 스마트는 이상과 같은 자신의 입장에 동의하지 않는 자들과 더 이상 이론상의 논쟁을 전개할 생각이 없다고 한다. 왜냐하면 앞에서와 마찬가지로 그들과의 의견 차가 아무런 현실적인 차이도 가져올 가능성이 없기 때문이라는 것이다. 순수한 쾌락주의자도 현실 상황에 있어서 사디즘과 같은 심적 상태를 혐오할 외재적 이유가 있다는 것이다. 현실적으로 더 중요한 것은 어떤 원인에서 어떤 결과가 생기는가에 대한, 사실 문제를 중심으로 한 의견 불일치의 가능성이라 말하며[15] 무어가 이상 공리주의를 극단적으로 고수하려 할 경우 오히려 이는 공리주의의 본질을 파괴시키는 결과를 가져와 의무론자인 로스의 조건부 의무론(prima facie obligation)과 구분하기가 어려워진다고 경고한다.[16]

이상에서 우리는 스마트가 내재적 가치와 외재적 가치의 구분과 벤담의 생산성 기준을 선용함으로써 밀의 질적 쾌락주의와 무어의 이상 공리주의를 자신의 입장 속에 수용, 해소할 수 있다는 논증을 검토했다. 적어도 우리는 스마트가 전제로 삼고 있는 쾌락의 개념을 받아들이는 한 그의 논증은 상당한 설득력을 갖는다고 생각한다. 그러나 밀이 쾌락의 질적 차원을, 무어가 쾌락 이외의 내재적 가치를 제시하고자 했을 때 그들의 진의는 벤담의 쾌락주의에 부분적으로 함축되어 있고, 스마트에 의해 명백하게 일반화된 바로 쾌락 개념 그 자체에 대한 의혹을 지적한 것이 아닌가라는 생각

---

15 Ibid., p.26. John Hospers, *Human Conduct*(New York, Harcourt Brace, 1972), p.332 참조.
16 Ibid.

이 든다.

벤담이나 시지윅의 양적 쾌락주의가 갖는 이론상의 간명성이라는 커다란 강점을 포기하면서까지 밀이나 무어가 놓칠 수 없다고 생각한 것은 양적 쾌락주의자들의 쾌락 개념을 재고할 필요에서 기인된 것이라고 본다. 그들은 비록 명확한 방식으로는 아니나 암암리에 이러한 문제 의식을 가졌던 것으로 생각되며, 무어보다는 밀에 있어서 그러한 의식이 더 철저했던 것으로 보인다. 초기 자본주의 사회 속에 잉태되고 있는 감각주의적 생활 양식에 대한 비판은 밀의 정치 사회 사상의 주요한 일면이 되고 있기 때문이다.

밀이 남긴 숙제에 철학자들이 다시 주목하기까지는 오랜 시간이 흘렀다. 지난 2세기 동안 영어 문화권에 속한 철학자들은 고전적 공리주의자들의 쾌락주의를 논의해 왔으나, 쾌락주의에 반대하는 진영에서조차도 쾌락이라는 개념 그 자체에 대한 면밀한 분석이 거의 없었다 해도 과언이 아니며, 이로 인해 일반적으로 벤담 자신의 쾌락 개념을 무비판적으로 받아들이는 결과가 되었다. 쾌락 개념에 대한 벤담의 입장에 있어서는 여러 가지 측면들이 일관성 없이 전개되고 있는 것으로 생각된다.[17] 그중에서도 우리의 논의와 관련해서 가장 중요한 것은 그가 때때로 쾌락과 고통을 감각의 종류들로 말하고 있기는 하나, 보다 공식적으로는 쾌락을 '즐거운 지각(interesting perceptions)'으로 규정하고 있다는 점이다.

따라서 벤담이 모든 쾌락과 고통이 단지 감각에 불과하다는 간명하긴 하나 비현실적인 견해를 주장했다는 것은 편향된 해석에 기인된 것이다. 그

---

17 J. Bentham, *An Introduction to the Principles of Morals and Legislation*, ch. iii-v 참조.

는 쾌락이나 고통이 단순한 감각뿐 아니라 감지, 기대, 회상과 같은 여러 가지 인지적 상태 등 모든 종류의 지각이 갖는 호오의 측면이라고 믿었다. 그러나 대부분의 사람들은 그를 위시한 쾌락주의자들이 그 원인이나 대상에 상관없이 내성을 통해서 쾌락으로 구분, 확인할 수 있는 어떤 명백한 경험이나 의식 상태가 존재한다고 말한 것으로 이해했으며, 이러한 쾌락 개념은 벤담의 양적 쾌락주의에 복귀한 시지윅에 의해 더욱 강화된 듯하다. 우리가 쾌락을 맛보는 어떤 활동이나 경험에 대해서 말할 경우 이상의 입장에 따르면 활동이나 경험이 따로 있고, 그것에 수반하거나 그로 인해 결과되는 별개의 감각이나 감정으로서 쾌락이 있다는 것이다.

그러나 최근에 와서 쾌락의 개념에 대한 라일(G. Ryle)의 분석은 그 개념에 대한 철학적 논의에 있어 새로운 전기가 되고 있다.[18] 물론 그의 쾌락관은 멀리는 아리스토텔레스에서 그 뿌리를 찾을 수 있고, 가까이는 밀이나 무어에 의해 암암리에 가정되었던 것이긴 하나 쾌락이 일종의 감각이나 감정이라는 종래의 견해에 대한 그의 공격은 상당한 설득력을 갖는 것이어서 사실상 최근에 쾌락에 관한 몇몇 학자들의 논의는 대체로 라일의 입장을 가장 잘 입증하는 구체적인 방법에 관한 것이라 해도 과언이 아니다.[19] 이들은 쾌락이 감각이나 감정이라는 견해를 거부하든가, 감각을 가리키는 좁은 의미의 쾌락(성적 쾌락 등)이 있기는 하나 모든 그리고 대부분의 쾌락이 감각이라는 견해를 거부하고 있다. 이 점에 있어서 쾌락이 언제나 감각이라는 스마트의 쾌락관은 특이한 예외가 아닐 수 없는 것이다.

라일은 자신의 논문 속에서 우리가 어떤 활동으로부터 얻는 즐거움이 그

---

18 Gilbert Ryle, *Dilemmas*와 *The Concept of Mind* 참조.
19 예를 들면 J. L. Cawan, *Pleasure and Pain*; David Perry, *The Concept of Pleasure*; J. C. B. *Gosling, Pleasure and Desire* 등.

활동 자체로부터 구분되는 어떤 것(감각 혹은 즐거운 지각)이라는 견해에 반대한다. 그는 주장하기를 "내가 어떤 활동, 예를 들면 골프놀이를 즐길 때 내가 즐기는 것은 골프놀이 그 자체이지 골프놀이에서 얻는 감각이 아닌 것이다. 왜냐하면 골프에서 생겨나는 어떤 감각이 존재한다면, 그것은 골프놀이로부터 나의 관심을 유리시키는 작용을 할 것이기 때문이다. 내가 골프놀이를 즐긴다고 하는 것은 나의 관심이 쉽사리 분산될 수 없을 뿐만 아니라, 실제로도 놀이 중 분산되지 않았음을 말하는 것이다."[20] 라일에 있어서 어떤 활동을 즐긴다는 것은 그것에 몰두하는 것이다. 그에 의하면 즐긴다는 것은 주의를 기울이고 주목을 하는(attending to, heeding to) 행위라는 유 개념에 포섭되는 것이다.

이는 결국 쾌락을 의식의 지향적 작용 중의 하나로 보는 것이며, 욕구나 의식과 마찬가지로 쾌락도 지향적 개념(intentional concept)으로 해석하려는 것이다. 지향적 개념은 대상을 요청하는 개념이어서 대상이 없으면 논리적으로 불완전하고 불확정적인 개념이다. 구체적 상황에 있어서의 쾌락과 고통은 어떤 대상을 갖는 어떤 종류의 쾌락이며, 무어가 말한 경험의 다른 성질들과 관련된 쾌락(pleasures in context of other properties)[21] 이요 밀의 이른바 고유한 질을 갖는 쾌락이다. 그것은 경험이나 사고나 상상에서를 막론하고 지향된 대상과 완전히 분리되어서 확인될 수 없으며, 그것들 상호간에도 지향된 대상과 관련되지 않고는 분간되기가 어렵다.[22]

이상의 심리학적 분석은 최근의 언어철학적 성찰에 의거해서도 보충된

---

20 G. Ryle, *Dilemmas*(Cambridge University Press. 1954), p.51.

21 G. E. Moore, *Principia Ethica*(London, Cambridge University Press, 1976), pp.83–84.

22 Rem B. Rewards, *Pleasures and Pains*(London, Cornell University Press, 1979) 참조.

다. 양적인 쾌락주의자들은 일반적으로 두 개 이상의 사물이 공통된 이름으로 불릴 경우 공통된 성질(property)이 존재한다는 언어관을 취하는 것으로 보인다. 비트겐슈타인(L. Wittgenstein)은 우리의 말들이 갖는 지시 대상은 모두가 공통된 성질을 나타내는 것이 아니라, 단지 가족 유사성(family resemblance)만을 나타낸다는 점을 보여주었다. 오늘날 공통된 이름을 갖는 모든 것이 동일한 성질을 갖는다고 가정하는 것은 더 이상 견지되기 어려우리라 생각된다. 그런데 바로 이러한 언어 이해가 양적 쾌락주의를 오도했을 것으로 생각된다.

스마트가 스스로 그 상속자로 자처하는 시지윅이 밀의 질적 쾌락주의를 거부하고 벤담의 양적 쾌락주의로 복귀했을 때 의거했던 주요 논거도 바로 그런 가정에 입각한 것이었다. 시지윅은 "쾌락의 모든 질적 비교는 실제로 양적 비교에로 환원되지 않을 수 없다. 왜냐하면 모든 쾌락들이 쾌락이라 불리는 것은 그것들이 쾌감(pleasantness)이라는 공통된 성질을 가졌기 때문이라 생각되며, 따라서 이러한 공통된 성질에 비추어서 비교될 수 있는 것"이라 했다.[23] 그러나 쾌감이나 고통감과 같은 공통된 성질을 갖는 대신 쾌락이나 고통이란 질적으로 서로 구분되는 다양한 범위에 걸친 호오의 경험이며, 그것은 공통 성질의 개념이기보다는 가족 개념에 더 가깝다 할 것이다.

3. 의사 결정의 절차

공리주의에 대한 최근의 논의는 대체로 행위 공리주의, 규칙 공리주의,

---

[23] H. Sidgwick, op. cit., p.94.

보편 공리주의 간의 차이점과 장단점을 중심으로 한 것이었다. 이 모든 유형의 공리주의들은 공리를 도덕의 궁극적 근거로 받아들이는 점에서 일치하나 그러한 근거가 적용되는 방식에 대해서 달리하고 있다. 대체로 전통적 공리주의자는 행위의 시비를 대안적 행위들과 비교해서 그것이 결과할 공리에 직접 의거해서 판정하는 행위 공리주의자들이었다. 그런데 공리주의에 대해서 제시되었던 전형적인 도덕적 반대 사례들(counter examples)은 사실상 행위 공리주의를 겨냥한 것이었다. 예를 들어서 공리주의는 무고한 사람을 처벌하고 세금을 포탈하며, 선거일에 투표하지 않고 약속을 어기는 등의 행위 등을 허용하거나 정당화한다고 생각되는데, 이들은 우리의 숙고된 도덕 판단에 비추어 볼 때 도덕적으로 그른 행위가 아닐 수 없다. 규칙 공리주의의 발전은 바로 이러한 반대 사례를 피할 수 있는 공리주의를 발견하려는 데서 동기화되었다 할 수 있을 것이다.

양적 쾌락주의에 있어서와 마찬가지로 이 점에 있어서도 스마트는 규칙 공리주의적 발전을 거슬러 다시 행위 공리주의에로 복귀, 고수하려 하며, 줄곧 규칙 공리주의에 대한 반론을 전개하고 있다. 규칙 공리주의에 대한 그의 공격의 주무기는 규칙 공리주의자들에 있어 규칙 숭배라는 미신적이고 비합리적인, 따라서 비공리주의적인 태도에 대한 고발이라 할 수 있다.[24] 그는 규칙 공리주의자도 결국에는 인간의 행복을 극대화한다는 명분 하에 규칙을 내세운다면 특정한 경우 규칙에 따르는 것이 행복을 증진하는 최선의 길이 아님을 알고서도 규칙을 고수해야 한다고 말하는 이유가 무엇인가를 묻는다. 대부분의 경우에 규칙에 따르는 것이 이롭다고 하든가, 아무도 규칙을 따르지 않는 것보다 모든 사람이 규칙에 따르는 것이 더 낫다

---

24 J. J. C. Smart, *Utilitarianism For and Against*, p.10.

고 하는 것은 합당한 대답이 될 수 없다고 한다. 이것은 모든 이가 따른다는 데 대한 유일한 대안이 아무도 따르지 않는 것이라고 생각하는 데 기인하며, 어떤 이는 따르고 어떤 이는 따르지 않는다는 제3의 가능성을 생각하지 않았기 때문이라고 한다.[25] 따라서 규칙에 따르지 않는 것이 가장 최선의 길이 되는 경우에조차도 일반적으로 이로운 규칙이라 해서 그것을 고수해야 한다는 것은 불합리하고 비공리주의적이며, 규칙에의 미신적 숭배행위가 아닐 수 없다는 것이다.

이어서 스마트는 자신의 행위 공리주의를 옹호하기 위한 논거로서 라이언즈가 제시한 행위 공리주의와 규칙 공리주의 간의 외연적 동치(extentional equivalence) 이론을 원용한다.[26] 규칙 공리주의가 결국 행위 공리주의로 환원되고 만다는 라이언즈의 추론에 따르면, 규칙 R에 대한 어떤 예외가 최선의 결과를 가져오는 경우를 가정할 때, 이는 규칙 R이 이런 예외를 허용하게끔 수정되어야 함을 보여주는 증거가 되며, 따라서 우리는 'C와 같은 상황을 예외로 하고 R에 따르라'는 규칙 R′를 갖게 된다. 이렇게 볼 때 행위 공리주의가 규칙을 위반하고자 할 상황은 규칙 공리주의가 규칙을 수정해야 할 상황과 일치하며, 따라서 규칙을 미신적으로 숭배하지 않는 합당한 규칙 공리주의라면 행위 공리주의와 외연적으로 동치가 된다는 것이다.

그리고 라이언즈는 이러한 자신의 이론에서 행위가 갖는 문턱 효과(threshhold effect)에 주목한다. 규칙 공리주의의 난점 중 하나는 '잔디를 밟지 말라', '선거일에 투표하라'와 같은 규칙에 있어 그 수가 너무 많지

---

25 Ibid., p.16.
26 Ibid., pp.11-12.

만 않다면 약간의 사람이 규칙을 어기는 것도 공리주의적으로 볼 때 이로운 일임을 인정하지 않는 데 있다. 그런데 라이언즈는 이미 상당수 n(문턱)의 사람이 잔디를 밟은 이후의 행위와 아무도 잔디를 밟지 않았거나 혹은 극히 소수의 사람이 잔디를 밟았을 때 행하는 행위를 구분할 수 있음을 지적하고, 이런 여건들이 규칙 속에 고려될 경우 그 규칙은 행위 공리주의적 원칙과 동일한 행위를 명하게 된다는 것이다. 이러한 라이언즈의 이론에 기초해서 스마트는 합당한 규칙 공리주의는 행위 공리주의와 동일한 행위를 명한다는 점에서 외연적으로 동치일 뿐만 아니라, 그것은 사실상 하나의 규칙 즉 행위 공리주의적 원칙으로 이루어진 규칙 공리주의일 것이라 한다. 예측할 수 없는 무한히 다양한 변수들을 처리할 수 있는 규칙은 행위 공리주의적인 하나의 원칙 이외에 존재할 수 없기 때문이라는 것이다. 결국 스마트에 의하면 규칙 공리주의는 한 규칙(one rule) 공리주의가 됨으로써 결국 행위 공리주의로 환원되지 않을 수 없다는 것이다.[27]

그런데 이상에서 행한 스마트의 추론이 모두 타당하며, 따라서 규칙 공리주의가 결국 행위 공리주의로 환원된다는 것이 사실이라 할 때 남은 문제는 행위 공리주의의 원칙 하나만으로 현실 세계의 다양한 변수들을 처리하는 것이 어떻게 가능할 것인가이다. 더욱이 스마트에 의하면 공리주의란 합리적 선택의 기준이나 방도를 제시하는 것이어야 하는 까닭에 여기에서 그는 공리주의 원칙을 효과적으로 적용하기 위한 절차적 내지는 전략적 고려를 하게 된다. 우선 그중 하나는 규칙 공리주의에서 말하는 갖가지 규칙들을 선용하는 것이 공리주의적으로 정당화될 수 있는 조처라고 생각한다. 첫째, 우리는 모든 상황마다 일일이 모든 가능성을 다 고려해서 그 공리를

---

27 Ibid., p.12.

계산해야 하는 정력과 시간이 없으며, 그러한 것을 낭비하는 것 자체가 비공리적인 처사일 것이기 때문이며, 둘째, 개별 행위마다 그것도 개인적으로 공리 계산이 이루어질 경우 거기에 개인적인 무지나 사적인 편견이 개재될 가능성이 있기 때문이라는 것이다.[28]

따라서 공인된 규칙 체계에 의거하는 것이 오히려 편견 없는 행위 공리주의의 추론 결과에 합치할 가능성이 더 크다. 무어도 "우리가 구체적 상황에서 행위 공리주의자로서 생각하지 말아야 할 것이 행위 공리주의적 논거에 의해 정당화될 수 있다"고 했다.[29] 그런데 스마트에 의하면 규칙의 유용성과 인간의 편향성을 말한다고 해서 그것이 지나치게 강조되어 규칙 공리주의의 규칙에의 미신적인 숭배로 오인되어서는 안 된다는 것이다. 규칙은 기껏해야 대체적인 지침(rule of thumb)일 따름이며, 최고의 공리 원칙에 대한 보조적인 역할을 하는 것에 불과하다는 것이다.

전략적 내지는 절차적 고려에 있어서 스마트는 공인된 규칙 체계를 선용하는 것 이외에도 전통적으로 행위 공리주의가 감당하기 어렵다고 생각되어 온 하나의 상황을 예로 들어 행위 공리주의적으로 볼 때 이를 가장 성공적으로 해결해 줄 수 있는 절차로서 게임 이론(game theory)의 기법을 도입하고 있다. 이는 사실상 전통적으로 비판의 대상이 되어 온 소위 행위 공리주의의 소박한 절차와 규칙 공리주의의 규칙 숭배라는 양극단을 지양한 절차라 할 것이다.

상황은 브란트가 예시한 것으로서[30] 전시에 영국에 거주하게 된 공리주의자인 한 프랑스인에 관한 것이다.[31] 가스나 전기 절약을 위해서 집 안 온

---

28 Ibid., pp. 42–43.
29 G. E. Moore, op. cit., p. 162.
30 R. B. Brandt, *Ethical Theory*, p. 390 참조.

도를 10도 이하로 줄이라는 정부의 요청에 대해 프랑스인은 대부분의 영국인들이 정부 시책에 따를 것으로 가정하고, 자신을 포함한 극소수의 사람들이 20도 이상으로 높인다 해서 별다른 피해가 없을 것이며, 이로 인해서 그들은 상당한 정도로 쾌적한 생활을 향유하게 되리라고 추론한다. 물론 그가 단순하고 철저한 공리주의자라면 이런 식으로 살지 않아야 할 이유가 없을 것이며, 특히 프랑스인의 행위가 비밀에 부쳐진다면 행위 공리주의적으로 볼 때 그의 행위가 정당화되지 않을 이유가 없다는 것이 스마트의 입장이다. 그런데 여기에서 브란트는 모든 사람이 프랑스인과 같은 추론 방식에 따를 경우 심각하게 불행한 사태가 오리라는 반론을 편다. 그러나 스마트에 의하면 그러한 반론은 프랑스 사람이 그의 의사 결정에 있어 그와 같이 추론하는 사람이 거의 없으리라는, 즉 대부분의 영국인들은 전통적인 비공리주의적 도덕관을 고수하리라는 경험적인 전제를 갖는다는 점을 인정하지 않은 데 기인한다는 것이다.[32]

그런데 스마트도 인정한 바와 같이 위와 같은 경우가 아니고, 전적으로 공리주의자들만으로 구성된 사회에 있어서는 프랑스인도 난국에 봉착하지 않을 수가 없다. 왜냐하면 그는 타인들의 행위 방식에 대한 전제가 없는 한 자신의 행위 방식을 계획할 수 없으며, 다른 사람들도 이와 똑같은 처지에 있게 되기 때문이다. 모든 사람들은 자신의 의사 결정을 위해 타인의 의사 결정 방식에 대한 지식을 전제로 하지 않을 수 없는 까닭에 상황 속에 순환성(circularity)이 내재하게 되는 것이다.[33] 여기에서 스마트는 이러한 상황을 게임 이론의 기법에 의해 타개할 수 있다고 생각한다. 그에 의하

31 J. J. C. Smart, *Utilitarianism For and Against*, p.57.
32 Ibid., p.58.
33 Ibid., p.59.

면 이러한 경우 의사 결정에 있어 세 가지 대안이 가능하다는 것이다. 첫째, 프랑스인이 정부의 요구를 따르는 것, 둘째, 정부의 요구를 따르지 않는 것, 셋째, 요구에 따르지 않아도 좋을 확률 P에 따라 의사 결정을 하는 것이 그것이다. 이 세 번째의 대안에 따라서 의사 결정을 하는 것은 게임 이론에서 복합 전략(mixed strategy)이라 부르는 것으로서 이것이 바로 그의 행위 공리주의가 택하게 되는 융통성 있는 전략이 된다.[34]

그런데 스마트에 의하면 행위 공리주의적 사회에서 각 성원들은 정부 시책에 따르지 않아도 좋을 확률 P를 낮게 매기는 것이 대체로 최선의 결과가 주어진다고 생각되며, 현실적으로 확률 P를 계산한다는 것이 지극히 어렵고, P의 값이 낮을 가능성으로 인해 행위 공리주의자들은 첫 번째 대안을 택하게 된다고 한다.[35] 결국 스마트가 제시하는 행위 공리주의는 대부분 비공리주의자들로 이루어진 사회에서 행해야 할 바와 공리주의자들로만 이루어진 사회에서 행해야 할 바 및 이 밖에 갖가지 유형의 사회에서 행위할 바를 달리 생각하며, 여건에 따라서 융통성 있는 상이한 전략을 채택하게 된다는 것이다. 이 점에 있어서도 스마트 자신이 고백한 바와 같이 시지윅의 이론에 현대적 의상을 입힌 것에 불과하며[36] 이러한 유형의 공리주의에 대해 우리는 설사 그것이 개인윤리적 차원에서는 의미 있는 것일지는 모르나 사회윤리적 의사 결정 절차로서는 갖가지 문제를 지적할 수 있을 것이다.

여기에서 우리는 스마트가 제기한 문제를 전반적으로 평가하기 위해서 이 장에서 논의된 것들을 두 가지 관점에서 정돈해 보기로 한다. 특히 우리

34 Ibid.
35 Ibid., p.60.
36 Ibid., p.7.

는 그것을 도덕 체계에 있어서 규칙의 지위와 관련해서 논의해 보고자 한다.

첫째, 도덕 체계에 있어서 규칙의 지위가 본질적인 중요성을 갖는 것이 아니라 더 고차적인 원칙(공리의 원칙과 같은)에 의존적이고 부차적인 것이라면 전략이나 절차상의 고려에 있어서 우리는 복합적 전략을 채택하는 스마트의 논증 과정에 상당한 정도의 동감을 느끼게 된다. 왜냐하면 설사 규칙 공리주의자라 할지라도 그가 진정한 그리고 순수한 공리주의자로 남아 있고자 하는 한 모든 규칙은 최고의 원칙인 공리의 원칙에 의해 자격을 부여받고 정당화되어야 하며, 그런 한에서 규칙의 지위는 공리라는 최고 원칙의 실현을 위한 수단이요 전략에만 머물러야 한다. 그리고 규칙의 지위가 이와 같이 부차적인 것인 한 그것은 최고의 원칙인 공리가 명하는 바에 따라서 개조, 수정되어야 하며, 그 세목이 규정되어야 하는 것이다. 이럴 경우 규칙 공리주의는 규칙의 상대성을 내세우는 행위 공리주의와의 본질적인 차이를 갖는 것이라 할 수 없는 것이다.

그러나 스마트 자신도 인정하고 있듯이 의사 결정 절차에 있어 복합적 전략을 채택하는 자신의 행위 공리주의가 이론상으로 보면 더 합당한 것일지는 모르나 실제상으로 볼 때 확률 계산의 난점으로 인해 사실상의 의사 결정은 규칙 공리주의의 그것과 다를 바가 없는 것이다. 그 점에 있어 규칙 공리주의는 실제상의 의사 결정에 있어, 특히 사회윤리적 의사 결정의 절차로서 더 우세한 것이 아닐 수 없다. 문턱 효과론에 근거해서 행위 공리주의와 규칙 공리주의의 외연적 동치를 주장한 라이언즈나 게임 이론에 의거해서 복합적 전략을 내세운 스마트의 주장은 이론상으로 보아 논리 정연하며, 설득력 있다고 생각되나, 현실적으로 외연적 동치나 복합적 전략이 견지되기 위해서는 행위 공리주의자가 사실상 실현되기 어려운 부수적 가정, 즉 경험적 변수들과 확률에 대한 정확한 정보의 뒷받침을 받아야만 가능한 것이다. 경험 세계의 복잡한 변수들을 처리하는 능력에 대한 가정은 일상적인 도덕적 행위자에 대한 지나친 요구를 하는 셈이며, 그러한 전제 위에서야 비로소 우리의 의사 결정이 가능한 행위 공리주의는 윤리 체계로서의 현실성이 문제되지 않을 수 없는 것이다.

두 번째 우리의 관점은 만일 이상과는 달리 규칙 공리주의가 규칙에 대해 단지 부차적인 것이 아니라 보다 본질적인 지위를 부여하고자 하는 한 그러한 규칙 공리주의는 더 이상 순수한 공리주의의 영역 내에서 정당화가 불가능하게 되며, 그러한 비공리주의적 요소를 끌어들이는 공리주의는 스마트가 지적했듯이 규칙에의 미신적인 숭배를 하는 것으로 비판되지 않을 수 없는 것이다. 만일 이에 대해서 규칙 공리주의를 비판하고 있는 디그스 (B. J. Diggs)의 지적과 같이 규칙 공리주의가 규칙이라는 것을 공리주의 속에 도입함으로써 기대하는 바가 규칙이 갖는 행위 구속력에 있다고 할 경우 그리고 우리의 도덕 생활에 있어서 규칙이 보다 본질적인 지위를 갖는 것이 사실이라 할 경우 그런 것을 해명해 주는 도덕 체계는 더 이상 공리주의적 근거 위에서 정당화될 수 없는 것이며, 이 점에서 공리주의의 한계를 볼 수 있을 것으로 생각한다.

의무론자 로스에서 보는 바와 같이 조건부 의무의 규칙들은 본질적인 중요성을 지니는 것으로서 어떤 도덕적 상황에서 조건부 규칙 A에 따르는 행위는 더 비중이 큰 조건부 규칙 B에 따르는 행위가 실제 의무로 채택되는 경우에도 그 의무성이 소멸되지 않는다고 하며, 이는 더 이상 공리주의적 해명이라 할 수 없는 것이다. 나아가서 행위 결과가 갖는 공리(utility)가 그 행위의 옳음을 결정하는 충분 조건이 될 수 있는가라는 질문을 고려하게 될 경우 우리는 결과주의로서의 공리주의를 넘어서 의무론자들의 입론에도 눈을 돌리게 된다.

4. 윤리학의 방법론

어떤 윤리설이건 간에 그 체계를 구성하는 도덕 원칙이 인간의 행위를 규제하게 될 원칙이라면 그것은 우리의 현실적인 도덕 경험이나 일상적인 도덕 판단과 어떤 관련을 맺지 않으면 안 된다. 여타의 윤리학적 전통에서도 예외는 아니지만, 특히 영미 윤리학에 있어서 도덕 원칙과 도덕 판단 간의 정합성을 중시해 온 것은 그 전반적인 경험론적 배경으로 인한 것이라 생각된다. 물론 이러한 방법을 통해서 도달된 도덕 원칙이 모든 윤리학자들에 있어서 일치되고 있는 것은 아니나 자신의 도덕 원칙을 옹호하거나 다른 도덕 원칙을 비판할 경우 그들은 암암리에 혹은 공공연하게 이러한 방법에 의거한다고 보인다.

이상적 공리주의로든 규칙 공리주의로든 공리주의의 발전은 사실상 공리주의에 대해 제시된 반대 사례를 피할 수 있는 공리주의의 형태를 발견하려는 과정에서 이룩된 것이다. 공리주의자이건 비공리주의자이건 간에 일반적으로 받아들이고 있는 방법론은 규범윤리설의 타당성이 적어도 그 일부에 있어서는 우리의 숙고된 도덕 판단을 해명하는 능력에 의해 평가되어야 한다는 것이다. 모든 도덕철학자들이 완벽한 정합성을 내세워 온 것은 아니나 허용되는 상위성의 정도와 종류가 어떠하건 간에 어떤 형태의 정합성 기준이 일반적으로 가정되고 있는 것으로 보인다.

그런데 고전적 공리주의자 특히 시지윅은 이러한 방법론에 일부 의거하면서도 그것이 자신의 윤리 체계를 정당화하는 문제에 있어 보다 부차적인 방법에 불과하다는 것을 명백히 하고 있으며, 이의 계승자로 자처하는 스마트는 한 걸음 더 나아가 자신의 이론이 일상적인 도덕적 신념과의 정합성에 의해 판정되어야 한다는 것을 명백히 거부하고, 오히려 자신의 이론은 이러한 신념들을 수정하기 위해 제시된 것이라 주장한다. 시지윅도 공리주의의 타당성을 보이기 위해 일상적 도덕 판단들에의 정합성에 의거하고 있는 것이 사실이나 그가 그러한 방법에 의거하고 있는 전후 관계를 살펴보면 그는 이것을 공리주의의 타당성을 가리는 기준으로서가 아니라, 이미 직관에 의해 독립적으로 도달된 어떤 결과를 확인하려는 절차로서, 그리고 특히 상식적 도덕의 지지자들에게 제시된 대인 논증(argumentum ad hominem)으로 이용하고 있다는 사실을 알 수 있다.[37]

그는 상식 판단에 합치한다고 해서 공리주의가 진리임이 증명되는 것은 아니나 그로 인해서 공리주의는 이중으로 정당화된다고 생각한다. 그는 직관에 의해 자명한 제1원리에 입각해서도 공리주의자이지만, 상식의 도덕에 입각해서도 다시 공리주의자가 된다는 것이다.[38] 따라서 그에 있어서도 스마트에 있어서와 마찬가지로 사실상 도덕 원칙이 일상적인 도덕 판단에 비해 우위를 차지하는 것이 확실하다. 그런데 우리의 문제는 직관주의에 기초한 윤리 인식 긍정론자로서 시지윅에 있어서는 그런 주장이 타당할지 모르나 동일한 주장이 윤리 인식 부정론을 메타 윤리적 근거로 삼는 스마트에 있어서 어떻게 정당화될 수 있는가이다.

스마트는 윤리 체계의 정당화 문제에 있어서 널리 채택되어 온 전통적인 한 가지 방법론을 로스의 경우를 들어 말하면서 이러한 방법에 의하면 일반적인 도덕 원칙의 타당성이 개별적인 경우에 우리가 갖는 도덕적인 감정들에 의거해서 검증되어야 한다는 것이다. 물론 여기에서 로스가 도덕 원칙의 정당화에 있어 근거가 되는 자료를 '도덕적 직관(moral intuitions)'이라 한 것을 '도덕적인 감정들(moral feelings)'로 옮겨 놓은 것은 스마트

---

37 Peter Singer, "Sidgwick and Reflective Equilibrium", *The Monist*, Vol. 58, No. 3(July 1974), p.498.

38 Ibid., p.507.

스스로도 밝힌 바와 같이 그가 비인지주의적 메타 윤리학의 견지를 취하고 있음을 보여주는 것이다.[39]

여하튼 스마트에 따르면 로스적인 형태의 방법론은 어떤 이론이 함축하는 결과가 거짓일 경우 그 이론 자체를 거부하게 되는 과학에 있어서의 이론 검증과 명백한 유사성을 보여준다는 것이다. 그런데 이상과 같은 방법론에 반감을 표시하면서 스마트는 우선 도덕의 목적이 일반적 행복을 도모하는 데 있다는 전제하에 이러한 공리의 원칙과 상충하는 어떤 도덕 규칙이나 개별적인 도덕 감정들은 배척하는 것이 합당하다는 결론을 내린다. 그리고 그는 이어서 특정한 경우 우리가 비공리주의적 도덕 감정을 갖는 것은 사실이나 그것은 전통적인 도덕 체계 속에서 형성된 조건화에 기인하는 것으로서 가능한 한 무시되어야 한다는 것이다.[40]

공리주의에의 선호조차도 도덕적 조건 형성에 기인된 것이라 할지 모르나 공리주의의 일반 원리는 그것이 지극히 보편적이고 자연적인 감정에 기초한 것인 까닭에 특정한 도덕적 신조보다 더 강력한 것으로 느끼게 된다는 것이다. 이를 논거로 해서 스마트는 인지주의자인 로스의 유형이건 비인지적 태도에 근거를 둔 브란트의 유형이건 간에 우리의 도덕 원칙을 개별 상황에 있어 우리의 반응들에 의거해 검증하려는 윤리학의 방법을 거부하게 된다는 것이다. 스마트는 일반 이론을 관찰 명제에 의해 검증하는 과학과는 유비가 없다고 생각하며, 보다 보편적인 감정에 비해 보다 특수한 감정들에 비중을 두어야 할 이유가 어디 있는가라고 묻는다. 윤리적 판단은 사실의 진술이기보다 감정의 표현인 까닭에 그런 유비의 근거가 없다고

---

39 J. J. C. Smart, "The Methods of Ethics and the Methods of Science", *The Journal of Philosophy*, Vol. 62, p.344.

40 Ibid., p.345.

한다.

그런데 우리의 의문점 중 하나는 도덕의 일반 원칙이 직관이라는 인지주의적 근거에서 발견되는 것일 경우에는 그것이 갖는 정당화의 힘이 개별적인 판단들에 우선하는 것일지는 모르나 그것이 단지 비인지적인 감정에 의해 선호되는 것일 경우에도 전자에 있어서와 같은 정당화의 힘이 견지될 수 있다는 스마트의 논거에 관한 것이다. 사실상 인지주의적 윤리설을 내세우는 시지윅조차도 도덕 이론의 진위 여부를 가리는 자신의 일차적 방법, 즉 직관주의적 방법의 오류 가능성을 솔직히 시인하고 상식적인 도덕 판단들이 그러한 오류 가능성을 막아주는 보다 적극적인 역할을 하는 것이라고 말하고 있다.[41]

자명해 보이는 도덕 원칙이 상식적인 도덕과 크게 상충하는 결과를 갖게 될 경우 그것은 직관의 자명성이 오류일 수 있다는 경고로 보아야 한다는 것이다. 직관주의적 방법에 대해서 시지윅 자신도 회의적인 일면이 있음을 토로할 뿐 아니라, 오늘날 도덕철학자들 간에는 아무도 정당화에 있어서 직관의 절대적 권위를 인정하는 자는 없으며, 직관론적 정당화의 권위가 감소하는 것에 대응해서 도덕의 제1원칙이 갖는 정당화의 힘과 그에 기초한 연역적 도덕 체계의 타당성이 약화된다 할 것이다. 하물며 비인지적인 감정의 선호에 의거한 연역적 도덕 체계의 타당성이 어떻게 견지될 수 있을 것인가?

그런데 스마트 자신도 도덕의 방법론을 주제적으로 논하고 있는 논문[42]에서 한편으로는 일반 원리에 비추어 개별 감정을 검토해야 한다는 입장을

---

41 H. Sidgwick, "The Establishment of Ethical First Principles", *Mind*, Vol. 4(1879), p.108.

42 J. J. C. Smart, "The Methods of Ethics and the Methods of Science" 참조.

주장하면서도 때로는 그 자신도 그와는 반대되는 입장, 즉 일반 원리를 그것이 갖는 특정한 논리적 결과에 대해서 우리가 느끼는 바에 의해 검토해 보고 싶은 성향을 강하게 느끼기도 한다는 것이다. 그러면서 무어가 스티븐슨(C. L. Stevenson)과의 논쟁에서 자신이 옳고 스티븐슨이 그르다고 느끼면서도 자신이 그르고 스티븐슨이 옳다고도 느낀다는 고백을 한 사례를 언급하면서 자신도 그와 유사한 감정을 갖는다고 토로하고 있다. 그리고 자신의 경우에 있어서는 문제되는 것이 인지적인 차원에 있는 것이 아니라 감정과 결부된 것이어서, 무어에 있어서보다 그러한 망설임과 비결정성을 해결하기가 더욱 어렵다는 것을 인정하고 있다.[43]

그래서 어떤 상황에서 공리주의자가 자신의 원칙에 의거해서 무고한 자를 처벌하는 것과 같이 심각한 부정의를 용납해야 함이 판명될 경우 이는 공리주의에 대한 지지 감정을 약화시키고, 또한 약화시켜야 하는 것처럼 보인다고 하고 있다. 그러나 스마트에 의하면 우리는 그 경우에 다시 한 번 망설이지 않을 수 없으며, 정의를 고수하는 일과 부정의를 감행하는 것 중 불행을 감소시키는 최선의 대안이 어느 것인가를 반성할 필요가 있다는 것이다. 즉 부정의에 의해 유발될 한 사람의 불행을 막기 위해서 그러지 않을 경우 생겨날 무수한 사람의 더 큰 불행을 방관할 것인가를 숙고해 볼 경우 공리주의에 대한 호감이 다시 고개를 든다는 것이다.[44]

특히 이상의 문제와 관련해서는 매클로스키(H. J. McCloskey)가[45] 공리주의를 비판하는 가운데 스마트 같은 사람을 염두에 두고서 공리주의자는 부정의한 처벌 제도가 공리주의적으로 정당화되는 경우에도 정의로운

---

43 Ibid., p.347.
44 Ibid.
45 H. J. McCloskey, "A Note on Utilitarian Punishment", *Mind*, Vol. 72(1963), p.599.

제도만을 고수하는 것은 미신적인 규칙 숭배 행위로 간주하는 자라고 하면서 공리주의자는 그런 해결책을 택하고서도 마음이 행복한 자들이라 비난한 사례가 있다. 그러나 스마트는 이에 대해 그러한 공리주의적 결과에 대해서는 자신도 절대 행복하지만은 않다고 말하면서 그러나 어느 정도 행복을 느끼건 느끼지 않건 간에 공리주의자가 부정의한 처사를 하지 않으면 안 될 논리적 가능성이 있음은 사실이라는 것이다. 그러나 이어서 스마트는 그것이 사실상의 가능성이기보다는 논리적인 가능성에 그치기를 바랄 뿐이라는 것이다. 그렇다고 해서 자기는 공리주의로부터 떠날 생각은 없으며, 그 이유는 정의를 고수함으로써 유발되는 불행이 부정의를 감수함으로써 생기는 불행보다 작은 것인 한에서 그것이 정당화되는 것이기 때문이라는 것이다.

결국 스마트는 매클로스키가 끌어낸 결론에 행복감을 느끼는 것은 아니나 반공리주의적 귀결에는 더욱 마음이 편하지 않게 될 경우 불행 중 다행이라는 점에서 행복할 수 있다는 것이다. 문제는 두 가지 불행 가운데 선택이 불가피할 경우에는 더 작은 불행의 선택이 요구된다는 것이다.[46] 그런데 이상에서 제시된 사례는 부정의가 주는 불행에 비해 정의가 주는 불행이 엄청나게 클 때와 같은 특정한 사례로서 그런 한에서는 공리주의자에게 더 유리한 고지가 확보될 가능성이 클 수가 있다. 그러나 우리의 일반적인 도덕 상황은 로스가 지적했듯이 두 개 이상의 의무 간에 미묘한 비중 재기가 요구될 경우가 흔하다. 따라서 정의와 공리의 원리는 어느 한편에 절대적이고 일방적인 우선을 주기보다는 상호 조정되어야 할 두 가지 주요 도덕 원칙이라는 프랑케나(W. K. Frankena)의 입장에[47] 우리는 공감을 느

---

46 Ibid., p.348.

낀다. 이러한 공감에 타당성이 있다면, 그것은 이미 스마트의 입장과는 다른 관점에서 도덕 원칙과 도덕 판단을 관련시키는 방법론을 채택함을 함축하게 된다.

도덕 이론이 일련의 도덕 판단들과 그것을 해명하거나 산출하는 도덕 원칙으로 이루어진다고 보는 입장이 정당화의 문제를 처리할 수 있기 위해서는, 이상에서 살핀 바와 같이 우선 그 어느 한편에 대해서 인식론적으로 우선적 지위를 부여함으로써 가능하리라는 생각이 든다. 즉 도덕 판단들에 우선적 지위를 부여하여 그것을 도덕적 지각이나 직관이라 부르고, 이러한 도덕적 자료들로부터 도덕 원칙을 도출하든가, 도덕 원칙에 우선적 지위를 부여하여 그것이 자명하거나 선험적인 것으로 보고 그로부터 판단들의 체계를 연역하든가이다. 전자의 고전적 유형이 로스의 윤리설이라면 후자는 시지윅에서 그 전형적인 형태를 보게 된다. 스마트의 방법도 비인지주의적 유형이긴 하나 대체로 시지윅의 방법을 운용한 것으로 볼 수 있다. 그러나 그 어느 방법도 정당화에 있어서 또 다른 문제를 야기하며, 따라서 그다지 매력적인 방법이 될 수 없다는 생각이 든다.

여기에서 도덕 판단과 도덕 원칙 간에 상호 조정을 통하여 어떤 정합성을 추구하는 제3의 대안이 모색될 수 있을지도 모른다. 그러나 이러한 입장이 우리의 도덕관을 명료히 해주고 도덕적 논의의 진전에 도움이 되기도 하나 그 역시 도덕적 정당화의 방법이 되기에는 많은 문제를 내포한다. 도덕 판단과 도덕 원칙 간의 단순한 정합성만으로는 결코 문화적 배경에서 오는 변수들과 역사적 우연으로부터의 완전한 탈피가 불가능한 까닭에 제3의 대안이 갖는 어떤 강점이 살아나기 위해서는 이러한 부정적인 요인을

---

47 William K. Frankena, *Ethics*(Prentice-Hall, Inc., 1973), 2nd edition, p.43.

배제할 수 있는 그 이상의 어떤 조치나 방도가 보완되지 않으면 안 된다. 여기에서 우리는 도덕 판단과 도덕 원칙 간의 정합과 평형을 직접 추구하는 전통적인 2단적 방법보다 원칙과 판단 그리고 그 이외에 제3의 독립적인 지지 근거 내지 준거점을 갖는 롤즈류의 3단적인 반성적인 평형(reflective equilibrium)을[48] 하나의 대안으로 생각해 볼 수 있을 것이다.[49] 준거점은 여러 유형으로 설정될 수 있을 것이나 롤즈에 있어서는 원초적 입장의 계약이 된다.[50]

---

48 J. Rawls, *A Theory of Justice*, p.48.

49 Norman Daniels, "Wide Reflective Equilibrium and Theory Acceptance in Ethics", *Journal of Philosophy*, Vol. 76, No. 5(May 1979) 참조.

50 이 책「서론: 규범윤리학의 방법」, 2, 3절 참조.

롤즈에 전해진 칸트의 유산[*]

1. 머리말

'롤즈에 전해진 칸트의 유산'이라고 했지만, '롤즈가 해석하고 수정한 칸트'라고 하는 편이 더 적합할지도 모른다. 칸트를 본격적으로 연구해 본 적도 없이 롤즈의 『정의론』만을 더듬어 온 필자로서는 어디까지가 칸트 본래의 것이고, 어디부터가 롤즈의 것인지를 구분하기가 어려운 것이 사실이다. 하지만 조상이 남긴 유품을 가보로 보존하고 신주 모시듯 귀중히 여기는 일도 필요하지만, 물려받은 재산을 활용하고 증식해서 그 정신을 새롭게 살려가는 일도 그에 못지않게 중요한 일이라면, 롤즈도 분명 칸트의 유산을 물려받은 유력한 상속인들 중 하나로 간주될 수 있으리라는 생각에서

---

* 이 논문은 『철학연구』, 제38 · 39집, 특집 〈칸트 철학과 현대 사상〉(대한철학회, 1984)에 게재된 것임.

이 글을 쓰고자 한다.

우선 우리는 실천철학적인 관점에서 칸트가 갖는 철학사적 맥락을 더듬기 위해서 그의 철학적 문제 제기 및 그 해답의 실마리가 연결되고 있는 근세의 정치철학적 전통과 도덕철학적 배경을 특히 루소와 관련해서 서술하고자 한다. 흔히 루소는 정치철학자로, 그리고 칸트는 도덕철학자로 알고 있는 것이 통념이기는 하나 우리는 이러한 서술을 통해서 칸트의 윤리 및 도덕 철학이 더 깊은 심층 구조에 있어서 정치 및 사회 철학과 맞닿아 있음을 규명하고자 한다. 특히 계약론의 전통은 로크에서 루소를 거쳐 칸트에 이르는 근세 정치철학의 주요한 전통일 뿐만 아니라 롤즈가 그의 정의론을 전개하고 그 정신적인 뿌리를 칸트에서 찾고 있음도 바로 그러한 전통의 연장선상에서인 것이다.

다음에 우리는 칸트의 도덕철학을 형식주의적으로 보아 온 종래의 해석 방식에 대한 롤즈의 비판과 아울러 그의 새로운 해석 방식에 의해 드러나는 절차주의적 혹은 구성주의적 도덕철학자로서 칸트의 윤리설을 해명하고자 한다. 그리고 이에 대한 보다 세부적인 분석으로서 칸트의 정언명법(定言命法)에 대한 새로운 해석과 더불어 구성 절차로서의 정언명법이 구체적으로 적용되는 사례를 살피게 될 것이다. 그리고 끝으로 이상의 해명을 통해서도 나타나겠지만, 순수 이성과 실천 이성의 비대칭적 이해에 근거한 종래의 통념을 지양하고, 두 이성 간의 구조적 동형성(同形性) 내지 동궤성(同軌性)에 입각한 새로운 관점으로부터의 이해 방식을 제안하고자 한다. 즉 칸트는 이론 이성에 있어서도 구성주의적 인식론자였지만 실천 이성에 있어서도 마찬가지로 구성주의적 도덕론자이었음을 밝히고 그것이 갖는 현대 윤리학적 의의도 논급하고자 한다.[1]

2. 루소의 일반 의지와 정언명법

칸트는 일반적으로도 그러했지만, 적어도 영미 문화권에 있어서는 주목할 만한 사회 및 정치 철학자로 간주되지 않았던 것이 사실이다. 사회 및 정치 사상가들은 칸트의 사상에 특별한 비중을 부여하지 않았으며, 설사 그를 언급한다 할지라도 헤겔의 출현을 예고하는 선구적인 존재로서 정도였다. 사회 및 정치 철학자로서의 칸트에 대한 이러한 무시와 오해의 이유를 알기는 어렵지가 않다. 철학사가뿐만 아니라 칸트 연구가마저도 칸트의 세 비판서에만 그들의 철학적 관심과 정력을 탕진한 까닭에 여타의 방면에 주목할 만한 여유를 갖지 못한 데도 이유가 있을 것이며, 칸트 자신이 이들 분야에 대해서 비판서에 견줄 만한 대저를 남기지 않은 데도 그 원인의 일단이 있을 것으로 생각된다.

그러나 칸트를 보는 이러한 전통적 시각은 계몽주의로서 그의 철학 전체에 대한 오해에 기인한다. 비록 단편적인 것이긴 하나 정치 및 사회 철학에 대한 칸트의 저술들은 단지 우연적인 부산물들이 아니며, 그의 비판 철학 전체와의 유기적인 관련하에서 구상되고 전개되어 간 것으로 해석되어야 할 것이다. 사실상 칸트가 프랑스 혁명의 철학자라 불리는 것은 합당한 일이며[2] 그의 철학적 정신과 프랑스 및 미국의 혁명 간에는 깊은 이념적 맥락이 맞닿아 있는 것이다. 왜냐하면 칸트는 권위로부터의 인간의 독립을 주장했으며, 인간의 자유에 관한 문제는 그의 사상의 핵심이 되고 있기 때문이다.

---

1 롤즈가 해석한 칸트 윤리학의 두 가지 함축, 즉 도덕적 자율성과 사회윤리적 함축에 관해서는 필자의 논문 「도덕적 구성주의」, 『철학』, 제16집(한국철학회, 1981 가을) 참조.

2 Cf. Heine, *Sämtliche Werke*, Ernst Elster(ed.)(Leipzig and Vienna), n. d., IV, 245.

이러한 실천철학적 문맥에서 결코 과소 평가되어서는 안 될 것은 칸트에 대한 루소의 영향이다. 지적인 귀족주의자로 자처하던 칸트에게 일상인에 대한 존중을 가르친 것은 루소였으며[3] 칸트에게 있어 루소는 진정 도덕의 영역에 있어서의 뉴턴과 같은 존재였던 것이다.[4] 루소의 초상화는 그의 서재에 걸려 있던 유일한 장식물이었고, 『에밀(Emil)』을 읽는 며칠 동안 그는 이미 습관이 되어 버린 자신의 어김없는 오후 산책마저 잊어버렸으며, 이는 시계추같이 규칙적인 것으로 알려진 그의 생애에 있어 전무후무한 일탈 행위로 기록되고 있다. 우리가 루소로부터 칸트의 실천철학적 실마리를 찾고자 하는 것은 이런 뜻에서 의미가 있다 할 것이다.

사회계약론자 로크에서 공리주의자 벤담에 이르는 근세의 정치 및 사회 철학적 전통이 갖는 난점을 보완하고 완성하려 했던 J. S. 밀은 개인적 자유와 사회적 통합 간의 역동적인 변증법(vital dialectics)을 구상하는 일을 필생의 과제로 생각했다. 그러나 이러한 변증법이 더 이상 공리주의적 이론 체계 속에서 정식화되기 어려웠음에도 불구하고 끝까지 공리주의를 고수하려 했던 점에 밀의 한계가 있다 할 것이다.[5] 자유와 통합의 변증법은 공리주의와는 다른 이론적 틀을 요구했으며, 따라서 근세 정치 및 사회 철학의 발전적 종합과 대단원은 대륙 쪽에서 마련되지 않을 수 없었던 것이 당대의 실정이었다.

공리주의적 성향의 자연주의자인 흄의 동시대인이긴 했으나, 루소는 당대의 영국 철학자들과는 달리 홉스와 로크에서 전해진 계약론적 전통을 포

---

3 *Akademieausgabe* xx, 44(Berlin, 1902ff.).
4 Ibid., p.58.
5 Harry Prosch, *The Genesis of Twentieth Century Philosophy*(New York, Doubleday & Company, Inc., 1964), p.211.

기하지 않았다. 그는 당시의 정치철학적 과제를 해결하고자 저술한 『사회 계약론』의 서두에서 "인간은 자유롭게 태어났으나 … 도처에서 구속되어 있다. 어떻게 이러한 일이 가능한가? 어떤 방식으로 이것이 정당화될 수 있는가?"라고 묻고 있다.[6] 루소가 해결하고자 했던 문제는 인간이 사회적 통제에 구속되는 일이 생겨나는 단지 사실적인 전후 관계를 서술하는 일이 아니라, 그러한 사실이 합법화되고 정당화되는 근거와 방법을 찾는 철학자 의 그것이었다.

루소가 해결을 시도했던 문제는 바로 모든 성원의 생명과 재산이 보호될 뿐만 아니라 각자가 자기 자신의 의지에 복종함으로써 이전과 같이 자유로 운 상태로 남아 있게 되는 그러한 사회의 형태를 발견하는 것이었다.[7] 그런 데 루소는 이러한 사회는 반드시 성원들의 합의에 의해 성립되는 사회일 것이라고 생각함으로써 계약론적 추론 방식에 따라 자신의 입장을 전개해 가고자 했다. 그리고 루소는 모든 성원들이 그 속에서 자유와 권리를 향유 하기 위한 사회 형태는 모든 성원의 모든 권리가 남김없이 사회에 양도되 었을 경우의 계약에 의해서만 가능하다는 역설적인 전제를 내세운다. 그에 의하면 모든 사람이 자신을 남김없이 사회에 주어 버림으로써만이 그로부 터 결과하는 것은 모든 이에게 동등할 수 있고, 모두가 동등한 입장에서 서 로를 규율하게 될 조건을 결정할 수 있다는 것이다.

자신이 갖는 자연권의 일부만을 양도하고 양도할 수 없는 권리들은 그대 로 견지한 채 계약을 통해 시민 사회에 들어가게 된다는 로크와는 달리 루 소는 만일 개인들이 양도 불가능한 권리를 소지하게 될 경우 그것이 모든

---

6 J. J. Rousseau, *The Social Contract*, Maurice Canston(trans.) (Baltimore, Penguin Books, 1968), 서두 참조.

7 Ibid., bk. 1, ch. 6, p.60 참조.

이의 진정한 공동 이익(즉 모든 이의 의지)에 배치되는 경우에도 사회는 개인의 그러한 사적인 권리를 존중하지 않을 수 없게 된다는 것이다. 이럴 경우 아무도 자유롭다고 말할 수 없으며, 다시 말하면 아무도 스스로의 의지에서 나온 법체제 아래서 살 수 없는 결과가 생겨난다는 것이 루소의 비판이다.

이상의 논거에 의해서 그는 당시의 정치철학적 문제에 대한 해답으로서 사회를 구성하는 개인은 본래 합리적이고 자유로우며, 자신의 복리를 추구하는 평등한 존재들로서 그들이 형성하는 진정한 사회는 보편성을 지향하는 형태의 사회가 아닐 수 없다고 생각한 것이다. 즉, 그것은 특정한 개인들의 집합으로서 단순한 다수 의지가 아니라, 최후 일인의 의지까지도 배려된다는 의미에서 진정한 일반 의지(general will)에 의거한 사회요[8] 공동의 선(善)을 지향하고 따라서 아무도 타인의 수단이 될 수 없으며, 각자가 목적적인 존재로 대우받는 사회 형태라는 것이다.[9]

그런데 루소가 당면하지 않을 수 없었던 난제들 가운데 하나는 사회 속에서 도덕적으로 정당한 일반 의지를 발견해 내는 유효한 제도적 장치를 제시하는 일이었다. 이에 대해서 그는 명백히 그리스의 도시 국가에 있어서와 같은 일종의 직접 민주제를 염두에 두고 있었던 것으로 보인다. 단지 법을 집행하고 판정하는 행정이나 사법에서와는 달리 법을 제정하는 입법 과정에 있어서 제헌 위원회는 단순히 대의원들의 집회가 아니라, 국민들이 모두 직접 참여함으로써 구성되어야 한다고 생각했던 것이다. 즉 국민 모두가 직접 가담한 국민 투표에 의해서 입법이 성립해야 한다는 것이다.

---

8 Ibid., bk. 2, ch. 7, p.64.
9 Ibid., bk. 2, ch. 8, p.72.

그런데 루소가 개인 의지의 단순한 총합으로서의 전체 의지와 보편적 선을 지향하는 일반 의지를 엄격히 구분하고 있기는 하나 직접적인 국민 투표에 의해서 확인될 수 있는 그의 일반 의지는 사실상 전체 의지를 통해서밖에 실현될 길이 없는 것이다. 이 점에 있어서 루소는 물론 투표 절차에서 나타나는 모든 이의 의지는 개인 의지의 총체일 가능성이 있기는 하나 모든 이의 총체 의지가 어떤 특정한 조건하에서라면 일반 의지를 표현하는 것이 될 수 있으리라는 생각에 이르게 된다. 다시 말하면 특정한 조건 아래에서 표현되는 개인 의지의 총합은 바로 일반 의지에 부합될 수 있다는 것이다.[10]

전체 의지가 일반 의지를 표현하는 것으로 간주될 수 있는 제한 조건으로서 루소가 제시한 것은 사람들이 합리적인 판단에 필요한 적절한 정보를 모두 갖게 될 것과 일반 의지에 저해되는 작당이나 결탁을 위한 상호 교제와 교통을 배제한다는 것이다. 이러한 조건 아래서 모든 국민이 참여한 일인 일표가 이루어질 경우 다수결에 의거한 의사 결정이 바로 일반 의지를 구현한, 즉 공동선을 목표로 한 보편 입법이 될 수 있다는 것이다. 결국 루소의 입장에 따르면 보다 일반적인 입법이 된다는 것은 그 법이 마땅히 지향해야 할 바 즉 당위에 근접해 가는 것을 말하며, 그 당위란 다름 아닌 보편성인 것이다. 왜냐하면 보편적인 것이란 완전히 일반적인 것이기 때문이다. 여기에서 우리는 루소가 전체 집회와 투표 절차의 배후에 어떤 도덕 원칙을 전제하고 있음을 보게 된다.[11]

루소는 투표에 임하는 각자가 보편 의지에 관한 자신의 판단에 대해서 그것이 자신의 사사로운 이해 관계에 관련된 것인지 진정으로 전체의 공익

10 Harry Prosch, op. cit., p.226.
11 Ibid., p.230.

을 고려한 것인지를 자문해 볼 것을 강조한다. 이는 결국 자신이 표를 던지는 쪽이 보편화 가능한 것인지, 즉 모두가 거기에 참여할 수 있고 공유될 수 있으며, 공동의 이익이 될 수 있는지를 묻는 것이 된다. 여기에서 일반 의지를 반영하는 것과 투표인의 수효는 무관하다는 결론이 나오게 되며, 따라서 표현된 의지가 비록 전체 투표인의 의지일지라도 그 자체로서 일반 의지가 아닐 수도 있는 것이다. 일반 의지는 때로는 일부인의 의지 즉 편파적 의지를 갖는 자들에 반하는 일부인의 의지일 수 있다. 다시 말하면 그것은 '일반적으로 의욕하는 자들의 의지'일 뿐인 것이다. 여기에서 우리는 루소가 결국 암암리에 일반 의지를 확인하는 제도적 장치에 대한 논의로부터 투표 절차에서 각 시민의 숙고에 있어 지침이 되어야 할 윤리 원칙의 표명에로 이행하고 있음을 알 수 있다.

루소에 있어서는 일반 의지를 확인하는 제도적 장치에 대한 논술과 윤리 원칙에 대한 논술이 혼용되어 있기는 하나 바로 이러한 루소의 도덕적 통찰력에 비친 문제점이 칸트 철학의 출발점이 되고 있음은 주목할 만하다.[12] 칸트는 여기에서 그것이 단순히 정치적 원리가 아니라, 모든 도덕 생활에 있어 기본 원칙의 표명이라 생각했으며, 나아가서 루소의 분석과 같이 이러한 형식적 원리가 공동의 복지라는 실질적 내용과 혼용되어 있을 경우, 그것은 결코 보편적인 것이거나 충분히 일반적인 것일 수가 없다고 생각했다. 왜냐하면 실질적인 내용을 완전히 환원시키지 못할 경우 보편성이란 결국 개인적 복리의 단순한 총체일 수밖에 없을 것이기 때문이다. 칸트는 법이 일반 의지의 표현이어야 할 필연성은 모든 입법에 본질적이고 기본적인 도덕 원칙일 뿐만 아니라 그것은 모든 도덕적 행위를 규제해야

---

12 Ibid., p.231.

할 기본 원리라고 생각한다.

칸트는 이러한 객관적이고 보편적인 행위 원칙을 정언명법이라 했다. 이로써 그는 이성이 우리로 하여금 자연적 성향이나 욕구와는 상관없이 절대적으로 따를 것을 명하는 법칙을 의미했으며, 이러한 명령은 우리에게 의무로 나타난다는 것이다. 칸트에 의하면 정언명법은 특정한 목적을 향한 가언적(假言的)인 것일 수가 없다. 따라서 우리는 모든 특수한 목적들을 추상함으로써 정언명법이라는 개념에 이르게 된다는 것이다. 추상의 과정을 거쳐 우리에게는 특정한 내용이 없이 원리에 의거해서 행위한다는 형식적인 원칙만 남게 된다. 이러한 원칙은 보편적인 것일 수가 있으며, 따라서 진정으로 정언적인 원칙은 보편적인 원칙에만 의거해서 행위하는 원칙이다. 정언명법의 공식은 정의(定義) 그 자체에 내포된바 다음과 같은 표현으로 나타나게 된다. 즉 "우리가 동시에 모든 이성적 존재에게 보편적인 법칙이 되기를 의욕할 행위 준칙에 따라서 행위하라"는 것이다.[13]

정언명법은 경험이나 자연에 의해 제시되는 감정이나 욕구에 의거함이 없이 이성 스스로 생각해 낸 행위의 원칙이다. 따라서 정언명법에 의거한 행위는 유일한 자유로운 행위, 즉 자연적 충동이나 원인으로 추적될 수 없는 행위이다. 그래서 칸트에 있어서는 도덕적 행위와 자유로운 행위 혹은 자율적 행위는 같은 의미를 가지며, 우리가 정언명법으로부터 행위하는 도덕적 존재일 경우 우리는 자연적 인과 관계로부터 벗어나서 자유를 실현하게 되는 것이다. 이상에서 우리는 보편 입법에 따라야 한다는 칸트의 도덕 명법(道德命法)이 결국은 일반 의지가 지배하는 루소의 이상 국가(理想國家)의 선결 문제로서 제안된 것이며, 나아가서 칸트에 있어서도 최종적인

---

13 I. Kant, *Kritik der praktischen Vernunft*, S. 36.

목적은 윤리적 공화국으로서 목적 왕국의 실현에 있음을 알게 된다. 이런 의미에서 칸트에 있어 도덕철학은 정치철학의 전제요, 정치철학은 도덕철학의 완성이라 할 것이다.

3. 정언명법에 대한 절차적 해석

시지윅(Henry Sidgwick)은 『윤리학 방법론』[14] 서문에서 윤리학의 올바른 방법을 발견해야 할 긴급한 과제를 뒤로 미루고 가능한 한 공평한 입장에서 윤리학의 역사상 영향력 있는 몇 가지 도덕적 추론 방식들을 해명하고자 했다. 롤즈는 시지윅이 수행했던 작업의 중대성을 강조하면서도 그것이 더 넓은 시야에서 이루어져야 할 필요성을 역설한다.[15] 롤즈에 따르면 시지윅은 첫째로 윤리학 방법을 일정한 도덕관이 도덕적 추론과 정당화의 절차를 규정하는 방식으로 생각하여 대체로 도덕관의 내용 및 그 원칙 체계에만 주목하고 있으며, 도덕적 행위 주체의 동기(自律性)나 도덕 원칙의 사회적 기능에는 등한히 하고 있다는 것이다. 전통적인 대부분의 윤리학자들에 있어서도 그러하지만 그 방법이나 정신에 있어서 단연 현대적이라 평가되는 시지윅마저도 윤리학의 문제를 인식론적인 문제로 보았으며, 실천론적 문제로 보지 못했다는 것이 롤즈의 비판이다.

둘째로 시지윅은 윤리학사에 있어 영향력 있는 전통적 도덕관을 세 가지 유형, 즉 합리적 이기주의, 직관주의, 보편적 쾌락 공리주의로 구분했다.

---

14 H. Sidgwick, *The Methods of Ethics*, 7th edition(New York, Dover Publications, 1966), pp.v-vi.
15 J. Rawls, "Remarks on Kant's Ethics" (Two Lectures given at Oxford, May 1978), I, 4.

여기에서 롤즈는 시지윅이 중시했던 합리적 이기주의는 전혀 도덕관이 될 수 없다고 생각했으며, 모든 도덕관에 대한 하나의 도전장으로 간주했다. 나아가서 롤즈는 시지윅이 윤리학적 완전설이나 칸트의 윤리설을 윤리학의 독특한 방법으로 보지 못한 점, 특히 칸트의 윤리설이 갖는 방법론적 의의를 과소 평가한 점을 크게 그릇된 일이라고 비판한다. 이로 인해서 시지윅은 완전설과 칸트의 학설을 도외시한 채 직관주의와 공리주의 중에서 결국 후자에 승점을 주는 결과를 가져오게 된 것이라고 롤즈는 말한다.

그런데 롤즈는 시지윅이 수행한 윤리학 방법론의 작업을 결코 과소 평가하는 것은 아니며, 이를 도덕철학사에 있어서 혁혁한 공헌으로 간주하고 있다. 롤즈에 따르면 그것은 고전적 공리주의의 이론적 확립인 동시에 방법이나 정신에 있어 현대적인 도덕철학에 있어 최초의 학문적 성과로 평가되어 마땅하다는 것이다. 또한 그것은 도덕 문제도 다른 지식 이론의 분야와 마찬가지로 연구되어야 할 분야로 인식하게 된 하나의 계기가 되었다는 것이다.[16] 단지 롤즈는 윤리학 방법론을 바라보는 시각의 확대가 요청된다는 점을 규명함과 아울러 특히 칸트의 윤리설을 하나의 유력한 대안으로 등장시키기 위해 그 이론적 특징을 해명하고자 한다. 그리고 칸트의 도덕관을 소개함에 있어 롤즈는 특히 다음과 같은 두 가지 점이 중요시되어야 한다고 강조한다.

첫째, 칸트의 정언명법이 순전히 형식적 원리로 해석되어서는 안 된다는 점이다. 예를 들어서 시지윅에 있어서와 같이 어떤 사람에게 옳은 것은 그와 유사한 처지에 있는 유사한 모든 사람에게도 옳다는 식의 공정의 원리로 해석되어서는 안 된다는 것이다. 시지윅은 칸트가 그런 형식적 원리를

---

16 Ibid., I, 5.

도덕 이론의 충분한 기초라고 믿었던 것으로 해석하여 칸트가 마치 형식 논리를 진리의 완전한 기준으로 생각했던 것처럼 해석하는[17] 과오를 범했다는 것이다. 이러한 칸트 해석의 천박성은 철학의 통념이 되다시피 했던 것으로서 브래들리(Bradley)도 그의 『윤리학 연구』에서 헤겔의 견해를 따라 칸트의 윤리학이 순전히 형식적이고 내용이 없는 것으로 평가하고 있으며, 따라서 변증법의 초기 단계로만 파악하고 있는 것이다.[18]

둘째, 롤즈에 의하면 우리는 가능한 한 칸트의 도덕론의 구조를 선험적 관념론이라는 그 형이상학적 배경으로부터 분리시켜 그것을 실재론적이고 경험론적인 인식의 틀 속에서 제시해야 한다는 것이다.[19] 그렇다고 해서 롤즈가 선험적인 관념론이 그르다고 생각하는 것은 아니나 그것이 갖는 난해성이나 오해의 소지를 일단 괄호 속에 넣고 접근해 보고자 한다는 것이다. 그리고 롤즈는 그러한 복잡한 형이상학적 배경에 대해 일단 판단 중지를 하고서도 칸트 윤리설의 특징을 검토하는 일은 충분히 의미가 있는 것으로 본다는 것이다.

그리고 롤즈는 자신의 목적이 칸트의 도덕관을 비판하거나 옹호하려는 것이 아니고, 시지윅의 『윤리학 방법론』의 정신에 입각해서 칸트의 입장을 공평하게 제시해 보려는 데 있다고 한다. 그래서 그의 이러한 해석이 지나치게 도식적으로 보이거나 원문에 충실한 학자에게는 다소 불만이 있을 것을 예상한다. 그러나 롤즈에 의하면 더 중요한 것은 '칸트적'이라고 생각할 수 있는, 아니면 적어도 칸트 정신의 핵심을 간직하는 윤리설이 있다는 것

---

17 H. Sidgwick, op. cit., p.209 이하.
18 J. Rawls, "Kantian Constructivism in Moral Theory", *The Journal of Philosophy*, Vol. LXXVII, No. 9(September 1980), p.556.
19 J. Rawles, "Remarks on Kant's Ethics", I, 5.

을 보여주는 것이라 한다. 또한 칸트의 저술은 너무 심오하고 암시적이어서 한 가지 해석만으로 번역되기 어렵다는 점도 덧붙인다.

흔히 칸트의 정언명법을 보편화 가능성의 원리로 이해하는 것이 도덕철학의 상식으로 되어 있다. 그러나 롤즈는 칸트의 윤리학에 있어서 일반성과 보편성의 위치를 강조하는 것은 그릇된 것으로 생각한다. 그에 의하면 도덕 원칙이 보편성을 띠어야 한다는 것은 칸트에 있어 새로운 것도 아니며, 이러한 형식적 조건들로부터 실질적인 성과가 나오는 것도 아니라는 것이다. 그와 같은 것은 도덕 이론을 세우기 위해서 지극히 빈약한 기초이며, 따라서 칸트의 학설에 대한 논의를 이러한 개념들에 국한시키는 것은 그것을 보잘것없는 것으로 만들어버리는 결과가 된다고 한다.[20]

롤즈의 해석법에 따르면 정언명법은 도덕 규칙의 형식적 원리에 불과한 것만이 아니라 도덕관의 내용을 규정하는 데도 합당하다는 점을 주목해야 한다는 것이다. 그에 의하면 칸트의 정언명법이 단지 형식적 원리에 머문다면, 칸트 윤리설의 생명은 죽어버린 것이나 다름없다고 한다. 물론 형식상의 원리도 도덕 판단에 있어 중요한 요구 조건이 되기는 하나 정언명법의 해석에 있어 시지윅마저도 칸트의 진정한 의도에 빗나간 것이라는 것이 롤즈의 생각이다. 따라서 롤즈가 우선 입증해야 하는 것은 정언명법이 어떤 방식으로 특정한 윤리 지침을 제시하는 기능을 해내는가이다.

우선 롤즈는 칸트의 정언명법을 하나의 절차로 해석함으로써 정언명법적 절차(Categorical Imperative Procedure)로 부르고자 하며, 그것이 다음의 네 단계로 구성되는 것으로 본다.[21] 첫번째 단계는 행위자의 자연적 욕구나 경향성의 관점에서 볼 때 합리적이라 생각되는 그러한 준칙(準

---

20 J. Rawls, *A Theory of Justice*, p.251.

則, maxim)의 단계이다. 동시에 이 준칙은 행위자에 의해 진지하게 제시된 것, 즉 의도하는 행위에 대한 그의 이유가 현실적으로 합당한 것이어야한다. 그래서 정언명법적 절차는 합리적 행위자가 그 자신의 이해 관계에비추어서 그리고 인간 삶의 현실적 조건에 비추어서 도달된 준칙에 적용된다는 것이다. 이렇게 해서 제시된 행위자의 준칙은 합리적이고 진지한 것으로서, 다음과 같은 특정한 가언명법의 형태를 띠게 된다는 것이다.

(1) 나는 사태 Y를 가져오기 위해 상황 C에서 행위 X를 행해야 한다.

정언명법적 절차의 두 번째 단계는 첫 번째 단계에서 도달된 준칙을 단지 보편화시킨 것으로서 다음과 같이 된다.

(2) 모든 사람은 상황 C에서 행위 X를 행해야 한다.

세번째 단계에서 우리는 보편적 지침인 (2)를 하나의 자연법(law of nature)으로 변형시킴으로써 다음과 같은 것에 이르게 된다.

(3) 모든 사람은 상황 C에서 언제나 행위 X를 행해야 한다(마치 자연법에 의거한 것처럼).

정언명법적 절차의 네 번째 단계는 가장 복잡한 단계로서 세 번째 단계에서 도달된 하나의 자연법을 이미 알려진 기존 자연법 속에 도입함으로써이것이 효력을 발휘하는 자연법 체계에 의해 결과하는 새로운 자연의 질서가 어떤 것인지를 추정해 보는 단계이다. 제1단계에서부터 생겨난 준칙이새로운 하나의 자연법으로 도입됨으로써 기존하는 자연 질서에 어떤 교란이 있게 될 것이며, 첨가된 자연법에 의해 생겨난 새로운 질서가 어떠한 평형 상태에 이르게 되는가를 살피는 단계이다. 새로이 도달된 질서를 새로

---

21 J. Rawls, "Remarks on Kant's Ethics", I, 6. 이러한 해석법에 의해서 롤즈는 Onora O'Neill, *Acting on Principle*(New York, 1975), 특히 ch. 5에서 시사받았다고 말한다.

운 사회 체제라 할 때 각 준칙은 그에 상응하는 하나의 사회 체제가 있게 되는 셈이다.[22]

이상과 같은 롤즈의 해석법에 따르면 칸트의 정언명법은 이제 다음과 같이 진술될 수 있다. 즉 우리가 우리의 합리적이고 신중한 준칙(제1단계)으로부터 행위하는 것이 허용될 수 있는 조건은 첫째, 우리가 그러한 준칙에 상응하는 사회 체제에서 그러한 행위를 수행할 것을 의욕할 수 있을 경우에만, 그리고 둘째, 우리가 그러한 사회 체제 자체를 욕구하는 경우에만 한한다는 것이다. 우리가 그러한 사회 형태를 욕구할 수 없는, 그리고 동시에 그런 사회에서 우리 행위를 의욕할 수 없는 경우에는 그것이 비록 현재 우리의 여건(기존하는 사회)에서 합리적이고 진지한 준칙이라 할지라도 그것에 의해 행위하는 것이 도덕적으로 용납될 수 없다는 것이다.

따라서 칸트는 이상의 절차에 의거해서 의무의 체계를 도출하는 과정에 있어서, 다시 말하면 어떤 행위 준칙이 보편화 가능한지를 판정하고 구체적인 도덕 판단을 선별하는 과정에 있어서 정언명법적 절차가 두 가지 방식으로 작용한다고 본 것이다. 첫째는 우리의 행위 준칙이 실제로 자연의 법칙이 된다면, 그래서 모든 사람이 실제로 그런 식으로 행위한다고 해도 자기 모순이 생기지 않는가를 검토하는 것인데, 이는 개념상의 모순(contradiction in concept) 여부를 알아내는 절차라 할 것이다.[23] 칸트의 생각으로는 우리가 심사 숙고의 과정으로서 이상과 같은 절차에 따를 경우 어떤 준칙은 그것이 보편화된 사회 속에서 합리적 행위자가 그에 의거해서 행위하는 것이 실제적으로 불가능하기 때문에 배척될 수 있다는 것이다.

---

22 Ibid., I, 7 참조.
23 Ibid., I, 8.

여기에서 칸트는 합리적 행위자는 그들이 수행할 수 있다고 믿을 만한 합당한 근거가 있는 행위만을 지향한다고 가정한다.

칸트는 허위 약속이라는 준칙을 이런 방식으로 검증하고 있는 셈인데, '어려운 사정에서라면 거짓 약속을 해도 좋다'는 준칙이 보편화되어 모든 사람이 그에 따라 행위했을 경우 약속이라는 관행은 효력을 상실하게 된다고 한다.[24] 아무도 허위 약속인 줄 알면서 그것을 받아들이지 않을 것이기에 허위 약속이 실제로 보편화될 경우 그런 준칙은 그 실천이 불가능하게 되고 말며, 따라서 그것은 도덕 원칙으로서 자기 모순적인 것이 된다. 모든 사람이 그에 따를 경우 모순에 빠지는 이러한 준칙은 사적인 목적을 달성하는 데는 유효할지 모르나 정언명법이 될 수 없는 비도덕적인 행위 규칙이며, 오히려 그 반대가 되는 신실한 약속이 도덕 규칙으로 성립하게 된다는 것이다.

칸트는 모든 이가 서슴지 않고 이러한 거짓 약속을 하는 사회를 가정해 볼 때 그런 사회에서 거짓 약속을 하려는 모든 시도는 성공하지 못하고, 따라서 이성적 행위자는 그런 준칙에 따라 행위할 욕구를 가질 수 없게 된다고 한다. 칸트는 이러한 사회의 모든 성원들은 인간의 행위가 보편적 준칙에 의해 생겨난다는 것을 가정하고 있으며, 두 번째 단계의 보편적 지침이 공적으로 알려진 보편적 사실이 됨으로써 세 번째 단계의 자연법이 효력을 발휘하게 된다. 결국 이상의 해석법에 따를 경우 개념적 모순 기준은 제1단계의 준칙에 따를 의향이 제4단계의 사회에서 합리적 행위자가 그것을 수행할 의향이 되어야 한다는 것이다.[25]

---

24 I. Kant, *Grundlegung zur Metaphysik der Sitten*에 나오는 두 번째 사례, S. 48-49.
25 J. Rawls, "Remarks on Kant's Ethics", I, 8.

정언명법적 절차를 적용함에 있어 두 번째 기준은 제안된 준칙과 합리적 존재의 본성 간에 모순 여부를 검토하는 것으로서 의지상의 모순 (contradiction in will) 여부를 알아내는 것이다.[26] 어떤 준칙을 두고서 합리적 행위자가 그 준칙에 상응하는 사회에서 그에 따라 행위할 의향을 가질 수 있다 할지라도 즉 개념상의 자기 모순이 없다 할지라도 그러한 사회 자체를 의욕할 수 없을 경우 그러한 준칙은 배척된다는 것이다. 다시 말하면 네 번째 단계의 사회에 있어서 그러한 준칙에 따라 행위할 것을 의욕하고, 실제로 그것을 실천할 수 있어야 할 뿐만 아니라 그런 사회 자체를 욕구할 수 있어야 하며, 그런 사회가 존재해야 한다는 우리의 의욕을 적극적으로 내세울 수 있어야 한다는 것이다.

예를 들어서 칸트가 든 네 번째 사례 즉 우리의 도움을 필요로 하는 타인에게 무관심한 그러한 사회를 우리가 욕구할 수 있을 것인지 생각해 보자.[27] 칸트에 의하면 남에게 자선을 베풀지 않는 것은 그것이 설사 보편화된다 할지라도 개념상의 모순이나 실천상의 자기 모순을 일으키지는 않는다고 한다. 단지 우리는 보편적 입법자로서 합리적 개인이 과연 아무도 곤경에 처한 타인을 도울 가능성이 배제된 사회에서 살기를 의욕하는가를 물어보아야 한다는 것이다. 칸트에 따르면 합리적 존재로서 인간은 자신의 본성상 기본적 욕구(basic need)를 지닌 존재이고, 자기가 자족적 존재가 아님을 알고 있으며, 자신의 기본적 욕구는 타인의 도움 없이 충족될 수 없는 존재임을 안다는 것이다. 따라서 아무도 타인을 돕지 않기를 의욕한다는 것은 그 자신의 본성에 내재하는 기본 욕구와 양립되지 않는 것이기에

---

26 Ibid.
27 I. Kant, *Grundlegung zur Metaphysik der Sitten*에 나오는 네 번째 사례, S. 49-50.

곤궁에 처한 타인에게 자선을 베푸는 것이 도덕 법칙으로 성립하게 된다는 것이다.

'곤궁에 처한 타인을 돕지 말라'는 준칙이 보편화되고 일관되게 시행되는 사회를 생각해 보는 것은 불가능한 일은 아니다. 그러나 칸트에 의하면 우리가 이런 사회를 의욕할 수 없는 이유는, 우리에게는 타인의 사랑과 동정을 필요로 하는 상황이 많이 생겨나기 때문이라는 것이다. 이러한 상황에 있어서도 앞서의 준칙에 의하면, 우리는 우리가 욕구하고 열렬히 바라는 바를 박탈당하게 된다. 우리가 때때로 타인의 사랑과 동정을 필요로 하는 존재인 만큼 그런 필요가 배제되는 사회는 인간의 본성상 의욕할 수가 없으며, 인간의 의지에 모순되는 사회가 아닐 수 없다는 것이다.[28]

칸트는 위의 사례를 더 이상 구체적으로 해명하거나 보다 일반적으로 전개한 적이 없으나, 롤즈는 인간의 진정한 필요나 기본 욕구에 대한 적절한 개념에 기초해서 정언명법적 절차를 전개해 갈 경우 의지상의 모순 기준은 다음과 같이 해석될 수 있다고 한다. 즉 타인에 대해서 무관심하라는 준칙에 기초한 사회가, 인간의 진정한 필요나 기본 욕구에 따라 타인을 도우라는 준칙에 기초한 사회보다 욕구할 만한 것인가를 물어야 한다고 한다. 물론 롤즈는 여기에서 요구되는 인간의 기본 욕구에 대한 견해를 칸트의 저술에서 찾기 어려운 점을 인정하고 있으며, 단지 중요한 것은 최종 단계의 도덕 추론이 제1단계의 행위자 중심의 타산적 추론에 특정한 제약을 가하게 된다는 점과 인간의 기본 욕구에 대한 입장이 전제될 경우 그에 의거해서 특정 준칙에 기초한 갖가지 사회 형태에 대한 평가가 가능하다는 점임을 지적한다.[29]

---

28 J. Rawls, "Remarks on Kant's Ethics", I, 9.

이어서 롤즈는 이상과 같은 정언명법적 절차에 있어서 주목할 만한 세 가지 점을 지적하는데 이는 칸트의 윤리설과 롤즈 자신의 정의론을 대비함에 있어서도 본질적인 중요성을 갖는다.[30] 첫째, 정언명법적 절차의 제1단계에 있어서 제시되는 행위자의 준칙은 인간 삶의 정상적 과정에서 생겨나며, 진지하고 합리적인 개인에 의해 견지되는 것이라는 점이다. 물론 이것은 그 절차가 현실적으로 생겨나는 준칙에만 적용된다는 것은 아니고, 단지 그 절차를 검증하려는 목적으로 자의적으로 고안된 준칙을 배제한다는 뜻이라는 것이다. 이런 의미에서 정언명법 이론은 자연적 경향성에 의해 주어진 목적에서 시작되는 경험적 실천 이성에 대한 이론의 일부가 되기도 한다는 것이다. 여기에서 우리는 가능한 한 칸트의 윤리설을 그 형이상학적 배경으로부터 분리시켜 경험론적인 틀 속에서 해석하고자 하는 롤즈의 의도를 엿보게 된다.

둘째, 준칙에 의거해서 그에 대응하는 사회를 구성함에 있어 우리는 자연법과 정상적인 인간 능력에 대해서 일반적으로 알고 있는 바에 의거한다는 점인데, 다시 말하면 보편적 지침의 검증을 위해서는 일반적인 경험적 지식이 요구된다는 점이다.[31] 셋째, 정언명법적 절차의 마지막 단계의 추론은 정보에 대한 어떤 제한이 요구됨을 가정하고 있으며, 인간의 기본 욕구와 지식에의 제한은 모든 사람이 정언명법적 절차에 의거할 경우 유사한 결론에 이를 것을 보장하게 된다는 점이다. 칸트는 목적 왕국이란 공통의 법에 의거한 이성적 존재들의 통합체라고 말했다.

---

29 Ibid.

30 Ibid., 1–10. 롤즈 자신의 정의론에 대한 칸트적 해석에 관해서는 *A Theory of Justice*, ch. IV. sec. 40 "The Kantian Interpretation of Justice as Fairness" 참조.

31 Ibid., I, 11.

법이란 모든 이에게 보편적으로 타당한 바에 비추어 목적을 결정하는 까닭에 우리는 모든 목적적 존재들이 지향하는 목적 전체의 체계적 관련을 고려해야 하는데 이는 결국 우리가 일단 개인들 간의 사적인 차이점이나 사적인 목적의 내용을 배제함을 의미한다. 따라서 정언명법적 절차의 적용은 개인적 욕구나 목적의 영향을 받지 않으며, 그에 대한 인지상의 차이도 무관함으로써 사람들의 결론은 합치 내지 수렴하게 된다는 것이다. 인간의 기본 욕구와 정보상의 제한 없이는 그 절차가 이러한 결과를 가져오리라는 기대를 할 수 없다는 것이다. 롤즈는 위에 나온 둘째와 셋째를 통합하여 '무지의 베일'이라는 조건으로 발전시키고 있다.[32]

또한 롤즈는 실천적 추론 체계로서 정언명법적 절차의 구조적 특징을 다음 세 가지로 분석한다. 첫째는 경험적 실천 이성과 관련된 타산적 합리성으로서 즉 행위자의 자연적 경향성의 관점에서 볼 때 합리성에의 요구가 두 곳에서 나타난다고 한다. 그 하나는 첫 번째 단계의 준칙에 이르는 행위자의 숙고 과정에서이다. 따라서 그러한 준칙은 우리의 목적 달성을 위한 가장 효율적 수단을 택한다는 의미에서 합리적 선택의 일반 원칙에 비추어서 내세워진 특정한 가언판단으로 표현된다. 또 하나는 의지상의 모순 기준 즉 우리가 어떤 준칙에 의거한 사회를 욕구할 수 있는지를 검증할 경우에 나타난다. 제4단계의 추론은 인간의 진정한 기본 욕구에 대한 공통된 입장에서 전개되는데, 물론 이때는 우리의 자연적 경향성이 아니라 지식의 제약에 의해 규정된 보편적 관점에서 인간의 기본 욕구와 관련된 합리성이다.[33]

---

32 J. Rawls, *A Theory of Justice* 참조. 이 점에 있어서 칸트와 롤즈의 대비점은 Robert Paul Wolff, *Understanding Rawls*, 특히 Part 3, "Rawls and Kant" 참조.
33 J. Rawls, "Remarks on Kant's Ethics", I, 11.

정언명법적 절차가 갖는 두 번째 구조상의 특징은 칸트가 말하는 순수 실천 이성이 절차의 네 가지 단계와 그 각각의 요구 조건에 의해 표현된다는 점이다. 이러한 절차의 각 단계는 인간 삶의 조건에 적용된 순수 실천 이성의 요구 조건을 반영하는 것으로서 이는 사회가 구성되고 평가되는 방식이기도 하다. 끝으로 구조상의 세 번째 특징은 순수 실천 이성과 경험적 실천 이성의 관계로서 전자가 후자에 우선하고 절대적으로 제약한다는 데 있다.[34] 다시 말하면 정언명법적 절차는 두 곳에서 타산적 합리성을 내포하나 그것은 반드시 절차상의 특정 제약 조건에 부응해서만 용납된다는 점이다. 즉 행위자의 현실적, 가능적 숙고의 과정은 절차상의 제약 조건에 의해 그 틀이 주어지며, 제약 조건에 위배되는 준칙에 의거한 행위는 도덕적으로 금지된다는 것이다.

롤즈는 이상과 같은 구조적 특성을 다음과 같이 표현하기도 한다. 즉 정언명법적 절차는 두 형태의 실천적 추리를 구분하고, 그 양자를 하나의 체계 속에 결합한다. 여기에서 지배하는 추리 형태가 예속되는 추리 형태를 이용해야 하지만, 그에 대한 엄격한 우선권을 행사하게 된다. 합리적 선택 원리에 의해 표현된 경험적 실천 추론 혹은 실천 이성은 주어진 인간의 자연적 욕구나 경향성의 목적들에 적용되고 그로부터 진행한다. 이와 대조적으로 순수 실천 추론 혹은 실천 이성은 자연적 욕구의 목적으로부터 나아가는 것이 아니라 경험적 실천 이성에 의해 생긴 준칙을 평가하는 숙고의 절차를 규정할 뿐이다.[35] 이러한 절차 그 자체는 자연적 경향성이나 욕구

---

34 Ibid., 1–12. 이 점에 관해서 롤즈의 보다 발전된 견해는 "Kantian Constructivism in Moral Theory" 참조. 여기에서는 경험적 실천 이성(the rational)과 순수 실천 이성(the reasonable)으로 대비하고 있다.

35 Ibid., I, 13.

충족의 극대화를 도모하는 것이 아니라, 이러한 절차를 거친 것만을 추구하게끔 제약하는 것이다.

롤즈에 의하면 이성적 존재로서 인간은 이상의 절차를 적용하여 공유할 공적 질서를 구성하고, 그 질서 속에서 충분히 제약된 자신의 자연적 목적을 실현하게 된다고 하며, 이렇게 구성된 질서가 보편적으로 준수될 경우 목적의 왕국이라는 윤리 공화국이 실현된다는 것이다. 따라서 이 왕국은 절차를 통과한 준칙의 총체에 의해 성립된 사회이며, 모든 사람이 도덕 법칙을 자연 법칙처럼 따르는 사회이다. 이 왕국의 성원들은 이성적 존재로서 순수 실천 이성의 원칙에 대한 관심에 의해 동기가 주어지며, 목적 왕국이라는 관념 아래 그 원칙을 준수하고 그에 따라 자신의 욕구를 규제하게 된다.[36]

칸트는 제2비판 서문에서 제1비판에서 유추적으로 기대되는 바와는 달리 여기에서 자신이 전개할 작업은 순수 실천 이성 비판이라 부를 수 없다는 것이다.[37] 왜냐하면 순수 이론 이성과는 달리 순수 실천 이성은 우리의 일상적인 도덕 추리나 도덕적 경험 속에 명백히 드러난다고 생각했기 때문이다. 칸트는 우리가 행위의 준칙을 구성해서 그에 따르는 것이 적합한지를 반성하자마자 도덕 법칙을 직각적으로 의식할 수 있다고 믿었고, 이를 이성의 사실이라고 했다. 그는 우리의 일상적인 도덕적 사유 속에 도덕 법칙은 선천적 종합 명제(실천 명제)로서 육박해 온다는 것이다.[38] 따라서 정언명법적 절차는 순수 실천 이성이 인간의 도덕 경험 속에서 작용하는 방식을 정식화한 것이라 할 수 있다. 그런데 이러한 절차는 모순이나 실천적

---

36 Ibid.
37 I. Kant, *Kritik der praktischen Vernunft*, AK, V:3, 15 이하.
38 Ibid., 31.

이율배반을 결과하지 않는 까닭에 순수 실천 이성의 비판은 불필요하다는 것이 칸트의 생각이다.

칸트에 의하면 그 고유한 영역을 넘어서 의지 결정의 유일한 근거인 양월권을 하는 것은 오히려 경험적 실천 이성인 것이다. 이같이 경험적 실천 이성이 그 고유 영역을 넘어서는 것은 마치 순수 이론 이성이 이론적 지식의 획득에 있어 물자체(物自體)를 아는 체함으로써 그 고유 영역을 넘어서는 것과 유사하다.[39] 따라서 제2비판의 목적은 경험적 실천 이성의 한계를 확정하고 전체로서의 실천 이성의 통합된 구조 속에서 그 적절한 지위를 배정하려는 것이라 할 수 있다. 정언명법 이론은 순수한 실천 이성과 경험적 실천 이성을 구분하고, 후자를 전자에 절대적으로 예속시키고자 한다. 결국 제 2비판의 결과로서 정언명법 이론은 우리의 자연적 경향성에 의해 욕구된 목적으로부터 출발하는 경험적 실천 이성의 고유한 영역과 그 한계가 무엇인가에 대한 칸트의 대답이며, 이런 뜻에서 제2비판은 칸트 자신이 이른 바와 같이 '경험적 실천 이성 비판'이라 부르는 것이 합당하다 할 것이다.[40]

4. 이론 이성과 실천 이성의 동궤(同軌)

도덕적 가치의 소재를 객관적인 것으로 믿는 것이 윤리학적 절대론이라면 윤리학적 회의론은 객관적인 가치의 존재를 의심하려는 것이다. 전통적으로 가치의 객관성을 입증해 보려는 두 가지 사고의 실험이 행해져 온 셈인데, 자명한 원칙들을 발견해서 그로부터 도덕 체계를 도출하려는 소위

---

39 Ibid., 15 이하.
40 J. Rawls, "Remarks on Kant's Ethics", II, 2.

데카르트적인 방법에 기초한 직관주의 윤리설과 비도덕적 개념에 의한 도덕적 개념의 정의 가능성을 전제하고 도덕적 진술도 다른 경험적 진술처럼 그 진위가 검증 가능한 것으로 보는 자연주의 윤리설이 바로 그것이다. 그러나 G. E. 무어에 의해 문을 연 20세기 윤리학이 대체로 윤리학적 회의주의 내지 상대주의에 의해 지배되고 있다면, 그것은 결국 절대론을 입증하고자 한 전통적인 두 가지 실험이 실패했다는 것으로 풀이되는 것이다.

그런데 여기에서 가능한 한 가지 대안은 인간이 전적인 무(無)로부터 도덕이나 가치를 새로이 창조하는 일이다. 이럴 경우 도덕이란 발견되어야 할 무엇이 아니라 창조되어야 할 그 무엇으로 생각된다.[41] 발견되기를 기다리는 객관적 가치에 대한 회의는 기존 가치의 허구성에 대한 폭로와 아울러 새로운 가치의 전적인 창조와 그에 대한 인간 주체의 결단을 요구하게 된다. 니체나 실존주의자의 윤리는 철저한 허무주의에 바탕을 둔 가치 창조의 윤리로서 근본으로부터의 선택(radical choice)을 내세우고 있다.

그러나 롤즈는 전통적인 발견의 윤리도, 현대의 창조의 윤리도 아닌 구성의 윤리라는 제3의 가능성을 제안한다. 이것은 인간에 앞서서 미리 존재하는 객관적 도덕 원칙을 전제하지 않는다는 점에서 발견의 윤리와 길을 달리하며, 이성에 기초하지 않는 근본적 선택이나 주체의 결단을 내세우지 않는다는 점에서 창조의 윤리로부터도 구별된다. 결국 롤즈의 구성주의적 윤리설의 성패는 발견의 윤리가 바탕하고 있는 독단적 환상의 암초와 창조의 윤리가 자리하고 있는 무근거적 허무의 늪을 피하는 항해술의 가능성에 달려 있다 할 것이다.

윤리설에 있어서 구성주의(constructivism)란 용어는 생소한 것이긴 하

---

41 J. L. Mackie, *Ethics*(Penguin Books, Ltd.), p.106.

나 그것은 직각적으로 칸트의 철학과 어떤 관계가 있는 것임을 연상시킨다. 칸트와의 근친성은 「도덕 이론에 있어서 칸트적 구성주의」라는 롤즈의 최근 논문 제목이 노골적으로 보여주고 있다. 롤즈는 자기가 이러한 논문을 쓰게 된 이유의 하나는 자신이 제시한 '공정으로서의 정의관'이 그 뿌리를 칸트의 철학에 두고 있다는 점을 해명하려는 것이고, 다른 하나는 칸트적 구성주의는 다른 윤리설에 비해 잘 이해되어 있지 못하며, 이로 인해서 도덕철학의 발전이 늦어짐을 밝히려는 데 있다는 것이다.[42]

그런데 칸트의 철학에 있어서 구성주의는 로크를 위시한 경험론자들이 인식 주관의 수동성에 기초한 대상 중심의 모사설적 인식론을 전개한 데 반해 이를 비판, 코페르니쿠스적 전회를 통해 주관의 능동적 구성에 바탕을 둔 칸트의 인식론을 의미하는 것으로 알고 있음이 철학의 상식에 속한다. 이러한 인식론적 구성주의를 도덕론의 영역에까지 확대 해석할 수 있는 가능 근거를 알기 위해서 우리는 우선 칸트가 인식론적 구성주의를 통해 해결하고자 했던 당시의 이론철학적 상황과 롤즈가 도덕론적 구성주의에 착상하게 된 현대의 실천철학적 상황을 대비하고 다음에는 롤즈가 칸트의 비판 철학 내에서 이론 이성과 실천 이성이 동일한 궤도를 달리고 있음을 내세운다는 점에 주목할 필요가 있다고 생각된다.

회의주의 연구가 포프킨(R. H. Popkin)[43]에 의하면 흄에서 비롯된 회의주의는 18세기 후반에 다시 독일에서 문제되어 칸트에 이르러 그 절정에 달하게 된다고 한다. 그러나 칸트가 흄에 의해 자신의 독단적 꿈을 깨고 난 이후부터는 회의주의에 대한 관심이 새로운 전환을 맞게 된다고 했다. 칸

---

42 J. Rawls, "Kantian Constructivism in Moral Theory", p.515.

43 Richard H. Popkin, *The History of Scepticism*(University of California Press, 1979).

트는 흄이 인간의 능력인 이성에 대한 계몽주의적 희망을 꺾어버리는 것으로 생각하고 회의주의의 극복을 위해서는 인식론의 문제가 재검토되어야 한다고 믿었기 때문이다.

결국 칸트의 해결책은 형이상학적 지식에 대해서는 철저한 회의주의의 입장을 취하면서 가능한 경험의 조건에 대해서는 보편적이고 필연적인 지식이 존재한다고 확신하는 중도적 관점을 세워보려는 것으로 생각된다. 그는 지식이 가능하다고 전제하고 따라서 철저한 회의주의는 그릇된 입장으로 생각했다. 문제는 흄의 회의주의를 성공적으로 논박하기 위해서 그러한 보편적이고 필연적인 지식이 어떻게 가능한가를 해명하는 일이었다.

지식은 경험과 더불어 시작하나 경험에서 나오지는 않는다는 주장을 통해 칸트는 자신이 회의주의적 위기에 대한 새로운 혁명적 해답을 발견했다고 생각했다. 그에 의하면 시간과 공간은 모든 가능한 경험의 필수적 형식이며, 범주 및 판단의 논리적 형식은 모든 경험적 지식이 전제하는 조건이다. 칸트에 따르면 감각에 주어진 다양한 내용이 주관의 형식에 의해 통일됨으로써 인식이 성립한다. 따라서 우리가 대상에 있어서 인식하는 보편 타당성은 칸트에 의하면 인식 주관이 대상에다 집어넣은 것이다. 인식과 대상이 일치하는 것은 주어진 대상을 반영하는 모사(模寫)에 의한 것이 아니요 우리의 주관이 대상을 구성하기 때문인 것이다.

이는 종래의 대상 중심의 모사설을 주로 하던 인식론이 칸트에 의하여 주관의 구성 작용을 주로 하는 인식론으로 변하였음을 의미한다. 그런데 여기에서 구성한다는 것은 대상을 그의 존재에 있어서 무(無)로부터 만들어낸다는 것이 아니다. 즉 주관은 대상의 존재를 만들어낼 수는 없으며, 오직 존재로 하여금 인식의 대상성을 가지게 함으로써 인식의 대상이 되게 하는 것이다. 동시에 인식이 보편 타당성을 가지기 위하여 주관의 구성 작용도 보편 타당적인 것이어야 할 것이므로 그 주관은 개인적인 주관일 수 없고 초개인적인 주관, 즉 의식 일반이라는 것이다. 이상이 대체로 인식론적인 의미에서 칸트적 구성주의의 요지라 하겠다.

그런데 종래의 해석에 따르면 칸트의 구성주의가 주체적으로 해결하고자 했던 바는 대체로 인식론적인 측면에 국한된 것이었고 실천적, 도덕적인 문제에 대해서는 칸트가 보다 보수주의적인 경향을 보이는 것으로 이해되어 왔다. 도덕과 종교에 자리를 내주기 위해 인식과 지식이 양보해야 할 것을 말하는 칸트의 요청에서 우리는 이론 이성의 날카로운 칼날이 실천 이성에서 그 예봉이 꺾이고 있는 것으로 생각했다. 이것이 사실이라면 칸트의 철학에 있어서 이성은 그 이론적 측면과 실천적 측면 간에 부정합성을 노출하고 있는 셈이다.

그러나 역사의 진전은 칸트의 기대처럼 도덕과 종교의 영역만을 신성 불가침의 성역으로 유보해 두지는 않았다. 이미 논급한 바와 같이 현대를 풍미하고 있는 윤리적 회의주의는 극단적인 메타 윤리학자들의 주장 속에서 그 절정을 보이고 있다. 이러한 문맥 속에서 인식론적인 회의주의에 맞서서 행해진 칸트의 작업이 윤리학적 회의주의에 대해서도 시도됨 직한 일이다. 바로 이러한 시도에 착안했던 롤즈는 칸트의 인식론적 구성주의에 대응해서 자신의 윤리설을 하나의 구성주의적 입장으로 해석하고자 한다.

그런데 롤즈는 자신의 이러한 시도가 전적으로 독창적인 것이 아님을 보이기 위해 자신의 도덕적 구성주의를 굳이 도덕 이론에 있어서 칸트적 구성주의라 부르고자 한다. 물론 '칸트적'이라는 용어는 그도 밝힌 바와 같이 완전한 동일성이 아니라, 그 정신에 있어서의 유사성을 의미하는 것이다.[44] 여하튼 롤즈의 칸트 해석법은 전통적인 해석과는 다른 것이 아니면

---

44 J. Rawls, "Kantian Constructivism in Moral Theory", p.517.

안 된다. 그는 칸트 철학에 있어서 인식론과 도덕론 간에는 부정합이 없으며, 동궤적(同軌的)인 것으로 생각하고, 칸트는 윤리학에 있어서도 구성주의자였던 것으로 보고자 한다.

롤즈는 칸트의 인식론과 도덕론이 동일한 틀에 의해 짜이고, 동일한 궤도를 달리고 있음을 보이기 우해 선험 논리학과 순수 의지론을 대비하고 있다.[45] 롤즈에 의하면 이론 이성, 실천 이성을 막론하고, 이성의 역할은 배경적 조건을 구성하는 일이라는 것이다. 선험 논리에 있어서 범주가 객관적 사건의 공적 질서를 구성하듯이 순수 의지의 원칙은 공유하는 행위 질서의 기초를 구성한다. 실천 이성이 개인적, 사회적인 목적 추구를 규제하는 공공적 규율 체계를 구성하는 것은 마치 이론 이성이 사물에 대한 경험적 지식을 얻기 위한 공공적 형식을 구성하는 것과 동일하다는 것이다.[46]

제1비판에 있어서 칸트의 입론은 시공간 속에서 인과 관계를 맺고 있는 대상 세계에 대해서 인간들이 경험을 공유하는 방식, 즉 선험적 형식은 흄이 생각했듯이 심리적인 연상 법칙에 의해 설명될 수가 없다는 것이다. 왜냐하면 이러한 연상 법칙은 인과의 법칙으로서 그것이 작용하기 위해서는 이미 어떤 시공적인 체계를 전제하고 있으며, 정신이 경험 세계를 만날 때 이미 무장한 이성의 규칙(인과의 규칙)을 능동적으로 적용하는 정신의 능력을 전제하고 있다는 것이다. 제2비판도 동일한 틀에 의해 설명이 가능하다고 본다.

칸트에 있어서 순수 의지의 원칙은 순수 실천 이성의 원칙이며, 이는 정

---

45 J. Rawls, "Lecture V. Structure of Desire"(Howison Lecture given at Berkeley, May 1, 1979), p.2.

46 Ibid., p.6.

언명법의 절차를 통해 인간 생활에 적합하게 적용된다. 연상 법칙의 심리적 작용이 대상 인식의 틀을 세울 수 없듯이 자연적 경향성이나 개인간 이해 관계를 합리적으로 조정하는 특정 원리가 행위의 정당한 질서를 규정할 수 없다는 것이다. 롤즈에 의하면 이러한 원리의 적용은 언제나 현실적 욕구의 상대적 강도에 의해 좌우되는 까닭에 특정한 조정 원리는 사회적, 역사적 여건의 우연성에 의존된 것이다. 여기에서 우리는 칸트가 윤리학에 있어서도 코페르니쿠스적 혁명을 기도하고 있음을 직감하게 된다.

그런데 롤즈는 자신의 공정으로서의 정의관은 특정한 여건 속에서 단일한 개인의 행위 준칙의 정당성을 정언명법에 의해 검증하는 문제보다 개인들의 사회적 행위 체계의 기초가 되는 사회의 기본 구조의 정의 원칙을 채택하는 문제를 선행시킴으로써 칸트 자신의 윤리설에 비해 선험 논리학에 더 잘 상응하는 윤리설이 될 수 있다고 본다. 왜냐하면 순수 이론 이성이 사물의 인식을 위한 공공적 기초를 구성하듯이 원초적 입장의 당사자들은 자신의 생애를 영위하게 될 사회적 배경 체계의 공공적 기초 원리를 선택하기 때문이다.[47]

롤즈에 의하면 '공정으로서의 정의관'이 사회계약론적 언어를 사용하는 것도 바로 이러한 사회적 맥락의 본질적 중요성을 지적하기 위한 방편이라는 것이다.[48] 그리고 롤즈의 이른바 '원초적 입장'의 여러 여건이 함축하고 있는 바로 이러한 사회적 측면들로 인해서 칸트의 인식론과 윤리설의 동궤성이 더욱 합당하게 나타나게 된다고 한다. 당사자들은 개인적 행위의 준칙이 아니라 사회의 기본 구조를 규제할 원칙을 구성하는 일에서 시작하게

---

47 Ibid., p.6.
48 Ibid., p.7.

되는데, 이는 기본 구조 및 배경적 정의의 우선성을 주장함으로써 선험 논리학과의 유사성을 더욱 강화해 주기 때문이다.

그런데 롤즈는 이상에서 말한 바와 같이 도덕의 사회적 기능을 중시하고 사회윤리적 측면을 강조하는 것이 칸트 윤리학에 대한 자구적 해석을 넘어서는 것임을 인정한다. 그러나 그는 이러한 해석이 충분히 합당한 것이며, 칸트의 모든 윤리서를 함께 고려할 때 그의 학설의 핵심이 되고 있다고 한다.[49] 롤즈에 의하면 칸트의 정언명법은 일차적으로 일상 생활에서 진지하고 양심적인 개인의 사적 준칙과 관련된 것이나 이러한 준칙을 테스트하는 과정에서 그것은 사회적 결과까지도 평가하게 된다고 한다. 그래서 칸트에 있어서는 일상 생활의 특수한 경우에서 출발하여 그러한 과정의 결과로서 사회정의도 포함하는 완전한 원리 체계가 도출된다. 그러나 공정으로서의 정의관은 반대 방향에서 구성해 감으로써 사회의 기본 구조를 다스리는 원칙에 대한 집단적 합의에서 출발하여 그러한 선행적 합의에 따라서 모든 개인적, 집단적 의사 결정이 이루어지게 된다는 것이다.

---

49 J. Rawls, *A Theory of Justice*, p.252.

롤즈의 자유주의적 평등주의[*]

1. 전통적 자유주의와 계약론

데카르트에서 칸트에 이르는 철학 일반의 역사에 있어서도 그러하지만, 그간에 성립했던 고전적 사회계약론에 있어서 가장 특징적인 성격의 하나는 그 비역사성(unhistorical)에 있다. 영원하고 불변하는 진리에의 야심은 이들 철학자들로 하여금 진리의 역사성에 대한 인식을 흐리게 했다. 당대의 철학자들은 어떤 편견이나 전제도 넘어서서 어떤 시대적 제약도 초월하여 보편적으로 타당한 철학적 체계를 세울 수 있다는 확신을 가졌다. 데카르트가 방법론적 회의에서 보인 철저성과 야심이 계약론자들의 이론 구성에 있어서도 그대로 견지되고 있다고 생각된다. 그들은 아르키메데스적 점과 같은 비역사적인 가설적 상황에서 영원 불변한 자연법의 인도 아래

＊ 이 논문은 『철학』, 제22집(한국철학회, 1984 가을)에 게재된 것임.

보편적으로 타당한 국가 이념을 연역해 낼 수 있다고 믿었다.

프랑스 혁명은 자유주의적 국가관을 탄생시켰으며, 17, 18세기에 지배적이었던 사회계약론은 계약에 의해 성립하는 자유주의적 국가가 모든 인간을 자유, 평등, 박애 속에 통합해 주는 이상으로 생각했다. 그러나 19세기의 역사는 이러한 꿈의 실현을 보여주지 못하고 말았다. 오히려 19세기 중반부터 모든 이에게 분명해진 것은 자유주의적 국가가 결코 그러한 이상 사회를 보장하지 못한다는 사실이었다. 계약론자들이 정의와 자유의 이상으로 본 국가가 엄청난 부정의를 노정하는 국가로 전락해 갔기 때문이다. 이러한 부정의는 계약론 그 자체 속에 내재하는 것으로 풀이되었으며, 또한 이런 철학은 19세기 사회주의자들이 자본주의의 부정의로서 고발한 것을 그 이론 체계 속에 내포하는 것으로 간주되었다. 즉 역사가 계약론자의 기대에 어긋난다는 사실은 이미 계약론 철학 속에 잠재되어 있었다는 것이다.

자유 사회의 기본 원칙을 규명하기 위해 계약론자는 가상적 상황이라는 허구에서 출발하고자 했다. 그래서 그들은 우리 현실의 모든 우연성을 추상함으로써 자연법(natural law)만을 도덕적 당위로 남겼다. 외견상으로는 다수의 개인이 자유와 평등에 대한 동등한 권한을 가진 인격으로서 상호 합의와 계약을 통해 평화 공존의 이념을 추구하고자 한다. 그러나 바로 여기에 한 가지 문제가 지적된다. 영국의 로크와 독일의 칸트가 모든 현행 체제의 우연성을 추상했을 때 그 결과로서 남은 것은 순수한 의미에서, 다시 말하면 역사적 우연성으로부터 중립적인 의미에서, 동등한 개인이기보다는 지리적, 역사적, 사회적, 경제적 여건에 의해 규정된 영국인이요 독일인이었다는 사실이다.

계약론자들은 사회의 성원들이 출생 등의 우연으로 인해 어떤 특권을 누린다는 의미에서 각종 계급 사회의 요소들을 완전히 제거해서 자연 상태로 환원한다고 가정했으나, 이러한 가정 중 그들이 간과한 여러 가지 중 한 가지 중요한 요소는 사회 경제적 여건이다. 자연 상태로 환원해 가는 일련의 사고 과정에 있어서 사회 경제적 관계도 고려되어 그것까지도 사회계약에 회부되어야 했으나, 이 점을 계약론자들은 간과하고 말았다. 그들에게 있어서 당시의 사회 경제적 관계는 당연한 것으로 인정되었으며, 심지어 그것들이 그들의 기본 원리와 상충하는 경우에까지도 그대로 용인되었던 것이다.

이에 관련해서는 몇 가지 문헌상의 분명한 사례들이 지적될 수 있다. 로크는 국가 성립의 목적이 사유 재산의 보호에 있다고 생각했다. 물론 여기에서 재산이라는 말은 단지 물질적 소유 이상으로 생명과 자유까지도 포함한다. 그런데 로크는 이미 자연 상태에서 화폐가 교환의 매체로 받아들여짐으로써 사람들은 암암리에 무제한한 재산 축적에 동의하게 된다고 말한다.[1] 그리고 사회계약에 앞서 재산의 분배 방식은 이미 해결된 상태에 있는 것으로 가정되며, 국가의 권위가 자연권으로서 사유 재산권을 보호한다는 의미 이외에는 사회계약이 그것과 아무런 관련이 없다는 것이다.

루소에 있어서는 상황이 다소 복잡하기는 하다. 그는 정치적 평등이 재산상의 엄청난 불평등을 동반할 경우 무의미해진다는 점을 인정한 사람이었다.[2] 그러나 그도 역시 사회계약이 사회 경제적 관계에 관해서 간섭해서는 안 된다고 생각했던 것이다. 그래서 사회계약은 시민의 재산을 몰수하거나 탈취해서는 안 된다고 말한다. 그리고 계약은 그들이 이미 가진 것의 합법적 소유를 보장하고 그들의 재산을 국가 권력의 보호 아래 두는 것을

---

1 J. Locke, *Second Treatise of Government*, Book II, ch. 5.
2 J. J. Rousseau, *Du Contract social*, Henri Guillemin(ed.) (Paris, 1964), II, p.97.

의미한다고 했다.[3]

칸트는 자유가 사회계약의 기초요 목적임을 분명히 하면서 자유에 대한 권리는 인간으로서 공화국의 성원 모두에게 속한다고 말했다. 즉 그것은 인간이 그런 권리를 가질 수 있는 인격을 가지는 한에서 모든 인간에게 속한다고 했다. 그런데 이러한 자유가 현실적으로 어느 정도 실현되는가는 칸트에 있어서 부차적 문제였으며, 따라서 인간으로서의 평등 역시 추상적인 차원에 머물러 있었다. 권리상으로는(de jure) 모든 인간이 평등할지 모르나 사실상으로는(de facto) 그러한 이론적 평등이 가장 최악의 불평등이나 경제적 종속 상태와 양립 가능한 것으로 방임한 셈이다.[4] 정치적 자유나 평등과 상충하는 사회 경제적 여건들이당연한 것으로 용납되었으며, 이러한 상황이 사회계약에 의해 시정되어야 할 필요를 느끼지 않았던 것이다.[5]

이상과 같이 생각할 때 사회계약론자가 말하는 자연 상태는 그들 시대에 출현한 부르주아 사회의 반영에 지나지 않는 것이었으며, 적어도 그들에게는 그것이 자명한 것으로 간주되었고, 따라서 자연(Nature)에 속하는 것으로 생각되었던 것이다. 그러나 그들이 이러한 상태를 자연 상태로 말하고 있음은 오늘날 우리에게는 당대의 역사적 제약을 반영하는 이데올로기에 지나지 않는 것으로 보인다. 다시 말하면 그것은 우연적이고 역사적인 여건을 절대적인 것으로 변용한 허위 의식에 지나지 않는 것이다. 그들이 말했던 자연법 역시 시대 제약적인 것으로서 칸트는 여성의 투표권을 상상할 수조차 없었고, 로크는 식민지 노예제가 자연법에 의거해서 정당화된다

---

3 Ibid., I, pp.65–69.
4 I. Kant, *Werke in zehn Bände*, Weischedel(ed.), Vol. IV, p.149.
5 Ibid., Vol. VII, pp.432–33.

고 생각했었다.

결국 자유주의적 국가론의 실패는 역사적인 우연이라기보다는 그것을 기초하고 있는 이론적 근거에 기인하는 결과인 것이다. 마르크스의 비판도 바로 이와 같이 자유주의 국가 이념이 구성되는 방식에 겨냥되고 있는 것으로 보인다. 그가 비판의 화살을 던지는 것은 계약론자들의 이론 구성 바로 그 자체에 있었다. 17세기의 역사적 지평에서는 나중에 사회주의자들에 의한 비판의 내용이 떠오르지도 않았고, 예견되기도 어려웠다. 그러나 계약론자들이 말한 영원하고 불변하는 자연법은 결국 영원하지도 않고 불변하는 것도 아니라는 점이 역사적으로 입증되었다. 진리의 역사적 제약성을 보여줄 예증으로는 자연법 이상의 것이 없다 해도 과언은 아닐 것이다.

그렇다고 해서 이론 구성의 절차로서 계약론 그 자체가 무의미하다는 결론이 나오는 것은 아니다. 17, 18세기에 사회철학 전반을 지배했던 사회계약론은 19세기에 와서 일단 배경으로 밀려났다. 그러나 최근에 이르러 롤즈를 통해서 계약 이론은 새로운 면모로 재활되고 있다. 물론 이것은 고전적 계약론과는 전혀 다른 사회적 맥락에서, 그리고 로크, 루소, 칸트에게는 알려지지 않았던 정의감에 기초하고 있음은 사실이다. 이 점은 또한 자연법이 영원하지도 않고 불변적인 것도 아니고, 각 시대의 상황과 제도적 맥락 속에서 결정됨을 보여주는 것이기도 하다.

우리는 이상과 같은 전통적 자유주의 속에 깃든 부정합성을 비판하면서도 자유주의적 전통의 연장선상에서 사회주의의 대항 이론으로서 제시된 수정 자유주의를 자유주의적 평등주의(liberal egalitarianism)로 이해하고자 하며, 그 한 가지 사례 연구로서 롤즈의 정의론을 살펴보고자 한다. 롤즈의 정의론을 방법적 측면으로서의 계약 이론과 내용적 측면으로서 실질적인 정의의 원리를 나누어 분석하기에 앞서 이를 위시한 자유주의적 평등주의자들의 기본 이념에 대한 개념적 요약을 전제하기로 한다.

'자유냐 평등이냐'라는 오랜 문제는 특히 그것이 양자 택일을 요구할 경우 지극히 추상적인 문제 설정이라 생각된다. 우리에게 더 중요한 것은 현대의 자유민주주의 사회의 시민들이 평등에 더 큰 관심을 갖는 이유를 알아보고 그러한 관심이 개인적 자유에의 관심과 상충하거나 그것을 배제하기보다는 오히려 보충하고 보완하는 관계에 있는 이유를 생각해 보는 일이다. 중요한 물음은 자유주의 사상이 보다 일관성을 갖기 위해서 평등에의 고려가 어떤 방식으로 문제되고 요청되는가이다. 이것은 간단히 해답될 수 있는 문제는 아니나 롤즈의 자유주의적 평등주의를 예시적으로 살피는 가운데 자유와 평등의 관계와 연관된 문제의 일단을 밝혀보려는 데 본 논문의 목적이 있다.

자유 즉 우리가 선택한 것을 타인의 간섭 없이 수행할 수 있는 자유가 모든 개인들이 갖는 권리라고 생각해 보자. 그리고 우선 이와 상충하는 다른 권리는 없다고 가정해 보자. 자유에 대한 개인의 권리만이 상충하는 이러한 단순한 세계에 있어서도 모든 개인의 자유가 다른 모든 이의 자유에 의해 규제되는 것이 옳다는 주장은 합당하다. 물론 여기에는 개인들이 모두 동등한 도덕적 인격이라는 점이 전제되고 있다. 여하튼 모든 자유주의자들이 받아들이는 가장 간단하고도 중요한 한 가지 사실은 만일 나의 행위로 인해 타인들로부터 그들의 선택이 이루어질 수 있는 여건을 제약함으로써, 자유를 박탈하게 될 경우 나 자신의 자유의 감소는 타인의 자유를 증대하게 된다는 점이다.[6] 따라서 오랜 자유주의 원칙은 각자의 자유는 타인의 유사한 자유를 침해하지 않는 행위들에 한정되어야 한다는 것이며, 바로

---

6 Isaiah Berlin, "Two Concepts of Liberty", *Four Essays on Liberty*(New York, 1969), pp.125-26 참조.

이 점에서 평등의 개념과 관련되고 있다.

자유와 평등 간의 이러한 조화는 아주 기본적인 지극히 단순한 것이다. 그런데 규제되어야 할 자유가 여러 가지 종류라는 사실을 인정할 경우 문제는 보다 복잡해진다. 각 개인들이 한 가지 자유가 아니라 한 꾸러미의 자유(package of freedom)를 동등하게 소지하는 자로 간주할 때 자유주의적 평등주의자는 각 개인이 소지할 다양한 자유의 전체적 몫을 동등하게 만들기 위한 가정을 세우게 된다. 따라서 재산을 소유하는 자유가 규제되지 않을 경우 언론과 결사에 대한 개인의 자유가 지극히 제약된다면, 사유재산권을 제한하기 위한 원리가 제시되어야 할 것이다. 평등이 자유주의 사상에 개입하는 한 가지 방식은 총합의 규칙(rule of aggregation)으로서 사람들이 동등한 몫의 자유를 누리도록 상충하는 여러 자유들을 조정하고 서열화하는 것이다.

나아가서 자유가 자유주의자들이 인정하는 유일한 가치는 아니며, 따라서 우리는 다른 가치들이 자유의 가치와 상충하는 경우를 고려하게 된다. 로크가 자유권 및 재산권과 나란히 인정했던 생명권을 생각해 보자. 자유주의적 평등주의자는 선택의 자유가 생명 그 자체에 필요한 재화에 대한 권한 없이는 별다른 의미가 없다는 것이다. 이러한 관계로 인해서 자유의 존재는 개인의 여러 대안들 중 선택권을 행사할 수 있기 위해 그들이 필요로 하는 바를 제공하는 데 의존한다. 생존권이 자유의 조건을 만들며, 개인적 자유를 증가시킨다는 것이 사실이라면 기아로부터의 자유도 자유의 한 형태라 할 수 있을 것이다.

우리는 사회 경제적 맥락과 상관없이 자유의 의미를 규정할 수 없는 까닭에 자유의 의미는 다른 가치와 부분적으로 중복된다는 사실을 부인할 수 없다. 물론 자유와 평등이 동일한 것이라 할 수는 없으나, 자유가 궁핍으로부터의 자유와 같은 사회 경제적 문맥(socio-economic context) 속에서 이해되지 않는 한 그것은 명목상의 자유, 형식상 자유에 그치게 된다. 따라서 우리는 우리가 살고 있는 사회나 제도가 더 좋은 선택지를 더 많이 제공할 경우 더 많은 자유를 누리게 된다고 할 수 있을 것이다. 즉 사회 경제적 여건이 향상함에 따라 자유의 실질적 가치가 증대한다는 사실이다.

전통적 계약 이론에 의해 제시된 자유주의 사회에 있어서는 평등주의적 분배 이론은 부정의한 것이 된다. 각자의 합의 내용은 그의 기여에 대한 공정한 보상으로서 기여가 크면 더 큰 보상을 요구하게 된다. 이러한 체제에 있어서 사회정의는 대체로 준 이득과 받은 이득이 비례하는 제도 체제를 요구하며, 이런 체제는 계약 상황의 전제가 되는 자유가 침해되지 않는 것이 유일한 제약 조건이 된다. 이러한 자유주의 국가에 있어서 분배는 평등하지 않을 것이며, 형평(equity)과 평등(equality)은 서로 다른 것인 까닭에 정의는 자유만을 보장함으로써 주어진다.[7] 정의의 문제를 자유와 평등의 조화로 생각하기보다는 자유와 평등의 양립 불가능성이 가정되며, 이러한 가정을 부인하는 사회 정책은 그 본질에 있어서 부정의한 것으로 판정된다.

모든 자유주의자들이 옹호하는 유일한 평등으로서 법 앞의 평등이나 동등한 시민권의 자유와 같이 인간의 권리와 시민적 자유는 자유와 평등 간에 상충이 있을 수가 없는 명백한 경우이다. 그러나 이미 살핀 바와 같이 이러한 평등은 전적으로 형식적인 것으로 해석될 수 있으며, 인간의 실질적인 복리와 아무런 관련도 갖지 못한다. 그런 식으로 이해된 평등은 고전적 자유주의자들이 제시한 공허하고 소극적인 인간 관계에 있어서만 성립

---

7 Robert Nozick의 *Anarchy, State, and Utopia*는 이러한 고전적 자유주의의 현대적 옹호론을 제시한다.

하며, 평등이 법적인 혹은 형식적인 의미에서가 아니라, 분배와 관련된 실질적인 의미로 이해될 경우 상충의 문제가 생겨난다. 이 점과 관련하여 고전적 자유론자들의 자유 방임주의에 대한 두 가지 평등주의적 반론이 구분될 수 있는데, 하나는 여전히 자유주의적 전통에 선 것이고 다른 하나는 사회주의적 계열의 것이다.

첫 번째 접근은 자유주의적 평등주의라 할 수 있다. 이는 자유로운 개인의 선택 체제를 그대로 견지하면서 협동 체제 내에서 합리적 인간이 자유에 대한 보편적 권리를 인정할 뿐만 아니라, 실질적인 사회적 재화에 대해서도 보편적 권리를 요구한다는 것이다. 각자에게 그의 몫을 주는 정의의 문제가 현대사회의 복잡한 상호 의존 관계 속에 올 경우 개인적 자유권과 구분되면서도 그것과 양립할 수 있는 분배 원칙을 구성하는 것이 중대한 것으로 나타난다. 자유와 평등이라는 서로 다른 개념을 결합하는 합당한 정의관을 발견하는 문제는 고전적 자유주의의 관점에서 보면 놀라운 일이긴 하나 이는 고전적 입장을 재해석함으로써 새로운 해결을 시도하는 자유주의적 평등주의의 가장 일차적인 과제가 된다.

그런데 자유주의적 평등주의자들은 사회의 정치적 부문과 경제적 부문이 어느 정도 상호 구분될 수 있으며, 각자의 복리는 어느 정도 경제적 차등을 용납하면서도 정치적 자유를 극대화함으로써 가장 잘 달성될 수 있다고 본다. 자유의 모든 문제를 정치적 영역으로 돌리고, 분배의 문제를 경제적 영역으로 돌림으로써 평등주의적 자유주의자들은 경제적 영역에 있어서 어느 정도의 차등은 자유의 심각한 침해가 되지 않는다고 하며, 오히려 그것이 자유의 실질 가치를 증대시킬 경우 적극적으로 이를 허용해야 한다고 주장한다. 따라서 정의는 경제적 차등이나 그와 관련된 불이익을 제거해야 함을 요구하지 않는다는 것이다.

이에 비해서 자유 방임주의에 대한 또 다른 반론으로서 사회주의는 자유주의적 사회관을 거부함으로써 자유주의적 사회정의관을 용납하지 않는다. 가장 중요한 것은 평등 내지 불평등의 영역과 자유의 영역을 나누는 사회관 자체에 문제가 있다는 것이다. 정치적 현상과 경제적 현상은 서로 밀접한 상호 작용을 함으로써 자유는 부의 실질적 차등이 있을 경우 언제나 손상을 받는다는 것이다. 결국 사회주의는 자유와 평등을 구분 불가능하다고 보는 입장으로서 그것들이 서로 대립한다는 고전적 자유주의나 조화될 수 있다는 현대의 자유주의적 평등주의가 모두 그르다는 것이다. 사회주의자는 자유를 지상의 가치로 생각하지는 않으나, 평등이 없이는 모든 이에 있어서 진정한 자유나 정의가 성립할 수 없다는 것이다.[8]

2. 순수 절차적 정의와 계약 논증

롤즈의 분명한 의도는 17, 18세기의 고전적 계약 이론에 복귀하는 것이었다. 그는 "나의 목표는 로크, 루소, 칸트에서 발견되는 잘 알려진 사회계약 이론을 보다 일반화하고 고도로 추상화함으로써 정의론을 제시하는 일"이라 했다.[9] 이러한 계약론적 전통에서 그가 매력을 느낀 것은 그 배후에 깔린 윤리적 비전이었으며, 특히 이것이 19세기의 공리주의와 크게 대조가 된다고 보았다. "이는 공리주의와 비교하여 자연권 이론(계약론적 전통)에 특징적인 것"이라고 했다.[10]

그러나 롤즈는 전통적 계약론을 크게 수정하고자 했다. 가장 중요한 차

---

8 Evan Simpson, "Socialist Justice", *Ethics*, Vol. 87, No. 1, pp.1-2 참조.
9 J. Rawls, *A Theory of Justice*(Cambridge, Mass, Harvard University Press, 1971), p.11.
10 Ibid., p.32.

이는 그가 사회의 정치적 구조를 합의의 내용으로 보았을 뿐 아니라 사회 경제적 관계까지도 계약에 회부했다는 점이다. 그래서 롤즈는 전통적 계약 론자가 구상했던 것과 동일한 자연 상태로부터는 출발할 수가 없었다. 앞 에서 보았듯이 이들의 자연 상태는 이미 일정한 사회 경제적 관계를 내포 하고 있으며, 이는 자연 그 자체에 속하는 것으로 가정되고 있다. 만일 롤 즈가 그것까지도 사회계약에 회부하고자 한다면, 그는 보다 고차적인 일반 성의 단계에서 시작해야 하며, 그의 추상화 작업은 더 철저히 수행되어야 만 한다. 이로 인해서 그는 계약론의 출발점을 보다 철저한 환원 과정을 통 해 구성할 필요가 있었으며, 그 결과로서 나타난 것이 바로 원초적 입장 (original position)이다.

계약론자들이 자연 상태를 그들의 출발점으로 한 이유는 그들이 모든 인 간의 정치적 평등을 가정하기 때문이며, 정치적 권력은 모든 이의 공동 의 지에 기초해야 한다고 주장하기 때문이다. 롤즈에 있어서는 출발점의 선택 이 이보다 훨씬 더 광의의 평등에 의해 규정되고 있다. 즉 모든 이의 정치 적, 사회적, 경제적 평등, 모든 인간의 철저한 평등이 고려되고 있다. 이는 롤즈가 인간의 정신적, 신체적 차이를 무시했음을 의미하는 것은 아니다. 단지 그는 이러한 차이가 더 큰 차등을 가져올 충분한 이유가 될 수 없다고 생각한 것이다.

일상적인 사회 생활에 있어서 우리는 서로 이해 관계가 상충함을 알지만 협동 체제를 통해서 우리의 처지가 더 나아질 수 있음도 잘 알고 있다. 우 리는 상호 규제와 협동을 위해 서로에게 합당한 조건을 정할 필요가 있으 며, 롤즈는 바로 이 점에서 사회정의의 문제가 제기된다고 본다. 그런데 롤 즈는 우리가 이러한 정의의 원칙을 순수 이성의 연역에 의해서도, 자연과 학적 방법에 의해서도 발견할 수가 없다고 본다. 그렇다고 해서 정의의 원 칙이 아무런 근거도 없이 자의적으로 결정되어도 좋다는 결론이 나오지는 않는다. 이런 점에서 롤즈의 계약론은 정의의 여러 원리들이 평가될 수 있는 방식을 보여주려는 목적을 갖는다.

우리는 도덕에 관한 최소한의 조건을 우리의 상황에 적용함으로써 서로가 받아들일 수 있는 원칙을 확인할 수가 있다. 우리는 일반적 원칙 즉 적절한 모든 경우에 적용되고 특정인의 이해 관계에만 유리하지 않은 원칙을 찾고자 한다. 또한 우리는 그것 선택하기 위한 공정한 절차를 요구한다. 즉 각자가 자유롭고 동등한 고려를 받는 공정성(fairness)은 대안적 정의관들을 비교할 수 있게 해주는 절차를 정하는 데 있어 기준이 된다. 그런데 구성될 수 있는 절차는 그 경우에 따라 여러 가지가 있을 수 있다.

때때로 우리는 이미 설정된 목적을 달성하기 위한 또는 미리 정해진 결과를 성취하기 위한 절차를 세우는 경우가 있다. 예를 들어서 형법이 정의롭다고 할 때 우리는 그에 의거해서 죄인이 유죄 선고를 받고 무고한 자가 방면되는 재판이 이루어지기를 바란다. 이러한 관점에서 볼 때 그러한 결과를 보장하는 절차는 정의롭다고 할 수 있다. 그러나 통상적으로 재판 절차는 불완전하며, 무고한 자가 처벌을 받기도 하고, 죄 있는 자가 방면되기도 한다. 따라서 이 경우에 우리가 기대할 수 있는 최선의 것은 불완전한 절차적 정의(imperfect procedural justice)이다.[11]

다른 어떤 경우, 우리는 정해진 결과를 완전히 보장하는 절차를 세울 수 있는데, 그럴 경우 우리는 완전한 절차적 정의(perfect procedural justice)를 성취하게 된다.[12] 예를 들어서 몇 사람이 하나의 케이크를 나눈다고 해보자. 각자가 모두 가능한 한 가장 큰 조각을 갖고자 할 때 그것을

---

11 Ibid., p.85.
12 Ibid.

나누는 자가 자신이 가장 마지막 조각을 갖게 되리라는 사실을 미리 안다고 가정할 경우 우리는 케이크를 정의롭게 나눌 수 있게 된다. 그는 그 케이크를 똑같이 나눔으로써 가능한 한 가장 큰 조각을 갖게 될 것이다. 이 경우에는 정의의 기준도 분명하고, 그를 달성해 줄 완전한 절차도 있게 되는 셈이다.

그런데 분배적 정의의 경우에 있어서는 미리 정해진 기준이나 척도가 있는 것이 아니라고 롤즈는 생각한다. 따라서 이 경우에 우리에게 문제되는 것은 완전한 절차적 정의도 아니고 불완전한 절차적 정의도 아니며 순수 절차적 정의(pure procedural justice)라고 한다.[13] 우리는 올바른 결과에 대한 미리 정해진 기준을 가지고 시작하지 않는다. 단지 공정한 절차를 구성할 수 있을 뿐이며, 잘 계획된 추첨의 경우처럼 혹은 제대로 놓아진 놀이판의 경우처럼 절차의 공정성이 결과의 공정성 즉 결과가 정의로움을 보장해 준다. 결과는 그것이 공정한 절차로부터 나온 것이라는 바로 그 이유로 인해서 정의로운 것이 된다.

예를 들어서 어떤 도시에 악성 전염병이 유행한다고 할 때 그에 대해서 모든 사람에게 돌아갈 정도로 충분한 예방 주사약이 없다고 하자. 그런데 모든 사람은 예방 접종을 요구할 동등한 권한을 갖는다고 해보자. 우리는 모든 사람에게 예방 접종을 할 수 없다는 것을 알지만 과연 누가 선택되어야 할지 결정할 별다른 기준이 없다. 단지 공정한 절차 즉 추첨과 같은 절차에 호소하는 길밖에 없다. 추첨은 각자에게 필요한 예방 주사를 맞게 될 동등한 기회를 주는 절차라 할 수 있다.

정의의 원리가 순수 이성이나 자연과학적 방법을 통해서 발견되는 것이

---

13 Ibid., pp.66, 86.

아니라면 우리는 재화가 분배되는 방식이나 상충하는 이해 관계가 조정되는 방식을 결정해 줄 독립적인 기준이 없이 우리의 탐구를 시작해야 한다. 따라서 우리가 추구하는 절차는 완전하거나 불완전한 절차적 정의의 문제가 아니라 순수 절차적 정의의 문제임이 확실한 것이다. 만일 우리가 보편적 합의에 도달하기 위한 공정한 절차를 구성할 수 있다면, 그 절차의 결과로서 주어지는 일련의 원칙은 정의의 원칙이 될 것이고, 그에 의거한 결과들도 정의로운 것이 될 것이다. 그 원리들을 사회적 분배의 문제에 적용할 때 그것은 전적으로 공정한 절차에 의거한 결과를 산출하는 한에서 정의로운 것이 된다. 이것이 바로 롤즈가 말하는 순수 절차적 정의관 내지는 공정으로서의 정의관(justice as fairness)의 요지라 할 수 있다.[14]

분배적 정의의 문제를 공정한 절차를 구성하는 문제로 해석하는 이상과 같은 롤즈의 시도는 정의의 기준에 대한 상대주의 내지는 회의주의적 반론에 대한 하나의 응답으로서 이해된다. 분배적 정의의 가능성을 공박하는 논문에서 카우프만(Walter Kaufmann)은 정의의 기준으로서 제시된 전통적 모형들을 분석한 뒤 정의의 문제가 생겨나는 현실적 여건의 복잡성에 비추어 볼 때 그러한 지극히 일반적이고 추상적인 공식들이 무력함을 보이고자 한다.[15] 개별 상황들은 복잡 다양하고 각종 기준들은 상충하는 까닭에 분배적 정의의 문제는 가망 없는 문제로서 포기하는 것이 옳으며, 철학은 주제를 바꾸는 것이 오히려 이로운 것이라는 점이 카우프만의 주장이다.[16]

---

14 Ibid., pp.12, 84–88, 136.

15 Walter Kaufmann, "Doubts About Justice", Howard E. Kiefer and Milton K. Munitz(eds.), *Ethics and Social Justice*(Albany, State University of New York Press, 1968), pp.52–74.

노직과 롤즈의 정의론은 바로 이러한 회의주의적 반론에 대한 두 가지 해답이라 생각된다. 이 점과 관련된 중요한 한 가지 구분은 정의로운 절차 (just procedure)와 정의로운 결과(just result) 간의 구분이다. 두 가지가 모두 충족되는 것이 가장 이상적이겠지만, 실제상으로는 그중 하나를 위해서 다른 하나가 희생되는 경우가 있다. 세금과 같이 어떤 의미에서는 부당한 절차를 거쳐 가난한 이에게 최소한의 생계비를 지급함으로써 정의로운 결과를 성취하기도 하고, 앞에서 본 바와 같이 재판에 있어서는 부정의한 결과가 주어질지도 모르나 최선을 다해 정의로운 절차를 구성하고자 한다. 이러한 관점에서 볼 때 정의로운 결과에 대해서는 카우프만의 회의주의적 논거를 어느 정도 수긍한다 할지라도 그의 회의론이 공정한 절차에 적용될 경우에까지도 반드시 정당화된다고 볼 수는 없다. 노직과 롤즈의 정의론은 정의의 문제가 절차적 관점에서 볼 때 가장 잘 이해된다는 입장에서 제시된 대안들이라 할 수 있다.

여하튼 롤즈의 정의론에 있어서 공정한 절차는 자유롭고 합리적인 개인들이 편견이나 특정한 이해 관계의 영향을 받지 않는 방식으로 생각함으로써 그들의 사회제도를 위해 상호 받아들일 만한 기본 규칙을 결정하는 것이다.[17] 이는 기껏해야 우리가 실현하고자 힘쓰기는 하나 근접하기 어려운 이상에 지나지 않을지도 모른다. 그러나 이러한 이상이 의미를 갖는 것은 우리가 이상이 만족되지 않는 경우를 확인하고, 그것에 도달하기 위해서 어떻게 해야 할지에 대한 지침을 제시한다는 점에 있다. 이런 의도에서 롤즈는 그의 계약 논증을 전개하며 이상적인 조건이 충족된 상황을 서술한다.

---

16 Ibid., pp.63, 69–71.
17 J. Rawls, *A Theory of Justice*, p.11.

예를 들어서 그는 사람들이 무지의 베일(veil of ignorance)[18]을 쓸 경우, 즉 그들이 자신의 천부적 재능이나 사회적 지위 같은 특수 사정을 알지 못하게 함으로써 그들의 특정한 이해 관계를 도모하는 원칙을 생각하지 못하게 한다. 이는 우리가 원칙들을 고려함에 있어 공평하게 추리하고, 특정 이해 관계로 인해 상호 합의할 만한 원칙으로부터 이탈하지 못하게 하기 위한 장치이다. 롤즈는 또한 계약 당사자가 심리학이나 사회과학 등의 일반 원리를 이해하고 있음으로써 상충하는 여러 원칙들이 현실적으로 어떤 결과를 가져올 것인지를 평가할 수 있게 한다. 이는 이러한 결정이 인간 조건에 대한 사실적인 정보에 기초를 두어야 하고, 지식이 증대함에 따라 수정될 가능성이 있음을 함축하고 있다.

한 가지 중요한 점은 원초적 입장에 있는 가상적 계약 당사자들은 도덕 추론을 하지 않는다는 점이다. 그들은 상이한 도덕적 입장 간의 조정을 도모하려는 것이 아니다. 단지 도덕 개념은 타산적 추론의 제약 조건으로서만 계약 논증에 가담한다. 따라서 계약 논증은 일군의 개인들이 타산적 합리성에 근거해서 합의될 바를 보이기 위해서 구성된 셈이다. 무지의 베일을 위시해서 원초적 입장이 구현하고 있는 최소한의 도덕적 제약들은 계약 당사자들의 타산적 추론을 제약하는 조건들로서 기능한다.

물론 우리는 완전한 타산적인 합리성을 갖지 못하며, 타산 판단이 수정 가능함을 인정해야 한다. 또한 우리는 완전히 공평하지는 않지만, 우리가 최소한의 도덕적 가정을 할 경우 우리는 이러한 제약을 공정성으로 받아들일 수 있으리라 생각한다. 이런 이유로 계약 논증은 우리가 받아들일 만한 원칙들을 확인해 준다고 롤즈는 생각한다. 이상과 같은 의미에서 그 원칙

---

18 Ibid., pp.12, 19, 137 이하.

은 우리를 구속하고 동일한 조건 아래에 있는 모든 사람들에게도 구속력을 갖게 된다는 것이다.

롤즈는 이상의 논거들을 무시할 수 없을 것으로 본다. 우선 타산적인 추론을 인정하지 않는 사람은 상상하기 어려울 것이다. 그런데 논증에 있어서 보다 본질적으로 중요한 도덕적 제약은 어떠한가? 이것이 도덕의 최소한의 조건이라면 그것은 도덕적인 관계를 맺고자 하는 모든 사람에게 적용 가능하다고 본다. 도덕적 관점을 취하는 자는 공정한 절차에 의해 생겨나는 일반 원칙에 의해 자기의 요구가 판정되는 것을 허용해야 한다. 따라서 논증은 극단적인 윤리적 회의주의자가 아닌 한 적용되지 않을 수 없다. 즉 어떤 도덕적 가치도 인정하기를 거부하고, 심지어 절차적 공정성이라는 최소한의 조건도 받아들이지 않으려는 허무주의자가 아닌 한 롤즈는 이러한 계약 논증에 수긍을 하리라는 것이다.

이상과 같이 생각할 때 계약 논증의 배후에 있는 관념은 적어도 이론상으로는 지극히 매력적인 것으로 보인다. 왜냐하면 그것은 우리가 합당하게 취할 수 있는 도덕적 입장과 관점(moral point of view)을 보여주기 위해 의도된 것이기 때문이다. 그러나 계약 논증은 그것이 실현 가능성을 가지는 경우에만 성공을 거두게 된다. 다시 말하면 거기에 나타난 도덕적 가정이 진정으로 최소한의 것으로 유지될 수 있고, 나아가서 그것이 하나의 특정한 원칙, 하나의 특정한 사회정의관을 선정해 줄 수 있을 경우에만 유력한 논증 형식이 될 수 있는 것이다.

정의의 두 원칙에 대한 롤즈의 논증은 이상과 같은 일반적 전략의 한 가지 적용이다. 이러한 적용에 있어 이상적인 상황에 있는 개인은 우선 기본

---

19 Ibid., pp.150–51.

적인 재화나 가치(primary goods)의 목록을 타산적인 이득 계산에 대한 공공적 기초로서 이용하게 된다. 그리고 그들은 여러 정의관을 비교하기 위한 척도로서 평등주의적 체제 아래서 성취될 수 있는 바를 이용하게 된다.[19] 그런데 그들은 이해 타산이 맞다고 생각될 경우 불평등도 받아들일 용의를 갖는다고 생각된다. 특히 이 점은 두 원칙에 대한 롤즈의 논증 중 이론이 분분한 대목 중 하나이다.

만일 원초적 입장의 타산적 개인들이 기대 효용 극대화(maximization of the expected utility)를 추구하는 통상적 전략을 택할 경우 그들은 기본적인 사회 구조를 평가하기 위해 공리주의 체계를 택하게 될 것이다. 그러나 롤즈는 기본 구조의 정의와 관련된 의사 결정에 있어서 당면한 특정 조건 아래서는 최소 극대화(maximin)의 전략이 선호되리라고 논증한다.[20] 이로 인해서 채택된 기본 구조 속에 살게 될 경우 개인은 평등주의적 체제 아래서 더 나은 처지에 있게 된다는 것이다. 그들은 모든 이에게 이득이 되는 사회의 기본 구조로부터 생겨나는 불평등만을 용납하며, 이런 논거는 결국 롤즈의 차등 원리(difference principle)를 산출하게 되는 것이다.[21]

그런데 어떤 체제가 롤즈의 원칙을 만족시키지 않는다고 해서 반드시 부정의한 것이라 할 수 있는가? 물론 모든 사회 성원들이 받아들이는 체제라 해서 그것이 정당화되는 것은 아니며, 합의는 현행 체제를 정당화하기 위해 충분한 조건이 될 수 없다. 왜냐하면 합의는 강제나 부당한 압력의 결과일 수도 있기 때문이다. 그러나 합의가 완전한 자유 속에서 적절한 정보에 기초하고서도 롤즈와는 다른 여러 사회 체제가 정당화될 가능성이 없다고

---

20 Ibid., p.152 이하.
21 Ibid., p.151.

할 수는 없을 것이다.

예를 들어서 사람들은 모든 이에게 이득이 되는 불평등을 받아들이는 데 합의하지 않을 수도 있다. 즉 그들은 모두가 기본 가치의 동등한 분배를 더 선호할 수가 있다. 또한 더 큰 이득을 위해 투기할 가치가 있다고 생각할 경우 공리주의적 체제를 선호할 수도 있다. 밑바닥에 있는 사람은 평등주의적 체제에 있어서보다 그 처지가 못할지 모르나 하위 계층에 있게 될 사람을 포함해서 모든 사람이 그러한 체제를 받아들이기로 합의할 가능성을 배제할 수는 없으며, 그럴 경우 롤즈는 그것이 계약론적 근거에서 정당화될 수 없다고 말하기 어려울 것이다.

결국 롤즈가 현실적으로 자기의 정의 원칙을 옹호할 수 있는가의 문제이다. 롤즈의 계약 논증은 그 결과와 우리가 숙고를 통해 내리는 정의 판단 간의 조정을 위해 제시된 더 넓은 정합 논증(coherence argument)의 체계 속에서 전개되고 있다.[22] 롤즈는 이러한 포괄적 논증이 요구된다고 생각한다. 그것은 제약 논증의 기본 이념이 그 자체만으로는 단일한 원칙 체계를 산출할 정도로 강할 수가 없기 때문이다. 계약 논증의 기본 이념은 여러 가지 다양한 방식으로 적용 가능하며, 따라서 롤즈의 두 원칙과는 다른 정의관이 산출될 가능성을 배제할 수 없는 것이다. 바로 이런 점으로 인해 롤즈는 방법으로서의 계약 논증과 실질적인 정의의 두 원칙을 구분하여 전자를 받아들이면서 후자를 거부할 수가 있고, 그 역도 성립할 수 있다고 말했던 것이다.

---

22 David Lyons, "Nature and Soundness of the Contract and Coherence Arguments", *Reading Rawls*, pp.141–68 참조.

3. 자유주의와 평등주의의 조정

정의는 광의의 개념과 협의의 개념으로 나누어 볼 수 있다. 광의에 있어서는 그것이 도덕적 평가 판단 일반을 가리키게 된다. 공리주의는 모든 도덕적 평가를 공공 복리에 귀속시키는 이론이라는 점에서 광의의 정의론으로 이해될 수 있다. 그러한 또한 정의의 개념은 행위나 개인 혹은 제도의 특수한 덕목을 가리키는 것으로 사용될 수 있다. 정의를 이와 같이 협의로 사용할 경우 그것은 예를 들어서 자비나 이타심과 구분되는 하나의 덕목이다. 공리주의는 협의에 있어서 분명한 정의론을 제시하지 않고 있으며, 공리주의자들은 일반적으로 도덕의 이러한 측면을 무시해 왔던 것이다.

롤즈의 정의론은 공리주의적 전통에 대한 대안적인 이론으로서 앞에서 살핀 계약 논증과도 같이 다양한 정의론을 서로 비교할 수 있게 하는 이론과 더불어 특정한 정의관을 옹호하는 이론도 포함하고 있다. 그리고 롤즈의 정의론은 사회 체제에 대한 가장 중대한 기준이라는 협의의 정의에 관심을 갖는다. 즉 정의는 사회 체제의 제1의 덕목으로서 사회 체제는 정의롭지 않으면 도덕적으로 정당화될 수 없다는 것이다. 롤즈에 따르면 정의의 기본 관념은 정당화될 수 없는 자의적인 불평등이 없음을 의미한다. 어떤 사회제도 아래에서도 모든 개인이 똑같이 대우받을 가능성은 없으며, 여러 가지 상이한 사회적 역할과 직책이 있고, 그에 상응하는 기회, 재화, 부담이 분배되어야 한다고 본다. 그래서 정의론의 문제는 어떤 차등이 도덕적으로 옹호되고 정당화될 수 있는가의 문제라는 것이다.

롤즈의 정의의 원리는 '사회의 기본 구조'에 관련된 것이다.[23] 즉 재산과

---

23 J. Rawls, *A Theory of Justice*, sec. 2.

교환의 제도, 그 통치 형태 및 계층 구조 등 정치적, 경제적, 사회적 체제에 적용되는 것이다. 이러한 기본 구조는 사람들이 그 속에서 살게 되는 근본 조건과 그들의 장기적인 전망을 규정하는 것이다. 그런데 롤즈가 자신의 정의론 속에서 자유주의적 전통과 사회주의적 유산을 종합하려는 의도를 갖고 있음은 그의 정의의 원칙 속에 그대로 나타나고 있다. 롤즈는 정의의 두 원칙을 옹호하고 있는데, 그 하나는 기본적인 시민권과 관련된 것이고, 다른 하나는 사회적, 경제적 불평등과 관련된 것이다.

첫 번째 원칙은 최대의 평등한 자유 원칙(principle of equal liberty)으로서 "각자는 타인의 유사한 자유와 양립하는 한에서 가장 광범위한 기본적 자유에 대한 동등한 권리를 가진다"는 것이다.[24] 이 원칙은 자유주의 국가 이념의 기초로서 계약론자들에 의해 의도된 관념과 동일하다. 여기에서 문제되는 자유는 소위 시민적 자유, 양심과 사상의 자유, 사유 재산권, 언론과 결사의 자유, 공직에 대한 선거권 및 피선거권, 신체의 자유, 부당한 체포 및 구금으로부터의 자유 등이다. 롤즈에 의하면 이러한 자유는 한 개인이나 집단의 자유가 타인이나 타 집단의 자유를 침해하는 것이 아닌 한 침해될 수 없다는 것이다. 그런데 롤즈는 이에 또 하나의 원칙을 첨가함으로써 자유주의적 유산이 사회주의적 유산에 의해 더 내실을 기하게 될 것을 의도하고 있다.

제2의 원칙은 이른바 차등의 원칙으로서 "사회적, 경제적 불평등은 (1) 모든 사람에게 이득이 될 것으로 합당하게 기대되고(협의의 차등의 원칙), (2) 모든 이에게 개방된 직책과 직위에 결부되게끔(공정한 기회 균등) 배정되어야 한다"는 것이다.[25] 이 중 (1)은 특히 중요한 의의를 갖게 되는 부분

---

24 Ibid., p.302.

이다. 그것은 원칙적으로 경제적 평등을 전제하는 것으로서 자유주의적 원리의 법적 평등에 더하여 소유에 있어서 평등한 몫에의 권리를 부여하고 있다. 이러한 경제적 평등의 예외가 정당화되는 것은, 즉 불평등이 허용되는 것은 그것이 사회의 최소 수혜자(the least advantaged)의 관점에서 더 이득이 될 경우에 한해서이다. 전통적 계약론자들이 정치적 영역에서는 혁명적이었으나 사회 경제적 영역에서는 보수적이었다면 롤즈는 여기에서 평등의 이념을 사회 경제적 영역에까지 확대하고 있는 셈이다.

롤즈는 이상의 두 원칙 간에 축자적 서열(lexical order)을 상정한다. 즉 제1원칙이 충족된 연후에야 제2원칙이 고려될 수 있으며, 제2원칙으로 인해 제1원칙이 추호라도 손상되어서는 안 된다고 생각한다. 물론 롤즈가 무조건적으로 제1원칙의 우위를 내세운 것은 아니다. 정치적 자유가 실현되려면 이미 어느 정도의 사회 경제적 조건이 전제되어야 한다. 롤즈가 그 내용을 분명히 한 적은 없지만, 그러한 조건은 자유의 효율적인 행사가 보장될 정도의 여건이며, 그러한 조건이 달성되지 않는 한 제1원칙의 절대적 우위성이 주장될 수는 없다는 것이다.

롤즈는 "어떤 지점을 넘어서는 더 큰 물질적 수단을 위해서 더 작은 자유를 받아들인다는 것은 원초적 입장의 관점에서 볼 때 불합리한 것이 된다"고 한다.[26] 정치적 자유가 공인되고 있으나, 상당수의 사람이 궁핍으로 인해 고통을 당하는 극단적인 상황에서는 그러한 자유가 사회 경제적 복리에 선행되어야 한다는 말이 아무런 의미도 갖지 못한다. 무엇보다도 인간답게 생활한다는 것이 선행되어야 한다. 그래서 롤즈는 정의의 두 원칙에

25 Ibid.
26 Ibid., p.542.

서 서구나 미국에서처럼 두 원칙의 축차적 서열이 적용되는 유리한 상황만을 고려하고 있는 셈이다.

그러나 이러한 유리한 상황에 있어서도 두 원칙 간의 축차적 서열에 의문이 제기될 수 있다. 두 원칙의 구분과 축차적 서열은 "사회 구조가 두 가지 서로 상이한 부분으로 나누어지며, 첫 번째 원칙은 그 하나에, 두 번째 원칙은 다른 하나에 적용된다"는 것을 가정하고 있다.[27] 대체로 사회제도는 시민적 자유의 평등을 규정하고 보호하는 측면과, 부와 소득이 분배되고 권한과 책임이 배정되는 측면으로 나뉜다. 두 원칙 간의 구분과 축차적 서열은 나아가서 그 두 가지 요구 조건 중 두 번째 것이 충족되지 않을 경우에도 첫 번째 것이 충족될 수 있다는 식으로 서로 구분될 수 있음을 가정하고 있다.

그러나 사회가 소유 상태에 있어서 심각한 차등이 있음에도 불구하고, 효율적으로 행사되는 동등한 자유와 정치적 문제에 있어서 동등한 발언권이 보장될 수 있는가? 제1원칙을 적용할 경우 자유와 평등은 과거의 자유주의 국가에 있어서처럼 순수히 형식적인 것으로 그치고 현실적으로 정치적 권력은 가진 자의 손에 달려 있어 국가의 정치를 좌우할 뿐만 아니라 제2원칙의 요구를 억압할 위험은 없는가? 롤즈 자신도 이러한 가능성을 잘 알고 있었던 것으로 보인다. 그에 의하면 "경제적 사회 체제에 있어서의 불평등은 유리한 역사적 조건하에서 실현 가능한 정치적 평등을 순식간에 침식한다"는 것이다.[28] 보통 선거제만으로는 충분한 견제책이 될 수 없다. 왜냐하면 정당과 선거가 공공 기금이 아니고, 특정인이나 특정 집단의 사유

---

27 Ibid., p.61.
28 Ibid., p.226.

재산에 의해 재정적 후원을 받을 경우 정치적 결정은 지배적인 이해 관계에 의해 결정되며, 입헌 체제는 무의미해질 것이기 때문이다.

물론 롤즈 자신도[29] 말했듯이 이러한 문제는 정치 사회학과 관련된 문제라는 것은 옳은 말이다. 그러나 제1원칙이 제2원칙에 어느 정도 우선권을 행사할 수 있는지는 더 분명히 해명되어야 할 필요가 있다. 롤즈가 계약론자들의 자유 및 평등의 이념을 사회 경제적 영역에까지 확장하려는 의도를 가졌음은 사실이다. 그러나 사회 경제적 평등에 대한 요구가 이론상으로 정치적 자유에 부가되는 것만으로는 충분하지 못하며, 양 영역 간의 상호 연관성의 문제가 보다 신중히 고려되어야 할 것이다. 따라서 롤즈는 사회주의와 자유주의의 조정을 시도하고 있기는 하나 그 조정의 방식에 대한 보다 분명한 해명을 하지 않고 있다는 비판이 있으며, 이 점은 다음 절에서 더 논의하기로 한다.

여하튼 이상과 같은 관점에서 볼 때 롤즈는 결국 조건부 혹은 제한적 평등주의를 옹호하는 셈이다. 여기에서 롤즈의 이론과 공리주의가 구분되는 중요한 한 가지 특징이 나타난다. 공리주의가 포괄적인 정치철학으로서 부적합하다는 것은 사회 경제적 불평등의 문제와 관련된 것이다. 많은 공리주의자는 재화의 평등한 분배를 옹호하는 논거로서 더 부유한 자로부터 가난한 자에게로 재화의 이전은 그것이 전자에게 주는 불이익보다 후자에게 더 큰 이득을 산출하며, 따라서 전체적으로 더 큰 이득을 결과한다는 것이다. 그러나 그로 인해서 공리주의는 불평등 그 자체에 대해서 근본적인 반대를 하고 있지 않음이 드러난다. 그들은 이득이 대가를 능가하고 전체 복리의 수준을 최대로 해주는 결과가 나타날 경우 어떤 사람의 희생을 통해

---

29 Ibid., p.227.

서 다른 사람이 더 잘 사는 사회 체제를 정당화 것으로 받아들인다. 오늘날 많은 사람들의 상식은 이를 부정의한 것으로 생각하며, 롤즈의 차등 원리가 공리주의의 대안으로 제시된 것도 바로 이 점과 관련된 것이다.

공리주의자들이 대체로 개인적 자유의 옹호자들이었음은 주지의 사실이나 공리주의는 또한 전체주의적인 함축을 그 이론 체계 속에 내포하고 있다. 공리주의자도 역시 사회적 자유와 정치적 권리를 옹호해 온 것이 사실이기는 하나 이러한 것들에 대한 그들의 옹호는 그들의 기본 원리와 본질적인 관계에 있는 것은 아니었다. 근본에 있어서 공리주의는 자유를 제한하고, 그것을 불평등하게 분배하며, 정치적 권리를 제약하는 정책이 더 큰 전체적 복리를 보장할 경우 그에 대해서 반대할 근거가 없는 것이다. 이에 반해서 롤즈의 제1원칙은 인간이 어떤 사회제도도 침해할 수 없는 정의에 입각한 어떤 권리를 갖는다는 것은 함축한다.[30] 시민의 권리와 정치적 참여의 권리는 전체의 복리의 수준을 고양하기 위해서도 희생될 수 없다는 것이다.

또한 분배의 대상이 되는 이득에 대한 규정에 있어서도 롤즈는 공리주의와 다르다. 공리주의는 쾌락과 고통, 욕구나 선호의 충족 여부로 이해되는 복리를 대상으로 한다. 그러나 롤즈는 이득을 기본적인 가치(primary goods) 즉 소득, 부, 자유, 기회 등과 같이 사회적으로 분배될 수 있고, 공적으로 확인될 수 있는 가치로 규정한다.[31] 이것들은 그 자체로서 바람직한 것이기보다는 사람들이 자신의 관심과 목적을 실현하기 위해서 요구하게 될 수단적 가치이다. 이는 분배의 대상이 되는 이득에 대해서 공공적으

---

30 Ibid., p.3.
31 Ibid., sec. 15.

로 확인 가능한 척도를 제공하고, 공리주의에 있어서와 같이 복리의 측정이나 개인간 비교 및 계산의 문제와 같은 실제적 난문제를 비교적 회피할 수 있다는 이점을 갖는 것이다.

나아가서 이들을 이런 식으로 측정함으로써 롤즈는 그의 이론이 개인의 자율성(autonomy)에 대한 상당한 존중을 내포한다는 것이다.[32] 왜냐하면 그 이론은 기본 가치가 개인들에 의해 이용되는 방식을 규정하지 않기 때문이다. 결국 그것은 개인이 그러한 가치를 정의로운 제도를 해치지 않는 한에서 자신의 여건에 알맞게 사용할 기본권을 가진다는 사실을 가정하는 것이다. 이는 롤즈가 사회의 기본 구조만을 문제 삼는 점과도 부합되는 것이다. 정의의 원리는 기본 제도의 운용 과정과 그 결과를 규제하기 위한 것이지 사적인 배분이나 그 활용에 적용하기 위한 것이 아니다. 이는 사람들이 정의로운 사회의 기본 구조를 침해하지 않는 한 자유로이 그들 자신의 관심에 따라 활동하고, 삶을 영위하는 것을 허용한다. 롤즈의 정의론은 모든 분배적 가치를 분배해 줄 특정 유형이나 정형을 요구하지 않는다. 그것은 개인들이 그 속에서 자신이 선택한 공적, 사적인 관심을 추구하는 정의로운 사회의 틀을 제시하기 위한 것일 뿐이다.

공리주의와 같은 다른 이론들도 행복이나 복지 대신에 롤즈가 제시한 기본 가치에 의해 재구성될 수 있을 것이다. 특히 평등주의적 이론은 객관적으로 확인 가능한 이러한 가치에 의거하지 않을 경우 심각한 곤란을 겪게 된다. 롤즈의 정의론과 공리주의와의 차이를 더 잘 이해하기 위해 우리는 참조가 될 준거점으로서 기본 가치에 의해 측정된 평등주의(egalitarian) 체제의 특정 사회를 생각해 보자.[33] 그러한 체제가 다양한 사회적 직위로

---

32 Ibid., sec. 78, 특히 pp.515-18 참조.
33 Ibid., p.150.

이루어질 경우 각 직위에 배정되는 이득은 동등해야 한다. 어떤 직위에 있는 사람이건 모두가 그들의 일생을 통해서 동등한 몫의 기본 가치를 분배받을 것으로 합당하게 기대될 수가 있다. 또한 우리는 이득을 차등적으로 분배하는 사회 체제를 가정해 볼 수 있다. 불평등한 체제 중 한 유형(A)에 있어서는 어떤 사회적 지위에 있는 사람은 평등주의 체제에 있게 될 경우 더 많은 이득을 받게 되고 다른 직위에 있는 자는 평등주의 체제 아래에서 더 적은 이득을 받게 된다고 하고 불평등한 체제 중 또 하나의 유형(B)에 있어서는 각 지위에 있는 자들이 모두 평등한 체제하에 있어서 더 유리한 처지에 있게 된다고 가정해 보자

A라는 사회는 사회적 이동이 제한되는 폐쇄 체제로서 자식들이 부모의 직위를 그대로 물려받는 사회이며, 어떤 계층은 평등한 체제에서 더 이득을 보고 어떤 계층은 평등 체제에 있어서 더 손해를 본다고 해보자. 롤즈는 이러한 체제를 부정의한 것으로 간주할 것인데, 왜냐하면 더 불리한 처지에 있는 자가 기본적인 불평등으로부터 아무런 이득도 보지 못하기 때문이다. 그러나 이러한 체제는 효율성의 관점에서 전체적으로 이득이 된다고 할 경우 공리주의에 의해서는 받아들여질 가능성이 있다. 즉 평등주의 체제와 비교해 볼 때 상부 계층이 누리는 이득이 하부 계층이 당하는 손실을 능가하여 전체적인 순수 이득이 평등주의 체제에 있어서 보다 증대할 경우 이런 체제는 공리주의적으로 정당화된다 할 것이다.

그런데 B라는 사회에 있어서는 상이한 사회적 직위들에 배정되는 이득이 차등적이기는 하나 노동의 사회적 분업이 존재함으로써 평등한 체제에 있어서보다 모든 사람의 처지가 더 향상되는 사회라 해보자. 예를 들어서 광부나 청소부와 같이 사회적으로 중요한 일이면서도 매력이 없는 직종이 있을 때 더 높은 임금이라는 유인이 없을 경우 아무도 그 직종을 택하려 하지 않을 것이다. 이러한 직종에 특혜를 주게 될 경우 그러한 직종은 충원이

되고 중요한 업무가 수행됨으로써 결국 모든 사람에게 이로운 결과가 나타나게 된다. 모든 사람에게 이득을 주면서도 그 직종을 맡게 된 자는 더 많은 기본 가치를 배정받음으로써 더 큰 이득을 보게 되는 것이다. 이러한 체제가 평등주의적인 것은 아니나 롤즈는 평등주의 체제 아래에서보다 모든 이들이 더 큰 혜택을 받게 된다는 이유에서 그것은 정의롭다고 본다. 이러한 불평등은 최소 수혜자를 포함한 모든 이에게 이득을 주는 까닭에 부당한 것이 아니라는 것이다. 물론 이러한 체제가 평균 복지나 전체 복지를 증대한다는 이유로 공리주의적 관점에서 볼 때도 효율성을 갖는 것일 수가 있다. 그러나 이보다 더 큰 정도로 복지를 증진하는 다른 대안적 체제가 있을 경우 공리주의자는 앞서와 같은 체제를 거부할 가능성도 갖는다는 점에서 롤즈의 이론과는 다른 점이 나타나게 된다.

앞에서도 이미 지적한 바와 같이 사람들이 굶어 죽어 가고 있을 때 평등한 기본권과 자유의 형식적 체제를 확립한다는 것은 공허한 제스처에 불과한 것이다. 그럴 경우 사회적 자원은 모든 시민이 그러한 자유와 권리를 행사할 수 있는 보다 유리한 조건을 조성하는 데 동원되어야 한다. 그러나 아무도 생존의 위협을 받지 않는 유리한 조건 아래서라면 사회적 기본 가치나 이득은 모든 이가 동등한 기본권과 자유의 효율적 행사를 할 수 있게끔 분배되어야 할 것이다. 그래서 롤즈가 전개할 정의의 두 원칙은 유리한 조건 아래에서만 성립하는 특수한 정의관을 나타내는 것으로서 자유와 권리의 행사가 무의미하지 않을 만큼 충분한 재화를 산출할 수 있는 사회에 적용되는 것이다.[34] 물론 자유가 다른 사회적, 경제적 가치들과 구분되지 않은 채 모두가 차등의 원리에 의해 분배되는 일반적 정의관이 적용되는 보

---

34 Ibid., pp.151-52, 542-43 참조.

다 불리한 여건하에서는 자유가 제한될 수 있기는 하나[35] 그것도 자유와 권리의 효율적 행사를 가능하게 하는 조건을 조장하는 일반적 프로그램의 일부로서만 제한될 수 있다. 일단 이런 조건이 성취될 경우에는 다시 특수한 정의관의 적용을 받게 된다.

롤즈의 정의관을 요약해 보면 사회정의는 무엇보다도 먼저 사회의 기본 구조가 사람들이 자신의 관심과 목적 실현을 위해 요구하게 될 기본 가치에 의해 측정된바 어떤 부당한 불평등도 내포하지 않을 것을 요구한다. 불평등은 그것으로 인해 각종 사회적 지위의 모든 성원들의 처지가 더 낫게 될 것이 기대되지 않을 경우 부당한 것이 된다. 이는 공리주의 체제하에서 더 큰 이득을 확보하게 될 사람들과 그럴 경우 보다 불리한 처지에 놓일 것으로 예상되어 공리주의 대신 완전한 평등을 주장하는 사람들 간의 합리적인 타협 혹은 일종의 호혜성을 나타내는 것으로 풀이될 수도 있다. 사회적 자원이 정치적 권리와 자유의 효율적 행사를 가능하게 할 정도로 충분할 경우 평등한 권리와 자유가 모든 이에게 보장되는 것이 정의의 이념에 부합된다는 것이다.

4. 평등한 자유와 자유의 가치

이미 살핀 바와 같이 롤즈의 정의론은 그 이념에 있어서 자유 방임을 내세우는 전통적 자유주의와 생산 수단의 사회적 소유를 말하는 사회주의의 양극단을 피하고자 한다. 그는 불평등이 자유의 부재를 의미한다는 좌파의 입장과 평등이 자유의 부재를 내포한다는 우파의 견해를 모두 물리치고 자

---

35 Ibid., p.303.

유주의와 사회주의의 조정을 꾀한다. 그러나 이런 입장은 자칫하면 중요한 문제를 애매하게 만들 우려를 동반하게 된다. 흔히 중도적 입장이 그러하듯이 롤즈의 자유주의적 평등주의는 좌우의 두 진영으로부터의 비판에 부딪친다. 좌파로부터의 가장 강력한 비판의 대변자로는 맥퍼슨(C. B. Macpherson)을 꼽을 수 있으며, 우파로부터의 체계적인 비판자로는 자유지상주의자 노직(Robert Nozick)을 들 수 있는데, 후자는 이미 우리가 논의했던 전통적 자유주의의 현대적 계승자인 만큼 우리의 논의는 우선 좌파의 비판에 초점을 맞추기로 한다.

사회가 정치적 영역과 경제적 영역으로 양분될 경우 정의론은 그 양자에 각각 관련되는 원칙을 요구하게 되는데, 그러한 이분법을 부인하는 자들은 양자간의 분리가 부당하다는 자신의 이론을 뒷받침할 증거들을 찾게 된다. 그래서 이들은 자유주의적 복지 국가는 그것이 시정하고자 하는 난점을 수정해 줄 충분한 장치를 제시한 적이 없으며, 그런 점은 자유주의의 개념 속에 있는 부정합성에 의해 쉽게 설명된다는 것이다. 맥퍼슨은 롤즈의 정의관을 규정하는 두 원리가 동시에 만족될 수 없다고 비판한다. 그에 따르면 부의 집중은 평등한 자유를 위협할 것이 명백하기 때문에 부유층으로부터 빈곤층으로 경제적 양도가 없는 한 자유의 원리는 만족될 수 없다고 한다. 그런데 경제적 불평등이 최소 수혜자에게 이득이 되는 한에서만 허용된다면 분배적 정의의 원리는 이러한 양도에 심각한 한계를 요구한다는 것이다.[36]

그런데 이러한 반론은 롤즈 이론의 구조적 특성을 무시하고 있는 것으로 생각된다. 부의 집중이 동등한 자유를 위협한다는 사실을 인정한다 할지라

---

36 C. B. Macpherson, *Democratic Theory*(Oxford, Clarendon Press, 1973), p.93.

도 모든 형태의 부의 축적이 억압이나 착취 등으로 이해되어야 하는 것이 아닌 한 적절한 부의 축적이 실제로 자유를 제약한다고 주장하기는 어려운 것이다. 억압이나 착취가 있는 경우 자유는 명백히 유린되는 것이며, 그럴 경우 불평등이 부정의하고 불공정함도 명백하다. 그러나 부자가 어느 정도 부유하게 됨으로써 가난한 이들의 처지가 절대적으로 향상되는 한 자유에 대한 어떤 손상을 확인하기란 매우 어려운 일이다. 마르크스주의적 사회과학도는 물론 계급상의 차등을 숨은 착취의 기준으로 보겠지만, 그럼으로써 그는 자신의 주장을 지지할 과학적인 근거를 가진 양 가장하게 된다. 모든 것을 허위 의식으로 평가해 버릴 수 없는 한 억압이나 착취는 인간이 실제로 느끼는 바에 의해 증거되어야 하며, 어떤 사람이 다른 사람에게 봉사할 경우 그들간의 관계와 관련된 사실들은 그들 양편에 의해 확인되어야 한다.

명백한 착취가 없을 경우 롤즈는 맥퍼슨의 비판을 더 쉽게 받아넘길 수 있다. 롤즈에 의하면 "가난과 무지의 결과로서 혹은 수단 일반을 결여함으로써 자신의 권리와 기회를 이용할 능력이 없음이 때로는 자유를 규제하는 제약으로 간주되고 있다. 그러나 나는 그런 식으로 말하지 않고, 그러한 것들이 자유의 가치, 즉 제1원칙이 규정하는 권리들이 개인에게 갖는 가치에 영향을 미치는 것으로 생각하고자 한다."[37] 물론 이것은 단지 손쉬운 변명에 불과한 것이 아니라 롤즈 이론의 자유주의적 핵심을 간직하고 있는 것으로서 보다 자세한 해명이 요구된다.

롤즈는 자유(liberty)와 자유의 가치(worth of liberty)를 구분하고, 각자에 있어서 자유의 가치는 "체제 내에서 그들의 목적을 실현할 수 있는 각자의 능력에 비례한다"는 것이다.[38] 따라서 롤즈에 있어서는 결국 "평등한

---

37 J. Rawls, *A Theory of Justice*, p.204.

자유로서의 자유는 모든 이에게 동일하나 ⋯ 자유의 가치는 모든 이에게 동일하지 않으며" 더 큰 부와 권력을 갖는 자에게는 그들의 목적을 달성할 수 있는 더 큰 수단이 주어지는 셈이다.[39] 그런 의미에서 자유의 가치는 자유 실현의 수단과 관련되며, 차등의 원칙에 따라 분배된다고 할 수 있다.

이와 같이 자유의 평등한 분배와 이를 행사할 능력이나 수단의 불평등한 분배를 근거로 해서 제1원칙과 제2원칙의 부정합성을 지적하고, 제1원칙이 규정하고 있는 자유의 유명 무실한 평등이 비판의 대상이 되고 있다.[40] 그러나 롤즈는 자유의 평등한 분배나 자유의 가치에 대한 불평등한 분배 간에 간격이 있음은 사실이나 우리가 엄밀한 의미에서 완전한 평등주의를 받아들이지 않을 합리적 근거가 있다면 차등의 원칙에 의해 규정되는 자유 실현의 수단이나 능력의 분배가 무한히 평등주의적 경향을 가짐으로써 자유와 자유의 가치가 점차 수렴해 가는 정의의 두 원칙을 최상의 대안으로 선택하게 된다는 것이다. 자유의 실질적 가치는 허용된 불평등이 모든 사람의 처지를 개선해 주는 사회에서 극대화될 것이기 때문이다. 차등 원리에 의해 규제되는 사회의 모든 성원이 평등주의적 체제하에 있는 성원들보다 사회 경제적 여건에 있어서 더 나아질 것이 사실이라면 자유의 실질 가치가 증대되는 전자의 체제를 택하는 일이 합리적인 것은 당연하다고 본다.

물론 빈곤이나 무지 혹은 다른 결핍이 자유 그 자체의 제약이라면 평등한 자유에 대한 요구는 다른 사회적 재화의 분배에 있어서도 평등에의 요구를 내포하게 될 것이다. 사회적, 경제적 불이익이 자유의 가치가 아니라,

---

38 Ibid.
39 Ibid.
40 Norman Daniels, "Equal Liberty and Unequal Worth of Liberty", *Reading Rawls*, p.259.

자유 그 자체의 감소를 의미한다면 우선 평등한 자유를 극대화시키고, 다음에 분배의 원칙을 적용한다는 롤즈의 정의관은 무의미하게 된다. 이런 경우는 평등주의적 자유주의가 제안하는 종류의 원리들 간에는 상충이 있게 된다. 왜냐하면 분배의 원리에 의해 허용되는 어떤 불평등도 자유의 원리가 용납하지 않을 것이기 때문이다. 자유와 그 가치가 동일시된다면 자유의 원칙은 분배가 이루어질 사회적 재화와 본질적 관련을 갖게 되며, 자유의 원리에 의거한 사회 체제와 분배의 원리에 의거한 사회 체제 간의 구분이 없게 된다. 이런 원리에 의해 규제되는 사회정의관은 자유주의적이기보다는 사회주의적이라 할 수 있을 것이다.

　자유주의적 정의관은 불평등이 부정의한 제약으로 경험되지 않는 한, 특히 불평등과 관련된 사실이 모두 알려진다 해도 그렇게 경험되지 않는 한에서 성립 근거를 갖는다. 나아가서 자유주의적 평등의 이론은 사회적, 경제적 차등이 제약과는 정반대의 것으로 간주되어야 한다고 말할 만한 강력한 논거를 제시하며, 따라서 그것을 위한 독립적인 분배 원칙을 가져야 할 강력한 근거를 제시한다. 이러한 원리는 차등이 가난한 자의 물질적 복리에 가져다줄 기여에 의해서 정당화될 뿐만 아니라, 그것이 모든 이의 자유의 가치에 기여 하는 바에 의해 지지된다. 경제적 재화와 우리가 자유를 이용할 능력 간에 밀접한 관계가 있다고 할 때 자유의 가치는 불평등이 모든 사람을 더 나은 처지에 있게 하는 사회에서 최대의 것이 된다. 각자의 생활 수준뿐만 아니라 효율적 자유는 이런 체제에 의해 가장 높이 고양되는 것인 까닭에 다른 체제를 택하는 것은 명백히 불합리한 것이 된다.

　나아가서 맥퍼슨은 롤즈를 자유주의의 연장선상에서 '자유민주주의에 입각한 자본주의적 복지 국가'를 정당화하는 수정 자유주의자라 해석하고[41] 그의 입장 속에 깃든 자본주의적 측면을 비판하고자 한다.[42] 롤즈에 대한 맥퍼슨의 공격은 수정 자유주의에 대한 좌파적 비판의 전형적인 것으로서,

그것이 자유주의적 평등주의에 암암리에 내재하고 있는 심각한 불평등을 지적하는 것이다. 맥퍼슨에 의하면 자유주의는 비록 그것이 롤즈적 형태의 것이라 할지라도 계층상의 제도적 불평등이 불가피함을 가정한다는 것이다. 맥퍼슨이나 마르크스주의적 입장에 선 비판가인 밀러(R. Miller)는 물론 사회주의 사회에 있어서도 불평등은 존재하게 될 것이나 그것이 경제적 계층간의 불평등이 아닐 경우 문제는 덜 심각하다는 것이다.[43] 자본주의적 불평등과 사회주의적 불평등 간의 구분이 맥퍼슨이나 다른 비판가들에게 중요한 것은 그것이 두 사회에 있어서 사람들이 상호 관계를 맺는 방식들 간의 질적인 차이를 반영하기 때문이다. 계층간의 불평등은 다른 계층의 개인들 간의 불평등한 권력 관계를 결과하지만 계층이 없는 사회의 불평등은 그러한 불평등한 권력 관계를 야기하지 않는다는 것이다.

그런데 롤즈가 자신의 원칙을 자본주의 경제 체제에 의거해서 예시하고 있는 것은 사실이다. 그러나 그러한 사유 재산 체제가 롤즈의 자유주의적 평등주의에 있어 본질적 가정으로 생각될 수는 없다. 롤즈가 사유 재산 체제를 옹호하고 있다면, 그것은 사유 재산 체제가 사회주의 체제보다 개인적 자유를 더 잘 옹호한다는 근거에서이며, 이 점은 J. S. 밀의 입장과 유사하다. 그러나 "자유나 개인의 권리에 있어서의 실질적 평등은 자본주의적 시장 사회와 양립할 수 없으며"[44] 특히 그것이 롤즈의 원리에 의해 허용되는 지극히 제한된 종류의 자본주의 사회라 할지라도 양립할 수 없다는 맥퍼슨의 주장이 정치 사회학적 근거에 의해 타당하다면 자유주의적 평등

41 C. B. Macpherson, op. cit., p.88.

42 Ibid., pp.89–90.

43 Ibid., p.90; R. Miller, "Rawls and Marxism", *Reading Rawls*, pp.187–88.

44 C. B. Macpherson, op. cit., p.90.

주의는 개인의 권리와 자유, 기회의 공정한 균등을 더 잘 보장해 줄 어떤 형태의 사회주의 체제를 추구할 수도 있다는 결론이 나온다. 이렇게 될 경우 제한된 자유주의와 사회주의 체제 중 어느 것이 더 나은가는 경험적인 문제로 남게 되며, 이러한 문제를 유보하는 한 맥퍼슨과 롤즈 간에 이념상의 차이는 없다는 결론에 이르게 된다.

자유주의적 평등주의가 비판의 대상이 되는 또 한 가지 논거는 정의의 문제가 생겨나는 여건으로서 적절한 물질적 부족 상태라는 객관적 여건 및 인간들의 욕구가 상충한다는 주관적 여건으로서 흔히 이를 흄의 조건 (Humean conditions)이라 부른다.[45] 자유론자들은 도덕 이론을 구성하기 위한 공정한 배경적 조건으로서 흄이 말한 정의의 여건을 받아들인다. 그러나 마르크스나 마르쿠제와 더불어 맥퍼슨은 정의에 대한 흄의 조건이 정의로운 사회에 대한 이론 구성의 공정한 제약 조건이 될 수 있다는 관념을 받아들이지 않는다. 맥퍼슨이 제시한 두 가지 이유는 현대의 많은 좌파적 비판가들의 이유와 일치한다. 그는 선진 산업 사회가 조만간 잉여 생산기로 진입할 것이라고 믿으며, 그럴 경우 잉여 산물은 사람들의 필요를 만족시키는 데 요구되는 생산량을 넘어설 것으로 본다. 나아가서 그는 또한 인간성은 사회제도의 합리적 조직으로 새로운 의식 구조로 변형될 수 있다고 생각한다. 시민들은 더 적은 재화를 요구하게 될 것이고, 특히 그들의 개발된 능력을 만족시키는 데 본질적으로 필요한 정도만을 요구하게 된다는 것이다.[46]

이렇게 볼 때 완전한 평등주의를 내세우는 자들은 자유주의적 평등주의

---

45 David Hume, *A Treatise of Human Nature*, L.A. Selby-Bigge(ed.) (Oxford, 1888), bk. Ⅲ, pt. Ⅱ, sec. 2.

46 C. B. Macpherson, op. cit., pp.36-38, 61-63.

가 염두에 두고 있는 바로 그러한 여건이나 제약 조건을 거부한다. 즉 물질적인 객관적 여건에 있어서의 부족성의 가정 및 자유로이 선정된 개인의 인생 계획 간의 잠재적 갈등을 받아들이지 않는다. 이러한 거부는 시민들 간의 경쟁적인 이기적 행위의 주요 원천을 제거하기 위해 생산 수단을 사회화하는 논거와 결부되며, 이는 특히 마르크스와 마르쿠제에 의해서 제시된다. 그러나 이 점에 있어 맥퍼슨의 입장은 해석하기에 따라서는 그와 같이 극단적인 것이기보다는 고전적 자유주의의 주요한 경험적 가정, 즉 사유 재산 체제가 효율적인 동등한 자유의 원리와 양립할 수 있다는 가정에 대한 반박으로 생각된다. 그렇게 해석될 경우 맥퍼슨과 롤즈는 시민이 자유로이 선택한 인생 계획을 추구할 힘이 동등하게 되는 정의의 원칙을 채택하고 시행하는 민주 국가에 의해서 규제되어야 한다는 점에서 일치하는 셈이며, 단지 어떤 경제 체제가 효율적 자유를 극대화하는 원리와 양립 가능한가라는 점에서만 불일치하고 있다 할 것이다.

자유주의적 평등주의와 사회주의는 결국 흄이 말한 정의의 여건이라는 경험적 전제에 대해서 크게 불일치를 보이고 있다. 자유주의적 평등주의는 불평등이 제공하는 유인(incentive)이 모든 이에게 이로울 정도로 사회적 생산을 증대시키는 한에서 그것이 정당화된다고 한다. 그러나 사회주의는 사회적 여건의 혁명적 변동을 생각하며, 유인 논증이 더 이상 적용되지 않고 궁핍한 계층이 부유한 계층과의 차등에 의해 이득을 볼 여지가 없는 사회적 상황을 가정하고 있다. 그렇다면 그런 상황이 전개되기까지는 유인이 통하고, 사회적 차등이 모든 이의 이득이 될 가능성은 존재한다. 이와 같이 자유주의와 사회주의가 서로 다른 사회적 상황을 말하고 있는 한 그들간에 진정한 상충이 있다고 보기는 어려우며, 정의라는 말의 용법에 대한 불일치만이 있을 뿐이다. 사회주의자에게는 자유주의가 아직 정의롭지 않은 사회(not-yet-just-society)를 그리는 것이고, 자유주의자에게는 사회주의가 정의를 넘어선 사회(beyond-justice-society)를 꿈꾸고 있다 할 것이다.[47] 물론 그들간에 또 다른 불일치점, 즉 자유의 성격, 노동의 본질, 합리성, 인간성 등에 대한 불일치는 그대로 남는 셈이다.

5. 분배주의에서 본 소유권 이론

좌파는 자유주의적 평등주의가 인간의 평등한 실현을 불평등한 경제력에 예속시킨다고 비판하는 데 비해 자유 지상주의적 우파는 수정 자유주의의 평등주의적 요소에 비판의 화살을 던진다. 방금 논의한 바와 같이 좌파의 비판은 그 극단적인 형태에 있어서 분배적 정의의 제약이 불필요한 사회적 여건을 가정하는 데서 비롯되는 것인 데 비해 자유주의적 평등주의는 극단적인 좌파의 반휴적 요소를 배척한다. 여기에서 완전한 평등보다는 차등의 원칙이나 최소한의 차등주의적 측면이 필요하다고 가정되는 이유는 개인들이 평등한 욕구 체계를 갖고 있기는 하나 상호 독립적이고, 서로 구분되는 개별적인 존재가 있다고 믿기 때문이다. 반면 우파의 비판은 자유주의적 평등주의보다 개인의 개별성(separateness)을 더욱 신중히 다룰 것을 제의한다. 개인적 평등에 대한 자유주의적 신념은 양쪽이 모두 존중하므로 우리는 자유 지상주의자와 자유주의적 평등주의자 간에 자유와 평등의 조정이 서로 달리 규정되는 이유와 방식을 검토하고 어느 쪽이 더 타당성을 갖는지를 알아보고자 한다.

노직은 단도직입적으로 "개인은 권리들을 가지며, 어떤 사람이나 집단도 그에 대해서 함부로 행할 수 없는 것이 있다"고 한다.[48] 평등주의적 자

---

47 Ibid.

유주의의 정의관을 공격하면서 노직은 개인의 권리를 주장하는 데서 사회 정의관을 연구하기 시작했다면, 그 결론도 최소한의 국가(minimal state)이어야 한다고 함으로써 국가로부터 재분배적 기능을 배제하고자 한다. 분배주의(혹은 재분배주의)는 복지 국가를 지향하는 20세기 정치 이념의 핵심이 되고 있음에도 불구하고, 모든 유형의 분배주의적 정의관을 거부함으로써 노직은 그와는 전혀 다른 규범적 패러다임으로서 소유권적 정의관(entitlement theory of justice)을 제시하고자 한다. 18세기의 개인주의적 사회 이념과 19세기의 자유 방임적 자본주의에 기초한 것으로서 현대의 시대 정신에도 역행하는 듯한 그의 이론에 대해서 노직이 제시하는 정당 근거는 무엇인가?

우선 그의 소유권 이론의 기본 전제가 되고 있는 것은 그가 개인들에게 귀속시킨 권리들, 특히 소유권이다. 이러한 권리들은 스스로도 인정하고 있듯이 어떤 보다 기본적인 도덕 원칙이나 사실적 근거에서 도출된 것이 아니다. 그렇다고 해서 그러한 권리의 존재가 결코 자명한 것일 수만은 없는 이상 노직은 그에 대한 정당화의 요구를 면할 수가 없는 것이다. 그러나 노직은 자신의 저서 서문에서 "이 책은 개인적 권리의 도덕적 근거에 대한 정확한 이론을 제시하려는 것이 아니다"라고[49] 못박음으로써 기본권의 정당화 문제를 피하고자 한다. 특히 노직에 있어서 사유 재산권에 대한 정당화가 없는 이유는 그가 이 문제에 대해서 우리의 도덕적 직관(moral intuition)에 의존하고 있기 때문으로 보인다. 도덕 이론의 정당화에 있어 이러한 직관에의 의존은 중대한 의의를 갖는 것이 사실이다. 그러나 개인

---

48 R. Nozick, *Anarchy, State, and Utopia*(New York, 1974), p. ix.
49 Ibid., p. xiv.

의 사유 재산권 문제를 두고 자본주의와 사회주의 간의 극심한 논전에 주목할 때 그의 직관은 보다 납득할 만한 논거에 의해 정당화되어야 하리라 생각된다.[50]

이 점에 있어 그는 롤즈와 좋은 대조를 이룬다. 일련의 권리를 가정하고 그러한 권리를 보호하기 위한 제약 아래 가능한 여러 정치 형태들을 검토하는 노직과는 달리 롤즈에 있어서는 처음부터 일련의 권리를 전제하고 시작하지 않으며, 권리의 존재 및 그 범위까지도 계약적 상황의 논의에 회부되고 있다. 롤즈는 자신의 이론이 특정 경제 체제에 대해서 중립적인 것이 될 것을 기대하면서 공정으로서의 정의의 관점이 그러한 권리의 정당 근거를 평가하는 시금석이 되리라고 본다. 재산권의 근거를 논의하는 문제에 있어 롤즈의 접근 방식은 정의로운 결과보다도 공정한 절차로서 정의론을 구성하려는 점에서 유사하나 노직의 이론에 비해 순수 절차적 정의관에 더 가까이 접근하는 것으로 보인다. 정당화에 의문의 여지가 있는 일련의 권리를 전제하는 것은 너무 강한 전제라 할 수 있으며, 그럴 경우 그로부터 나온 결과가 순수한 절차의 산물인가에 의심의 여지가 있게 된다.

노직에 있어서 사유 재산과 개인적 자유와의 관계는 복지 사회 이념 및 그 기초가 되는 분배적 정의관에 대항해서 재산권을 옹호하기 위한 관건 개념이다.[51] 일정한 정형(pattern)에 의거한 분배적 정의의 원리는 불가피하게 개인적 자유를 제약하고 사람들의 삶을 부당하게 간섭하게 마련이라고 본다. 그러한 이것은 이미 사유 재산권의 존재를 타당한 것으로 받아들이고 난 이후에만 유효한 논변이다. 여기에서 문제가 되는 것은 바로 노직

---

50 Cheyney C. Ryan, "Yours, Mine and Ours", Jeffrey Paul(ed.), *Reading Nozick*, p.336.
51 Ibid., p.324.

이 절대적으로 보호되어야 한다고 가정한 재산권의 존재와 범위의 정당화이다. 국가에 의한 재분배가 개인의 권리를 침해하는 부당한 간섭으로 규정되기 위해서는 먼저 재산권에 대한 정당화가 요구된다. 자신의 기본 전제에 대한 합당한 논거가 없이는 분배주의적 정의관에 대한 노직의 반대 논변은 선결 문제 요구의 오류를 면치 못하게 된다.

이상과 관련하여 노직에 있어 사유 재산권에 대한 한 가지 주요 논변은 사유 재산과 개인적 자유 간의 밀접한 관련을 상정함으로써 소유권을 제약하는 정의관에 대해서 전개한 반대 논변이다. 만일 이러한 밀접한 관련이 명백히 존재하는 것이라면 그것은 사유 재산권에 대한 강력한 논거가 될 수 있을지도 모른다. 왜냐하면 개인의 자유를 공통의 신념으로 하는 자들이라면 사유 재산권에 대한 인정이 피하기 어려울 것이기 때문이다. 그러나 이러한 관련을 의문시하며, 사유 재산권은 자유를 증대하기보다는 오히려 자유를 제약할 수도 있다는 반론이 존재한다. 재산권과 그에 의해 증진되는 비경제적 유형의 자유 간의 긴밀한 관계는 인정하면서도 사유 재산제에 의해 제약되는 다수인의 실질적 자유에 주목하는 것이 더 중요하다는 것이 반론자들의 논거인 것이다.[52]

소유권적 정의론에 있어서는 특정한 소유가 정의로운 것이기 위해서 그에 대한 소유권이 최초로 취득되는 데 있어 합당한 어떤 제약 조건을 설정하고 있는데, 이는 흔히 로크적 단서(Lockean proviso)라 불리는 것을 원용한 것이다.[53] 즉 타인의 처지를 악화시키지 않는 한에서 취득된 소유는 정의롭다는 것이다. 그러나 정의로운 취득에 있어 이러한 단서는 오늘날

---

52 Ibid., p.340.
53 R. Nozick, op. cit., p.178.

대부분의 나라에서 충족될 수 없을 것이며, 이는 로크의 당시에도 크게 다를 바가 없었을 것으로 생각된다. 그러한 단서는 토지의 경우 무한히 확대 가능한 영토가 있을 때만 충족될 수 있으며, 금속이나 목재 같은 동산의 경우에도 이용 가능한 무제한한 자원이 있을 때만 만족된다. 오늘날같이 거의 모든 영토와 자원이 부족하고 치열한 경쟁의 대상이 될 경우 로크의 단서는 적용이 어렵게 된다.

원래 로크적 단서란 나의 취득이 정당화되기 위해서는 동일한 대상에 있어 "타인에게도 충분히 양질의 것이 남아 있어야 한다"는 것이다.[54] 노직은 이러한 단서가 보다 일반적으로 적용될 수 있게끔 그 단서를 "무소유 대상의 취득이 타인의 처지를 악화시키지 않는 한"으로 정식화된 다음[55] 최초의 취득뿐 아니라 그 이후의 계속적인 소유, 활용, 이전 등 재산권 전반에 확대 적용되는 것으로 본다. 따라서 로크적 단서는 합법적인 취득의 충분 조건인 동시에 계속적인 소유가 정당화되기 위해서도 참조되어야 할 조건으로 한때 그 단서가 적용되어 정당화되었던 취득도 그러한 단서가 적용되지 않을 경우에는 더 이상 배타적인 소유권이 정당화될 수 없는 것이다.[56]

이렇게 로크적 단서의 일반적 적용을 미루어 가면 노직의 근본 이념도 결국 사유 재산 체제가 타인의 권리, 즉 그들의 기본 욕구와 이해 관계를 보장하는 한에서 조정되어야 한다는 점에 이르게 된다.[57] 이러한 점은 노직의 소유권 이론의 위력을 침식하는 것이 아닐 수 없다. 로크적 단서는 자

54 Ibid., p.175.
55 Ibid., p.175.
56 Ibid., p.180.
57 David Lyons, "The New Indian Claims and Original Rights to Land", *Reading Nozick*, p.368.

원의 점유가 용납될 수 있는 일반 복지의 하한선(baseline)을 규정하는 셈이며, 그런 한에서 그 단서는 재산 취득을 인간 복지에 종속시키게 되는 셈이다. 노직 이론의 이런 해석은 그의 이론을 일종의 목적론적 분배주의로 몰고 가게 되는데[58] 극단적으로는 그 단서가 롤즈에 있어 최소 수혜자의 복지 고려가 그 핵심이 되는 차등 원칙의 단서와 유사한 역할을 하는 지점에까지 수렴될 수도 있는 것이다. 롤즈에 있어서도 차등 원칙이 충족되는 한에서 모든 기대치와 소유가 정당화될 수 있기 때문이다.

또 한 가지 문제는 자유 시장 체제와 관련된 것이다. 노직은 사람들이 자신의 소유주라는 생각에서 시작하며, 따라서 사람들은 자신의 천부적 자질에 대한 권리를 가지며, 이러한 권리는 필연적으로 자신의 자질을 자유로이 활용할 권리와 그 소산에 대한 권리를 갖게 한다는 것이다.[59] 사유 재산, 소득과 부에의 권리는 이러한 인간 자질의 자유로운 활용의 산물이라는 것이 노직의 생각이다. 그러나 우리가 의문시하는 것은 천부적 자질이라는 우연적 요소를 나만의 소유물로서 정당화하는 도덕적 문제는 뒤로 미루고서도, 어떤 근거에서 자신의 천부적 자질에 대한 권리가 그 자질의 사용으로부터 나오는 모든 소산에의 소유권을 수반하는가에 있다.

노직은 이러한 개인의 자질로부터 소산이 산출되고 그로부터 이득이 결과하는 메커니즘을 자유 시장 체제로 본다. 그런데 시장의 원활한 기능은 모든 개인이 협동을 위한 일정한 규칙에 따름으로써만 보장되며, 특정 소득은 모든 개인의 참여로부터 결과하는 수요 공급의 총체적 형태에 의해 결정된다. 보다 고도화된 산업 사회에서 증대해 가는 공동 작업의 산물은

---

58 Jeffrey Paul, *Reading Nozick*, Introduction, p.22.
59 R. Nozick, op. cit., p.172.

어떤가? 그에 대해서 개인은 자신의 기여분을 어떻게 추상해 내며 자신의 응분의 몫을 어떻게 확인할 수 있는가? 자유 시장에 있어서 개인들 간의 계약이 이행됨을 누가 보장하며, 자유 시장 과정의 실패는 누가 견제할 것인가? 자유 시장 과정의 결과들은 어떤 특정 개인의 능력에 의해 산출되는 것만이 아니며, 특정인의 기여로 환원될 수도 없는 것이다.

나의 시장 가격을 산출한 것이 나 자신만의 행위나 노력이라고 할 수 없다. 나의 행위로부터 여러 변수들의 매개에 의해 나타난 모든 소산에 대해 왜 나만이 배타적 소유권을 갖게 되는가? 이러한 도전에 응답하지 못하는 한 기본 욕구의 충족을 도모하기 위한 복지 국가 제1의 수단으로서 과세에 대한 노직의 공격은 약화되지 않을 수 없다. 세금이 강요된 노동이라는 노직의 유추가 설득력을 가지려면 사람들의 소유가 그들의 노동과 정확히 등가물임을 입증할 수 있어야 할 것이다.[60] 이 문제는 정의론에 있어 미시 경우와 거시 경우에 대한 노직과 롤즈 간의 상충과 관련된다. 미시 경우의 집합이 거시 경우와 동치라고 보는 노직에 비해 롤즈는 거시 경우가 미시 경우와는 논리를 달리하며, 전자가 더 우선적인 것이라는 판단에서 사회의 기본 구조에 대한 정의의 문제를 주제적으로 다루게 된다.[61]

노직은 롤즈의 분배주의적 정의관이 사람들의 응분의 몫(desert)이나 소유권(entitlement)을 중요시하지 않는다고 비판한다. 그러나 노직의 이러한 비판에는 의문의 여지가 있다. 자유주의적 평등주의자는 응보의 개념이나 소유권 개념이 무의미하다고 말하지 않는다. 그러나 실제적 이유와 도덕적 이유에서 그것들이 사회의 기본 구조를 규제하는 분배적 원칙에는 적용되기 어려우며, 더 소규모적 상황에만 적용될 수 있는 것으로 본다.[62] 롤

---

60 Ibid., p.169.
61 Ibid., p.204.

즈는 분배적 정의의 제도가 사람들을 그들의 노력에 따라 대가를 보장하는 원리에 기초할 수 없다는 데 대한 실제적 논거를 제시했다. 즉 노력이란 광범위하고 공공적인 비교의 척도에 의해 측정하기가 지극히 어렵다는 것이다.[63] 또한 그는 사람들의 응분의 몫이 시장의 수요 공급의 조정에 의해서 변한다는 점에 대해서도 의문을 제시한다. 그뿐만 아니라 앞에서도 지적했듯이 현대 산업 사회의 협동적 노동에 있어서 개인적 노동의 기여분을 추상해 낸다는 것은 불가능하고 무의미한 일에 가까운 것이다. 우리가 어떤 사람을 친숙하게 알면 알수록 그의 응분이나 공적을 평가할 수 있다. 그러나 우리가 사람들의 노력에 영향을 미치는 사회 경제적 요인들과 우연적 변수들을 제거할 수 없는 한 각자의 능력이나 공적에 따라 사람에게 보답하는 사회제도는 의심의 여지가 있다 할 것이다.

노직은 자신의 소유권적 정의론이 롤즈의 정의론과 다른 점을 보이기 위해서 보다 특수한 반론들을 제기하고 있는데, 그중 한 가지는 롤즈의 정의론에 있어서 사회적 지위나 타고난 천부적 재능이 '공동의 자산(collective asset)'으로 간주되고 있다는 점과 관련된다.[64] 롤즈에 따르면 원초적 입장은 정치적, 경제적 이득을 추구함에 있어서 자연적 재능과 사회적 여건의 우연성을 배제하는 정의관을 결과하게끔 구성된 것이다.[65] 원초적 입장을 이런 식으로 구성하는 정당한 근거로서 롤즈는 아무도 자신의 자연적 자질의 분배분에 있어서나 사회에 있어서 최초의 출발점에 대한 당연한 권한은 없으며, 그러한 특성들은 도덕적 관점에서 볼 때 임의적(arbitrary form

62 J. Rawls, "The Basic Structure as Subject".
63 J. Rawls, *A Theory of Justice*, p.312.
64 Ibid., p.179.
65 Ibid., p.15.

moral point of view)이라고 했다.[66]

그런데 여기서 중요한 것은 롤즈의 주장을 단적으로 자산 공유주의로 해석해서는 안 된다는 점이며, 그의 정의론이 천부적 재능이나 사회적 지위에 있어서의 차이를 실질적으로 무시해 버리는 것이 아니라는 점이다. 만일 그가 자산 공유주의자였다면 그는 분배적 정의에 있어 절대 평등주의를 주장할 수가 있었을 것이며, 사유 재산제에 대해서 보다 적극적으로 반대할 수도 있었을 것이다. 롤즈는 자연적 자질이나 사회적 지위가 당연한 권한으로서 도덕적으로 정당화될 수 있는 근거가 없다는 것을 주장하는 동시에 그러한 자질이나 지위는 물론 그로부터 결과되는 분배분의 평준화를 주장하는 입장에도 동조하지 않는다. 롤즈의 정의론은 불평등한 자질을 제거하거나 평준화하는 것이 아니고, 최소 수혜자도 혜택 받은 자들의 행운에 동참하도록 이득과 부담의 체제를 편성하려는 것이며, 이것이 차등의 원칙이 구현하고자 하는 체제이다. 차등의 원칙은 천부적 자질의 임의성을 전혀 다른 방식에서 접근하여 우리가 자신의 재능을 행사하는 방식을 바꾸는 동시에 그 재능으로부터 나오는 이득을 주장하는 근거가 되는 도덕적 기초를 변화시킨다.

그래서 우리는 더 이상 자신이 가진 자질이나 그로부터 결과되는 이득의 독점자가 아니며, 자연적 재능의 분배를 공동의 자산으로 간주하고 타고난 재능의 분배분에 상관없이 그러한 분배에서 나오는 이득에 동참하게 된다.[67] 이렇게 해서 차등의 원칙은 행운의 임의성을 인정하면서도 우리가 우연히 각자에게 배당된 재능의 소유자가 아니며, 그것의 관리인임을 내세

---

66 Ibid., pp.72, 102.
67 Ibid., p.179.

우는 로크적 관점에 접근하게 된다. 따라서 천부적으로 혜택받은 자들은 혜택받지 못한 자들의 처지를 개선해 준다는 조건에서 그들의 행운으로부터 이득을 받게 된다. 따라서 롤즈의 정의론에 있어서도 최소 수혜자들을 위시한 모든 이의 이득이 된다는 조건하에서라면 우리는 자신의 노력과 업적에 대해서 정당한 권한을 행사할 수 있으며, 따라서 합법적인 소유권을 갖게 되는 셈이다.

이상과 같이 능력의 분배를 개인적 소유가 아니라 공동의 자산으로 봄으로써 롤즈는 자연과 사회의 우연성을 교정하기 위해서 각자의 자산을 평준화해야 할 필요가 없게 된다. "사람들이 서로의 운명에 동참하기를 합의할 경우"[68] 그들의 운명이 개별적으로 다양하다 할지라도 문제될 바가 없다는 것이다. 롤즈에 의하면 자연적 재능의 분배는 정의와 부정의의 문제가 아니며, 도덕과 무관한 사태이다. 그리고 또한 인간이 특정한 지위에 태어난다는 것도 정의 여부를 가릴 수 없는 하나의 사실이다. 이것들은 도덕적으로 좋거나 나쁜 것이 아닌 도덕과 무관한 자연적 사실일 뿐이라 한다. 정의 여부가 문제되는 것은 그러한 사실 그 자체가 아니라 그러한 사실을 인간이 처리하는 방식이라는 것이다.[69]

끝으로 한 가지 지적할 점은 정의론의 현실성 및 부정의의 교정과 관련된 것이다. 노직의 소유권적 정의론은 합당한 취득(acquisition)과 이전(transference)이 역사를 두루해서 무한한 연쇄 과정을 진행한다 해도 소유 상태가 그대로 보존되는 절차적 정의관이다. 단지 취득과 이전의 행위가 정의의 원칙을 의도적으로 위반하든가 실책이나 무지로 인해 부정의가

---

68 Ibid., p.102.
69 Ibid.

발생할 경우 제3의 원리인 시정(rectification)의 원리가 작동한다. 그러나 정의론의 현실적 구현에 있어서 예상되는 부정의는 복잡 다양하며, 부정의의 정도나 빈도가 증대함에 따라 시정의 원리는 더 큰 비중을 갖게 될 것인데, 이렇게 될 경우 부차적인 의미를 갖던 시정의 원리와 취득과 양도의 원리 간에는 주객 전도의 현상이 생기게 되며, 그렇게 되면 소유권 이론 자체의 핵심이 위협당하게 된다. 그럴 경우 노직이 말하는 최소한의 국가는 그러한 부정의를 확인하고 추적하며 시정하기에 충분히 강한 국가인가? 나아가서 우리가 살고 있는 현실은 이미 무수한 부정의가 수대에 걸쳐서 누적된 결과인 이상 이를 시정하기 위해서는 보다 강력한 분배적 정의의 원리가 바로 우리가 요구하는 전부가 아닌가? 그렇다면 소유권적 정의관은 현실에 무력한 유토피아적 환상이요 단지 사고의 실험을 위한 관념의 유희에 불과한 것이 아닌가?

참고문헌

• Books

Arrow, K. J., *Social Choice and Individual Values*(London, Yale University Press, 1963).

Baker, Ernest(ed.), *Social Contract*(Oxford Paperbacks, 1971).

Barry, R. E., *Political Argument*(London, Routledge & Kegan Paul, 1965).

___, *The Liberal Theory of Justice*(Oxford, Clarendon Press, 1973).

Bayles, M. D., *Contemporary Utilitarianism*(New York, Anchor Books, 1968)

Bedau, Hugo A.(ed.), *Justice and Equality*(Prentice-Hall, 1971).

Bentham, J., *A Fragment on Government*(Oxford, Clarendon Press, 1951).

___, *An Introduction to the Principles of Morals and Legislation*, J. Bowring(ed.), *The Works of J. Bentham*, V. I.

Bergstrom, Lars, *The Alternatives and Consequence of Actions* (Stockholm, 1966).

Bowie, N. E., *Distributive Justice*(The University of Massachusetts Press, 1971).

___, *The Individual and Political Order*(Prentice-Hall, 1977).

Brandt, R. B., *Ethical Theory*(Prentice-Hall, 1959).

___, *A Theory of the Good and the Right*(Oxford, Clarendon Press, 1979).

Broad, C. D., *Five Types of Ethical Theory*(London, Routledge & Kegan Paul, 1956).

Brody, A. B.(ed.), *Moral Rules and Particular Circumstances*(Prentice-Hall, 1970).

Daniels, Norman(ed.), *Reading Rawls*(New York, Basic Books, 1975).

Downie, R. S., *Respect for Persons*(George Allen & Unwin Ltd., 1971).

___, *Roles and Values: An Introduction to Social Ethics*(Methuen & Co., Ltd., 1971).

Dworkin, Gerald(ed.), *Markets and Morals*(New York, John Wiley &

Sons, 1977).

Dworkin, Ronald, *Taking Rights Seriously*(Cambridge, Harvard University Press, 1979).

Edwards, R. B., *Pleasures and Pains*(London, Cornell University Press, 1979).

Frankena, W. K., *Ethics*, 2nd series(Prentice-Hall, 1973).

Fuller, L. L., *The Morality of Law*(Yale University Press, 1964).

Galston, W. A., *Justice and the Human Good*(The University of Chicago Press, 1980).

Gauthier, David, *Practical Reasoning*(Oxford University Press, 1963).

Gibbard, A. F., *Utilitarianism and Coordination*(Harvard University diss., 1971).

Goldman, A. I.(ed.), *Values and Morals*(Reidel Publishing Company, 1978).

Gottinger, Hans W.(ed.), *Decision Theory and Social Ethics*(Reidel Publishing Company, 1976).

Grice, Russell, *The Grounds of Moral Judgments*(Cambridge University Press, 1967).

Gutman, Amy, *Liberal Equality*(Cambridge University Press, 1980).

Haksar, Vinit, *Equality, Liberty, and Perfectionism*(Oxford, Clarendon Press, 1979).

Hampshire, Stuart(ed.), *Public and Private Morality*(Cambridge University Press, 1979).

Hare, R. M., *Freedom and Reason*(Oxford University Press, 1977).

Hearn, T. K., *Studies in Utilitarianism*(New York, Meredith Coopertation, 1971).

Hobbes, Thomas, *Leviathan*, C. B. Macpherson(ed.) (Penguin Books, 1980).

Hodgson, H., *Consequences of Utilitarianism*(Oxford, Clarendon Press, 1965).

Hospers, J., *Human Conduct*(New York, Harcourt Brace, 1972).

Hume, David, *A Treatise of Human Nature*, Selby-Bigge(ed.) (Oxford, Clarendon Press, 1978).

576

____, *An Enquiry Concerning the Principle of Morals*(La Salle, Open Court, 1966).

Johnson, A. Oliver, *Rightness and Goodness*(The Hague, Martinus Nijhoff, 1969).

Kant, I., *Fundamental Principles of the Metaphysics of Morals*, Thomas K. Abbot(trans.), *The Essential Kant*(New York, New American Library, 1970).

____, *On the Old Saw: That May Be Right in Theory But It Won't Work in Practice*, E. B. Ashton(trans.) (Philadelphia, University of Pensylvania Press, 1974).

Ladd, John, *Ethical Relativism*(Wadsworth Publishing Company, Inc., 1973).

Laslett, Peter(ed.), *Philosophy, Politics, and Society*, 3rd series(Oxford, Basil Blackwell, 1969).

____, *Philosophy, Politics, and Society*, 5th series(Yale University Press, 1979).

Locke, John, *Second Treatise of Government*, P. Peardon(ed.), *The Second Treatise* (Indianapolis, Bobbs-Merrill, 1952).

Lyons, David, *Forms and Limits of Utilitarianism*(Oxford, Clarendon Press, 1965).

Lucas, J. R., *On Justice*(Oxford, Clarendon Press, 1980).

Mackie, J. L., *Ethics*(Penguin Books, 1977).

Macpherson, C. B., *Democratic Theory: Essays in Retrieval*(Oxford, Clarendon Press. 1973).

____, *The Political Theory of Possessive Individualism*(Oxford University, 1979).

Mercer, Philip, *Sympathy and Ethics*(Oxford, Clarendon Press, 1972).

Mill, J. S., *Utilitarianism*(The Liberal Arts Press, 1957).

____, *Autobiography of John Stuart Mill*(Columbia University Press, 1976).

____, *On Liberty*, Richard Wollheim(ed.), *John Stuart Mill, Three Essays* (Oxford University Press, 1975).

____, *The Subjection of Woman*, Richard Wollheim(ed.), *John Stuart Mill,*

Three Essays(Oxford University Press, 1975).

Moore, G. E., *Principia Ethica*(London, Cambridge University Press, 1976).

___, *Ethics*(London, Oxford University Press, 1958).

Nowell-Smith, P., *Ethics*(London, Pelican Book, 1945).

Nozick, Robert, *Anarchy, State, and Utopia*(New York, Basic Books, 1974).

Pettit, Philip, *Judging Justice*(London, Routledge & Kegan Paul, 1980).

Plamenatz, J., *The English Utilitarians*(Oxford, Basil Blackwell, 1958).

Popper, K. R., *The Open Society and Its Enemies*, V. I.(Routledge & Kegan Paul, 1973).

Prosch, Harry, *The Genesis of Twentieth Century Philosophy*(New York, Doubleday & Company, 1964).

Quinton, Anthony, *Utilitarian Ethics*(New York, Macmillan, 1973).

Raphael, D. D., *Moral Judgment*(London, Allen & Unwin, 1955).

Rashdall, Hastings, *The Theory of Good and Evil*, V. I.(Oxford, Clarendon Press, 1970).

Rawls, John, *A Theory of Justice*(Cambridge, Harvard University Press, 1971).

Regan, Donald H., *Utilitarianism and Co-operation*(Oxford, Clarendon Press, 1980).

Rescher, N., *Distributive Justice*(New York, Bobbs-Merrill Company, 1966).

___, *Unselfishness*(University of Pittsburgh Press, 1975).

Richards, D. A., *A Theory of Reasons for Action*(Oxford, Clarendon Press, 1971).

Ross, W. D., *The Right and The Good*(Oxford, Clarendon Press, 1930).

Rousseau, J. J., *The Social Contract*, Maurice Canston(trans.) (Baltimore, Penguin Books, 1968).

Sahakian, W. S., *Ethics*(New York, Barnes & Noble Books, 1974).

Sandel, Michael, *Liberalism and the Problem of the Moral Philosophy*(Oxford University, diss., 1978).

Schnewind, J. B., *Sidgwick's Ethics and Victorian Moral Philosophy*

(Oxford, Clarendon Press, 1977).

Sen, Amartya, *Collective Choice and Social Welfare*(London, Oliver & Boyd, 1970).

Sesonske, A., *Values and Obligations*(Oxford University Press, 1964).

Sidgwick, Henry, *The Methods of Ethics*, 7th edition(New York, Dover Publications, 1966).

Singer, M. G., *Generalization in Ethics*(New York, Alfred A. Knopf Inc., 1961).

Smart, J. J. C., *An Outline of a System of Utilitarian Ethics*(Carlton, 1961).

___, *Utilitarianism For and Against*(Cambridge University Press, 1973).

Smith, Adam, *The Theory of Moral Sentiment*, Selby-Bigge(ed.), *Britisch Moralists*, V. I. (New York, Dover Publications, 1965).

Sterba, James P., *The Demands of Justice*(University of Notre Dame Press, 1980).

Toulmin, S. E., *An Examination of the Place of Reason in Ethics* (Cambridge University Press, 1950).

Warnock, G. J., *The Object of Morality*(London, Methuen, 1971).

Wasserstrom, R. A., *The Judicial Decision*(London, Oxford University Press, 1978).

Wedar, Sven, *Duty and Utility*(Sweden, Lund, 1952).

West, H. R., *Act Utilitarianism and Rule Utilitarianism*(Harvard University, diss., 1967).

Wolff, R. P., *The Autonomy of Reason*(Harper and Torch Book, 1971).

___, *Understanding Rawls*(Princeton University Press, 1977).

• Articles

Alexander, S. S., "Social Evaluation Through Notional Choice", *Quarterly Journal of Economics*, Vol. 88, No. 4(November 1974).

Arrow, K. J., "Some Ordinalist-Utilitarian Notes on Rawls's Theory of Justice", *The Journal of Philosophy*, Vol. 70, No. 9(May 1973).

Attfield, R., "Toward a Defence of Teleology", *Ethics*, Vol. 85(January 1975).

___, "Racialism, Justice, and Teleology", *Ethics*, Vol. 87, No. 1(October 1976)

Bales, R. E., "Act-Utilitarianism: Accounting of Right-Making Characteristics or Decision-Making Procedure?", *American Philosophical Quarterly*, Vol. 8, No. 3(July 1971).

Barnes, G., "Utilitarianism", *Mind*, Vol. 82, No. 1(October 1971).

Barry, Brian, "Reflections on 'Justice as Fairness'", Hugo A. Bedau(ed.), *Justice and Equality*(Prentice-Hall, 1971).

Becker, Edward F., "Justice, Utility and Interpersonal Comparisons", *Theory and Decision*, Vol. 6(1975).

Bentham, J., "Anarchical Fallacies", A. I. Melden(ed.), *Human Rights*(Belmont Calif, Wadsworth Publishing Company, 1970).

Brandt, R. B., "In Search of a Credible form of Rule-Utilitarianism", Nahknikian and Castaneda(eds.), *Morality and Language of Conduct*(Wayne State University Press, 1965).

Brock, W. D., "Recent Works on Utilitarianism", *American Philosophical Quarterly*, Vol. 10, No. 4(October 1973).

Buchanan, Allen, "Revisability and Rational Choice", *Canadian Journal of Philosophy*, Vol. 5, No. 3(November 1975).

Copp, David, "Justice and Difference Principle", *Canadian Journal of Philosophy*, Vol. 4. No. 2(December 1974).

Daniels, Norman, "Equal Liberty and Unequal Worth of Liberty", Norman Daniels(ed.), *Reading Rawls*(New York, Basic Books, 1975).

___, "Wide Reflective Equilibrium and Theory Acceptance in Ethics", *Journal of Philosophy*, Vol. 76, No. 5(May 1979).

Darwall, S. L., "A Defense of Kantian Interpretation", *Ethics*, Vol. 86(January 1976).

Delaney, C. F., "Rawls on Methods", *Canadian Journal of Philosophy*, *supplementary*, V. 3(1979).

Diggs B. J., "Rules and Utilitarianism", D. Bayles(ed.), *Contemporary Utilitarianism*(New York, Doubleday Anchor Books, 1968).

Dworkin, Ronald, "The Original Position", Norman Daniels(ed.), *Reading Rawls*.

Emmons, D. C., "Justice Reassessed", *American Philosophical Quarterly*, Vol. 14(1967).

Feinberg, Joel, "Duty and Obligation in the Non-Ideal World", *The Journal of Philosophy*, Vol. 70, No. 9(May 1973).

Firth, R., "Ethical Absolutism and the Ideal Observer", W. Sellars and J. Hosper(eds.), *Reading in Ethical Theory*(Prentice-Hall, 1970).

Frankena, W. K., "Sidgwick and the Dualism of Practical Reason", *The Monist*, Vol. 58, No. 3(July 1974).

___, "The Concept of Social Justice", R. B. Brandt(ed.), *Social Justice* (Prentice-Hall, 1962).

Frei, R. G., "Can Act-Utilitarianism Be Put into Practice?" *The Journal of Value Theory*, Vol. 11, No. 1(Spring 1977).

___, "On Causal Consequences", *Canadian Journal of Philosophy*, Vol. 4, No. 2(December 1974).

Ginsberg, Robert, "Kant and Hobbes on the Social Contract", *Southwestern Journal of Philosophy*, Vol. 5, No. 1.

Gorovitz, Samuel, "John Rawls: A Theory of Justice", Anthony de Crespigny and Kenneth Minogue(eds.), *Contemporary Political Philosophers*(New York, Dodd, Mead & Company, 1975).

Griffin, J. P., "Consequences", *Proceedings of the Aristotelian Society*, Vol. 65(1964-65).

Hare, R. M., "Rawls' Theory of Justice", N. Daniels(ed.), *Reading Rawls*.

Harrison, J., "Utilitarianism, Universalization and Our Duty to Be Just", *Proceedings of the Aristotelian Society*, Vol. 53(1952-53).

Harrod, P. F., "Utilitarianism Revised", *Mind*, Vol. 45(April 1936).

Harsanyi, J. C., "Cardinal Utility in Welfare Economics and the Theory of Risk Taking", *Journal of Political Economy*, Vol. 6(1953).

___, "Cardinal Welfare, Individualistic Ethics, and the Interpersonal Comparisons of Utility", *Journal of Political Economy*, Vol. 63(1955).

___, "Can the Maximin Principle Serve as a Basis of Morality?: A Critique of John Rawls's Theory", *American Political Science Review*,

Vol. 69(June 1975).

___, "Nonlinear Social Welfare Function", *Theory and Decision*, Vol. 6(1975).

Hart, H. L. A., "Between Utility and Rights", Alan Ryan(ed.), *The Idea of Freedom*(Oxford University Press, 1979).

Hume, David, "On the Original Contract", Ernest Baker(ed.), *Social Contract*(Oxford Paperbacks, 1971).

Johnson, Oliver, "The Kantitian Interpretation", *Ethics*, Vol. 85(October 1974).

___, "Autonomy in Kant and Rawls: A Reply", *Ethics*, Vol. 87(April 1977).

Kasachkoff, T., "Utilitarianism and Justice", Jack Glickman(ed.) *Moral Philosophy*(New York, St. Martin' s Press, 1976).

Kort, Louis F., "On a Recent Defense of Teleology", *Ethics*(January 1976).

Lewis, David, "Utilitarianism and Truthfulness", *Australasian Journal of Philosophy*, Vol. 50(1972).

Lomasky, L. E., "Is Actual Consequence Utilitarianism Incoherent?" *Southern Journal of Philosophy*, Vol. 16, No. 2.

Lyons, David, "Rawls versus Utilitarianism", *The Journal of Philosophy*, Vol. 69(October 1972).

___, "Nature and Soundness of the Contract and Coherence Argument", N. Daniels(ed.), *Reading Rawls*.

Melden, A. I., "Two Comments on Utilitarianism", *The Philosophical Review*, Vol. 60(October 1951).

Miller, R. W., "Rawls, Risk, and Utilitarianism", *Philosophical Studies*, Vol. 28(1975).

Nagel, Thomas, "Rawls on Justice", N. Daniels(ed.), *Reading Rawls*.

Nielsen, Kai, "Our Considered Judgments", *Ratio*, Vol. 19, No. 1(May 1979).

Parfit, Derek, "Later Selves and Moral Principles", *Philosophy and Personal Relations*, Alan Montefiore(ed.) (London, Routledge & Kegan Paul, 1973).

Rawls, John, "Outline of a Decision Procedure for Ethics", *The Philoso-phical Review*, Vol. 60(1951).

___, "Tow Concept of Rules", *The Philosophical Review*, Vol. 64(January 1955).

___, "Justice as Fairness", *The Philosophical Review*, Vol. 67(April 1958).

___, "Justice as Reciprocity", Samuel Gorovitz(ed.), *Utilitarianism*(The Bobbs-Merrill, Company, 1971).

___, "Reply to Lyons and Titleman", *Journal of Philosophy*, Vol. 69 (October 1972).

___, "Reply to Alexander and Musgrave", *Quarterly Journal of Economics*, Vol. 88(November 1974).

___, "The Independence of Moral Theory", *Proceedings and Addresses of the American Philosophical Association*, XLVIII(1974-75).

___, "Fairness to Goodness", *Philosophical Review*, Vol. 84(October 1975).

___, "Some Reasons for Maximin Criterion", *American Economic Association*, Vol. 64(May 1974).

___, "A Kantian Interpretation of Equality", *Cambridge Review*(February 1975).

___, "Social Unity and Primary Goods"(Lecture given at Stanford University, May 1978), Amartya Sen and Bernard Williams(eds.), *Utilitarianism and Beyond*(Cambridge University Press, 1982).

___, "The Basic Structure as Subject", Albin A. Goldman and Jaegwon Kim(eds.), *Values and Morals*(Holand, Reidel Publishing Company, 1978).

___, "The Contingencies of Social Dependence"(Lecture given at Stanford University, May 1978).

___, "The Structure of Desire"(Howison Lecture given at Berkeley, May 1979).

___, "A Well-Ordered Society", Peter Laslett and James Fishkin(eds.), *Philosophy, Politics, and Society*, 5th series(Oxford, Basil Blackwell, 1979).

___, "Kantian Constructivism in Moral Theory", *The Journal of*

Philosophy, Vol. 87, No. 9(September 1980).

___, "Society and Political Philosophy"(Lecture given at Harvard University, 1981).

Riley, Patrick, "On Kant as the Most Adequate of the Society Contract Theorists", *Political Theory*, Vol. 1, No. 4(November, 1973).

Schwartz, Adina, "Moral Neutrality and Primary Goods", *Ethics*, Vol. 83, No. 4(July 1973).

Sen, A. K., "Rawls versus Bentham", N. Daniels(ed.), *Reading Rawls*.

Sidgwick, Henry, "The Establishment of Ethical First Principles", *Mind*, Vol. 4(1879).

Simpson, Evan, "Socialist Justice", *Ethics*, Vol. 87(October 1976).

Singer, M. G., "Actual Consequence Utilitarianism", *Mind*, Vol. 86(1977).

Singer, Peter, "Sidgwick and Reflective Equilibrium", *The Monist*, Vol. 58, No. 3(July 1974).

Smart, J. J. C., "Extreme and Restricted Utilitarianism", *The Philosophical Quarterly*, Vol. 6(1956).

___, "Distributive Justice and Utilitarianism", John Arthur and William H. Shaw(eds.), *Justice and Economic Distribution*(Prentice-Hall, 1978).

Smith, M. B. E., "Rawls and Intuitionism", *Canadian Journal of Philosophy, supplementary*, Vol. 3(1977).

___, "Ethical Intuitionism and Naturalism: A Reconciliation", *Canadian Journal of Philosophy*, Vol. 9, No. 4(December 1974).

Snare, F., "John Rawls and The Method of Ethics", *Philosophy and Phenomenological Research*, Vol. 36(September 1975).

Strawson, P. F., "Social Morality and Individual Ideal", *the Journal of Philosophy*, Vol. 36, No. 1(January 1961).

Taylor, Paul W., "Justice and Utility", *Canadian Journal of Philosophy*, Vol. 1, No. 3(March 1972).

Titleman, M., "The Limits of Individualism", *Journal of Philosophy*, Vol. 69(October 1979).

황경식

서울대학교 철학과를 졸업하고 동대학원 철학과에서 석사 및 박사 학위를 받았다. 동국대학교 철학과 교수를 거쳐 현재 서울대 철학과 교수로 재직 중이다. 미국 하버드 대학교 객원연구원을 지냈고 한국윤리학회, 철학연구회, 한국철학회 회장을 역임하였으며, 현재 명경의료재단 꽃마을한방병원 이사장이다. 주요 역서로 존 롤즈의 『정의론』(2003) 등이 있으며, 주요 저서로 『사회정의의 철학적 기초』(1985), 『개방사회의 사회윤리』(1995), 『가슴이 따뜻한 아이로 키워라』(2000), 『이론과 실천(도덕철학적 탐구)』(1998), 『자유주의는 진화하는가』(2006), 『윤리학과 그 응용』(2012), 『정의론과 사회윤리』(2012) 등이 있다.

사회정의의 철학적 기초

지은이   황경식

1판 1쇄 인쇄   2013년 4월 5일
1판 1쇄 발행   2013년 4월 10일

발행처   철학과현실사
발행인   전춘호

등록번호   제1-583호
등록일자   1987년 12월 15일

서울특별시 종로구 동숭동 1-45
전화번호 579-5908
팩시밀리 572-2830

ISBN 978-89-7775-766-0 93190
값 25,000원